21 世纪数量经济学
（第 16 卷）

编审组名单

主　　编　李　平　黄茂兴

副主编　李富强　李军军

编审组长　李　平

成　　员　李富强　彭　战　王喜峰　陈星星　焦云霞

中国数量经济学会

中 国 数 量 经 济 学 会

21世纪数量经济学

Quantitative Economics in the 21st Century

第16卷

◎主 编 李 平 黄茂兴

◎副主编 李富强 李军军

经济管理出版社
ECONOMY & MANAGEMENT PUBLISHING HOUSE

图书在版编目（CIP）数据

21世纪数量经济学（第16卷）/李平，黄茂兴主编. —北京：经济管理出版社，2016.6
ISBN 978-7-5096-4316-7

Ⅰ. ①2… Ⅱ. ①李… ②黄… Ⅲ. ①数量经济学—文集 Ⅳ. ①F224.0-53

中国版本图书馆CIP数据核字（2016）第063303号

组稿编辑：陈　力
责任编辑：杨国强　张瑞军
责任印制：黄章平
责任校对：赵天宇

出版发行：经济管理出版社
（北京市海淀区北蜂窝8号中雅大厦A座11层　100038）
网　　址：www. E-mp. com. cn
电　　话：（010）51915602
印　　刷：三河市延风印装有限公司
经　　销：新华书店
开　　本：720mm×1000mm/16
印　　张：38.75
字　　数：655千字
版　　次：2016年6月第1版　　2016年6月第1次印刷
书　　号：ISBN 978-7-5096-4316-7
定　　价：128.00元

前 言

本书是《21世纪数量经济学》丛书的第16卷。

中国数量经济学会2015年年会于2015年11月6日至8日在福州召开，年会由中国数量经济学会与福建师范大学主办；由福建师范大学经济学院、福建师范大学福建自贸区综合研究院承办；由深圳国泰安教育技术股份有限公司协办。来自政府部门、研究机构、大专院校和企业的523位数量经济学专家、学者参加了本次年会，会议共收到学术论文431篇。

年会上，中国台湾中央研究院蔡文祯研究员、香港中文大学何佳教授、福建师范大学李建平教授、福建省发展研究中心黄端研究员、福建师范大学黄茂兴教授分别做了主旨演讲。《数量经济技术经济研究》编辑部副主任彭战（副编审）、国泰安执行总裁王春雷教授等分别在名家讲坛上做了学术报告。会议分成数量经济理论与方法，宏观经济运行，货币、银行，资本市场、保险，财政、税收，投资、贸易，区域经济、产业经济，竞争力评价理论与方法，实验经济学及其他分支学科10小组进行了专题讨论，100多位学者在小组学术交流会上介绍了自己的最新研究成果，会议收到了良好的效果。

本书是由本次年会提交的论文中遴选出来的优秀论文集结成册的，共31篇，分为5个部分：数量经济理论与方法，宏观经济、财政税收，金融、资本市场，企业、产业经济，能源经济、实验经济学。入选的这些论文均有较高的学术水平，具有一定的理论意义和实践意义。

囿于编者的能力和水平，本书一定存在不少错误和疏漏，欢迎广大读者批评指正。

编 者

2016年2月

目 录

数量经济理论与方法

宏观经济、财政税收

金融、资本市场

企业、产业经济

能源经济、实验经济学

数量经济理论与方法

结构参数计量经济学模型的识别及其应用

缪 言[1] 韩 猛[2] 白仲林[1]

（1. 天津财经大学统计系，天津 300222；

2. 内蒙古财经大学统计与数学学院，呼和浩特 010051）

一、引 言

众所周知，结构参数模型不仅刻画了经济代理人的经济行为，而且其结构参数明确反映了经济活动的特征，即它们具有明确的经济含义。因此，结构参数模型是计量经济学研究的一类重要的基本模型，被广泛应用于经济活动分析、经济政策选择和经济预测等方面。Reiss 和 Wolak（2007）指出，从经济理论出发，运用系统分析方法构建结构参数模型成为当代计量经济学分析方法的核心内容。例如，经典的联立方程组模型（SEM）和结构向量自回归（SVAR）模型、结构向量自回归移动平均（SVARMA）模型以及动态随机一般均衡（DSGE）模型等结构参数模型备受理论界与实务界的青睐。

［基金项目］本文获得了国家自然基金“具有 Markov 体制转换的动态因子模型建模方法及其应用研究”（71271142）、内蒙古自治区自然基金“具有 Markov 体制转换的动态因子模型的模拟建模方法及其应用研究”（2014BS0702）的资助。

［作者简介］缪言，女，1982 年生，河北人，现为天津财经大学数量经济学博士研究生；研究方向为计量经济学理论方法及应用研究；联系方式：13002210202；邮箱：10281329@qq.com。韩猛，男，1982 年生，内蒙古乌兰察布人，内蒙古财经大学统计系副教授，师资博士后，经济学博士学位；研究方向为计量经济学理论方法及应用；联系方式：18686073868。白仲林，男，1962 年生，河南人，现为天津财经大学统计系教授、博士生导师，中国数量经济学会理事；研究方向为计量经济学理论方法及应用研究；联系方式：13820325363，邮箱：nkbaizl@163.com。

特别地，结构参数模型的识别问题不仅是计量经济学的基本理论问题之一，而且结构参数模型可识别更是估计与应用结构参数模型的前提条件。

事实上，结构参数模型的识别是一个“与时俱进”的古老计量经济学问题，可以追溯至 Koopmans 等（1950）的文献，他们研究了线性联立方程组模型（SEM）中单个方程的可识别性，发现了单方程系数线性约束的秩条件和阶条件；之后，Fisher（1959）提出了联立方程组模型在单方程系数线性约束和冲击不相关约束下的广义秩条件和阶条件；更一般地，Rothenberg（1971）指出前人的研究是借助各结构方程的可识别性讨论结构参数模型的可识别性，基于模型的信息矩阵，他提出了结构参数模型全局和局部可识别的充分必要条件，即在弱正相关条件下分别给出了参数模型全局识别和局部识别的准则。

自 Sims（1980）提出以向量自回归（VAR）模型代替 SEM 模型开展宏观经济分析后，Blanchard 和 Quah（1989）指出对简化形式 VAR 模型的变量施加同期识别约束，可以得到既能够反映数据生成过程，又具有经济学意义的 SVAR 模型。之后，SVAR 模型成为宏观经济计量分析的基本模型之一，被广泛应用于经济政策选择等动态宏观经济问题的研究。与此同时，关于诸如 SVAR、SVARMA 和 SVEC 等结构时间序列模型的识别问题越来越受到理论界及实务界的重视。例如，张延群（2012）归纳和总结了 SVAR 模型及 SVEC 模型识别的理论分析框架；白仲林等（2014）通过对 SVARMA 模型施加识别约束得到结构冲击的脉冲响应函数，并分析了中国宏观经济政策的动态效应。目前，对结构时间序列模型的识别约束大致可以分为两类：第一类是直接对结构方程的系数施加线性约束，比如 Hamilton（1994）提出的三角约束，Bernanke 和 Mihov（1998）、Sims 和 Zha（2006）等提出的非三角约束；第二类是对脉冲响应函数施加的约束，这类约束相当于对结构参数空间施加了非线性的约束，比如 Blanchard 和 Quah（1989）以及 Gali（1992）给出的短期识别约束及长期识别约束。另外，Rubio-Ramirez 等（2010）将关于 SVAR 模型系数的零约束和外生冲击脉冲响应函数的零约束合并，给出了判断 SVAR 模型可全局识别和恰好识别的秩条件。韩猛等（2015）利用结构识别的思想给出了关于动态因子模型全局可识别的秩条件。

1982 年，Kydland 和 Prescott 建立的实际经济周期（RBC）模型及其拓展标志着宏观经济理论研究方法的巨大变革。并且，由于理论上的严谨性、建模框架的结构化等特点，在 RBC 模型基础上发展的动态随机一般均衡

(DSGE) 模型在经济活动分析与预测、经济政策选择与评价中发挥了十分重要的作用。近年来，DSGE 模型已成为宏观经济波动性研究和央行确定货币政策的重要分析工具。由于 DSGE 模型是一类典型的结构模型，无论应用何种方法确定或估计结构参数，都必须首先讨论模型可识别性。事实上，若结构模型不可识别，则无法得出结构参数的一致估计。并且，Iskrev (2010)、Ivana 和 Serena (2011) 以及白仲林等 (2015) 均发现，无结构参数约束的 DSGE 模型往往是不可识别的。Ivana 和 Serena (2011) 给出了一种利用状态空间模型讨论 DSGE 模型可识别的方法；Iskrev (2010) 利用自协方差矩阵讨论了 DSGE 模型的局部识别问题。

建立结构计量经济模型的分析方法是目前国际主流的经济分析方法之一，因此，结构模型的识别问题普遍存在于各类经济问题的研究之中。综观中外识别研究文献可见，大部分的研究都是针对某类特殊模型在某种特定的参数约束下是否可识别的讨论，例如 Koopmans 等 (1950) 只讨论了线性联立方程组模型在系数的标准化约束与排除约束 (Exclusion Restriction) 下的可识别性，之后，Fisher (1959) 以及 Hausman 和 Taylor (1983) 又研究了加入协方差约束下的可识别性，而 Blanchard 和 Quah (1989) 以及 Gali (1992) 的研究只限于 SVAR 模型并且约束形式也仅限于零约束。Ivana 和 Serena (2011) 指出，由于 DSGE 模型简化型的不确定性，使得对 DSGE 模型的识别研究需要根据不同的简化型形式进行讨论。可见大部分对于结构参数模型识别的研究并未给出一般性的分析框架。尽管 Rothenberg (1971) 开创性地基于模型的信息矩阵给出了参数模型可识别的一般秩条件，但由于信息矩阵计算上的复杂性使得该方法一直未能广泛应用与推广。

另外，尽管上述文献给出了检验某类结构模型可识别性的方法，但是，对于结构参数的约束形式都有特殊的限定，并且对如何施加约束并未给出切实可行的建议。然而，对结构参数约束形式的设定及选择又是理论与实务界十分关注并亟待解决的重要问题。

为此，本文对已有的国际相关文献进行了归纳和梳理，从最基本的参数模型、结构参数及可识别的定义出发，给出了结构参数模型可识别的一般秩条件。本文讨论的对象是结构参数模型，其中包括线性联立方程组模型、结构向量自回归模型等一切符合结构参数模型定义的结构计量经济学模型。并且，本文也并未限定结构参数识别约束的形式，只要满足本文定理 1 的一般性假设条件（参数关系体系和对结构参数的约束函数关于结构参数连续可微），均可利用定理1判断模型的可识别性。此外，如果将经典的联立方程组模型（SEM）和结构向量自回归（SVAR）模型的识别问题纳入该分析框架，即可得出Koopmans的秩条件定理、Hamilton的三角识别约束以及Blanchard和Quah、Gali的短期和长期识别约束都是本文秩条件的特殊情况。最后，以Gali（2008）的古典货币模型为例，推导出该模型的线性联立方程组及系数非线性联立方程组表达形式，并通过推导简化型得出参数关系体系，利用本文秩条件定理研究了DSGE模型的识别性。对于线性联立方程组表达形式，通过与Koopmans、Fisher以及Hausman和Taylor等的识别方法进行比较发现，后3种方法并不能准确识别DSGE模型；对于系数非线性联立方程组表达形式，研究发现可以把参数校准视为对结构模型施加的识别约束，利用本文秩条件定理确定待校准的稳态参数。

本文的主要内容如下：第一部分是引言及文献综述；第二部分介绍了结构识别的相关定义；第三部分推导并证明了结构参数模型可识别的秩条件定理；第四部分讨论了两类结构参数模型可识别的秩条件；第五部分以Gali（2008）古典货币为例研究了DSGE模型的识别问题；第六部分研究了DSGE模型结构识别与参数校准的关系并提出了参数校准的步骤；第七部分是本文的结论。

二、基本定义

为了行文方便，本部分首先给出参数模型、结构和简化型及结构可识别等概念的相关定义。

定义1：令$x \equiv (x_1, \cdots, x_N)'$为可观测变量，$w \equiv (w_1, \cdots, w_J)'$为影响经济观测值的不可观测的随机扰动（Random Disturbances）向量，将方程组系统，

$$\psi_g(x, w; \alpha(g)) = 0, \ g = 1, \cdots, G \tag{1}$$

和w的联合分布密度，

$$f(w; \sigma) \tag{2}$$

的组合统称为参数模型（Parametric Model），其中α（g）和σ为参数向量。

特别地，将由方程组系统，

$$\psi_g(x, \alpha(g)) = u_g, \ g = 1, \cdots, G \tag{3}$$

和联合分布密度，

$$f(u; \sigma) \tag{4}$$

组成的模型称为冲击模型（Shock Model）M，即每个方程都受到一个不可观测的随机扰动项 u_g 的冲击，其中 $u \equiv (u_1, \cdots, u_G)'$ 是随机扰动冲击的向量。

定义 2：对于冲击模型（3）和模型（4），若 G = N，称模型为自包含的（Self-contained），此时模型自然是完备的；若 G < N，令 K = N − G，若 x 中存在 K 个元素 $z \equiv (z_1, \cdots, z_K)'$ 由与原方程组（3）独立的未知的补充方程组，

$$\psi_{G+k}(z) = u_k^{(z)}, \ k = 1, \cdots, K \tag{5}$$

决定，记 x 中除 z 外的元素为 $y \equiv (y_1, \cdots, y_G)'$，并且，若 y 满足：

$$\frac{\partial \psi_{G+k}}{\partial y_g} = 0, \ g = 1, \cdots, G; \ k = 1, \cdots, K \tag{6}$$

则称模型是完备的。且向量 y 和 z 中的观测变量分别被称为内生变量和先决变量。

显然，VAR 模型和 SVAR 模型均是自包含的。并且，本文约定所讨论的参数模型均为完备的冲击模型。

定义 3：将方程组（3）的形式 ψ 和冲击向量联合分布 f 的组合称为一个结构 S，记：

$$s \equiv (\psi, f; \theta) \tag{7}$$

式中，θ 为 ψ 和 f 中的参数组成的向量，被称为结构参数。并且将一类由结构 S 组成的集合称为结构模型。对于结构同样有完备性、内生变量和先决变量的定义，可以参照模型中的相关定义类似地给出。

如果将具有结构 S 的完备冲击模型的方程组（3）重写为：

$$\psi_g(y, z, \alpha(g)) = u_g, \ g = 1, \cdots, G \tag{8}$$

对于给定的结构 S，先决变量 z 被看作是确定的，通过解方程组（8），可以得到内生变量 y 关于 z 的解的形式，由此我们引出下面的定义。

定义 4：对于给定的结构 S，将内生变量 y 表示为先决变量 z 的函数形式

$$y = \bar{\eta}_S[z, u; \bar{\lambda}_S(\theta)] \tag{9}$$

称式（9）为结构 S 的简化型（Reduced-form），称 $\bar{\lambda}_S(\theta)$ 为简化型参数。

显然，对于给定的结构 S，$y \equiv (y_1, \cdots, y_G)'$ 的分布取决于 $u \equiv (u_1, \cdots, u_G)'$ 的分布。并且，给定先决变量 z 时，记内生变量 y 的条件分布为 $g_S(y|z; \lambda)$。

定义5：若模型M中的两个结构 $S^0 \equiv (\psi^0, f^0; \theta^0)$ 和 $S^* \equiv (\psi^*, f^*; \theta^*)$ 对于所有的 $t = 1, \cdots, T$，内生变量 $y(t)$ 关于先决变量 $z(t)$ 的条件分布都相同，则称 S^0 和 S^* 观测等价，记为 $S^0 \sim S^*$。

可见，对于观测等价的结构 S^0 和 S^*，给定 $z(t)$ 时，$y(t)$ 关于 $z(t)$ 的条件分布使得，

$$g_{S^0}(y(t)|z(t); \lambda^0) = g_{S^*}(y(t)|z(t); \lambda^*) \tag{10}$$

并且，观测等价结构对应的简化型相同，即，

$$y = \bar{\eta}_{S^0}[z, u; \bar{\lambda}_{S^0}(\theta^0)] = \bar{\eta}_{S^*}[z, u; \bar{\lambda}_{S^*}(\theta^*)] \tag{11}$$

定义6：若模型M中不存在其他与 $S^0 \equiv (\psi^0, f^0, \theta^0)$ 观测等价的结构，则称结构 S^0 是可识别的。

显然，在模型M中，如果结构 S^0 是可识别的，则 $S^0 \sim S^*$ 当且仅当 $S^0 = S^*$。

对于给定的结构 S^0，当样本量T足够大，简化型模型 $y(t) = \bar{\eta}[z(t), u(t); \lambda^0]$ 是可以采用适当的估计方法估计得到的。所以，简化型参数 λ^0 是可识别的。并且，对于已知参数关系体系的结构 S^0，结构 S^0 可识别当且仅当结构 S^0 的参数关系体系 $\lambda^0 = \bar{\lambda}_{S^0}(\theta^0)$ 有唯一结构参数 θ^0 的解。但是，对于实际的经济问题，结构参数 θ^0 的维数往往大于 λ^0 的维数。因此，要使参数关系体系具有唯一解，必须对 θ^0 施加额外的约束。为此，下节将讨论结构参数模型可识别的假设和秩条件。

三、结构参数模型可识别的秩条件

为了严格讨论结构参数模型的识别，首先介绍所需要的几个假设。

假设1：设结构 $S \equiv (\psi, f; \theta)$ 的结构参数 θ 为 m 维向量，参数空间 Θ 是 R^m 中的开子集。

假设2：设结构S的简化型参数 λ 为 n 维向量，并且 n 个函数 $\lambda_i = \bar{\lambda}_i(\theta)$ $(i = 1, \cdots, n)$ 是连续可微的，即确定的参数关系映射 $\bar{\lambda}(\theta): \Theta \to R^n$ 是连续可微的。

假设3：结构参数 θ 满足 r 个识别约束方程 $\varphi_j(\theta) = 0 (j = 1, \cdots, r)$，其

中 $\varphi_j(\theta)$ 在参数空间 Θ 上连续可微。

定理 1：对于满足假设 1~假设 3 的结构 $S\equiv(\psi, f; \theta)$，在参数空间 Θ 上，如果矩阵，

$$W(\theta)=\begin{bmatrix}\dfrac{\partial\bar{\lambda}(\theta)}{\partial\theta}\\ \dfrac{\partial\varphi(\theta)}{\partial\theta}\end{bmatrix}_{(n+r)\times m} \tag{12}$$

满足秩条件 $\text{rank}[W(\theta)]=m$，则结构 $S\equiv(\psi, f; \theta)$可识别。

证明：定义从参数空间 Θ 至空间 R^{n+r} 的映射 $F: \Theta\rightarrow R^{n+r}$

$$\begin{cases}F_1(\theta)=\bar{\lambda}_1(\theta)\\ \quad\vdots\\ F_n(\theta)=\bar{\lambda}_n(\theta)\\ F_{n+1}(\theta)=\varphi_1(\theta)\\ \quad\vdots\\ F_{n+r}(\theta)=\varphi_r(\theta)\end{cases} \tag{13}$$

由假设 2~假设 3 可知，F 在参数空间 Θ 上是连续可微的。于是，如果 $\text{rank}[W(\theta)]=m$，则 $m\leqslant n+r$，且对于任意的 $\theta^0\in\Theta$，满足 $\text{rank}\left(\dfrac{\partial F_i}{\partial\theta_j}\right)\Big|_{\theta^0}=m$。

不失一般性，可以假定 $J=\left|\dfrac{\partial(F_1, \cdots, F_m)}{\partial(\theta_1, \cdots, \theta_m)}\right|\Big|_{\theta^0}\neq 0$。

从而，定义映射 $G: \Theta\times R^{n+r-m}\rightarrow R^{n+r}$。

$G(\theta_1, \cdots, \theta_{n+r})=F(\theta_1, \cdots, \theta_m)+(0, \cdots, 0, \theta_{m+1}, \cdots, \theta_{n+r})$

则在 $\Theta\times R^{n+r-m}$ 上，满足：

$$\left|\frac{\partial G(\theta_1, \cdots, \theta_{n+r})}{\partial(\theta_1, \cdots, \theta_{n+r})}\right|_{\theta^{0*}}=\det\begin{pmatrix}\dfrac{\partial F}{\partial\theta}\Big|_{\theta^0} & \begin{matrix}0\\ I\end{matrix}\end{pmatrix}\neq 0$$

根据 Spivak（1965）隐函数定理，在 θ^0 的一个邻域内存在唯一的局部逆映射 g，满足：

$g(F(\theta_1, \cdots, \theta_m))=g(G(\theta_1, \cdots, \theta_m, 0, \cdots, 0))=(\theta_1, \cdots, \theta_m, 0, \cdots, 0)$

由映射 F 的定义式（13），则在 θ^0 的一个邻域内，存在唯一的映射 g，满足：

$g(\lambda_1, \cdots, \lambda_n, 0, \cdots, 0)=(\theta_1, \cdots, \theta_m, 0, \cdots, 0)$

即必然存在 m 个单值函数满足：

$\theta_i=\bar{\theta}_i(\lambda)$，$i=1$，…，m

此时由简化型参数 λ 可以唯一确定结构参数 θ，即结构 $S\equiv(\psi,\ f;\ \theta)$ 可识别。

显然，只要参数关系体系和对结构参数的约束函数关于结构参数连续可微，便可以应用定理 1 的秩条件讨论结构参数模型的可识别性。

当然，一些常见的结构计量经济学模型容易得到反映结构参数和简化型参数关系的参数关系体系，例如，SEM 模型、SVAR 模型和 SVARMA 模型。但是，也有一些较复杂的结构计量模型其参数关系体系是未知的，例如，Ekeland 等（2004）提出的 Hedonic 模型、较复杂的 DSGE 模型和 Lewbel 等（2011）所研究的 Euler 方程模型等。对于这类结构参数模型，可以用直接估计结构参数的一阶条件方程组代替参数关系体系，并结合相关的结构参数约束，以研究它们的可识别性。

四、两类结构参数模型可识别的讨论

本部分以联立方程组模型（SEM）和结构向量自回归（SVAR）模型的识别为例，说明一般性的定理 1 是对经典研究的归纳和推广。

（一）联立方程组模型（SEM）可识别的秩条件

设 y_t 和 u_t 为随机变量的 G 维向量，x_t 是非随机外生变量的 K 维向量，B 和 Σ 为 G 阶非奇异矩阵，Γ 为 G × K 阶矩阵，对于由 G 个线性方程组成的标准化联立方程组模型[①]：

$$By_t+\Gamma x_t=u_t,\ u_t\sim i.i.d.N(0,\ \Sigma) \tag{14}$$

则对应的简化型为，

$$y_t=-B^{-1}\Gamma x_t+B^{-1}u_t\equiv\prod x_t+\varepsilon_t \tag{15}$$

式中，∏为 G × K 的矩阵，$\varepsilon_t\sim i.i.d.N(0,\ \Omega)$，$\Omega=B^{-1}\Sigma B'^{-1}$。

为了便于表示，本文记结构模型（14）的参数向量 θ=(vec(B)′, vec(Γ)′,

---

① 联立方程组模型的标准化是指令 B 的主对角线元素，均为 1，即第 g 个方程中第 g 个变量的系数为 1。

$vec(\Sigma)')'$的集合为Θ，它是空间$R^{(2G+K)G}$的开子集；记简化型模型（15）的参数向量$\lambda=(vec(\Pi)', vec(\Omega)')'$。

于是，对于已知的Π和Ω，考察方程组，

$$\begin{cases} B\Pi+\Gamma=0 \\ B\Omega B'-\Sigma=0 \\ \varphi(\theta)=0 \end{cases} \tag{16}$$

根据定理1，若满足秩条件$rank[W(\theta)]=(2G+K)G$，则联立方程模型（14）可识别，其中$\varphi(\theta)=(\varphi_1(\theta), \varphi_2(\theta), \cdots, \varphi_R(\theta))'$，即，

$$\varphi_j(\theta)=0,\ j=1, \cdots, R \tag{17}$$

是对结构参数θ的R个连续可微的识别约束。

令$\beta=vecB$，$\gamma=vec\Gamma$，$\sigma=vec\Sigma$，$\varphi_\beta=\left[\dfrac{\partial\varphi}{\partial\beta}\right]_{R\times G^2}$，$\varphi_\gamma=\left[\dfrac{\partial\varphi}{\partial\gamma}\right]_{R\times GK}$和$\varphi_\sigma=\left[\dfrac{\partial\varphi}{\partial\sigma}\right]_{R\times G^2}$则，

$$W(\theta)=\begin{bmatrix} \partial(B\Pi+\Gamma)/\partial\theta \\ \partial(B\Omega B'-\Sigma)/\partial\theta \\ \partial\varphi(\theta)/\partial\theta \end{bmatrix}=\begin{bmatrix} (I_G\otimes\Pi)' & I_{GK} & 0 \\ \Delta & 0 & -I_{GG} \\ \varphi_\beta & \varphi_\gamma & \varphi_\sigma \end{bmatrix} \tag{18}$$

式中，G^2阶矩阵Δ使得$\varphi_\sigma\Delta=2\varphi_\sigma(I\otimes B\Omega)$。

因为，

$$W(\theta)'=\begin{bmatrix} (I_G\otimes\Pi) & \Delta' & (I_G\otimes B^{-1}) \\ I_{GK} & 0 & 0 \\ 0 & I_{GG} & 0 \end{bmatrix}\begin{bmatrix} I_{GK} & 0 & \varphi'_\gamma \\ 0 & -I_{GG} & \varphi'_\sigma \\ 0 & 0 & \Psi' \end{bmatrix}$$

显然，在$W(\theta)'$的上述乘积中，第一项是$2G^2+GK$阶的非奇异方阵，所以，$W(\theta)$满足秩条件$rank[W(\theta)]=(2G+K)G$，当且仅当$rank[\Psi']=G^2$，其中$\Psi'=(I_G\otimes B)\varphi'_\beta+(I_G\otimes\Gamma)\varphi'_\gamma+(I_G\otimes 2\Sigma)\varphi'_\sigma$是$G^2\times 2$的矩阵。

因此，由定理1可得到如下推论。

推论1：对于联立方程组模型（14）及其结构参数θ的R个识别约束（17），如果$rank[\Psi']=G^2$，则联立方程组模型（14）可识别。

特别地，当对结构参数θ的R个识别约束方程（17）是Koopmans等（1950）对系数［B Γ］的标准化约束和排除约束（Exclusion Restriction）：

$$\Phi_g A'_g=\tau_g,\ g=1, \cdots, G \tag{19}$$

其中行向量 A_g 是矩阵 $A=[B\quad \Gamma]$ 的第 g 行，Φ_g 是 $R_g\times(G+K)$ 矩阵[①] 且 $\text{rank}(\Phi_g)=R_g$，即对第 g 个方程施加了 R_g 个独立的线性约束，显然，$\sum_{g=1}^{G}R_g=R$，则对联立方程组模型（14）所有结构参数的约束是，

$$\begin{cases}\Phi_1A_1'-\tau_1=0\\ \Phi_2A_2'-\tau_2=0\\ \qquad\vdots\\ \Phi_gA_G'-\tau_G=0\end{cases}\tag{20}$$

并且，因不考虑对 Σ 的约束，所以 $\varphi_\sigma=[0]$，此时有，

$$\Psi'=(I_G\otimes B)\varphi_\beta'+(I_G\otimes\Gamma)\varphi_\gamma'=(I_G\otimes[B\quad\Gamma])\left[\frac{\partial\varphi}{\partial\beta}\quad\frac{\partial\varphi}{\partial\gamma}\right]'$$

并且，$\left[\frac{\partial\varphi}{\partial\beta}\quad\frac{\partial\varphi}{\partial\gamma}\right]=\begin{bmatrix}\Phi_1 & & & \\ & \Phi_2 & & \\ & & \ddots & \\ & & & \Phi_G\end{bmatrix}_{R\times(G^2+GK)}$，因此，

$$\Psi'=(I_G\otimes A)\left[\frac{\partial\varphi}{\partial\beta}\quad\frac{\partial\varphi}{\partial\gamma}\right]'=\begin{bmatrix}A\Phi_1' & & \\ & \ddots & \\ & & A\Phi_G'\end{bmatrix}_{G^2\times R}\tag{21}$$

显然，$\text{rank}[A\Phi_g']\leqslant G$，$g=1,\cdots,G$。

并且，$\text{rank}[\Psi']=G^2$ 当且仅当 $\text{rank}[A\Phi_g']=G$，$g=1,\cdots,G$。

于是，对于线性联立方程组（14）在 Koopmans 等（1950）的系数标准化约束和排除约束下，定理 1 的秩条件与 Koopmans 的秩条件等价。因此，此时定理 1 的秩条件是联立方程组模型可识别的充分必要条件[②]。并且，Koopmans 的秩条件定理是推论 1 的一种特殊情形。

（二）结构向量自回归（SVAR）模型的识别问题

尽管 Sims（1980）提出的 VAR 模型能够弥补 SEM 模型进行经济预测和

---

① $R_g\times(G+K)$ 矩阵 Φ_g 是按照 Koopmans 等（1950）文章定义的。

② Koopmans 等（1950）文章中给出第 g 个方程可识别的充要条件是 $\text{rank}[A\Phi_g']=G$ 的详细证明过程，由于篇幅有限，本文不再赘述。

政策分析的失灵，但是，因扰动项协方差矩阵的非对角特征，使 VAR 模型不能量化来自外生独立冲击对经济系统各变量的影响，即 VAR 模型的扰动项未必是独立的外生冲击，这制约了 VAR 模型在宏观经济政策分析中的应用。为此，SVAR 模型得到了广泛的认同和应用，它揭示了经济系统的静态结构和动态演化机制。

对于一般 SVAR 模型，

$$B_0y_t = \sum_{i=1}^{p} B_iy_{t-i} + u_t \tag{22}$$

式中，y_t 是 n 维内生变量向量，B_0 为 $n\times n$ 非奇异矩阵，p 为滞后阶数，B_i 为 $n\times n$ 系数矩阵，n 维结构冲击向量 $u_t \sim i.i.d.N(0,\ I)$。

若记 $n\times np$ 的系数矩阵 $B_l = [B_1\quad \cdots\quad B_p]$，np 维先定变量向量 $z_t = \begin{pmatrix} y_{t-1} \\ \vdots \\ y_{t-p} \end{pmatrix}$，那么模型（22）有紧凑的形式，

$$B_0y_t = B_lz_t + u_t \tag{23}$$

并且，因假设矩阵 B_0 是非奇异的，则 SVAR 模型（23）的简化型为：

$$y_t = \prod z_t + \varepsilon_t \tag{24}$$

其中$\prod = B_0^{-1}B_l$，$\varepsilon_t = B_0^{-1}u_t$，且 ε_t 的方差—协方差矩阵$\sum = E(\varepsilon_t\varepsilon_t') = (B_0'B_0)^{-1}$。

由定义 3 和定义 4 可知，SVAR 模型的结构参数为 $\theta = vec([B_0\quad B_l])$，简化型参数为 $\lambda = vec([\prod\quad \sum])$。

于是，对于结构模型（23）的识别约束，

$$\varphi(B_0,\ B_l) = 0 \tag{25}$$

和任意已知的简化型参数 λ，考察方程组，

$$\begin{cases} B_0\prod - B_l = 0 \\ B_0\sum B_0' - I = 0 \\ \varphi(B_0,\ B_l) = 0 \end{cases} \tag{26}$$

根据定理 1，若满足秩条件 $rank[W(\theta)] = n^2 + n^2p$，则 SVAR 模型（23）可识别。

此时，

$$W(\theta)=\begin{bmatrix}(I_n\otimes\Pi)' & I_{n^2p}\\ \Delta^* & 0\\ \varphi_{B_0} & \varphi_{B_1}\end{bmatrix}$$

式中，$\Delta^*=2D^*(B_0\otimes\Sigma)$，$D^*=[I_{n(n+1)/2}\quad 0]_{(n(n+1)/2)\times n^2}$。

并且，$\mathrm{rank}[W(\theta)]=n^2+n^2p$ 当且仅当 $\mathrm{rank}\left(\frac{\partial\varphi}{\partial\theta}\right)=n(n-1)/2$。

从而，由定理 1 可得到如下推论。

推论 2：对于 SVAR 模型（22）及其结构参数 θ 的识别约束（25），如果 $\mathrm{rank}\left(\frac{\partial\varphi}{\partial\theta}\right)=n(n-1)/2$，则 SVAR 模型（22）可识别。

实际上，对于 SVAR 模型，经典的结构参数识别约束有 Hamilton（1994）研究的三角识别约束以及 Blanchard 和 Quah（1989）、Gali（1992）分别提出的短期识别约束和长期识别约束等。另外，King 等（1991）、Sims 和 Zha（2006）以及 Christiano 等（1996）等文献分别从特定的经济学观点提出了一些具体的识别约束，其本质依然是对某个具体的 SVAR 模型施加一些特殊的识别约束使得能够通过简化型参数唯一确定结构参数。但是，与 SEM 模型的参数识别约束不同，对 SVAR 模型的参数约束除了对结构系数的线性约束外，还包括非线性约束。

为了分别说明 Hamilton（1994）的三角识别约束以及 Blanchard 和 Quah（1989）、Gali（1992）的短期识别约束和长期识别约束均是推论 2 的特殊情形，本文将 SVAR 模型结构参数的约束表示为一般形式：

$$\Phi_i f(B_0,\ B_1)e_i=0,\ i=1,\ \cdots,\ n \tag{27}$$

式中，Φ_i 是秩为 R_i 的矩阵，e_i 表示 n 阶单位矩阵 I_n 的第 i 列，$f(\cdot)$ 是结构参数 θ 的连续可微函数矩阵。一般情况下，$f(\cdot)$ 在点（B_0，B_1）处的微分的秩是 kn，k 是 n 的倍数。例如，若识别约束直接施加于 B_0 时，则 $k=n$。若识别约束是 Gali（1992）提出的短期加长期约束时，则 $k=2n$。

（1）三角识别约束。Hamilton（1994）的三角识别约束是对结构模型（22）的参数 B_0 直接施加的线性约束。即，对于结构模型（22），存在一个 n 阶可逆矩阵 P 使得 PB_0 是下三角矩阵。于是，可令 $f(B_0,\ B_1)=(PB_0)'$，Φ_i

是秩为 $\mathrm{rank}[\Phi_i]=n-i$ 的矩阵，则约束方程组为：

$$\Phi_i(PB_0)'e_i=0,\ i=1,\ \cdots,\ n \tag{28}$$

这时，

$$\frac{\partial\varphi}{\partial\theta}=\begin{bmatrix}P\Phi_1' & & \\ & \ddots & \\ & & P\Phi_n'\end{bmatrix}=(I_n\otimes P)\begin{bmatrix}\Phi_1' & & \\ & \ddots & \\ & & \Phi_n'\end{bmatrix}$$

并且，因 P 是可逆矩阵，则有，

$$\mathrm{rank}\left[\frac{\partial\varphi}{\partial\theta}\right]=\sum_{i=1}^{n}\mathrm{rank}[\Phi_i]=\frac{n(n-1)}{2} \tag{29}$$

因此，SVAR 模型可识别的三角约束条件正是推论 2 的秩条件。

（2）长短期识别约束。对于 SVAR 模型（22），Blanchard 和 Quah（1989）、Gali（1992）提出的短期识别与长期识别约束是针对结构参数的非线性约束，即对矩阵 B(1) 和 B(0) 元素的零约束，其中，$B(L)=\left(B_0-\sum_{i=1}^{p}B_iL^i\right)^{-1}$ 是简化型模型 VMA(∞)的特征多项式。

于是，如果分别设，

$f(B_0,\ B_1)=B(0)'$，$f(B_0,\ B_1)=B(1)'$，$f(B_0,\ B_1)=[B(0)\quad B(1)]'$。并且适当地选择矩阵 Φ_i，使得 $\sum_{i=1}^{n}\mathrm{rank}[\Phi_i]=n(n-1)/2$，则识别约束（27）即为内生变量关于第 i 个外生冲击 u_{it} 的短（当）期、长期以及长短期的脉冲响应函数的线性约束。

并且，

$$\frac{\partial\varphi}{\partial\theta}=\left[\frac{\partial f(\cdot)}{\partial\theta}\right]\begin{bmatrix}\Phi_1' & & \\ & \ddots & \\ & & \Phi_n'\end{bmatrix}$$

显然，矩阵 $\frac{\partial f(\cdot)}{\partial\theta}$ 是行满秩矩阵，所以，

$$\mathrm{rank}\left[\frac{\partial\varphi}{\partial\theta}\right]=\sum_{i=1}^{n}\mathrm{rank}[\Phi_i]=\frac{n(n-1)}{2}$$

因此，Blanchard 和 Quah（1989）、Gali（1992）关于 SVAR 模型的识别约束条件正是推论 2 的秩条件。

类似地，当设定 $f(B_0, B_1) = [B_0 \quad B(0) \quad B(1)]'$ 时，Rubio-Ramirez 等（2010）讨论的对系数零约束和脉冲响应函数零约束的合并约束也是推论 2 中秩条件的一种特殊形式。

五、一种 DSGE 模型的识别

为了详细阐明定理 1 在结构参数模型识别中的应用，下面以 Gali（2008）介绍的古典货币模型为例，讨论一种简单 DSGE 模型的识别问题。实际上，该 DSGE 模型已广泛应用于货币政策选择的实证研究。

在完全竞争和完全灵活的价格假设下，Gali（2008）建立了一个 DSGE 模型（古典货币模型）分析货币政策的效应。假设经济由代表性家庭、生产企业及中央银行 3 个经济主体组成。家庭在无限的生命期内通过消费、持有货币和提供劳动实现其终身效用的最大化；生产企业在外生决定的技术进步水平下通过购买劳动生产完全竞争市场的无差别产品；中央银行根据利率规则运用货币政策调控经济。

于是，由家庭效用最大化得到一阶条件：

$$m_t - p_t = c_t - \eta i_t$$

$$w_t - p_t = \sigma c_t + \phi n_t + \omega i_t$$

$$c_t = E_t\{c_{t+1}\} - \frac{1}{\sigma}(i_t - E_t\{\pi_{t+1}\} - \omega E_t\{\Delta i_{t+1}\} - \rho)$$

由生产企业利润最大化得到一阶条件：

$$w_t - p_t = a_t - \alpha n_t = y_t - n_t$$

并且，假设中央银行的货币政策服从利率规则：

$$i_t = \rho + \phi_\pi \pi_t + \nu_t$$

技术进步水平和货币政策冲击分别服从 AR(1) 过程：

$$a_t = \rho_a a_{t-1} + \varepsilon_{at}$$

$$\nu_t = \rho_\nu \nu_{t-1} + \varepsilon_{\nu t}$$

因此，综合家庭效用最大化的一阶条件、生产企业利润最大化的一阶条件、货币政策方程、技术进步水平和货币政策的动态演化过程合并市场出清条件 $y_t = c_t$，得到古典货币模型；并经过消去中间变量及期望算子可得到产出、就业、名义利率等变量之间的动态均衡关系，即如下的系数非线性的动态系统：

$$\begin{cases}\dfrac{\sigma(1-\alpha)+\varphi+\alpha}{1+\varphi}y_t+\dfrac{\omega(1-\alpha)}{1+\varphi}i_t-\rho_a a_{t-1}=\varepsilon_{1t}\\ i_t-\phi_\pi\pi_t-\rho_\nu\nu_{t-1}=\varepsilon_{2t}\\ y_t+\dfrac{\omega(1-\alpha)\phi_\pi}{\sigma(1-\alpha)+\varphi+\alpha}\pi_t+\dfrac{(1+\varphi)\rho_a}{\sigma(1-\alpha)+\varphi+\alpha}a_{t-1}+\dfrac{(1-\alpha)(1-\rho_\nu)\omega\phi_\pi}{(\phi_\pi-1)[\sigma(1-\alpha)+\varphi+\alpha]}\nu_{t-1}=\varepsilon_{3t}\end{cases} \tag{30}$$

可见，若结构模型（30）通过计算可以直接得出简化型的表达式，即可得到结构参数与简化型参数的参数关系体系，直接利用定理 1 即可判断该系数非线性动态系统的可识别性。进一步地，通过计算偏导矩阵，在模型不可识别的情况下能够得出需要增加的约束个数，并根据需要对结构参数施加约束，使得模型满足可识别的秩条件。这个判断过程即是对简单的 DSGE 模型参数可识别性讨论的一种方法，并且可以将参数校准看作对结构参数施加的识别约束，利用本文的秩条件定理判断待校准的稳态参数，详细内容将在第六部分讨论。本部分仅给出应用秩条件定理判断简化的线性系统的可识别性的过程。

经简单的系数替换后模型（30）即得到下列线性系统：

$$\begin{cases}\beta_{11}y_t+\beta_{12}i_t+\gamma_{11}a_{t-1}=\varepsilon_{1t}\\ i_t+\beta_{23}\pi_t+\gamma_{22}\nu_{t-1}=\varepsilon_{2t}\\ y_t+\beta_{33}\pi_t+\gamma_{31}a_{t-1}+\gamma_{32}\nu_{t-1}=\varepsilon_{3t}\end{cases} \tag{31}$$

式中，对数产出 y_t、名义利率 i_t 以及通货膨胀率 π_t 是内生变量；先决变量分别为技术进步水平 a_{t-1} 和货币政策 ν_{t-1}；$\varepsilon_{1t}\sim NIID(0,\ \sigma_1^2)$、$\varepsilon_{2t}\sim NIID(0,\ \sigma_2^2)$ 分别为相互独立的外生技术冲击和货币政策冲击，而 $\varepsilon_{3t}\sim NIID(0,\ \sigma_3^2)$ 是 ε_{1t} 与 ε_{2t} 的线性组合。注意到，该模型中独立的结构冲击个数小于内生变量个数，此类模型被称作随机奇异的（Singular）DSGE 模型。可见，简写后的线性系统（31）可以看作线性联立方程组模型。

并且，也可得到原 DSGE 模型结构参数与线性联立方程组模型参数的对应关系，例如，$\beta_{11}=\dfrac{\sigma(1-\alpha)+\phi+\alpha}{1+\phi}$、$\beta_{12}=\dfrac{\omega(1-\alpha)}{1+\phi}$、$\beta_{23}=-\phi_\pi$、$\gamma_{11}=-\rho_a$ 和 $\gamma_{32}=\dfrac{(1-\alpha)(1-\rho_\nu)\omega\varphi_\pi}{(\varphi_\pi-1)[\sigma(1-\alpha)+\phi+\alpha]}$ 等。

(一) 识别约束

显然，为了估计古典货币模型的初始结构参数，须首先讨论联立方程组模型（31）的识别性。为此，这里应用秩条件定理讨论联立方程组模型（31）的识别约束。事实上，模型（31）包含的识别约束有系数的标准化约束、排除约束（Exclusion Restriction）、冲击的不相关约束、方差—协方差约束以及系数的非线性约束。

首先，根据结构模型（31）的设置，可得到系数的标准化约束和排除约束：

$$\begin{cases}\beta_{13}=\gamma_{12}=0\\ \beta_{22}=1，\beta_{21}=\gamma_{21}=0\\ \beta_{31}=1，\beta_{32}=0\end{cases} \tag{32}$$

式（32）的约束即为Koopmans等（1950）讨论的线性联立方程组模型的识别约束，也是目前计量经济学教科书中经常使用的识别约束。

其次，根据Gali（2008）古典货币模型的假设——外生的技术进步冲击ε_{1t}和外生的货币政策冲击ε_{2t}不相关，得到冲击的不相关约束：

$$\sigma_{12}=\sigma_{21}=0 \tag{33}$$

显然，式（32）与式（33）即为Fisher（1959）所讨论的广义秩条件[①]中的识别约束。

另外，在技术进步率服从AR（1）过程$a_t=\rho_a a_{t-1}+\varepsilon_{1t}$的假设条件下，可得到技术进步冲击$\varepsilon_{1t}$的方差约束：

$$\sigma_1^2=c\ （常数） \tag{34}$$

显然，式（33）与式（34）均为Hausman和Taylor（1983）讨论的方差—协方差约束。

最后，从非线性系统（30）与线性系统（31）的系数联系，不难发现线性联立方程组模型（31）还存在系数非线性约束：

$$\gamma_{31}\beta_{11}+\gamma_{11}=0 \tag{35}$$

至此，式（32）~式（35）给出了对结构参数的全部约束，下面将应用定理1讨论结构模型（31）的可识别性。

---

① 由于检验时对每个不相关约束都需要重新排列方程并计算矩阵$\sum^2$，这种识别方法并未得到广泛应用。

（二）模型识别

为了简化计算，这里可以应用推论 1 检验结构模型（31）的可识别性。令 $B=[\beta_{ij}]_{3\times3}$，$\Gamma=[\gamma_{ij}]_{3\times2}$，$\Sigma=\lfloor\sigma_{ij}\rfloor_{3\times3}$。并且令 $A=[B\quad\Gamma]$，$\varphi_a=\left[\dfrac{\partial\varphi}{\partial\beta}\quad\dfrac{\partial\varphi}{\partial\gamma}\right]$，$\varphi_\sigma=\left[\dfrac{\partial\varphi}{\partial\sigma}\right]$，则：

$$\begin{aligned}\Psi'&=(I_G\otimes B)\varphi'_\beta+(I_G\otimes\Gamma)\varphi'_\gamma+(I_G\otimes2\Sigma)\varphi'_\sigma\\&=(I_G\otimes A)\varphi'_a+(I_G\otimes2\Sigma)\varphi'_\sigma\\&=\begin{bmatrix}A\varphi'_{a1}&&\\&A\varphi'_{a2}&\\&&A\varphi'_{a3}\end{bmatrix}+\begin{bmatrix}2\Sigma\varphi'_{\sigma1}&&\\&2\Sigma\varphi'_{\sigma2}&\\&&2\Sigma\varphi'_{\sigma3}\end{bmatrix}\end{aligned}$$

并且，

$$\text{rank}\lfloor\Psi'\rfloor=9=3^2$$

$$\text{rank}[A\varphi'_{a1}+2\Sigma\varphi'_{\sigma1}]=\text{rank}[A\varphi'_{a2}+2\Sigma\varphi'_{\sigma2}]=\text{rank}[A\varphi'_{a3}+2\Sigma\varphi'_{\sigma3}]=3$$

因此，根据推论 1，结构模型（31）中的每个方程均可识别，即结构模型（31）可识别。其中，第一个方程和第二个方程为过度识别，第三个方程为恰好识别。

（三）与传统识别方法的比较

对于结构模型（31），前文已分别介绍了 Koopmans 等（1950）、Fisher（1959）以及 Hausman 和 Taylor（1983）所讨论的识别约束，即式（32）~式（34）。下面讨论在这些约束下结构模型（31）的可识别性。

首先，在 Koopmans 等（1950）讨论的识别约束（32）下，因，

$\text{rank}[A\Phi'_1]=2$，$\text{rank}[A\Phi'_2]=3$ 和 $\text{rank}[A\Phi'_3]=2$

则由 Koopmans 的秩条件定理可知，仅有第二个方程是可识别的，并且结构模型（31）整体不可识别。

其次，当识别约束（32）加入外生冲击的不相关约束（33）时，由于，

$$\text{rank}\lfloor\overline{\Sigma}^2\quad A\Phi'_1\rfloor=2$$

则根据 Fisher（1959）的广义秩条件定理，依然是仅有第二个方程是可识别的。

最后，在 Hausman 和 Taylor（1983）讨论的识别约束（32）~（34）下，由于，

$$\text{rank}\begin{bmatrix} 0 \\ A\varphi'_{a1} \\ \Sigma\varphi'_{\sigma 1} \end{bmatrix} = 5 = G + K$$

则根据 Hausman 和 Taylor 的秩条件定理可得，第一个方程和第二个方程可识别，第三个方程依然不可识别。

由此可见，即使在式（32）~式（34）的约束下，应用上述 3 种模型识别的秩条件均不可识别结构模型（31）。然而，在增加了系数非线性约束（35）后，对于识别约束式（32）~式（35），应用本文的秩条件定理即可识别结构模型（31）；进而可运用适当的估计方法估计模型参数并进行相应的结构分析。

六、DSGE 模型的结构识别与参数校准

（一）结构模型及其简化型

第五部分已经推导得出 Gali（2008）古典货币模型的系数非线性联立方程组表达形式，即结构模型（30）：

$$\begin{cases} \dfrac{\sigma(1-\alpha)+\phi+\alpha}{1+\phi}y_t + \dfrac{\omega(1-\alpha)}{1+\phi}i_t - \rho_a a_{t-1} = \varepsilon_{1t} \\ i_t - \phi_\pi \pi_t - \rho_\nu \nu_{t-1} = \varepsilon_{2t} \\ y_t + \dfrac{\omega(1-\alpha)\varphi_\pi}{\sigma(1-\alpha)+\phi+\alpha}\pi_t + \dfrac{(1+\phi)\rho_a}{\sigma(1-\alpha)+\phi+\alpha}a_{t-1} + \dfrac{(1-\alpha)(1-\rho_\nu)\omega\varphi_\pi}{(\varphi_\pi-1)[\sigma(1-\alpha)+\phi+\alpha]}\nu_{t-1} = \varepsilon_{3t} \end{cases}$$

下面将利用定理 1 讨论该结构模型的可识别性，其中 $\theta=(\sigma, \alpha, \varphi, \omega, \phi_\pi, \rho_a, \rho_v, vec(\Sigma)')'$为结构参数向量。

显然，对于结构模型（30），将内生变量 $(y_t, i_t, \pi_t)'$表示为先决变量 $(a_{t-1}, \nu_{t-1})'$与随机冲击的组合的形式，则可得到结构模型（30）对应的简化型模型：

$$y_t=\psi_{ya}\rho_a\left(1+\frac{\sigma(1-\rho_a)\psi_{yi}}{(1+\omega\psi)(1-\Theta\rho_a)}\right)a_{t-1}+\frac{\rho_\nu^2\psi_{yi}}{\varphi_\pi(1+\omega\psi)(1-\Theta\rho_\nu)}\nu_{t-1}+\eta_{1t}$$

$$i_t=-\frac{\sigma(1-\rho_a)\psi_{ya}\rho_a}{(1+\omega\psi)(1-\Theta\rho_a)}a_{t-1}-\frac{\rho_\nu^2}{\varphi_\pi(1+\omega\psi)(1-\Theta\rho_\nu)}\nu_{t-1}+\eta_{2t}$$

$$\pi_t=-\frac{\sigma(1-\rho_a)\psi_{ya}\rho_a}{\varphi_\pi(1+\omega\psi)(1-\Theta\rho_a)}a_{t-1}-\frac{(1+(1-\rho_\nu)\omega\psi)\rho_\nu}{\varphi_\pi(1+\omega\psi)(1-\Theta\rho_\nu)}\nu_{t-1}+\eta_{3t} \tag{36}$$

式中，$\psi_{ya}=\frac{1+\varphi}{\sigma(1-\alpha)+\varphi+\alpha}$，$\psi_{yi}=\frac{\omega(1+\alpha)}{\sigma(1-\alpha)+\varphi+\alpha}$，$\psi=\frac{\varphi+\alpha}{\sigma(1-\alpha)+\varphi+\alpha}$，$\Theta=\frac{1+\omega\psi\phi_\pi}{(1+\omega\psi)\phi_\pi}$。

如果记 $\lambda_1=\frac{\sigma(1-\rho_a)\psi_{ya}\rho_a}{\phi_\pi(1+\omega\psi)(1-\Theta\rho_a)}$，$\lambda_2=\frac{\rho_\nu}{\phi_\pi(1+\omega\psi)(1-\Theta\rho_\nu)}$，则简化型式（36）即为：

$$y_t=(\psi_{ya}\rho_a+\lambda_1\phi_\pi\psi_{yi})a_{t-1}+\lambda_2\rho_\nu\psi_{yi}\nu_{t-1}+\eta_{1t}$$

$$i_t=-\lambda_1\phi_\pi a_{t-1}-\lambda_2\rho_\nu\nu_{t-1}+\eta_{2t}$$

$$\pi_t=-\lambda_1 a_{t-1}-\lambda_2(1+(1-\rho_\nu)\omega\psi)\nu_{t-1}+\eta_{3t} \tag{37}$$

设简化型模型的第 i 个方程中第 j 个先决变量的系数为 γ_{ij}，误差向量 η_t 的方差—协方差矩阵为 Ω。则简化型模型的参数向量 $\gamma=(\gamma_{11},\gamma_{12},\gamma_{21},\gamma_{22},\gamma_{31},\gamma_{32},\text{vec}(\Omega)')'$，显然，参数关系映射将 $\gamma=\bar{\gamma}(\theta)$ 结构参数向量 θ 映射为简化型参数向量 γ。

（二）模型识别

下面利用定理 1 讨论结构模型（30）的可识别性。

由于结构模型（30）的系数为非线性，无法直接得到简化型模型误差向量方差—协方差矩阵 Ω 关于结构型模型误差向量的方差—协方差矩阵 Σ 的对应关系，因此，这里只讨论系数的对应关系体系。显然，若结构参数的子集 $\theta_1=(\sigma,\alpha,\varphi,\omega,\phi_\pi,\rho_a,\rho_\nu)'$ 可识别，则结构模型的参数 θ 可识别。

记 λ_1、λ_2 对 θ_1 中每个元素的偏导分别为 λ_1^σ，…，$\lambda_1^{\rho_a}$，λ_2^σ，…，$\lambda_2^{\rho_a}$，若不对 θ_1 中的元素施加约束，则有[①]：

① 矩阵 W 中 * 所代表的表达式过于复杂，文中无法详细列出，但 * 的表达式不影响矩阵 W 达到行满秩。

$$
\mathbb{W}=\begin{bmatrix}
* & & \cdots & & * & \psi_{ya}+\phi_\pi\psi_{yi}\lambda_1^{\rho_a} & 0 \\
* & & \cdots & & * & 0 & \psi_{yi}(\lambda_2+\rho_v\lambda_2^{\rho_v}) \\
-\phi_\pi\lambda_1^\sigma & -\phi_\pi\lambda_1^\alpha & -\phi_\pi\lambda_1^\varphi & -\phi_\pi\lambda_1^\omega & -\lambda_1-\phi_\pi\lambda_1^{\phi_\pi} & -\phi_\pi\lambda_1^{\rho_a} & 0 \\
-\rho_v\lambda_2^\sigma & -\rho_v\lambda_2^\alpha & -\rho_v\lambda_2^\varphi & -\rho_v\lambda_2^\omega & -\rho_v\lambda_2^{\phi_\pi} & 0 & -\lambda_2-\rho_v\lambda_2^{\rho_v} \\
-\lambda_1^\sigma & -\lambda_1^\alpha & -\lambda_1^\varphi & -\lambda_1^\omega & -\lambda_1^{\phi_\pi} & -\lambda_1^{\rho_a} & 0 \\
* & & \cdots & & * & 0 & -(1+(1-\rho_v)\omega\psi)\lambda_2^{\rho_v}+\omega\psi\lambda_2
\end{bmatrix}
$$

对于7维结构系数向量 $\theta_1=(\sigma,\ \alpha,\ \varphi,\ \omega,\ \phi_\pi,\ \rho_a,\ \rho_v)'$，由于 rank $[\mathbb{W}]=6$，则由定理1可知 θ_1 不可识别。显然，若使结构系数可识别，至少需要对结构系数施加一个识别约束。

众所周知，在求解DSGE模型之前需要深入分析解的存在性、唯一性和稳定性，即讨论模型结构参数的可识别性。然而，因DSGE模型的结构参数较多，且大部分DSGE模型都是非线性的，目前尚未存在统一的识别分析框架。并且，Nikolay（2010）、Ivana和Serena（2011）也指出，“如果不对结构参数施加识别约束，模型往往是不可识别的，即模型不可求解”。近年来最为常用的DSGE模型求解方法是参数校准与Bayes分析方法相结合，即：将结构参数区分为稳态模型参数（简称为稳态参数）和非稳态参数；对一部分稳态参数进行参数校准，其余结构参数使用Bayes分析方法确定。事实上，参数校准是对（部分）稳态参数施加了点约束，有助于解决结构参数的不可识别问题。但是，究竟需要对结构参数施加多少个约束以及对哪些结构参数施加约束一直是悬而未决的问题。Ivana和Serena（2011）指出，若施加的约束个数过多，会导致DSGE模型的过度识别，尽管能够保证结构参数存在唯一的数值解，但并不能保证参数估计具有良好的渐近性质；另外，即使施加的约束个数正确，若对可识别参数施加了约束，则仍然会导致DSGE模型不可识别，使得参数估计值非稳健。为了解决这两方面问题，本文以Gali（2008）古典货币模型为例，讨论如何运用参数校准方法对DSGE模型施加适当的识别约束，使得DSGE模型达到恰好识别的条件。

（三）识别约束

对于结构模型（30），由于 rank $[\mathbb{W}]=6$，结构参数向量 θ_1 是不可识别的。并且，至少需要对 θ_1 中的元素施加一个约束。为此，根据Rothenberg

（1971）的秩条件[①] 检验 θ_1 中各个元素的可识别性，考虑到仅仅对结构模型（30）的稳态方程，

$$
\begin{aligned}
&\pi^s = 0\\
&i^s = -\log Q^s\\
&Q^S = \beta\\
&m^s = p^s + c^s - \frac{i^s(1-Q^s)}{\nu}\\
&w^s = p^s + \sigma c^s + \phi n^s + \omega i^s\\
&w^s = p^s + y^s - n^s + \log(1-\alpha)\\
&Y^s = A^s(N^s)^{1-\alpha}
\end{aligned}
\tag{38}
$$

的参数 $\theta_c = (\sigma, \alpha, \phi, \omega, \varphi_\pi)$进行参数校准。因此，只需检验 θ_c 中各个元素的可识别性。

容易得到，$\mathrm{rank}[W_\sigma] = \mathrm{rank}[W_\alpha] = \mathrm{rank}[W_\phi] = \mathrm{rank}[W_\omega] = 7$、$\mathrm{rank}[W_{\varphi_\pi}] = 6$，所以，$\varphi_\pi$ 是可识别参数，不需要对 φ_π 进行参数校准。并且，对参数 σ、α、ϕ 以及 ω 中任意一个参数进行校准，即可得到一个识别约束，从而使 DSGE 模型可识别。

（四）参数校准

参数校准并不是严格的统计估计方法，但在数据样本较少或者不可获得的情况下，也不失为一个确定参数的方法。校准的基本思路是根据模型稳态的变量关系利用实际观测值确定有关参数（刘斌，2010）。由于模型（30）中的各变量不存在趋势项，在利用实际观测数据进行参数校准时，首先对实际数据进行剔除趋势项的处理，然后计算退势数据的历史平均值，以此作为分析和计算的基础。具体的分析和计算步骤如下：①由 $i^s = -\log Q^s$ 及 $Q^S = \beta$ 可以看出，根据国民经济统计中的名义利率取历史平均值作为稳态时的名义利率值，可以得出贴现率 β 的校准值；②由于 $1-\alpha$ 反映劳动收入占产出的比重，可利用收入法统计的 GDP 计算劳动收入占产出的比重，可以得出 α 的校准值；③由 $m^s = p^s + c^s - \frac{i^s(1-Q^s)}{\nu}$ 可知，稳态时实际货币余额的对数是

① Rothenberg（1971）指出结构参数中第 i 个元素可识别当且仅当$\mathrm{rank}[W_i] = \mathrm{rank}[W]$，其中 W_i 由 W 矩阵增加第 i 列元素为 1 其余元素均为 0 的一行而得到。

稳态时对数消费（本例中等于对数产出 y^s）和名义利率的函数。所以，利用实际货币余额样本均值的对数，作为稳态时实际货币余额的对数，并根据所估算的 y^s、i^s 和 Q^s 计算得到消费与实际货币余额间替代弹性 $\frac{1}{\nu}$ 的校准值。

至此，根据稳态方程式（38），利用可观测变量的样本数据得到结构参数 β、α 及 ν 的校准值，进而可得到 $\eta=\frac{1}{\nu(\exp(i^s)-1)}$ 及 $\chi=\frac{(1-\beta)^{1-\frac{1}{\nu}}}{1+(1-\beta)^{1-\frac{1}{\nu}}}$ 的校准值。

由于校准不可识别参数 α 是对 α 实施的识别约束，并且，因 $rank[W_\alpha]=7$，满足结构参数模型识别的秩条件，即定理 1。所以，只需校准一个稳态参数 α，结构模型（30）是可识别的。但是，由于稳态参数 σ、ϕ 和 ω 仅包含于稳态方程等式 $w^s=p^s+\sigma c^s+\phi n^s+\omega i^s$ 中，无法借助可观测变量的样本数据直接校准这些参数。

然而，在进行 DSGE 模型参数校准时，据不完全统计，国内相关研究通常并未从参数识别约束的视角讨论施加点识别约束的待校准参数，如胡志鹏（2014）、纪洋等（2015）等。特别地，刘斌（2010）指出可将结构参数分为两类，一是反映模型稳态特性的参数，二是反映模型动态特性的参数。对于第一类参数，通常采用校准的方法来设定；对于第二类参数，通常采用估计的方法来确定。而且，对于不能根据模型的稳态方程和可观测变量的样本数据确定的稳态参数，则参考和引用其他类似研究中的估计值直接设定它们的校准值。例如，刘斌（2010）指出“可根据已有实证研究中货币需求关于利率的长期弹性来得到参数的校准值”。显然，这种参数校准过程将导致两类问题：其一，可能导致结构模型的过度识别，即参数校准过度；其二，直接引用的参数值未必满足稳态方程，或者对结构参数施加了错误的识别约束，导致其他待估参数的估计偏差。例如，对于本文讨论的稳态方程式（38），若直接引用其他研究结果校准参数 σ、ϕ 及 ω 的值，可能会导致参数关系式 $\omega=\chi\eta(\nu-\sigma)$ 无法满足。

因此，从结构识别的视角出发，本文认为校准 DSGE 模型部分稳态参数的一般步骤如下：首先，检验无识别约束 DSGE 模型的可识别性，并判断需要施加的识别约束个数；其次，逐个检验模型稳态参数的可识别性，剔除可识别的结构参数，确定需要校准的参数；最后，根据模型的稳态方程和可观测变量的样本数据确定参数的校准值，使得模型的结构参数可识别。例如，对于经济政策分析中常用的 An 和 Schorfheide（2007）模型，应用 Ivana 和 Serena（2011）的动态识别方法可以判断无约束 DSGE 模型是不可识别的，并且通过逐个检验稳态参数的可识别性，最后确定需要校准即施加识别约束的 3 个稳态参数。

七、结　论

结构计量模型的识别是计量经济学理论的核心内容之一，本文重点研究了结构参数模型识别的基本理论。在已知结构参数和简化型参数的参数关系体系的假设下，得出了结构参数模型可识别的一种秩条件。并且，只要参数关系体系和对结构参数的约束函数关于结构参数连续可微，就可以应用本文的秩条件讨论结构参数模型的可识别性。并且，本文的秩条件不仅对于结构模型形式不做限定，而且也未限定识别约束的类型。特别地，对于联立方程组模型（SEM），在对系数的标准化约束及排除约束下，本文的秩条件与 Koopmans 等（1950）的秩条件等价；对于结构向量自回归（SVAR）模型 Hamilton（1994）的三角识别约束、Blanchard 和 Quah（1989）以及 Gali（1992）的短期和长期识别约束以及 Rubio-Ramirez 等（2010）的合并约束均是本文秩条件的特殊形式。因此，本文的秩条件适用范围更为广泛，可适用于一般的结构参数模型的识别。

在实际应用中，本文以 Gali（2008）古典货币模型为例，推导出该 DSGE 模型的线性联立方程组和系数非线性联立方程组的表达形式，并通过推导其简化型得到参数关系体系，利用本文的秩条件定理研究了一类 DSGE 模型的可识别性。研究发现：对于线性联立方程组表达形式，Koopmans 等（1950）、Fisher（1959）以及 Hausman 和 Taylor（1983）讨论的识别约束及其秩条件定理均不可准确识别线性结构模型，然而，在包含系数非线性约束后，应用本文的秩条件定理即可识别该结构模型；对于系数非线性联立方程组表达形式，从结构识别的角度出发将参数校准视为对结构参数施加的点约束，可应用本文的秩条件定理确定待校准的稳态参数，并归纳出了参数校准的一般步骤。本文在应用研究部分详细地分析了结构参数识别和参数校准过程，为 DSGE 模型的规范应用提供了相关理论基础。

参考文献

[1] An S., F. Schorfheide. Bayesian Analysis of DSGE Models [J]. Econometric Reviews, 2007 (26): 113-172.

[2] Bernanke B. S., I. Mihov. Measuring Monetary Policy [J]. Quarterly Journal of Economics, 1998, 113 (3): 869-902.

[3] Blanchard O. J., D. Quah. The Dynamic Effects of Aggregate Demand and Supply Disturbances [J]. American Economic Review, 1989, 79 (4): 655-673.

[4] Christiano L. J., M. Eichenbaum, C. L. Evans, The Effects of Monetary Police Shocks: Evidence from the Flow of Funds [J]. Review of Economics and Statistics, 1996, 78 (1): 16-34.

[5] Ekeland I., J. J. Heckman, L. Nesheim. Identification and Estimation of Hedonic Models [J]. Journal of Political Economy, 2004 (112): 60-109.

[6] Fisher Franklin M. Generalization of the Rank and Order Conditions for Identifiability [J]. Econometrica, 1959, 27 (3): 431-447.

[7] Gali J. How Well does the IS-LM Model Fit Postwar US Data? [J]. Quarterly Journal of Economics, 1992, 107 (2): 709-738.

[8] Gali J. Monetary Police, Inflation, and the Business Cycle [M]. Princeton Princeton University Press, 2008.

[9] Hamilton J. D. Times Series Analysis [M]. Princeton University Press, 1994.

[10] Hausman J. A., W. E. Taylor. Identification in Linear Simultaneous Equations Models with Co-variance Restriction: An Instrumental Variables Interpretation [J]. Econometrica, 1983, 51 (5): 1527-1549.

[11] Iskrev N. Local Identification in DSGE Models [J]. Journal of Monetary Economics, 2010 (57): 189-202.

[12] Ivana K., N.G. Serena. Dynamic Identification of Dynamic Stochastic General Equilibrium Models [J]. Econometrica, 2011, 79 (6): 1995-2032.

[13] King R. G., Plosser C. I., Stock J. H., Watson M. W. Stochastic Trends and Economic fluctuations [J]. American Economic Review, 1991, 81 (4): 819-840.

[14] Koopmans T. C., H. Rubin, R. B. Leipnik. Measuring the Equation Systems [A]. Cowles Commission Monograph No. 10 [C], New York: John Wiley, 1950: 54-237.

[15] Koopmans T. C., O. Reiersol. The Identification of Structural Characteristics [J]. The Annals of Mathematical Statistics, 1950, 21 (2): 165-181.

[16] Kydland F. E., E. C. Prescott. Time to Build and Aggregate Fluctuations [J]. Econometrica, 1982 (50): 1345-1340.

[17] Lewbel A., O.Linton S. Srisuma. Nonparametric Euler Equation Identification and Estimation [EB/OL]. Identification and Estimation, http://www2.bc.edu/~lewbel/non-parameulerest.pdf, 2011.

[18] Reiss P.C., F.A. Wolak. Structural Econometric Modeling: Rationales and Examples from Industrial Organization [A]. In: Heckman J. J., E. E. Leamer (Eds.). Handbook of Econometrics, North-Holland, Amsterdam, 2007 (1): 277-341.

[19] Rothenberg T. J. Identification in Parametric Models [J]. Econometrica, 1971, 39 (3): 577-591.

[20] Rubio-Ramirez J., D. Waggoner, T. Zha. Structural Vector Autoregressions: Theory of Identification and Algorithms for Inference [J]. Review of Economic Studies, 2010, 77 (2): 665-696.

[21] Sims C. A. Macroeconomics and Reality [J]. Econometrica, 1980, 48 (1): 1-47.

[22] Sims C. A., T. Zha. Were there Regime Switches in US Monetary Policy? [J]. American Economic Review, 2006 (96): 655-673.

[23] Smet F., R. Wouters. An Estimated Dynamic Stochastic General Equilibrium Model of Euro Area [J]. Journal of the European Economic Association, 2003, 1 (5): 1123-1175.

[24] Smet F., R. Wouters. Shocks and Frictions in US Business Cycles: A Bayesian DSGE Approach [J]. American Economic Review, 2007 (97): 586-606.

[25] 白仲林，林桐，张珺. SVARMA 模型的设定、方差分解分析和应用 [J]. 统计研究，2014，31 (5).

[26] 白仲林，缪言，韩猛. 结构参数模型的识别及其应用 [J]. 数理统计与管理，2015.

[27] 白仲林，汪玲玲. 一种估计 DSGE 模型脉冲响应函数的方法 [J]. 数量经济技术经济研究，2015 (1).

[28] 韩猛，缪言，白仲林. 动态因子模型的结构识别研究 [EO/BL]，工作论文，2015.

[29] 胡志鹏. “稳增长”与“控杠杆”双重目标下的货币当局最优政策设定 [J]. 经济研究，2014 (12).

[30] 纪洋，徐建炜，张斌. 利率市场化的影响、风险与时机——基于利率双轨制模型的讨论 [J]. 经济研究，2015 (1).

[31] 刘斌. 动态随机一般均衡模型及其应用 [M]. 北京：中国金融出版社，2010.

[32] 张延群. 向量自回归 (VAR) 模型中的识别问题——分析框架和文献综述 [J]. 数理统计与管理，2012，31 (5).

非线性趋势 KPSS 检验、模型误设与检验流程构建

江海峰 洪功翔 黄永兴
（安徽工业大学商学院，安徽马鞍山 243002）

一、引 言

自 Phillips、(1986) 首次从理论上证明单位根导致伪回归以来，单位根检验日益受到重视。根据假设设定形式分为两类：以存在单位根为原假设(本文称为第一类检验)，主要有 ADF、PP、DF-GLS 、NRS 和 NP 检验；以序列平稳为原假设，其中以 Kwaitkowski 等（1992）的 KPSS 检验最为常用，该检验模型如下：

$$\begin{cases} y_t = d_t + \xi_t + \varepsilon_t \\ \xi_t = \xi_{t-1} + u_t \end{cases},\ t=1,\ 2,\ \cdots,\ T \tag{1}$$

式中，d_t 表示确定性成分，有 $d_{1t} = c$ 和 $d_{2t} = \beta_0 + \beta_1 t$ 两种形式；ε_t 和 u_t 为一般平稳过程，记 $\sigma_\varepsilon^2 = \lim\limits_{T\to\infty} E\left(T^{-1}\left(\sum\limits_{t=1}^{T}\varepsilon_t\right)^2\right)$、$\sigma_u^2 = \lim\limits_{T\to\infty} E\left(T^{-1}\left(\sum\limits_{t=1}^{T}u_t\right)^2\right)$分别

[基金项目] 国家社会科学基金（13BJY011）。

[作者简介] 江海峰，生于 1976 年 7 月，男，安徽工业大学商学院副教授，管理学博士；邮箱：harlon1976@163.com；手机：18010896622。洪功翔，生于 1964 年 6 月，男，安徽工业大学商学院教授，商学院院长，经济学硕士，硕士生导师；邮箱：agdhgx@ahut.edu.cn；手机：13955545121。黄永兴，生于 1965 年 2 月，男，安徽工业大学商学院教授，经济学硕士，硕士生导师；邮箱：yxl-hyx2004@126.com；手机：13855586415。

表示各自长期方差，则 KPSS 检验原假设为 $H_0: \sigma_u^2 = 0$，表示序列为水平平稳或趋势平稳过程。设$\hat{\sigma}_\varepsilon^2$为 σ_ε^2的一致估计量，则 KPSS 检验量及其分布为：

$$\eta_k = T^{-2}\sum_{t=1}^{T} S_t^2/\hat{\sigma}_\varepsilon^2 \Rightarrow \int_0^1 V_k^2(r)dr \quad k = 1, 2 \tag{2}$$

式中，$S_t = \sum_{i=1}^{t} e_i$，$t = 1, 2, \cdots, T$ 为残差部分和，而 e_i $(i = 1, 2, \cdots, T)$ 为 y_t 分别对 d_{1t}、d_{2t} 回归的残差，V_k 为 k（k = 1，2）阶布朗桥过程。

相对于第一类检验，KPSS 检验研究相对滞后，但由于第一类检验在某些特殊情形下会引发严重功效损失，于是学者们试图将 KPSS 检验和第一类检验配合使用，以期得到更可靠的结论，这极大地推动了 KPSS 检验的深入研究。近 20 年来，已涌现出不少文献，归纳起来，代表性文献研究内容主要集中在三个方面：

一是拓展研究。例如 Hobijn 等（1998）考虑 $d_{0t} = 0$ 时 KPSS 检验量分布，并证实无论在哪种假设下，只要数据生成过程含 d_{2t} 而估计模型含 d_{1t}，或者数据生成过程含 d_{1t} 而估计模型含 d_{0t} 时，检验量都具有一致性。Hadri 等（2009）将结构突变引入模型，并考察一个突变点时检验量分布和检验效果；也有学者考察水平和趋势双突变时检验量分布及其一致性。

二是改进研究，主要集中于估计长期方差 σ_ε^2 和获取检验临界值。Hobijn 等（1998）首先使用二次谱核依据数据自身特点选择滞后期估计长期方差；Sul 等（2005）利用 AR(p) 模型拟合扰动项 ε_t，并给出修正 KPSS 检验量；Kurozumi 等（2010）在 Sul 等（2005）的基础上利用谱密度估计长期方差，也提出偏差修正 KPSS 检验量。为获取有限样本临界值，Amsler（2009）提出利用 $l = bT$（$b \in (0, 1)$）确定滞后期，并导出在原假设成立时 KPSS 检验量分布和有限样本临界值；Jönsson（2011）主张根据具体样本和特定滞后期利用响应面技术获取特定样本临界值。以上学者模拟研究表明：使用有限样本临界值可以降低检验水平扭曲程度。

三是误设研究。Carrion-i-Silvestre 等（2003）指出：当模型存在水平突变但突变点被误设时，KPSS 检验会出现水平扭曲，扭曲程度取决于突变幅度；Hadri 等（2009）则从模拟角度证实：当原假设成立时，如果数据生成为 d_{1t} 而误用 d_{2t} 估计，检验水平并未发生扭曲，但会过度拒绝原假设。这表明 KPSS 检验同时受到数据生成过程和估计模型选择的影响，一旦两者不匹配，就会得出错误结论。

显然，以上研究既丰富了 KPSS 检验理论，降低水平扭曲程度，提高检验精度，又提醒研究者在实证分析中要正确设定 KPSS 检验模型。不难发现，上述研究视角与第一类检验完全一致，但在研究内容上，与第一类检验相比，仍有几个方面值得进一步完善：

第一，Schmidt 和 Phillips（1992）考虑了一般趋势下单位根 LM 检验量，揭示第一类单位根检验量分布随趋势递增的变化规律，但对含一般趋势的 KPSS 检验尚没有文献讨论。

第二，第一类检验隐含数据生成具有二次趋势的单位根检验①，但在 KPSS 检验中，已有研究最高趋势仅为线性趋势，对具有非线性二次趋势宏观经济序列而言，显然不能满足实证分析需要。

第三，Hobijn 等（1998）考虑数据生成为 d_{2t}（d_{1t}）而估计模型为 d_{1t}（d_{0t}）时检验量一致性问题，但对反向检验模式检验量性质没有研究；Hadri 等（2009）也仅从模拟角度考查原假设成立时生成模型为 d_{1t} 而检验模型为 d_{2t} 这一特定反向 KPSS 检验模式。显然，为全面考察 KPSS 检验量性质，理论和实证分析还要研究其他类型反向检验结论及其解释。

第四，由于单位根检验量分布同时受到数据生成过程与模型设置形式影响，所以单位根检验过程也是数据生成识别过程，下文研究表明：KPSS 检验本身难以区分模型误设，故检验必须遵循一定的逻辑顺序。为此有必要为 KPSS 检验构建一个类似第一类检验的 DJSR② 流程，但尚没有文献对此进行研究。

鉴于此，本文首先研究一般趋势生成模型 KPSS 检验量分布与一致性；其次为满足实证分析需要，给出二次趋势模型 KPSS 检验量常见临界值，并在此基础上着重讨论模型误设时不同趋势项检验量分布与性质，导出识别趋势类型的趋势项检验量分布与常见临界值；再次根据模型误设检验结论构建 KPSS 检验流程；最后使用该流程进行实证分析。本文揭示了 KPSS 检验量分布随趋势递增而变化的规律，完整地导出模型误设理论，并系统地提出 KPSS 检验流程，实证研究介绍了如何使用该检验流程进行检验，因而本文

---

① 这对应数据生成和估计模型都含有线性趋势单位根过程，由于检验量服从正态分布，因此很少被关注。

② 该流程由 Dolado 等（1990）提出，用于确定第一类检验中数据生成过程。

具有较强的理论价值和实践指导意义。

二、非线性趋势模型 KPSS 检验

（一）检验量的渐进分布

设数据生成过程为：

$$\begin{cases} y_t = \beta_0 + \beta_1 t + \beta_2 t^2 + \cdots + \beta_{m-1} t^{m-1} + \xi_t + \varepsilon_t \\ \xi_t = \xi_{t-1} + u_t \end{cases}, \quad t = 1, 2, \cdots, T \tag{3}$$

式中，ε_t 和 u_t 的性质同式（1）。当序列 y_t 为趋势平稳过程时，对应原假设为 $H_0: \sigma_u^2 = 0$。设 e_t 为下列回归模型残差：

$$y_t = \beta_0 + \beta_1 t + \beta_2 t^2 + \cdots + \beta_{m-1} t^{m-1} + \varepsilon_t \tag{4}$$

构造如下检验量：

$$\eta_m = T^{-2} \sum_{t=1}^{T} S_t^2 / \hat{\sigma}_\varepsilon^2$$

式中，S_t 和 $\hat{\sigma}_\varepsilon^2$ 的含义见式（2）的说明，则有定理 1 成立：

定理 1　设数据生成过程和估计模型分别为式（3）、式（4），在原假设 $H_0: \sigma_u^2 = 0$ 成立时有：

$$\eta_m \Rightarrow \int_0^1 V_m^2(r) dr$$

式中，$V_m(r) = W(r) - q'_m(r) Q_m^{-1} \int_0^1 g_m(r) dW(r)$，为 m 阶布朗桥，$W(r)$ 为标准布朗运动，$q_m(r) = (r, r^2/2, \cdots, r^m/m)'$，$g_m(r) = (1, r, \cdots, r^{m-1})'$，$Q_m = (q_{ij})_{m\times m}$，$q_{ij} = \dfrac{1}{i+j-1}$。

证明　令 $x_{m,t} = (1, t, t^2, \cdots, t^{m-1})'$，$\beta^m = (\beta_0, \beta_1, \cdots, \beta_{m-1})'$，$\hat{\beta}^m$，为 OLS 估计。由式（4）得：

$$\hat{\beta}^m - \beta^m = \left(\sum_{t=1}^{T} x_{m,t} x'_{m,t} \right)^{-1} \sum_{t=1}^{T} x_{m,t} \varepsilon_t$$

当 $r \in [0, 1]$ 时，令$\lceil Tr \rceil$表示不超过 Tr 的整数部分，则有：

$$T^{-j-1}\sum_{t=1}^{\lceil Tr\rceil} t^j \to r^{j+1}/(j+1),\ T^{-j+1/2}\sum_{t=1}^{T} t^{j-1}\varepsilon_t \Rightarrow \sigma_\varepsilon\int_0^1 r^{j-1}dW(r)$$

记 $D_{T,m}=\mathrm{diag}(T,\ T^3,\ \cdots,\ T^{2m-1})$，$E_{T,m}=T^{-1/2}D_{T,m}^{-1/2}$，从而有：

$$\sum_{t=1}^{\lceil Tr\rceil} E_{T,m}x_{m,t}\to q_m(r),\ D_{T,m}^{-1/2}\sum_{t=1}^{T} x_{m,t}\varepsilon_t\Rightarrow\sigma_\varepsilon\int_0^1 g_m(r)dW(r),$$

$$D_{T,m}^{-1/2}\sum_{t=1}^{T} x_{m,t}x_{m,t}' D_{T,m}^{-1/2}\to Q_m$$

$$D_{T,m}^{1/2}(\hat{\beta}^m-\beta^m)\Rightarrow\sigma_\varepsilon Q_m^{-1}\int_0^1 g_m(r)dW(r) \tag{5}$$

另有：

$$e_t=\varepsilon_t-x'_{m,t}(\hat{\beta}^m-\beta^m) \tag{6}$$

记 $S_{\lceil Tr\rceil}=\sum_{t=1}^{\lceil Tr\rceil} e_t$，则，

$$T^{-1/2}S_{\lceil Tr\rceil}=T^{-1/2}\sum_{t=1}^{\lceil Tr\rceil}\varepsilon_t-\sum_{t=1}^{\lceil Tr\rceil}(E_{T,m}x_{m,t})'D_{T,m}^{1/2}(\hat{\beta}^m-\beta^m)$$

$$\Rightarrow\sigma_\varepsilon W(r)-\sigma_\varepsilon q_m'(r)Q_m^{-1}\int_0^1 g_m(r)dW(r)\hat{=}\sigma_\varepsilon V_m(r)$$

据此得到：

$$T^{-2}\sum_{t=1}^{T} S_t^2\Rightarrow\sigma_\varepsilon^2\int_0^1 V_m^2(r)\,dr$$

又由于 $\hat{\sigma}_\varepsilon^2$ 为 σ_ε^2 一致估计量，代入 $\hat{\sigma}_\varepsilon^2$ 并根据 Slutsky 定理知定理 1 成立。

在实际计算中，需要事先估计 $\hat{\sigma}_\varepsilon^2$，Phillips 和 Perron（1988）建议使用如下估计量：

$$\hat{\sigma}_\varepsilon^2(l)=T^{-1}\sum_{t=1}^{T} e_t^2+2T^{-1}\sum_{s=1}^{l} w(s,\ l)\sum_{t=s+1}^{T} e_t e_{t-s}$$

式中，$w(s,l)=1-\frac{s}{l+1}$ 为 Newey 和 West（2014）巴雷特加权核函数。为确保 $\hat{\sigma}_\varepsilon^2$ 的一致性，Andrews（1991）指出取 $l=O(T^{1/2})$ 会有满意的效果。

（二）检验量的一致性

接下来讨论该检验量在备择假设成立时性质，下面定理 2 给出了结论：

定理 2　设数据生成过程和估计模型分别为式（3）、式（4），当 $H_1: \sigma_u^2 > 0$ 成立时有：

$$(l/T)\eta_m \Rightarrow \int_0^1 \left(\int_0^r W_m(a)da \right)^2 dr \Big/ \left(K \int_0^1 W_m^2(a)da \right)$$

式中，$W_m(a) = W(a) - g'_m(a) Q_m^{-1} \int_0^1 g_m(S)W(s)ds$ 为 m 阶去势布朗运动过程，$K = \int_0^1 k(s)ds$，$k(s)$ 为估计 $\hat{\sigma}_\varepsilon^2$ 所使用的加权核函数。

证明　记 $F_{T,m} = T^{-1} D_{T,m}^{-1/2}$，则 $F_{T,m} \sum_{t=1}^{T} x_{m,t}\xi_t \Rightarrow \sigma_u \int_0^1 g_m(s) W(s) ds$。当备择假设成立时：

$$T^{-1}D_{T,m}^{1/2}(\hat{\beta}^m - \beta^m) \Rightarrow \sigma_u Q_m^{-1} \int_0^1 g_m(S)W(s)ds$$

$$e_t = \xi_t - x'_{m,t}(\hat{\beta}^m - \beta^m) + \varepsilon_t \tag{7}$$

所以有：

$$T^{-3/2}S_{\lceil Tr \rceil} = T^{-3/2} \sum_{t=1}^{\lceil Tr \rceil} \xi_t - \sum_{t=1}^{\lceil Tr \rceil} (E_{T,m} x_{m,t})' T^{-1} D_{T,m}^{1/2} (\hat{\beta}^m - \beta^m) + O_p(1)$$

$$\Rightarrow \sigma_u \int_0^r W(a)da - \sigma_u q'_m(r) Q_m^{-1} \int_0^1 g_m(s)W(s)ds \hat{=} \sigma_u \int_0^r W_m(a)da$$

利用此结论得到：

$$T^{-4} \sum_{t=1}^{T} S_t^2 \Rightarrow \sigma_u^2 \int_0^1 \left(\int_0^r W_m(a)da \right)^2 dr$$

这表明 η_m 的分子为 $O_p(T^2)$。根据 Phillips（1991）的研究得到：

$$(lT)^{-1}\hat{\sigma}_\varepsilon^2(l) \Rightarrow K\sigma_u^2 \int_0^1 W_m^2(a)da$$

这表明 η_m 的分母为 $O_p(Tl)$，所以有：

$$(l/T)\eta_m \Rightarrow \int_0^1 \left(\int_0^r W_m(a)da \right)^2 dr \Big/ \left(K \int_0^1 W_m^2(a)da \right)$$

故定理 2 成立。

定理 2 表明 $\eta_m = O_p(T/l)$，因此当 $T \to \infty$ 且 l 的增长速度低于 T 时有 $\eta_m \xrightarrow{P} \infty$，从而拒绝原假设，即检验量在大样本下具有一致性。

三、二次趋势 KPSS 检验量

宏观经济序列往往会呈现出非线性趋势，但一般来说不会超过二次趋势，因此需要单独考察 m=3 时检验量临界值与模型误设时检验量性质。

（一）检验量分布与临界值

当 $H_0：\sigma_u^2=0$ 成立时，根据定理 1 有 $\eta_3 \Rightarrow \int_0^1 V_3^2(r)dr$，其中，$V_3(r)=W(r)-3ar+12br^2-10cr^3$，而 a、b、c 分别为：

$$a=W(1)+12\int_0^1 W(s)ds-20\int_0^1 sW(s)ds$$

$$b=W(1)+8\int_0^1 W(s)ds-15\int_0^1 sW(s)ds$$

$$c=W(1)+6\int_0^1 W(s)ds-12\int_0^1 sW(s)ds$$

为得到检验量临界值，设样本为 10~100，每次递增 5，为考察大样本下的临界值，再取样本为 200 和 1000；由于检验量分布不依赖于模型（3）中各个趋势项取值，为不失一般性，令 $\beta_0=2$，$\beta_1=1.5$，$\beta_2=0.8$；设定模拟次数为 50 万次，$\varepsilon_t \sim N(0,1)$。表 1 给出部分样本常见临界值模拟结果。显然，当样本达到 40 时，绝大多数临界值在小数点后三位趋向稳定，这与 m 为 1 和 2 时检验量临界值变化趋势完全一致。

表 1 部分样本下 η_3 常见临界值模拟结果

	10	20	30	40	50	60	70	100	200	1000
0.90	0.0795	0.0763	0.0748	0.0740	0.0735	0.0732	0.0729	0.0725	0.0719	0.0715
0.95	0.0889	0.0885	0.0879	0.0874	0.0872	0.0870	0.0869	0.0867	0.0863	0.0860
0.975	0.0970	0.1002	0.1007	0.1007	0.1008	0.1008	0.1009	0.1009	0.1007	0.1006
0.99	0.1056	0.1148	0.1171	0.1180	0.1187	0.1190	0.1194	0.1196	0.1200	0.1203

（二）模型误设检验量性质

定理 2 表明 η_3 具有一致性，从而具有较高的检验功效，但这是仅当 m 都为 3 且模型正确设定时的结论，如果真实模型中 m 分别为 1、2、4 以及零均值平稳模型和单位根过程，而估计模型都为二次趋势平稳过程，则检验结论如何呢？为便于说明，不失一般性，假设 ε_t 和 u_t 均为无关独立同分布过程。

首先考察 m 为 1、2 和零均值的检验结论，即假设数据生成过程分别为：

$$y_t=\beta_0+\beta_1 t+\beta_2 t^2+\varepsilon_t,\ t=1,\ 2,\ \cdots,\ T \tag{8}$$

$$\begin{aligned}y_t&=\beta_0+\beta_1 t+\beta_2 t^2+\xi_t+\varepsilon_t\\ \xi_t&=\xi_{t-1}+u_t\end{aligned},\ t=1,\ 2,\ \cdots,\ T \tag{9}$$

式中，式（8）对应趋势平稳过程，式（9）对应单位根过程。当考察零均值模型时有 $\beta_0=\beta_1=\beta_2=0$，当 m 为 1 时有 $\beta_0\neq 0$，$\beta_1=\beta_2=0$，当 m 为 2 时有 $\beta_1\neq 0$，$\beta_2=0$。估计模型为：

$$y_t=b_0+b_1t+b_2t^2+\nu_t \tag{10}$$

则有如下定理 3 成立：

定理 3　若估计模型为式（10），当数据生成为式（8）中趋势次数不超过 2 时，仍有 $\eta_3\Rightarrow\int_0^1 V_3^2\ (r)dr$；若数据生成为式（9）中趋势次数不超过 2 时，则有 $\eta_3=O_p(T)$。

证明　设 $b'=(b_0,\ b_1,\ b_2)$，$\hat{b}$为 OLS 估计，则有$\hat{b}\doteq\left(\sum_{t=1}^{T}x_{3,t}x_{3,t}'\right)^{-1}\sum_{t=1}^{T}x_{3,t}y_t$。当数据生成为式（8）时，计算表明仍有，

$$D_{T,3}^{1/2}(\hat{b}-\beta^3)\Rightarrow\sigma_\varepsilon Q_3^{-1}\int_0^1 g_3(r)dW(r)$$

$$e_t=\varepsilon_t-x_{3,t}'(\hat{b}-\beta^3)$$

成立，这与式（5）和式（6）有相同性质，因此有 $\eta_3\Rightarrow\int_0^1 V_3^2(r)dr$ 成立。

而当数据生成为式（9）时，计算也表明：

$$T^{-1}D_{T,3}^{1/2}(\hat{b}-\beta^3)\Rightarrow\sigma_u Q_3^{-1}\int_0^1 g_3(s)W(s)ds$$

$$e_t=\xi_t+\varepsilon_t-x_{3,t}'(\hat{b}-\beta^3) \tag{11}$$

这与式（7）具有相同性质，从而仍有 $T^{-4}\sum_{t=1}^{T}S_t^2\Rightarrow\sigma_u^2\int_0^1\left(\int_0^r W_3(a)da\right)^2dr$ 成立。另有，

$$T^{-1/2}e_{\lceil Tr\rceil}=T^{-1/2}\xi_{\lceil Tr\rceil}+T^{-1/2}\varepsilon_{\lceil Tr\rceil}-(T^{1/2}D_{T,3}^{-1/2}x_{3,\lceil Tr\rceil})'\,T^{-1}D_{T,3}^{1/2}(\hat{b}-\beta^3)$$

$$\Rightarrow \sigma_u\left(W(r) - g_3'(r)Q_3^{-1}\int_0^1 g_3(s)W(s)ds\right) \hat{=} \sigma_u W_3(r)$$

故，

$$T^{-2}\sum_{t=1}^{T} e_t^2 \Rightarrow \sigma_u^2\int_0^1 W_3^2(r)dr \tag{12}$$

从而有：

$$T^{-1}\eta_3 = \frac{T^{-4}\sum_{t=1}^{T} S_t^2}{T^{-2}\sum_{t=1}^{T} e_t^2} \Rightarrow \int_0^1\left(\int_0^r W_3(a)da\right)^2 dr \Big/ \int_0^1 W_3^2(r)dr$$

这表明 $\eta_3 = O_p(T)$，故定理3成立。

仿照定理3的证明过程，得到如下两个推论：

推论1 如果数据生成中m为1，而估计模型中设定m为2，则当原假设成立时有 $\eta_2 \Rightarrow \int_0^1 V_2^2(r)dr$；当备择假设成立时有 $\eta_2 = O_p(T)$。

推论2 如果数据生成趋势项为零，而估计模型中设定m为1，则当原假设成立时有 $\eta_1 \Rightarrow \int_0^1 V_1^2(r)dr$；当备择假设成立时有 $\eta_1 = O_p(T)$。

推论1前半部分表明：如果数据生成是非零均值平稳过程，而误用线性趋势模型进行KPSS检验，那么检验量 η_2 分布与数据生成和估计都为线性趋势模型，结果完全相同，这从理论上解释Hadri等（2009）的模拟实验结果。显然，定理3及其推论拓展了Hobijn等（1998）的反向检验结论。

再考察m为4时的结论，即假设数据生成过程分别为：

$$y_t = c_0 + c_1 t + c_2 t^2 + c_3 t^3 + \varepsilon_t \tag{13}$$

$$\begin{aligned} y_t &= c_0 + c_1 t + c_2 t^2 + c_3 t^3 + \xi_t + \varepsilon_t \\ \xi_t &= \xi_{t-1} + u_t \end{aligned} \tag{14}$$

式中，$c_3 \neq 0$，式（13）对应趋势平稳过程，式（14）对应单位根过程。而估计模型仍为式（10），则有如下定理4成立：

定理4 若数据生成为式（13）和式（14），采用式（10）估计时，都有 $\eta_3 = O_p(T)$。

证明 记 $c = (c_0, c_1, c_2)'$，当数据生成为式（13）时有：

$$\hat{b} - c = \left(\sum_{t=1}^{T} x_{3,t}x_{3,t}'\right)^{-1}\sum_{t=1}^{T} x_{3,t}(c_3 t^3 + \varepsilon_t)$$

令 $\Lambda = \mathrm{diag}(T^{-3}, T^{-2}, T^{-1})$，计算表明：

$$\Lambda(\hat{b} - c) \Rightarrow Q_3^{-1}(1/4, 1/5, 1/6)' c_3$$

另有，$e_t = \varepsilon_t - x'_{3,t}(\hat{b} - c) + c_3 t^3$，从而得到：

$$T^{-3} e_{\lceil Tr \rceil} \Rightarrow [r^3 - g'_3(r) Q_3^{-1}(1/4, 1/5, 1/6)'] c_3 \hat{=} \Delta_1$$

$$T^{-4} S_{\lceil Tr \rceil} \Rightarrow [r^4/4 - q'_3(r) Q_3^{-1}(1/4, 1/5, 1/6)'] c_3 \hat{=} \Delta_2$$

因此有：

$$T^{-7} \sum_{t=1}^{T} e_t^2 \Rightarrow \int_0^1 \Delta_1^2 dr, \quad T^{-9} \sum_{t=1}^{T} S_t^2 \Rightarrow \int_0^1 \Delta_2^2 dr$$

从而得到：

$$T^{-1} \eta_3 = \frac{T^{-9} \sum_{t=1}^{T} S_t^2}{T^{-7} \sum_{t=1}^{T} e_t^2} \Rightarrow \frac{\int_0^1 \Delta_2^2 dr}{\int_0^1 \Delta_1^2 dr}$$

所以 $\eta_3 = O_p(T)$。

若数据生成为式（14），由于 t^3 在数据生成过程中具有支配作用，单位根成分 ξ_t 作用被湮没，相关结论与式（13）数据生成过程相同，故定理 4 成立。定理 4 拓广了 Hobijn 等（1998）的结论。

（三）蒙特卡洛模拟分析

为验证上述理论，现进行蒙特卡洛模拟，不失一般性取 c_3 为 0.1，其他参数与临界值模拟取值一致，设扰动项 $\varepsilon_t \sim N(0, 1)$ 和 $u_t \sim N(0, 1)$，且两者相互独立，模拟次数为 5 万次，取显著性水平 $\alpha = 0.05$。表 2 给出模拟结果：其中，zero 表示趋势为零，m1 表示 $m = 1$，而 h0、h1 分别表示对应 H_0、H_1 成立，因此 zeroh0 对应数据生成中趋势项为零且原假设成立时模拟结果，其他指标也可以类似理解。根据定理 3，如果数据生成中趋势阶数 m 不超过估计模型中阶数 3 且 H_0 成立时都有 $\eta_3 \Rightarrow \int_0^1 V_3^2(r) dr$，而 zeroh0、m1h0、m2h0、m3h0 表示零均值和 m 分别为 1、2 和 3 且原假设 H_0 成立的结果，因此预期 η_3 的实际检验水平应该与名义显著性水平 0.05 非常接近；定理 3 和定理 4 表明，无论数据生成中 m 取何值，只要备择假设成立，或者 m 为 4 而原假设成立时均有 $\eta_3 = O_p(T)$，此时预期实际拒绝率随着样本增大应该接近1，这对应zeroh1、m1h1、m2h1、m3h1、 m4h0和m4h1模拟结果。显然，表2中所有模拟结果与理论预期非常吻合。特别地，m4h0和m4h1表明在较小样本时也能得到很高的检验功效。蒙特卡洛模拟结果从实验角度证实了上述4个定理。

表2 不同数据生成模型下的模拟结果

样本	zeroh0	zeroh1	m1h0	m1h1	m2h0	m2h1	m3h0	m3h1	m4h0	m4h1
10	0.0498	0.1079	0.0510	0.1093	0.0493	0.1058	0.0507	0.1052	0.8658	0.9610
20	0.0505	0.3602	0.0496	0.3600	0.0509	0.3590	0.0484	0.3585	1	1
30	0.0523	0.6045	0.0516	0.6055	0.0478	0.6027	0.0514	0.6069	1	1
40	0.0496	0.7703	0.0496	0.7695	0.0481	0.7743	0.0509	0.7725	1	1
50	0.0488	0.8695	0.0495	0.8680	0.0508	0.8686	0.0492	0.8681	1	1
60	0.0482	0.9254	0.0497	0.9256	0.0491	0.9258	0.0503	0.9259	1	1
70	0.0488	0.9582	0.0491	0.9576	0.0511	0.9574	0.0512	0.9584	1	1
80	0.0518	0.9756	0.0501	0.9747	0.0498	0.9755	0.0491	0.9757	1	1
90	0.0499	0.9862	0.0500	0.9857	0.0515	0.9856	0.0514	0.9855	1	1
100	0.0496	0.9914	0.0485	0.9913	0.0501	0.9916	0.0511	0.9912	1	1
200	0.0495	0.9999	0.0496	0.9999	0.0512	1	0.0498	0.9999	1	1
1000	0.0498	1	0.0500	1	0.0501	1	0.0486	1	1	1

四、趋势项检验量分布与KPSS检验流程

（一）趋势项检验量分布

定理3表明：即使数据生成中m为1、2或者均值为零，当原假设和备择假设分别成立时，检验量η_3的性质与m为3完全相同。因此，当以式（10）估计并执行假设检验时，如果接受原假设，此时还需进一步判断m值，当备择假设成立时亦是如此，这实际上是检验式（8）、式（9）中趋势项参数$\beta_i=0$，i=0，1，2是否成立，推论1和推论2也类似表明需要对模型中趋势类型进行识别。鉴于实际经济序列趋势很少超过两次，本文不讨论m为4时参数检验。当原假设成立时，式（8）中$\beta_i=0$检验可以使用普通t检验，本文不做介绍，但对备择假设成立的式（9）而言，相关检验量分布收敛到维纳过程的泛函，需要使用模拟方法得到临界值。下面首先分析备择假

设成立时趋势项检验量的分布。

先建立假设 $H_0: \beta_2=0$，此时数据为一次趋势附带单位根过程，根据式（11）有：

$$T^{-1}T^{5/2}(\hat{b}_2-\beta_2)\Rightarrow\sigma_u 30\int_0^1(1-6s+6s^2)W(s)ds$$

此分布中含未知量 σ_u，不能直接用于检验。根据式（12）并结合原假设 $H_0: \beta_2=0$ 成立有：

$$t_2=\frac{T^{5/2}\hat{b}_2}{\sqrt{\sum_{t=1}^{T}e_t^2}}\Rightarrow\frac{30\int_0^1(1-6s+6s^2)W(s)ds}{\sqrt{\int_0^1 W_3^2(r)dr}}$$

检验量 t_2 不含未知成分，可以检验假设 $H_0: \beta_2=0$。对于检验 $H_0: \beta_1=0$ 和 $H_0: \beta_0=0$，对应数据分别为非零均值和零均值并附带单位根过程，相应估计模型为式（10）中分别剔除 b_2 和 b_1 的结果。根据以上推导过程类似得到：

$$t_1=\frac{T^{3/2}\hat{b}_1}{\sqrt{\sum_{t=1}^{T}e_t^2}}\Rightarrow\frac{12\int_0^1(s-1/2)W(s)ds}{\sqrt{\int_0^1 W_2^2(r)dr}},\quad t_0=\frac{T^{1/2}\hat{b}_0}{\sqrt{\sum_{t=1}^{T}e_t^2}}\Rightarrow\frac{\int_0^1 W(s)ds}{\sqrt{\int_0^1 W_1^2(r)dr}}$$

为在实证分析中应用上述检验量，需要给出相应的临界值，表 3~表 5 分别给出上述三个检验量常见临界值的模拟结果。

表 3　检验量 t_2 不同样本下的临界值模拟结果

样本	0.01	0.025	0.05	0.10	0.90	0.95	0.975	0.99
10	−23.3814	−18.4904	−14.8277	−11.0813	11.04903	14.7297	18.4024	23.4483
20	−19.5384	−16.1117	−13.2887	−10.2081	10.1427	13.2299	16.0511	19.5640
30	−19.8046	−16.4378	−13.6462	−10.5245	10.5601	13.6954	16.5137	19.9211
40	−20.4160	−17.0468	−14.1957	−10.9610	10.9142	14.1235	16.9962	20.4518
50	−21.0183	−17.4539	−14.5068	−11.2143	11.2611	14.5344	17.4846	20.9189
60	−21.4925	−17.9084	−14.8831	−11.5092	11.5039	14.8712	17.8860	21.4851
70	−21.8101	−18.1875	−15.1578	−11.7043	11.7246	15.1622	18.2246	21.7831
80	−22.2043	−18.4999	−15.3817	−11.8884	11.8582	15.3804	18.5033	22.2596
90	−22.4176	−18.6816	−15.4930	−11.9405	12.0505	15.5717	18.6679	22.4941
100	−22.7321	−18.9342	−15.7609	−12.1687	12.1070	15.6787	18.8630	22.6501
200	−24.1372	−20.0358	−16.6234	−12.8101	12.8901	16.7245	20.1527	24.3035
1000	−25.8710	−21.3450	−17.6072	−13.5058	13.5541	17.6104	21.2568	25.6663

表4 检验量 t_1 不同样本下的临界值模拟结果

样本	0.01	0.025	0.05	0.10	0.90	0.95	0.975	0.99
10	−8.9620	−7.0898	−5.7273	−4.3063	4.3079	5.7439	7.1431	8.9787
20	−8.8930	−7.2681	−5.9808	−4.5599	4.5316	5.9433	7.2505	8.8496
30	−9.2411	−7.6132	−6.2695	−4.8037	4.8191	6.2894	7.6315	9.2447
40	−9.5530	−7.8828	−6.4882	−4.9721	4.9909	6.5231	7.9175	9.6399
50	−9.8886	−8.1525	−6.7253	−5.1443	5.1181	6.7061	8.1380	9.8982
60	−10.1657	−8.3623	−6.8685	−5.2549	5.2445	6.8673	8.3279	10.1579
70	−10.2554	−8.4534	−6.9562	−5.3026	5.3168	6.9587	8.4556	10.2876
80	−10.5038	−8.5996	−7.0643	−5.3988	5.3924	7.0486	8.5623	10.4412
90	−10.5785	−8.6655	−7.1310	−5.4375	5.4234	7.1095	8.6724	10.5511
100	−10.6009	−8.7120	−7.1698	−5.4853	5.4919	7.2103	8.7614	10.7006
200	−11.2231	−9.2126	−7.5352	−5.7432	5.7218	7.5341	9.2038	11.2500
1000	−11.9292	−9.6622	−7.8975	−5.9646	5.9564	7.8714	9.6617	11.9108

表5 检验量 t_0 不同样本下的临界值模拟结果

样本	0.01	0.025	0.05	0.10	0.90	0.95	0.975	0.99
10	−2.9730	−2.4711	−2.0824	−1.6601	1.6628	2.0842	2.4700	2.9737
20	−2.7489	−2.3767	−2.0539	−1.6827	1.6792	2.0512	2.3719	2.7497
30	−2.7376	−2.3829	−2.0768	−1.7138	1.7144	2.0717	2.3749	2.7323
40	−2.7254	−2.3815	−2.0858	−1.7309	1.7378	2.0932	2.3887	2.7341
50	−2.7501	−2.4048	−2.1091	−1.7548	1.7511	2.1049	2.3971	2.7368
60	−2.7551	−2.4202	−2.1234	−1.7656	1.7623	2.1178	2.4123	2.7541
70	−2.7664	−2.4255	−2.1356	−1.7759	1.7765	2.1329	2.4272	2.7611
80	−2.7669	−2.4310	−2.1407	−1.7822	1.7791	2.1364	2.4322	2.7696
90	−2.7756	−2.4397	−2.1459	−1.7902	1.7856	2.1445	2.4375	2.7691
100	−2.7789	−2.4456	−2.1514	−1.7928	1.7984	2.1550	2.4522	2.7866
200	−2.8199	−2.4799	−2.1801	−1.8200	1.8195	2.1764	2.4769	2.8206
1000	−2.8645	−2.5158	−2.2099	−1.8425	1.8435	2.2115	2.5112	2.8619

（二）KPSS 检验流程

为得到正确的检验结论，防止模型误设，根据模型误设检验结论和趋势项检验量分布结果，总结 KPSS 检验流程如下：

（1）以式（10）为基础进行 KPSS 检验，如果接受原假设，进入步骤（2），否则进入步骤（3）。

（2）分别估计二次趋势、一次趋势和非零均值的模型，并分别对模型中的二次趋势项、一次趋势项和非零均值项使用普通 t 检验量进行显著性检验，确定模型最终趋势类型。

(3) 在式 (9) 中利用检验量 t_2 检验假设 H_0：$\beta_2=0$，如果拒绝原假设，表明模型为二次趋势并附带单位根过程；否则进入步骤 (4)。

(4) 在式 (9) 中令 $\beta_2=0$ 重新估计一次趋势模型，利用检验量 t_1 检验假设 H_0：$\beta_1=0$，如果拒绝原假设，表明模型为一次趋势并附带单位根过程；否则进入步骤 (5)。

(5) 在式 (9) 中令 $\beta_1=\beta_2=0$ 再次估计非零均值模型，利用检验量 t_0 检验假设 H_0：$\beta_0=0$，如果拒绝原假设，表明模型为非零均值并附带单位根过程；否则表明数据为零均值附带单位根过程。

五、实证研究

Nelson 和 Plosser (1982) 利用第一类检验考察了美国 14 个宏观变量的平稳性，本文考察其中 6 个序列，分别为名义 GNP (X1)、实际人均 GNP (X2)、失业率 (X3)、消费者价格指数 (X4)、收益率 (X5) 和个股价格指数 (X6)。第一类检验表明除失业率是平稳序列之外，其他 5 个变量对数化序列都是差分平稳过程。为验证这个结论并确定模型中趋势类型，现使用本文提出的 KPSS 检验流程进行检验，6 个变量信息和检验结果如表 6 所示：其中“对数”表示对原变量进行对数化处理，“原始”表示未经处理，滞后期是计算扰动项长期方差所使用的 l，根据 $l=O(T^{1/2})$ 取 l 为 $T^{1/4}$ 的整数部分。由 Kwaitkowski 等 (1992) 得到 η_1、η_2 在显著性水平为 0.05 时临界值分别为 0.463、0.146，由表 1 知 η_3 的临界值基本在 0.086 左右。根据 KPSS 检验流程，首先使用 η_3 进行平稳性检验，显然，只有 X3 接受原假设表示某种趋势平稳过程，其他 5 个变量都是非平稳过程。对这 5 个变量使用 t_2 检验 $\beta_2=0$ 是否成立，根据表 3 得到 5%显著性水平临界值即使在样本为 60 时下限和上限分别为−17.9084、17.8860，由表 6 中 t_2 取值可知，都接受 $\beta_2=0$。由于 η_2 的检验结论与 η_3 完全相同，因此需要使用 t_1 检验 $\beta_1=0$ 是否成立。由表 4 知 5%显著性水平临界值在样本为 60 时下限和上限分别为−8.3623、8.3279，结合表 6 中 t_1 取值得到 X1、X2 中 $\beta_1\neq0$ 并停止检验，但 X4、X5、X6 满足 $\beta_1=0$，还需要进一步检验。这 3 个变量的 η_1 都大于临界值 0.463，

为此进一步使用 t_0 检验 $\beta_0=0$ 是否成立。结合表 5 中临界值知，即使取样本为 100 时临界值上限、下限也仅为-2.4456、2.4522，表 6 表明这 3 个变量 t_0 的值都落在此范围之外，表明 $\beta_0\neq0$。据此可以认为名义 GNP（X1）和实际人均 GNP（X2）为一次趋势单位根过程，消费者价格指数（X4）、收益率（X5）和个股价格指数（X6）为带漂移项单位根过程。由于 X3 为平稳过程，需要使用普通 t 分布检验趋势项参数 $\beta_i=0$（i = 0，1，2）是否成立，重新计算表明 $t_2=-0.49$，$t_1=-1.19$，$t_0=22.20$，根据标准 t 分布的临界值结果接受 $\beta_2=\beta_1=0$ 和 $\beta_0\neq0$，故失业率（X3）为非零均值平稳过程。

表 6 6 个序列平稳性检验结果

	X1	X2	X3	X4	X5	X6
样本容量	62	62	81	111	71	100
检验变量	对数	对数	对数	对数	原始	对数
滞后期	2	2	3	4	2	4
η_3	0.117	0.101	0.074	0.100	0.224	0.140
η_2	0.272	0.204	0.079	0.401	0.255	0.302
η_1	2.036	1.944	0.114	1.690	0.823	1.741
t_2	7.610	7.009	−0.741	17.523	5.455	12.314
t_1	12.671	8.594	−0.462	4.545	0.363	7.131
t_0	12.075	21.628	2.482	8.568	4.038	2.718

显然，使用本文 KPSS 检验流程也得到了与第一类检验相同的结论，和第一类检验 DJSR 流程相比，并不需要计算联合检验量，因而更为简便。

六、结论

通过以上研究，本文得到以下几点结论：

（1）一般趋势 KPSS 检验理论研究表明：若数据生成为 m 阶趋势平稳过程，KPSS 检验量收敛到 m 阶布朗桥过程的泛函；当数据生成是 m 阶趋势单位根过程时，KPSS 检验量具有一致性，该研究推广了已有结论。

（2）二次趋势模型 KPSS 检验量临界值模拟表明：该临界值对样本变化呈现出稳定态势，因此可用于呈现二次趋势变量的平稳性检验，该结果拓广了实证分析范围。

（3）模型误设理论研究表明：使用 KPSS 检验必须同时确定模型中趋势类型，该分析解释了 Hadri 等（2009）的模拟实验结果，进一步完善了 KPSS 检验模型误设检验理论。

（4）实证研究表明：使用本文提出的 KPSS 检验流程，利用 KPSS 检验量 η_i（i = 1，2，3）配合趋势项检验量 t_i（i = 0，1，2）和普通 t 分布，可以得到与第一类检验相同的结论，但检验过程比第一类检验流程简便，该研究为实证分析中正确使用 KPSS 检验提供了理论指导。

参考文献

[1] Amsler C., Schmidt P., Vogelsang T. J. The KPSS test using fixed-b critical values: size and power in highly autocorrelated time series [J]. Journal of Time Series Econometrics, 2009 (1): 1-5.

[2] Andrews D. W. Heteroskedasticity and autocorrelation consistent covariance matrix estimation [J]. Journal of the Econometric Society, 1991 (59): 817-858.

[3] Carrion-i-Silvestre J. L. Breaking date misspecification error for the level shift KPSS test [J]. Economics Letters, 2003 (3): 365-371.

[4] Dolado J., Jenkinson T., Sosvilla-Rivero S. Cointegration and unit roots [J]. Journal of Economic Surveys, 1990 (3): 249-273.

[5] Hadri K., Rao Y. KPSS test and model misspecifications [J]. Applied Economics Letters, 2009 (12): 1187-1190.

[6] Hobijn B., Franses P. H., Ooms M.Generalizations of the KPSS test for stationarity [J]. Statistica Neerlandica, 1998 (4): 483-502.

[7] Jönsson, K. J. Testing. Stationarity in small and medium sized sam ples when disturbances are serially correlated [J]. Oxford Bulletin of Economics and Statistics, 2011(5): 669-690.

[8] Kurozumi E., Tanaka S. Reducing the size distortion of the KPSS test [J]. Journal of Time Series Analysis, 2010 (6): 415-426.

[9] Kwiatkowski D., Phillips P. C. B., Schmidt P., Shin Y. Testing the null hypothesis of stationarity against the alternative of a unit root: How sure are we that economic time series have a unit root? [J]. Journal of Econometrics, 1992 (1): 159-178.

[10] Nelson C. R., Plosser C. Trends and random walks in macroeconomic time series: Some evidence and implications [J]. Journal of Monetary Economics, 1982 (10): 39-162.

[11] Newey W., West K. A simple, positive semi-definite, heteroscedasticity and autocorrelation consistent covariance matrix [J]. Applied Econometrics, 2014 (1): 125-132.

[12] Phillips P. C. B., Perron P. Testing for a unit root in time series regression [J]. Biometrika, 1988 (2): 335-346.

[13] Phillips P. C. B. Spectral regression for cointegrated time series, Nonparametric and semiparametric methods in economics and statistics [M] . Cambridge Cambridge Univesity Press, 2003.

[14] Phillips P. C. B. Understanding spurious regressions in econometrics [J]. Journal of Econometrics, 1986 (3): 311-340.

[15] Schmidt P., Phillips P. C. B. LM tests for a unit root in the presence of deterministic trends [J]. Oxford Bulletin of Economics and Statistics, 1992 (3): 257-287.

[16] Sul D., Phillips P. C. B., Choi C. Y. Prewhitening. Bias in HAC Estimation [J]. Oxford Bulletin of Economics and Statistics, 2005 (4): 517-546.

动态因子模型的广义矩估计（GMM）及其统计性质研究

白 强 白仲林
（天津财经大学，天津 300222）

一、引 言

大数据时代的来临，使社会经济活动的研究工作面临着原始数据超载、信息筛选过量和维数灾难频发等一系列挑战和机遇。近年来，统计学界和计量经济学界根据因子分析（Spearman，1904）的思想建立高维数据的真因子模型、近因子模型和多种类型的动态因子模型以解决高维统计数据分析中的维数灾难问题、识别众多个体某种社会经济活动的共同驱动因素以及研究一国宏观经济的周期波动性等。实际上，Burns 和 Mitchell（1946）曾指出“经济周期（Business Cycle）是一国总体经济活动的一种波动，它由许多经济活动中几乎同时发生的扩展、衰退、紧缩和复苏四个阶段组成”。于是，宏观经济变量中的共变性（Co-movement）是经济周期的基本特征之一。所以，为了揭示和反映宏观经济的整体波动性，从一国许多经济时间序列组成

［基金项目］国家自然科学基金“具有 Markov 体制转换的动态因子模型建模方法及其应用研究”（71271142）。

［作者简介］白强，男，1984 年生，甘肃人，天津财经大学 2013 级博士生，中国数量经济学会员，研究方向为计量经济理论及应用；联系方式：13116058379；邮箱：baiqiang601@126.com。白仲林，男，1962 年生，河南人，经济学博士，天津财经大学统计系教授，博士生导师，中国数量经济学会理事，研究方向为数量经济理论及应用；联系方式：13820325363；邮箱：nkbaizl@163.com。

的面板数据中估计和解释驱动各变量波动的共同因子是判别和分析经济周期波动的有效工具。近10年来，高维数据因子模型的计量经济分析方法受到理论界和实务界的广泛关注。尤其，允许截面具有相关性和异质性的近因子模型（Approximate Factor Model，AFM）和动态因子模型（Dynamic Factor Model，DFM）的理论及应用获得了很大的发展，已经成为宏观计量经济学的标准分析工具，并广泛应用于宏微观经济行为的共同因素辨识、宏观经济预测和政策评价。例如，Sargent 和 Sims（1977）指出2个动态因子可以解释美国重要宏观经济变量方差波动的绝大部分；Stock 和 Watson（2002a，2002b）证实，在推断和预测宏观经济动态行为时，利用动态因子模型从高维宏观经济数据集中提取的共同因子较经典的小模型（VAR模型、SVAR模型和SVARMA模型等）存在显著的优势。

随着各类因子模型应用研究的深化，理论计量经济学界注意到建立各种因子模型必须解决两个理论问题，其一是如何确定N个可观测经济变量中存在的共同因子个数r；其二是已知共同因子个数r时，如何准确地估计共同因子，以及各种估计方法的渐近理论和有限样本性质如何。并且，这两方面的研究也成为理论计量经济学的研究重点。例如，Doz等（2012）、Bai和Ng（2013）、Bai和Wang（2014）等。

因子分析起源于对智力测试的得分分析（Spearman，1904），然而，这种方法可以用于更广泛的领域，比如分析生理指标、经济数据等。因子分析是基于把观测向量分成不可观测系统部分和不可观测误差部分的模型（Anderson，1984）。误差向量的分量被当作不相关的或者独立的，系统部分被当作不可观测的因子变量相对较小数目的线性组合。因子分析把主要关心的因子效应从带有误差的数据中分离出来。从另一个观点看，因子分析给出了一组变量的相依性的描述或者解释，只就因子而言并不考虑观测的变异性。

真因子模型分析已经广泛应用于心理学和其他社会科学，但极少运用于经济学，是由于因子和误差项的假设是序列不相关和截面独立的。这些假设不能满足经济数据。为了能在经济领域用因子模型的方法，必然放宽经典因子模型的假设，例如Chamberlain 和 Rothschild（1983）、Connor 和 Korajczyk（1986）、Stock 和 Watson（1999）、Bai 和 Ng（2002）等。

Geweke（1977）、Sargent 和 Sims（1977）开创性的工作是用频域的方法研究动态因子的信息结构和估计因子，然而这种方法不能直接估计共同因子

F_t，最终不能用于预测。因此，后续的研究工作主要集中在时域方法。在Engle 和 Watson（1981，1983）、Sargent（1989）、Quah 和 Sargent（1993）的早期文献中，动态因子模型的时域估计，使用卡尔曼滤波计算高斯似然，再利用最大似然方法估计参数，最后根据卡尔曼滤波和平滑获得有效的因子估计，这称为动态因子模型的第一代估计方法。但是，使用这种方法需要将动态因子模型表示为状态空间模型的形式。在一系列的模型假定下，这一方法提供了动态因子的最优估计。不幸的是，基于这一方法估计参数会导致非线性的优化，由此限制了模型中参数的数量，这相当于限制了 N 的大小。Forni 等（2000，2004）提出广义动态因子模型，是对 Chamberlain 和 Rothschild（1983）静态近因子模型的一般化，并根据 Brillinger（1964，1981）的思想提出了基于频域分析的动态主成分估计方法，估计共同因子和参数，证明基于动态主成分方法估计的共同成分具有一致性，并提供了收敛率。但是，这一估计方法要求两侧平滑，所以样本尾部不能用来估计因子。Doz 等（2012）提出极大似然估计，但其方法的应用受限于异质误差项的分布。

在时域的分析框架下，突破对异质性误差项相互独立的限制，本文提出利用广义矩方法（GMM）来估计动态因子模型的一种新思路。在适当的假设下，讨论了动态因子及其因子载荷矩阵 GMM 估计量的渐近性质和有限样本性质。

本文的结构如下，第二部分介绍了动态因子模型及其动态主成分方法估计、极大似然估计和混合估计方法；第三部分分析了两种类型的动态因子模型的矩条件和广义矩估计，并且讨论 GMM 估计量的渐近性质；第四部分通过蒙特卡洛模拟讨论了 GMM 估计量的有限样本性质；第五部分是本文的结论。

二、模型及其估计方法回顾

对于 N 个可观测变量的向量 X_t，如果存在 $N\times r$ 因子载荷矩阵 Λ、r 个不可观测的共同因子向量 $F_t=(f_{1t},\ \cdots,\ f_{rt})'\sim i.i.d.(0,\ \Omega)$ 和 N 维异质性误差项 $e_t=(e_{1t},\ \cdots,\ e_{Nt})'\sim i.i.d.(0,\ \Sigma)$，使得

$$X_t=\Lambda F_t+e_t \tag{1}$$

式中，共同因子 F_t 和异质性误差项 e_t 相互独立，则称向量 X_t 具有近似因子结构，或者，称模型（1）为近似因子模型；并且，ΛF_t 被称为向量 X_t 的共同成分，用 χ_{it} 来表示。特别地，如果近似因子模型（1）的异质性误差项 e_t 是截面独立的，即，

$$\Sigma = \mathrm{diag}\{\sigma_1^2, \cdots, \sigma_N^2\} \tag{2}$$

则称模型（1）是真因子模型（Exact Factor Model）。

显然，对于真因子模型，共同因子 F_t 与异质性误差项 e_t 正交，尤其是异质性误差项之间也相互正交的假设，

$$E(e_t|F_t) = 0,\ E(e_t e'_t|F_t) = \mathrm{diag}(\sigma_1^2, \cdots, \sigma_N^2) \tag{3}$$

限制了真因子模型的应用。在许多感兴趣的经济学应用，因 N 较大，使得异质性误差项难以满足相互正交的假设（Bai，2003）。

另外，在近似因子模型（1）中，如果共同因子

$$F_t = \Phi(L)F_{t-1} + \varepsilon_t \tag{4}$$

式中，$\Phi(L) = \Phi_1 L - \cdots - \Phi_p L^p$ 是 r 阶 p 次滞后算子矩阵多项式，并且，动态因子过程的新息（Innovation）ε_t 是 $r\times 1$ 的白噪声过程，则称模型（1）~模型（2）为动态因子模型。尤其是，如果动态因子过程的新息 ε_t，是 $r\times 1$ 的正态白噪声过程，即 $\varepsilon_t \sim$ i.i.d.N（0，I_r）；异质性误差项 e_t 也是截面独立的正态白噪声过程，即 $e_t \sim$ i.i.d.N（0，Σ），Σ 是对角矩阵，则称模型（1）~模型（2）为真动态因子模型（Exact Dynamic Factor Model）。

Forni 等（2000，2004）首次提出了广义动态因子模型（Generalized Dynamic-factor Model），即动态因子过程中因子滞后无限阶和异质性误差项非正交。显然，它们是对 Chamberlain 和 Rothschild（1983）所讨论模型的一般化，也是对真动态因子模型的推广。对于广义动态因子模型，常用的估计方法有动态主成分估计（Forni 等，2000）、极大似然估计（Reis 和 Watson，2007；Doz 等，2012）和混合估计方法（Giannone 等，2008；Jungbacker 等，2008，2009）。下面简要介绍这三种估计方法。

（一）动态主成分估计（DPCE）

Forni 等（2000）首次提出了广义动态因子模型，是对 Chamberlain 和 Rothschild（1983）静态近因子模型的推广，并给出了一种识别条件，即在其假设下当 $N\to\infty$ 时，Σ_N 的前 q 个特征根是发散的，但 q+1 个特征根是一

致有界的。基于有限可观测数据 $\{x_{it},\ i=1,\ \cdots,\ N;\ t=1,\ \cdots,\ T\}$ 的动态主成分方法估计共同成分 χ_{it}，并且当 N，T→∞ 时，共同成分的动态主成分估计值是一致的。

设谱密度矩阵 $\Sigma_N(\theta)$，存在 N 维的复值函数向量，

$P_{Nj}(\theta)=(p_{Nj,1}(\theta),\ p_{Nj,2}(\theta),\ \cdots,\ p_{Nj,N}(\theta)),\ j=1,\ 2,\ \cdots,\ N$

满足下列假设：

（1）$P_{Nj}(\theta)$ 是 $\Sigma_N(\theta)$ 相对于 $\lambda_{Nj}(\theta)$ 的行特征向量，即有，

$$P_{Nj}(\theta)\Sigma_N(\theta)=\lambda_{Nj}(\theta)P_{Nj}(\theta),\quad \forall\theta\in[-\pi,\ \pi] \tag{5}$$

（2）对于任意的 j 和 $\theta\in[-\pi,\ \pi]$，有 $|P_{Nj}(\theta)|^2=1$；

（3）$P_{Nj}(\theta)\tilde{P}_{Ns}(\theta)=0,\ j\neq s,\ \theta\in[-\pi,\ \pi]$；

（4）$P_{Nj}(\theta)$ 在 $\theta\in[-\pi,\ \pi]$ 上是可测的。

其中，$\tilde{P}_{Nj}(\theta)$ 是伴随矩阵，N 维 $P_{Nj}(\theta)$ 为动态特征向量。

设 $U_N=\overline{\text{span}}(P_{Nj}(L)X_{Nt}(L),\ j=1,\ \cdots,\ q,\ t\in Z)$ 是空间 $L_2(\Omega,\ F,\ P)$ 中包含前 q 个共同成分张成的最小闭子空间，x_{it} 在最小闭子空间的正交投影为 $\chi_{it,N}=\text{proj}(x_{it}|U_N)$，有，

$$I_N=\tilde{P}_{N1}(\theta)P_{N1}(\theta)+\tilde{P}_{N2}(\theta)P_{N2}(\theta)+\cdots+\tilde{P}_{NN}(\theta)P_{NN}(\theta) \tag{6}$$

其中，向量 $P_{Nj}(\theta)$ 是 N 阶单位矩阵 I_N 的规范正交基，则，

$$X_{Nt}=\underline{\tilde{P}}_{N1}(L)\underline{P}_{N1}(L)X_{Nt}+\underline{\tilde{P}}_{N2}(L)\underline{P}_{N2}(L)X_{Nt}+\cdots+\underline{\tilde{P}}_{NN}(L)\underline{P}_{NN}(L)X_{Nt} \tag{7}$$

X_{Nt} 相对应的第 i 个坐标值为，

$$\begin{aligned}x_{it}=&[\underline{\tilde{p}}_{N1,i}(L)\underline{P}_{N1}(L)X_{Nt}+\underline{\tilde{p}}_{N2,i}(L)\underline{P}_{N2}(L)X_{Nt}+\cdots+\underline{\tilde{p}}_{Nq,i}(L)\underline{P}_{Nq}(L)X_{Nt}]+\\&[\underline{\tilde{p}}_{Nq+1,i}(L)\underline{P}_{Nq+1}(L)X_{Nt}+\cdots+\underline{\tilde{p}}_{NN,i}(L)\underline{P}_{NN}(L)X_{Nt}]\end{aligned} \tag{8}$$

由于动态共同成分在任何时期都是相互正交的，这样得出共同成分的估计值 $\chi_{it,N}=\underline{K}_{Ni}(L)X_{Nt}$，其中，

$$K_{Ni}(\theta)=\tilde{p}_{N1,i}(\theta)P_{N1}(\theta)+\tilde{p}_{N2,i}(\theta)P_{N2}(\theta)+\cdots+\tilde{p}_{Nq,i}(\theta)P_{Nq}(\theta) \tag{9}$$

Forni 等（2000）证明了在一定的假设条件下，当 N→∞ 时，对于任意的 i 和 t，在前 q 个动态主成分前期和滞后期所张成的空间中，有 x_{it} 的正交投影 $\chi_{it,N}$ 依均方差收敛于 χ_{it}，即有 $\lim\limits_{N\to\infty}\frac{1}{N}\sum\limits_{i=1}^{N}E[(\chi_{it,N}-\chi_{it})^2]=0$ 成立。共同成分 χ_{it} 可以由序列 $\underline{K}_{Ni}(L)X_{Nt}$ 近似表示，其中过滤算子 $\underline{K}_{Nj}(L)$ 是谱密度矩阵

$\Sigma_N(\theta)$的函数。在实际应用中总体谱密度矩阵$\Sigma_N(\theta)$由有限个观测变量$X_N^T=(X_{N1}, X_{N2}, \cdots, X_{NT})$所对应形成的样本谱密度矩阵$\Sigma_N^T(\theta)$所代替；另外，适当地加强假设条件，周期图平滑估计值（Periodogram-smoothing Estimator）或者滞后窗估计值（Lag-window Estimator）$\Sigma_N^T(\theta)$是总体谱密度矩阵$\Sigma_N(\theta)$的一致估计。然后利用周期图平滑估计值$\Sigma_N^T(\theta)$估计出的共同成分值$\underline{K}_{Ni}^{T}(L)X_{Nt}$依概率收敛于总体共同部分值$\chi_{it}$。

Forni 等（2000）只给出了共同因子χ_{it}估计的一致性，没有讨论一致收敛率。即仅仅发现，当$N\rightarrow\infty$，$T(N)\rightarrow\infty$时，$\chi_{it}^{(N,T)}\xrightarrow{P}\chi_{it}$。Forni 等（2004）指出在q个动态特征根发散的假设下，得到了一致收敛率的结果。然而，Forni 等（2000，2004）虽然证明了共同成分的动态主成分估计具有一致性，但是，这一估计方法要求样本两侧平滑，所以样本尾部不能用来估计因子。

另外，一些文献对主成分、广义主成分和动态主成分方法进行了比较研究，包括蒙特卡洛模拟分析和实际数据的预测分析。当N很小时，比较研究的结论不尽相同，其原因可能源于实验设计的区别。Forni 等（2005）发现，在蒙特卡洛模拟分析中，基于因子估计计算共同成分的广义主成分估计比主成分估计量更准确，但是，两者的差异随着N和T的增大而消失；Boivin 和 Ng（2005）设计了一个蒙特卡洛实验，发现在主成分估计和 Forni 等（2005）的广义主成分估计之间只有微小的差异。从预测的角度来看，Boivin 和 Ng（2005）、D'Agostino 和 Giannone（2006）比较了主成分估计和各种可行的广义主成分估计所进行预测的效果，发现基于因子的各种估计量产生的预测是一致的（其他预测设定不变，只是采用了不同的因子估计量），R^2很接近。也有一些证据显示，N很小时，广义主成分估计比主成分估计的预测更不稳健（时好时坏），但当N和T很大时，基本可以忽视使用样本外均方误差衡量的预测差异。

（二）极大似然估计（MLE）或拟极大似然估计（QMLE）

在 Sentana 和 Shah（1994）的倡导下，Doz 和 Lenglart（1999）、Reis 和 Watson（2007）、Doz 等（2012）文献研究了真因子模型（异质性误差项过程不存在截面相关性，即异质性误差项的协方差矩阵是对角阵）、近似因子模型（异质性误差项过程存在截面相关性，即异质性误差项的协方差矩阵是非对角阵）和动态因子模型的 MLE 和 QMLE 方法以及估计量的渐近性质。

对于真动态因子模型，Doz 等（2012）指出在适当的条件下，当 N，T→∞时，共同因子 ML 估计值的期望收敛于真实因子，并且，该估计对异质误差项的截面和时间相关性误设是稳健的。于是，得到了真动态因子模型共同因子的拟极大似然估计（QMLE）。而且$\hat{F}$与样本主成分$\hat{Z}=(\hat{Z}_1, \cdots, \hat{Z}_T)=XVD^{-1/2}$成比例。特别地，若 A（L）= I_r 和异质扰动项 $\sum = \sigma^2 I_N$ 时，给出参数 Θ 的拟极大似然估计值后，利用 Kalman 滤波，共同因子可以由估计值的期望近似得到，即$\hat{F}_{\hat{\Theta}} = E_{\hat{\Theta}}[F|X]$。并且发现，MLE 不仅改善了主成分估计的有效性，而且，对于 N 和 T 较大的因子模型，QMLE 具有一致性，尤其是这种参数方法为经济理论研究提供了一种结构分析框架（Bernanke 等，2005；Boivin 和 Giannoni，2005）。

（三）混合估计方法

混合估计方法混合了主成分方法的稳健性、便利性和状态空间模型的统计有效性，对实时预测等实际应用具有特殊的价值。卡尔曼滤波可以处理遗失数据的情况，而且某个数据公布时即可以使用。另外，卡尔曼滤波和平滑是在序列和时间之间同时进行的，而不像主成分估计只是在序列之间进行横截面平均。进一步的讨论参见 Giannone 等（2008）的研究。简而言之，混合估计与主成分估计相比，考虑了式（1）、$\Phi(L)F_t = G\eta_t$ 和 $d_i(L)e_t = \zeta_{it}$，$i = 1, \cdots, N$ 的结构信息，从原理上讲应该提供了一个改进的估计方法；而与状态空间模型的估计相比，引入了非参数的因子估计，可以解决 N 很大的难题。混合估计策略（合并式估计）一般采用两步法，其基本思路是：第一步，使用主成分或者广义主成分估计 F_t；第二步，使用估计值$\hat{F}_t$估计式（1）、$\Phi(L)F_t = G\eta_t$ 和 $\Phi(L)F_t = G\eta_t$ 的未知参数。如 Giannone 等（2008）给出了主成分法结合 Kalman 滤波的方法估计参数，其中 Kalman 平滑被用来递归地计算共同因子的值。

若以动态因子的状态空间模型为例，下面具体说明混合估计策略：

状态空间模型由：

$$X_t = \lambda(L)f_t + e_t \tag{10}$$

$$d_i(L)e_t = \zeta_{it} \tag{11}$$

$$f_t = \Psi(L) f_{t-1} + \eta_t \tag{12}$$

组成，首先由动态主成分估计的因子$\hat{f}_t$，在式（10）中将X_t对$\hat{f}_t$进行回归，得到参数$\lambda(L)$的估计值；式（12）的参数估计可以根据VAR的形式来估计得到，式（11）的参数估计可以使用X_t对$\hat{f}_t$进行回归的残差估计得到。将以上估计的参数全部代入状态空间模型，由此获得一个改进的F_t或f_t的估计。

三、广义矩估计及其渐近性质

（一）动态因子模型的GMM估计及其渐近性质

对于动态因子模型：

$$X_t = \Lambda F_t + e_t \tag{13}$$

$$F_t = \Phi(L) F_{t-1} + \varepsilon_t \tag{14}$$

式中，异质性误差项e_t是存在截面相关的（Cross-sectional Correlated），动态因子F_t是一阶平稳向量自回归（VAR）过程，新息冲击ε_t是独立同分布多元正态分布随机向量过程，均值为零，协方差矩阵是$q \times q$的Σ_ε，即$\varepsilon_t \sim iid(0, \Sigma_\varepsilon)$。

于是，动态因子过程是一个VMA(∞)过程，

$$F_t = (I - \Phi(L)L)^{-1} \varepsilon_t$$

不妨用VMA(p)近似逼近$F_t \sim VMA(\infty)$，即假设$F_t \sim VMA(p)$，即，

$$F_t = C_0 \varepsilon^t + \cdots + C_p \varepsilon_{t-p}$$

代入式（13），得，

$$X_t = (\Lambda C_0, \cdots, \Lambda C_p) \begin{pmatrix} \varepsilon_t \\ \vdots \\ \varepsilon_{t-p} \end{pmatrix} + e_t \tag{15}$$

令$\Lambda_0 = (\Lambda C_0, \cdots, \Lambda C_p)$是$n \times q(p+1)$的载荷矩阵，共同因子$\mathbb{F}_t = \begin{pmatrix} \varepsilon_t \\ \vdots \\ \varepsilon_{t-p} \end{pmatrix}$是独立同分布的，即，$\mathbb{F}_t \sim (0, I_{p+1} \otimes \Sigma_\varepsilon)$。

于是，即可得到动态因子模型的静态形式，

$$X_t = \Lambda_0 \mathbb{F}_t + e_t \tag{16}$$

式（16）满足下列假设 A：

（a）异质误差项 e_t 是独立同分布均值为零的随机白噪声向量过程；

（b）共同因子 $\mathbb{F}_t$ 是独立同分布均值为零的随机白噪声向量过程；

（c）异质误差项 e_t 与共同因子 $\mathbb{F}_t$ 不相关，即 $E(e_t\mathbb{F}_t)=0$。

（d）假设 n 阶协方差矩阵 $\sum_e$ 有 q（p+1）重的特征根，其形式如下：

$$\sum\nolimits_e = \begin{pmatrix} \hat{\sigma}^2 I_{q(p+1)} & 0 \\ 0 & \sum_{N-q(p+1)} \end{pmatrix}$$

式中，σ^2 是 q（p+1）重的特征根。

从而，总体矩方程为：

$$Cov(X_t) = E(X_tX_t') = \Lambda_0(I_{p+1} \otimes \textstyle\sum_\varepsilon)\Lambda'_0 + \sum_\varepsilon \tag{17}$$

式中，$\sum_\varepsilon = E(\varepsilon_t\varepsilon_t')$ 是新息冲击向量 ε_t 的协方差矩阵。所以，与总体矩方程对应的样本矩为：

$$h(X_t,\ \Lambda_0,\ \textstyle\sum_\varepsilon,\ \sum_e) = \dfrac{1}{T}\displaystyle\sum_{t=1}^{T} X_tX_t' - \Lambda_0(I_{p+1} \otimes \textstyle\sum_\varepsilon)\Lambda'_0 - \sum_e \tag{18}$$

经过向量化表示，可得，

$$E[Vec(h(X_t,\ \Lambda_0,\ \textstyle\sum_\varepsilon,\ \sum_e))] = 0$$

式中，Vec 是向量堆积算子。则模型 GMM 估计的目标函数，

$$\begin{aligned} Q(X_t,\ \Lambda_0,\ \textstyle\sum_\varepsilon,\ \sum_e) = {} & [Vec(\dfrac{1}{T}\displaystyle\sum_{t=1}^{T} X_tX_t' - \Lambda_0(I_{p+1} \otimes \textstyle\sum_\varepsilon)\Lambda_0' - \sum_e)]'\mathbb{W} \\ & [Vec(\dfrac{1}{T}\displaystyle\sum_{t=1}^{T} X_tX_t' - \Lambda_0(I_{p+1} \otimes \textstyle\sum_\varepsilon)\Lambda_0' - \sum_e)] \end{aligned} \tag{19}$$

经过化简整理得到：

$$\begin{aligned} Q(X_t,\ \Lambda_0,\ \textstyle\sum_\varepsilon,\ \sum_e) = {} & \dfrac{1}{T^2}(Vec(XX'))'\mathbb{W}Vec(XX') - \dfrac{2}{T}(Vec(XX'))' \\ & \mathbb{W}(\Lambda_0 \otimes \Lambda_0)Vec(I_{p+1} \otimes \textstyle\sum_\varepsilon) - \dfrac{2}{T}(Vec(XX'))' \\ & \mathbb{W}Vec\textstyle\sum_e + (Vec(I_{p+1} \otimes \sum_\varepsilon))'(\Lambda_0' \otimes \Lambda_0') \\ & \mathbb{W}(\Lambda_0 \otimes \Lambda_0)Vec(I_{p+1} \otimes \textstyle\sum_\varepsilon) + 2(Vec(I_{P+1} \otimes \sum_\varepsilon))' \\ & (\Lambda_0' \otimes \Lambda_0')\mathbb{W}Vec\textstyle\sum_e + (Vec\sum_e)'\mathbb{W}Vec\sum_e \end{aligned} \tag{20}$$

因此，求解使目标函数 Q（X_t，Λ_0，Σ_e）最小化的一阶条件方程组，

$$\begin{cases} \dfrac{\partial Q}{\partial \Lambda_0} = 0 \\ \dfrac{\partial Q}{\partial \Sigma_\varepsilon} = 0 \\ \dfrac{\partial Q}{\partial \Sigma_e} = 0 \end{cases} \tag{21}$$

即可分别求出 Λ_0、Σ_e、Σ_ε 的 GMM 估计，其中 $X=(X_1,\ \cdots,\ X_T)'$ 是 $T\times N$ 矩阵。

$$\begin{aligned} \mathrm{Vec}(\hat{\Sigma}_\varepsilon) = &[\mathrm{VecI}'_{p+1}(I_{p+1}\otimes K_{(p+1)^2}\otimes I_{p+1})'(\Lambda'_0\otimes\Lambda'_0)\mathbb{W}(\Lambda_0\otimes\Lambda_0)\mathrm{VecI}_{p+1} \\ &(I_{p+1}\otimes K_{(p+1)^2}\otimes I_p)]^{-1}[\frac{1}{T}(\mathrm{Vec}(XX'))'\mathbb{W}(\Lambda_0\otimes\Lambda_0) \\ &(I_p\otimes K_{(p+1)^2}\otimes I_p)\mathrm{VecI}_P-(\mathrm{Vec}\hat{\Sigma}_e)'\mathbb{W}(\Lambda_0\otimes\Lambda_0) \\ &(I_p\otimes K_{(p+1)^2}\otimes I_p)\mathrm{VecI}_p] \end{aligned} \tag{22}$$

$$\mathrm{Vec}(\hat{\Sigma}_e) = \frac{1}{T}\mathbb{W}^{-1}(\mathrm{Vec}(XX'))' - \mathbb{W}^{-1}(\mathrm{Vec}\hat{\Sigma}_\varepsilon)'(\mathrm{VecI}_{p+1})'(I_{p+1}\otimes K_{(p+1)^2}\otimes I_{p+1})'(\Lambda'_0\otimes\Lambda'_0)\mathbb{W} \tag{23}$$

但是，从一阶条件方程组（21）难以得到 $\hat{\Lambda}_0$ 的解析表达式，为此，已知异质性误差项协方差矩阵 Σ_e 的 q（p+1）重特征根 $\hat{\sigma}^2$ 时，可以首先使用主成分方法估计 Λ_0，即，

$$\hat{\Lambda}_0 = V(D-\hat{\sigma}^2 I_{q(p+1)})^{\frac{1}{2}} \tag{24}$$

式中，矩阵 D 是样本协方差矩阵 $S=\frac{1}{T}\sum_{t=1}^{T}X_tX'_t$ 的前 q（p+1）个最大特征根构成的 q（p+1）×q（p+1）对角矩阵，矩阵 V 是由 q（p+1）个特征根的特征向量组成的 N×q（p+1）标准化矩阵，即 $SV=VD, V'V=I_{q(p+1)}$。从而，就可得到共同因子 $\mathbb{F}_t$ 的估计。

事实上，参照二阶段 OLS 方法和 Hansen（1982）的两阶段迭代 GMM 估计方法，本文提出了一种估计动态因子模型参数 $\Theta=(\Lambda_0,\ \Sigma_e,\ \Sigma_\varepsilon)$ 的三阶段方法。

第一阶段估计：假设异质性误差项的协方差矩阵 $\Sigma_e=I_N$，$\mathbb{W}=I$，首先利

用式（24）计算$\hat{\Lambda}_0$并代入式（22）求得$\hat{\Sigma}_e$，最后由式（23）得到协方差矩阵Σ_e的估计$\hat{\Sigma}_e$；

第二阶段估计：使用第一阶段Σ_e的估计$\hat{\Sigma}_e$，重复第一阶段的其余计算过程，而得到估计值$\hat{\Lambda}_0$，$\hat{\Sigma}_\varepsilon$和$\hat{\Sigma}_e$；

第三阶段估计：根据第二阶段的估计结果，选择正定加权矩阵 W 是渐近协方差矩阵估计的逆矩阵，即，

$$W = \{T[Vec(S-(\hat{\Lambda}_0(I_{p+1}\otimes\Sigma_\varepsilon)\hat{\Lambda}'_0+\hat{\Sigma}_e))][Vec(S-(\hat{\Lambda}_0(I_{p+1}\otimes\Sigma_\varepsilon)\hat{\Lambda}'_0+\hat{\Sigma}_e))]'\}^{-1} \tag{25}$$

再次重复第二阶段的计算过程得到参数 Θ 的第三阶段估计 $\Theta=(\hat{\Lambda}_0, \hat{\Sigma}_e, \hat{\Sigma}_\varepsilon)$。

从而，得到了共同因子 $\mathbb{F}_t$ 的 GMM 估计，

$$\hat{\mathbb{F}}_t = X_t S^{-1}\hat{\Lambda}_0 = X'_t S^{-1} V(D-\hat{\sigma}^2 I_{q(p+1)})^{\frac{1}{2}} \tag{26}$$

式中，$X=(X_1, \cdots, X_T)'$是 $T\times N$ 矩阵，$\mathbb{F}=(\mathbb{F}_1, \cdots, \mathbb{F}_T)'$是 $T\times q(p+1)$ 矩阵。

由广义矩估计（GMM）估计得到 Λ_0 的估计值$\hat{\Lambda}_0$，得出共同因子 $\mathbb{F}_t = X'_t S^{-1}\hat{\Lambda}_0$。由于 $F_t = C_0\varepsilon_t+\cdots+C_p\varepsilon_{t-p}$ 是一个 VMA（P）模型，设其自协方差矩阵为 Γ_k，则有，

$$\Gamma_k = E(F_tF'_{t-k}) = \begin{cases}(C_0C'_0+C_1C'_1+\cdots+C_pC'_p)\Sigma_\varepsilon & k=0\\(C_kC'_0+C_{k+1}C'_1+\cdots+C_pC'_{p-k})\Sigma_\varepsilon & 0<k\leqslant p\\0 & k>p\end{cases} \tag{27}$$

为了估计 VMA（p）中的 p+2 的待估参数$\hat{C}_0$，$\hat{C}_1$，$\hat{C}_2$，…，$\hat{C}_p$，借助 VMA（p）模型的样本自协方差矩阵$\hat{\Gamma}_k$进行估计，即，

$$\hat{\Gamma}_k = \begin{cases}(\hat{C}_0\hat{C}'_0+\hat{C}_1\hat{C}'_1+\cdots+\hat{C}_p\hat{C}'_p)\hat{\Sigma}_\varepsilon & k=0\\(\hat{C}_k\hat{C}'_0+\hat{C}_{k+1}\hat{C}'_1+\cdots+\hat{C}_p\hat{C}'_{p-k})\hat{\Sigma}_\varepsilon & 0<k\leqslant p\\0 & k>p\end{cases} \tag{28}$$

利用前面式（22）估计得$\hat{\Sigma}_\varepsilon$，式（28）是一个包含 p+2 的非线性方程

组，可以用迭代法求解。下面介绍迭代算法。

对于 p>1 的 VMA（p）模型，由式（28）得，

$$\begin{cases}\hat{\Gamma}_k=(\hat{C}_0\hat{C}_0'+\hat{C}_1\hat{C}_1'+\cdots+\hat{C}_p\hat{C}_p')\hat{\sum}_\varepsilon\\ \hat{C}_k=(\hat{\Gamma}_k\hat{\sum}_\varepsilon^{-1}-\hat{C}_{k+1}\hat{C}_1'-\cdots-\hat{C}_p\hat{C}_{p-k}')C_0'^{-1}\end{cases}\tag{29}$$

第一步，给出$\hat{C}_0$，$\hat{C}_1$，…，$\hat{C}_p$的一组初值，如，

$$\hat{C}_0(0)=\hat{C}_1(0)=\cdots=\hat{C}_p(0)=\begin{pmatrix}\frac{1}{\sqrt{p+1}} & & \\ & \ddots & \\ & & \frac{1}{\sqrt{p+1}}\end{pmatrix}\tag{30}$$

代入式（29），计算出第一次迭代值，

$$\hat{\Gamma}_k(1)=\hat{\sum}_\varepsilon,\ \hat{C}_k(1)=\begin{pmatrix}\frac{k+1}{\sqrt{p+1}} & & \\ & \ddots & \\ & & \frac{k+1}{\sqrt{p+1}}\end{pmatrix}\tag{31}$$

第二步，将第一次迭代值代入式（29），计算出第二次迭代值，

$$\hat{\Gamma}_k(2)=\begin{pmatrix}\frac{(p+2)(2p+3)}{6} & & \\ & \ddots & \\ & & \frac{(p+2)(2p+3)}{6}\end{pmatrix}\hat{\sum}_\varepsilon,\ \hat{C}_k(2)=\begin{pmatrix}c_{11} & & \\ & \ddots & \\ & & c_{qq}\end{pmatrix}\tag{32}$$

式中，

$$c_{11}=c_{22}=\cdots=c_{qq}=\frac{(p+1)(p+2)(2p+3)-6[(k+2)2+\cdots+(p+1)(p-k+1)]}{6\sqrt{(p+1)}}\tag{33}$$

如此反复迭代下去，直到第 m 步的迭代值与第 m－1 步的迭代值相差不大时（满足一定的精度），便停止迭代，并用第 m 步的迭代结果作为式（29）的近似解。

由迭代算法计算出 VMA（p）的系数$\hat{C}_0$，$\hat{C}_1$，…，$\hat{C}_p$，然后由 GMM 估计得到的公共因子的估计值 $\hat{\mathbb{F}}_t=$（ε_t，…，ε_{t-p}）′，代入$\hat{F}_t=\hat{C}_0\hat{\varepsilon}_t+\cdots+\hat{C}_p\hat{\varepsilon}_{t-p}$，得出

(i) 的公共动态因子的估计值，最后由 GMM 的估计值$\hat{\Lambda}_0$代入$\hat{\Lambda}_0=\hat{\Lambda}$ ($\hat{C}_0$, …, $\hat{C}_p$) 得出因子载荷矩阵 Λ 的估计值$\hat{\Lambda}$。

对于式 (14) 的滞后多项式矩阵的估计，可以由前面估计得到的$\hat{F}_t$，运用最小二乘估计得到$\hat{\Phi}(L)$。

为了讨论 GMM 估计的渐近性质，定义$\|A\|=[tr(A'A)]^{\frac{1}{2}}$为矩阵 A 的范数，下面首先给出一些假设。

假设 B (Bai, 2003)：对于近因子模型 (1)，存在 $r\times r$ 的正定矩阵 Ω 和 Σ_Λ，使得：

(1) 对于任意的 t，$E\|F_t\|^4\leqslant\infty$，且当 $T\to\infty$ 时，$T^{-1}\sum_{t=1}^{T}F_tF_t'\xrightarrow{P}\Omega$；

(2) 对于任意的 i，$\lambda_i\leqslant\bar{\lambda}\leqslant\infty$，且当 $N\to\infty$ 时，$\|\Lambda\Lambda'/N-\Sigma_\Lambda\|\to 0$。

假设 C (Bai, 2003)：对于任意的 N、T，存在正常数 $M<\infty$，使得：

(1) $E(e_{it})=0$，$E|e_{it}|^8\leqslant M$，$i=1, \cdots, T$；

(2) 设 $\gamma_N(s, t)=E(e_s'e_t/N)=E(N^{-1}\sum_{i=1}^{N}e_{is}e_{it})$，$|\gamma_N(s, s)\leqslant M|$，$s=1, \cdots, T$；并且，

$$T^{-1}\sum_{s=1}^{T}\sum_{t=1}^{T}|\gamma_N(s, t)|\leqslant M$$

(3) 设 $E(e_{it}e_{jt})=\tau_{ij,t}$，存在 τ_{ij}，使得$|\tau_{ij,t}|\leqslant|\tau_{ij}|$，$t=1, \cdots, T$；并且，

$$N^{-1}\sum_{i=1}^{N}\sum_{j=1}^{N}|\tau_{ij}|\leqslant M$$

(4) $E(e_{it}e_{js})=\tau_{ij,ts}$，有 $(NT)^{-1}\sum_{i=1}^{N}\sum_{j=1}^{N}\sum_{t=1}^{T}\sum_{s=1}^{T}|\tau_{ij,ts}|\leqslant M$ 成立。

假设 D：对于独立同分布的随机向量 $\{X_{it}\}$，$i=1, \cdots, N$；$t=1, \cdots, T$，存在正常数 $0<\alpha$，$\beta<\infty$，使得：

(1) 对于 $\forall i$，有$\frac{1}{T}\sum_{t=1}^{T}\|X_{ti}\|^2\leqslant\alpha$；

(2) 对于 $\forall t$，$0<\beta\leqslant\frac{1}{N}\left\|\sum_{i=1}^{N}\sum_{t=1}^{T}X_{ti}X_{ti}'\right\|$。

下面给出动态因子模型共同因子 GMM 估计的渐近性质。

命题 在假设 A~D 下，当 N，$T\to\infty$，对于 $\mathbb{F}$ 的 GMM 估计值$\hat{\mathbb{F}}$，则有下

列结论成立：

（1）（一致性）$\underset{N,T\to\infty}{P\lim}\hat{\mathbb{F}}=\mathbb{F}$；

（2）（渐近正态性）当$\sqrt{T}/N\to\infty$时，

$$\sqrt{T}(\hat{\mathbb{F}}_t-\mathbb{F}_t)\xrightarrow{d}N(0,(\Lambda_0(I_{q(p+1)}\otimes\Sigma_\varepsilon)\Lambda_0'+\Sigma_e)^{-1}Avar(\hat{\Lambda}_0))$$

其中，

$$S=\frac{1}{NT}XX',\ Avar(\hat{\Lambda}_0)=V(D-\sigma^2I_{q(p+1)})^{1/2}(D-\sigma^2I_{q(p+1)})^{1/2}V'$$

$$=V(D-\sigma^2I_{q(p+1)})V'$$

证明　由命题满足假设条件A，得到了$\mathbb{F}$的估计值，

$$\hat{\mathbb{F}}=XS^{-1}\hat{\Lambda}_0=XS^{-1}V(D-\hat{\sigma}^2I_{q(p+1)})^{\frac{1}{2}} \tag{34}$$

进而有，

$$\begin{aligned}\hat{\mathbb{F}}-\mathbb{F}&=XS^{-1}\hat{\Lambda}_0-X(\Lambda_0(I_{q(p+1)}\otimes\Sigma_\varepsilon)\Lambda_0'+\Sigma_e)^{-1}\Lambda_0\\&=[XS^{-1}\hat{\Lambda}_0-XS^{-1}\Lambda_0]+[XS^{-1}\Lambda_0-X(\Lambda_0(I_{q(p+1)}\otimes\Sigma_\varepsilon)\Lambda_0'+\Sigma_e)^{-1}\Lambda_0]\\&=XS^{-1}(\hat{\Lambda}_0-\Lambda_0)+X[S^{-1}-(\Lambda_0(I_{q(p+1)}\otimes\Sigma_\varepsilon)\Lambda_0'+\Sigma_e)^{-1}]\Lambda_0\end{aligned} \tag{35}$$

由于假设B、假设C，主成分估计值$\hat{\Lambda}_0$是一致的（Bai，2003），则$\underset{N,T\to\infty}{P\lim}\hat{\Lambda}_0=\Lambda_0$，在假设D下，由矩阵形式的Cauchy-Schwartz不等式得，

$$\begin{aligned}\|XS^{-1}\|&\leqslant(\|X\|^2)^{\frac{1}{2}}\left(\frac{1}{\|S\|^2}\right)^{\frac{1}{2}}\\&\leqslant\left(\frac{1}{T}\sum_{t=1}^{T}\|X_{ti}\|^2\right)^{\frac{1}{2}}\left(\frac{1}{\frac{1}{N}\left\|\sum_{i=1}^{N}\sum_{t=1}^{T}X_{ti}X_{ti}'\right\|^2}\right)^{\frac{1}{2}}\\&\leqslant\frac{\alpha}{\beta}=O(1)\end{aligned} \tag{36}$$

并且在满足连续函数映射定理的假设条件下，给定Λ_0时$XS^{-1}(\hat{\Lambda}_0-\Lambda_0)$是$\hat{\Lambda}_0$的连续函数。由假设D，则当N，T→∞时，

$$XS^{-1}(\hat{\Lambda}_0-\Lambda_0)\xrightarrow{P}0 \tag{37}$$

而当N，T→∞时，有$S\xrightarrow{P}(\Lambda_0(I_{q(p+1)}\otimes\Sigma_\varepsilon)\Lambda_0'+\Sigma_e)$成立，则得，

$$X[S^{-1}-(\Lambda_0(I_{q(p+1)}\otimes\Sigma_\varepsilon)\Lambda_0'+\Sigma_e)^{-1}]\Lambda_0\xrightarrow{P}0 \tag{38}$$

那么由 Komolgorov 大数定理就有$\hat{\mathbb{F}}-\mathbb{F}\xrightarrow{P}0,(N,T\to\infty)$，即有 $P\lim\limits_{N,T\to\infty}\hat{\mathbb{F}}=\mathbb{F}$ 成立。

由于：

$$X=\begin{pmatrix}X_1'\\ \vdots\\ X_T'\end{pmatrix},\ \hat{\mathbb{F}}=\begin{pmatrix}X_1'S^{-1}\hat{\Lambda}_0\\ \vdots\\ X_T'S^{-1}\hat{\Lambda}_0\end{pmatrix},\ \mathbb{F}=\begin{pmatrix}X_1'(\Lambda_0(I_{q(p+1)}\otimes\Sigma_\varepsilon)\Lambda_0'+\Sigma_e)^{-1}\hat{\Lambda}_0\\ \vdots\\ X_T'(\Lambda_0(I_{q(p+1)}\otimes\Sigma_\varepsilon)\Lambda_0'+\Sigma_e)^{-1}\hat{\Lambda}_0\end{pmatrix} \tag{39}$$

则$\hat{\mathbb{F}}_t=X_t'S^{-1}\hat{\Lambda}_0$ 和 $\mathbb{F}_t=X_t'(\Lambda_0(I_{q(p+1)}\otimes\Sigma_\varepsilon)\Lambda_0'+\Sigma_e)^{-1}\Lambda_0$。

当 N，T→∞ 时，有 $X_t'=O(1)$ 和 $S^{-1}\xrightarrow{P}(\Lambda_0\ (I_{q(p+1)}\otimes\Sigma_\varepsilon)\Lambda_0'+\Sigma_e)^{-1}$ 成立，所以：

$$X_t'[S^{-1}-(\Lambda_0(I_{q(p+1)}\otimes\Sigma_\varepsilon)\Lambda_0'+\Sigma_e)^{-1}]\Lambda_0=o_P(1) \tag{40}$$

则，

$$\hat{\mathbb{F}}_t-\mathbb{F}_t=X_t'S^{-1}(\hat{\Lambda}_0-\Lambda_0)+X_t'[S^{-1}-(\Lambda_0(I_q\otimes\Sigma_\varepsilon)\Lambda_0'+\Sigma_e)^{-1}]\Lambda_0$$
$$=X_t'S^{-1}(\hat{\Lambda}_0-\Lambda_0)+o_P(1) \tag{41}$$

在假设 B、假设 C 下，当$\sqrt{T}/N\to0$ 时，Λ_0 的主成分估计是一致的，$\Lambda_0=(\lambda_1,\ \lambda_2,\ \cdots,\ \lambda_N)'$ 是 $N\times q\ (p+1)$ 的矩阵，所以得到了$\hat{\lambda}_i$ 的主成分估计值的渐近分布为，

$$\sqrt{T}(\hat{\lambda}_i-\lambda_i)\xrightarrow{d}N(0,\ Avar(\hat{\lambda}_i)) \tag{42}$$

$X_t'S^{-1}(\hat{\Lambda}_0-\Lambda_0)$是给定 Λ_0 关于$\hat{\Lambda}_0$ 的连续函数，则由连续函数映射定理和式（42）得，

$$\sqrt{T}X_t'S^{-1}(\hat{\Lambda}_0-\Lambda_0)\xrightarrow{P}0,\ (N,\ T\to\infty) \tag{43}$$

另外，

$$E[TX_t'S^{-1}(\hat{\Lambda}_0-\Lambda_0)(\hat{\Lambda}_0-\Lambda_0)'(X_t'S^{-1})']\simeq(\Lambda_0(I_{q(p+1)}\otimes\Sigma_\varepsilon)\Lambda_0'+\Sigma_e)^{-1}Avar(\hat{\Lambda}_0) \tag{44}$$

那么由假设 A（a），（b），（c）得，共同因子 $\mathbb{F}_t$ 和异质项 e_t 是正交的独立同分布的白噪声过程，则得 X_t' 也是独立同分布的白噪声过程。由

Lindeberg-Levy 中心极限定理有，

$$\sqrt{T}\,X_t'S^{-1}(\hat{\Lambda}_0-\Lambda_0)\xrightarrow{d}N(0,\ (\Lambda_0(I_{q(p+1)}\otimes\Sigma_\varepsilon)\Lambda_0'+\Sigma_e)^{-1}Avar(\hat{\Lambda}_0)) \tag{45}$$

记 $Avar(\hat{\mathbb{F}}_t)=(\Lambda_0(I_{q(p+1)}\otimes\Sigma_\varepsilon)\Lambda_0'+\Sigma_e)^{-1}Avar(\hat{\Lambda}_0)$。进而得，

$$\sqrt{T}(\hat{\mathbb{F}}_t-\mathbb{F}_t)\xrightarrow{d}N(0,\ Avar(\hat{\mathbb{F}}_t)) \tag{46}$$

所以，命题得证。

(二) 结构动态因子模型的GMM估计及其渐近性质

对于动态因子具有SVAR形式的结构动态因子模型，

$$X_t=\Lambda F_t+e_t \tag{47}$$

$$AF_t=\prod(L)F_{t-1}+\xi_t \tag{48}$$

式中，异质性误差项 e_t 是存在截面相关的（Cross-sectional Correlated），因子载荷矩阵 Λ 满足约束条件 $\Lambda'\Lambda=I_q$，共同因子 $\mathbb{F}_t$ 是一个结构向量自回归（SVAR）模型。新息冲击 ξ_t 是独立同分布多元正态分布随机向量过程，均值为零，方差是q阶的单位方阵 I_q，即 $\xi_t\sim iid(0,\ I_q)$。

在式（48）中共同因子 $\mathbb{F}_t$ 可以化简为，

$$\mathbb{F}_t=(A-\prod(L)L)^{-1}\xi_t\approx C_0\xi_t+C_1\xi_{t-1}+\cdots+C_p\xi_{t-p} \tag{49}$$

也就得到了式（49）是一个VMA(p)，去近似逼近VMA(∞)。代入式（47）得，

$$\begin{aligned}X_t&=\Lambda C_0\xi_t+\Lambda C_1\xi_{t-1}+\cdots+\Lambda C_p\xi_{t-p}+e_t\\&=(\Lambda C_0,\ \cdots,\ \Lambda C_p)\begin{pmatrix}\xi_t\\ \vdots\\ \xi_{t-p}\end{pmatrix}+e_t\end{aligned} \tag{50}$$

令，

$$\Lambda_0=(\Lambda C_0,\ \cdots,\ \Lambda C_p);\ \mathbb{F}_t=\begin{pmatrix}\xi_t\\ \vdots\\ \xi_{t-p}\end{pmatrix}\sim iid(0,\ I_{(p+1)q}) \tag{51}$$

则得到了带有共同因子SVAR的动态因子模型可以化简为静态形式：

$$X_t=\Lambda_0\mathbb{F}_t+e_t \tag{52}$$

由上述的假设条件可得异质误差项 e_t 和共同因子 $\mathbb{F}_t$ 的矩条件为，

$$\begin{cases} E(e_t)=0 \\ E(\mathbb{F}_t)=0 \\ E(\mathbb{F}_t e_t)=0 \end{cases} \tag{53}$$

进而得到动态因子模型的总体矩方程：

$$Cov(X_t)=E(X_t X_t')=\Lambda_0\Lambda_0'+\Sigma_e \tag{54}$$

式中，异质性误差项的协方差矩阵$\Sigma_e=E(e_t e_t')$，假设n阶协方差矩阵Σ_e有q（p+1）重的特征根，其形式如下：

$$\Sigma_e=\begin{pmatrix} \hat{\sigma}^2 I_{q(p+1)} & 0 \\ 0 & \Sigma_{n-q(p+1)} \end{pmatrix} \tag{55}$$

式中，$\hat{\sigma}^2$是q（p+1）重的特征根。

对应的样本矩方程为：

$$h(X_t,\ \Lambda_0,\ \Sigma_e)=\frac{1}{T}\sum_{t=1}^{T}X_t X_t'-(\Lambda_0\Lambda_0'+\Sigma_e) \tag{56}$$

式（56）经过向量化可得$E[Vec(h(X_t,\ \Lambda_0,\ \Sigma_e))]=0$，则目标函数是：

$$Q(X_t,\ \Lambda_0,\ \Sigma_e)=[Vec(\frac{1}{T}\sum_{t=1}^{T}X_tX_t'-(\Lambda_0\Lambda_0'+\Sigma_e))]'\mathbb{W}[Vec(\frac{1}{T}\sum_{t=1}^{T}X_tX_t'-(\Lambda_0\Lambda_0'+\Sigma_e))] \tag{57}$$

经过化简整理得到：

$$\begin{aligned} Q(X_t,\ \Lambda_0,\ \Sigma_e)=&\frac{1}{T^2}(Vec(XX'))'\mathbb{W}Vec(XX')-\frac{2}{T}(Vec(XX')) \\ &\mathbb{W}(\Lambda_0\otimes\Lambda_0)Vec(I_{rq})-\frac{2}{T}(Vec(XX'))'\mathbb{W}Vec\Sigma_e+ \\ &(VecI_{rq})'(\Lambda_0'\otimes\Lambda_0')\mathbb{W}(\Lambda_0\otimes\Lambda_0)VecI_{rq}+ \\ &2(VecI_{rq})'(\Lambda_0'\otimes\Lambda_0')\mathbb{W}Vec\Sigma_e+(Vec\Sigma_e)'\mathbb{W}Vec\Sigma_e \end{aligned} \tag{58}$$

因此，求解使目标函数Q（X_t，Λ_0，Σ_e）最小化的一阶条件方程组，

$$\begin{cases} \dfrac{\partial Q}{\partial \Lambda_0}=0 \\ \dfrac{\partial Q}{\partial \Sigma_e}=0 \end{cases} \tag{59}$$

即可分别求出Λ_0、Σ_e的GMM估计，其中$X=(X_1,\ \cdots,\ X_T)'$是$T\times N$矩阵。

$$\hat{\Sigma}_e = \frac{1}{T}XX' - \hat{\Lambda}_0\hat{\Lambda}_0' \tag{60}$$

但是，从一阶条件方程组（59）难以得到$\hat{\Lambda}_0$的解析表达式，为此，已知假设异质性误差项协方差矩阵Σ_e的q（p+1）重特征根$\hat{\sigma}^2$时，可以首先使用主成分方法估计$\hat{\Lambda}_0$，即，

$$\hat{\Lambda}_0 = V(D - \hat{\sigma}^2 I_{q(p+1)})^{\frac{1}{2}} \tag{61}$$

式中，矩阵D是样本协方差矩阵$S = \frac{1}{T}\sum_{t=1}^{T} X_t X_t'$的前q（p+1）个最大特征根构成的q(p+1)×q(p+1)对角矩阵，矩阵V是由q（p+1）个特征根的特征向量组成的N×q(p+1)标准化矩阵，即SV=VD，$V'V = I_{q(p+1)}$。

参照前文中提出的估计动态因子模型参数的方法，也给出三阶段估计方法。

第一阶段估计：假设异质性误差项的协方差矩阵$\Sigma_e = I_n$，W=I，首先利用式（61）计算$\hat{\Lambda}_0$并代入式（60）求得$\hat{\Sigma}_e$；

第二阶段估计：使用第一阶段Σ_e的估计$\hat{\Sigma}_e$，重复第一阶段的其余计算过程，而得到估计值$\hat{\Lambda}_0$和$\hat{\Sigma}_e$；

第三阶段估计：根据第二阶段的估计结果，选择正定加权矩阵W是渐近协方差矩阵估计的逆矩阵，即，

$$W = \{T[Vec(S - (\hat{\Lambda}_0\hat{\Lambda}_0' + \hat{\Sigma}_e))][Vec(S - (\hat{\Lambda}_0\hat{\Lambda}_0' + \hat{\Sigma}_e))]'\}^{-1} \tag{62}$$

再次重复第二阶段的计算过程得到参数Θ的三阶段估计$\Theta = (\hat{\Lambda}_0, \hat{\Sigma}_e)$。

从而，也就得到了共同因子$\mathbb{F}$的估计，

$$\hat{\mathbb{F}} = X(\hat{\Lambda}_0\hat{\Lambda}_0' + \hat{\Sigma}_e)^{-1}\hat{\Lambda}_0 = X'S^{-1}V(D - \hat{\sigma}^2 I_{q(p+1)})^{\frac{1}{2}} \tag{63}$$

式中，$X = (X_1, \cdots, X_T)'$是T×N矩阵，$\mathbb{F} = (\mathbb{F}_1, \cdots, \mathbb{F}_T)'$是T×q(p+1)矩阵。

同理，也按照前文的迭代方法近似计算出式（49）的系数$\hat{C}_0$，$\hat{C}_1$，⋯，$\hat{C}_p$，代入式（49）估计出公共因子的估计值$\hat{F}_t$，由$\hat{\Lambda}_0 = \hat{\Lambda}$（$\hat{C}_0$，⋯，$\hat{C}_p$）计算出因子载荷矩阵的估计值$\hat{\Lambda}$。式（48）SVAR的系数矩阵的估计值$\hat{A}$和

$\hat{\Pi}(L)$ 由最小二乘估计得到。

类似地，在相应的假设下，也可以证明结构动态因子估计$\hat{\mathbb{F}}_t$的一致性和渐近正态分布性质，限于篇幅，文中不再赘述。

四、蒙特卡洛模拟分析

为了考察 GMM 估计$\hat{F}_t$和$\hat{\Lambda}$的有限样本性质，本节对共同因子是 VAR 结构的动态因子模型的 GMM 估计进行 Monte Carlo 模拟分析。

（一）数据生成过程

参考 Boivin 和 Ng（2005），本文设定的数据生成过程如下：

（1）对于给定的 N，T，设定 q=2，p=3，s=3，数据生成过程按如下方程：

$$x_{it}=\sum_{k=0}^{s}\lambda_{i1k}f_{1t-k}+\sum_{k=0}^{s}\lambda_{i2k}f_{2t-k}+e_{it}$$

$$f_{jt}=\alpha_j f_{jt-1}+\varepsilon_{jt} \tag{64}$$

假设具有 q（p+1）重特征根的 N 阶矩阵Σ_e是，

$$\Sigma_e=\begin{pmatrix}0.04I_8 & 0\\ 0 & \Sigma_{(N-8)\times(N-8)}\end{pmatrix} \tag{65}$$

式中，$\Sigma_{(N-8)\times(N-8)}$是由 Wishart 分布随机生成任一正定对称矩阵。

（2）对于 i=1，…，N；t=1，…，T，首先，设定 $\lambda_{ij}\sim N(0,1)$，$\alpha_1=0.8$，$\alpha_2=0.4$。其次，分别从标准正态分布 N（0，1）和多元正态分布 N（0，Σ_e）独立抽取样本 ε_{it} 和 e_{it}。最后，根据式（64）生成数据矩阵 $X_{N\times T}$。

在本文的 Monte Carlo 模拟分析中，N 依次设为 25、50、75 和 100，T 分别设为 50 和 100；并且，应用第三部分给出的估计方法做模拟分析。对于 N 和 T 各种选择，模拟的次数均为 2000。

（二）模拟结果

为了考察动态因子估计$\hat{F}_t$对数据生成过程中真实因子 F_t 的拟合程度，给定 N 和 T 时，本文计算了 Forni 等（2000）使用的统计量，

$$R(\hat{\chi}, \chi)=\frac{\sum_{i,t}(\hat{\chi}_{it}-\chi_{it})^2}{\sum_{i,t}\chi_{it}^2} \tag{66}$$

式中，$\chi=\Lambda F$。并据此评价GMM估计的效果。对于各情形的模拟，结果如表1所示。

表1 R($\hat{\chi}$，χ)统计量的均值

		N = 25	N = 50	N = 75	N = 100
R($\hat{\chi}$，χ)	T = 50	0.2938	0.1843	0.1498	0.1358
R($\hat{\chi}$，χ)	T = 100	0.2164	0.1241	0.0932	0.0785

从表1可见，估计精确性随着N、T的增加而改善。具体表现出当N=100、T=100时，R（$\hat{\chi}$，χ）统计量的均值为0.0785，较接近于0。

表2 R($\hat{\chi}$，χ)统计量的标准差

		N = 25	N = 50	N = 75	N = 100
R($\hat{\chi}$，χ)	T = 50	0.0755	0.0356	0.0235	0.0183
R($\hat{\chi}$，χ)	T = 100	0.0524	0.0205	0.0120	0.0081

类似地，对于给定的N，如表2所示。显然，随着N和T的增大，动态因子模型的公共部分$\hat{\chi}$的估计精确性改善。并且，T增加对改善估计精度的效果比N增加更显著。例如，当T = 100、N = 50时，R（$\hat{\chi}$，χ）统计量的标准差为0.0120；而T = 50、N = 100，R（$\hat{\chi}$，χ）统计量的标准差为0.0183。

另外，为了考察$F_t=(I-\Phi(L)L)^{-1}\varepsilon_t\approx C_0\varepsilon_t+\cdots+C_p\varepsilon_{t-p}$可以用有限滞后阶数p的VMA(p)近似表示VMA（∞），本文选定T = 50、N = 75后，对p=3、4、5和6的四种情形也进行了模拟分析，模拟结果如表3所示。

表3 R($\hat{\chi}$，χ）统计量的均值和标准差

			p = 3	p = 4	p = 5	p = 6
R($\hat{\chi}$，χ)	T=50	T = 75	0.1498 (0.0235)	0.1425 (0.0217)	0.1417 (0.0223)	0.1415 (0.0214)

由表3可见，随着p的增大，R（$\hat{\chi}$，χ）的均值和标准差会变化很小，

例如，p=5、N=75、T=50数据的R($\hat{\chi}$, χ)均值比p=6的相应值仅仅高出0.0001，即在N和T较大时，可以用VMA(p)近似表示VMA（∞）。因此，在利用有限样本建立动态因子模型进行实证分析时，采集数据时应尽可能地增加样本数据的N和T，通常使用多变量的较高频数据GMM估计研究结果具有较高的可靠性。

五、结 论

在动态因子和异质性误差项是Gaussian白噪声过程等假设下，Forni等（2012）在频域的分析框架下，利用动态主成分方法得到了动态因子模型的动态因子和因子载荷矩阵的渐近正态一致估计。在时域的分析框架下，本文提出了一类动态因子模型和结构动态因子模型的GMM估计方法，其中动态因子和异质性误差项可以是非Gaussian白噪声过程。研究发现，在一些适合的假设条件下，动态因子和因子载荷矩阵的GMM估计量也是渐近正态一致估计。并且，Monte Carlo模拟分析发现，GMM估计量的有限样本性质与渐近性质相一致。

参考文献

[1] Bai J., S. Ng, Instrumental Variable Estimation in a Data-Rich Environment [J]. Forthcoming, Econometric Theory, 2010 (11): 7-14.

[2] Bai J., S. Ng. Determining the Number of Factors in Approximating Factor Models [J]. Econometrica, 2002, 70 (1): 191-221.

[3] Bai J. Inference for Factor Models of Large Dimensions [J]. Econometrica, 2003, 71 (1): 135-172.

[4] Bai J., S. Ng, Large Dimensional Factor Analysis [J]. Foundations and Trends in Econometrics, 2008, 3 (2): 89-163.

[5] Chamberlain G., M. Rothschild. Arbitrage Factor Structure, and Mean-Variance Analysis of Large Asset Markets [J]. Econometrica, 1983, 51 (5): 1281-1304.

[6] Connor G., R. A. Korajczyk. Performance Measurement with the Arbitrage Pricing Theory: A New Framework for Analysis [J]. Journal of Financial Economics, 1986, 15 (3): 373-394.

[7] Doz C., D. Giannone, L. Reichlin. A Quasi Maximum Likelihood Approach for Large

Approximate Dynamic Factor Models [J]. Review of Economics and Statistics, 2012, 94 (4): 1014–1024.

[8] Forni M., M. Hallin, M. Lippi, L. Reichlin .The Generalized Dynamic Factor Model: Identification and Estimation [J]. Review of Economics and Statistics, 2000 (82): 540–546.

[9] Forni M., M. Hallin, M. Lippi, L. Reichlin. The Generalized Dynamic Factor Model: Consistency and Rates [J]. Journal of Economics, 2004 (119): 231–255.

[10] Geweke J. The Dynamic Factor Analysis of Economic Time Series Models. In Latent Variables in Soci–economic Models [M]. Amsterdam: North–Holland, 1977.

[11] Geweke J. F. Zhou G. Measuring the Pricing Error of the Arbitrage Pricing Theory [J]. The Review of Financial Studies, 1996 (9): 557–587.

[12] Giannone D., L. Reichlin, D. Small. Nowcasting: The Real–Time Informational Content of Macroeconomic Data [J]. Journal of Monetary Economics, 2008 (55): 665–676.

[13] Jungbacker B., S. J. Koopman, M.Van der Wel. Dynamic Factor Analysis in the Presence of Missing Data [R]. Tibergen Institute Discussion Paper, 2009.

[14] Jungbacker D., S. J. Koopman. Likelihood–Based Analysis for Dynamic Factor Models, Manuscript, 2008, Tinbergen Institute.

[15] Sargent T. J., C. A. Sims. Business Cycle Modeling without Pretending to Have too Much a Priori Economic Theory. In New Methods in Busi ness Cycle Research: Proceedings from a Conference ed.C.A. [M]. Sims, Minneapolis: Federal Reserve Bank of Minneapolis, 1977.

[16] Stock J. H., M. Watson. Forecasting Using Principal Components form a Large Number of Predictors [J]. Journal of American Statistical Association, 2002 (97): 1167–1179.

[17] Stock J. H., M. W. Watson. Implications of Dynamic Factor Models for VAR Analysis, 2005, Manuscript.

[18] Watson M. W. Macroeconomic Forecasting Using Many Predictors, in Advances in Economics and Econometrics, Theory and Applications [M]. Cambridge: UK. Cambridge University Press, 2003 (1): 87–114.

基于 Copula-GRECH-M 模型的投资风险实证分析

何阳阳 石珂琦
（中南财经政法大学，南京 430064）

一、引 言

Copula 最早来源于 Schweizer 和 Sklar（1983）的阐述，随后 Genest 和 MacKay（1986）以及 Joe（1993）等进一步发展了相关理论，使 Copula 成为构造多元联合分布和分析随机变量间相关结构的重要工具。Copula 理论是用来描述多个随机变量间相依结构的统计方法，它可以将一个联合分布的边际分布以及它们之间的相关关系分别研究，使模型更加有效，因此 Copula 理论的出现为解决相关分析和多变量建模提供了一个新的工具。因为在经济、金融、统计问题的研究中有很多用一元函数分布的文献，但用多元函数分布研究经济、金融、统计问题的却很少，因而在拟合经济金融等复杂的统计数据时受到很大的约束。由 Copula 理论，我们可以根据任意类型的多个一元分布函数和任意 Copula 函数构造许多有用的多元联合分布函数，从而使 Copula 函数在多元统计建模中成为一个实用的工具。

ARCH 模型最早由 Engle 提出，其将金融时间序列普遍存在的异方差性

［作者简介］何阳阳，中南财经政法大学统计与数学学院；联系方式：13871510565（手机）；邮箱：853385166@qq.com。石珂琦，中南财经政法大学统计学与数学学院；联系方式：15527988308（手机）；邮箱：840042063@qq.com。

考虑在内，然而在实际应用中为能达到较好的拟合效果需要增加大量的滞后阶数，从而降低了 ARCH 模型参数估计的准确性。为了解决这一问题，Bollerslev 于 1986 年提出了广义自回归条件异方差模型，即 GARCH 模型。ARCH 模型和 GARCH 模型常常被用来研究金融领域的时间序列数据波动的集群性和持续性，它为研究时间序列数据的特性提供了帮助。而 GARCH-M 模型及其变形又是用于研究资产收益率和风险性关系的重要模型（即研究随时间变化的风险收益率）。多元 GARCH-M 模型同时考虑了期望收益率和风险之间的关系，以及各个股票之间的相互影响。

自从 Copula 函数引入金融分析以来，取得了很多有意义的研究成果。目前 Copula 函数已成为风险分析的重要工具。近年来，一些学者将 GARCH 模型与 Copula 结合起来动态地对金融变量间的相依性和风险加以研究。Jondeau 等（2002）建立了 Copula-GARCH 模型并对金融指数序列间的相关性进行了分析，韦艳华和张世英（2004a，2004b）也用 Copula-GARCH 模型对我国股票市场中各种指数序列的相关性加以分析。

本文将结合 Copula 函数和 GARCH-M 模型分析资产投资组合风险的问题，并估计出组合投资在将来某时刻存在的风险，希望在风险最小的原则下，给出相对应的具体组合形式。本文第一部分介绍了 Copula 函数和 GARCH-M 模型的相关知识的基础；第二部分构建多资产收益率的 Copula-GARCH-M 模型；第三部分采用股票收益率进行实证分析；第四部分是结论。

二、多资产收益率的 Copula-GRACH-M 模型

（一）Copula 函数和 GRACH-M 模型介绍

Copula 函数描述了变量之间的相关性，即将多个随机变量的边缘分布连接起来形成联合分布的函数。Copula 函数最早应用于统计学，它能够根据不同的边缘分布建立多元联合分布函数，用 Copula 函数表示的相关结构具有优良的性质和独特的优点，因此其在理论和应用领域取得了迅猛的发展。Free 和 Valdez（1998）以及 Embrechts（1999）等首先将 Copula 方法引入到金融研究领域，如市场风险管理、多变量金融时间序列、资本市场中的

资产定价、商业保险定价等方面，为建模研究提供了新的方法和理论支持，尤其在金融风险管理领域，使不同资产之间相关性的理论研究得到了快速的发展。

Copula 函数是使 K 个随机变量 X_1，…，X_k 的联合分布 $F(X_1, \cdots, X_k)$ 可以通过各自的边际分布函数 $F(X_1)$，…，$F(X_k)$ 来表示的函数，即，

$$F(X_1, \cdots, X_k) = C(F(X_1), \cdots, F(X_k)) \tag{1}$$

若所有的边缘分布函数 $F_1, \cdots, F_k$ 都连续，则 Copula 函数 C 唯一。从式（1）可以看出 $C(u_1, \cdots, u_k) = F(F_1^{-1}(u_1), \cdots, F_k^{-1}(u_k))$，式中 $u_i = F(X_i)$，$i = 1, \cdots, k$，Copula 函数本身也是一个联合分布函数。

Copula 函数具有在非线性单调变换下不变的优良性质，可以描述非线性和非对称相关模式，因此该度量方法能用不同的函数考虑金融变量之间可能存在的各种相关性，能在更大的程度上考虑风险分散问题。

由 Engle、Lilien 和 Robins 引入的 ARCH-M 是利用条件方差表示预期风险的模型。金融理论表明其具有较高可观测风险的资产可以获得较高的平均收益，因为人们普遍认为金融资产的收益一般与其风险成正比，风险越大，预期收益越高。这种模型被称为 ARCH-M（ARCH-in-Mean）模型，其表达式为：

$$y_t = x_t'\gamma + \rho\sigma_t^2 + \mu_t \tag{2}$$

$$\sigma_t^2 = \alpha_0 + \alpha_1\mu_{t-1}^2 + \alpha_p\mu_{t-p}^2 \tag{3}$$

式中，ρ 是用条件方差 σ_t^2 衡量的，它代表了风险和收益之间的一种权衡。如果把 σ_t^2 看成一个 GARCH（p，q）过程，则条件方差方程可以写为：

$$\sigma_t^2 = \alpha_0 + \alpha_1\mu_{t-1}^2 + \cdots + \alpha_p\mu_{t-p}^2 + \beta_1\sigma_{t-1}^2 + \cdots + \beta_1\sigma_{t-q}^2 \tag{4}$$

GARCH-M（GARCH-in-Mean）模型是在 GARCH 模型表达式的右边增加一项 σ_t^2，即 GARCH-M 模型可表示为：

$$\begin{cases} y_t = c + \rho\sigma_t + \mu_t \\ \sigma_t^2 = \alpha_0 + \sum_{i=1}^{p}\alpha_i\mu_{t-i} + \sum_{j=1}^{q}\beta_j\sigma_{t-j}^2 \\ \mu_t \sim N(0, \sigma_t^2) \end{cases} \tag{5}$$

假设模型旨在解释一项金融资产回报率的话，那么增加 σ_t^2 的原因是每个投资者都期望投资回报率与风险度密切联系，而条件方差 σ_t^2 代表了期望风险的大小。所以 GARCH-M 模型适合于描述期望回报与期望风险密切相

关的金融资产。

GARCH-M模型通常用于资产的预期收益及与预期风险密切相关的金融领域。根据金融理论，股票指数票面收益的变动依赖于一个常数项和条件标准差。因此可以用条件标准差代替方差 σ_t^2，表达式为：

$$y_t = c + \rho\sigma_t + \mu_t \tag{6}$$

（二）Copula-GRACH-M模型

因为金融产品通常具有“尖峰厚尾”的特征，收益率的方差是随时间变化的，而且在不同的时间段这种方差的变动幅度是不一样的。这一现象称为收益率波动的集群性。对于这种集群性现象，只有通过高阶的时变模型才能比较准确地描述，而GARCH模型正是比较好的选择。从运用GARCH模型研究针对横截面数据的风险和收益问题的传统思路，到运用GARCH模型估计股市预期收益和波动的关系，同时，Engle等也运用GARCH-M模型发现此类方法可以很好地解释标准普尔500指数的预期收益变动情况（给出原始论文）。由于运用GARCH模型分析中国股市收益率波动的研究成果已有很多，因此本文尝试选择GARCH-M模型分析中国股票风险报酬和波动之间的跨时关系，得出单个资产的收益率分布函数。此外，本文之所以选择连接函数Copula作为度量风险相关性的方法，是因为Copula函数具有在非线性变换下不变的优良特性，可以描述非线性、非对称相关模式。可以用不同的函数考虑金融变量之间可能存在的各种相关性，在更大程度上考虑风险分散问题，能有效地规避风险。为此，我们构建Copula-GARCH-M模型如下。

对于多资产的投资组合问题，投资者要把手中的资金按照一定的比例分配到各个资产产品中去。不同的分配方案必然有不同的收益与风险，在联合正态分布的假设下，如何分析下一时刻的组合风险，一般可通过GARCH-M模型描述每种资产的边缘分布。为了充分考虑各资产之间的相依关系，运用Copula函数将会更好地估计组合风险的大小。

我们考虑n个资产的投资组合问题。首先根据GARCH-M模型，假定资产i的等间隔收益率观测样本值为 $\{y_{i1}, y_{i2}, \cdots, y_{iT}\}$，$i=1, 2, \cdots, n$，可得到样本序列估计出参数c，ρ，$\alpha_j$，$\beta_j$，从而得到 y_{T+1} 的条件分布。对于多资产组合，令 $y_i = y_{i,T+1}$ 的条件分布为 F_i，即，

$$\begin{aligned} F_i &= p(y_{i,T+1} \leqslant y) = P(\mu_{T+1} \leqslant y - c - \rho\sigma_t) \\ &= \Phi(y - c - \rho\sigma_t) \end{aligned} \tag{7}$$

假设资产之间的相依结构在不随时间变化的前提下，我们可选择一维正态 Copula 函数估计 m 维随机向量 $Y=\{y_{1,\ T+1},\ \cdots,\ y_{n,\ T+1}\}$ 的相依结构。这时 n 维正态 Copula 函数为，

$$C_{\Sigma}^{nomal}(u_1,\ \cdots,\ u_n)=\Phi_{\Sigma}(\varphi^{-1}(u_1),\ \cdots,\ \varphi^{-1}(u_n)) \tag{8}$$

式中，Σ表示多维正态分布中的相关系数矩阵，也是正态 Copula 的参数。Φ_{Σ}是相关系数矩阵Σ的 m 维正态分布函数，φ^{-1}为标准正态分布函数的反函数。由于 y_{T+1} 的条件分布为 F_i，令：

$$u_t=(u_{1,t},\ \cdots,\ u_{n,t})=(F_1(y_{1t}),\ \cdots,\ F_n(y_{nt})),\ t=1,\ 2,\ \cdots,\ T \tag{9}$$

$$\omega=(\varphi^{-1}(u_{1t}),\ \varphi^{-1}(u_{2t}),\ \cdots,\ \varphi^{-1}(u_{nt})) \tag{10}$$

将式（10）代入式（8）中得到 $C_{\Sigma}^{nomal}(u_1)=\Phi_{\Sigma}(\omega)$，其中$\Sigma=\frac{1}{T}\sum_{t=1}^{T}\omega'\omega$。

本文除了建立 Copula-GARCH-M 模型及分析既定收益率水平下的最小风险的投资组合外，还运用马科维茨均值—方差模型计算既定风险下的最大收益，并得出有效前沿曲线。

马科维茨均值—方差理论依据的假设包括：

假设 1：投资者在考虑每一次投资选择时，其依据是某一持仓时间内的证券收益的概率分布。

假设 2：投资者根据证券的期望收益率估测证券组合的风险。

假设 3：投资者的决定仅仅是依据证券的风险和收益。

假设 4：在一定的风险水平上，投资者期望收益最大；相对应的是在一定的收益水平上，投资者希望风险最小。

根据以上假设，马科维茨确立了证券组合预期收益、风险的计算方法和有效边界理论，建立了资产优化配置的均值—方差模型：

$$\begin{aligned} s.t.\quad & \min\sigma^2(ret)=\sum\sum x_i x_j \operatorname{cov}(r_i-r_j) \\ & ret=\sum x_i r_i \\ & \sum x_i=1 \end{aligned} \tag{11}$$

式中，ret 为组合收益，r_i 为第 i 只股票的收益，x_i，x_j 为证券 i 和 j 的投资比例，$\sigma^2(ret)$ 为组合投资方差（组合总风险），cov（x_i，x_j）为两个证券之间的协方差。该模型为现代证券投资理论奠定了基础。式（11）表明，在限制条件下求解 x_i 证券收益率使组合风险最小，$\sigma^2(ret)$ 可通过拉格朗日目标函数求得。其经济学意义是，投资者可预先确定一个期望收益，通过式（11）可确定投资者在每个投资项目（如股票）上的投资比例（项目资金分

配），使其总投资风险最小。不同的期望收益有不同的最小方差组合，这构成了最小方差集合。

本文中的 r_i 可由 GAECH-M 模型收益率均值函数给出，cov（x_i，x_j）可由 Copula 函数估计得出。将 Copula-GARCH-M 模型得到的最优投资组合与有效前沿曲线进行对比，从而可得出结论。

三、股票市场的实证分析

为了分析不同投资组合的风险问题，本文从股票市场中随机选出 3 只股票：深圳机场、英特集团和泰山石油。这 3 只股票在所选期间有较好的连续性，不存在特殊情况导致的数据缺失问题。而且，随机抽取数据对模型进行验证有更好的说服力。收盘价样本取自 2014 年 1 月 1 日至 2014 年 7 月 31 日，因 2015 年近期的数据波动较大，波动的原因还有待考证，故选择 2014 年的数据能较好地对模型进行实证分析。此外，数据来源于国泰安数据库。

由于 3 只股票的交易日并不完全一致，在某些天有的股票有交易，而有的股票没有交易，因此将无交易的节假日剔除掉。让 3 只股票的收益率均采用对数收益率，即 $return_t = \log（sp_t/sp_{t-1}）$，对收益率做异方差检验如表 1 所示。

表 1　3 只股票的异方差检验

	Heteroskedasticity Test：ARCH			
深圳机场	F-statistic	773.8006	Prob. F(1，140)	0.00000
	Obs*R-squared	120.2447	Prob. Chi-Square(1)	0.00000
英特集团	F-statistic	605.8298	Prob. F(1，140)	0.00000
	Obs*R-squared	115.3451	Prob. Chi-Square(1)	0.00000
泰山石油	F-statistic	909.2026	Prob. F(1，140)	0.00000
	Obs*R-squared	123.0523	Prob. Chi-Square(1)	0.00000

根据 ARCH LM 检验结果，3 只股票收益率序列都在 0.99 的置信度水平下，故拒绝了原假设，说明 3 只股票的收益率序列均存在异方差。因此要采用 GARCH-M 模型消除序列的异方差性，对 3 只股票的历史收益率序列建立模型，通过 EViews8.0 估计参数结果如表 2 所示。

表 2 3 只股票的 GARCH-M（3，3）模型参数估计

参数	深圳机场	英特集团	泰山石油
c	0.017961	−0.009017	1.488688
ρ	−2.016285	0.59022	−0.055238
α_0	2.78E−07	0.000214	0.000473
α_1	−0.027882	−0.054286	0.185892
α_2	−0.029067	0.188338	−0.317392
α_3	0.046223	0.195461	0.203975
β_1	1.713261	0.066366	1.103491
β_2	−0.777617	0.338216	−0.004357
β_3	0.070506	−0.42038	−0.519235

根据表 2 得出的参数估计，可以得到 3 只股票收益率的边缘分布为 F_1，F_2，F_3。

根据联合分布的 Copula 函数的估计及投资组合的风险分析。根据资产收益率序列估计出相应的 Copula 模型的参数，进而利用蒙特卡洛方法模拟出资产的收益率，从而估算出资产组合的 VaR。具体的 VaR 估算步骤如下：

步骤 1：根据收益率序列得到 Copula 模型的参数矩阵Σ，得到正态 Copula 函数的估计为 $F(R_1, R_2, R_3) = C(F_1(R_1), F_2(R_2), F(R_3))$，且相关系数矩阵$\Sigma$如下：

$$\Sigma = \begin{bmatrix} 0.0004 & -0.0001 & -0.0010 \\ -0.0001 & 0.0004 & 0.0008 \\ -0.0010 & 0.0008 & 0.0049 \end{bmatrix} \tag{12}$$

将Σ进行 Cholesky 分解，令$\Sigma = A'A$，矩阵 A 为正交矩阵，用于后续计算。

步骤 2：将资金按某一给定的组合投资方案（b_1，b_2，$1-b_1-b_2$）的比例投入到 3 种资产中，其中 b_1，$b_2 \geqslant 0$ 且 $1-b_1-b_2 \geqslant 0$，分别在 0.05 置信度和 0.01 置信度水平下估计该投资方案的风险 VaR 和标准差。

步骤 3：产生 3 个独立同标准正态分布的随机变量 $x=(x_1, x_2, x_3)'$，令 $y=A'x$，$C=(F_1^{-1}(\varphi(y_1)), F_2^{-1}(\varphi(y_2)), F_3^{-1}(\varphi(y_3)))$，其中，$F_i$ 为第 i 只股票下一个交易日收益率的边缘分布，$\varphi(\cdot)$为标准正态分布的分布函数（模拟）。

步骤 4：重复上述步骤 10000 次，产生一列向量 C，即一列服从联合分布为 F 的随机向量样本，令 $\xi=(b_1, b_2, 1-b_1-b_2)(z_1, z_2, z_3)'$，并计算其

方差，根据 10000 个样本分别找出置信度为 0.05 和 0.01 的经验 VaR，完成损失风险评估。

步骤 5：由以上的步骤，本文采用 Matlab 编程实现正态 Copula 函数的估计，得到置信度分别为 0.05 和 0.01 的最小风险的组合结果如表 3 所示。

表 3 正态 Copula 模型下的最小风险的投资组合系数

类型系数		风险值	b_1（深圳机场）	b_2（英特集团）	$1-b_1-b_2$（泰山石油）
正态 Copula	$VaR_{0.01}$	0.0217	0.6987	0.1978	0.1034
	$VaR_{0.05}$	0.0131	0.7447	0.1890	0.0664

从表 3 可以看出，在正态 Copula 模型下，无论哪种风险衡量指标，最小风险的投资组合差别并不很大，投资基本上集中在深圳机场，主要原因是深圳机场收益率波动与 VaR 都较小，3 只股票的收益率波动具体比较如表 4 所示。

表 4 3 只股票收益率波动比较

类型	b_1（深圳机场）	b_2（英特集团）	$1-b_1-b_2$（泰山石油）
收益率标准差	0.0102	0.0180	0.0371
$VaR_{0.01}$	0.0243	0.0412	0.0823
$VaR_{0.05}$	0.0173	0.0289	0.0570

本文通过 Copula-Var 模型拟合投资组合中单个金融资产的相依结构，并且度量出资产组合的风险价值，在收益率与风险相权衡下，投资者可以根据自己的偏好，合理处理数据，进而得到最小风险条件下的最优组合。

然后，由均值方差理论分析深圳机场、英特集团和泰山石油 3 只股票的最优投资组合如表 5 所示。

表 5 给定风险条件下的最大收益组合

	深圳机场	英特集团	泰山石油
组合一	0.8	0.1	0.1
组合二	0.8443	0.0826	0.0731
组合三	0.9053	0.0387	0.056
组合四	0.963	0	0.037
组合五	0.99	0.01	0

有效前沿如图 1 所示。

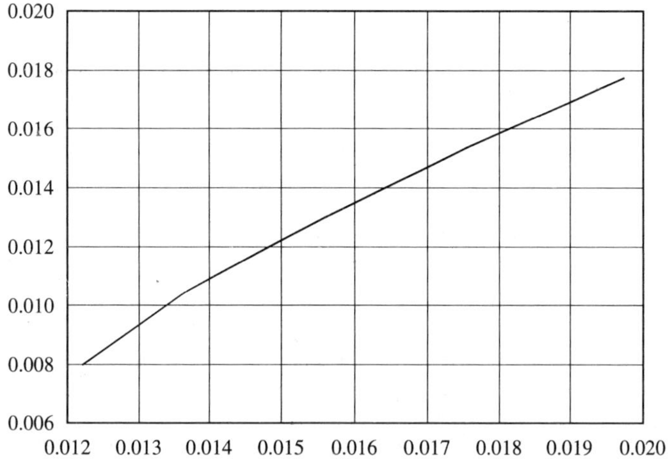

图 1　投资组合有效前沿

通过对比可以发现，Copula-GARCH-M 模型计算的既定收益条件下的最小风险投资组合在有效前沿内，符合马科维茨均值—方差理论。

四、结　语

本文将 Copula 函数和 GARCH-M 模型结合在一起，分析组合资产的风险大小，以及研究在最小风险条件下如何进行最优资产配置。Copula 函数可以将资产组合的几个边际分布连成一个联合分布，避免了边际分布为正态分布的假定，相对于传统方法有较优的理论优势。特别是容易捕捉资产组合收益率“厚尾”的分布特征，准确描述收益率的相关结构和它们的真实分布情况。GARCH-M 模型通常应用于资产的预期收益及预期风险密切相关的金融领域，它能较好地揭示股票或债券等金融资产的收益率的变化规律。因此，将二者结合的模型分析多资产组合投资的风险问题，我们能够得到一个更为有效的计量模型，在研究实际投资问题时，能够准确估算其风险，最大限度保证计算的准确性。本文最后运用均值—方差模型得出投资组合的有效前沿曲线，进一步说明该模型计算的既定收益下的最小风险投资组合是有效的。

参考文献

[1] A Sklar. Fonctions de Repartition Dimen-sions Et Leurs Marges [J]. Statistics Univ Paris, 1959 (8): 229-231.

[2] Bollerslev Tim. Generalized Autoregressive Conditional Heteroskedasticity [J]. Journal od Econometrics, 1986 (31): 307-327

[3] Donald MacKenzie, Taylor Spears. The Formula that Killed Wall Street: The Gaussian Copula and Modelling Practices in Investment Banking [J]. Social Studies of Science, 2014 (6): 393-417.

[4] Engle, Robert F. Autoregressive Conditional Heteroskedasticity with Estimates of the Variance of U.K.Inflation [J]. Econometroca, 1982 (50): 987-1008.

[5] Enlge Robert, David M., Liline and Rusell P., Robins.Estimating Time Varing Rise Premia in the Term Structure: The ARCH-M Model [J]. Economirrica, 1987 (55): 391-406.

[6] Genest C., Mackay J. The Joy of Copulas: Bivariate Distributions with Uniform Marginals [J]. American Statistician, 1986 (40): 280-283.

[7] Joe H. Parametric Families of Multivariate Distributions with Given Marginals [J]. Journal of Multivariate Analysis, 1993 (46): 262-282.

[8] Jondeau Eric, Rockinger.Micheal, Conditional Dependency of Financial Series: The Copula-GARCH Model [R]. Working Paper, 2002.

[9] Schweizer B., Sklar A. Probabilistic Metric Spaces [M]. North-Holl and PElsevier 1983, NewYork.

[10] 曹培慎，武昭. 基于 Copula-GARCH 模型的黄金、股票与债券投资组合风险分析 [J]. 西安电子科技大学学报，2012 (9).

[11] 樊欢欢，张凌云. Eviews 统计分析与应用 [M]. 北京：机械工业出版社，2010.

[12] 高铁梅. 计量分析方法与建模 [M]. 北京：清华大学出版社，2008.

[13] 求是科技. Matlab7.0 从入门到精通 [M]. 北京：人民邮电出版社，2009.

[14] 韦艳华，张世英，孟利峰. Copula 理论在金融上的应用 [J]. 西北农林科技大学学报，2003 (3).

[15] 韦艳华，张世英. 金融市场的相关性分析——Copula-GARCH 模型及其应用 [J]. 系统工程，2004，22 (4).

[16] 韦艳华，张世英. 金融市场动态相关结构的研究 [J]. 系统工程学报，2006，21 (3).

[17] 吴振翔，陈敏，叶五一. 基于 Copula-GARCH 的投资组合风险分析 [J]. 系统工程理论与实践，2006 (3).

[18] 徐凯，潘攀，曹雅晴. 基于时变混合 Copula 的金融市场传染效应研究 [J]. 软科学，2015 (7).

[19] 张德丰. MATLAB 数值分析与应用 [M]. 北京：国防工业出版社，2009.

[20] 张明恒. 多金融资产风险价值的 Copula 计量方法研究[J]. 数量经济技术经济研究，2004 (4).

基于 xv-CIC 的混合 Copula 模型的构建与应用

蔡光辉　陈秋林　王　涛　张　程

（浙江工商大学，杭州　310018）

一、引　言

对于模型选择不确定性方面的处理，Buckland 等（2007）根据 AIC（Akaike Information Criterion）值提出了基于 AIC 的模型平均权重的选择方法，研究表明基于 AIC 的模型平均权重的选择就是选择一个对真实拟合最好的模型。Hansen 和 Racine（2012）利用刀切模型平均法（Jackknife Model Averaging）将权重的选择推广到非嵌套异方差情形。Liu 和 Okui（2013）把 Mallows 准则的模型平均法扩展到存在异方差性的情形。张新雨和邹国华（2011）介绍了几种常用的和最新的模型平均方法，并把它们应用于我国的

［基金项目］本文获全国统计科学研究计划项目“基于独立成分分析的多维高频金融数据波动率建模及应用”（2013LY137）、国家自然科学基金项目“Stein 方法和几类相依随机变量的极限定理”（11101364）资助。

［作者简介］蔡光辉，男，1978 年 8 月生，浙江台州人，2006 年毕业于浙江大学数学系，获概率论与数理统计专业理学博士学位，现为浙江工商大学统计与数学学院教授，统计学博士生导师，数理统计与风险管理研究所所长；研究方向为金融统计与风险管理、概率极限理论与统计大样本理论；联系方式：13588056155；邮箱：cghzju@163.com。陈秋林，女，1989 年 11 月生，浙江台州人，浙江工商大学统计与数学学院在读硕士研究生；研究方向为金融统计与风险管理。王涛，男，1991 年 5 月生，安徽芜湖人，浙江工商大学统计与数学学院在读硕士研究生；研究方向为金融统计与风险管理。张程，男，1991 年 6 月生，四川成都人，浙江工商大学统计与数学学院在读硕士研究生；研究方向为金融统计与风险管理。

粮食产量预测，取得了比较好的预测效果。赵国庆和邬琼（2014）通过比较不同模型组合发现，简单加权平均在 MAPE 评价准则下表现最优。

然而，基于 xv-CIC 的混合 Copula 模型的构建研究尚未见到。因此，本文主要研究 Copula 模型选择问题，我们推导了基于 xv-CIC 的混合 Copula 模型。将此新方法应用到外汇资产投资组合的风险测度，实证结果表明本文提出的基于 xv-CIC 的混合 Copula 模型与其他常用的 Copula 模型相比具有优势。

二、xv-CIC 简介

尽管 AIC 信息准则结合伪极大似然估计法在模型选择中经常使用，但是 AIC 只适用于随机变量是相互独立的且模型族的假设是正确的情况。于是根据 Copula 模型的具体情况，Gronneberg 和 Hjort（2014）结合传统 AIC 信息准则和 Kullback-Leibler 信息距离，并进一步根据交叉验证法原理，提出了更适合 Copula 模型选择的交叉验证 Copula 信息准则法（简称 xv-CIC）。Jordanger 和 Tjostheim（2014）通过模拟研究比较了 xv-CIC 与 AIC 的区别与联系。类似于 AIC 信息准则，xv-CIC 信息准则也是基于渐近似然理论开展研究的。我们首先令$\hat{\theta}_{(i)}$是 θ 的极大似然估计，

$$\hat{\theta}_{(i)} = \arg\max_{\theta} \sum_{j \neq i} \log f(X_j,\ \theta)$$

其一阶相对交叉验证公式如下：

$$x\hat{v}_n = n^{-1} \sum_{i=1}^{n} \log c\left(F_{n,\perp,(i)}(X_i),\ \hat{\theta}_{(i)}\right)$$

这里，$F_{n,\perp,(i)}$表示边缘经验分布函数，$\hat{\theta}_{(i)}$表示伪极大似然估计。

xv-CIC 的公式定义如下：

$$xv - CIC = 2l_c(\hat{\theta}) - 2(\hat{\delta}_c + \hat{\delta}_m)$$

式中：

$$\hat{\delta}_m = n^{-1} \sum_{i=1}^{n} \varsigma'(F_{n,\perp}(X_i),\ \hat{\theta}_n)^t\,(1_d - F_{n,\perp}(X_i)) = \int \zeta'(u,\ \hat{\theta}_n)^t\,(1_d - u)\,dC_n$$

$$\hat{\delta}_c = n^{-1}\sum_{i=1}^{n}\phi(F_{n,\perp}(X_i),\ \hat{\theta}_n)^t J_n^{-1}(\phi(F_{n,\perp}(X_i),\ \hat{\theta}_n) + \hat{z}(F_{n,\perp}(X_i),\ \hat{\theta}_n))$$

或，$\hat{\delta}_c = Tr\left\{J_n^{-1}\left(\hat{\Gamma} + \hat{K}\right)\right\} = length(\theta) + Tr(\hat{J}_n^{-1}\hat{K})$

式中：

$$\hat{K} = \int_{[0,1]^d}\phi(u,\ \hat{\theta}_n)^t z(u,\ \hat{\theta}_n)\,dC_n$$

$$\phi(u,\ \theta) = (\partial/\partial\theta)\log c(u,\ \theta)$$

$$\zeta'(u,\ \theta) = (\partial/\partial u)\log c(u,\ \theta)$$

$$z(x,\ \theta) = \sum_{i=1}^{d}\int\frac{\partial\phi(u,\ \theta)}{\partial u_i}(I\{F^{\circ}_{\perp}(x_i) \leqslant u_i\}_{\perp} - \mu_i)\,dC^{\circ}(u)$$

式中，l_c 表示伪对数似然函数，$\hat{\delta}_c$ 和 $\hat{\delta}_m$ 分别代表 Copula 函数估计和其边缘分布估计的修正偏差。$\hat{\delta}_c$ 值总是为正，$\hat{\delta}_m$ 值可能为正，也可能为负。矩阵 K 为 ϕ（ξ，θ°）和 $Z = z$（ξ，θ°）的协方差矩阵，当模型是正确的且随即向量是互不相关的，那么 CIC 公式与传统的 AIC 公式的机制是一致的。因此对于小样本而言，$J^{-1}K$ 值一般较小，甚至趋向于 0，即可视为是模型相关 Kullback-Leibler 距离估计过程中的噪声，有仿真研究表明，这种情况下传统 AIC 公式可以表现得较好。当样本量足够大时，xv-CIC 信息准则能更精确表现模型估计过程中的偏差，相比较于传统 AIC 公式的惩罚项仅依赖于模型参数维数，而不依赖于具体数据集，xv-CIC 公式的惩罚项需要通过具体数据计算得出，能更精确地反映模型与实际数据的拟合度，因此更适合作为 Copula 函数的模型选择工具。

三、Copula 函数简介

Nelson 给出了 N 元 Copula 函数的严格的数学定义。

定义　N 元 Copula 函数是指具有以下 3 个性质的函数 C（·，…，·）：

（1）定义域为：I^N，即 $[0,\ 1]^N$；

（2）C（·，…，·）有零基面且是 N 维递增的；

（3）对于任意变量 $u_i \in [0,\ 1]$，$i = 1$，…，N，满足：C（1，…，1，u_i，1，…，1）$= u_i$。

而 Copula 函数的存在性和唯一性可由如下的 Sklar 定理保证。

Sklar 定理：令 F（·，…，·）是具有边缘分布 $F_1(\cdot)$，$F_2(\cdot)$，…，$F_N(\cdot)$ 的联合分布函数，那么存在一个 Copula 函数满足：

$$F(x_1, x_2, \cdots, x_N) = C(F_1(x_1), F_2(x_2), \cdots, F_N(x_N))$$

若 $F_1(x_1)$，$F_2(x_2)$，…，$F_N(x_N)$ 连续，则 C（·，…，·）唯一确定。

下面简要介绍三类 Copula 函数及其在非线性相关性分析中的应用特点。

（1）二元 Clayton Copula 函数为：

$$C_{CL}(u, v; \theta) = (u^{-\theta} + v^{-\theta} - 1)^{-1/\theta}$$

式中，$\theta \in (0, \infty)$，为相关参数。

当 $\theta \to \infty$ 时，随机变量 u，v 趋向于完全相关。当 $\theta \to 0$ 时，随机变量 u，v 趋向于独立。Clayton Copula 函数的分布具有明显的非对称性，而且呈现出下尾高上尾低（L 形）的特点。因此，Clayton Copula 函数对分布的下尾部分是相当敏锐的，能够很好地捕捉到变量之间相关结构的下尾相关的变化，而在分布的上尾部，变量是渐进独立的，则 Clayton Copula 对分布上尾部的变化不敏感，难以捕捉到上尾相关的变化。

（2）二元 Gumbel Copula 函数为：

$$C_G(u, v; \theta) = \exp(-[(-\log u)^{\theta} + (-\log v)^{\theta}]^{-1/\theta})$$

式中，$\theta \in (1, \infty)$，为相关参数。

当 $\theta = 1$ 时，随机变量 u，v 独立。当 $\theta \to \infty$ 时，随机变量 u，v 趋向于完全相关。Gumbel Copula 函数的分布同样具有明显的非对称性，与 Clayton Copula 不同的是它呈现出上尾高下尾低（J 形）的特点。因此，Gumbel Copula 函数对分布的上尾部分是相当敏锐的，能够很好地捕捉到变量之间相关结构的上尾相关的变化，而在分布的下尾部，变量是渐进独立的，则 Clayton Copula 对分布下尾部的变化不敏感，难以捕捉到下尾相关的变化。

（3）二元 Frank Copula 函数为：

$$C_F(u, v; \theta) = -\frac{1}{\theta}\ln\left(1 + \frac{(e^{-\theta u} - 1)(e^{-\theta v} - 1)}{(e^{-\theta} - 1)}\right)$$

式中，$\theta \neq 0$，为相关参数。

当 $\theta > 0$ 时，随机变量 u，v 正相关。当 $\theta \to 0$ 时，随机变量 u，v 趋向于独立。当 $\theta < 0$ 时，随机变量 u，v 负相关。Frank Copula 函数是具有对称结构的函数，且参数小于 0 时，可以描述变量间的负相关关系。不足之处在于无法捕捉到随机变量间的非对称相关关系。

四、混合 Copula 模型的构建

金融市场之间的相关关系是复杂多变的，很难用单一一种 Copula 函数去描述其相关模式，比如 Clayton Copula，Gumbel Copula 或 Frank Copula 都只能较好地反映相关结构的某一方面，为了构造一个能够灵活描述金融市场之间的相关结构的函数，充分利用不同 Copula 函数的特点，我们将构造一种包含不同 Copula 函数的新模型——混合 Copula 模型。

混合 Copula 模型是考虑到资产组合之间可能存在的各种相关结构，利用 Clayton Copula，Gumbel Copula 和 Frank Copula 函数线性组合而成。它不仅包含不同类型的 Copula 函数，同时通过相关参数可以度量变量间的相关程度，而且线性组合系数即权重可以捕获相依结构的不同模式。其模型形式如下：

$$C_{mix}(u, v; \theta, \lambda) = \lambda_{CL} C_{CL}(u, v; \theta_{CL}) + \lambda_G C_G(u, v; \theta_G) + \lambda_F C_F(u, v; \theta_F) \tag{1}$$

式中，$\lambda_{CL} + \lambda_G + \lambda_F = 1$ 且 $\lambda_{CL} \geqslant 0$，$\lambda_G \geqslant 0$，$\lambda_F \geqslant 0$。混合 Copula 模型是通过权重将各类 Copula 联系起来，通过每个 Copula 中的参数 θ 大小来反映相关程度，而通过权重 λ 来度量相关模式，可以有效避免只用单一 Copula 函数反映模式的不足。基于以上分析，本文构造两个新的混合 Copula 模型：简单加权混合 Copula 模型和基于 xv-CIC 的混合 Copula 模型。

若取 $\lambda_{CL} = \lambda_G = \lambda_F = 1/3$，则称式（1）为简单加权平均法。Clemen 和 Winkler（1986）通过研究表明，最优的权重会随着时间的变化而改变，简单加权法可能是最优的。Stock 和 Watson（2004）通过进一步研究也发现，最好的预测行为是对所构建的大量模型进行简单加权平均。赵国庆和邬琼（2014）通过比较不同模型组合发现，简单加权平均在一定的评价准则下表现最优。简单加权平均法的优点是简单易行，可以避免单个模型不稳定情形的发生，缺点是赋予每个模型相等的权重不能反映出描述其资产相关结构效果较好的模型和效果不好的模型之间的差异。

因此，为了弥补简单加权平均法的一些缺点，我们选择基于 xv-CIC 构建混合 Copula 模型。利用 xv-CIC，式（1）中的权重可取为：

$$\lambda_{CL}=\frac{xv-CIC_{CL}}{xv-CIC_{CL}+xv-CIC_G+xv-CIC_F}$$

$$\lambda_G=\frac{xv-CIC_G}{xv-CIC_{CL}+xv-CIC_G+xv-CIC_F}$$

$$\lambda_F=\frac{xv-CIC_F}{xv-CIC_{CL}+xv-CIC_G+xv-CIC_F}$$

基于 xv–CIC 的混合 Copula 的似然函数的极大化，我们采用两阶段法。第一步估计出边缘分布函数的参数，然后将它们的估计值代入到 Copula 函数中。第二步极大化混合 Copula 函数中的参数。我们采用 EM 算法估计基于 xv–CIC 的混合 Copula 函数中每一个 Copula 函数的参数。

五、边缘分布的 SV–t 模型的建立及 VaR 值

SV 模型最早是由 Taylor 提出的，模型考虑了方差方程中的噪音过程，并且认为噪音过程独立于收益。其模型如下：

$$\begin{cases} y_t=\varepsilon_t e^{h_t/2} \\ h_t=\mu+\phi(h_{t-1}-\mu)+\eta_t \\ h_t=\ln\sigma_t^2 \\ \eta_t\sim nid(0,\ \tau^2),\ \varepsilon_t\sim t(0,\ 1,\ \omega) \end{cases}$$

式中，y_t 表示减去均值后的收益率，即 $y_t=\ln(P_t/P_{t-1})-E(\ln(P_t/P_{t-1}))$。$\varepsilon_t$ 和 η_t 为残差项，且 ε_t 与 η_t 相互独立。ϕ 为持续性参数，反映当前波动对未来波动的影响，$|\phi|<1$ 时，说明 SV–t 模型是协方差平稳的。模型需要估计的参数为：μ，ϕ，τ，ω。对模型参数采用马尔科夫链蒙特卡洛（MCMC）方法估计。

设随机变量 X 和 Y 的分布分别为 $F_1(x)$ 和 $F_2(y)$，它们具有 Copula 函数 $C((F_1(x),\ F_2(y))$，则两个资产 X 和 Y 投资组合的 VaR（Value at Risk）可表示为：

$$P\{\beta X+(1-\beta)Y>\gamma\}=\int d(F_1(x),\ F_2(y))$$

式中，β 代表资产 X 在投资组合中的权重，γ 为限定值且与置信水平 α 有对应关系。采取蒙特卡洛方法模拟两个资产的投资组合的 VaR 进行仿真。

蒙特卡洛模拟方法的过程如下：

（1）利用混合 Copula 模型生成服从［0，1］上的均匀分布的随机数 u，v；

（2）根据边缘分布函数 $F_1(x)$ 和 $F_2(y)$，通过逆概率变换，计算与 u，v 相对应的资产收益率 x，y 的值：$x = F_1^{-1}(u)$，$y = F_2^{-1}(v)$；

（3）依次给定资产在投资组合中的权重 β（$0 \leqslant \beta \leqslant 1$），步长为 0.01，计算投资组合中的收益率 z 的值，$z = \beta x + (1 - \beta) y$，由此得到投资组合未来收益率的可能情景；

（4）重复以上步骤多次，模拟得到投资组合未来收益率的多个可能情景，由此得到其经验分布，对于给定的置信水平 α，其水平分位数即为该置信度下的 VaR 值。

六、应　用

（一）数据选取及其基本统计特征

本文选取 2008 年 9 月 17 日至 2014 年 9 月 16 日共 1455 个交易日的欧元、英镑兑人民币的汇率收益率作为样本，数据来自中国货币网。令 $r_t = \log(p_t) - \log(p_{t-1})$，式中，$r_t$ 表示汇率收益率，p_t 表示汇率价格。

表 1　收益率基本统计量

	均值	标准差	偏度	峰度	J–B 值	LM 值	ADF 值
欧元	3.25e–19	0.0070	–0.4617	11.2453	4173.2340	16.8000	–38.1090
英镑	–5.80e–20	0.0065	–0.4175	8.5710	1923.8400	25.0200	–35.7378

从表 1 所示的欧元和英镑两种外汇收益率的基本统计量可以看出欧元收益率的标准差与英镑相比略大，说明欧元收益率的波动性略比英镑剧烈。从它们的偏度和峰度看，偏度均小于 0，峰度均大于 3，表明两者均是左偏、尖峰、厚尾特征。J–B 值也表明不服从正态分布。ARCH 效应的拉格朗日乘数检验（LM 值）表明收益率均存在时变方差特征。ADF 值表明两序列都是平稳的序列。因此，我们采用 SV–t 模型建模。

（二）边缘分布采用 SV-t 模型进行拟合

对 SV-t 模型的参数估计采用马尔科夫链蒙特卡洛（MCMC）方法，并借助 WinBUGS14 软件实现。利用 MCMC 得到各参数后，再对原序列进行概率积分变换，使用 K-S 统计量检验其是否服从［0，1］的均匀分布，结果如表 2 所示。

表 2　SV-t 模型参数估计值

	μ	τ	φ	ω	方差信息准则	K-S 值	P 值
欧元	-1.1430	0.2165	0.9994	17.5300	-10758.8000	0.0202	0.5908
英镑	-1.1200	0.2215	0.9994	16.7000	-11049.0000	0.0190	0.6723

由表 2 可以看出，欧元和英镑收益率的代表波动率水平的参数 μ 和代表波动持续性水平的参数 φ 相近。参数 φ 都接近于 1，表明欧元和英镑在不同时期内都有较强的波动持续性，它是波动的一个长记忆性的一个表现；从方差信息准则（DIC）可以看出基于 SV-t 模型能有效地刻画时间序列的特征，而 K-S 统计量对应的 P 值表明概率积分变换后的序列在 0.95 的显著水平下服从区间［0，1］的均匀分布，表明边缘分布 SV-t 模型的设定是合适的。

（三）Copula 模型的参数估计

在对欧元和英镑的收益率序列进行边缘分布建模后，再对其残差进行 Copula 拟合分析。我们分别用 Clayton Copula、Gumbel Copula、Frank Copula、简单加权平均混合 Copula 模型和基于 xv-CIC 的混合 Copula 模型进行估计。我们均采用极大似然估计方法估计模型参数。Copula 模型参数估计结果如表 3 所示。

表 3　Copula 模型参数估计

<table>
<tr><th>Copula 模型</th><th>参数</th><th>估计值</th><th>LogL</th><th>xv-CIC</th></tr>
<tr><td>Clayton</td><td>θ_{CL}</td><td>0.8833</td><td>197.4000</td><td>386.6498</td></tr>
<tr><td>Gumbel</td><td>θ_G</td><td>1.6446</td><td>290.5000</td><td>602.1352</td></tr>
<tr><td>Frank</td><td>θ_F</td><td>4.1983</td><td>271.0000</td><td>539.8522</td></tr>
<tr><td>简单加权平均混合 Copula</td><td>—</td><td>—</td><td>279.8704</td><td>578.3576</td></tr>
<tr><td rowspan="3">基于 xv-CIC 混合 Copula</td><td>θ_{CL}</td><td>0.4037</td><td rowspan="3">295.5876*</td><td rowspan="3">618.5728</td></tr>
<tr><td>θ_G</td><td>1.6592</td></tr>
<tr><td>θ_F</td><td>6.2947</td></tr>
</table>

根据表3拟合优度结果可以看到，基于xv-CIC的混合Copula对应的xv-CIC值最大，说明它的拟合效果是最好的。

Copula模型参数估计后，我们得到拟合的基于xv-CIC的混合Copula模型如下：

$$C_{mix}=0.2529\times C_{CL}(0.4037)+0.3949\times C_{G}(1.6592)+0.3532\times C_{F}(6.2947)$$

式中，C_{CL}、C_{G}、C_{F}分别为Clayton Copula、Gumbel Copula和Frank Copula的分布函数。

在基于xv-CIC的混合Copula模型中，Gumbel Copula的权重最大，Frank Copula的权重其次，Clayton Copula最小，说明这两种外汇存在着明显的上尾相关性，且具有对称相关结构，下尾相关性相对较低。而如果仅用单一一种Copula难以准确地描述这种相关性结构。

（四）投资组合VaR值计算

根据上述模型拟合结果看到，利用SV-t模型和基于xv-CIC的混合Copula模型对欧元和英镑的收益率进行边缘分布和联合分布建模是最合适的。利用基于xv-CIC的混合Copula模型，通过蒙塔卡洛模拟得到5000组资产组合收益率的模拟样本值，给定置信水平为0.05，依次给定欧元在投资组合中的权重β（$0\leqslant\beta\leqslant1$），步长为0.01。通过计算得到，当$\beta=0.67$时使得组合$\beta X+(1-\beta)Y$的VaR值最小，如图1所示。

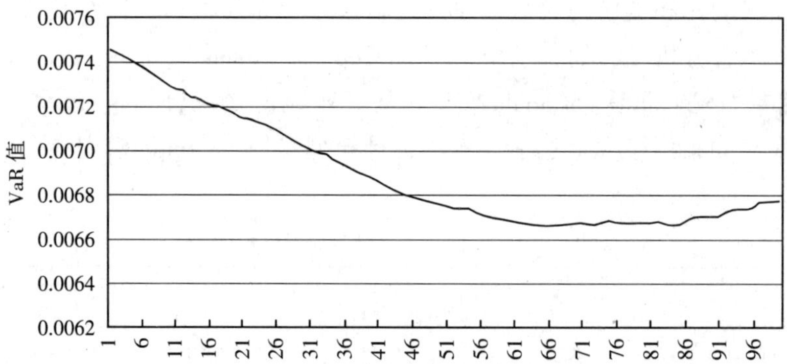

图1 不同组合系数下VaR值

同时按照步长为0.01计算出其他四个模型的VaR值，得出的结果如表4所示。

表 4 VaR 值

Copula 模型	VaR 值	标准差	VaR 值/标准差
Clayton Copula-SV-t	0.008715	0.001859	4.6887
Gumbel Copula-SV-t	0.008374	0.001785	4.6919
Frank Copula-SV-t	0.008673	0.001860	4.6632
简单加权平均混合 Copula-SV-t	0.006176	0.000825	7.4862
基于 xv-CIC 的混合 Copula-SV-t	0.006839	0.000812	8.4224

根据表 4，在边缘分布建模都采用 SV-t 模型的前提下，基于 xv-CIC 的混合 Copula-SV-t 模型估计的 VaR 值明显小于单个 Copula 估计的 VaR 值，简单加权平均混合 Copula-SV-t 模型估计的 VaR 值最小。而基于 xv-CIC 的混合 Copula 的 VaR 值/标准差的值最大，因此我们可得基于 xv-CIC 的混合 Copula-SV-t 模型估计精度优于 Clayton Copula-SV-t、Gumbel Copula-SV-t、Frank Copula-SV-t 和基于简单加权平均混合 Copula-SV-t 模型。

七、结　论

考虑到金融资产组合之间的尖峰厚尾性、非对称性和非线性等特征，本文基于随机波动模型的建模理论和 Copula 函数的基本理论和性质，建立了基于 xv-CIC 的混合 Copula-SV-t 模型，选取欧元和英镑兑人民币的汇率作为分析对象，分析了其投资组合的 VaR 值，并通过和 Clayton Copula-SV-t、Gumbel Copula-SV-t 和 Frank Copula-SV-t 3 个单一模型进行比较，结果表明基于 xv-CIC 的混合 Copula-SV-t 模型更能准确地描述组合风险 VaR 值，而且通过不同的方法构造的混合 Copula 各有优点，简单混合 Copula 在估计投资组合的 VaR 上最优，而基于 xv-CIC 构造的混合 Copula 模型的拟合度最高。

文中采用的模型还可根据不同资产的不同特征进行变换和改进。边缘分布可以选择更多的准确刻画实际数据的其他形式，可以将 SV-t 模型换成杠杆效应 SV 模型或长记忆性 SV 模型予以描述。对于包含更多资产的组合，也可以选择更为复杂的混合 Copula 函数等刻画资产的相关数据。另外，由于市场相关性会随着市场波动而发生变化，尤其是当市场发生重大冲击时，用固定相关模型描述并不准确，比较理想的方法是构建时变相关 Copula 模型描述相依结构的动态变化。

参考文献

[1] Buckland S., Burnham K., Augustin N. Model Selection: An Integral Part of Inference [J]. Biometrics, 1997, 53 (2): 603-618.

[2] Clemen R., Winkler R. Combination Economic Forecasts [J]. Journal of Business and Economic Statistics, 1986, 4 (1): 39-46.

[3] Gronneberg S., Hjort N. The Copula Information Criteria [J]. Scandinavian Journal of Statistics, 2014 (41): 436-459.

[4] Hansen B. E., Racine J. S. Jackknife Model Averaging [J]. Journal of Econometrics, 2012, 167 (1): 38-46.

[5] Jordanger L. A., Tjostheim D. Model Selection of Copulas: AIC Versus a Cross Validation Copula Information Criterion [J]. Statistics and Probability Letters, 2014 (92): 249-255.

[6] Liu Q., Okui R.Heteroscedasticity-robust Cp Model Averaging [J]. Econometrics Journal, 2013, 16 (3): 463-472.

[7] Nelson R. B. An Introduction to Copulas [M]. New York: Springer, 2006.

[8] Redner R., Walker H. Mixture Densities Maximum Likelihood and the EM Algorithm [J]. SIAM Review, 1984, 26 (6): 195-239.

[9] Stock J., Watson W. Combination Forecasts of Output Growth in a Seven-Country Data Set [J]. Journal of Forecasting, 2004, 23 (6): 405-430.

[10] Tsay R. 金融时间序列分析（第3版）[M]. 王远林，王辉，潘家柱译. 北京：人民邮电出版社，2012.

[11] 王宗润. 金融风险测度与集成研究——基于 Copula 理论与方法 [M]. 北京：科学出版社，2014.

[12] 韦艳华，张世英. Copula 理论及其在金融分析上的应用 [M]. 北京：清华大学出版社，2008.

[13] 战雪丽，张世英. 基于 Copula-SV 模型的金融投资组合风险分析 [J]. 系统管理学报，2007，16 (3).

[14] 张新雨，邹国华. 模型平均方法及其在预测中的应用 [J]. 统计研究，2011 (6).

[15] 赵国庆，邬琼. 模型平均预测理论与实证研究 [J]. 商业经济与管理，2014，34 (7).

[16] 周孝华，张保帅，董耀武. 基于 Copula-SV-GPD 模型的投资组合风险度量 [J]. 管理科学学报，2012，15 (12).

基于 R-vine Copula 的银行系统性风险研究

邢春娜　唐礼智
（厦门大学，厦门　361005）

一、引　言

2007~2009 年的全球金融危机，特别是 2008 年雷曼兄弟倒闭带来的连锁反应，使人们意识到金融机构间的关联性是系统性风险（Systemic Risk）产生的重要原因。与市场风险（Systematic Risk）不同，系统性风险是金融系统整体可能面临的风险，欧洲中央银行（ECB，2010）认为，系统性风险能够普遍地损害金融系统的运行以至于经济增长和社会福利遭受实质性的损失。金融系统内部机构关联性越强，个体机构的风险越容易传染给其他机构，造成更大范围的影响，从而使系统性风险发生的可能性增加。目前，关于机构间关联性的研究从数据角度可以分为两个方面：一是利用资产负债表，二是利用市场数据。资产负债表提供了机构间业务往来的具体信息，对分析机构违约和风险传染路径有重要作用。但是资产负债表的数据通常有滞后性，一般是每季度发布一次，有的是一年更新一次，而且有许多金融机构的资产负债表是不对外公布的。市场数据是指公司的股票收益率、市值等可以在公开市场获得的数据。这类数据更新及时，则某些高频交易数据就可以

［基金项目］福建省社会科学规划项目（青年博士论文项目）（FJ2015C222）。
［作者简介］邢春娜：女，1981 年 4 月出生，厦门大学经济学院统计系在读博士研究生；手机：15659292796；邮箱：chunaxing2000@163.com，786081531@qq.com。唐礼智：男，1971 年 10 月出生，厦门大学经济学院统计系教授，博士生导师；邮箱：tanglizhi2008@sina.com。

获得，其是研究者使用最多的。利用市场数据分析关联性的方法主要有Billio（2012）采用的格兰杰因果关系检验、Barigozzi和Brownlees（2014）使用的长期偏相关系数、Diebold和Yilmaz（2014）的方差分解法。Billio（2012）利用格兰杰因果关系检验判断两个机构是否相关。但因果关系与相关关系并不等价，想要得出因果性必须首先从理论上证明两个变量之间确实有因果关系，还要排除掉其他隐含变量同时影响这两个变量的可能性。金融时间序列通常不服从正态分布，基于正态分布的相关性推断往往得出错误结论。Embrechts（2002）指出了线性相关系数作为相关性测度的几个缺陷。此外，线性相关系数只能度量相关的强度而无法模拟相关的结构。实际上，金融危机的爆发使我们迫切需要一个能精确捕捉大量资产复杂相关结构，特别是尾部依赖性和不对称性的方法，这是因果关系分析、偏相关系数和方差分解法所不能做到的。

Copula是度量金融变量间相关性的重要指标。根据Sklar定理（Sklar，1959），变量的边缘分布和变量间的相关性可以分别通过Copula模拟。但因为标准的多元Copula函数结构缺乏灵活性，所以Copula难以应用到高维情形。Joe（1996）提出，通过构建Pair Copula（Pair Copula Constructions，PCC）克服这一局限。Bedford和Cooke（2001，2002）对PCC进行了深入的讨论和拓展。Vine——藤，是代表联合概率分布的图形结构，Vine Copula是以丰富多样的Pair Copula函数选择为基础的多变量相关性模型，因为其图形结构看起来和葡萄藤相似而得名。Kurowicka和Cooke（2006）讨论了高斯Pair Copula的藤分布，识别那些构建Pair Copula的二元变量和条件变量应通过一系列的树实现，他们称这些树为Regular Vines（R-vines），相应的多元分布称为R-vines分布。但此时的R-vine Copula虽然能体现金融变量的尾部依赖性，但还不能反映分布厚尾的特点。Aas（2009）中允许Pair Copula有不同的分布类型并推广了C-vine Copula（Canonical Vines）和D-vine Copula（Drawable Vines）。这两种Vine Copula对数据的相关结构有较强的限制，而R-vine Copula的约束条件少很多。

D-vine Copula和C-vine Copula的相关文献可见于Fischer（2009），Min和Czado（2010），Mendes（2010），Smith等（2010）。Brechmann（2013）和Allen（2013）分别运用R-vine Copula研究了金融风险以及欧元区斯托克50指数和道琼斯工业平均指数收益间的相关性。近几年，国内关于Vine Copula的研究逐渐活跃，郭伟文（2013）利用C-vine Copula和D-vine

Copula 研究中国股市风格资产相依结构和组合风险；吴海龙（2013）使用 R-vine Copula 进行投资组合风险分析；张帮正（2014）利用 Vine Copula 研究多市场的相关性及其对投资组合的选择；张帮正（2015）基于 R-vine Copula 对上证 10 个行业指数相关性进行研究。本文从市场数据出发，将中国 16 家上市银行视为一个银行系统，利用 R-vine Copula 建立银行间相互联系的结构图，以此分析机构间的相关程度和风险发生时可能的传播路径。

二、基本理论和研究方法

（一）Vine Copula 的基本理论

（1）Copula：一个 d 维 Copula 是建立在 $[0, 1]^d$ 上的多元分布，其边缘分布为均匀分布。根据 Sklar（1959）定理，d 维变量的联合分布函数和联合密度函数可以分别用 Copula 函数 C 和 Copula 密度函数 C 表示：$F(x_1, \cdots, x_d) = C(F_1(x_1), \cdots, F_d(x_d))$，

$$f(x_1, \cdots, x_d) = c(F_1(x_1), \cdots, F_d(x_d))\, f_1(x_1) \cdots f_d(x_d),$$

$$c(u_1, \cdots, u_d) = \frac{\partial^d}{\partial u_1 \cdots \partial u_d} C(u_1, \cdots, u_d)$$

（2）Pair Copula：Joe（1996）最早提出 Pair Copula 的构建（PCC），以 3 维情况为例：$f(x_1, x_2, x_3) = f_{3|12}(x_3|x_1, x_2)\, f_{2|1}(x_2|x_1) f_1(x_1)$，利用 Sklar 定理，

$$f_{2|1}(x_2|x_1) = c_{12}(F_1(x_1), F_2(x_2))\, f_2(x_2),$$

$$\begin{aligned} f_{3|12}(x_3|x_1, x_2) &= c_{13;2}(F_{1|2}(x_1|x_2), F_{3|2}(x_3|x_2))\, f_{3|2}(x_3|x_2) \\ &= c_{13;2}(F_{1|2}(x_1|x_2), F_{3|2}(x_3|x_2))\, c_{23}(F_2(x_2), F_3(x_3))\, f_3(x_3) \end{aligned}$$

$$f(x_1, x_2, x_3) = c_{13;2}(F_{1|2}(x_1|x_2), F_{3|2}(x_3|x_2))\, c_{23}(F_2(x_2), F_3(x_3))\, f_1(x_1)\, f_2(x_2)\, f_3(x_3)$$

$c_{13;2}$ 是给定 x_2 时（x_1，x_3）的 Copula 密度函数。

（3）Vine：具有 n 个变量的 Vine（藤）是一组树的集合 $V = \{T_1, \cdots, T_{n-1}\}$，其中第 j 层树的边是第 j+1 层树的节点，j = 1，2，⋯，n − 2。具有 n 个变量的 R-vines 是这样一种 Vine：第 j 层树中只当两个边共有一个节点时这两个边才能在第 j-1 层树中相连。Kurowicka 和 Cooke（2003）给出了 R-vines 的定义：

定义1 V是具有n个变量的Vine，边的集合为$E(V)=E_1\cup E_2\cdots\cup E_{n-1}$，当以下几个条件成立时V被称为R-vines：

(1) $V=\{T_1, \cdots, T_{n-1}\}$；

(2) T_1的节点是$N_1=\{1, \cdots, n\}$，边是E_1，树T_i的节点是$N_i=E_{i-1}$，$i=1, 2, \cdots, n-1$；

(3)（邻近性）$\{a, b\}\in E_i$，$i=2, \cdots, n-1$，$\#a\Delta b=2$，Δ代表对称差分算子，#表示集合的基数。

C-vines和D-vines是R-vines的特殊情形，当R-vines中每层树都存在唯一一个节点与其他节点相连时为C-vines；D-vines是没有一个节点能与两个以上的节点相连的R-vines。所以C-vine Copula的树具有星形结构，而D-vine Copula的树更像是一条路径。R-vine Copula因为没有结构限制所以形状多样。

（二）研究方法

本文首先用Garch（1，1）模型拟合时间序列并假设残差服从偏t（Skew t）分布以降低波动性对分析结果的影响，并体现时间序列尖峰厚尾且有偏的特点。对数收益率$r_{i,t}=\ln(P_{i,t})-\ln(P_{i,t-1})$，假设，

$$r_{i,t}=c_i+\varepsilon_{i,t}$$

$$\varepsilon_{i,t}=\sigma_{i,t}e_{i,t},\quad e_{i,t}\sim SkT(\nu, \lambda)$$

$$\sigma^2_{i,t}=\omega_{i,t}+\alpha_i\varepsilon^2_{i,t}+\beta_i\sigma^2_{i,t-1}$$

式中，ν是Skew t的自由度，λ是反映偏度的参数，$\sigma_{i,t}$是标准差。

按照以下步骤建立R-vine Copula：

(1) 选择R-vines的结构，即选择哪些变量在PCC中是无条件的，哪些是有条件的。

(2) 为式（1）中的每对变量选择相应的Copula。

(3) 估计Copula相应的参数。

在R-vines结构选择中，我们使用Morales-Napoles（2010）和Dissmann（2013）中的方法，将Vine结构用矩阵形式表达。以5维情形为例，假设R-vine Copula的树结构矩阵为$A=\begin{pmatrix}2&0&0&0&0\\5&3&0&0&0\\3&5&4&0&0\\1&1&5&5&0\\4&4&1&1&1\end{pmatrix}$，A给出了四层树的结

构。第一层树 T_1 中有四对无条件的 Copula，分别由矩阵中主对角线元素和同列的第 5 行元素对应的变量两两组成：{2，4}、{3，4}、{4，1}、{5，1}；第二层树 T_2 开始 Paircopula 的构建都是有条件的，条件变量是矩阵的第 5 行元素所对应的变量，Copula 由主对角线元素与同列的第 4 行元素对应的变量构建，即 {2，1|4}、{3，1|5}、{4，5|1}；以此类推 T_3，T_4 分别为：{2，3|1 4}、{3，5|1 4} 和 {2，5|1 3 4}。

我们使用 Kendall Tau 作为变量间相关性的测度，和 Spearmanrho 相比，Tau 能够独立度量假定分布下的相关性，在分析不同类型的 Copula（许多情况是非高斯的）时特别有用。我们使用赤池信息准则（AIC）判断 Copula 的拟合程度，Brechmann（2010）使用 AIC 选取 Pair Copula 时发现，与其他选择标准如拟合优度相比，AIC 是一个相当可靠的标准。

三、实证分析结果

样本是来自于 16 家上市银行 2010 年 8 月 18 日至 2015 年 6 月 30 日的 1179 个日对数收益率，数据来源于 Wind 数据库。这 16 家银行是北京银行（beij）、中国工商银行（gongsh）、光大银行（guangd）、华夏银行（huaxia）、中国建设银行（jiansh）、交通银行（jiaot）、民生银行（minsh）、南京银行（nanj）、宁波银行（ningb）、中国农业银行（nongy）、平安银行（pingan）、浦发银行（pufa）、兴业银行（xingy）、招商银行（zhaosh）、中国银行（zhongg）、中信银行（zhongx）。

表 1 是银行日对数收益率的基本统计特征，从中可以看出 16 个时间序列都是右偏的，峰度都明显大于 3，分布具有尖峰厚尾的特点。J-B 统计量在 1%的显著性水平下均拒绝了服从正态分布的原假设。

表 1 银行日对数收益率的统计特征

银行	平均值	标准差	偏度	峰度	J-B 统计量
北京银行	0.0009	0.0176	0.7510	7.564	1134.2***
中国工商银行	0.0011	0.0122	0.6548	9.725	2306.0***
光大银行	0.0012	0.0181	0.8283	8.174	1449.9***
华夏银行	0.0010	0.0192	0.4550	5.840	436.8***
中国建设银行	0.0009	0.0135	0.6310	11.05	3264.1***

续表

银行	平均值	标准差	偏度	峰度	J-B 统计量
交通银行	0.0003	0.0155	0.9368	11.03	3342.7***
民生银行	0.0013	0.0183	0.6972	7.744	1201.2***
南京银行	0.0015	0.0180	0.8174	7.188	993.0***
宁波银行	0.0017	0.0197	0.5297	6.499	656.6***
中国农业银行	0.0011	0.0128	0.6561	10.22	2645.7***
平安银行	0.0015	0.0204	0.8667	6.938	909.5***
浦发银行	0.0005	0.0173	0.5293	7.030	853.0***
兴业银行	0.0010	0.0192	0.5564	6.066	522.7***
招商银行	0.0002	0.0165	0.7066	6.359	652.3***
中国银行	0.0013	0.0108	2.570	22.16	5187.2***
中信银行	0.0015	0.0194	0.7411	7.549	1124.4***

注：*** 表示 J-B 统计量在 1%的水平下是显著的。

表 2 是各银行日对数收益率在 Garch（1，1）–Skew t 模型下参数估计结果，括号内的数值表示估计参数的标准差，LL 代表对数似然函数估计值。

表 2　银行日对数收益率的 Garch（1，1）–Skew t 参数估计结果

银行	c	ω	α	β	ν	λ	LL
北京银行	0.0007 (0.000)	0.0000 (0.000)	0.0694 (0.019)	0.9180 (0.022)	3.9369 (0.507)	0.1216 (0.037)	3268.165
中国工商银行	0.0008 (0.000)	0.0000 (0.000)	0.0863 (0.026)	0.8937 (0.0310)	4.1676 (0.498)	0.1183 (0.040)	3781.603
光大银行	0.0005 (0.000)	0.0000 (0.000)	0.1024 (0.025)	0.8976 (0.024)	3.6649 (0.380)	0.1312 (0.040)	3397.239
华夏银行	0.0007 (0.000)	0.0000 (0.000)	0.0558 (0.017)	0.9395 (0.019)	4.7932 (0.680)	0.1128 (0.038)	3107.199
中国建设银行	0.0006 (0.000)	0.0000 (0.0000)	0.1174 (0.029)	0.8657 (0.030)	4.0029 (0.494)	0.0941 (0.041)	3723.587
交通银行	0.0000 (0.000)	0.0000 (0.000)	0.0821 (0.032)	0.9089 (0.034)	3.5041 (0.367)	0.1278 (0.037)	3537.371
民生银行	0.0008 (0.000)	0.0000 (0.000)	0.0891 (0.023)	0.8999 (0.024)	4.2062 (0.504)	0.1527 (0.038)	3254.176
南京银行	0.0008 (0.000)	0.0000 (0.000)	0.0568 (0.0160)	0.9432 (0.016)	4.1917 (0.488)	0.1107 (0.037)	3244.930
宁波银行	0.0012 (0.000)	0.0000 (0.000)	0.0451 (0.013)	0.9549 (0.013)	4.3044 (0.520)	0.1021 (0.041)	3114.056
中国农业银行	0.0009 (0.000)	0.0000 (0.000)	0.1102 (0.032)	0.8867 (0.030)	3.8442 (0.5350)	0.0928 (0.033)	3751.984

续表

银行	c	ω	α	β	ν	λ	LL
平安银行	0.0010 (0.000)	0.0000 (0.000)	0.0592 (0.032)	0.9334 (0.037)	4.1573 (0.531)	0.1443 (0.043)	3103.021
浦发银行	0.0000 (0.000)	0.0000 (0.000)	0.0821 (0.033)	0.9078 (0.039)	3.9402 (0.459)	0.1109 (0.037)	3276.452
兴业银行	0.0008 (0.000)	0.0000 (0.000)	0.0567 (0.024)	0.9392 (0.026)	4.4708 (0.607)	0.1508 (0.035)	3134.576
招商银行	0.0002 (0.000)	0.0000 (0.000)	0.0572 (0.022)	0.9381 (0.026)	4.1733 (0.510)	0.1555 (0.035)	3328.548
中国银行	0.0007 (0.000)	0.0000 (0.000)	0.0798 (0.030)	0.90840. (0.036)	4.1668 (0.496)	0.1519 (0.052)	3839.202
中信银行	0.0010 (0.000)	0.0000 (0.000)	0.0708 (0.018)	0.9168 (0.021)	4.1540 (0.551)	0.1325 (0.033)	3171.633

由于篇幅有限，树结构和相应 Pair Copula 选取结果放在文后附录。

根据 Aas（2009），Brechmann（2012）和 Diβmann（2013）的研究，第一层树的结构反映了变量间最强的相关性。因此，我们用 T_1 体现银行间的

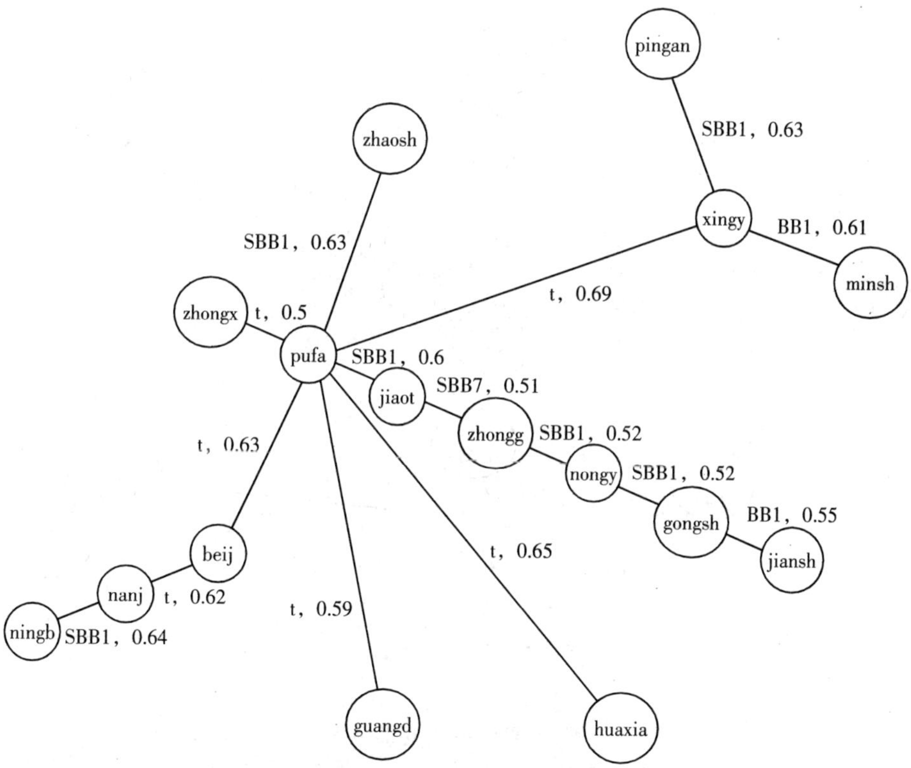

图 1　第一层树 T_1——银行间无条件相关的结构

相关程度和相关结构。

图1中的圆圈代表银行的节点，节点间连线标示出的是相连两家银行日对数收益率的 Copula 类型和 Kendall Tau（Copula 类型和相应数字表示见附录）。首先从 Copula 方面看，结果中没有高斯 Copula，而高斯 Copula 不能刻画时间序列的尖峰厚尾、尾部依赖性和不对称性，这与前面的统计描述一致。(学生) t Copula 能体现分布的尖峰厚尾和尾部相关性；BB1 是 Gumbel Copula 和 Clayton Copula 的推广，BB1 与 BB7 可以模拟尾部相关的不对称性。SBB1 Copula 是 BB1 Copula 做 180 度旋转后得到的，关于 BB1 与 BB7 Copula 的详细描述见 Joe（1997）的研究。其次从相关性方面看，Kendall Tau 值都在 0.5 以上并且不超过 0.7，表明银行之间有稳定的相关关系。浦发银行与其他银行的联系最为紧密，代表该银行的节点处于图形的中心位置，从它出发共有 7 条边与其他银行相连；而 5 家国有商业银行完全在一条线上。

在 T_1 的基础上，利用条件 Copula 建立的第二层树，体现了变量间的条件相关性。

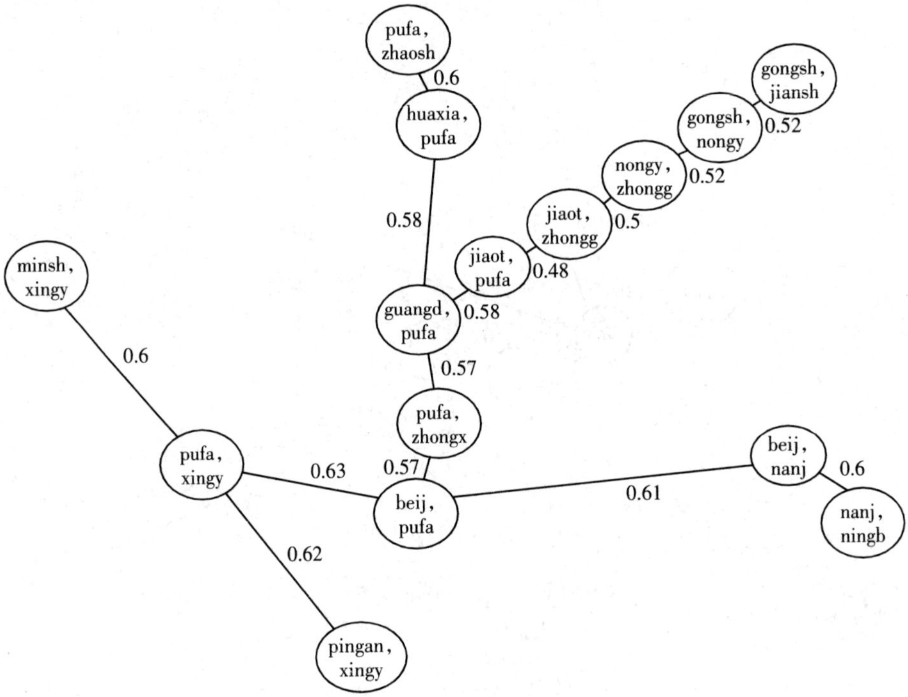

图2 第二层树 T_2 的结构

四、结 论

本文利用 16 家上市银行 2010 年 8 月 18 日至 2015 年 6 月 30 日 1179 个日对数收益率数据，基于 R-vine Copula 建立银行间相互关联的结构图，实证分析可以得到以下结论：

由第一层树体现的非条件下变量间的相关情况可知，各银行收益率序列有明显的尾部相关性和不对称相关性；Kendall Tau 取值 0.5~0.7，表明银行间有稳定的、较强的正相关关系。第二层树中各节点间仍表现出较高的条件相关性，说明系统整体具有较强的联动性。意味着个体银行的风险容易传染给其他银行从而造成大范围的影响，系统性风险发生的可能性较大。监管机构应加强重要银行的风险监督，控制风险传染的渠道以防范系统性风险。此外，R-vine Copula 以其灵活的 Pair Copula 选取，比 C-vine Copula 和 D-vine Copula 更少的结构限制，更能满足实际问题研究的需要。

参考文献

[1] Aas K., Czado C., Frigessi A., et al. Pair copula constructions of multiple dependence [J]. Insurance: Mathematics and Economics, 2009, 44 (2): 182-198.

[2] Allen D., Ashraf M., M. McAleer, et al. Financial dependence analysis: Applicationsapplications of vine copulas [J]. Statistica Neerlandica, 2013, 67 (4): 403-435.

[3] Barigozzi M., Brownlees C. Nets: Network Estimation for Time Series [R]. Working Paper, Social Science Research Network, 2014.

[4] Bedford T., Cooke R. M. Probability density decomposition for conditionally dependent random variables modeled by vines [J]. Annals of Mathematics and Artificial Intelligence, 2001, 32 (1-4): 245-268.

[5] Bedford T., Cooke R. M. Vines-a new graphical model for dependent random variables [J]. The Annals of Statistics, 2002, 30 (4): 1031-1068.

[6] Billio M., Getmansky M., A. W. Lo, et al. Econometric measures of connectednessand systemic risk in the finance and insurance sectors [J]. Journal of Financial Economics, 2012, 104 (3): 535 - 559.

[7] Brechmann E. C., Czado C. Risk management with high-dimensional vine copulas: An analysis of the euro stoxx 50 [J]. Statistics & Risk Modeling, 2013, 4 (30): 307-342.

[8] Diebold F., Yilmaz K. On the Network Topology of Variance Decompositions: Measuring the Connectedness of Financial Firms [J]. Journal of E conometrics, 2014, 182 (1): 119-134.

[9] J. Dissmann, E. C. Brechmann, Czado, et al. Selecting and estimating regular vine copulae and application to financial returns [J]. Computational Statistics & Data Analysis, 2013 (59): 52-69.

[10] Embrechts, McNeil A., Straumann D. Correlation and dependency in risk manage ment: Properties and pitfalls [J]. In Dempster, M., editor, Risk Management: Value at Risk and Beyond, UK: Cambridge University Press, 2002.

[11] European Central Bank (ECB) [J]. Financial Stability Review, December, 2010 (147).

[12] Fischer M., C. Köck, S. Schlüter, et al. An empirical analysis of multivariate copula models [J]. Quantitative Finance, 2009, 9 (7): 839-854.

[13] Joe H. Families of m-variate distributions with given margins and m (m-1) / 2 bi-variate dependence parameters [J]. Lecture Notes-Monograph Series, 1996 (28): 120-141.

[14] Joe H., Multivariate models and dependence concepts [M]. Chapman and Hall, 1997.

[15] Kurowicka D., R. Cooke. A parameterization of positive definite matrices in terms of partial correlation vines [J]. Linear Algebra and its Applications, 2003 (372): 225-251.

[16] Kurowicka D., Cooke R. M. Uncertainty analysis with high dimensional dependence modelling [M]. New York: John Willy & SonsInc, 2006.

[17] Mendes M., Semeraro M., Leal C. Pair copulas modeling in finance [J]. Financial Markets and Portfolio Management, 2010, 24 (2): 193-213.

[18] Min A., Czado C. Bayesian inference for multivariate copulas using pair copulacon-structions [J]. Journal of Financial Econometrics, 2010, 8 (4): 511-546.

[19] Morales-Napoles, Cooke R. M., Kurowicka D. About the number of vines and reg-ular vines on n nodes [R]. Working Paper, Delft University of Technology, 2010.

[20] Sklar A. Fonctions de repartition a n dimensions et leursmarges [J]. Publications de l'Institutde Statistique de L'Universite de Paris, 1959 (8): 229-231.

[21] Smith M., A. Min, C.Czado, et al. Modeling longitudinal datausing a pair copulade composition of serial dependence [J]. Journal of the American Statistical Association, 2010, 105 (492): 1467-1479.

[22] 郭伟文，钟明. 基于 Vine Copula 的中国股市风格资产相依结构特征及组合风险测度研究 [J]. 管理评论，2013，25 (11).

[23] 吴海龙，方兆本，朱俊鹏. 基于 R-vine Copula 方法的投资组合风险分析 [J].

投资研究，2013，32（10）.

［24］张帮正，魏宇，余江等. 基于 EVT-vine-Copula 的多市场相关性及投资组合选择研究［J］. 管理科学，2014，27（3）.

［25］张帮正，魏宇. 基于 R_vine Copula 方法的上证行业指数相关性研究［J］. 北京理工大学学报（社会科学版），2015，17（3）.

附 录

附表1 R-vine Copula 的树结构

	beij	gongsh	guangd	huaxia	jiansh	jiaot	minsh	nanj	ningb	nongy	pingan	pufa	xingy	zhaosh	zhongg	zhongx
beij	5	0	0	0	0	0	0	0	0	0	0	0	0	0	0	0
gongsh	9	9	0	0	0	0	0	0	0	0	0	0	0	0	0	0
guangd	11	1	11	0	0	0	0	0	0	0	0	0	0	0	0	0
huaxia	7	14	2	7	0	0	0	0	0	0	0	0	0	0	0	0
jiansh	14	10	14	2	14	0	0	0	0	0	0	0	0	0	0	0
jiaot	13	15	10	14	2	13	0	0	0	0	0	0	0	0	0	0
minsh	4	4	15	10	10	2	4	0	0	0	0	0	0	0	0	0
nanj	8	6	4	15	13	10	2	8	0	0	0	0	0	0	0	0
ningb	1	11	6	4	15	15	10	2	2	0	0	0	0	0	0	0
nongy	16	7	3	6	8	4	15	10	1	1	0	0	0	0	0	0
pingan	3	3	8	3	1	6	8	15	16	10	16	0	0	0	0	0
pufa	12	13	16	8	6	3	1	6	3	15	10	3	0	0	0	0
xingy	6	16	1	16	16	8	6	3	12	6	15	10	12	0	0	0
zhaosh	15	12	7	1	3	16	16	16	6	3	6	15	10	6	0	0
zhongg	10	1	12	12	4	1	3	12	15	16	3	6	15	10	10	0
zhongx	2	8	13	13	12	12	12	1	10	12	12	12	6	15	15	15

附表 2 Copula 类型和相应的数字表示

数字表示	Copula 类型	数字表示	Copula 类型
0	独立的 Copula	26	90 度旋转的 Joe Copula
1	Gaussian Copula	27	90 度旋转的 BB1 Copula
2	T–copula Copula	28	90 度旋转的 BB6 Copula
3	Clayton Copula	29	90 度旋转的 BB7 Copula
4	Gumbel Copula	30	90 度旋转的 BB8 Copula
5	Frank Copula	33	270 度旋转的 Clayton Copula
6	Joe Copula	34	270 度旋转的 Gumbel Copula
7	BB1 Copula	36	270 度旋转的 Joe Copula
8	BB6 Copula	37	270 度旋转的 BB1 Copula
9	BB7 Copula	38	270 度旋转的 BB6 Copula
10	BB8 Copula	39	270 度旋转的 BB7 Copula
13	Survival Clayton Copula	40	270 度旋转的 BB8 Copula
14	Survival Gumbel Copula	104	Tawn Type 1 Copula
16	Survival Joe Copula	114	180 度旋转的 Tawn Type 1 Copula
17	Survival BB1 Copula	124	90 度旋转的 Tawn Type 1 Copula
18	Survival BB6 Copula	134	270 度旋转的 Tawn Type 1 Copula
19	Survival BB7 Copula	204	Tawn Type 2 Copula
20	Survival BB8 Copula	214	180 度旋转的 Tawn Type 2 Copula
23	90 度旋转的 Clayton Copula	224	90 度旋转的 Tawn Type 2 Copula
24	90 度旋转的 Gumbel Copula	234	270 度旋转的 Tawn Type 2 Copula

附表 3　R-vine Copula 树结构下 Pair Copula 函数的选择

	beij	gongsh	guangd	huaxia	jiansh	jiaot	minsh	nanj	ningb	nongy	pingan	pufa	xingy	zhaosh	zhongg	zhongx
beij	0	0	0	0	0	0	0	0	0	0	0	0	0	0	0	0
gongsh	204	0	0	0	0	0	0	0	0	0	0	0	0	0	0	0
guangd	234	24	0	0	0	0	0	0	0	0	0	0	0	0	0	0
huaxia	5	2	1	0	0	0	0	0	0	0	0	0	0	0	0	0
jiansh	5	2	5	6	0	0	0	0	0	0	0	0	0	0	0	0
jiaot	16	30	214	4	5	0	0	0	0	0	0	0	0	0	0	0
minsh	14	14	2	5	114	5	0	0	0	0	0	0	0	0	0	0
nanj	1	23	1	1	14	5	5	0	0	0	0	0	0	0	0	0
ningb	5	5	124	2	5	33	214	1	0	0	0	0	0	0	0	0
nongy	33	124	20	5	5	20	36	40	204	0	0	0	0	0	0	0
pingan	2	20	20	5	14	14	2	124	5	3	0	0	0	0	0	0
pufa	14	214	5	5	14	10	20	2	6	2	3	0	0	0	0	0
xingy	5	20	20	2	20	5	104	2	1	20	3	1	0	0	0	0
zhaosh	20	2	5	5	5	14	20	5	3	20	20	20	2	0	0	0
zhongg	2	19	2	20	2	7	5	20	2	2	2	2	20	17	0	0
zhongx	7	17	17	7	17	2	2	2	17	2	2	2	17	19	17	0

宏观经济、财政税收

流动性过剩与全球失衡的世界经济冲击单项分析
——基于货币稀释理论

赵文生
（山西财经大学财政金融学院，山西太原 030006）

一、引言与文献综述

近几年来，流动性过剩与全球失衡问题成为宏观经济中广为关注的两大主题。在这两大主题下，全球宏观经济中占据主导地位的讨论主要是围绕八大事实展开的（见图 1）。美国是世界上最大的发达国家且经济总量长期位居世界第一，而中国是世界上最大的发展中国家且经济总量跃居世界第二，中美两国不同的发展模式使得全球经济呈现出新的态势。图 1A 为中美 M2/GDP 比较，中国由 1990 年的 0.7 上升为 2009 年的 1.6；美国 1990 年为 0.73，1994 年最低为 0.61，之后逐步上升到 2009 年的 0.87。图 1B 为中美实际利率比较，中国 1997~1999 年实际利率最高超过了 7%，而 1994 年实际利率最低，几乎达到了-8%，平均实际利率仅为 1.9%；美国的实际利率总体在下降，但基本上高于中国利率，平均利率为 4.5%。图 1C 为中美 M2 与储蓄比值比较，美国远远高于中国，说明中国储蓄过度而美国消费过度。

［作者简介］赵文生，男，1968 年 1 月出生，汉族，山西汾阳人，经济学博士，山西财经大学财政金融学院副教授，硕士生导师；研究方向：金融经济学、财政理论与政策；邮箱：zhaowensheng2004@163.com；电话：15364715338；通信地址：山西省太原市小店区坞城路 696 号（山西财经大学财政金融学院）；邮政编码：030006。

图1D为中美经常账户余额与GDP比值比较，中国持续顺差而美国持续逆差，并且成“镜像关系”（Mirror Image）。图1E为中美经济增长率比较，中

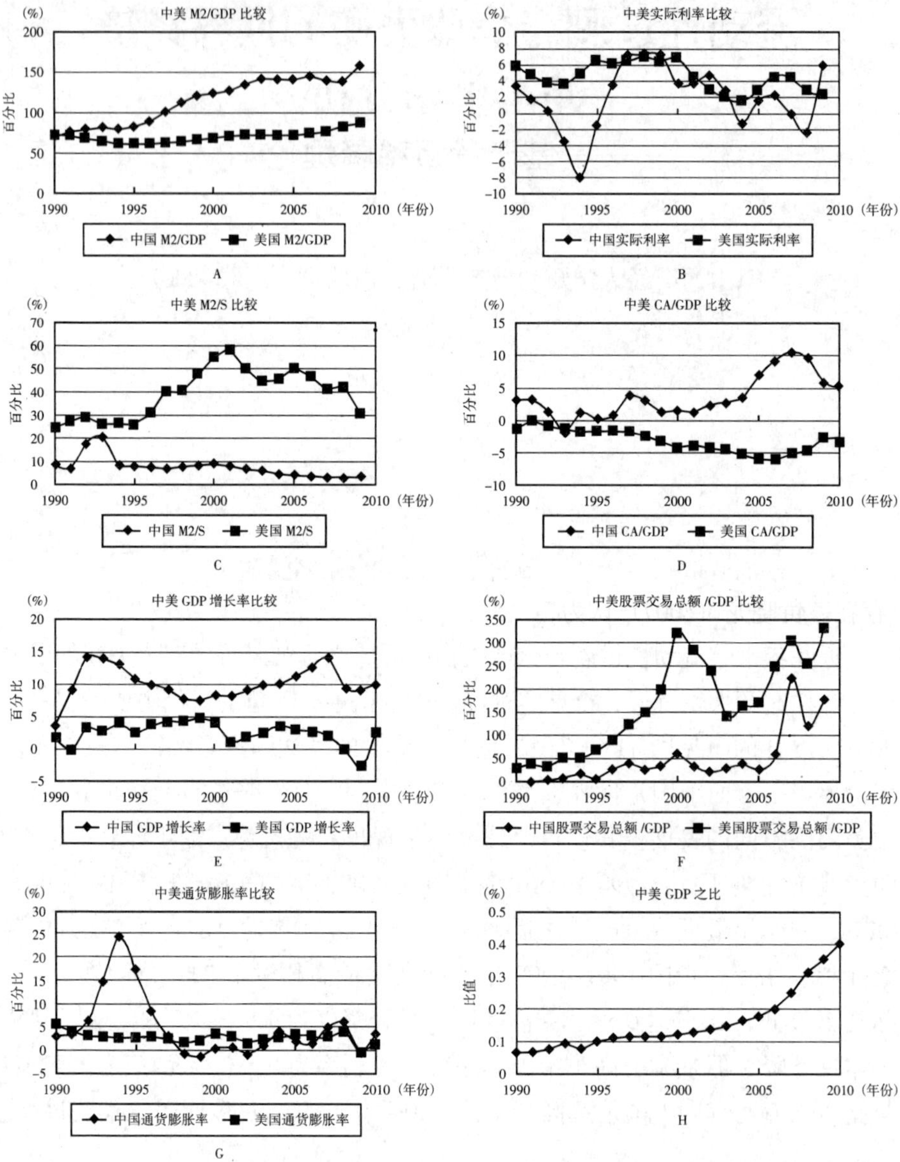

图1 中美经济事实描述

注：A为中美M2/GDP比较，B为中美实际利率比较，C为中美M2与储蓄比值的比较，D为中美经GDP标准化后的经常账户余额比较，E为中美GDP（不变价）增长率比较，F为经GDP标准化后的中美股票交易总额比较，G为中美通货膨胀率比较，H为中美GDP（PPP方法）之比。

资料来源：根据世界银行和国际货币基金组织数据绘制。

国持续高于美国，平均高出 7.5 个百分点。图 1F 为中美股票交易总额与GDP 比值比较，美国远远高出中国，平均高出 114 个百分点，说明美国的金融发展程度远远走在中国前面。图 1G 为中美通货膨胀率比较，1997 年后中国的通货膨胀率较低，而中国的 M2/GDP 较高（见图 1A），出现了所谓的“中国流动性之谜”。图 1H 为中美 GDP 之比，虽然中美 GDP 比值从 1990 年的 0.067 快速上升到 2010 年的 0.40，但美国的经济实力仍然远远高于中国。

关于这些现象背后的影响因素有着广泛的讨论，概括起来，主要有以下几个方面。

第一，现有国际货币体系导致全球失衡。Dooley，Landau 和 Garber（2002，2004）提出以亚洲固定汇率区域作为外围重建以美国为中心的布雷顿森林体系观点，外围国家通过低估汇率、资本管制和国家资本输出，影响工资、利率和国际交易活动，提供就业和实行出口导向型发展战略。McKinnon（2005）认为，全球失衡源于国际美元本位，美国的国际借款面临的是软约束，因此造成美国的低储蓄率。李向阳（2009）认为，以美元为中心的国际货币体系为美国的负债消费模式做了制度上的保障。Mundell（2007）指出，美元作为实际上的唯一国际货币地位如果不被取代，这种失衡将持续存在。黄晓龙（2007）认为，国际货币体系的非均衡性导致美国出现持续的经常账户赤字和全球失衡。张明（2009）认为，以国别货币充当世界货币不能解决“特里芬难题”，只能加剧全球失衡。

第二，非储备货币国增加外汇储备的动机是出于自我保险（Aizenman 和 Marion（2003），Jeanne 和 Ranciere（2006），Aizenman 和 Lee（2007））。Caballero 等（2006，2008）提出世界其他国家投资机会的下降是导致美国投机性投资膨胀和世界利率下降的原因之一。Mendoza 等（2009）、Sandri（2010）和 Alfaro 等（2011）都认为由于金融发展差异使得新兴经济体购买安全的美国债券以寻找价值保险，这样就形成资本逆流和美元循环。张纯威（2006）指出，美元循环有两条渠道，一是金融渠道投放，贸易渠道流回；二是贸易渠道投放，金融渠道流回。刘昌黎（2008）认为，美国是世界第一大经济强国，而且世界还没有出现替代美元的新国际储备货币，这样就形成了美元从美国流出又流回美国的循环机制。Gourinchas 和 Jeanne（2007）指出，现在存在一个普遍现象是资本从具有较高的资本边际产品的快速增长的发展中经济体流出，突出代表是中国，这些国家具有快速增长的全要素生产率（Total Factor Productivity，TFP），发生大量的资本流出和较高的投资率并存情况，他们把这种发现称为“配置之谜”。

第三，美国与其他国家在经济上存在着对偶关系。Macfarlane（2005）做出估算，美国从外国央行获得的融资额与美国的经常账户赤字数额相匹配，外国经常账户余额与其海外投资及贷款数额相匹配，这种匹配关系被称为“镜像关系”，发展中国家为发达国家特别是美国反向输血融资。Blanchard 等（2005）认为造成美国经常账户赤字主要原因是美国对国外产品需求的上升和外国对美国资产需求的上升。

第四，新兴市场国家的过度储蓄与全球失衡高度相关。Kuijs（2005）研究发现，中国居民和企业的储蓄率分别高出美国 11.8 个和 8.6 个百分点，用人口因素、不完善的金融部门和缺少福利及养老金保障制度等解释中美发生的储蓄差异。Bernanke（2005）认为，亚洲新兴市场国家在亚洲金融危机后造成投资塌陷，使超额储蓄流向美国，引起美国经常账户赤字。

第五，国际货币体系对金融危机的发生有不可推卸的责任。余永定（2009）指出，现存的国际货币体系对当前发生的金融危机有不可推卸的责任。周小川（2009）明确指出，此次金融危机的爆发及其在全球范围的蔓延反映出现有的国际货币体系的内在缺陷和系统性风险。Eichengreen（2009）认为，虽然全球失衡不是金融危机发生的唯一因素，但是，全球失衡确实对金融危机起到了一定的作用，以美元为基础的储备体系也难辞其咎。

这些文献对流动性过剩与全球失衡的两大主题进行了单独的研究，对中美经济事实的某些方面进行了解释，但是缺乏正规分析的统一框架，当然也就不能对中美经济共存的事实进行全面科学的阐释。Caballero 等（2008）沿着这一思路进行了深入研究，他们将美国经常账户赤字、全球低利率和美国资产在全球资产组合中的比重不断上升 3 个事实纳入统一的研究框架内，并且论证了这三个事实并存是由于世界不同地区提供金融资产的能力差异所造成的。但是，他们的模型中没有纳入“货币”这一关键性因素，大大地降低了对世界宏观经济现象的解释能力。为此，赵文生和刘树林（2014）在评析传统货币理论 CIU、CIA 和 OLG 基础上提出了货币稀释理论，揭示了纸币的本质特征是对产出价值的稀释或分割，找到了纸币的价值来源。通过建立在货币稀释理论基础上的一般均衡模型的综合分析，得出了一些重要结论，阐释了当今世界经济的现象。可是，赵文生和刘树林（2014）只对许多影响因素综合作用结果进行分析，难以准确分析每一因素对世界经济的影响性质与影响程度。本文基于赵文生和刘树林（2014）提出的货币稀释理论，在一般均衡模型框架内，研究主要经济变量对世界经济的冲击影响，在复杂的经济系统中进行过滤分析，深刻认识流动性过剩与全球失衡的成因和机理，便于科学地指导经济实践。

本文余下内容：第二部分为流动性过剩与全球失衡一般均衡模型；第三部分为流动性过剩分析；第四部分是储蓄与消费分析；第五部分是金融发展分析；第六部分是经济增长分析；第七部分是研究结论。

二、流动性过剩与全球失衡一般均衡模型

我们根据赵文生和刘树林（2014）基于货币稀释理论所建的流动性过剩与全球失衡一般均衡模型进行研究，将用到的主要内容绘制成表 1。我们对表 1 中基本假设和记号进行详细说明。假设世界经济由 U 国和 R 国两个区域构成，U 国代表美国，R 国代表中国；U 国货币为国际本位币。U 国是国际货币体系的中心国家，其货币具有双重属性，既满足国内需求，又满足国际需求。R 国以 U 国货币作为国际储备，U 国不会持有 R 国货币。两区域均由无数同质居民构成，居民每单位时间以相同的概率 θ（θ 可以理解为消费率）出生和死亡，总人口给定且标准化为 1。生产由同质的“树”完成，在时刻 t 树的价值为 V_t^j，每单位时间的产出为 X_t^j（j = U，R）。假设政府发行货币获得的铸币税全部投资于公共产品，树的所有者获得居民所得部分的 δ（δ 可以理解为金融发展）份额，剩余（1 − δ）份额分配给新出生的居民。为方便起见，假设居民在整个生命周期中不消费，直到死亡时刻才消费掉一生的全部储蓄。在进行冲击分析时，除冲击变量外，假设其他变量对于 U 与 R 两区域是相等的。P_t^j 为时刻 t 区域 j 的商品价格，V_t^j 为时刻 t 区域 j 资产（树）的价值，X_t^j 为时刻 t 区域 j 的产出，M_t^j 为时刻 t 区域 j 的货币存量，W_t^j 为时刻 t 区域 j 的财富值，M_t^j 为时刻 t 区域 j 发行的货币，V_t^j 为时刻 t 区域 j 资产价值的变化率，W_t^j 为时刻 t 区域 j 财富价值的变化率，k^j 为区域 j 的马歇尔 K 值，j = U，R。α 表示 R 区域的国际储备占 U 区域发行货币的比例，e 为市场汇率（即用 U 区域货币表示的 R 区域单位货币的价值）。为方便起见，假设购买力平价成立，并且市场汇率与购买力平价一致；虽然这与现实有一些差异，但是简化了数理推导过程；从而有 $eP_t^R = P_t^U$。定义 U 区的产出占世界产出的比例为 φ，即 $\varphi \equiv X_t^U/X_t$；$W_t = W_t^U + eW_t^R$，$V_t = V_t^U +$

eV^R_t，$M_t = M^U_t + eM^R_t$，均衡时，$\dot{P}^U_t/P^U_t = \dot{P}^R_t/P^R_t = \rho$，$\dot{X}^U_t/X^U_t = \dot{X}^R_t/X^R_t = \dot{X}_t/X_t = g$。

表1 流动性过剩与全球失衡一般均衡模型①

建模思想	树的收益率等于红利价值比率加上资本利得率	储蓄随着居民提取（即死亡）而减少，随着禀赋分配给新一代和储蓄收益的积累以及政府提供公共产品的增加而增长
基准模型	我们将封闭经济的模型作为基准模型，均衡利率为 $i_c = \rho + g + \frac{\theta\delta}{1 + k(\rho + g)}$ (1)	
国别	U国	R国
资产方程	$i_t V^U_t = \delta P^U_t X^U_t \frac{P^U_t X^U_t}{P^U_t X^U_t + \dot{M}^U_t} + \dot{V}^U_t$ (2)	$i_t V^R_t = \delta P^R_t X^R_t \frac{P^R_t X^R_t}{P^R_t X^R_t + \dot{M}^R_t + \alpha\dot{M}^U_t/e} + \dot{V}^R_t$ (3)
财富变化方程	$\dot{W}^U_t = -\theta W^U_t + (1-\delta)P^U_t X^U_t \frac{P^U_t X^U_t}{P^U_t X^U_t + \dot{M}^U_t} + P^U_t X^U_t \frac{\dot{M}^U_t}{P^U_t X^U_t + \dot{M}^U_t} + i_t W^U_t$ (4)	$\dot{W}^R_t = -\theta W^R_t + (1-\delta)P^R_t X^R_t \frac{P^R_t X^R_t}{P^R_t X^R_t + \dot{M}^R_t + \alpha\dot{M}^U_t/e} + P^R_t X^R_t \frac{\dot{M}^R_t + \alpha\dot{M}^U_t/e}{P^R_t X^R_t + \dot{M}^R_t + \alpha\dot{M}^U_t/e} + i_t W^R_t$ (5)
货币市场均衡	$M_t = kP^U_t X_t$ (6)	
资产市场均衡	$W_t = V_t$ (7)	
实体经济均衡	$\theta W_t = P_t X_t$ (8)	
利率均衡解	$i^U_o = \rho + g + \frac{\theta\delta}{1 + k(\rho + g)} = i^U_c$ (9)	$i^R_o = \rho + g + \frac{\theta\delta}{1 + (1 + \frac{\alpha\varphi}{1-\varphi})k(\rho + g)} \neq i^R_c$ (10)
马歇尔K值说明	若把 $[1 + \alpha\varphi/(1-\varphi)]k^R$（记作 k^{TR}）称为R国的总K值，则U国与R国均衡利率方程在形式上就完全一致了。k^{TR} 就是现实中测度出R国的K值，对比之下把 k^R 称为R国的“有效K值”。假设U国与R国总K值相同，为简化起见，我们仍然用k表示两国的总K值	
资产供求的渐近分析	$\lim\limits_{t\to\infty} \frac{V^U_t}{P^U_t X^U_t} = \frac{\delta}{i - \rho - g} \frac{1}{1 + k(\rho + g)}$ (11)	$\lim\limits_{t\to\infty} \frac{W^U_t}{P^U_t X^U_t} = \frac{1}{\rho + g + \theta - i} [\frac{(1-\delta) + k(\rho + g)}{1 + k(\rho + g)}]$ (12)
经常账户和贸易余额均衡分析	$\lim\limits_{t\to\infty} \frac{CA^U_t}{P^U_t X^U_t} = -(\rho + g) \frac{(i^U_c - i)}{(i - \rho - g)(\rho + g + \theta - i)}$ (13)	$\lim\limits_{t\to\infty} \frac{TB^U_t}{P^U_t X^U_t} = \frac{i^U_c - i}{(\rho + g + \theta - i)}$ (14)
经常账户和贸易余额关系式	$CA^j_t = TB^j_t + i_t(\beta^{j,h}_t V^h_t - \beta^{h,j}_t V^j_t)$ (15)，这里 $j \neq h$，$\beta^{j,h}_t$ 表示j区域中居民拥有h区域树的份额，$\beta^{h,j}_t$ 表示h区域中居民拥有j区域树的份额	

注：表中（1）~（15）为公式编号。
资料来源：作者根据论文内容推导整理绘制。

① 由于篇幅有限，我们省略了推导过程，如果读者需要，可向作者索要。

三、流动性过剩分析

我们考虑世界经济的两国模型，由 U 国（美国）和 R 国（中国）组成。为了便于分析经济冲击，需要对初始经济状况做出假设。

假设 1：假设世界经济初始是对称的，即，

$W_0^U/\varphi = V_0^U/\varphi = W_0^R/(1-\varphi) = V_0^R/(1-\varphi)$，$k^U = k^R = k$，$\theta^U = \theta^R = \theta$，$\rho^U = \rho^R = \rho$，$g^U = g^R = g$，$\delta^U = \delta^R = \delta$。

命题 1：在假设 1 下，在 W_t 与 V_t 保持不变的情况下，若流动性 k^U 发生冲击使得 $k^U > k^R$ 成立，则全球均衡利率下降。

证明：我们用 0^- 和 0^+ 分别表示冲击前后的极限时刻。在任何时刻一定成立 $W_t = P_t^U X_t/\theta$，遵循 W_t 保持不变，这说明在 $t=0$ 时刻前后 W_t 没有发生变化，即 $W_{0^-} = W_{0^+} = P_0^U X_0/\theta$，说明 $P_0^U X_0$ 保持不变，而 $M_0^U = \varphi k^U P_0^U X_0$，当 k^U 增大时，M_0^U 增大，说明 U 国增发了货币。因为任何时刻都有 $W_t = U_t$，说明时刻 $t=0$ 时 V_0 也未发生变化，即 $V_{0^-} = V_{0^+} = P_0^U X_0/\theta$，从而有 $\dot{V}_0 = 0$。这时的资产定价方程（2）变为：$i_{0^+} V_0 = \delta P_0^U X_0 \dfrac{1}{1+k^U(\rho+g)}$，而冲击前的均衡方程为 $i_{0^-} V_0 = \delta P_0^U X_0 \dfrac{1}{1+k^R(\rho+g)}$，由于 $k^U > k^R$，所以有 $i_{0^+} < i_{0^-}$，这就说明 U 区域流动性过剩冲击后全球均衡利率下降。

我们还可以进行定量分析，假设世界利率为各国利率的加权平均值，在假设 1 下，并且考虑总 K 值，这时的世界均衡利率公式满足对称结构，从而当 $k^U > k^R$ 时有，

$$
\begin{aligned}
i_{0^+} &= \varphi i_c^U + (1-\varphi) i_c^R = \varphi\left[\rho + g + \frac{\theta\delta}{1+k^U(\rho+g)}\right] + (1-\varphi) \\
&\left[\rho + g + \frac{\theta\delta}{1+k^R(\rho+g)}\right] = \rho + g + \theta\delta\left[\frac{\varphi}{1+k^U(\rho+g)} + \frac{(1-\varphi)}{1+k^R(\rho+g)}\right] < \\
&\rho + g + \frac{\theta\delta}{1+k^R(\rho+g)} = i_{0^-}
\end{aligned} \tag{16}
$$

证毕。

当流动性发生冲击时，全球财富和资产价值总量不发生变化，但全球财

富和资产价值的结构会发生变化。由式（2）得：

$$i_t V_t^U = \delta P_t^U X_t^U \frac{1}{1 + k^U(\rho + g)} + \dot{V}_t^U \tag{17}$$

当 k^U 上升时，$\delta P_0^U X_0^U \frac{1}{1 + k^U(\rho + g)}$ 变小，这时 $i_0 V_0^U$ 还未发生变化，造成 $\dot{V}_0^U > 0$，必然引起 V_t^U/V_t^R 比值的上升。在本土偏好假设下，W_t^U/W_t^R 也上升。说明U国流动性过剩的增长提高了U国资产在全球资产组合中的比重。

命题1说明当全球财富和资产价值总量不发生变化，即实体经济没有变化时，任何一国货币流动性过剩的增大，都使得全球利率下降。这从理论上证明了流动性过剩与低利率之间存在的联系，支持了Kroszner（2007）将低利率作为度量流动性过剩的观点。同时，根据命题1，我们证明，当流动性发生冲击时，虽然全球财富和资产价值总量不发生变化，但全球财富和资产价值的结构会发生变化。在本土偏好假设下，一国流动性过剩的增长提高了该国资产在全球资产组合中的比重。

假设2（本土偏好）：居民首先用当地的资产满足他们的储蓄，只有用完了当地的资产后才持有国外资产。

本土偏好假设意味着在发生冲击时，立刻改变本地财富以匹配资产价值的变化，即有这样的关系：$W_{0^+}^U = V_{0^+}^U$ 与 $W_{0^+}^R = V_{0^+}^R$。

命题2：在假设2下，如果U国中k值上升到 $k^U > k^R$，那么冲击后U国向世界输出流动性。

证明：令 $i_{c^-}^U$、$i_{c^-}^R$ 和 i_{0^-} 和分别为冲击发生前U国、R国和世界利率，对应地，$i_{c^+}^U$、$i_{c^+}^R$ 和 i_{0^+} 分别为冲击发生后U国、R国和世界利率。由式（9）可知，利率与流动性过剩之间存在着反向关系，那么U国k值的上升必然导致U国国内利率的下降。因此，可以做出这样的判断，当国内利率低于世界利率时，该国向世界输出流动性。由假设1可知，$i_{c^-}^U = i_{c^-}^R = i_{0^-}$，说明在初始时U国与R国均未向世界输出流动性。根据式（16），在发生冲击后，我们得到

$$i_{0^+} - i_{c^+}^U = \varphi i_{c^+}^U + (1 - \varphi) i_{c^+}^R - i_{c^+}^U = (1 - \varphi)(i_{c^+}^R - i_{c^+}^U) = (1 - \varphi)\left(\frac{\theta\delta}{1 + K^R(p + g)} - \frac{\theta\delta}{1 + K^U(p + g)}\right) > 0 \tag{18}$$

其中，最后一项是因为 $k^U > k^R$。式（18）说明U国向世界输出了流动性。

证毕。

命题2的启示：在世界经济一体化的条件下，一国的货币流动性过剩，使得超发货币不仅稀释本国实体经济，而且通过流动性的输出稀释世界实体经济。在全球经济中，每个国家的货币发行由本国政府决策，别国政府难以干预，具有“非排他性”的特征。一国政府通过发行货币获得收益，而将部分成本进行转嫁，这样货币发行就具有“负外部性”。具有“负外部性”的物品必然会超额提供，造成“全球货币池”的拥挤，说明各国货币提供具有“竞争性”。因此，“全球货币池”是一个“共同资源”，在每个国家追求自身利益的条件下，必然会造成“公共地悲剧”，这也是金融危机爆发的原因之一。所以，国际货币体系需要改革，在货币发行方面，加强各国政府之间的协调与合作，构建强有力的国际货币治理体系，提高治理能力，造福于各国人民。

命题3：U国的大国经济保障了流动性k值的相对较小。

证明：采用证明命题2中的记号。U国发生流动性冲击后，释放出的总流动性为 $i^U_{c^-} - i^U_{c^+} = i_{0^-} - i^U_{c^+}$，向世界输出流动性 $i_{0^-} - i^U_{c^+}$，U国自己承担 $i_{0^+} - i^U_{c^+}$。根据式（18），当φ增大时，$(i_{0^+} - i^U_{c^+})$ 值变小。说明U国发生流动性冲击时，将较多的流动性输出别国，而自己只承担较少的部分。同理，当别国发生流动性冲击时，U国的分摊比例也是较少的，即U国抵御别国的流动性冲击能力较强。这保证了U国的流动性k值较小。

证毕。

自改革开放后，尽管中国的GDP增长率远远超过美国（见图1E），但是中国的GDP水平仍然与美国有较大的差距（见图1H）。从命题2与命题3中我们发现，美国的大国经济对流动性的影响较为显著。美国的流动性过剩可以较大地溢出其他国家，但对其他国家的流动性过剩具有较大的阻击能力，因此，当其他因素一定时，美国相对而言可以有较小的流动性k值。

我们知道 $CA^U_t + CA^R_t = 0$，这是一个对偶关系。在经历了墨西哥货币危机、亚洲金融危机后，许多新兴市场与发展中国家意识到国内信用的过度扩展会诱发货币危机。因此，新兴市场与发展中国家开始转向通过增加出口、积累国际储备来维持和促进经济增长。这造成了 $CA^R_t > 0$，对应的是 $CA^U_t < 0$。说明美元的特殊地位，造成了美国经常账户赤字的长期存在。

命题4：在假设2下，如果U国中k值上升到 $k^U > k^R$，那么冲击时，U国的经常账户变成盈余并且之后持续保持永久不消失。

证明：由式（9）与式（16）得，

$$i_c^U = \rho + g + \frac{\theta\delta}{1 + k^U(\rho + g)} < i_{0^+} = \rho + g + \theta\delta\left[\frac{\varphi}{1 + k^U(\rho + g)} + \frac{(1 - \varphi)}{1 + k^R(\rho + g)}\right]$$

因为 $k^U > k^R$，所以 $i_c^U < i_{0^+} < \rho + g + \frac{\theta\delta}{1 + k^R(\rho + g)} = i_c^R$，即 $i_c^U < i_{0^+} < i_c^R$。

先分析长期趋势，由式（11），在新的利率水平 i_{0^+} 下树的价值变化得到新的增长路径：

$$V_t^U = \frac{\delta}{i_{0^+} - \rho - g} \frac{P_t^U X_t^U}{1 + k^U(\rho + g)}$$

在均衡增长路径中，由式（12）得到：

$$W_t^U = \frac{P_t^U X_t^U}{\rho + g + \theta - i_{0^+}}\left[\frac{(1 - \delta) + k^U(\rho + g)}{1 + k^U(\rho + g)}\right]$$

由式（13）得到 $\frac{CA_t^U}{P_t^U X_t^U} = -(\rho + g)\frac{(i_c^U - i_{0^+})}{(i_{0^+} - \rho - g)(\rho + g + \theta - i_{0^+})} > 0$，这说明 U 国的经常账户盈余永不消失。

现在分析瞬时动态，在发生冲击时，U 国是主动发出者，所以首先发生变化的是 U 国经济，因此我们研究 U 国的动态变化，定义 $w_t^U \equiv W_t^U/(P_t^U X_t^U)$，则：

$$\dot{w}_t^U = \dot{W}_t^U/(P_t^U X_t^U) - w_t^U(\rho + g) \tag{19}$$

根据式（4）得：

$$\dot{W}_t^U/(P_t^U X_t^U) = (i_{0^+} - \theta) w_t^U + \left[\frac{(1 - \delta)}{1 + k^U(\rho + g)} + \frac{k^U(\rho + g)}{1 + k^U(\rho + g)}\right] \tag{20}$$

结合式（19）与式（20）得：

$$\dot{w}_t^U = (i_{0^+} - \rho - g - \theta) w_t^U + \left[\frac{(1 - \delta)}{1 + k^U(\rho + g)} + \frac{k^U(\rho + g)}{1 + k^U(\rho + g)}\right] \tag{21}$$

式（21）达到均衡时，即 $\dot{w}_t^U = 0$ 时，得到均衡值 $w^{U*} = \frac{1}{\rho + g + \theta - i_{0^+}}\left[\frac{(1 - \delta) + k^U(\rho + g)}{1 + k^U(\rho + g)}\right]$。

求解微分方程（21）得：

$$w_t^U = w^{U*} + (w_0^U - w^{U*}) e^{-(\rho + g + \theta - i_{0+})t} \tag{22}$$

根据假设 2，t = 0 发生冲击 $k^U > k^R$ 时，W_0^U/W_0^R 和 V_0^U/V_0^R 均有增大的趋

势，所以有 $w_0^U < w^{U*}$，从而得到 $w_t^U < w^{U*}$，说明 t = 0 时的 w_t^U低于均衡增长路径时的值。因为 $\rho + g < i_c^U < i_{0^+} < \rho + g + \theta$，所以 $i_{0^+} - \rho - g - \theta < 0$。由式（16）可知，当均衡时有$\dot{w}_t^U = 0$，现在 w_0^U低于均衡增长路径时的值，所以必然有$\dot{w}_0^U > 0$，根据 w_0^U的定义得到：

$$\dot{W}_0^U > (\rho + g) W_0^U \tag{23}$$

根据 $CA_t^U = \dot{W}_t^U - \dot{V}_t^U$，得到 $CA_0^U = \dot{W}_0^U - \dot{V}_0^U > (\rho + g)W_0^U - (\rho + g)V_0^U = 0$，说明在发生冲击时 U 国经常账户变成盈余。

在 t = 0 发生流动性冲击时，U 国财富增长率大于（ρ+g），资产增长率等于（ρ+g），所以冲击时形成巨大的经常账户盈余。随着时间的推移，U 国财富占产出的比例增大，那么财富的增长率下降，最后达到均衡增长路径时的（ρ+g）增长率，在到达均衡增长路径之前，U 国经历了持续的经常账户盈余。这说明发生冲击后 U 国的经常账户盈余持续存在。

证毕。

在发生流动性冲击时，U 国是主动发出者，通过 U 国的动态变化与求解微分方程，证明在发生冲击时 U 国经常账户由平衡变成盈余。通过增长路径的长期趋势分析，证明 U 国的经常账户盈余永不消失。命题 4 说明在美国出现经常账户赤字时，很容易通过流动性过剩方式得到改善。这是美国面对巨大的经常账户赤字不担心的原因所在；在必要时，美国利用美元的国际储备货币地位向世界输出流动性，减缓经常账户赤字压力。

通货膨胀与流动性之间的关系一直是理论界和现实中争论的焦点之一。事实证明，从长远来看，流动性过剩与通货膨胀之间存在着正向关系。由于达到均衡需要较长的时间，所以发生流动性冲击后，不会立刻出现通货膨胀。这在一定程度上解释了 McKinnon（1993）提出的“中国之谜[①]”。流动性过剩释放出通货膨胀，要经历较长时间，说明超额货币具有囤积作用，这正好支持了伍志文（2002）的观点[②]。

---

① McKinnon（1993）在对中国经济改革问题进行研究中发现，中国财政收支下降的同时，货币供给量大大超过经济增长率，但是物价却没有发生大的波动，他把这一现象称为“中国之谜”。

② 伍志文（2002）认为金融资产的囤积作用使超额货币供给得到缓解，没有引发高通货膨胀问题。

四、储蓄与消费分析

命题5：在假设2下，如果R国中θ下降到$\theta^R<\theta^U$，那么冲击时，U国的经常账户变成赤字并且之后持续保持永不消失。

证明：

$$i_c^U=\rho+g+\frac{\theta^U\delta}{1+k(\rho+g)}>\rho+g+\frac{[\theta^R+\varphi(\theta^U-\theta^R)]\delta}{1+k(\rho+g)}=i_{0^+}>$$

$$i_c^R=\rho+g+\frac{\theta^R\delta}{1+k(\rho+g)} \tag{24}$$

先分析长期趋势，由式（11），在新的利率水平i_{0^+}下树的价值变化得到新的增长路径：

$$V_t^U=\frac{[\theta^R+\varphi(\theta^U-\theta^R)]\delta}{i_{0^+}-\rho-g}\frac{P_t^UX_t^U}{1+k(\rho+g)}$$

在均衡增长路径中，由式（12）得到：

$$W_t^U=\frac{P_t^UX_t^U}{\rho+g+\theta^U-i_{0^+}}\left[\frac{(1-\delta)+k(\rho+g)}{1+k(\rho+g)}\right]$$

由式（13）得到$\frac{CA_t^U}{P_t^UX_t^U}=-(\rho+g)\frac{(i_c^U-i_{0^+})}{(i_{0^+}-\rho-g)(\rho+g+\theta^U-i_{0^+})}<0$。

类似于推导式（21）的过程，容易得到：

$$\dot{w}_t^U=(i_{0^+}-\rho-g-\theta^U)w_t^U+\left[\frac{(1-\delta)}{1+k(\rho+g)}+\frac{k(\rho+g)}{1+k(\rho+g)}\right] \tag{25}$$

式（25）达到均衡时，即$\dot{w}_0^U=0$时，均衡值为$w_t^{U*}=\frac{1}{\rho+g+\theta^U-i_{0^+}}\left[\frac{(1-\delta)+k(\rho+g)}{1+k(\rho+g)}\right]$。

根据假设2，t=0发生冲击$\theta^R<\theta^U$时，W_0^U/W_0^R和V_0^U/V_0^R均有减小的趋势，所以：

$$w_{0^+}^U=\frac{W_{0^+}^U}{P_0^UX_0^U}=\frac{V_{0^+}^U}{P_0^UX_0^U}>w_t^{U*}=\frac{1}{\rho+g+\theta^U-i_{0^+}}\left[\frac{(1-\delta)+k(\rho+g)}{1+k(\rho+g)}\right]$$，说明

t=0时的w_t^U高于均衡增长路径时的值。

因为 $\rho+g<i_{0^+}<i_c^U<\rho+g+\theta^U$，有 $i_{0^+}-\rho-g-\theta^U<0$，因为当均衡时有 $\dot{w}_t^U=0$，而现在 w_t^U 高于均衡增长路径时的值，所以必然有 $\dot{w}_t^U<0$，从而得出 $\dot{W}_t^U<(\rho+g)W_t^U$。

根据 $CA_t^U=\dot{W}_t^U-\dot{V}_t^U$，得到 $CA_0^U=\dot{W}_0^U-\dot{V}_0^U<(\rho+g)W_0^U-(\rho+g)V_0^U=0$，说明在发生冲击时 U 国经常账户变成赤字。

在 $t=0$ 发生流动性冲击时，U 国财富增长率小于（$\rho+g$），资产增长率等于（$\rho+g$），所以冲击时形成巨大的经常账户赤字。随着时间的推移，U 国财富占产出的比例减小，那么财富的增长率上升，最后达到均衡增长路径时的（$\rho+g$）增长率，在到达均衡增长路径之前，U 国经历了持续的经常账户赤字。这说明发生冲击后 U 国的经常账户赤字持续存在。

证毕。

在发生储蓄冲击时，U 国财富增长率小于（$\rho+g$），资产增长率等于（$\rho+g$），所以 U 国形成了巨大的经常账户赤字。随着时间的推移，U 国财富占产出的比例减小，那么财富的增长率上升，最后达到均衡增长路径时的（$\rho+g$）增长率，在到达均衡增长路径之后，U 国的经常账户仍然为赤字。命题 5 说明 R 国中储蓄过量或者 U 国的过度消费是 U 国经常账户赤字的原因之一。在世界经济中，美国具有控制全球经济的能力，因此，长期消费过度，提高自己的效用水平。所以说，美国的消费过度是造成美国经常账户赤字的重要原因。

五、金融发展分析

U 国金融市场发达，金融资产丰富，大力发展虚拟经济。R 国金融市场属于初级阶段，资本市场受到抑制，金融工具单一。因此，出现了 $\delta^R<\delta^U$。

命题 6：在假设 2 条件下，如果 R 国中 δ 下降到 $\delta^R<\delta^U$，那么冲击时，U 国的经常账户变成赤字并且之后持续保持永不消失。

证明：类似于命题 5 的证明，故略去。

我们定义 $w_t^U\equiv W_t^U/(P_t^UX_t^U)$，下面我们分析 R 国中资本市场崩溃后 w_t^U 的收敛速度。

类似于推导式（21）的方法，我们得到：

$$\dot{w}_t^U = (i_{0^+} - \rho - g - \theta) w_t^U + \left[\frac{(1-\delta^U)}{1+k(\rho+g)} + \frac{k(\rho+g)}{1+k(\rho+g)} \right] \tag{26}$$

令式（26）中$\dot{w}_t^U = 0$，则可得到均衡值 w^{U*} 且满足：

$$0 = (i_{0^+} - \rho - g - \theta) w^{U*} + \left[\frac{(1-\delta^U)}{1+k(\rho+g)} + \frac{k(\rho+g)}{1+k(\rho+g)} \right] \tag{27}$$

式（26）减去式（27）可得，

$$\dot{w}_t^U = (i_{0^+} - \rho - g - \theta)(w_t^U - w^{U*}) \tag{28}$$

解微分方程式（28）得到，

$$w_t^U(t) = w^{U*} + e^{-\lambda t}\left[w_0^U - w^{U*} \right] \tag{29}$$

式中，$\lambda = \rho + g + \theta - i_{0^+}$，$w_0^U$为 w_t^U的初始值。这里，

$$w_0^U = \frac{1}{\rho + g + \theta - i_{0^+}} \left[\frac{(1-\delta^R) + k(\rho+g)}{1+k(\rho+g)} \right] \tag{30}$$

命题 6 告诉我们，美国相对于其他国家的金融创新导致美国经常账户赤字，并且冲击之后逐步恢复，但不会恢复到冲击前状态。我们发现，美国发生金融创新后，以速率 $\lambda = \rho + g + \theta - i_{0^+}$收敛于其均衡值。根据 CFG 模型分析得到的数据，通货膨胀率 $\rho = 0.03$，经济增长率 $g = 0.03$，消费倾向 $\theta = 0.25$，世界利率 $i_{0^+} = 0.04$，那么 $\lambda = 0.27$。按照 70 法则[①]，U 国大约花 2.5 年的时间走完冲击后状况与其平衡增长路径的一半距离。美国的金融创新不断出现，形成美国的经常账户赤字的不断叠加，数量增加并且长期存在。

六、经济增长分析

命题 7：在假设 2 下，且 $g^R > g^U$。若在 0 时刻两区域一体化，那么 U 经常账户渐近盈余。

证明：冲击后的利率变化为：

---

① 一个变量以一个不变的负增长率下降一半所需要的时间等于 70 除以该变量用百分数表示的增长率（相应地，一个具有正增长率上升一倍所需要的时间等于 70 除以增长率）。更准确地讲，半衰期 t^* 是$e^{-\lambda t^*} = 0.5$的解，这里的 λ 是衰减率，两边取对数得：$t^* = -\ln(0.5)/\lambda \approx 0.70/\lambda$。

$$i_{0^+}=\varphi i_c^U+(1-\varphi)i_c^R=\varphi[\rho+g^U+\frac{\theta\delta}{1+k(\rho+g^U)}]+$$

$$(1-\varphi)[\rho+g^R+\frac{\theta\delta}{1+k(\rho+g^R)}]<i_c^R \tag{31}$$

式（31）基于这样的事实：随着时间的推移，φ 逐渐缩小，所以 i_t 收敛于 i_c^R，即$\lim\limits_{t\to\infty} i_t=i_c^R$。因为初始条件对称，$i_{0^+}$ 是世界利率，所以 i_{0^+} 必然介于两个封闭利率之间，结合式（31），必然有 $i_c^U<i_{0^+}<i_c^R$。根据式（13）得，

$$\lim_{t\to\infty}\frac{CA_t^U}{P_t^UX_t^U}=-(\rho+g)\frac{(i_c^U-i_c^R)}{(i_c^R-\rho-g)(\rho+g+\theta-i_c^R)}>0。$$

证毕。

命题 7 说明，R 国经济增长对世界具有两大贡献：一是有利于缓解全球的流动性过剩问题（因为全球均衡利率在冲击后高于冲击前）；二是降低 U 国的经常账户赤字。也就是说，在世界经济一体化的情况下，各国之间的彼此依赖性加强，充分论证了中国经济增长对包括美国在内的世界经济是有利的，所谓的中国经济增长的“威胁论”是站不住脚的，鼓吹“威胁论”是出于某种不可告人的政治目的。

命题 8：当世界经济增长率突然发生持续的下降，从 g^U 变为$\bar{g}<g^U$，那么在冲击时 CA_t^U 变为赤字并且长期保持，但是相对于产出 $P_t^UX_t^U$ 的经常账户赤字渐近消失。

证明：我们将变量上面加上横线代表除 U 国外的世界平均变量，e 表示平均汇率，用 1 单位的平均货币等于多少美元来计价。为了简化分析，我们将除 U 国之外的其他国家的平均水平作为一个代表性国家，以替代 U-R 世界模型中的 R 国。

我们分 $g^U-\bar{g}>\theta-\frac{\theta\delta}{1+k(\rho+g^U)}$，$g^U-\bar{g}=\theta-\frac{\theta\delta}{1+k(\rho+g^U)}$和 $g^U-\bar{g}<\theta-\frac{\theta\delta}{1+k(\rho+g^U)}$三种情况进行证明。

第一种情况：$g^U-\bar{g}>\theta-\frac{\theta\delta}{1+k(\rho+g^U)}$。

假设初始是对称分布，所以有 $W_{0^+}^U=V_{0^+}^U$，$CA_0^U=TB_0^U=P_0^UX_0^U-\theta V_{0^+}^U<0$，(因为美国是净借款者)。

定义 $\varphi_t^U\equiv X_t^U/X_t$，那么 $\varphi_0^U=X_0^U/X_0$，令 $\beta=\bar{X}_0/X_0^U$。

$$\varphi_t^U = \frac{X_t^U}{X_t} = \frac{X_t^U}{X_t^U + \bar{X}_t} = \frac{X_0^U e^{g^U t}}{X_0^U e^{g^U t} + \bar{X}_0 e^{\bar{g}t}}$$

$$= \frac{1}{1 + (\bar{X}_0 / X_0^U) e^{-(g^U - \bar{g})t}} = \frac{1}{1 + \beta e^{-(g^U - \bar{g})t}} \tag{32}$$

从而有，

$$\int_0^t \varphi_s^U ds = \int_0^t \frac{1}{1 + \beta e^{-(g^U - \bar{g})s}} ds \tag{33}$$

令 $y = \beta e^{-(g^U - \bar{g})s}$，通过变量替换，式（33）变为，

$$\int_0^t \varphi_s^U ds = \int_{\beta e^{-(g^U - \bar{g})t}}^{\beta} \frac{1}{(g^U - \bar{g})} \frac{1}{y(1+y)} dy$$

$$= \frac{1}{(g^U - \bar{g})} \left[\ln\left(\frac{y}{1+y} \right) \right] \Bigg|_{\beta e^{-(g^U - \bar{g})t}}^{\beta} = \frac{1}{(g^U - \bar{g})} \ln \frac{\beta + e^{(g^U - \bar{g})t}}{1 + \beta} \tag{34}$$

$$i_t = \varphi_t^U i_c^U + (1 - \varphi_t^U) \bar{i}_c$$

$$= \bar{i}_c + \varphi_t^U (g^U - \bar{g}) \left\{ 1 - \frac{\theta\delta k}{[1 + k(\rho + g^U)][1 + k(\rho + \bar{g})]} \right\} \tag{35}$$

我们通过向前积分求出资产$\bar{V}_t$。

$$e\bar{V}_t = \int_t^\infty \delta P_s^U \bar{X}_s \frac{1}{1 + k(\rho + \bar{g})} e^{-\int_t^s i_u du} ds$$

$$= \frac{\delta P_t^U \bar{X}_t}{1 + k(\rho + \bar{g})} \int_t^\infty \frac{\beta + e^{(g^U - \bar{g})s}}{\beta + e^{(g^U - \bar{g})t}} e^{-[\frac{\theta\delta}{1 + k(\rho + \bar{g})}](s-t) - (g^U - \bar{g})\{1 - \frac{\theta\delta k}{[1 + k(\rho + g^U)][1 + k(\rho + \bar{g})]}\}(s-t)} ds \tag{36}$$

同样，我们通过向前积分求出资产 V_t^U。

$$V_t^U = \int_t^\infty \delta P_s^U X_s^U \frac{1}{1 + k(\rho + g^U)} e^{-\int_t^s i_u du} ds$$

$$= \frac{\delta P_t^U X_t^U}{1 + k(\rho + g^U)} \int_t^\infty \frac{\beta + e^{(g^U - \bar{g})s}}{\beta + e^{(g^U - \bar{g})t}} e^{[g^U - \bar{g} - \frac{\theta\delta}{1 + k(\rho + \bar{g})}](s-t) - (g^U - \bar{g})\{1 - \frac{\theta\delta k}{[1 + k(\rho + g^U)][1 + k(\rho + \bar{g})]}\}(s-t)} ds \tag{37}$$

我们通过向后积分求出$\bar{W}_t$ 和 W_t^U。

$$e\overline{W}_t = \overline{W}_0 e^{\int_0^t (i_s-\theta)ds} + \int_0^t \left[\frac{(1-\delta)+k(\rho+\bar{g})}{1+k(\rho+\bar{g})}\right] P^u_s \bar{x}_s e^{\int_s^t (i_u-\theta)du} ds$$

$$= \overline{W}_0 e^{\{1-\frac{\theta\delta k}{[1+k(\rho+g^U)][1+k(\rho+\bar{g})]}\}\ln[\frac{\beta+e^{(g^U-\bar{g})t}}{1+\beta}]} e^{[\rho+\bar{g}+\frac{\theta\delta}{1+k(\rho+\bar{g})}-\theta]t} +$$

$$P^U_t \bar{X}_t \left[\frac{(1-\delta)+k(\rho+\bar{g})}{1+k(\rho+\bar{g})}\right] \int_0^t \frac{\beta e^{-(g^U-\bar{g})t}+1}{\beta e^{-(g^U-\bar{g})s}+1} e^{[\frac{\theta\delta}{1+k(\rho+\bar{g})}-\theta](t-s)-(g^U-\bar{g})\{1-\frac{\theta\delta k}{[1+k(\rho+g^U)][1+k(\rho+\bar{g})]}\}(t-s)} ds \quad (38)$$

$$W^U_t = W^U_0 e^{\int_0^t (i_s-\theta)ds} + \int_0^t \left[\frac{(1-\delta)+k(\rho+g^U)}{1+k(\rho+g^U)}\right] P^U_s X^U_s e^{\int_s^t (i_u-\theta)du} ds$$

$$= W^U_0 e^{\{1-\frac{\theta\delta k}{[1+k(\rho+g^U)][1+k(\rho+\bar{g})]}\}\ln[\frac{\beta+e^{(g^U-\bar{g})t}}{1+\beta}]} e^{[\rho+\bar{g}+\frac{\theta\delta}{1+k(\rho+\bar{g})}-\theta]t} +$$

$$P^U_t X^U_t \left[\frac{(1-\delta)+k(\rho+g^U)}{1+k(\rho+g^U)}\right] \int_0^t \frac{\beta e^{-(g^U-\bar{g})t}+1}{\beta e^{-(g^U-\bar{g})s}+1} e^{[\frac{\theta\delta}{1+k(\rho+\bar{g})}-\theta-\frac{\theta\delta k(g^u-\bar{g})}{[1+k(\rho+g^U)][1+k(\rho+\bar{g})]}](t-s)} ds \quad (39)$$

$$\frac{e\overline{V}_t}{P^U_t \overline{X}_t} \underset{t\to\infty}{\longrightarrow} \frac{\delta}{1+k(\rho+\bar{g})} \frac{1}{(g^U-\bar{g})\{1-\frac{\theta\delta k}{[1+k(\rho+g^U)][1+k(\rho+\bar{g})]}\}+[\frac{\theta\delta}{1+k(\rho+\bar{g})}]} \quad (40)$$

令 $C_1 = \frac{\delta}{1+k(\rho+\bar{g})} \frac{1}{(g^U-\bar{g})\{1-\frac{\theta\delta k}{[1+k(\rho+g^U)][1+k(\rho+\bar{g})]}\}+[\frac{\theta\delta}{1+k(\rho+\bar{g})}]}$

所以有,

$$\frac{e\overline{V}_t}{P^U_t \overline{X}_t} \underset{t\to\infty}{\longrightarrow} C_1\delta \quad (41)$$

对式（41）两边取对数，然后求关于时间的导数，可得,

$$\frac{\dot{\overline{V}}_t}{\overline{V}_t} \underset{t\to\infty}{\longrightarrow} \rho+\bar{g} \quad (42)$$

$$\frac{e\overline{W}_t}{e^{[\rho+g^U+\frac{\theta\delta}{1+k(\rho+g^U)}-\theta]t}} \underset{t\to\infty}{\longrightarrow} \overline{W}_t \frac{\beta}{1+\beta} + P^U_0 \overline{X}_t \left[\frac{(1-\delta)+k(\rho+\bar{g})}{1+k(\rho+\bar{g})}\right] \times$$

$$\int_0^{\infty}\frac{1}{\beta e^{-(g^U-\bar{g})s}+1}e^{[\frac{\theta\delta}{1+k(\rho+\bar{g})}-\theta](t-s)+(g^U-\bar{g})\{1-\frac{\theta\delta k}{[1+k(\rho+g^U)][1+k(\rho+\bar{g})]}\}(t-s)}ds \quad (43)$$

令:

$$C_2=\overline{W}_t\frac{\beta}{1+\beta}+P_0^U\overline{X}_t\left[\frac{(1-\delta)+k(\rho+\bar{g})}{1+k(\rho+\bar{g})}\right]\times$$

$$\int_0^{\infty}\frac{1}{\beta e^{-(g^U-\bar{g})s}+1}e^{[\frac{\theta\delta}{1+k(\rho+\bar{g})}-\theta](t-s)+(g^U-\bar{g})\{1-\frac{\theta\delta k}{[1+k(\rho+g^U)][1+k(\rho+\bar{g})]}\}(t-s)}ds \quad (44)$$

那么有,

$$\frac{e\overline{W}_t}{e^{[\rho+g^U+\frac{\theta\delta}{1+k(\rho+g^U)}-\theta]t}}\xrightarrow[t\to\infty]{}C_2 \quad (45)$$

对式(45)两边取对数,然后求关于时间的导数,可得,

$$\frac{e\dot{\overline{W}}_t}{e\overline{W}_t}\xrightarrow[t\to\infty]{}\rho+g^U+\frac{\theta\delta}{1+k(\rho+g^U)}-\theta \quad (46)$$

当 $g^U-\bar{g}>\theta-\frac{\theta\delta}{1+k(\rho+g^U)}$ 时,我们由式(42)与式(46)得到:

$e\dot{\overline{W}}_t-e\dot{\overline{V}}_t\xrightarrow[t\to\infty]{}e\dot{\overline{W}}_t$,以及,

$$CA_t^U=\dot{W}_t^U-\dot{V}_t^U=e\dot{\overline{V}}_t-e\dot{\overline{W}}_t\xrightarrow[t\to\infty]{}e\dot{\overline{W}}_t \quad (47)$$

我们知道 $CA_t^U=(\theta e\overline{W}_t-P_t^U\overline{X}_t)+i_te(\overline{V}_t-\overline{W}_t)$,那么分解后的两项分别为,

$$(\theta e\overline{W}_t-P_t^U\overline{X}_t)\xrightarrow[t\to\infty]{}\theta e\overline{W}_t \quad (48)$$

$$i_te(\overline{V}_t-\overline{W}_t)\xrightarrow[t\to\infty]{}-\{\rho+g^U+\theta\delta/[1+k(\rho+g^U)]\}e\overline{W}_t \quad (49)$$

所以有,

$$CA_t^U\xrightarrow[t\to\infty]{}-\{\rho+g^U+\theta\delta/[1+k(\rho+g^U)]-\theta\}e\overline{W}_t \quad (50)$$

这证明了U国存在永久性的经常账户赤字。式(49)~式(50)说明,在这种情况下,U国的经常账户赤字主要来自于利息支出,贸易盈余不足以弥补这种利息支出。

如果分析与U国产出的比值,那么有,

$$\frac{CA_t^U}{P_t^UX_t^U}\xrightarrow[t\to\infty]{}-[\rho+g^U+\frac{\theta\delta}{1+k(\rho+g^U)}-\theta]\frac{e\overline{W}_t}{P_t^UX_t^U}$$

$$\underset{t\to\infty}{\propto}\frac{e^{[\rho+g^U+\frac{\theta\delta}{1+k(\rho+g^U)}-\theta]t}}{e^{(\rho+g^U)t}}=e^{-(\theta-\frac{\theta\delta}{1+k(\rho+g^U)}]t}\underset{t\to\infty}{\to}0 \tag{51}$$

所以 U 国的经常账户赤字相对于产出 $P_t^UX_t^U$ 的经常账户赤字渐近消失。

第一种情况证毕。

第二种情况：$g^U-\bar{g}=\theta-\frac{\theta\delta}{1+k(\rho+g^U)}$。

在这种情况下，我们得到 $\bar{g}=g^U+\frac{\theta\delta}{1+k(\rho+g^U)}-\theta$，根据式（46）有，

$$e\overset{\square}{W}_t-e\overset{\square}{V}_t\underset{t\to\infty}{\to}(e\overset{\square}{W}_0-e\overset{\square}{V}_0)e^{[\rho+g^U+\frac{\theta\delta}{1+k(\rho+g^U)}-\theta]t} \tag{52}$$

$$\frac{e\overset{\square}{W}_t-e\overset{\square}{V}_t}{P_t^UX_t^U}\underset{t\to\infty}{\to}\frac{(e\overset{\square}{W}_0-e\overset{\square}{V}_0)e^{[\rho+g^U+\frac{\theta\delta}{1+k(\rho+g^U)}-\theta]t}}{P_0^UX_0^Ue^{(\rho+g^U)}} \tag{53}$$

$$\underset{t\to\infty}{\to}\frac{(e\overset{\square}{W}_0-e\overset{\square}{V}_0)}{P_0^UX_0^U}e^{-[\theta-\frac{\theta\delta}{1+k(\rho+g^U)}]t}\underset{t\to\infty}{\to}0$$

假设初始是对称分布，所以有 $W_{0^+}^U=V_{0^+}^U$，

$CA_0^U=TB_0^U=P_0^UX_0^U-\theta V_{0^+}^U=-(e\overset{\square}{W}_0-e\overset{\square}{V}_0)<0$。

根据式（52）可以得到，

$$CA_t^U=\dot{W}_t^U-\dot{V}_t^U=e\overset{\square}{V}_t-e\overset{\square}{W}_t\underset{t\to\infty}{\to}(e\overset{\square}{V}_0-e\overset{\square}{W}_0)e^{[\rho+g^U+\frac{\theta\delta}{1+k(\rho+g^U)}-\theta]t}<0 \tag{54}$$

按照类似第一种情况用到的经常账户分解方法，这种情况的赤字来自于贸易赤字和利息支出两部分。式（54）说明从绝对额的角度分析，U 国的经常账户一直保持赤字；从式（53）可以得出经常账户赤字与 U 国产出之比在逐渐缩小。

第二种情况证毕。

第三种情况：$g^U-\bar{g}<\theta-\frac{\theta\delta}{1+k(\rho+g^U)}$。

对于 t=0 的情况，仍然是基于 U 国是净借款者得到证明。下面分析 t>0 的情况。

$$\lim_{t\to\infty}i_t=\lim_{t\to\infty}\left\{(1-\varphi_t^U)\left[\rho+\bar{g}+\frac{\theta\delta}{1+k(\rho+\bar{g})}\right]+\varphi_t^U\left[\rho+g^U+\frac{\theta\delta}{1+k(\rho+g^U)}\right]\right\}=$$

$$\rho + g^U + \frac{\theta\delta}{1 + k(\rho + g^U)} = i_c^U \tag{55}$$

式（55）基于这样的事实，在极限状态下，$\varphi_t^U = 1$。

根据式（11）、式（12）得：

$$\frac{\bar{V}_t}{\bar{P}_t\bar{X}_t} \underset{t\to\infty}{\longrightarrow} \frac{\delta}{i_c^U - \rho - \bar{g}} \quad \frac{1}{1 + k(\rho + \bar{g})} \quad 和 \quad \frac{\bar{W}_t}{\bar{P}_t\bar{X}_t} \underset{t\to\infty}{\longrightarrow} \frac{1}{\rho + \bar{g} + \theta - i_c^U}$$

$\left[\frac{(1-\delta) + k(\rho + \bar{g})}{1 + k(\rho + \bar{g})}\right]$。从而有，

$$\frac{CA_t^U}{\bar{P}_t\bar{X}_t} = -\frac{\overline{CA}_t}{\bar{P}_t\bar{X}_t} = \frac{\bar{V}_t}{\bar{P}_t\bar{X}_t} - \frac{\bar{W}_t}{\bar{P}_t\bar{X}_t} \underset{t\to\infty}{\longrightarrow} -(\rho + \bar{g})\frac{i_c^U - \{\rho + \bar{g} + \theta\delta/[1 + k(\rho + \bar{g})]\}}{(\rho + \bar{g} + \theta - i_c^U)(i_c^U - \rho - \bar{g})}$$

$$\underset{t\to\infty}{\longrightarrow} -(\rho + \bar{g})\frac{i_c^U - \bar{i}_c}{(\rho + \bar{g} + \theta - i_c^U)(i_c^U - \rho - \bar{g})} < 0 \tag{56}$$

式（56）说明U国的经常账户总是保持赤字。

利用经常账户的分解方法，我们知道这种情况的赤字主要来自贸易赤字，利息有正的收益但不足以弥补贸易赤字。

$$\frac{CA_t^U}{P_t^U X_t^U} = \frac{CA_t^U}{\bar{P}_t\bar{X}_t}\frac{\bar{P}_t\bar{X}_t}{P_t^U X_t^U} \underset{t\to\infty}{\longrightarrow} -(\rho + \bar{g})\frac{i_c^U - \{\rho + \bar{g} + \theta\delta/[1 + k(\rho + \bar{g})]\}}{(\rho + \bar{g} + \theta - i_c^U)(i_c^U - \rho - \bar{g})}\frac{\bar{P}_0\bar{X}_0}{P_0^U X_0^U}$$

$$\frac{e^{(\rho+\bar{g})t}}{e^{(\rho+g^U)t}} \underset{t\to\infty}{\longrightarrow} -(\rho + \bar{g})\frac{i_c^U - \bar{i}_c}{(\rho + \bar{g} + \theta - i_c^U)(i_c^U - \rho - \bar{g})}\frac{\bar{P}_0\bar{X}_0}{P_0^U X_0^U}e^{-(g^U - \bar{g})t} \underset{t\to\infty}{\longrightarrow} 0 \tag{57}$$

式（57）说明经常账户赤字与U国产出之比在逐步缩小。

第三种情况证毕。

三种情况涵盖了全部可能性，所以当U国的经济增长率超过世界其他地区的平均经济增长率，将造成U国的经常账户赤字并长期存在赤字，但是占U国GDP的比例在逐渐减少。三种情况下产生的经常账户赤字的顺序是第一种情况最大，第二种情况次之，第三种情况最小。

命题8告诉我们，U国要保持较高的经济增长则面临着经常账户赤字。说明在现有国际货币体系下，美国不仅面临“特里芬难题[①]”，还会面临“增

① “特里芬难题”的内容是，如果美国满足美元储备需求的增长，美元对外负债会超过美国黄金储备，最终会出现美元危机，导致布雷顿森林体系崩溃；如果美元拒绝满足储备需求的增长，会陷入国际流动性短缺。

长难题[①]”。美国在这两大难题中，仍然应该选择经济增长。经济增长后，虽然美国的经常账户赤字不能消除，但与其 GDP 的比值在逐渐减小以至于消除。这样，美国就会以强大的经济做后盾来维持其国际储备货币国地位。

经济增长的冲击会导致美国资产在全球资产组合中的比例增加，经济增长冲击后动态影响（见图 2）。

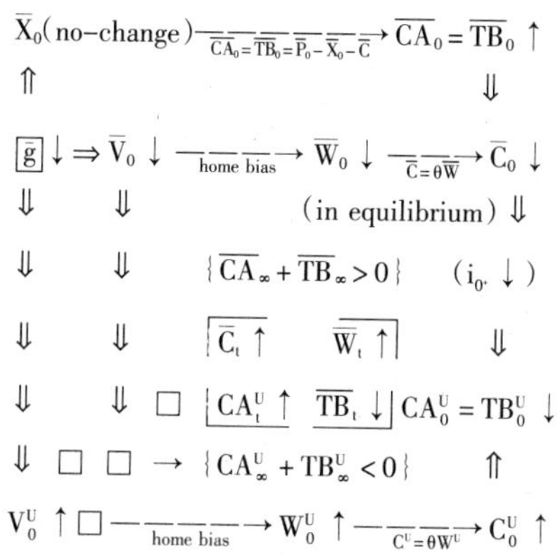

图 2　g冲击后的动态变化图

注：作者根据文章内容自己绘制。

命题 9：若美国经济增长高于世界平均水平，则导致美国资产在全球资产组合中的比例增加。

证明：我们为了方便分析，假设在初始 t = 0 时，U 国与非 U 国没有相互拥有对方的资产。根据式(15)，$CA_t^j = TB_t^j + i_t(\beta_t^{j,h}V_t^h - \beta_t^{h,j}V_t^j)$，这时 $\beta_0^{j,h} = \beta_0^{h,j} = 0$，所以 $CA_0^j = TB_0^j$。

在增长率发生冲击后，非 U 国的资产组合中拥有了 U 国资产，因此有，

$\overline{W}_t = \overline{V}_t + V_t^{NU}$，其中，$\overline{W}_t$ 为非 U 国财富，$\overline{V}_t$ 为非 U 国拥有的自己的资产，V_t^{NU} 为非 U 国拥有的 U 国资产，因此 $V_t^{NU} = \overline{W}_t - \overline{V}_t$，这是绝对量。那么相对量为，

$$\frac{V_t^{NU}}{\overline{P}_t\overline{X}_t} = \frac{\overline{W}_t}{\overline{P}_t\overline{X}_t} - \frac{\overline{V}_t}{\overline{P}_t\overline{X}_t} \tag{58}$$

① “增长难题”的内容是，美元要保持垄断性的国际储备货币地位，美国就必须有较高的经济增长率，至少高于世界经济的平均增长率，这样美国将面临持续的经常账户赤字；要保持经常账户盈余，需要美国经济增长下降，这就影响美元的国际储备货币地位。

式（58）两边乘以（ρ + ḡ）得，

$$(\rho+\bar{g})\frac{V_t^{NU}}{\bar{P}_t\bar{X}_t}=(\rho+\bar{g})\left(\frac{\bar{W}_t}{\bar{P}_t\bar{X}_t}-\frac{\bar{V}_t}{\bar{P}_t\bar{X}_t}\right) \tag{59}$$

式（59）与式（58）相结合得到，

$$(\rho+\bar{g})\frac{V_t^{NU}}{\bar{P}_t\bar{X}_t}=\frac{\overline{CA}_t}{\bar{P}_t\bar{X}_t}=-\frac{CA_t^U}{\bar{P}_t\bar{X}_t} \tag{60}$$

下面分析 $V_t^{NU}/(\bar{P}_t\bar{X}_t)$ 的长期和短期变化。

首先分析 $V_t^{NU}/(\bar{P}_t\bar{X}_t)$ 的长期变化。我们可以直接利用命题 8 证明中结论，考虑三种情况。

（1）当 $g^U-\bar{g}>\theta-\dfrac{\theta\delta}{1+k(\rho+g^U)}$ 时，根据式（51）得，

$$(\rho+\bar{g})\frac{V_t^{NU}}{\bar{P}_t\bar{X}_t}=-\frac{CA_t^U}{\bar{P}_t\bar{X}_t}\underset{t\to\infty}{\longrightarrow}\{\rho+g^U+\theta\delta/[1+k(\rho+g^U)]-\theta\}\lim_{t\to\infty}\frac{e\bar{W}_t}{\bar{P}_t\bar{X}_t}=$$

$$\{\rho+g^U+\theta\delta/[1+k(\rho+g^U)]-\theta\}C_2\frac{e\bar{W}_0}{\bar{P}_0\bar{X}_0}\lim_{t\to\infty}e^{\left[g^U-\bar{g}+\frac{\theta\delta}{1+k(\rho+g^U)}-\theta\right]t}\underset{t\to\infty}{\longrightarrow}\infty \tag{61}$$

（2）当 $g^U-\bar{g}=\theta-\dfrac{\theta\delta}{1+k(\rho+g^U)}$ 时，根据式（53）得，

$$(\rho+\bar{g})\frac{V_t^{NU}}{\bar{P}_t\bar{X}_t}=-\frac{CA_t^U}{\bar{P}_t\bar{X}_t}\underset{t\to\infty}{\longrightarrow}\frac{e\overset{\square}{\bar{W}}_0-e\overset{\square}{\bar{V}}_0}{\bar{P}_0\bar{X}_0}>0 \tag{62}$$

（3）当 $g^U-\bar{g}<\theta-\dfrac{\theta\delta}{1+k(\rho+g^U)}$ 时，根据式（56）得，

$$(\rho+\bar{g})\frac{V_t^{NU}}{\bar{P}_t\bar{X}_t}=-\frac{CA_t^U}{\bar{P}_t\bar{X}_t}\underset{t\to\infty}{\longrightarrow}(\rho+\bar{g})\frac{i_c^U-\bar{i}_c}{(\rho+\bar{g}+\theta-i_c^U)(i_c^U-\rho-\bar{g})}>0 \tag{63}$$

综合三种情况，式（61）~式（63）说明在长期，非 U 国已经拥有了 U 国的资产。从拥有的 U 国的资产的数量分析，第一种情况为最大（趋于无穷大），第二种情况次之，第三种情况最小。当出现第一种情况时，说明 U 国的经济增长大幅地超过世界其余国家的平均发展水平，在 U 国的“增长难题”之下，U 国大力发展金融市场，提供大量的金融资产，造成了其他国家对美国金融产品需求的无限增大，引起了 U 国经常账户赤字与世界平均产出比值渐近地趋于无穷大。从式（61）可以得到，

$$\dot{V}_t^{NU}/V_t^{NU} \to \rho + \bar{g} + \left[g^U - \bar{g} + \frac{\theta\delta}{1 + k(\rho + g^U)} - \theta\right] = \rho + g^U + \frac{\theta\delta}{1 + k(\rho + g^U)} - \theta >$$

$\rho + \bar{g}$说明在极限状态下，非 U 国以 $\rho + g^U + \frac{\theta\delta}{1 + k(\rho + g^U)} - \theta > \rho + \bar{g}$的速度积累 U 国资产。

当出现第二种情况时，从式（62）可以得到$\dot{V}_t^{NU}/V_t^{NU} \to \rho + \bar{g}$，即在极限状态下，非 U 国以 $\rho + \bar{g}$的速度积累 U 国资产。当出现第三种情况时，需要进一步分析。

将 $i_c^U = \rho + g^U + \frac{\theta\delta}{1 + k(\rho + g^U)}$和$\bar{i}_c = \rho + \bar{g} + \frac{\theta\delta}{1 + k(\rho + \bar{g})}$代入式（63）后得，

$$(\rho + \bar{g})\frac{V_t^{NU}}{\bar{P}_t\bar{X}_t} \underset{t\to\infty}{\longrightarrow} (\rho + \bar{g})\frac{(g^U - \bar{g}) - \frac{\theta\delta k(g^U - \bar{g})}{[1 + k(\rho + g^U)][1 + k(\rho + \bar{g})]}}{\left[\bar{g} - g^U + \theta - \frac{\theta\delta}{1 + k(\rho + g^U)}\right]\left(g^U - \bar{g} + \frac{\theta\delta}{1 + k(\rho + g^U)}\right)} >$$

0，即，

$$\frac{V_t^{NU}}{\bar{P}_t\bar{X}_t} \underset{t\to\infty}{\longrightarrow} \frac{(g^U - \bar{g}) - \frac{\theta\delta k(g^U - \bar{g})}{[1 + k(\rho + g^U)][1 + k(\rho + \bar{g})]}}{\left[\bar{g} - g^U + \theta - \frac{\theta\delta}{1 + k(\rho + g^U)}\right]\left(g^U - \bar{g} + \frac{\theta\delta}{1 + k(\rho + g^U)}\right)} > 0 \tag{64}$$

令 $C_3 = \frac{(g^U - \bar{g}) - \frac{\theta\delta k(g^U - \bar{g})}{[1 + k(\rho + g^U)][1 + k(\rho + \bar{g})]}}{\left[\bar{g} - g^U + \theta - \frac{\theta\delta}{1 + k(\rho + g^U)}\right]\left(g^U - \bar{g} + \frac{\theta\delta}{1 + k(\rho + g^U)}\right)} > 0$，所以有

$\frac{V_t^{NU}}{\bar{P}_t\bar{X}_t} \underset{t\to\infty}{\longrightarrow} C_3$，这样得到$\frac{\dot{V}_t^{NU}}{V_t^{NU}} = \rho + \bar{g}$，即在极限状态下，非 U 国以 $\rho + \bar{g}$的速度积累 U 国资产。

然后分析 $V_t^{NU}/(\bar{P}_t\bar{X}_t)$ 的短期变化。

我们分析$\bar{g}$冲击后的即时变化，由于发生冲击，非 U 国的资产组合中从无到有拥有了 U 国资产，那么可以断言，在没有摩擦的理想市场中，当冲击发生时，$\dot{V}_t^{NU}/V_t^{NU} \to \infty$。即使考虑现实摩擦，在初始阶段，非 U 国对 U 国资产的积累是非常迅速的，随着时间的推移，积累速度降低，直到最后达到 $\rho + g^U + \frac{\theta\delta}{1 + k(\rho + g^U)} - \theta$（第一种情况）或 $\rho + \bar{g}$（第二、第三种情况）。

总之，美国经济保持高于世界平均水平的经济增长率，那么美国资产在世界资产组合中的比重将不断增长。

命题9可以解释2000年前的世界经济，因为那时美国经济的增长率高于世界经济的增长率（见图3）。

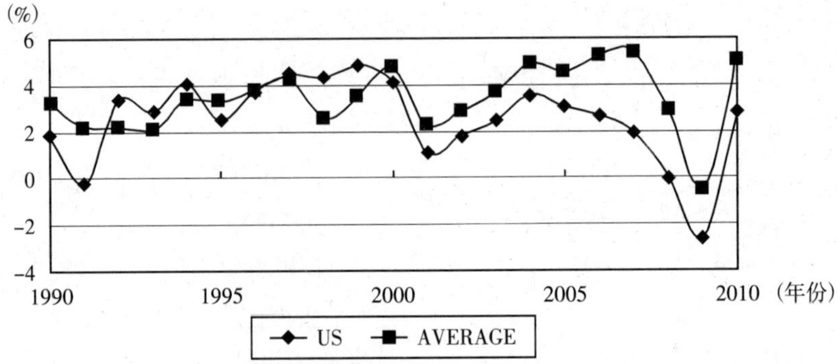

图3 美国与世界经济增长率比较

注：图中增长率是基于不变价计算的。

资料来源：根据世界银行和国际货币基金组织数据绘制。

命题10：美国快速的金融发展导致美国资产在全球资产组合中的比例增加。

证明：类似于命题9的证明，故略去。

命题10可以解释2000年后的世界经济，因为进入21世纪后美国经济的增长率低于世界经济的增长率（见图3），因此美国大力发展金融市场（见图1F）。

命题9与命题10有助于我们分析美国的经济行为。在一般均衡模型的均衡解中包括利率、流动性过剩、通货膨胀、经济增长、储蓄率、金融发展等变量，由于美国享有美元的国际储备货币地位，因此将流动性过剩作为控制世界经济的最后手段；在其余的因素中，精明的美国精心挑选了“金融工具”这一便于操作的手段掌控世界。金融市场的发展，虽然理论上需要依附于实体经济的发展，但是由于美国的特殊地位可以形成实体经济与虚拟经济的偏离，虚拟经济的发展几乎不消耗经济资源。正是这种原因，美国大力发展金融市场，以本国的虚拟资源换取别国的实体资源，从而满足自己的需求。

七、结　论

本文基于赵文生和刘树林（2014）构建的模型，在统一规范框架下分析了世界经济中相互关联的主要经济变量——利率（i）、流动性过剩（k）、通货膨胀（ρ）、经济增长（g）、消费率（θ，与储蓄率呈反向关系）、金融发展（δ）。通过世界经济冲击的单项分析，对图1中所列事实做出全面、科学和合理的解释，其逻辑关系见图4。在图4中，A部分代表流动性过剩，D部分代表全球失衡。我们对图4中关系做出如下表述：①［命题2］+｛H+［命题3］｝→A（其含义为：命题2和H部分通过命题3推出A；下同）；

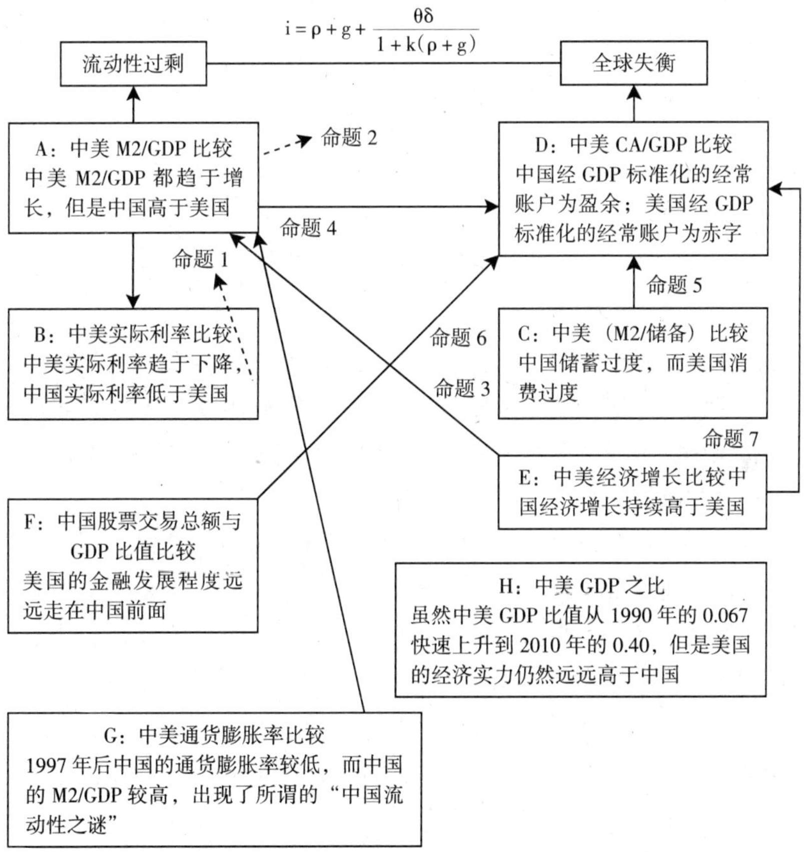

图4　八大事实的理论解释

注：作者根据文章内容自己绘制。

②{H+[命题3]}+A+[命题4]→D；③A+[命题1]→B；④ G+[命题4]→A；⑤ F+[命题6]→D；⑥ C+[命题5]→D；⑦ E+[命题7]→D。由于每一命题都进行了严格的证明，我们首次将世界经济的八大事实的共存机理给出了比较满意的解答。我们可以演绎出如下的结论：现有国际货币体系导致全球失衡，非储备货币国增加外汇储备出于预防动机，美国与其他国家在经济上存在着对偶关系，新兴市场国家的过度储蓄与全球失衡高度相关，国际货币体系对金融危机的发生有不可推卸的责任。这些结论覆盖了前文中提到的主要文献的观点，现有文献的观点分散、孤立，本文在货币稀释理论之下进行建模研究，统领主要观点，这正是本文的价值所在。从解释力来看，货币稀释理论具有强大的理论生命力。

根据本文分析，可以揭示当今世界经济的发展逻辑。美国以经济实力、科技发展和美元作为国际储备货币的地位等优势，极大地影响了世界经济的走向。根据经济学“理性人”假说，美国追求自身利益，实现效用最大化。效用的满足主要是通过消费得以实现，这一观点可以从社会再生产过程理解。社会再生产过程包括生产、分配、交换和消费四个环节。生产是起决定作用的环节，分配和交换起到桥梁和纽带作用，消费是物质资料生产过程的最终目的和动力。生产决定消费；消费对生产具有反作用，消费能拉动经济增长，促进生产的发展。生产决定分配，分配是价值的分割，分配影响生产和消费。交换是使用价值的转移，是连接生产和消费的桥梁。现在，全球经济一体化，就世界经济整体而言，社会在生产过程中的四个环节之间的关系并未发生变化。但是，在国际分工与合作中，不同国家之间的竞争优势却发生了新的变化，出现了世界经济的新常态，形成现代世界经济的发展逻辑。

为了便于研究，我们从时间和空间两个维度进行分析。时间维度分为长期和短期；空间维度分为全球总体经济（简称全球）和各国经济（简称国别）。因此有四种可能的组合，即全球长期经济、全球短期经济、国别长期经济和国别短期经济。我们先把社会再生产中具有桥梁与纽带作用的分配和交换两个环节略去，集中分析具有实质性质的生产和消费方面。从理论上讲，只有在全球长期经济条件下，才要求生产与消费方面匹配，形成均衡。而在全球短期、国别长期、国别短期经济条件下，生产与消费之间可以（在现实经济中为必然）发生偏离。由此可见，全球经济失衡几乎成为必然和常态。维持这种失衡的机制就是分工与交换。现代世界经济的分工，不单单是实体经济内部的分工，更突出的表现是实体经济与虚拟经济的分工，这样就将交换的范围扩展到时间维度。消费时期的选择所导致的短期失衡，无论从全球看，还是从国别看，都是经济发展的必然表现，是均衡消费的必然结果，对此不必忧虑。我们特别应关注的是国别长期失衡情况，这种失衡趋于稳定趋势，形成当今世界经济格局的新常态，突出表现就是代表国际储备货币国家的美国模式和代表非国际储备货币国家的中国模式。美国具有主动性，决定着当今世界经济结构布局。

美国搭上第二次工业革命的快车，第一次世界大战中大发战争横财，20世纪30年代的罗斯福新政，是美国经济迅速复苏，雄踞霸主地位的主要原因。第二次世界大战后，美国积极应用第三次科技革命成果，大力拓宽世界经济，虽然经历了20世纪70年代的经济滞胀，但是80年代经济复苏并持续增长，90年代进入经济新时代。此后的发展时期进入本文的研究范围。美国深感实体经济的重要性，努力发挥科技生产力作用。随着经济的发展，美国的经济总量虽仍居世界首位，但发展速度开始减慢，甚至低于世界平均水平。其主要原因是由于生产要素的边际产出递减所致，此外，技术的创新具有跳跃性和正外部效应。美国人不断追求效用的提高，消费呈现出“棘轮效应”。低增长的国内产出，难以弥合日益增长的消费需求，这就需要国外产品的供给。美国思考如何能够免费地获取国外产品，只好在分配与交换环节寻找突破。美国自己清楚，在分配方面，要想免费分割实体经济，必须采用具有强制力的虚拟经济，美元的国际储备货币地位，提供了这种可能。根据货币稀释理论，美元会分割全球实体经济，不仅分割本国实体经济，还无偿占有了别国的经济成果。美国还凭借美元地位，大力发展虚拟经济；而以中国为代表的新型市场经济国家，大力发展实体经济。各自发展自己的比较优势，然后进行贸易。在交换中，美国又会得到一些别国经济成果。美国在贸易中形成经常账户赤字。美国所具有的这些独特优势，成为美国过度消费的基础。美国过度消费迫使新型市场经济国家，特别是中国的过度储蓄，形成全球性失衡。

参考文献

[1] Aizenman, Joshua, Jaewoo Lee. International Reserves: Precautionary versus Mercantilist Views, Theory and Evidence [J]. Open Economies Review, 2007, 18 (2): 191-214.

[2] Aizenman, Joshua, Nancy P. Marion. The High Demand for International Reserves in the Far East: What's Going On? [J]. Journal of the Japanese and International Economies,

2003, 17 (3): 370–400.

[3] Alfaro, Laura, Sebnem Kalemli–Ozcan, Vadym Volosovych. Sovereigns, Upstream Capital Flows and Global Imbalances [R]. NBER Working Paper, 2011.

[4] Bernanke B. S. The Global Saving Glut and the US Current Account Deficit [J]. Updates Speech Given on 10 March 2005 at the Sandridge Lecture , Virginia Association of Economists, Richmond, Viginia, 2005 (1): 7–14.

[5] Blanchard, Olivier, Francesco Gavazzi, Filipa Sa. International Investors, the U.S. Current Account, and the Dollar [J]. Brookings Papers on Economic Activity, 2005 (1): 1–49.

[6] Caballero, Ricardo J., Emmanuel Farhi, Mohamad L. Hammour. Speculative Growth: Hints from the U.S. Economy [J]. American Economic Review, 2006, 96 (4): 1159–1192.

[7] Caballero, Ricardo J., Emmanuel Farhi, Pierre–Olivier Gourinchas. An Equilibrium Model of "Global Imbalances" and Low Interest Rates [J]. American Economic Review, 2008, 98 (1): 358–393.

[8] Dooley, Michael P., David Folkerts–Landau, Peter Garber. An Essay on the Revived Bretton Woods System [R]. NBER Working Paper, 2002.

[9] Dooley, Michael P., David Folkerts–Landau, Peter Garber. The US Current Account Deficit and Economic Development: Collateral for a Total Return Swap [R]. NBER Working Paper, 2004.

[10] Eichengreen, Barry. The Dollar Dilemma: The World's Top Currency Faces Competition [J]. Foreign Affairs, 2009, 8 (5): 7–14.

[11] Gourinchas, Pierre–Olivier, Olivier Jeanne. Capital Flows to Developing Countries: The Allocation Puzzle [R]. NBER Working Paper, 2007.

[12] Kroszner, Randall S. Liquidity and Monetary Policy [EB/OL]. http: //www.federal-reserve.gov, 2007.

[13] Kuijs, Louis. Investment and Saving in China [R]. World Bank Policy Research Working Paper, 2005.

[14] Macfarlane I. J. Payments Imbalance [J]. Chinese Academy of Social Sciences, 2005 (5): 3–10.

[15] Mcinnon R. I. The Order of Economic Liberalization: Financial Control in the Transition to a Market Economy [M]. The Johns Hopkins University Press, 1993.

[16] McKinnon, Ronald I. Trapped by the International Dollar Standard [J]. Journal of Policy Modeling, 2005 (27): 477–485.

[17] Mendoza, Enrique G. Vincenzo Quadrini and Jose–Victor Rios–Rull. Financial Integration, Financial Development, and Global Imbalances [J]. Journal of Political Economy,

2009，117（3）：371-416.

［18］ Mundell，Robert. Dollar Standards in the Dollar Era ［J］. Journal of Policy Modeling，2007，29（5）：676-690.

［19］ Sandri，Damiano. Growth and Capital Flows with Risky Entrepreneurship ［R］. International Monetary Fund Working Paper，2010.

［20］ 黄晓龙. 全球失衡、流动性过剩与货币危机——基于非均衡国际货币体系的分析视角［J］. 金融研究，2007（8）.

［21］ 李向阳. 国际金融危机与国际贸易、国际金融秩序的发展方向［J］. 经济研究，2009（11）.

［22］ 刘昌黎. 美元国际循环问题与中国的对策［J］. 国际贸易，2008（9）.

［23］ 伍志文. 货币供应量与物价反常规关系：理论及基于中国的经验分析——传统货币数量论面临的挑战及其修正［J］. 管理世界，2002（12）：15-26.

［24］ 余永定. 国际货币体系改革和中国外汇储备资产保值［J］. 国际经济评论，2009（5）.

［25］ 张纯威. 美元本位、美元环流与美元陷阱［J］. 国际金融研究，2006（6）.

［26］ 张明. 次贷危机对当前国际货币体系的冲击［J］. 世界经济与政治，2009（6）.

［27］ 赵文生，刘树林. 流动性过剩与全球失衡的世界经济冲击综合分析——基于货币稀释理论［J］. 财贸经济，2014（6）.

［28］ 周小川. 关于改革国际货币体系的思考［J］. 中国金融，2009（7）.

基于多层因子模型的我国核心通货膨胀估计

高华川　赵　娜
（南开大学经济学院，天津　300071）

一、引　言

经济理论认为，货币政策具有长期中性和短期非中性的特点。在长期内，价格稳定是货币政策的唯一目标，在短期内，货币政策必须兼顾价格稳定和经济增长两大目标。因此，无论是在长期还是短期，价格稳定都是货币政策的重要目标。对于各国央行来说，不论是否明确实施所谓“通货膨胀目标制”，构建一个能够体现潜在通胀压力并能够预测未来通胀走势的指标，是制定和实施货币政策的关键。目前，学术界存在标题通货膨胀（Headline Inflation）和核心通货膨胀（Core Inflation）两种度量通货膨胀的方法。其中，标题通胀度量居民生活成本的变化，包括居民消费的所有商品和服务的价格，并根据支出比例进行加权平均，以常用的消费价格指数（CPI）为代表。然而，大量理论研究表明，度量生活成本变化的CPI并不适合作为货币

［基金项目］本文得到国家自然科学基金项目“离散选择模型与受限因变量模型的前沿理论与应用研究”（编号71001054）、国家自然科学基金项目“具有Markov体制转换动态因子模型建模方法及其应用研究”（编号71271142）资助。

［作者简介］高华川，男，1983年生，河北唐山人，2013年毕业于天津财经大学统计系，获得经济学硕士学位，现为南开大学经济学院数量经济学在读博士；研究方向为计量经济理论及应用；通信地址：天津市南开区南开大学西区公寓；联系电话：15202296783。赵娜，女，1980年生，河南新乡人，2008年毕业于南开大学经济学院数量经济研究所，获经济学博士学位，现为南开大学经济学院数量经济研究所讲师；研究方向为计量经济学和应用统计分析。

当局制定货币政策的通胀目标。Cecchetti（1997）研究认为，各类商品的价格变动中包含暂时性和非普遍性的冲击，例如，OPEC减产导致的石油价格上涨、自然灾害和天气原因导致的食品价格上涨、不同种类商品的非同步价格调整等。由于货币政策是一种总量调节政策，不具备结构调节功能，因此这些暂时性和非普遍性的冲击应该在度量通胀时予以剔除，也就是说，货币政策应该盯住持续性和普遍性价格变化。核心通胀度量的是标题通胀的潜在趋势而不是暂时性波动，因此核心通胀更适合作为货币政策目标。

侯成琪等（2013）将核心通货膨胀的定义归纳为三种："普遍性通货膨胀"、"持续性通货膨胀"和"福利损失"定义的核心通货膨胀，并详细介绍了基于"普遍性通货膨胀"定义的核心通货膨胀的三类计算方法：基于波动性的方法、基于持续性的方法和基于动态因子模型的方法。其中，基于动态因子模型的方法能够更加充分地利用横截面和时间序列两个维度的信息，从而更具优越性。动态因子模型利用CPI分类数据，从中提取能够影响所有分类价格指数的，并能够代表普遍性通胀的潜在成分。目前，世界各国央行和研究学者大多采用这种方法计算本国的核心通胀。例如，Kapetanios（2002）构造了英国的核心通胀指数。Cristadoro等（2005）利用欧元区总体数据和各成员国数据构建了欧元区的核心通胀指标。Khan等（2013）估计了加拿大CPI的共同成分。Amstad等（2014）构建了我国的潜在通胀指标。王少平等（2009）基于中国八大类消费品篮子，利用因子扩展的误差修正模型估计了我国的核心通胀。综上所述，以往文献都采用单层因子模型将CPI分类价格数据的变动分解为两个相互正交的不可观测部分——影响所有变量的共同成分和仅影响部分变量的特质误差项，然后利用其中的共同成分来构造核心通胀指标。

然而，这种方法存在两个明显的局限性。首先，Boivin和Ng（2006）研究证明，如果模型中包括只影响部分变量的局部因子，即这些因子对某些变量的载荷为零，那么共同因子及其载荷的估计量就会失去有效性。这一问题在研究CPI分类数据时尤为明显。例如，2010年下半年以来，在农产品、食品价格和居住类价格上涨的带动下，CPI出现了较快上升。然而，CPI的这种上涨是由食品和居住类价格在我国CPI中占有较大权重造成的，并不代表影响食品价格及居住价格的冲击扩散到其他部门，从而引起价格的普遍上涨。因此，如果影响食品及居住部门的因子对其他部门的载荷基本为零，那么，依然应用以上文献中的方法会使因子及其载荷的估计失去有效性，而且还会将仅影响部门价格的局部冲击归于影响所有价格的普遍性冲击，从而导致构造的核心通胀指标不能代表价格普遍上涨的潜在压力。同时，这些仅影响某一大类价格的因子也具有研究价值，但在单层因子模型中，这些因子往往都被归于特质误差项忽略掉了。Boivin 等（2009）研究认为，应该区分价格波动的来源，并试图解释总体价格与分类价格的脉冲响应具有明显差异的原因。他们认为总体价格水平的黏性通常受宏观冲击影响，而分类价格水平的灵活性则与部门冲击有关。王少平等（2012）利用我国 CPI 分类价格数据也得出了类似的结论。鉴于上述分析，若在构造核心通胀指标的同时，还能够分析各大类价格的波动及传导情况，则无疑对政策实践具有更大的指导意义。Wang（2010）提出的多层因子模型可以较好地解决上述单层因子模型的局限性，它将影响 CPI 分类数据的冲击分为相互正交的三部分——影响所有变量的全局因子、仅影响某一部门内所有变量的局部因子和只影响单个变量的特质成分。因此，本文根据“普遍性通货膨胀”的定义，将核心通胀界定为所有商品价格变化的共同趋势，并参考 Wang（2010）的模型设定对价格变化进行分解，在度量核心通胀时剔除由部门冲击导致的价格变化，应用多层因子模型中的全局因子构建核心通胀指标，提高其估计的有效性，并指出了单层因子模型高估核心通胀波动性的原因。

二、计量经济分析框架：单层因子模型和多层因子模型

（一）单层因子模型

首先介绍 Khan 等（2013）的研究中为构建核心通胀指标所采用的单层因子模型。假定消费价格指数 π_t 可以被分解为相互正交的两部分：核心通胀 π_t^c 和非核心通胀 π_t^{nc}，即 $\pi_t = \pi_t^c + \pi_t^{nc}$。其中，$\pi_t^c$ 被看作所有商品价格波动的共同成分，表示价格普遍上涨的通胀压力；π_t^{nc} 代表 CPI 的八大类价格以及细类价格变化的特质成分，表示非普遍性的价格波动。

在单层因子模型框架下，假定组成 CPI 的各细类价格 π_{it} 的变化由两种冲击驱动：一是影响所有各细类价格变化的共同因子 C_t，二是仅影响部分细类价格的特质成分 e_{it}，即：

$\pi_{it} = \Lambda_i C_t + e_{it}$

式中，Λ_i 为 π_{it} 对共同因子 C_t 的载荷。模型允许误差项 e_{it} 存在截面相关，从而仅影响部分价格的因素都被归于特质误差项。令 $\Pi_t = (\pi_{1t}, \cdots, \pi_{Nt})'$，$\Lambda = (\Lambda_1, \cdots, \Lambda_N)'$，$e_t = (e_{1t}, \cdots, e_{Nt})'$，则单层因子模型可表示为如下向量形式：

$\Pi_t = \Lambda C_t + e_t$

本文借鉴 Khan 等（2013）采用的主成分法对单层因子模型进行估计，即载荷系数的估计 $\hat{\Lambda}_t$ 为 Π_t 的样本协方差矩阵 $\hat{\Sigma}_\Pi = T^{-1}\sum_{t=1}^{T}\Pi_t\Pi_t'$ 的最大特征值所对应的特征向量，共同因子 C_t 的主成分估计量为 $\hat{C}_t = N^{-1}\hat{\Lambda}\Pi_t$。在这种情况下，核心通胀被定义为 $\pi_t^c = \Lambda_0\hat{C}_t$，即利用 CPI 对共同因子的估计 $\hat{C}_t$ 进行回归所得的拟合值。

（二）多层因子模型

Wang（2010）提出的多层因子模型可以将价格波动的来源分解为相互正交的三个部分：影响所有价格的全局因子 G_t、仅影响第 b 大类中价格的局部因子 F_t^b，以及仅影响单个价格的特质成分 u_{it}^b。因此，对于由 CPI 各细类价格组成的面板数据 π_{it}^b，第 b 类别的双层因子模型可以表示为：

$$\pi_{it}^b = \gamma_i^b G_t + \lambda_i^b F_t^b + u_{it}^b \tag{1}$$

式中，b = 1，2，…，8，分别代表构成 CPI 的八大类别，如 1 表示食品类、2 表示烟酒及日用品类等；i = 1，2，…，n_b 表示第 b 类别中的第 i 个价格，例如，当 b = 1，i = 1 时，π_{1t}^1 表示食品类中的油脂价格。允许 u_t^b 存在弱截面相关。这里，本文假定两个层次的因子均为一维，主要是由于目前尚未有估计多层因子模型中因子个数的有效方法，而且这样做会使得因子的经济意义更加明确和易于解释，如 F_t^1 表示仅影响食品类价格的冲击，即可能是气候条件等因素。另外，这与 Khan 等（2013）的分析也是一致的。

令 $\Pi_t^b = (\pi_{1t}^b, \cdots, \pi_{n_bt}^b)'$，$u_t^b = (u_{1t}^b, \cdots, u_{n_bt}^b)'$，$\Gamma^b = (\gamma_1^b, \cdots, \gamma_{n_b}^b)'$，$\Lambda^b = (\lambda_1^b, \cdots, \lambda_{n_b}^b)'$，可以将式（1）改写为如下形式：

$\Pi_t^b = \Gamma^b G_t + \Lambda^b F_t^b + u_t^b$

另外，包含所有八大类别的因子模型可以写为如下形式：

$\Pi_t = \Lambda^* F_t^* + u_t$

即，

$$\begin{pmatrix} \Pi_t^1 \\ \Pi_t^2 \\ \vdots \\ \Pi_t^8 \end{pmatrix} = \begin{pmatrix} \Gamma^1 & \Lambda^1 & 0 & \cdots & 0 \\ \Gamma^2 & 0 & \Lambda^2 & \cdots & 0 \\ \vdots & \vdots & \vdots & \ddots & \vdots \\ \Gamma^8 & 0 & 0 & \cdots & \Lambda^8 \end{pmatrix} \begin{pmatrix} G_t \\ F_t^1 \\ F_t^2 \\ \vdots \\ F_t^8 \end{pmatrix} + \begin{pmatrix} u_t^1 \\ u_t^2 \\ \vdots \\ u_t^8 \end{pmatrix}$$

Wang（2010）研究表明，通过以下假定条件下可以将因子空间标准化：对于所有 b，①$T^{-1}\sum_{t=1}^{T} G_t G_t' = 1$，$T^{-1}\sum_{t=1}^{T} F_t^b F_t^{b'} = 1$；②$N^{-1}\Gamma^{b'}\Gamma^b$ 与 $N^{-1}\Lambda^{b'}\Lambda^b$ 为对角阵；③$T^{-1}\sum_{t=1}^{T} F_t^b G_t' = 0$。在上述假定条件满足时，多层因子模型的所有参数均是可识别的。

根据上述模型分析，本文将单层因子模型中的非核心通胀 π^{nc} 进一步分为两部分：$\pi_t^{nc} = \pi_t^b + \pi_t^u$，即消费价格指数 π_t 被分解为相互正交的三部分：核心通胀 π_t^c、各大类别价格变化 π_t^b、特质成分 π_t^u，可以表示为：

$$\pi_t = \pi_t^c + \pi_t^b + \pi_t^u$$

后文将通过方差分解证明，单层因子模型的价格分解方式（$\pi_t = \pi_t^c + \pi_t^{nc}$）将 π_t^b 的一部分误归于 π_t^c，造成高估核心通胀，将另一部分误归于 π_t^u，造成高估单个商品的异质性价格变化。

关于双层因子模型的估计方法，本文采用 Breitung 和 Eickmeier（2014）提出的序贯最小二乘方法进行估计。具体估计步骤如下：

首先，假定全局因子和局部因子的初始值分别为：$\hat{G}^{(0)} = (\hat{G}_1^{(0)}, \cdots, \hat{G}_T^{(0)})'$ 和 $\hat{F}^{b,(0)} = (\hat{F}_1^{b,(0)}, \cdots, \hat{F}_T^{b,(0)})'$。那么，相应的载荷系数可以由如下 $\sum_{b=1}^{8} n_b$ 个回归式得到：

$$\pi_{it}^b = \gamma_i^b \hat{G}_t^{(0)} + \lambda_i^b \hat{F}_t^{b,(0)} + \tilde{u}_{it}^b \tag{2}$$

将所得到的估计量记作 $\hat{\gamma}_i^{b,(0)}$ 和 $\hat{\lambda}_i^{b,(0)}$，令 $\hat{\Gamma}^{b,(0)} = (\hat{\gamma}_1^{b,(0)}, \cdots, \hat{\gamma}_{n_b}^{b,(0)})'$，$\hat{\Lambda}^{b,(0)} = (\hat{\lambda}_1^{b,(0)}, \cdots, \hat{\lambda}_{n_b}^{b,(0)})'$。将整个模型系统的载荷矩阵记为：

$$\hat{\Lambda}^{*,(0)}=\begin{pmatrix}\hat{\Gamma}^{1,(0)} & \hat{\Lambda}^{1,(0)} & 0 & \cdots & 0\\ \hat{\Gamma}^{2,(0)} & 0 & \hat{\Lambda}^{2,(0)} & \cdots & 0\\ \vdots & \vdots & \vdots & \ddots & \vdots\\ \hat{\Gamma}^{8,(0)} & 0 & 0 & \cdots & \hat{\Lambda}^{8,(0)}\end{pmatrix}$$

然后，用Π_t对全局因子和局部因子进行重新估计，得到新估计量为：

$$\hat{F}_t^{*,(1)}=\begin{pmatrix}\hat{G}_t^{(1)}\\ \hat{F}_t^{1,(1)}\\ \vdots\\ \hat{F}_t^{8,(1)}\end{pmatrix}=(\hat{\Lambda}^{*,(0)\prime}\hat{\Lambda}^{*,(0)})^{-1}\hat{\Lambda}^{*,(0)\prime}\Pi_t$$

将上述因子的新估计量$\hat{F}_t^{*,(1)}$代入式（2）中继续估计载荷系数 $\hat{\gamma}_i^{b,(1)}$与$\hat{\lambda}_i^{b,(1)}$，得到载荷矩阵$\hat{\Lambda}^{*,(1)}$。重复以上步骤，直到残差平方和$S(\hat{F}^{*,(n)},\ \hat{\Lambda}^{*,(n)})$收敛达到最小值。其中残差平方和为：

$$S(F^*,\ \Lambda^*)=\sum_{t=1}^{T}(\Pi_t-\Lambda^*F_t^*)'(\Pi_t-\Lambda^*F_t^*)=\sum_{b=1}^{8}\sum_{i=1}^{n_b}\sum_{t=1}^{T}(\pi_{it}^b-\gamma_i^bG_t-\lambda_i^bF_t^b)^2$$

由于上述每一步所得的估计量都包含在序贯最小二乘估计量的参数空间中，因此，下一步估计不可能产生更大的残差平方和。最后，序贯最小二乘法会使残差平方和收敛到一个最小值，即：

$$S(\hat{F}^{*,(0)},\ \hat{\Lambda}^{*,(0)})\geq S(\hat{F}^{*,(1)},\ \hat{\Lambda}^{*,(1)})\geq S(\hat{F}^{*,(2)},\ \hat{\Lambda}^{*,(2)})\geq\cdots$$

Breitung 和 Eickmeier（2014）采用典型相关估计量作为初始值，而本文采用 CPI 及其八大类别价格指数作为全局因子和局部因子的初始值，这是因为：首先，序贯最小二乘方法是一种全局寻优方法，其所收敛到的最小值与初始值的选取无关，采用 CPI 及其八大类别价格指数作为初始值并不影响最终的估计结果。其次，由于 CPI 包含了所有细分价格信息，八大类别价格指数包含了八大类细分价格信息，将其作为全局因子和局部因子的初始值是合理的。再次，避免了典型相关估计量的计算，简化了估计过程。将收敛结束后的全局因子和局部因子的估计量分别记为 $\hat{G}_t^{(S)}$和 $\hat{F}_t^{b,(S)}$($b=1$，…，8)，为了施加前面的标准化假定条件，需要每一个$\hat{F}_t^{b,(S)}$（$b=1$，…，8）对$\hat{G}_t^{(S)}$进行回归，将回归残差作为与$\hat{G}_t^{(S)}$正交的新的局部因子估计量$\hat{F}_t^{b,(S*)}$($b=1$，…，8)，并将$\hat{G}_t^{(S)}$和$\hat{F}_t^{b,(S*)}$($b=1$，…，8)进行标准化（即均值为0，标准差为1）得到最终估计量$\hat{G}_t$和$\hat{F}_t$。最后，利用CPI对$\hat{G}_t$进行回归，将其拟合值作为核心通胀指标的度量。

三、数据及估计结果

（一）数据及数据处理

我国居民消费价格指数涵盖了我国城乡居民生活消费的食品、烟酒及用品、衣着、家庭设备用品及维修服务、医疗保健和个人用品、交通和通信、娱乐教育文化用品及服务、居住八大类价格指数，能够较好地反映居民的生活成本。因此本文利用CPI，八大类指标，以及各细类指标的月同比增长率估计我国的核心通胀。考虑到我国CPI分类数据大部分从2005年1月才开始公布，所以本文选取了2005年1月至2014年12月的35个分类指标。数据来源于Wind数据库，缺失数据应用AR模型进行填补。另外，本文借鉴Khan等（2013）的做法对数据进行处理。由于采用的指标为月同比增长率，已经自然消除了季节效应，因此不必再对数据进行季节调整，但根据因子模型的估计要求，需要对数据进行标准化变换，使其均值为0、方差为1。

（二）估计结果

将应用单层和双层因子模型估计得到的核心通胀指标分别记为DF1和DF2。此外，为了使估计的核心通胀与原始CPI的数据能够进行对比分析，还需要将DF1和DF2乘以CPI的标准差，并加上其样本均值。

图1给出了DF1、DF2和CPI的走势图，可见由两种因子模型所构建的核心通胀指标与CPI具有相同的变化趋势，但有着更小的波动性。进一步分析图中的价格变化趋势，可以发现CPI在2008~2009年波动最大，从2008年2月的108.7%快速下将到2009年7月的98.2%，这主要是由于金融危机对CPI造成了严重影响。而在这段时期内，DF1、DF2和CPI之间发生了最大幅度的偏离。其中，DF1与CPI大约偏离2个百分点，而DF2与CPI大

约偏离 4 个百分点。从核心通胀的两种指标上看，我国于 2008 年 10 月开始将货币政策从紧缩转为适度宽松是适时和必要的。

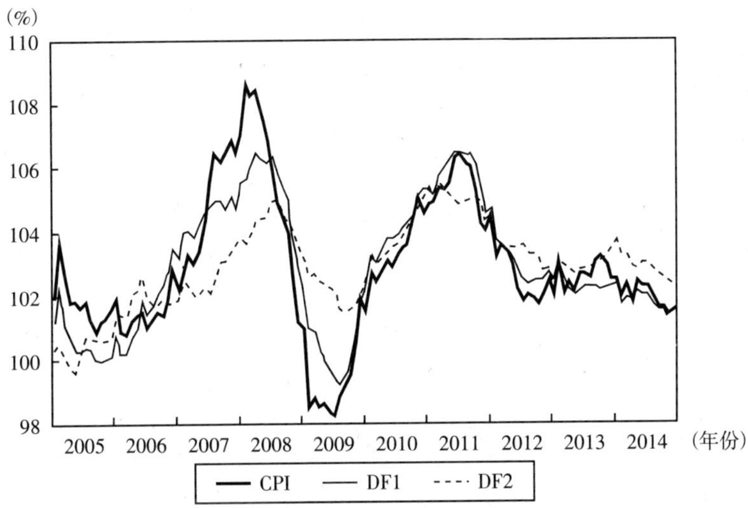

图 1　DF1、DF2 和 CPI 的走势

四、两种核心通胀指标的评价

关于如何评价核心通胀指标的问题，侯成琪等（2013）给出了详细的综述，认为一个有效的核心通胀指标应该具有以下基本特点：

一是从统计性质上看，与标题通胀相比，核心通胀应具有相同的长期均值和更小的波动性，并且两者之差是一个均值为零的平稳序列。这意味着长期看两者无差异，而且核心通胀代表了所有商品价格变化的共同趋势，从而，盯住核心通胀不仅有助于制定更加有效的货币政策，而且可以兼顾居民更关心的度量生活成本变化的标题通胀。

二是核心通胀还有助于预测未来的标题通胀。因为货币政策对价格产生影响往往存在一个较长的滞后期，所以如果核心通胀能够准确预测未来标题通胀，而核心通胀的变动就是未来标题通胀变动的信号，那么货币当局盯住核心通胀要明显优于盯住标题通胀。

三是核心通胀应当是标题通胀的格兰杰原因，但标题通胀不应当是核心通胀的格兰杰原因。另外，由于单层因子模型将 CPI 的变化分解为正交的两个部分，而双层因子模型将 CPI 的变化分解为正交的三个部分，本文应用方差分解对比分析两种模型对CPI变化分解方式的不同，并指出单层因子模型高估核心通胀波动性的原因。

（一）统计性质检验

表1列出全样本及三个子样本时期的CPI、DF1和DF2的均值和标准差[①]。由表1的结果可知：首先，在全样本时期，DF1、DF2与CPI具有相同的均值，而在三个子样本时期，三者的均值非常接近。其次，由三者的标准差可以看出：在全样本和金融危机前的时期，DF1与CPI的波动性相差不大，在金融危机后的时期，DF1的波动性比CPI还要大。相反，无论是在全样本还是在三个子样本时期，DF2的波动性均明显小于CPI与DF1。

表2为CPI、DF1、DF2、CPI与DF1之差（CD1）以及CPI与DF2之差（CD2）的单位根检验结果。由表2可知，CPI、DF1和DF2都是非平稳过程，而CD1和CD2均为零均值的平稳过程，表明从长期看，两种核心通胀指标与标题通胀是无差异的，且两者都代表了CPI变化的趋势。

表1 统计性质检验

变量	全样本（2005~2014年）		金融危机前（2005~2007年）		金融危机期间（2008~2010年）		金融危机后（2011~2014年）	
	均值	标准差	均值	标准差	均值	标准差	均值	标准差
CPI	102.93	2.23	102.68	1.88	102.85	3.20	103.17	1.48
DF1	102.93	2.00	102.17	1.84	103.25	2.36	103.25	1.69
DF2	102.93	1.34	101.58	1.03	103.38	1.07	103.60	0.95

表2 单位根检验

变量	ADF统计量	检验类型（c，t，k）	5%临界值	DW统计量	结论
CPI	−2.1687	（c，0，2）	−2.8863	2.0088	非平稳
DF1	−2.3796	（c，0，2）	−2.8863	2.1006	非平稳
DF2	−2.4239	（c，0，2）	−2.8863	2.0426	非平稳
CD1	−3.7638***	（0，0，4）	−1.9436	2.0202	平稳
CD2	−2.9925***	（0，0，3）	−1.9436	2.0603	平稳

注：检验类型中的c和t表示带有常数项和趋势项，k表示所采用的滞后阶数；***、**、*分别表示在1%、5%和10%的显著性水平上拒绝原假设。

① 考虑到金融危机的影响，本文将整个样本期分为金融危机之前（2005~2007年），金融危机期间（2008~2010年）以及金融危机之后（2011~2014年）进行分析。

综上所述，DF1 和 DF2 都能较好地捕捉到 CPI 的长期变化趋势，但基于双层因子模型估计的 DF2 能更好地剔除非普遍性价格变化的影响，具有更小的波动性，从而更能够体现出普遍性核心通胀的定义。

（二）预测能力检验

Cogley（2002）提出采用下面的回归模型来检验核心通胀对标题通胀的预测能力：

$$\pi_{t+h} - \pi_t = \alpha_h + \beta_h(\pi_t - \pi_t^c) + \varepsilon_{t+h}$$

这里，π_t 表示 t 期的标题通胀；π_t^c 表示 t 期的核心通胀；α_h 和 β_h 为模型待估系数。应当要求 $\alpha_h = 0$，这是因为 $\pi_{t+h} - \pi_t$ 与 $\pi_t - \pi_t^c$ 的均值为 0。另外，根据核心通胀的定义，还应当要求 $\beta_h < 0$。这是因为，若 $\pi_t - \pi_t^c$ 较大，即暂时性或部门冲击导致了较大幅度的价格上升，因为这种价格上升是暂时性的，所以预计未来的标题通胀会回落。具体预测结果如表 3 所示。

表 3 预测能力检验

h	DF1			DF2		
	α_h	β_h	R^2	α_h	β_h	R^2
4	−0.0378 (−0.2552)	−0.2252 (−1.4901)	0.1674	−0.0296 (0.2017)	−0.1733** (−2.1105)	0.2587
8	−0.0337 (−0.1277)	−0.9696*** (−3.9438)	0.2523	0.0229 (0.0962)	−0.6259*** (−4.7655)	0.4826
12	−0.0362 (−0.1214)	−1.9770*** (−6.7184)	0.3176	0.1499 (0.5402)	−1.2572*** (−8.3114)	0.6669

注：括号内的数值为 t 统计量；***、**、* 分别表示在 1%、5%和 10%的显著性水平上拒绝原假设。

由表 3 可知，DF1 和 DF2 均满足 $\alpha_h = 0$。在 h=4 时，DF1 的预测回归模型中的系数 β_h 不具有统计显著性，表明在 h=4 时，DF1 对 CPI 不具有预测能力。而 DF2 的系数 β_h 估计值均显著小于 0，表明 DF2 在 h 为 4、8 和 12 时都能够预测 CPI。另外，从表 3 的拟合优度看，DF2 对应的模型 R^2 均明显大于 DF1，从而进一步说明在预测未来标题通胀方面，DF2 更具有明显优势。

（三）因果关系检验

侯成琪等（2013）提出，当标题通胀与核心通胀非平稳时，标题通胀与核心通胀的因果关系检验主要包括两个方面：一是标题通胀存在误差修正机制；二是核心通胀具有弱外生性。

Engle 等（1983）基于分布理论提出了弱外生变量的定义。假定变量 x_t 和 y_t 的联合分布为 $f(x_t, y_t)$，y_t 的条件分布为 $f(y_t|\beta, x_t)$，x_t 的边缘分布为 $f(x_t|\theta)$，若，

$$f(x_t, y_t) = f(y_t|\beta, x_t) \times f(x_t|\theta) \tag{3}$$

式中，y_t 的条件分布参数 β 在 x_t 的边缘分布中不出现，而且与 x_t 的边缘分布参数 θ 没有函数关系，则称 x_t 具有弱外生性。x_t 具有弱外生性的意义在于，当分析 $y_t|x_t$ 的条件模型参数 β 时，可以认为这些参数独立于 x_t 的边缘分布参数 θ，这意味着，估计条件模型时可以忽略外生变量 x_t 的数据生成过程，且不会有信息损失。

Johansen（1995）将弱外生性应用到向量误差修正模型（VECM）。假定 $X_t = (x_t, y_t)$ 存在如下 VECM：

$$\begin{aligned}\Delta X_t &= \prod X_{t-1} + \Gamma_1 \Delta X_{t-1} + \cdots + \Gamma_{p-1}\Delta X_{t-p+1} + \varepsilon_t \\ &= \alpha\beta' X_{t-1} + \Gamma_1 \Delta X_{t-1} + \cdots + \Gamma_{p-1}\Delta X_{t-p+1} + \varepsilon_t\end{aligned} \tag{4}$$

以上 VECM 可以分解为边缘模型式（5）与条件模型式（6）如下：

$$\Delta x_t = \alpha_x \beta' X_{t-1} + \Gamma_{x1}\Delta X_{t-1} + \cdots + \Gamma_{x(p-1)}\Delta X_{t-p+1} + \varepsilon_{xt} \tag{5}$$

$$\begin{aligned}\Delta y_t = {} & \omega \Delta x_t + (\alpha_y - \omega\alpha_{1x})\beta' X_{t-1} + (\Gamma_{y1} - \omega\Gamma_{x1})\Delta X_{t-1} + \cdots + \\ & (\Gamma_{y(p-1)} - \omega\Gamma_{x(p-1)})\Delta X_{t-p+1} + \varepsilon_{yt} + \omega\varepsilon_{xt}\end{aligned} \tag{6}$$

Johansen（1995）指出，x_t 具有弱外生性要求式（5）中 $\alpha_x = 0$。

在此基础上，Marques 等（2000）提出如下两个检验式来检验标题通胀与核心通胀之间的因果关系：

$$\Delta\pi_t = \sum_{i=1}^{m} \alpha_i \Delta\pi_{t-i} + \sum_{j=1}^{n} \beta_j \Delta\pi^c_{t-j} + \gamma(\pi_{t-1} - \pi^c_{t-1}) + \xi_t \tag{7}$$

$$\Delta\pi^c_t = \sum_{i=1}^{r} \delta_i \Delta\pi_{t-i} + \sum_{j=1}^{s} \theta_j \Delta\pi^c_{t-j} + \lambda(\pi_{t-1} - \pi^c_{t-1}) + \varepsilon_t \tag{8}$$

首先，由前文的单位根检验可知，标题通胀与两种核心通胀都是非平稳变量，且两者之差为一个均值为 0 的平稳序列，根据格兰杰表示定理，π_t 与 π^c_t 中至少一个有误差修正表达式。式（7）要求存在误差修正机制的是 π_t，原因在于，如果 π^c_t 代表 π_t 的潜在趋势，那么 π^c_t 应当是 π_t 的吸引子（Attractor），即从长期来看，π_t 会收敛于 π^c_t。这要求式（7）中误差修正项

的系数 $\gamma<0$。

其次，根据前面的分析，核心通胀 π_t^c 具有弱外生性要求式（8）中 $\lambda=0$，也就是标题通胀 π_t 不是核心通胀 π_t^c 的吸引子。

将检验结果列于表 4①。由表 4 可知，DF1 和 DF2 的 $\hat{\gamma}$ 小于 0，且在 5% 的显著水平下拒绝了 $\gamma=0$ 的原假设，这表明 DF1 和 DF2 均代表了 CPI 的潜在趋势。另外，由于 DF1 和 DF2 均不能拒绝 $\lambda=0$ 的原假设，因此均具有弱外生性。

表 4 因果关系检验

变量	γ	λ
DF1	−0.1354** (−2.1227)	0.0197 (0.5076)
DF2	−0.0743** (−2.1181)	0.0114 (0.6133)

注：括号内的数值为 t 统计量；***、**、* 分别表示在 1%、5%和 10%的显著性水平上拒绝原假设。

（四）方差分解

本文进一步对单层因子模型和双层因子模型进行方差分解分析，表 5 给出了单层因子模型中的共同因子（C）和异质性部分（E1），双层因子模型中的全局因子（G）、局部因子（F）以及异质性部分（E2）解释 CPI 和各大类价格变动的比例。

表 5 两种因子模型的方差分解结果

类别	单层因子模型		双层因子模型		
	C	E1	G	F	E2
CPI	0.8097	0.1903	0.3644	0.4720	0.1636
食品	0.7560	0.2440	0.3242	0.5256	0.1502
烟酒及用品	0.4305	0.5695	0.3324	0.3218	0.3458
衣着	0.0355	0.9645	0.1412	0.8524	0.0062
家庭设备用品及维修服务	0.4411	0.5589	0.3930	0.4347	0.1723
医疗保健和个人用品	0.7308	0.2692	0.7445	0.0111	0.2445
交通和通信	0.1527	0.8473	0.1344	0.2098	0.6558
娱乐教育文化用品及服务	0.0819	0.9181	0.0393	0.0371	0.9336
居住	0.3176	0.6824	0.0364	0.8109	0.1526

① 根据 AIC 准则，选择 DF1 的 m=4，n=4，r=2，s=2，DF2 的 m=4，n=2，r=1，s=6。

首先，分析各因素对CPI变动的解释比例。从单层因子模型的方差分解结果来看，共同因子C对CPI的方差解释比例达到80.97%，表明CPI的波动主要是由普遍性冲击引起的。然而，从双层因子模型的方差分解结果来看，全局因子G对CPI的方差解释比例仅为36.44%，远小于单层因子模型中共同因子C的解释比例，而局部因子F的解释比例高达47.20%，表明CPI的大部分波动是由部门冲击引起的。另外，单层因子模型中的异质性部分E1的解释比例（19.03%）也高于双层因子模型中异质性部分E2的解释比例（16.36%）。由两种模型对CPI分解方式的区别不难看出，由于单层因子模型不能识别局部因子F，从而会将部门冲击（47.20%，即局部因子的解释比例）的大部分作用（44.53%）归于普遍性冲击，导致高估了核心通胀的波动性，将另一部分（2.67%）归于异质性冲击，又导致了对单个商品的异质性价格变化的高估。相反，由于双层因子模型能够识别局部因子F，即能够将普遍性冲击、部门冲击和异质性冲击区分开，从而由其构建的核心通胀指标能够更好地体现"普遍性通货膨胀"的定义，也更加准确。

其次，分析各因素对八大类价格变动的解释比例。除了衣着、医疗保健和个人用品之外，C的解释比例均高于G。另外，除了娱乐教育文化用品及服务，E1的解释比例均高于E2。这表明，在大类价格变化中，单层因子模型也存在高估普遍性冲击和异质性冲击的现象。原因依然在于单层因子模型不能识别局部因子F，从而将其作用误归于普遍性冲击与异质性冲击。

最后，从双层因子模型的方差分解来看，全局因子G仅在医疗保健和个人用品大类中起主要作用，解释比例为74.45%，而局部因子F在食品、衣着、家庭设备用品及维修服务、居住四大类中起主要作用，尤其是衣着和居住，解释比例高达85.24%和81.09%，表明在这些大类中，局部冲击才是价格变动的重要冲击来源。由此可见，识别局部因子F不仅能够更加准确地估计核心通胀，也对分析大类价格变化的波动原因具有重要意义。另外，在烟酒及用品、交通和通信、娱乐教育文化用品及服务大类中，异质性冲击起主要作用。

综上所述，单层因子模型由于其对价格分解方式的局限性，无法识别仅影响大类价格的局部因子，从而将局部因子的一部分作用归于全局因子，导致高估核心通胀的波动性，另一部分归于特质误差项，同样高估了异质性因素的影响。而双层因子模型可以将影响大类价格变化的局部因子识别出来，根据实证分析结果，分离出局部因子后所得到的全局因子，代表了影响所有价格变化的普遍性冲击，由其构造的核心通胀指标更符合“普遍性通货膨胀”的定义。

五、结论和建议

本文采用多层因子模型对我国的 CPI 分类价格变化进行分析，构建了一种新的核心通胀指标，并与利用单层因子模型得到的核心通胀指标进行比较。实证检验表明，由多层因子模型得到的核心通胀指标具有更小的波动性，更能表明 CPI 变化的长期稳定趋势。方差分解表明，在 CPI 及大部分的大类价格变化中，单层因子模型中共同因子的影响大于多层因子模型中全局因子的影响，原因在于单层因子模型无法识别仅影响大类价格的局部因子，从而将局部因子的一部分作用归于全局因子，造成高估核心通胀的波动性。而多层因子模型不仅可以识别局部因子，在构造核心通胀指标时剔除仅影响部分价格的部门冲击，而且还能够利用局部因子分析部门冲击对价格变化的影响。

我国货币政策正面临从数量型向价格型的转变，这一转变更加符合市场规律。综观西方各国货币政策实践，通货膨胀目标制结合公开市场操作是一个普遍的政策行为模式。我国的货币当局同样可以采取这一更加符合货币政策规律的调控方式，以控制通胀作为货币政策的主要着力点和目标。在通货膨胀的各种度量指标中，核心通货膨胀以其表现商品价格变化的长期共同趋势的特点成为政策制定者更应该重视的通胀指标。本文指出并验证了多层因子模型是一个更符合“普遍性通货膨胀”定义且更有效的方法，具有重要的政策意义。

参考文献

[1] Amstad M., Huan Y., Ma G. Developing an underlying inflation gauge for China [R]. Bank for International Settlements, Working Papers, 2014.

[2] Boivin J., Giannoni M., Mihov I. Sticky prices and monetary policy: Evidence from disaggregated U.S. data [J]. American Economic Review, 2009, 99 (1): 284-350.

[3] Boivin J., Ng S. Are more data always better for factor analysis [J]. Journal of Econometrics, 2006 (132): 169-194.

[4] Breitung J., Eickmeier S. Analyzing business and financial cycles using multi-level factor models [R]. Deutsche Bundesbank. Discussion Paper, 2014.

[5] Cecchetti S. Measuring inflation for central bankers [J]. Federal Reserve Bank of St, Louis Review, 1997, 79 (3): 143- 155.

[6] Cogley T. A simple adaptive measure of core inflation. Journal of Money[J]. Credit and Banking, 2002, 34 (1): 94-113.

[7] Cristadoro R., Forni M., Reichlin L., Veronese G. A core inflation indicator for the Euro Area [J]. Journal of Money, Credit and Banking, 2005, 37 (3): 539-560.

[8] Engle R., Hendry D. Richard J. Exogeneity [J]. Econometrica, 1983 (35): 277-204.

[9] Johansen S. Likelihood-based inference in cointegrated vector autoregressive models [M]. Oxford University Press, 1995.

[10] Kapetanios G. Modelling core inflation for the UK using a new dynamic factor estimation method and a large disaggregated price index dataset [R]. Queen Mary University of London Working Paper, 2002.

[11] Khan M., Morel L., Sabourin P. The common component of CPI: An alternative measure of underlying inflation for Canada [R]. Bank of Canada Working Paper, 2013: 35.

[12] Marques C. R., Neves P. D., Sarmento L. M. Evaluating core inflation measures [R]. Banco de Portugal Working Paper, 2000.

[13] Wang P. Large dimensional factor models with a multi-level factor structure [C]. Mimeo, Hong Kong University of Science and Technology, 2010.

[14] 侯成琪，龚六堂. 核心通货膨胀理论综述 [J]. 经济学（季刊），2013 (2).

[15] 王少平，谭本艳. 中国的核心通货膨胀率及其动态调整行为 [J]. 世界经济，2009 (11).

[16] 王少平，朱满洲. 中国通胀分类指数的波动源及其性质 [J]. 管理世界，2012 (8).

中国省际创新知识的空间溢出效应测度
——基于地理距离的视角

金 刚[1] 沈坤荣[1] 胡汉辉[2]
(1. 南京大学经济学院，江苏南京 210093；
2. 东南大学经济管理学院，江苏南京 211189)

一、问题提出

改革开放30多年来，以购买发达国家知识产权为主的技术创新模式使得中国的经济增长体现出明显的“后发优势”（Lee和Hong，2012），但一个被广泛接受的观点是，知识转移并未根本改变中国的技术创新能力。事实证明，虽然中国已于2010年超越日本成为世界第二大经济体，但时至今日，仍然没有几家中国企业能够成为各自行业的全球技术领先者，以至于出现中国游客在日本抢购电饭锅、马桶盖的咋舌场景。那么，对创新落后地区来说，除了知识转移外是否还存在其他途径实现对前沿地区的追赶，从而一定程度上削弱知识的区域锁定？由于知识的流动性不仅体现在知识转移（Transfer）上，还表现为知识的溢出（Spillovers）①，即知识的外部性

[作者简介] 金刚（1991—），男，江苏兴化人，南京大学经济学院博士生。沈坤荣（1963—），男，江苏吴江人，南京大学商学院执行院长，教授，博士生导师。胡汉辉（1956—），男，江苏南通人，东南大学经济管理学院教授，博士生导师。通信作者：金刚，邮箱：nanqiao.1@163.com；电话：15195920179；地址：江苏省南京市鼓楼区汉口路22号；数量经济学会会员。

① 知识转移（Transfer）和知识溢出（Spillovers）在一些文献中经常被混为一谈，但Fallah和Ibrahim（2004）给出了恰当的区分：知识溢出是知识无意识的传播，而知识转移是知识被有意识地交流。本文根据此观点展开讨论，认为通过技术购买等方式实现技术引进属于知识转移的范畴，本文重点讨论该范畴之外的知识溢出效应。

(Fallah 和 Ibrahim，2004)。因此，知识溢出成为缓解创新知识在地区间分布失衡的可能途径。并且，在内生经济增长理论的框架下，知识溢出是经济获得持续增长的重要原因（Romer，1994)，故本文的研究不仅可能解决中国各地区知识分布不平衡的问题，还对制定旨在促进中国经济增长的政策具有参考价值。

关于知识溢出的相关文献大致分为三类：一是关于知识溢出存在性的研究。早期对于知识溢出的存在性具有较大争议：部分学者认为研发过程仅仅局限于本地范围，期间产生的知识只会在本地循环积累而不会产生外溢现象(Kaldor，1957；Myrdal，1970)。部分学者则认为知识溢出是存在的，甚至认为知识溢出不受时间和空间影响（Solow，1956；Swan，1956)。随着20世纪90年代新经济地理理论的兴起，知识溢出的存在性逐渐得到验证(Romer，1990)。二是对知识溢出路径和方式的研究。主要观点认为商品贸易、研发人员流通、跨区域交流、合作及创业是知识溢出的重要途径（Coe 和 Helpman，1995；Almeida 和 Kogut，1999；Keller，2002)。三是对知识溢出地理局限性的刻画研究。事实上，无论通过何种路径，知识溢出均具有空间局限性的特征（Bottazzi 和 Peri，2003)，如 Jaffe 等（1993）得出专利在同一单元的互引概率大于专利跨地理单元的互引概率，这一差距甚至达到5~10倍。伴随着空间计量经济学的发展，部分研究更加深入，他们通过 GIS 技术测量了区域知识溢出的地理距离特征。如 Moreno 等（2003）分析了欧洲175个地区技术外溢的衰减距离，发现当距离超出250千米时，知识溢出不再显著。

现有文献对知识溢出的各个方面进行了较为细致的研究，但仍存在以下局限：①利用空间计量模型对中国省际知识空间溢出效应的地理局限性进行测度的研究鲜见于国内文献，即使存在少数相关的文献，也有较大的改进空间。如舒元和才国伟（2007）虽然分析了中国省际的技术扩散，但并没有对扩散的地理距离进行估计。符森（2009）虽然从距离角度研究了中国省际技术知识溢出的地理局限性，但他选择的初始空间权重阈值矩阵存在缺陷。②现有研究很少将创新知识进行区分来研究知识溢出，而是笼统地处理成一个“黑箱”，忽略了不同属性的知识溢出可能存在的不同地理局限性和集聚特征的问题。本文将知识区分为外显知识和内隐知识，研究了外显知识、内隐知识在中国省域的空间自相关性和集聚特征，在此基础上，进一步利用空间计量模型分析了中国省际外显知识、内隐知识相异的空间溢出效应及其地理边界，回答了如何通过不同属性知识的空间溢出效应一定程度上解决地区知识锁定的问题。

二、实证设计

（一）实证模型与空间权重矩阵

由于知识具有非竞争性和部分排他性的特征，因而不可避免地会产生空间溢出效应。为了对该空间溢出效应进行深入研究，本文参考于斌斌和金刚（2014）的研究方法，基于柯布—道格拉斯生产函数构建如下的空间面板计量模型：

$$\ln RD_{it} = \rho \sum_{j=1}^{n} w_{ij} \ln RD_{jt} + \alpha \ln L_{it} + \beta \ln K_{it} + \gamma X_{it} + \alpha_i + \nu_t + \varepsilon_{it}$$

$$\varepsilon_{it} = \lambda \sum_{j=1}^{n} w_{ij} \varepsilon_{jt} + \mu_{it} \tag{1}$$

式中，RD_{it} 是地区 i 在时期 t 的 R&D 知识产出，L_{it} 是地区 i 在时期 t 的 R&D 人员投入，K_{it} 是地区 i 在时期 t 的 R&D 资本投入，X 是对创新产出水平产生影响的控制变量集合。α_i 为地区效应，v_t 为时间效应，ε 为随机干扰项。ρ 和 λ 分别是空间滞后系数和空间误差系数①，反映了省域之间的知识溢出效应，该系数是本文实证研究的关键，如果该系数显著不为零，说明本地区知识产出会受到其他地区知识产出的溢出影响。w_{ij} 是空间权重矩阵 W 的元素，反映了省域之间的空间联系。W 是 NT×NT 的分块矩阵，对角线上的每一个子块都是 31×31 的方阵，非对角子块全部为 0。对各省级地区而言，创新资源往往集中在省会城市或者直辖市本身，故本文选取各省会城市或直辖市之间直线距离的倒数作为权重元素，这不仅避免了简单的二元邻接矩阵所忽视的邻近但不相邻的省域之间存在的空间关联性，还消除了交通距离、经济距离等权重元素可能内生于创新知识生产活动的问题。为便于分析，本文的空间权重矩阵均经过 Row 处理，即每行之和均为 1。此外，为了

①当 ρ = 0 时，空间计量模型被称为空间误差面板回归模型，即 SEM－PANEL 模型，当 λ = 0 时，空间计量模型被称为空间滞后面板回归模型，即 SLM-PANEL 模型。

深入分析知识溢出的地理边界，本文设定不同距离阈值 d 的空间权重矩阵分别代入式中进行回归，该空间阈值权重矩阵 w_{ij} 为：

$$w_{ij}=\begin{cases}\dfrac{1}{d_{ij}}, & d_{ij}\geqslant d\\ 0, & d_{ij}<d\end{cases} \tag{2}$$

与 Pace（1997）提出的空间权重阈值矩阵不同的是，这里设定阈值 d 的目的并不是将处于距离 d 以外的省域从空间权重中去掉，而是将距离 d 以内的省域从空间权重中剔除，这样做更适用于研究随着地理边界的不断扩大，知识溢出效应的变化情况（Halpern 和 Muraközy，2007）。

（二）样本与变量

本文选取的样本为 2002~2012 年中国 31 个省域（省、自治区及直辖市）的面板数据，鉴于数据可得性原则，并未涉及中国台湾、中国香港和中国澳门。数据来源于 2003~2013 年的《中国科技统计年鉴》和《中国统计年鉴》。本文根据各省域省会城市或直辖市的经纬度坐标计算两地之间的直线距离，其中经纬度坐标根据国家基础地理信息系统 1：400 万地形数据库获得。为了剔除物价变动、通货膨胀等因素的影响，本文以 2002 年为基期（2002 年=100），采用 GDP 指数对除 R&D 经费支出之外的所有货币型指标进行了平减，其中 R&D 经费支出利用本文构建的 R&D 价格指数（=0.55×消费价格指数+0.45×固定资产投资价格指数）进行了平减。

对创新知识产出水平的测度，现有文献还没有达成共识，本文借鉴王庆喜等（2013）采用的指标，分别利用发明专利申请数（IPA）和新产品销售收入（NPS）表征外显知识和内隐知识[①]。R&D 人员投入和资本投入分别采用 R&D 人员全时当量（LAB）、R&D 资本存量（RDK）衡量，其中采用 R&D 资本存量而非 R&D 经费支出的原因在于：R&D 产出不仅受到当期 R&D 投资的影响，还取决于以往的 R&D 投资。资本存量的计算采用永续盘存法，计算公式如下所示：

$$RDK_{it}=(1-\delta)RDK_{i(t-1)}+RDI_{i(t-1)} \tag{3}$$

---

① 外显知识是指可编码性强的知识，如专利文件等，可以用发明专利申请数来衡量，而内隐知识是指可编码性弱甚至不可编码的知识，不易用文字或语言表达与传播，比如非正式组织文化、管理模式等，这些内隐知识同样会影响创新产出，而这种影响最终会反映到新产品销售收入中，故可用新产品销售收入表征创新过程中产生的内隐知识。

式中，RDK_{it} 和 $RDK_{i(t-1)}$ 分别是省域 i 在时期 t 和时期 t-1 的 R&D 资本存量，$RDI_{i(t-1)}$ 是省域 i 在时期 t-1 的 R&D 经费支出，δ 为折旧率，根据吴延兵（2006）的估计，本文取 δ=15%。初期资本存量的计算方法如式（4）所示，下标 0 表示初值，g 为 GDI 的平均增长率：

$$RDK_0 = RDI_0/(g+\delta) \tag{4}$$

为考虑影响知识产出水平的其他因素（Zhang，2001），我们还控制了一些变量：①市场化程度（mrk）。市场化程度反映了一个地区市场在资源配置中所起作用的程度，本文采用城镇非国有单位工资总额占总职工总额的比例来衡量市场化程度。②开放程度（ope）。提升地区的开放程度可以降低地区间的市场分割和行政壁垒，从而显著促进跨地区的知识溢出，本文利用进出口总额占 GDP 的比例表示开放程度。③政府资助力度（gov）。政府资助能够有效地矫正创新市场失灵导致的激励扭曲，加强企业从事研发创新的动力。本文用区域科技经费中政府资金所占的比重衡量政府资助程度。④企业主体能力（ent）。企业既是 R&D 研发的重要投资主体，又是 R&D 研发的主要利益获得者，因此企业能否在地区创新系统中占据核心地位将直接影响该地区的知识产出。本文用区域科技经费中企业资金所占的比重表示企业主体能力。⑤产学研合作（iur）。产学研合作的推进对知识生产至少有 3 个方面的影响：一是可以通过共享信息，规避重复环节等方式提高研发效率；二是利用知识跨部门溢出效应加快研发速度；三是克服创新知识生产过程中个体理性与群体理性的矛盾。本文用高校和科研机构科技经费筹集中企业资金所占比例来表示产学研合作程度。⑥外商直接投资（fdi）。外商直接投资可以通过产业转移、技术关联实现知识外溢，促进本地知识产出增长。本文利用实际引进的外商投资额占 GDP 的比重作为衡量外商直接投资的代理变量。其中，外商投资额按照历年人民币汇率年平均值折算。此外，还引进了一些变量以解决可能存在的估计偏误问题：①基础设施（bas），本文用地区邮电业务总量占 GDP 的比重表征。②经济增长（lneco），本文采用 GDP 的对数值反映该指标的变化趋势。③人力资本（lnhum），本文用 10 万人中在校大学生数的对数值作为该指标的代理变量。

三、创新知识的空间相关性检验

（一）全局空间相关性检验

在研究中国省际知识溢出效应之前，需要检验省际知识产出是否存在统计意义上的空间相关性。判断地区之间是否存在空间相关性，大多数学者采用 Moran's I 检验（Moran，1950）。本文也通过 Moran's I 检验中国省际外显、内隐知识的空间相关性。该指数定义如下：

$$\text{Moran's I} = \frac{\sum_{i=1}^{n}\sum_{j=1}^{n} w_{ij}(Y_i - \bar{Y})(Y_j - \bar{Y})}{s^2 \sum_{i=1}^{n}\sum_{j=1}^{n} w_{ij}} \tag{5}$$

式中，$S^2 = \frac{1}{n}\sum_{i=1}^{n}(Y_i - \bar{Y})^2$，$\bar{Y} = \frac{1}{n}\sum_{i=1}^{n} Y_i$，$Y_i$ 表示省域 i 知识产出水平的观测值，n 表示省域数量，W 同上。Moran's I 的取值范围为［-1，1］。当该指数大于 0 时，表示省域知识产出存在空间正相关性；当该指数小于 0 时，表示省域知识产出存在空间负相关性；当该指数接近于 0 时，省域知识产出在空间上服从随机分布。对于 Moran's I 的计算结果，可用标准统计量 Z① 来

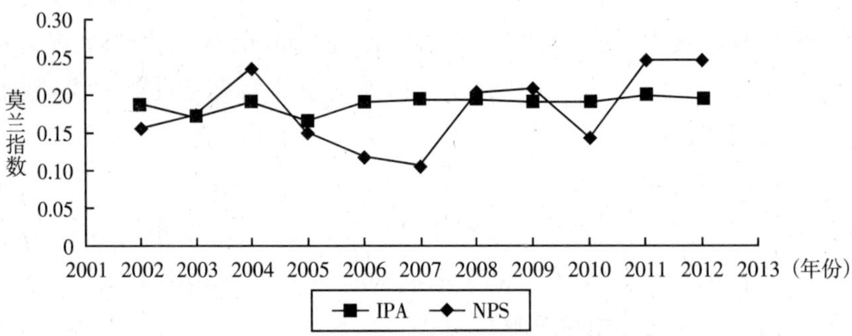

图1　中国创新知识产出 Moran's I 值（2002~2012 年）

资料来源：作者绘制。

① 若 Moran's I 正态统计量的 Z 值大于正态分布函数在 10%显著性水平下的临界值 1.65，则表示知识产出在空间分布上具有显著的正相关性。

检验其显著性水平，计算公式如下：

$$Z(\text{Moran's I})=\frac{\text{Moran's I}-E(\text{Moran's I})}{\sqrt{\text{VAR}(\text{Moran's I})}}，\text{其中 } E(\text{Moran's I})=-\frac{1}{n-1} \quad (6)$$

计算发现，2002~2012 年，中国省域外显知识和内隐知识的空间相关系数均为正，且均通过了 1%水平下的极显著性检验，说明中国省域创新知识存在稳健且明显的空间相关性，这为下一步研究中国省际知识溢出效应提供了统计意义上的逻辑支持。从图 1 中可以看出：①2002~2012 年，外显知识和内隐知识的 Moran's I 值总体上均呈现上升趋势，这表示中国省域间外显知识和内隐知识的空间关联强度正在逐渐提高。对外显知识而言，由于中国的专利文献大多是公开的且以书面文字、语言等形式呈现给公众，故外显知识空间相关性的提高可能得益于日益发达的网络技术和日渐缩短的交通距离，而不断发展的跨区域资本流通和人员接触可能间接加强了内隐知识的空间关联度。②2002~2012 年，与外显知识的 Moran's I 值基本呈现平稳态势不同的是，内隐知识的 Moran's I 值随时间推移呈现出较大幅度的波动变化，一方面说明了本文区分外显知识和内隐知识来研究知识溢出的现实性和必要性，另一方面说明了中国省域间内隐知识的空间关联性更容易受到经济波动和政策变化等外界环境的影响，内隐知识的流转依赖于个人或组织等知识主体形成的社会网络，当外界环境向不利于知识主体的方向发展时，知识主体具有垄断内隐知识的激励，如 2008 年金融危机后，原本旨在去工业化的美国开始主张制造业回流，奥巴马政府提出“再工业化”的口号一定程度上削弱了以外商直接投资等为载体的内隐知识在中国省域间的关联性。而有利于外显知识传播的网络和交通等基础设施建设具有不可逆性，因此使得外显知识的空间关联性表现平稳。并且，与外显知识传播方式不同的是，内隐知识在扩散过程中还包括知识供给者将知识外化以及知识需求者将知识内化的多个环节，因而更容易趋于波动。

由于中国部分省域疆土辽阔[①]，约 1430 千米是中国省域省会间的最小门槛距离，即在不小于该距离的情况下，才能实现每一个省会均至少有一个毗邻省会，避免成为“孤岛”，故本文采取不同于符淼（2009）和张浩然

① 对一些省域省会而言，最近的省会也相距较远。如新疆乌鲁木齐，距其最近的省会是青海省西宁市，二者相距约 1430 千米。

(2012) 的做法[①]，从1500千米开始，每隔500千米进行IPA、NPS的Moran's I及相关统计量的计算，结果如表1所示。可以看出：①在地域广袤的中国，省际外显知识和内隐知识的全域空间自相关性均与地理距离呈现负向关系。随着地理距离的增加，知识产出的全域空间自相关性表现出稳健的下降趋势，意味着在较小的带宽范围内，知识产出存在较强的空间自相关性，而当带宽范围不断增加，知识产出的空间自相关性逐渐降低，并且在2500千米至3000千米，知识产出的空间自相关性由正变负，此后随着地理距离的不断增加，知识产出的Moran's I值维持在0以下，但Z统计量显示此时并不存在统计意义上的空间自相关关系。②对比外显知识和内隐知识的Moran's I值：2002~2007年，在各带宽范围下外显知识的Moran's I值基本大于内隐知识的Moran's I值，说明2002~2007年，外显知识的全域空间相关性大于内隐知识的全域空间相关性，而2008~2012年，内隐知识的Moran's I值逐渐大于外显知识的Moran's I值，呈现出比外显知识更强的全域空间相关性。导致这种变化可能的主要原因是：一是2008年全球金融危机以后，中国更加注重自主创新能力提升，其中加强了专利知识产权保护，并于2008年颁布实施了《国家知识产权战略纲要》及第三次修改了专利法案，一定程度上增加了中国省际外显知识的流转壁垒，降低了外显知识的全域空间相关性。二是中国于2008年开始实施海外高层次人才引进计划（简称"千人计划"），各省市加强了高层次人才跨地区的交流和合作，间接地提升了内隐知识的全域空间相关性。

表1 中国创新知识Moran's I值与地理距离的关系

年份	因变量	(0~1500km]	(0~2000km]	(0~2500km]	(0~3000km]	(0~3500km]
2002	IPA	0.1656***	0.1180***	0.0429***	-0.0168**	-0.0311
	NPS	0.1253***	0.1183***	0.0387***	-0.0217**	-0.0336
2003	IPA	0.1472***	0.1116***	0.0448***	-0.0182**	-0.0317
	NPS	0.1376***	0.1227***	0.0342***	-0.0248	-0.0333
2004	IPA	0.1606***	0.0999***	0.0363***	-0.0194*	-0.0319
	NPS	0.1918***	0.1280***	0.0357***	-0.0261	-0.0344

① 符淼（2009）直接从0千米开始进行阈值回归，而张浩然（2012）以研究单元之间的最短距离为最小阈值进行回归，这两种方法都使得进行阈值回归时有部分研究单元被人为忽视，而相应的结论应用于解释全国层面的问题会产生较大偏误。

续表

年份	因变量	(0~1500km]	(0~2000km]	(0~2500km]	(0~3000km]	(0~3500km]
2005	IPA	0.1363***	0.0995***	0.0401***	-0.0205*	-0.0323
	NPS	0.1196***	0.1103***	0.0353***	-0.0225**	-0.0329
2006	IPA	0.1573***	0.1011***	0.0349***	-0.0215	-0.0326
	NPS	0.0956***	0.1046***	0.0300***	-0.0236*	-0.0345
2007	IPA	0.1584***	0.1007***	0.0343***	-0.0216	-0.0325
	NPS	0.0829***	0.0918***	0.0260***	-0.0258	-0.0341
2008	IPA	0.1567***	0.1059***	0.0325***	-0.0221	-0.0326
	NPS	0.1590***	0.1155***	0.0374***	-0.0272	-0.0359
2009	IPA	0.1490***	0.0922***	0.0285***	-0.0238	-0.0330
	NPS	0.1667***	0.1129***	0.0422***	-0.0249	-0.0354
2010	IPA	0.1470***	0.0883***	0.0277***	-0.0247	-0.0332
	NPS	0.1087***	0.0807***	0.0172***	-0.0282	-0.0349
2011	IPA	0.1538***	0.0812***	0.0252***	-0.0271	-0.0337
	NPS	0.2028***	0.1060***	0.0293***	-0.0287	-0.0365
2012	IPA	0.1525***	0.0782***	0.0267***	-0.0276	-0.0335
	NPS	0.2028***	0.1076***	0.0277***	-0.0302	-0.0368

注：*，**，*** 分别表示通过了 10%，5%，1%水平下的显著性检验。
资料来源：作者计算整理。

（二）局域空间相关性检验

前文利用 Moran's I 测度了中国全域范围知识产出的空间相关性，结果显示中国省际知识产出存在稳健且显著的全域空间相关性。由于局域的空间关联特征可能会出现与全域特征不同甚至完全相反的“非典型”情况（Anselin，1995），因此需要进一步通过局部 Moran's I 检验局部范围内相邻省域是否存在区域关联以及存在的是何种关联。局部 Moran's I 定义如下：

$$I_i = z_i \sum w_{ij} z_j \tag{7}$$

式中，$z_i = \frac{(x_i - \bar{x})}{S^2}$，$z_j = \frac{(x_j - \bar{x})}{S}$，W 同上。正的 I_i 表示一个高值被高值所包围，或者是一个低值被低值所包围，即具有相似知识产出水平的省域集聚在一起。负的 I_i 表示一个低值被高值所包围，或者一个高值被低值所包围，即具有相异知识产出水平的省域集聚在一起。

局部 Moran's I 与 Moran's I 散点图① 或 LISA 聚类图② 配合使用能够对局域空间相关的特征给出更为清晰的刻画，由于 LISA 聚类图在观察区域属性值的动态变化方面更加直观且能够区分出 Moran's I 散点图不能体现出的非显著区域，因此本文选择 LISA 聚类图对 2002~2012 年中国省域局部地区知识产出集聚水平进行研究，并绘制出相应的外显知识、内隐知识分布的 LISA 聚类图③。从图中可以发现，随着时间的推移，中国省域外显知识和内隐知识的局部集聚特征及其演化趋势基本一致：①2002~2012 年，东部沿海地区知识集聚范围不断扩大，而中西部地区知识集聚区的特征基本不变。具体而言，2002~2012 年，知识产出"高—高"聚集区从 2 个（江苏、上海）增加到 5 个（山东、江苏、安徽、浙江、上海），而"低—低"聚集区持续出现在新疆、西藏及青海三地。这为东部地区城市群经济形成和区域发展战略的泛化提供了理论支撑。如"泛长三角"区域发展政策的提出，虽然当前关于"泛长三角"的区域范围存在争议：一种认为泛长三角经济区包含上海、江苏、浙江和安徽，另一种认为应该在上海、江苏、浙江三省市的基础上，把长江中下游的安徽、江西也纳入泛长三角经济区。但无论哪一种，安徽被纳入泛长三角的区域框架已达成共识，该结论提供了应将安徽纳入泛长三角经济区的现实依据。②中国省域知识产出呈现"东—中—西"层次感明显的区域分布特征，东部沿海地区尤其是以上海为中心的长三角地区集聚了大量的创新知识，且向周边地区不断扩散。西部地区由于缺乏创新知识极的扩散影响长期处于"低—低"知识互动的创新洼地。中部地区则一直未表现出统计意义上的集聚特征。这些都说明了中国实施"中部崛起战略"和"西部大开发战略"决策的必要性与正确性。

---

① Moran's I 散点图的 4 个象限可以反映某一地区与其他地区之间的空间关联形式：第Ⅰ、第Ⅲ象限代表观测值之间存在空间正相关，第Ⅱ、第Ⅳ象限代表观测值之间存在空间负相关。

② LISA 聚类图将区域与周边地区的空间相关性划分为 5 个类型："高—高"，"低—低"，"高—低"，"低—高"及空间自相关不显著（P>0.05）。"高—高"表示研究区域为高值，其周边地区也为高值，表明研究区域为高值聚集区，具有显著的高值空间自相关性，"低—低"表示研究区域为低值，其周边区域也为低值，表明研究区域为低值聚集区，具有显著的低值空间自相关性。"高—低"，"低—高"是两类特殊的非典型区域，也被称为"热点"（Hotspot），其中，"高—低"表示研究区域为高值，其周边区域为低值，"低—高"表示研究区域为低值，其周边区域为高值。

③ 鉴于篇幅限制，本文并未给出 2002~2012 年中国省域外显、内隐知识的 LISA 聚类图，有需要的读者可向作者索取。

四、知识溢出效应的空间计量分析

（一）全国层面的省域数据分析

式（1）构建了中国省域知识溢出的 SLM-PANEL 和 SEM-PANEL 两种空间计量模型，本文按照 Anselin 等（2004）、何江和张馨之（2006）提出的简便规则[①]进行模型选择，结果显示 SLM-PANEL 模型的结果更加稳健。模型参数估计则借鉴 Lee 和 Yu（2010）的做法，采用极大似然法（ML），经 Hausman 检验，模型选择固定效应估计，这与 Baltagi（2008）的研究结果相符[②]。实证结果如表 2 所示，其中模型（1）、模型（2）、模型（3）、模型（4）分别代表无固定效应模型、地区固定效应模型、时间固定效应模型及双向固定效应模型，整个估计过程借助于 ArcGis 和 Matlab[③] 工具实现。

从回归结果、调整后的 R^2 及 LogL 统计量来看[④]，模型（1）~模型（4）均具有优良的统计性质，说明考虑空间相关性的柯布—道格拉斯知识生产函数能够较好地拟合中国各省域知识生产过程。其中，模型（2）的参数估计结果又优于模型（1）、模型（3）及模型（4），故本文主要选择模型（2）进行讨论。当因变量分别为 lnIPA 和 lnNPS 时，模型（1）~模型（4）中的空间滞后系数 ρ 均为正，且基本通过了 1%的极显著性检验，说明中国省级地区间存在明显的外显知识和内隐知识的空间溢出效应，即一个地区的外显知识和内隐知识不仅取决于本地区创新投入及相关控制变量，还受到周边地区知识溢

① Anselin 等（2004）指出，如果 LMLAG 与 LMERR 相比在统计上更加显著，R-LMLAG 显著且 R-LMERR 不显著，则可以判断空间滞后模型（SLM）更加适合，反之空间误差模型（SEM）更加适合。但该检验仅适用于截面模型，不能直接运用到面板数据模型中。何江和张馨之（2006）提出利用分块对角矩阵 $C = I_T \otimes W$（其中 I_T 为 $T \times T$ 单位矩阵）代替各统计量计算公式中的空间权重矩阵 W，可以将该检验延伸到面板数据模型的判断中。

② Baltagi（2008）认为，当样本随机取自总体时，选择随机效应模型较为恰当，当样本局限于一些特定个体时，应该选择固定效应模型。本文研究的是中国 31 个省域知识的空间溢出效应，按照 Baltagi（2008）的标准也是选择固定效应模型。

③ 估计空间面板数据模型的代码来源于从 http：//www.spatial-econometrics.com 网站上下载的 Matlab 空间统计工具箱 jplv7。

④ 在使用极大似然（ML）方法进行参数估计时，基于残差平方和的拟合优度（或者调整后的拟合优度）检验的意义不是很大，应结合自然对数似然函数值（LogL）进行检验，LogL 值越大，模型拟合效果越好。

表 2 全国层面省域数据的估计结果

因变量	lnIPA				lnNPS			
模型	（1）	（2）	（3）	（4）	（1）	（2）	（3）	（4）
lnLAB	0.0024	0.0114*	0.0475	−0.2195	0.0335***	−0.0029	0.0036	−0.0058
	[0.19]	[1.80]	[1.00]	[−0.06]	[3.75]	[−0.30]	[0.37]	[−0.69]
lnRDK	0.0781***	0.0067	0.1591	−0.4667	−0.0140*	−0.0076	0.0129	−0.0069
	[4.00]	[0.93]	[1.58]	[−0.06]	[−1.95]	[−0.73]	[1.61]	[−0.66]
mrk	0.0981**	0.0565*	0.2550	−5.3722	0.0662**	−0.0200	0.0762***	−0.0162
	[2.04]	[1.88]	[1.282]	[−0.06]	[2.50]	[−0.47]	[2.72]	[−0.43]
ope	0.0418***	0.0147*	0.0747*	−0.5432	−0.0039	0.0148	−0.0137*	0.0124
	[4.05]	[1.82]	[1.66]	[−0.06]	[−0.51]	[1.25]	[−1.65]	[1.08]
gov	0.1381*	0.0980***	0.0080	−6.7857	−0.1091***	0.1112***	−0.0090	0.0838**
	[1.94]	[3.25]	[0.04]	[−0.06]	[−2.67]	[2.93]	[−0.18]	[2.24]
ent	0.1136*	0.0952***	−0.0559	−4.7325	−0.0810**	0.1166***	0.0908*	0.1015***
	[1.69]	[3.26]	[−0.31]	[−0.06]	[−2.16]	[3.12]	[1.93]	[2.96]
iur	0.0422	0.0117	0.1803	−1.5266	0.0283	0.0124	−0.0427	0.0076
	[0.72]	[0.53]	[0.98]	[−0.06]	[0.67]	[0.37]	[−1.02]	[0.26]
fdi	0.0111*	0.0014	0.0433	0.1659	0.0189***	−0.0024	0.0110**	−0.0037
	[1.79]	[0.51]	[1.32]	[0.06]	[4.23]	[−0.57]	[2.46]	[−1.03]
bas	0.0617	−0.1018	3.0898	−21.7363	0.0614	−0.0117	0.4126**	0.3426*
	[0.52]	[−1.65]	[1.62]	[−0.06]	[0.72]	[−0.13]	[2.53]	[1.83]

续表

因变量	lnIPA				lnNPS			
模型	(1)	(2)	(3)	(4)	(1)	(2)	(3)	(4)
lneco	0.0348*** [3.20]	0.0225 [1.53]	0.1650* [1.65]	−0.5329 [−0.06]	0.0331*** [5.30]	0.0112 [0.54]	0.0298*** [4.50]	0.0077 [0.35]
lnhum	0.0163* [1.68]	0.0137** [2.30]	0.1272 [1.54]	−3.4026 [−0.06]	0.0044 [0.71]	0.0148* [1.89]	0.0178** [2.32]	0.0193 [1.52]
ρ	0.9030*** [39.69]	0.9680*** [120.64]	0.6650*** [3.08]	5.7803 [0.07]	0.9890*** [416.77]	0.9880*** [320.59]	0.9890*** [411.93]	0.9943*** [715.71]
截距	−0.9792*** [−5.08]				−0.2415 [−6.03]			
R^2	0.9993	0.9999	0.9951	0.6216	0.9998	0.9999	0.9999	1.000
$Adj-R^2$	0.9496	0.9030	0.9513	0.1483	0.7928	0.3074	0.8458	0.0792
LogL	−142.44	3.22	−108.60	22.27	−397.57	−261.50	−372.17	−255.63

注：方括号内为 t 统计量；*，**，*** 分别表示通过了 10%，5%，1%水平下的显著性检验。
资料来源：作者计算整理。

出的影响。对应于因变量 lnIPA 和 lnNPS，模型（2）的空间滞后系数 ρ 分别为 0.968 和 0.988，可见内隐知识的空间溢出效应大于外显知识的空间溢出效应，统计意义上显示存在空间滞后关系的模型（1）和模型（3）同样可以得出该结论。这与理论预期并不相符，可能的主要原因是：①前文研究结论显示中国省域间外显知识具有明显空间关联性的地理范围大于内隐知识具有明显空间关联性的地理范围，说明内隐知识溢出的地理边界要小于外显知识的地理边界，但知识溢出效应并不仅仅受到地理边界的约束，区域技术结构和层次的相似程度也会决定知识溢出效应的大小，尤其对外显知识的空间溢出效应会产生较大影响。②外显知识的空间溢出效应对区域知识产出的作用更为直接和迅速，因而其对本地创新激励的扭曲也更加严重，为了矫正激励扭曲而逐渐加强的知识产权保护制度一定程度上降低了外显知识的溢出效应，而内隐知识主要以智力资本为载体。近年来，各地逐渐消除地方行政壁垒和人才引进樊篱，加快了地方跨区域合作和人才跨区域流动的同时也提高了内隐知识的空间溢出效应。这事实上与前文通过对比 2008 年以后外显知识和内隐知识 Moran's I 值得出的结论类似。

从表 2 中可以看出，增加研发人员投入能提升本地外显知识，且通过了 10%水平下的显著性检验。具体而言，研发人员投入每提高 1%，外显知识就会增加 1.14%。研发人员投入对内隐知识具有负向作用但未通过至少 10%水平下的显著性检验，说明内隐知识的提升更加依赖地区之间创新要素、产品的流通以及研发人员、组织的交流而非本地研发人力资本的简单增加。研发资本投入对外显知识和内隐知识的估计系数均未通过至少 10%水平下的显著性检验，说明研发资本投入拉动外显知识和内隐知识增长的空间基本殆尽，仅仅通过增加研发资本量已经难以有效提升地区的外显知识和内隐知识水平。此外，控制变量的回归结果基本符合理论预期。其中，提高市场化程度和开放程度均能显著增加地区外显知识。具体而言，在市场化程度每提高 1%，地区外显知识将增加 5.65%；开放程度每提高 1%，地区外显知识将增加 1.47%。但市场化程度、开放程度与内隐知识并未呈现统计意义上的相关性，其原因可能在于：缺乏政府适当的监管和理性的调控，在市场机制下追求个体利益最大化的目标会激励个人或组织提升内隐知识的垄断程度，即使提高地区的开放程度，由于缺乏交流的驱动力，内隐知识也难以在“引进来”和“走出去”的过程中形成互动。政府资助对外显知识和内隐知识增长的影响为正，且通过了 1%水平下的显著性检验，说明中国省域政府在本地知识生产中扮演着发展型政府的角色，对知识增长更多地体现出“援助”作用。企业主体对外显知识和内隐知识均表现出极显著的正向影响。这符合现实情况，企业既是外显知识集聚的主要平台，又是内隐知识流通的重要渠道，对提升本地知识增长及促进区域知识溢出有着不可或缺的作用。产学研、外商直接投资对外显知识和内隐知识增长的影响均不显著，本文的解释是：一是受 20 世纪 50 年代模仿前苏联科技体制模式的影响，中国创新系统中的高等院校、科研机构与创新企业长期缺乏创新资源、模式的互动，局部的技术转移大多是在政府指导下开展，由于更多偏向于理论研究而缺乏对实践操作的关注，高等院校和科研机构更多的是消极理解产业发展的技术需求，而企业更多地侧重于低成本导向，在短期利润的驱使下缺乏进行研发协作的激励。二是 FDI 在中国越来越倾向于采用独资而不是合资的形式，这限制了中国本土企业从双方合作关系中获得知识溢出的能力，同时 FDI 通常并不是一家境外企业的转移，更多的是涵盖上下游配套的多家企业的整体迁移，这又限制了生产网络中知识的外溢。

（二）东部、中部、西部区域层面的省域数据分析

由于中国地域广袤，创新知识生产、发展基础及政策环境存在明显的区域差异，如表 3 所示，东部、中部地区在知识产出、研发投入、市场化、开放程度、企业主体、产学研合作、外商直接投资及基础设施等指标方面优于西部地区，且均高于全国平均水平，而西部地区的政府支持力度要高于东部、中部地区，故前文基于全国总量数据的研究结论不具有普适性，因此本文将全国 31 个省域划分成东部、中部、西部三大地区[①] 进行具体分析。

表 3　2002~2012 年中国及三大地区各指标均值

	lnIPA	lnNPS	lnLAB	lnRDK	mrk	ope	gov	ent	iur	fdi	bas	lneco	lnhum
全国	7.540	14.605	10.364	14.273	0.360	0.300	0.314	0.643	0.044	0.437	0.060	8.103	7.387
东部	8.653	16.062	11.111	15.267	0.476	0.676	0.262	0.699	0.053	0.869	0.057	8.726	7.671
中部	7.542	14.944	10.573	14.357	0.338	0.093	0.276	0.686	0.048	0.218	0.054	8.322	7.394
西部	6.426	12.872	9.445	13.210	0.262	0.093	0.396	0.553	0.032	0.183	0.069	7.300	7.098

资料来源：作者计算整理。

① 东部地区包括北京、天津、河北、辽宁、上海、江苏、浙江、福建、山东、广东以及海南 11 个省市；中部地区包括山西、内蒙古、吉林、黑龙江、安徽、江西、河南、湖北以及湖南 9 个省市；西部地区包括广西、重庆、四川、贵州、云南、陕西、甘肃、青海、宁夏、新疆以及西藏 11 个省市。

本文分别对东部、中部、西部地区的省域数据采用SLM-PANEL模型进行回归，其中地区固定效应估计结果[①]如表4所示。通过对研发人员投入和资本投入的估计系数与检验发现，东部、中部、西部三大地区存在明显差异：研发人员投入对东部、中部地区外显知识增长存在正向影响，且对中部地区的正向作用通过了1%水平下的显著性检验，而对西部地区外显知识增长呈现负向作用。此外，研发人员投入对东部地区内隐知识增长具有负向作用，且通过了1%水平下的显著性检验，对中部、西部地区内隐知识的作用方向与外显知识无异。这表明，处于东部与西部夹层的中部地区对研发人员具有巨大的需求空间：一方面，中部城市群需要匹配的研发人员更好地承接东部地区的知识溢出；另一方面，中部城市群又需要相应的研发人员实现对西部地区的知识外溢，以扩大知识产出的市场交易规模。而西部地区创新发展产生的研发人员需求与供给存在"结构性矛盾"，是导致研发人员投入弹性不显著的重要因素。此外，研发人员对东部地区内隐知识呈负向作用说明东部地区的研发人员亟须进行"高端化升级"，仅仅依靠增加研发人员的数量只会加剧研发人员之间的内部竞争，从而提高人为垄断内隐知识的倾向，这需要进一步引进高层次人才，避免恶性竞争导致的无谓损失。研发资本对东部、中部地区外显知识增长呈现显著的正向影响，而对西部地区外显知识增长影响不显著，且研发资本对中部地区的内隐知识增长产生了负向影响，并通过了1%水平下的显著性检验，对东部、西部地区内隐知识的作用方向与外显知识相同。这说明中国东部、中部及西部地区的创新资本市场亟须优化改革，对西部地区而言更是如此。当前东部沿海地区的地方政府正在积极推进支持创新的公立和民营风险资本，中部、西部地区的内陆城市虽然也存在一些支持创新创业的公立资本，但是针对小型创新企业的私人风险资本依然非常稀少，创新资本市场发展滞后往往伴随着投资人的专业程度和经验不足，以及投资人与融资人之间可能存在的破坏"契约精神"的高风险。这就不难理解为什么中部地区研发资本对外显知识和内隐知识表现出截然相反的影响了。

对控制变量的系数估计和检验显示政府资助程度、企业主体能力、产学研合作程度以及外商直接投资力度对东部、中部、西部地区的作用呈现一致

① 根据上文的简便规则，基于东部、中部、西部数据的模型中地区固定效应估计仍最优，由于篇幅有限，东部、中部、西部的无固定效应、时间固定及双向固定估计结果在这里并没有给出，有需要的读者可通过E-mail向作者索取。

性，且基本与前文的结论一样。其中，企业主体能力的估计系数基本大于政府资助程度的估计系数，进一步验证了在区域创新系统中，企业应是创新知识生产的核心，也应是提升区域间知识溢出效应最主要的媒介，而政府资助应具有辅助性作用。开放程度对东部、中部、西部知识生产基本未呈现显著作用，进一步说明中国省域落后地区技术结构、层次与前沿地区仍相差较大，知识生产需求与开放市场供给存在"脱节"，并且导致市场开放对本土创新形成明显的挤出效应。市场化程度对东部、中部及西部地区的知识产出

表 4 东部、中部、西部地区的省域数据估计结果

地区	东部		中部		西部	
因变量	lnIPA	lnNPS	lnIPA	lnNPS	lnIPA	lnNPS
lnLAB	0.1106 [0.88]	-0.4206*** [-2.78]	1.0700*** [4.76]	1.0218*** [4.15]	-0.0961 [-0.41]	-1.1123 [-1.02]
lnRDK	0.3957* [0.06]	0.5839** [2.43]	0.4767** [2.23]	-0.7902*** [-3.76]	-0.0542 [-0.22]	1.2941 [1.17]
mrk	2.0753** [2.30]	1.9272* [1.84]	1.3376** [2.23]	1.7774*** [2.84]	0.2069 [0.17]	-11.8227** [-2.13]
ope	0.1259 [1.08]	0.2076 [1.49]	1.1314 [1.54]	-0.0952 [-0.12]	0.7408 [1.33]	6.1374** [2.39]
gov	2.7152*** [3.54]	1.8303** [2.03]	0.4269 [0.73]	1.2377* [1.92]	1.5483** [2.31]	5.4370* [1.77]
ent	2.5616*** [3.49]	2.1584** [2.50]	0.5058 [0.89]	1.3155** [2.13]	1.4020** [2.10]	6.1316** [2.00]
iur	-0.4890 [-0.95]	-0.1836 [-0.30]	-0.4979 [-0.94]	0.1978 [0.35]	1.2854 [1.53]	-2.0561 [-0.53]
fdi	-0.0101 [-0.26]	-0.0712 [-1.52]	0.0658 [0.14]	-0.6674 [-1.45]	0.6804* [1.72]	0.1979 [0.11]
bas	-0.4184 [-0.28]	-2.8442 [-1.61]	-4.5836** [-2.38]	1.8995 [0.96]	-0.0691 [-0.05]	-3.0144 [-0.45]
lneco	0.5016 [1.22]	-0.2082 [-0.43]	-1.2456*** [-2.83]	1.0854** [2.31]	1.5641*** [3.58]	-0.9052 [-0.48]
lnhum	0.0800 [0.67]	0.2813* [1.96]	0.1454 [0.94]	0.7508*** [4.13]	0.3376** [2.45]	1.1982** [2.01]
ρ	0.1660 [1.63]	-0.4630*** [-2.80]	0.1380 [1.08]	0.0600 [0.48]	0.4400*** [4.40]	0.0100 [0.06]
R^2	0.9803	0.9653	0.9562	0.9211	0.8923	0.8791
Adj - R^2	0.9384	0.6699	0.9322	0.8657	0.0729	0.3239
LogL	19.85	-2.91	16.40	8.15	-9.70	-192.98

注：方括号内为 t 统计量；*，**，*** 分别表示通过了 10%，5%，1%水平下的显著性检验。
资料来源：作者计算整理。

影响差异较大：市场化程度对东部、中部地区的外显知识和内隐知识产出均表现为正向影响，且通过了至少10%的显著性检验，而对西部地区的知识产出影响不显著，这说明与东部、中部地区提升市场化程度有利于知识产出增长不同，西部地区创新市场存在严重的市场失灵现象，应保持市场化程度在一个合理的区间。因而，针对提升市场化程度的政策不能实施“一刀切”，具体而言，东部、中部地区地方政府在创新市场中需要加快职能转换，实现从“干预之手”到“支持之手”的角色调整，西部地区地方政府需要在创新市场继续加强政府的行政主导力量，积极扮演矫正市场失灵的角色。

（三）中国省域知识空间溢出效应的地理边界

为深入分析中国省际外显知识和内隐知识空间溢出效应的地理边界，本文利用前文中的SLM-PANEL模型（地区固定效应）和空间权重阈值矩阵，设定距离阈值从1500千米开始，每隔100千米进行一次回归，并将不同的距离阈值及对应的空间滞后系数记录下来，如图2所示。

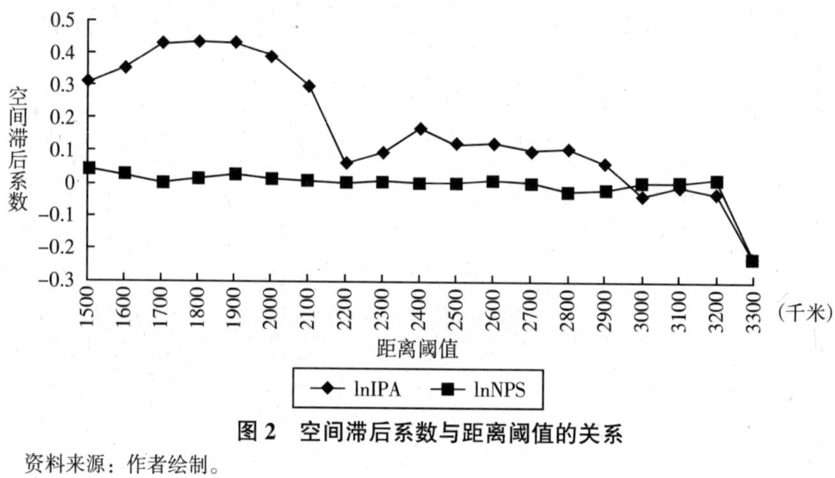

图2 空间滞后系数与距离阈值的关系

资料来源：作者绘制。

从图2可以看出：①当地理距离阈值不断增加时，中国省际外显知识和内隐知识溢出效应整体上均呈现下降趋势，符合地理距离衰减规律，说明中国省级地区外显知识和内隐知识溢出效应的地理边界均客观存在。地理边界的引入可以更好地解释知识集聚形成的动态过程：知识集聚初期产生一般是由于知识的回流效应大于扩散效应，但是当知识极出现拥挤效应时，空间溢出逐渐加强使得知识由多极分布状态往均质分布格局转变，但由于地理边界的存在，知识分布最终仍然呈现出集聚特征。②在1500~2200千米的地理阈值范围，空间滞后系数显示外显知识的空间溢出效应大于内隐知识的空间溢出效应，而到2200千米以后，二者的溢出效应趋于相近。这进一步验证了外显知识和内隐知识地理边界的客观存在性，且表明外显知识溢出的地理边界大于内隐知识的地理边界。具体而言，中国省际外显知识溢出的地理边界在2200千米左右，而内隐知识溢出的地理边界在1600千米左右。③中国省际外显知识的溢出效应在0~2200千米范围内呈现先上升后下降的“倒U形”曲线过程：峰值出现在1800千米左右，此时空间滞后系数达到0.4350且通过了1%的极显著性检验，当地理阈值超过1800千米后，空间滞后系数呈明显的下降趋势，到2200千米后就无法通过至少10%的显著性检验。本文的解释是：在0~1800千米，知识集聚效应对地区创新知识产出影响显著，相邻省域在研发人才、资本等创新生产要素方面存在激烈竞争，随着地理距离的增加，省域之间在避免恶性竞争之余还能承接知识极产生的空间溢出效应，由此，外显知识的空间溢出效应不减反增。而在1800~2100千米，空间滞后系数从0.4350降低到0.2980，均通过了1%的显著性检验，此时，地理边界对外显知识的空间溢出效应具有明显的约束。

五、结论与政策启示

虽然过去10多年中国全社会的创新投入年增长20%左右，但大量的技术购买和市场换技术的知识转移方式并未根本改变中国技术创新水平。以往关注落后地区追赶前沿地区创新水平的研究更多地关注了如何有效提高知识转移的路径、效率等问题，很少讨论无意识的知识溢出现象对平衡地区间创新水平的作用机制，且剖开知识“黑箱”对不同属性知识的空间溢出效应进行研究的文献极为缺乏。

本文通过Moran’I检验了中国省际外显知识、内隐知识在全域和局部的空间自相关性，对外显知识、内隐知识空间溢出效应的存在性进行了验证。并从地理距离视角出发，分析了中国省际外显知识、内隐知识的空间溢出效应大小及其区域边界。主要结论如下：①中国省际外显知识和内隐知识均存在明显的空间溢出效应，与外显知识的空间溢出效应相比，内隐知识更容易受到知识主体垄断心理的影响，因而其空间溢出效应受经济波动和环境变化影响明显。但随着中国专利保护制度不断加强，内隐知识的空间溢出效应可能成为未来省际间知识溢出的主要部分。②中国省际外显知识、内隐知识的空间溢出效应均受地理边界的制约。具体而言，外显知识的溢出效应局限在2200千米带宽内，而内隐知识的空间溢出效应在1600千米之外即呈现不规则波动。地理边界并非完全决定了知识空间溢出效应的大小，包括区域技术结构相似程度、知识本土锁定程度、知识专用性程度等因素都会显著影响其空间溢出效应。③与中部、西部地区存在研发人员需求与供给缺口不同的是，东部沿海省域的研发人员已经表现出对外显知识尤其是内隐知识的挤出效应。缺乏活力的研发资本难以再有效推动东部、中部、西部地区知识增长，尤其是中、西部地区的研发资本总量基础小且缺乏多层次的资本体系，知识增长依靠研发资本驱动的空间几乎殆尽。本文的研究结论有助于深入了解中国省际知识的空间溢出效应本质，从而有利于解决当前区域创新知识本土锁定的问题。根据这些研究结论，提出以下政策建议：

(1) 加快国内统一创新市场建设，保持创新市场有序竞争。本文研究结果显示，中国省域知识增长受到周边地区知识空间溢出效应的显著影响，加快解决创新市场分割难题有助于进一步凸显知识空间溢出效应对知识增长的拉动作用，建议中央统筹制定与各地实际情况相符的地区创新开放政策，将创新市场地方保护主义的削弱力度与地方官员的晋升渠道挂钩，相应的政策不仅注重创新商品市场的改革，还要加强创新生产要素市场的流通性。本文研究表明，与外显知识的空间溢出效应具有不可逆性相比，内隐知识空间溢出效应受到知识主体垄断心理的干扰，保持创新市场有序竞争可以维持知识主体处于占优均衡状态，从而削弱内隐知识空间溢出效应的逆向变化。为了保持创新市场的有序竞争，需要克服知识产权改革带来的阵痛，在全国范围建立有效的专利系统并加强知识产权的保护，严厉惩罚剽窃和其他形式的侵权行为。

(2) 推动建立全国性的研究开发网络，促进研发活动的多样化。中国省际外显知识和内隐知识的空间溢出效应随着地理阈值的不断增加均呈现下降趋势，说明地理边界对空间溢出效应的掣肘。为了削弱地理边界对空间溢出效应的制约，建议由中央政府推动建立全国性的研究开发网络，相关政策不仅包括消除地区间行政壁垒、市场分割等要义，还须形成一些以传播最新技术和推动技术进步为目的的公益性知识团体。在省级层面，建议促进研发活动的多样化，增加技术结构功能模块以提升不同区域技术结构的相似程度，建议省级政府成立公共性技术协会，为本地和外省的企业提供实验设备或创新咨询服务，以降低地区知识的本土锁定程度和专业化程度。与此同时，构建根植于省际地区的城市群创新圈，并配之以泛化的区域发展政策，从而有利于提升外显和内隐知识的空间溢出效应。

（3）改革创新研发要素的结构和层次，构建层次分明的区域创新体系。东部地区，一方面需要加强海外高层次研发人才的引进，另一方面应通过提高本地高等院校培养质量实现研发人才的“高端化升级”，中部、西部地区应积极改善在当地从事研发工作的相对吸引力和回报，以实现创新人才的回流。东部、中部及西部地区还需进行创新资本市场的优化改革，发展支持创新的多层次资本，并重点解决中小企业融资困难的问题。本文研究证明，企业对区域创新知识产出的影响大于政府产生的影响，因而要确立企业在区域创新体系中的核心地位，破除体制机制障碍，提升企业创新知识增长水平。与此同时，政府应该响应企业的知识需求，实现向服务型政府的转变。促进高等院校、科研机构以及企业三者之间的创新合作，政府应对从事基础研究的高等院校和科研机构给予充足的资金支持并且保证注资的连续性。此外，应进一步放宽对跨国公司的不合理限制，鼓励跨国企业在中国建立研究开发中心而非进行简单的加工制造转移。同时，还应该鼓励本土跨国企业积极参与全球的知识创造活动，加入全球知识生产网络。

参考文献

［1］Almeida P.，Kogut B. Localization of Knowledge and the Mobility of Engineers in Regional Networks［J］. Management Science，1999，45（7）：905-917.

［2］Anselin L. Local Indicators of Spatial Association-LISA［J］. Geographical Analysis，1995，27（2）：93-115.

［3］Anselin，Luc. Florax R.，Rey S.J. Advances in Spatial Econometrics：Methodology，Tools and Applications［M］. Berlin：Springer，2004.

［4］Baltagi B. Econometric Analysis of Panel Data［M］. Chichester：John Wiley & Sons，2008.

［5］Bottazzi L.，Peri G. Innovation and Spillovers in Regions：Evidence from European Patent Data［J］. European Economic Review，2003，47（4）：687-710.

［6］Coe D. T.，Helpman E. International R&D Spillovers［J］. European Economic Review，1995，39（5）：859-887.

［7］Fallah M. H.，Ibrahim S. Knowledge Spillover and Innovation in Technological Clusters [C] //Proceedings, IAMOT 2004 Conference, Washington, DC., 2004: 1-16.

[8] Halpern L., Muraközy B. Does Distance Matter in Spillover? [J]. Economics of Transition, 2007, 15 (4): 781-805.

[9] Jaffe A. B., Trajtenberg M., Henderson R. Geographic Localization of Knowledge Spillovers as Evidenced by Patent Citations [J]. The Quarterly Journal of Economics, 1993, 108 (3): 577-598.

[10] Kaldor N. A Model of Economic Growth [J]. The Economic Journal, 1957, 67 (12): 591-624.

[11] Keller W. Geographic Localization of International Technology Diffusion [J]. The American Economic Review, 2002, 92 (1): 120-142.

[12] Lee J. W., Hong K. Economic Growth in Asia: Determinants and Prospects [J]. Japan and the World Economy, 2012, 24 (2): 101-113.

[13] Lee L., Yu J. Estimation of Spatial Autoregressive Panel Data Models with Fixed Effects [J]. Journal of Econometrics, 2010, 154 (2): 165-185.

[14] Moran P. A. P. Notes on Continuous Stochastic Phenomena[J]. Biometrika, 1950, 37 (1-2): 17-23.

[15] Moreno R., Paci R., Usai S. Spatial Spillovers and Innovation Activity in European Regions [J]. Social Science Electronic Publishing, 2003, 37 (10): 1793-1812.

[16] Myrdal G. The Challenge of World Poverty: A World Anti-poverty Programme in Outline [M]. London, UK: Allen Lane Penguin Press, 1970.

[17] Pace R. K., Barry R. Sparse Spatial Autoregressions [J]. Statistics & Probability Letters, 1997, 33 (3): 291-297.

[18] Romer P. Endogenous Technological Change [J]. Journal of Political Economy, 1990, 98 (5): 71-102.

[19] Romer. New Goods, Old Theory and the Welfare Costs of Trade Restrictions [J]. Journal of Development Economics, 1994, 43 (1): 5-38.

[20] Solow R. M. A Contribution to the Theory of Economic Growth [J]. The Quarterly Journal of Economics, 1956, 70 (1): 65-94.

[21] Swan T. W. Economic Growth and Capital Accumulation [J]. Economic Record, 1956, 32 (2): 334-361.

[22] Zhang W. Rethinking Regional Disparity in China [J]. Economics of Planning, 2001, 34 (1-2): 113-138.

[23] 符淼. 地理距离和技术外溢效应——对技术和经济集聚现象的空间计量学解释 [J]. 经济学季刊, 2009 (4): 1549-1566.

[24] 何江，张馨之.中国区域经济增长及其收敛性：空间面板数据分析 [J]. 南方经

济，2006（5）：44-52.

［25］舒元，才国伟. 我国省际技术进步及其空间扩散分析［J］. 经济研究，2007（6）：106-118.

［26］王庆喜，王巧娜，徐维祥. 我国高技术产业省际知识溢出：基于地理和技术邻近的分析［J］. 经济地理，2013（5）：111-116.

［27］吴延兵. R&D 存量、知识函数与生产效率［J］. 经济学季刊，2006（4）：1129-1156.

［28］于斌斌，金刚. 中国城市结构调整与模式选择的空间溢出效应［J］. 中国工业经济，2014（2）：31-44.

［29］张浩然. 地理距离，集聚外部性与劳动生产率——基于城市数据的空间面板计量分析［J］. 南方经济，2012（2）：15-26.

政府消费与经济增长关系的再检验
——基于非线性STR模型

徐 斌

（江西财经大学，江西南昌 330013）

一、引 言

改革开放以来，中国经济获得了持续快速增长，GDP年均增长率达到16.04%。中国经济发展取得的巨大成就，社会主义市场经济功不可没。在社会经济发展的过程中，市场力量越来越成为主导力量，政府力量从许多领域逐步退出，资源配置率和利用率显著提高。但是，市场经济自身固有的“市场失灵”问题却是各国政府管理者不可回避的，政府对经济进行适当的干预已被各国政府认可和接受。政府消费已经成为各国政府调节市场经济、保障其健康发展的重要手段之一。但经济增长与政府消费的关系却在国内外学术界难以取得一致认识。同时，20世纪以来，世界相继经历了几次重大的经济、金融危机，其中有代表性的包括1929~1933年的世界经济危机、1973~1975年中东战争导致的世界石油危机、1987年美国的“黑色星期一”导致的经济危机、1997年爆发的东南亚金融危机、2008年的美国次贷危机

［作者简介］徐斌，男，1976年9月生，安徽省阜阳人；2011年6月毕业于厦门大学经济学院统计系，获经济学博士学位，现为江西财经大学统计学院副教授，金融统计系主任，中国数量经济学会会员；所学专业：统计学；研究方向：数量经济学和宏观经济统计分析；联系地址：江西省南昌市昌北区江西财经大学（蛟桥校区）统计学院；邮编：330013；电话：13970971258；邮箱：xubin9675@163.com。

等。在世界经济经历低谷时，各国政府不无例外都积极应用政府消费政策去刺激经济复苏及其增长。鉴于政府消费在经济恢复重建、保障市场经济健康发展中的主导作用以及其与经济增长关系的复杂性，研究二者之间复杂而微妙的变动关系具有非常重要的理论和现实意义。我们基于国内外学者的相关研究成果和当前我国政府消费发展的现状，运用可以有效揭示变量之间线性关系和非线性关系并存的非线性 STR（Smooth Transition Regression）模型研究二者之间的依从关系及其变化特征，并根据检验结果提出应对策略和建议，以供政府部门决策参考。

本文其余部分结构安排如下：第二部分是文献述评；第三部分简述本研究使用的计量模型分析框架和方法；第四部分是变量选择及其样本数据预处理；第五部分是实证分析；第六部分是实证分析结果的经济机理诠释、应对措施和建议。

二、相关研究文献综述

长期以来，国内外相关学者对政府消费与经济增长之间关系进行了广泛的研究，但其研究结论依然存在较大争议。国内外相关研究文献按其结论大体可以分为以下三种类型：

第一类认为，政府消费对促进经济增长作用明显。Millward 和 Sheard（1995）、Bouakez 和 Rebei（2007）分别对英国和加拿大的政府消费与经济增长之间关系进行分析，研究发现政府消费对于经济增长促进作用显著，尤其在国家经历经济衰退时期。Snyder 等（2001）进一步对英国居民消费与政府消费之间替代和互补效应进行了研究，结果表明，二者之间存在着竞争性关系，但政府消费仍对经济增长作用显著。孙群力和汤序红（2005）、毛中根和洪涛（2009）、贾俊雪等（2012）基于中国省际宏观数据，对政府消费的增长效应进行了实证检验，发现政府消费对区域经济增长作用显著。李景睿和岳鹊（2010）利用中国企业微观数据分析也表明，政府消费支出有利于区域经济增长。王志涛（2004）、张光南和李军（2008）对世界主要国家分析得到相似的结论。

第二类认为，政府消费支出负相关于经济增长。Abu-Bader 和 Abu-Qarn（2003）采用多变量协整模型分析近 30 年来埃及、以色列和叙利亚三国的政府消费与经济增长之间关系，结果表明两者呈负相关关系。郭月梅（2008）利用中国宏观数据检验政府消费与经济增长、贸易依存度等主要宏观经济变量之间关系，研究发现政府消费与经济增长呈现稳健的负相关关系。Roy（2009）运用联立方程模型对美国1950~1998年政府消费规模与经济增长的关系进行研究，得到政府消费对于经济增长具有负效应的结论。

第三类认为，政府消费与经济增长之间关系是复杂的。Barro（1990）对美国研究发现，经济增长率在政府消费增长初期呈增加趋势，而当政府消费规模超过一定水平后却呈下降趋势。周阳敏（2006）基于中、美两国宏观数据得出相似结论，即政府消费支出对其经济增长影响呈阶段性变化。孙群力（2010）对中国分区域研究表明，在东部经济发达地区，市场化程度高，政府不需要进行大规模政府消费支出以干预经济，政府消费规模逐步缩减，因此两者之间是负相关的；对于相对落后的中西部地区，政府需要扩大消费支出以促进当地各项事业发展，因此两者是正相关的。Safdari等（2012）利用面板VECM模型对27个亚洲国家研究表明，不同国家政府消费与经济增长关系是不同的。在发展中国家，两者之间存在着长短期的因果关系，而对于发达和新兴工业化国家，二者仅存在长期的因果关系。

综上所述，国内外相关学者对政府消费与经济增长的关系进行了广泛研究，但其结论显著不同，其主要原因是不同研究文献对于不同国家使用的计量模型不同、样本数据不同所致。另外，现有的大多数研究文献均采用线性范式计量模型研究政府消费与经济增长之间的关系，没有充分结合当代中国实际，没有考虑两者关系随政府消费规模增大而呈现的异质性变化的特点，没有考虑中国由传统的计划经济向社会主义市场经济的转型时期制度变革的时代背景，所以，其研究结论仍存在较大争议。自1970年以来，随着系统科学、分形理论、混沌理论等非线性理论模型的快速发展和不断成熟，人们意识到采用传统的线性方法和模型进行经济分析，其所得结论可能存在严重的问题。相反，通过实际分析发现，经济过程在运行中由于其复杂性，大多数表现出非线性特征。Granger（1988）曾指出，“世界几乎肯定是由非线性关系构成的”。特别地，现实生活中的许多经济现象的发展过程由于受相关国家政策、制度、机制以及国内外重大突发事件的影响都呈现出非线性发展特征，即经济现象运行过程具有一个或者多个转折点、突变点。所以，本文采用可以有效处理经济现象变动的平滑转换回归（Smooth Transition Regression，STR）模型深入分析经济增长与政府消费之间存在的非线性关系。并在具体分析基础上，进一步选用 STR 模型中的 LSTR2 模型分析二者之间的关系，细致、深入地揭示了它们之间存在的变化规律。

三、平滑转换回归模型理论介绍

（一）STR 模型的基本原理

STR 模型的基本表达形式为：

$$y_t = x_t'\phi + (x_t'\theta)G(\gamma, c; s_t) + \mu_t, \quad t=1, \cdots, T \tag{1}$$

式中，ϕ 和 θ 表示参数向量，y_t 为被解释变量，x_t' 表示解释变量向量，μ_t 表示误差项。G（γ，c；s_t）为转换函数，其取值范围为［0，1］。s_t 是转换变量（开关变量），参数 γ 决定模型转化的速度，c 为转换的位置参数。

根据转换函数 G（γ，c；s_t）的具体形式不同，Granger 和 Teräsvirta（1993）将 STR 模型大致分为两类，即 LSTR（Logistic Smooth Transition Regression）模型和 ESTR（Exponential Smooth Transition Regression）模型。

假如转换函数 G（γ，c；s_t）呈现如下表达式：

$$G(\gamma, c; s_t) = 1 - \exp(-\gamma(s_t - c)^2), \quad \gamma > 0 \tag{2}$$

则称其为 ESTR 模型。此时，转换函数 G（γ，c；s_t）是偶函数，并且关于 c 点对称，表示开关变量对目标变量的影响是左右对称的。当转换函数 G（γ，c；s_t）→0，模型的非线性部分影响逐步减少，只存在线性部分的影响效应，即当 s_t→c 时，G（γ，c；s_t）→0；当 s_t→+∞ 时，G（γ，c；s_t）→1；当 st→∞ 时，G（γ，c；s_t）→1。

假如转换函数 G（γ，c；s_t）呈现如下表达式：

$$G(\gamma, c; s_t) = [1 + \exp(-\gamma(s_t - c))]^{-1}, \quad \gamma > 0 \tag{3}$$

则称其为 LSTR 模型。其中，c 表示机制转换的门限值。G（γ，c；s_t）随着 s_t 的递增逐步从 0 单调递增到 1，并且有 G（γ，c；s_t）→0.5，即：当 s_t→c 时，G（γ，c；s_t）→0.5；当 s_t→+∞ 时，G（γ，c；s_t）→1；当 s_t→-∞ 时，G（γ，c；s_t）→0。如果 G（γ，c；s_t）满足上述基本设定，此时 STR 模型具体为 LSTR1 模型，并且其关于 c 点对称。

而若转换函数 G（γ，c；s_t）具有如下形式：

$$G(\gamma, c; s_t) = \{1 + \exp[-\gamma(s_t - c_1)(s_t - c_2)]\}^{-1},\ \gamma > 0,\ c_1 < c_2 \qquad (4)$$

则我们可以称其为LSTR2模型。此时，转换函数G（γ，c；s_t）关于（c_1+c_2）/2对称；当$s_t \to \pm\infty$时，G（γ，c；s_t）→1；针对$c_1 \leqslant s_t \leqslant c_2$，当$\gamma \to \infty$时，有G（$\gamma$，c；$s_t$）→0，而当$s_t$取其他值时，有G（$\gamma$，c；$s_t$）→1。

（二）STR模型设定的基本步骤

根据Granger和Teräsvirea（1993）提出的线性模型与非线性模型的设置方法，STR模型设定步骤为三步：

第一步，模型的线性部分（VAR模型）估计。线性VAR模型为：

$$y_t = \alpha_0 + \alpha_1 y_{t-1} + \alpha_2 y_{t-2} + \cdots + \alpha_k y_{t-k} + \beta_m x_{mt} + \xi_t,\ t = 1,\ 2,\ \cdots,\ T \qquad (5)$$

式中，k为滞后阶数，m为自变量个数。在一般情况下，模型中目标变量y_t的最大滞后阶数k同时依赖于回归变量和数据提供的信息。在扰动项满足经典假设条件下，通过AIC和SC准则选择最优的线性模型。这一步具体内容包括：①采用LM统计量对模型进行非线性检验。②非线性模型的判定。在线性假设被拒绝条件下，利用序贯检验确定转换函数是ESTR、LSTR1或LSTR2。Granger和Teräsvirta认为，以辅助回归方程为基础，设立三个原假设，并利用F检验依次检验来决定转换函数究竟是LSTR还是ESTR。具体形式设为：H_2^0：$\beta_3 = 0$；H_3^0：$\beta_2 = 0/\beta_3 = 0$；H_4^0：$b_1 = 0/b_2 = b_3 = 0$。如果拒绝H_4^0，则选择LSTR模型；如果接受H_4^0而拒绝H_3^0，则选择ESTR模型；如果接受H_4^0和H_3^0，而拒绝H_2^0，则选择LSTR模型。选择最大F值所对应的STR具体模型。

第二步，STR模型的估计。确定STR的具体模型后，我们要对其进行估计。常用的估计方法有迭代法和最优算法，其中迭代法中常用的有高斯—牛顿迭代法等。最优算法主要有网格搜索法和模拟退火法等。本文采用的是网格搜索法，其由Teräsvirta（1994）首先提出。网格搜索法是在所有可能的参数组合下构造开关函数族，并根据特定准则筛选出最优参数组合作为最终结果。当转换函数G（γ，c；s_t）中的参数r和c设定不变时，STR模型呈现参数ϕ和θ是线性的，即此时构建出一个栅格。当STR模型具体设定为LSTR2模型时，在（γ，c_1）或者（γ，c_1；c_2）的条件下对参数ϕ和θ进行估计，随后计算SSR（残差平方和），并选择使SSR达到最小时的参数估计值为初始值。对于如何选择最优组合，Teräsvirta（1994）认为应把不同样本组合值代入模型进行估计，取使得 SSR 最小的样本组合值作为最优值，并且建议为避免数据信息的过度丢失，应尽可能多取使得 SSR 相近的样本组合进行参数估计。

第三步，STR 模型的检验。主要有模型的自相关、正态性和异方差检验等。首先，在进行模型残差序列自相关检验时，因为 χ^2 检验在样本容量较小的情况下会导致严重的模型扭曲，所以我们运用 F 检验。其次，正态性检验，其检验方法主要有：Kolmogorov-Smirno（KS）检验，Jarque-Bera 检验和 Anderson-Darling 检验。再次，异方差检验，其具体检验方法包括 ARCH-LM 检验和残差平方图检验。我们研究的样本是 1952~2013 年的数据，样本容量相对较小，所以采用 F 检验对自相关进行检验。最后，运用 J-B 和 ARCH-LM 检验分别进行正态性和异方差检验。

四、变量的选择与样本数据说明

为了分析新中国成立以来（1952~2013 年）政府消费与经济增长的依存关系，首先构造变量度量政府消费规模和经济增长水平。我们选取年度 GDP 为变量反映我国经济增长水平，同时选取年度政府消费支出总额（Government Spending，GS）作为变量反映政府消费规模。为消除价格因素影响，采用 GDP 缩减指数对 GDP 进行价格平减。采用全国居民消费价格指数对政府消费支出进行价格平减，由于 1952~1984 年的全国居民消费价格指数没有统计数据，我们以全国城市居民消费价格指数替代。并且，二者均调整为 1952 年的价格水平，得到实际 GDP 和 GS 两序列。然后对 GDP 和 GS 序列进行对数化处理以消除可能存在的异方差，记为 LGDP 和 LGS。样本为 1952~2013 年的年度数据，所用数据来自于《新中国六十年统计资料汇编》、历年《中国统计年鉴》和国家统计局网站。

五、实证检验

(一) 单位根检验

一个平稳的经济变量线性组合说明经济变量之间存在长期均衡的协整关系。在协整分析之前必须进行稳健性检验，这是因为经济变量时间序列大多是非平稳的，从而在回归分析时容易造成“虚假回归”(Box 和 Jenkins, 1984)。经济变量平稳性的单位根检验主要有 Augmented Dickey-Fuller (ADF) 检验 (Dickey 和 Fuller, 1979), DFGLS (Dickey-Fuller Test with GLS) 检验 (Elliott 等, 1996), Kwiatkowski-Phillips-Schmidt-Shin (KPSS) 检验 (Kwiatkowski 等, 1992)。为了避免时间滞后序列相关性，ADF 检验采用被解释变量差分序列作为因变量，具体表达形式如下：

$$\Delta y_t = \gamma y_{t-1} + \alpha + \delta_t + \sum_{i=1}^{m} \beta_i \Delta y_{t-i} + \xi_t \quad t = 1, 2, 3, \cdots, T \tag{6}$$

式中，α 表示常数项，δ_t 表示线性趋势项，y_t 表示被检验变量，Δy_{t-i} 表示被解释变量差分序列 $(Y_{t-1} - Y_{t-2})$，ξ_t 为独立同分布的扰动项。

为克服在 ADF 检验中由于外生变量设置不合理性产生的不足，Eilliot 等对 ADF 检验进行改进，提出 DFGLE 检验 (Elliott 等, 1996)。由于 ADF 和 DFGLS 检验均是假设被检验经济变量序列包含常数项和趋势项，但实际上并不是所有经济变量都满足此种假定。在这种情况下，KPSS 检验则更为有效 (Sabuhoro 和 Larue, 1997)。虽然一些学者认为 KPSS 检验更为简单、有效，但是 ADF 和 DFGLS 检验也被大多数学者广泛采用，为谨慎起见，我们同时采用上述三种检验对本文经济变量序列进行平稳性检验，以提高检验结果的可靠性。由图 1、图 2 可以看出，水平变量 LGDP 和 LGS 是非平稳的，但其一阶差分序列 DLGDP 和 DLGS 却表现出一定的平稳性，检验具体结果如表 1 所示。

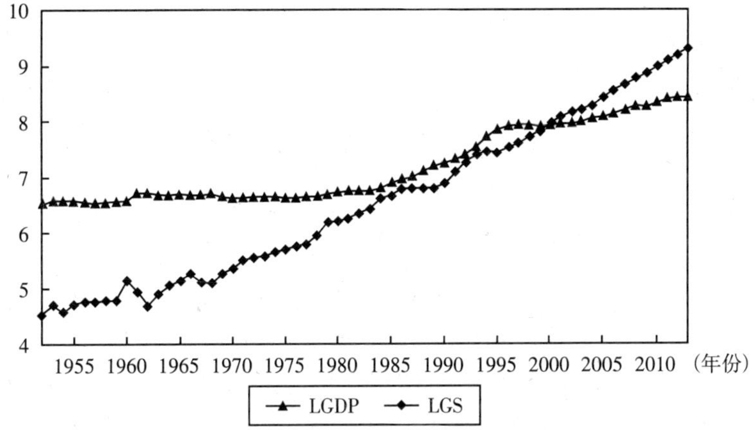

图 1 LGDP 和 LGS 序列变化趋势图

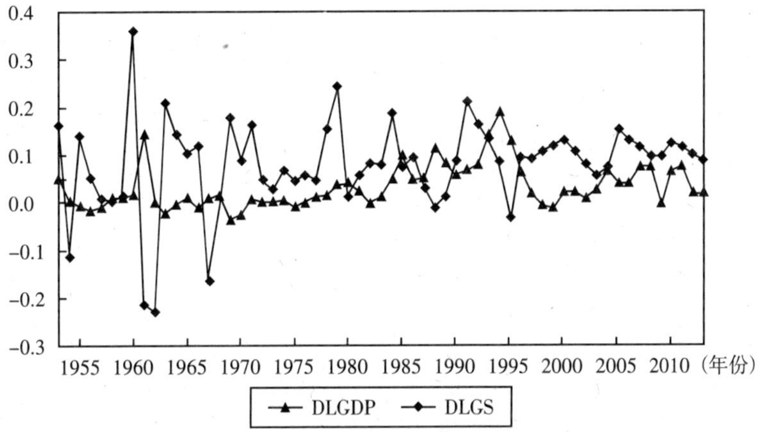

图 2 DLGDP 和 DLGS 变化趋势图

表 1 单位根检验统计表

变量	Fisher ADF		DFGLE		KPSS	
	c，0，1	c，t，1	c，0，1	c，t，1	c，0，1	c，t，1
LGDP	0.692	−1.932	0.907	−1.384	0.891	0.225
LGS	3.723	−1.972	−1.132	−0.685	0.984	0.266
DLGDP	−3.721***	−4.109**	−3.669***	−3.884***	0.407**	0.107***
DLGS	−3.325**	−7.626***	−2.083*	−2.801	0.465*	0.486

注：c 代表截距项；t 代表时间趋势项；k 表示滞后阶数。*、**、*** 分别表示在 10%、5%和 1%的显著性水平。

（二）格兰杰（Granger）检验

因为LGDP和LGS两序列均为一阶单整序列，所以本文对DLGDP和DLGS序列进行格兰杰检验。经过对不同滞后阶数两变量之间Granger检验，发现在滞后二阶到八阶的情况下，均可在显著性水平为1%条件下拒绝"DLGS不是DLGDP的Granger原因"的原假设，而接受"DLGDP不是DLGS的Granger原因"的原假设。鉴于篇幅，本文只给出两者从滞后二阶到滞后六阶的格兰杰检验结果（见表2）。此表示在线性模型假设下，二者之间仅存在单向格兰杰关系，即经济增长可以带动政府消费的增加，而政府消费的扩大则没有表现出推动经济增长的作用。这一结论与目前一些相关学者研究结论差异明显，其原因已在前面文献综述部分说明。

表2 Granger检验统计表

变量	K	原假设	F值	P值
DLGS，DLGDP	2	DLGS不是DLGDP的原因	10.135	0.0002
		DLGDP不是DLGS的原因	0.961	0.3889
DLGS，DLGDP	3	DLGS不是DLGDP的原因	6.273	0.0010
		DLGDP不是DLGS的原因	0.475	0.7012
DLGS，DLGDP	4	DLGS不是DLGDP的原因	5.125	0.0016
		DLGDP不是DLGS的原因	0.596	0.6676
DLGS，DLGDP	5	DLGS不是DLGDP的原因	4.556	0.0019
		DLGDP不是DLGS的原因	0.868	0.5103
DLGS，DLGDP	5	DLGS不是DLGDP的原因	3.827	0.0039
		DLGDP不是DLGS的原因	1.198	0.3261
DLGS，DLGDP	6	DLGS不是DLGDP的原因	3.348	0.0069
		DLGDP不是DLGS的原因	1.656	0.1487

注：K表示滞后阶数。

（三）LSTR2模型估算与结果分析

第一步，对模型自回归部分进行确定。即分别取因变量DLGS和解释变量DLGDP的1~3阶和0~2阶滞后项，共产生九种组合，并分别对这九种组合进行OLS回归。在满足序列无关的前提下，结合赤池信息准则（Akaike Info Criterion-AIC）和施瓦茨信息准则（Schwarz Criterion-SC）统计量的数值，确定最优滞后阶数组合，如表3所示。

表 3　因变量和自变量不同滞后组合的回归结果

组合 变量	C	DLGS (−1)	DLGS (−2)	DLGS (−3)	DLGDP	DLGDP (−1)	DLGDP (−2)	AIC	SC
(1, 0)	0.083 [0.124]	0.017 [0.124]			−0.246 [−0.847]			−1.764	−1.660
(1, 1)	0.092 [4.839]	−0.051 [−0.337]			0.060 [0.149]	−0.422 [−1.108]		−1.753	−1.613
(1, 2)	0.080 [4.202]	0.053 [0.355]			−0.141 [−0.360]	−0.655 [−1.560]	0.661 [1.976]	−1.837	−1.661
(2, 0)	0.104 [5.704]	0.028 [0.213]	−0.279 [−2.188]		−0.158 [−0.554]			−1.876	−1.735
(2, 1)	0.106 [5.458]	0.009 [0.065]	−0.271 [−2.070]		−0.079 [−0.201]	−0.113 [−0.300]		−1.844	−1.668
(2, 2)	0.094 [4.375]	0.037 [0.249]	−0.198 [−1.384]		−0.101 [−0.258]	−0.422 [−0.939]	0.454 [1.249]	−1.839	−1.627
(3, 0)	0.102 [4.464]	0.050 [0.341]	−0.295 [−2.259]	−0.013 [−0.100]	−0.135 [−0.452]			−1.837	−1.660
(3, 1)	0.103 [4.329]	0.042 [0.258]	−0.290 [−2.150]	−0.012 [−0.084]	−0.0996 [−0.249]	−0.052 [−0.135]		−1.803	−1.590
(3, 2)	0.09538 [3.858]	0.049 [0.303]	−0.220 [−1.480]	−0.039 [−0.280]	−0.104 [−0.262]	−0.351 [−0.747]	0.429 [1.129]	−1.793	−1.545

注：中括号里的数值为对应参数的 T 统计量值。

由上述因变量和自变量及其滞后期的九种不同组合 OLS 回归分析结果，可以得到九种回归模型的检验统计量，即 AIC 和 SC 的统计量数值（见表 3）。根据 AIC 和 SC 的判别准则，最优变量组合应该是（2，0）（即 DLGS（−2），DLGDP （t）），并计算该滞后组合回归模型的 SSR_0，进而进行下一步的线性检验。

第二步，开关变量的选择和线性假设检验。该部分具体做法是：如果拒绝线性假设，则进一步进行 H_{04}、H_{03} 和 H_{02} 的序贯检验，以确定转换函数 G（γ，c；s_t）的具体类型，如表 4 所示。

表 4　DLGS 和 DLGDP 之间的线性假设检验及转换函数具体形式选择

统计量 P 值 转换变量	F	F_4	F_3	F_2	模型形式
DLGS（t−1）*	1.0921E−04	6.7538E−02	2.4071E−03	5.4032E−03	LSTR2
DLGS（t−2）	1.9365E−02	6.2924E−01	9.3498E−02	7.4256E−03	LSTR1
DLGDP（t）	1.4687E−02	2.9520E−01	1.1105E−02	1.0622E−01	LSTR2
TREND	3.7163E−02	8.3429E−01	2.8010E−01	2.9957E−03	LSTR1

注：F 统计量是线性假设检验的统计量；F_4、F_3 和 F_2 分别是 H_{04}、H_{03} 和 H_{02} 的检验统计量；表中数值为各统计量的伴随概率，TREND 表示趋势项。

从表4中可以看出，以DLGS（t-1）、DLGS（t-2）、DLGDP（t）和TREND为开关变量时均得到拒绝线性假设的结果。而且，当DLGS（t-1）为开关变量时，其伴随概率明显小于其他变量对应的伴随概率，而且其F_2值对应的伴随概率值明显小于F_4和F_3对应的概率值。因此，我们取DLGS（t-1）为开关变量，并确定转换函数为LSTR2模型。转换函数为：$G(\gamma, c; s_t) = \{1 + \exp[-\gamma(s_t - c_1)(s_t - c_2)]\}^{-1}$，$\gamma > 0$，$c_1 < c_2$。

第三步，模型初始值的网格法估计。首先，c_1和c_2的取值区间为［-0.23，-0.36］，r的范围为［0.5，10］，在极小值到极大值之间等距离取60个值以构建出3600对不同组合。根据不同组合的c值和γ值，计算其SSR（残差平方和），并取SSR达到极小时的c值和γ值为初始值。搜索过程如图3所示，搜索结果如表5所示。

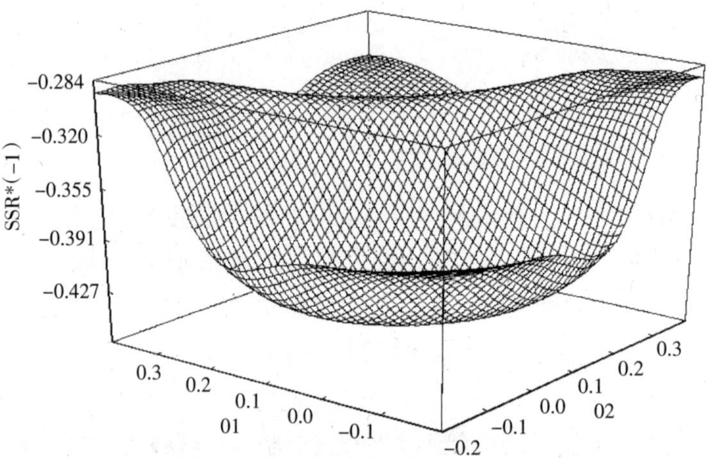

图3　网格搜索图

表5　DLGS和DLGDP模型估计的网格搜索结果

转换函数类别	LSTR2	
网格搜索 c_1，c_2	［-0.23，0.36，60］	-0.1611，0.2476
网格搜索 r	（0.50，10.00，60）	6.6618
SSR	0.2842	

其次，利用Newton-Raphson迭代法和极大似然估计得到模型的参数估计值，并剔除不显著的变量，得到最终模型形式，如表6所示。

表 6 LSTR2 模型的估计结果

	变量	初始值	估计值	标准差	T 统计量	P 值
线性部分	DLGS (t-1)	0.6677	0.8585	0.4225	2.0320	0.0474
	DLGS (t-2)	-0.1143	-0.3121	0.1168	-2.6712	0.0101
	DLGDP (t)	0.3457	2.9983	1.0590	2.8311	0.0066
非线性部分	CONST	-0.0030	0.1144	0.0295	3.8800	0.0003
	DLGS (t-1)	-0.3177	-0.8202	0.6425	-2.7327	0.0407
	DLGDP (t)	-2.0205	-5.0888	1.8404	-2.7650	0.0079
	Gamma	2.5228	6.6618	0.4991	NaN	NaN
	C_1	-0.2611	-0.0389	0.1117	NaN	NaN
	C_2	0.1196	0.1723	0.2487	NaN	NaN
	AIC	-4.8129				
	SC	-4.5312				
	HQ	-4.7030				
	R^2	0.8944				
	Adjusted R^2	0.8815				
	SSR	0.0072				

由表 6 得到 LSTR2 模型具体形式如下：

DLGS ＝0.8585DLGS （t－1）－0.3121DLGS （t－2）＋2.9983DLGDP （t）G （γ，c；DLGS （t−1））·［0.1144－0.8202DLGS （t－1）－5.0888DLGDP（t） （7）

其中，转换函数形式为：G （γ，c，DLGS （t－1））＝｛1＋exp［−6.6618 （DLGS （t－1）＋0.0389）（DLGS （t－1）－0.1723）］｝$^{-1}$，$\gamma>0$，$c_1 \leqslant c_2$。

从表 6 的估计结果可以看出，在 LSTR2 模型的线性部分中，DLGDP（t）对政府消费增长产生较强影响。在 LSTR2 模型中，转换函数的开关值 c_1＝−0.0389，c_2＝0.1723，即转换函数关于 $(c_1+c_2)/2=0.0667$ 对称。此表示当开关变量 DLGS （t－1）＝0.0667 时，转换函数值 G＝0，此时模型完全表现线性特征，不存在非线性部分；当开关变量值为临界值时，转换函数值 G＝0.5。斜率参数 γ＝6.6618，其表示模型在线性和非线性之间转变迅速。当开关变量值小于−0.0389 或大于 0.1723 时，即当经济出现绝对负增长或超高速正增长时，转换函数值迅速趋向 1，非线性影响显现，表示经济增长对政府消费产生非对称性效应。当经济发展出现绝对负增长（<−0.0389）时，经济发展对政府消费的非线性效应凸显。总产出有 1%的下降将导致政府消费 2.0905%（2.9983%－5.0888%）的下降；当经济增长不超过 17.23%，二者之间表现为线性关系；而如果 GDP 增长率超过 17.23%，二者之间则表现为非

线性关系，GDP的弹性系数为2.0905%，说明此时的经济增长是以巨大的政府消费支出为代价来拉动经济增长。

图4为转换函数曲线图，由图4可以看出，1955~1997年，我国经济增长对政府消费的影响表现出明显非线性效应，并存在线性到非线性效应的频繁转换。而在1998~2013年，二者的关系则表现为线性特征。图5则给出了DLGS的模型拟合图，从图5中可以看出整体模型拟合状况良好，这也说明了我们研究该问题选用的模型是适合的、优良的。

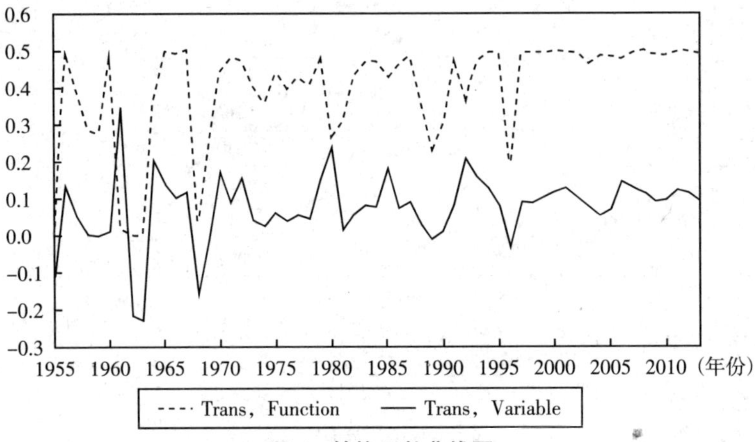

图4 转换函数曲线图

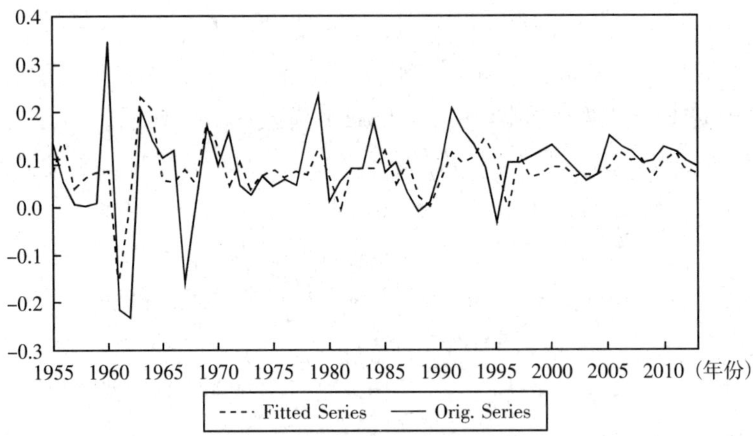

图5 模型拟合图

最后，模型的检验。模型估计结果如下：ARCH－LM＝5.0352（P值：0.7538），J－B＝2.7798（P值：0.2491），F_{LM}＝0.7049（P值：0.6852）。此表

示模型顺利通过了异方差、正态性和自相关检验。Adjusted－R^2＝0.8677，表明模型整体拟合效果良好。

六、结论及政策建议

第一，在线性假设下，存在着从经济增长到政府消费的单向 Granger 关系，即经济增长可以带动政府消费的增加，而政府消费却没有显示出促进经济增长的效应。而通过 LSTR2 模型的实证分析，发现经济增长与政府消费之间存在更加复杂的联动变化关系，其符合我国经济运行国情。检验表明，我国经济增长对政府消费的影响呈现出一种非线性特征，而不是线性关系，二者存在实质性的不同。其主要原因是我国经济增长受国内外突发政治经济事件、资本投入、人力资本、进出口贸易、制度改革与技术创新等因素影响，由此导致经济增长方式和发展模式不同。

第二，1955~2013 年，以线性和非线性关系区分中国经济增长与政府消费的相互关系，总体分为两个阶段：第一阶段是 1955~1997 年，此段时间经济增长对政府消费的影响是非线性，主要是此阶段复杂的国内外政治、经济环境和一些突发自然事件引起的。第二阶段是 1998~2013 年，我国经济增长对政府消费的影响为显著的线性特征，即经济增长对政府消费作用不显著。期间尽管也发生了 1998 年的国内特大洪水、2008 年起因于美国并波及全球的金融危机、2008 年中国汶川地震等重大事件。但由于我国经济总量规模的不断扩大和各项制度的逐步完善，有效抵御了突发事件的不利影响，并没有改变两者之间的线性依存关系。

第三，基于上述实证分析结果的经济机理分析，本文提出相应的政策与建议。①保持经济平稳增长，防止经济增长过快或负增长。经济增长过快一般是以政府消费支出大量增加为代价的，已有的研究已经证明，一方面，政府消费支出规模过大将挤出私人消费，阻碍私人投资的积极性，不利于宏观经济长期可持续发展；另一方面，与私人投资相比较，政府消费支出对经济增长的有效性明显偏低。而一旦经济出现倒退（负增长），由于政府消费来源于经济增长带来的税收收入，势必导致政府消费所需资金更大幅度地减少，以政府消费支出来刺激经济复苏则无从谈起。因此，我们必须采取灵活的财政和货币政策使经济增长速度保持在合理有效的增长区间内。②根据不同阶段经济发展情况，实施灵活的政府消费政策以消除经济发展的潜在风险。在经济增长处于偏热状态时，为防止出现经济过热带来的通货膨胀、环境污染和贫富差距拉大的消极后果，政府应严格控制政府消费支出规模，采用货币政策进行市场调节。而当经济受到国内外重大经济或政治事件冲击逐步趋冷的时候，政府应适当增加政府消费支出，尤其是增加对基础设施建设（公路、铁路、城市公共交通）和农村地区与农业生产密切相关基础设施建设（水利、电力和乡村公路设施）的投入力度。这样既可以增加社会对生产资料需求，促进这些部门及其相关产业发展，以削减经济下滑对企业生产带来的不利影响，又可以为经济长期可持续发展添加动力。

参考文献

[1] Abu-Bader, S., Abu-Qarn A. S. Government expenditures, military spending and economic growth: Causality evidence from Egypt, Israel, and Syria [J]. Journal of Policy Modeling 2003, 25 (6): 567-583.

[2] Barro R. J. Government spending in a simple-model of endogenous growth [J]. Journal of Political Economy, 1990, 98 (5): S103-S125.

[3] Bouakez H., Rebei N. Why does private consumption rise after a government spending shock? [J]. Canadian Journal of Economics -Revue Canadienne D Economique, 2007, 40 (3): 954-979.

[4] Box, George E.P., Jenkins, Gwilym M. Time-series analysis: Forecasting and contriol 2nd. San Fransisco: Holden day, 1984.

[5] Dickey D.A., Fuller W.A. Distribution of the estimators for autoregressive time series with a unit root [J]. Journal of the American Statistical Association, 1979 (74): 427-431.

[6] Elliott G., Rothenberg T.J., Stock J.H. Efficient tests for an autoregressive unit root [J]. Econometrica, 1996, 64 (4): 813-836.

[7] Granger C. W. J. some recent developments in a concept of causality [J]. Journal of Econometrics, 1988, 139 (1/2): 199-211.

[8] Granger C.W.J., Teräsvirta T. Modelling nonlinear economic relationships [M]. Oxford University Press, Oxford, 1993.

[9] Kwiatkowski D., Phillips P.C.B., Schmidt P., Shin Y. Testing the null hypothesis of stationarity against the alternative of a unit root: How sure are we that economic time series have a unit root? [J]. Journal of Econometrics, 1992 (54): 159-178.

[10] Millward R., Sheard S. The urban fiscal problem, 1870-1914-government expenditure and finance in England and Wales [J]. Economic History Review 1995, 48 (3):

501–535.

[11] Roy A. G. Evidence on economic growth and government size [J]. Applied Economics, 2009, 41 (5): 607–614.

[12] Sabuhoro J. B., Larue B. The market efficiency hypothesis: The case of coffee and cocoa futures [J]. Agricultural Economics, 1997 (16): 171–184.

[13] Safdari M., Mahmoodi M., Mahmoodi E. Government expenditure and economic growth: Panel evidence from Asian Countries [J]. Life Science Journal–Acta Zhengzhou University Overseas Edition, 2012, 9 (2): 553–558.

[14] Snyder C. M., Trost R. P., Trunkey R. D. Reducing government spending with privatization competitions: A study of the Department of Defense experience [J]. Review of Economics And Statistics, 2001, 83 (1): 108–117.

[15] Teräsvirta T. Specification, estimation, and evaluation of smooth transition autoregressive models [J]. Journal of the American Statistical Association, 1994 (89): 208–218.

[16] 郭月梅. 地方政府规模与产出波动的关系：中国的经验分析 [J]. 财政研究，2008 (7).

[17] 贾俊雪，郭庆旺，赵旭杰. 地方政府支出行为的周期性特征及其制度根源 [J]. 管理世界，2012 (2).

[18] 李景睿，岳鹊. 地方政府消费与经济增长的倒 U 型关系研究——珠江三角洲城市面板数据分析 [J]. 国际经贸探索，2010 (8).

[19] 毛中根，洪涛. 政府消费与经济增长：基于 1985~2007 年中国省际面板数据的实证分析 [J]. 统计研究，2009 (8).

[20] 孙群力，汤序红. 政府消费对中国区域经济增长的外溢效应研究 [J]. 财政研究，2005 (12).

[21] 孙群力. 中国地方政府规模影响因素的实证研究 [J]. 财政研究，2010 (1).

[22] 王志涛. 政府消费、政府行为与经济增长 [J]. 数量经济与技术经济研究，2004 (8).

[23] 张光南，李军. 制度、最优政府规模与经济增长 [J]. 统计研究，2008 (3).

[24] 阳敏. 政府投资、政府消费与世界经济周期：以中国为例 [J]. 经济学季刊，2006 (4).

附录：原始数据表

（仅供编辑检验使用）

年份	GDP	I_GDP	GS	CPI	年份	GDP	I_GDP	GS	CPI
1952	679	100	93.3	99.6	1983	5962.7	110.9	895.3	101.5
1953	824.2	115.6	115.2	103.4	1984	7208.1	115.2	1104.3	102.8
1954	859.4	104.2	104.1	102.3	1985	9016.0	113.5	1298.9	109.3
1955	910.8	106.8	119.7	101	1986	10275.2	108.8	1519.7	106.5
1956	1029	115	125.8	100	1987	12058.6	111.6	1678.5	107.3
1957	1069.3	105.1	129.8	101.5	1988	15042.8	111.3	1971.4	118.8
1958	1308.2	121.3	128.6	100.2	1989	16992.3	104.1	2351.6	118.0
1959	1440.4	108.8	130.3	100.9	1990	18667.8	103.8	2639.6	103.1
1960	1457.5	99.7	190.9	103.1	1991	21781.5	109.2	3361.3	103.4
1961	1220.9	72.7	178.4	116.2	1992	26923.5	114.2	4203.2	106.4
1962	1151.2	94.4	147	103.8	1993	35333.9	114.0	5487.8	114.7
1963	1236.4	110.2	170.1	94.1	1994	48197.9	113.1	7398	124.1
1964	1455.5	118.3	189	96.3	1995	60793.7	110.9	8378.5	117.1
1965	1717.2	117	207.1	97.3	1996	71176.6	110.0	9963.6	108.3
1966	1873.1	110.7	230.2	99.7	1997	78973.0	109.3	11219.1	102.8
1967	1780.3	94.3	194.2	99.3	1998	84402.3	107.8	12358.9	99.2
1968	1730.2	95.9	192.5	100.1	1999	89677.1	107.6	13716.5	98.6
1969	1945.8	116.9	231.7	98.9	2000	99214.6	108.4	15661.4	100.4
1970	2261.3	119.4	252.9	99.8	2001	109655.2	108.3	17498.03	100.7
1971	2435.3	107	295.9	99.3	2002	120332.7	109.1	18759.95	99.2
1972	2530.2	103.8	310.1	99.8	2003	135822.8	110.0	20035.7	101.2
1973	2733.4	107.9	318.8	100.6	2004	159878.3	110.1	22334.12	103.9
1974	2803.7	102.3	342.6	100.5	2005	184937.4	111.3	26398.83	101.8
1975	3013.1	108.7	358.9	100.2	2006	216314.4	112.7	30528.4	101.5
1976	2961.5	98.4	381	100.3	2007	265810.3	114.2	35900.37	104.8
1977	3221.1	107.6	410	102	2008	314045.4	109.6	41752.09	105.9
1978	3645.2	111.7	480	100.7	2009	340902.8	109.2	45690.18	99.3
1979	4062.6	107.6	622.2	102	2010	401512.8	110.4	53356.31	103.3
1980	4545.6	107.8	676.7	106	2011	473104.0	109.3	63154.92	105.4
1981	4891.6	105.2	733.6	102.4	2012	518942.1	107.7	71409.05	102.6
1982	5323.4	109.1	811.9	101.9	2013	568845.21	107.7	79978.1	102.6

注：GDP 表示年度国内生产总值（亿元），GS 表示年度政府消费总额（亿元），I_GDP 表示国内生产总值缩减指数（%），CPI 表示全国居民消费价格指数（%）。

资料来源：《新中国六十年统计资料汇编》、历年《中国统计年鉴》和国家统计局网站。

中美货币市场利率预期的关联性研究
——基于两国利率互换价格的探索性分析

杨成荣 白松鹤 张屹山
（吉林大学，长春 130012）

一、引 言

在经济全球化的背景下，一国的经济发展和政策制定都会受到他国经济波动和货币政策调整的影响。随着国际货币市场的关联度日益增强，世界主要经济体国家的利率调整预期必然会对他国的利率政策以及金融资产定价产生较大影响。另外，随着金融多元化程度的加深，各国央行为更好地实现货币政策目标，对市场参与者预期以及货币政策操作的前瞻性、透明性和可靠性等的关注度明显增强。美联储主席伯南克曾说："货币政策98%是靠说的，2%才靠做的。通过声明重塑市场对未来政策变化的预期这一能力是美联储握有的最强大的工具……"[①] 因此，分析央行对货币市场利率预期的引导作用，以及国家间利率预期的联动性，不仅为各国货币政策工具的协调运

［基金项目］国家自然科学基金项目（编号：71173087）和国家自然科学基金项目（编号：71201069）。

［作者简介］杨成荣：女，1974年4月出生，博士，吉林大学商学院，副教授；电话：18626619185；邮箱：yangcr@jlu.edu.cn。白松鹤：男，1990年10月出生，硕士研究生，吉林大学商学院，金融学硕士；邮箱：baish14@jlu.edu.cn。张屹山：男，1949年6月出生，教授，博士生导师，吉林大学数量经济研究；邮箱：yishan@jlu.edu.cn。

① Ben S. Bernanke，http：//www.brookings.edu/blogs/ben-bernanke/posts/2015/03/30-why-interest-rates-so-low.

用提供经验依据，而且有助于提高其货币政策的实施效果。

为了维护金融市场稳定和保证经济健康持续发展，中国必须重视国际货币市场的波动对国内货币政策调整的影响。由于美国在全球经济中占据着重要地位，故对其货币政策调整的预期必然在国际货币市场间产生不对称的冲击效应。而中国是最大的发展中国家，其货币政策正从“数量型”向“价格型”转变，这些不对称的冲击效应将加剧中国货币市场资金使用成本的波动，进而减弱自身货币政策效果。因此，在我国经济转型这一特殊时期，央行对不同市场利率预期是否有引导作用？中美两国市场利率预期间的联动性如何？这些都是目前理论界和实务界关注的重要问题。

关于央行对市场利率引导功能的研究，我国学者已经围绕基准利率的选择问题开展，这主要是因为我国目前还没有完整的基准收益率曲线。例如，李宏瑾和项卫星（2010）以央行公开市场操作利率为样本，通过 Granger 因果检验得到央票发行利率具有央行基准利率的特征，姚余栋和谭海鸣（2011）也得到相同结论。方意和方明（2012）通过有向无环图方法表明存款利率是货币市场基准利率，但随着利率市场化推进，Shibor 和银行间质押式回购利率更具有基准利率特征，相似的结论也出现在蒋贤锋等（2008）、张晓慧（2011）的研究中。另外，在央行利率引导模式方面，潘再见（2014）阐释了中央银行沟通引导利率预期的内在机理和渠道。中国人民银行营业管理部课题组（2013）的研究表明，公开市场操作能够有效引导货币市场利率和利率预期，并讨论了未来利率引导模式。中国人民银行金融研究所课题组（2013）基于 Poole 模型分析了我国央行政策利率的功能和作用机理，认为央行对货币市场利率的引导功能逐步增强。这些研究都从选择基准利率的角度开展研究，未能从市场参与者角度考虑央行对市场利率的引导作用。

关于货币市场利率的联动性问题，国外文献大多围绕美日欧三大经济体，开展国家间或区域内货币市场利率的联动分析，主要结论是：在经济发展程度相似的区域内，各国货币市场利率的联动性较高，且有一国货币市场利率居主导地位的情况。如，Barassi 等（2000）分析七国集团成员国 1977~1998 年货币市场利率的联动性，认为美国货币市场利率在世界范围内居主导地位。Kim（2001）研究了美国货币政策调整对世界其他国家货币市场的冲击，结论是美国货币市场利率变化会引发世界范围内货币市场实际利率的变化。Barassi 等（2005）研究七国集团短期利率结构的联动性变化及原因，结论是美国短期利率的变动在世界范围内影响较大且占据主导地位，德国货币市场利率对欧元区内其他国家货币市场利率存在微弱的影响。Ciner (2011) 研究了欧元区内各国货币市场利率的联动性，认为欧元区内各国货币市场利率有显著的联动性，特别是在金融危机爆发时期，欧元利率对美元利率有显著的长期影响力。这些国外文献很少关注中国货币市场利率与其他国家货币市场利率的联动性问题。

随着我国货币市场的不断发展和利率市场化的推进，国内学者开始研究我国与美国货币市场间的联动性。例如，何帆（2004）分析了美联储的利率政策及在投机资本、银行危机和货币政策三个方面对新兴市场的溢出效应。李成等（2010）实证分析次贷危机前后美联储基金利率与中国银行间同业拆借利率之间的联动性，认为中国货币市场利率对美国货币市场利率波动的反应更强烈，说明中美货币市场利率存在非对称的溢出效应。陈联等（2011）考察美国联邦基金利率和中国上海银行间同业拆借利率的周期特征以及周期波动，认为中美两国的利率波动存在相似的周期性，但未发现两国利率之间的领先或滞后关系。赵东喜（2012）实证检验美联储基准利率和人民币贷款利率的联动关系，认为中美两国利率之间存在长期稳定的均衡关系，美国利率变动会引起中国利率同向变动。于震等（2014）分析中美两国的货币市场、股票市场和外汇市场之间的联动性，认为次贷危机后中美金融市场间的联动性增强，且美国金融市场对中国的影响更显著，存在一定的非对称性。此外，在货币市场预期方面，刘涛和周继忠（2011）的研究表明，来自美国的压力会对中国的货币市场预期产生影响。方先明等（2014）借助利率互换合约研究中美货币市场预期的协动性和周期转换特征，认为中美货币市场短期预期的时变相关性较高，且美国货币市场居于主导地位，而中长期货币市场预期的时变相关性较低，周期转换不具有协动性。这些研究大多是研究中美两国货币市场利率的联动性问题，对货币市场利率预期之间的联动性均未涉及。

由于货币市场价格发现功能受市场资金使用成本的预期决定，故研究中美货币市场利率预期间的联动性问题十分必要。然而，现有国内外研究主要讨论美国与其他国家货币市场利率之间的当期联动性问题，很少有研究涉及美国利率政策预期对我国市场利率预期的影响，而通过局部特征刻画中美货币市场利率预期的时变相关性就更少了。由于利率互换价格反映了市场参与者对当前已知信息、货币政策未来趋势，以及宏观经济状况的预期，具有对未来流动性和资金使用成本的发现功能，故本文以中美货币市场不同期限的利率互换价格作为研究变量，体现两国货币市场利率的预期。在研究方法上，现有文献在研究货币市场利率的联动性时，采用的计量方法均要求时间序列的平稳性，然后对平稳时间序列整体进行相关性和领先滞后分析。然而，本文的中美利率互换价格序列不是同阶平稳的，这使得现有方法不能直接对数据本身进行分析，且不能直接处理非平稳时间序列之间的相关性①。

因此，本文在对中美利率互换价格序列进行联动性分析时，采用由台湾黄锷博士提出的经验模态分解方法进行数据分析和局部时变相关分析。该方法的独特优势是自适应地处理非线性非平稳信号，不必对数据进行平稳性处理，这减少了原始数据信息的损失。目前，该方法的实用性已经在工程、医学等领域得到充分发挥，但在经济和金融领域则刚被美国等发达国家所重视，在我国目前尚未得到重视。本文的主要贡献在于从利率互换价格的局部波动特征综合考察中美货币市场利率预期之间的时变相关性，并从价格序列内在趋势和市场参与者角度分析央行对货币市场利率的预期引导作用。

二、研究变量和研究方法介绍

（一）研究变量：利率互换价格

利率互换是迄今为止全球市场上交易量最大和最活跃的衍生品，约占所有场外衍生品交易的68%，其交易总额占互换交易的90%以上②。利率互换市场的参与者主要是银行、保险公司、券商和资产管理公司，其用途是金融机构进行利率风险和资产负债表的对冲，以及套期保值和套利交易等。我国在2006年2月试点推出人民币利率互换交易，在2008年2月正式推出该交易。从试点推出该交易开始，人民币利率互换的交易量逐年放大，截至2013年，名义本金总额达到2.7万亿元。目前，我国利率互换主要是在银行间市场进行交易，故货币政策的调整和央行政策利率的预期引导都会对利率互换价格有显著影响。从国内外利率互换的报价机制看，其价格形成体现了货币市场参与者对未来资金使用成本的预期。因此，选取利率互换价格作为

---

① Yule G.U. Why do we sometimes get nonsense-correlations between time-series? A study in sampling and the nature of time-series [J]. Royal Statistical Society, 1926 (89): 1-63.

② http: //www.cmegroup.com/trading/interest-rates/cleared-otc/.

研究变量，可以体现出两国央行对货币市场利率的预期引导功能。

此外，从利率互换的理论定价看，其本质是合约参考利率在互换期内远期利率加权平均值，权重是各期的贴现利率，即在无套利市场中，利率互换价格体现货币市场资金使用成本的预期。因此，中美利率互换价格之间的时变相关性可用来体现两国货币市场利率预期之间的联动性。更具体地，本文选取中美不同期限利率互换价格以表征中美货币市场的短期和中长期利率预期，通过分析这些利率互换价格在不同时间频率下的波动特征和时变相关性，推断中美货币市场利率预期管理的效果，以及中美货币市场利率预期之间的联动性。

（二）研究方法

1. 集成经验模态分解（EEMD）

集成经验模态分解是在经验模态分解的基础上针对模态混叠现象的一种改进。经验模态分解（EMD）是台湾黄锷院士于 1998 年在美国 NASA 工作时提出的一种分析非线性非平稳信号的方法。该方法采用本征模态函数（IMF）概念，以及任意信号分解为 IMF 组合的思想。在实际中，大多数时间序列，特别是金融时间序列数据是非线性非平稳的，传统的计量分析方法常通过差分处理使其差分序列平稳后再进行分析。显然，差分过程会造成原始数据信息的损失，这使得传统计量分析结果存在失真的风险。而 EMD 方法是一种基于原始数据且自适应的方法，它基于信号局部特征的时间尺度，将信号中不同频率的波动或趋势逐级分解，并产生一系列具有不同尺度特征的数据，称之为本征模态函数（IMF），其中 IMF 须满足两个条件：①在信号的整个持续期间内，极值点个数与过零点个数相等或是至多相差一个；②在任意时刻，由局部极大值确定的上包络线和由局部极小值确定的下包络线的均值为零，即信号关于时间轴局部对称。目前，这种多尺度数据分析方法被称为多尺度熵分析法（Hong 和 Wang，2014）。

EMD 方法的本质是通过特征时间尺度识别信号中内含的固有振动模态，其中分解所用的特征时间尺度来自于原始信号。该方法的具体算法如下：

第一步，确定时间序列 S（t）中所有局部极大值和局部极小值点；

第二步，用三次样本函数将所有极大值和极小值点连接起来形成上下包络线，并计算出平均包络线 m（t）；

第三步，将原序列 S（t）减去 m（t）得到一个除去低频的新序列 h（t）；

第四步，检测 h（t）是否满足 IMF 特性。如果 h（t）不满足 IMF 的条件，则重复上述步骤，直到其满足 IMF 的条件，并将其作为第 1 条 IMF 分量 $c_1(t)$；

第五步，将剩余的序列部分 $r_1(t)$，其中 $r_1(t)=S(t)-c_1(t)$ 作为新的时间序列重复上述步骤，并以此得到第 2 条，第 3 条到第 n 条 IMF 分量，直到所得 $r_n(t)$ 极值点个数小于 2 时，EMD 分解停止，剩余的 r（t）则为趋势分量。此时，原始序列分解为 $S(t)=\sum_{i=1}^{n} c_i(t)+r(t)$。

虽然 EMD 方法具有直观、后验且自适应的优势，但也有缺陷，如混频现象，即一个 IMF 分量是由多个频率不同的序列组成，或是相似频率的序列出现在不同 IMF 分量中，这必然导致 EMD 分解不彻底。混频现象的出现是因为原始信号中有间断现象，为了克服这一问题，Wu 和 Huang（2009）在 EMD 算法的基础上进行了改进，提出了集成经验模态分解的方法（EEMD）。EEMD 利用白噪声具有频率均匀分布的统计特性，加入白噪声后能改变序列极值点的分布特性，使得时间序列在整个频带中极值点间隔分布均匀，保证每次对时间序列进行准确求取上、下包络的局部均值，从而避免经验模式分解中的模态混淆。具体步骤如下：

第一步，给原始序列 S（t）叠加一组高斯白噪声信号 $\omega_1(t)$ 获得信号 X(t)，即 $X(t)=S(t)+\omega_1(t)$。

第二步，对 X（t）进行 EMD 分解，得到各 IMF 分量和趋势分量。

第三步，给原始序列加入不同的白噪声 $\omega_2(t)$，重复上述两个步骤。

第四步，利用高斯白噪声频谱的零均值原理，随机白噪声足够多次试验可以相互抵消，此时原始序列对应的 IMF 分量 $c_n(t)$ 可表示为上述分解后的 IMF 的均值，即，

$$c_n(t)=\frac{1}{N}\sum_{i=1}^{N} c_{i,n}(t) \tag{1}$$

第五步，考虑到 EEMD 的分解结果未必代表一个本征模态函数，还需进行后处理，即重新组合相邻的 IMF 分量，通过 EMD 分解，提取有实际意义的本征模态函数。这时后处理得到的分解结果仍记为 $c_n(t)$。

第六步，得到原始序列的 EEMD 分解结果：

$$S(t)=\sum_{i=1}^{n} c_i(t)+r(t) \tag{2}$$

根据 Wu 和 Huang（2009），EEMD 中所加噪声的影响服从如下的统计规律 $\varepsilon_n = \varepsilon/\sqrt{N}$，其中 N 为集成总体的个数，ε 为高斯白噪声幅度，ε_n 为原始序列与最终 IMF 求和得到序列之间的误差。在噪声幅度一定的情况下，集成总体个数越多，最终分解的结果越保真。对于所加噪声的幅度，当数据波动较大时，幅度不宜过小，否则噪声将因无法影响到极值点选取而失去补充尺度的作用。本文研究的中美利率互换价格序列中有间断现象，故采用 EEMD 方法分解数据，其中 ε 取 0.01~0.4 的数，N 取 200（Huang，2013）。

2. 基于经验模态分解的时变相关性分析

相关性分析在经济学研究中有着重要地位，它试图去解释一个变量如何受到其他变量的影响。传统相关性分析适用于平稳的时间序列，而应用于非线性非平稳的时间序列时会造成真实信息的扭曲，且不能体现出相关性的局部信息。正是基于此点，Chen（2012）和 Huang（2014）等在 EEMD 分解的基础上提出了时变本征相关分析（TDIC）。该方法首先对两个目标时间序列进行 EEMD 分解，分别是：

$$S^p(t) = \sum_{i=1}^{n} c_i^p(t) + r^p(t),\ p=1,\ 2$$

式中，$c_i^p(t)$ 是 $S^p(t)$ 的第 i 个 IMF 分量，$r^p(t)$ 是趋势项。然后，计算 $c_i^p(t)$ 的瞬时频率 $F_i^p(t)$ 和瞬时周期 $T_i^p(t)$，进而对任意时点 t_k，定义 IMF 分量 $c_i^1(t)$ 和 $c_i^2(t)$ 的时变本征相关系数 $R_i(t_k^n) = Corr(c_i^1(t_w^n),\ c_i^2(t_w^n))$ 和时变本征交叉相关系数 $R_i(t_k^n,\ \tau) = Corr(c_i^1(t_w^n),\ c_i^2(t_{w,\tau}^n))$，其中 $Corr(\cdot)$ 是传统意义上两个时间序列的相关系数，第一个信号的滑动窗宽为 $t_w^n = [t_k - nt_d/2, t_k + nt_d/2]$，$t_{w,\tau}^n = [t_k - \tau - nt_d/2,\ t_k - \tau + nt_d/2]$ 是第二个信号的窗宽，$t_d = \max(T_i^1(t_k),\ T_i^2(t_k))$，n 是任意正数。显然，与滚动窗方法的固定窗宽不同，该算法的窗宽是基于两个 IMF 的瞬时周期得到的，故该滑动窗的窗宽是自适应的，且计算的相关系数能体现原始信号的非平稳性。本文借鉴 TDIC 方法中滑动窗宽的设计，利用广义跨零点方法计算低频组合项的瞬时周期，进而分析同期中美货币市场利率预期的相关性。

三、实证分析

（一）样本数据的选择和特征

为得到中美货币市场利率预期之间的联动性，本文选取中美互换市场上1年期、2年期、3年期和5年期的利率互换合约作为样本①，分别检验相同到期期限的利率互换价格之间的时变相关性，其中1年期的利率互换价格体现货币市场对于资金使用成本的短期预期，2年期、3年期和5年期的利率互换价格则体现货币市场对于资金使用成本的中长期预期。这里，人民币利率互换合约和美元利率互换合约的基准利率分别是3个月上海银行间同业拆放利率（Shibor）和3个月伦敦银行间同业拆放利率（Libor）②，互换价格是与基准利率进行互换的人民币或美元固定利率。人民币利率互换价格数据来源于Wind数据库，美国利率互换价格数据来源于美国联邦储备委员会。

由于人民币利率互换的正式交易从2008年2月开始，故本文选取的样本区间为2008年2月至2015年7月。与3月期Libor利率互换（3MLibor IRS）相比，3月期Shibor利率互换（3MShibor IRS）的交易数据较少，故以中美利率互换的交易日数据为准，选取当日3MShibor和3MLibor利率互换均发生交易的价格数据，其中1年期、2年期、3年期和5年期利率互换价格的样本数据分别是1058个、812个、516个和846个。

首先，对这四组样本时间序列数据进行平稳性检验。表1给出的检验结果显示，在5%的置信水平下，各期限3MShibor IRS价格序列均不平稳，而3MLibor IRS价格序列基本是平稳的。目前，已有的计量方法在处理平稳和非平稳时间序列间的相关性方面还有一定局限性，故本文将采用EEMD方法对这四组时间序列进行分析。

① 选择这四种期限的利率互换合约，主要是人民币利率互换价格的数据可得性原因。

② 这是因为3Mlibor IRS在美国互换市场上交易活跃，3MShibor IRS在我国的交易量逐年增加。

表 1 各期 Shibor 和 Libor 利率互换合约价格的平稳性

期限（样本点）	IRS 类别	ADF 检验 临界值（1%水平）	ADF 值（差分）	P 值	PP 检验 临界值（1%水平）	PP 值（差分）	P 值	平稳性（5%水平）
1 年期（1058）	Shibor IRS	-3.436342	-2.094978（-13.18081）	0.2469（0.0000）	-3.436319	-1.962241（-29.88493）	0.3038（0.0000）	非平稳 I(1)
	Libor IRS	-3.436438	-5.590135	0.0000	-3.436319	-4.068434	0.0011	平稳
2 年期（812）	Shibor IRS	-3.438188	-2.090224（-28.22401）	0.2488（0.0000）	-3.438188	-2.392953（-28.22323）	0.1440（0.0000）	非平稳 I(1)
	Libor IRS	-3.438340	-7.617705	0.0000	-3.438188	-4.449751	0.0003	平稳
3 年期（516）	Shibor IRS	-3.442845	-2.395380（-21.80658）	0.1435（0.0000）	-3.442820	-2.462092（-21.80604）	0.1255（0.0000）	非平稳 I(1)
	Libor IRS	-3.442825	-3.957669	0.0018	-3.998688	-3.442820	0.0015	平稳
5 年期（846）	Shibor IRS	-3.437874	-2.863752（-26.25760）	0.0501（0.0000）	-3.437874	-2.768261（-26.21141）	0.0633（0.0000）	非平稳 I(1)
	Libor IRS	-3.437865	-3.282753	0.0160	-3.437865	-3.152060	0.0233	平稳

图 1 给出上述四组原始价格序列的对比图。该图显示在样本时间区间内，四组利率互换价格序列在 2008~2009 年的走势基本吻合，但从 2009 年开始 1 年期和 2 年期的利率互换价格趋势出现完全背离的现象，3 年期和 5

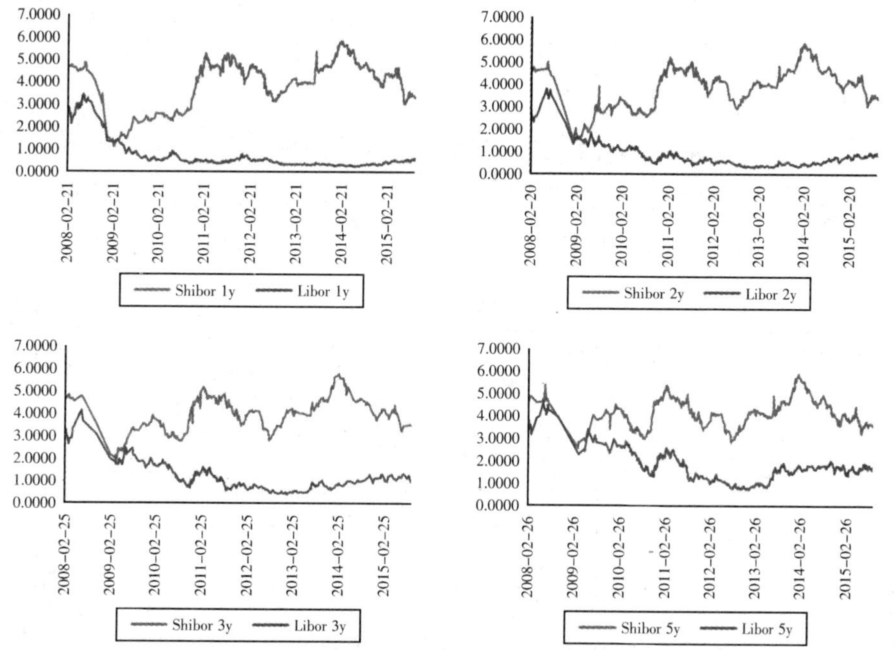

图 1 3MShibor1Y 和 3MLibor1Y 价格、IMF 分量及趋势项

年期的利率互换价格走势在 2010 年下半年至 2012 年和 2013~2014 年基本吻合，其余时间则是背离的。由于利率互换价格反映市场参与者对未来利率的预期，这些预期的形成又受本国货币政策的引导，故通过分析上述背离和同步现象，一方面对比两国货币政策的引导作用，另一方面发现两国货币市场利率预期之间联动性的一些规律。

（二）中美两国在利率预期引导作用上的对比

为对比中美两国央行对货币市场利率预期的引导功能，我们将采用 EEMD 算法进行数据处理。首先对不同期限的中美利率互换价格序列进行 EEMD 分解，得出不同频率尺度下的 IMF 分量及趋势项，然后组合 IMF 分量和趋势项，并重构原始序列，最后利用重构序列中的趋势项来分析中美两国在利率预期引导功能上的差异。

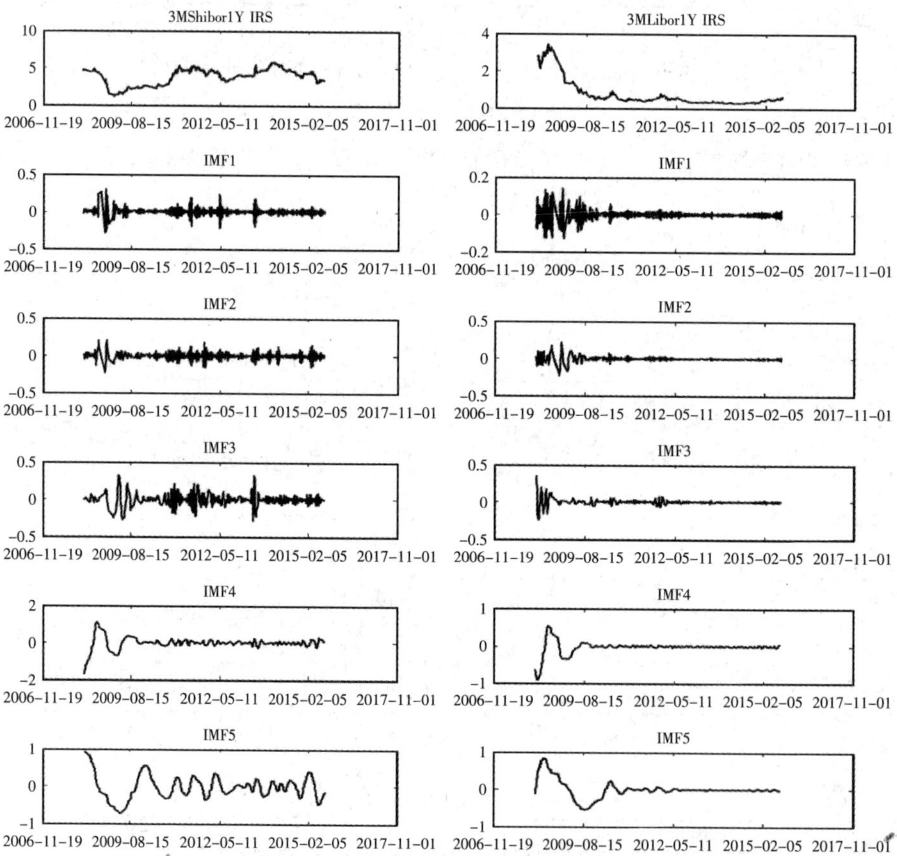

图 2 3MShibor1Y 和 3MLibor1Y 价格、IMF 分量及趋势项

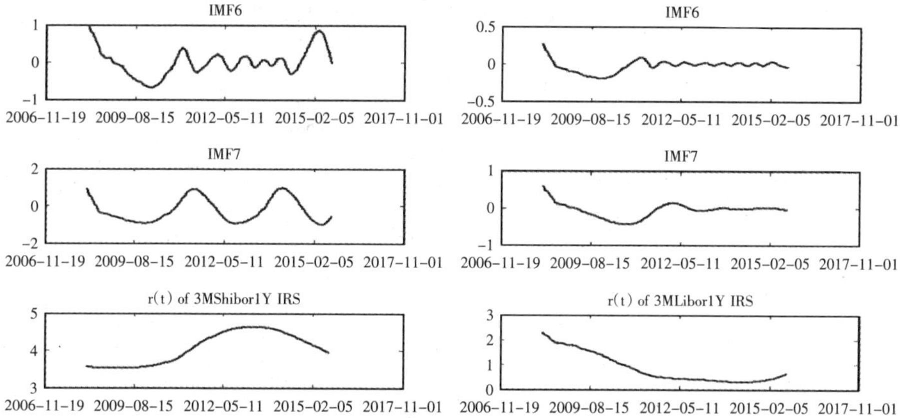

图 2 3MShibor1Y 和 3MLibor1Y 价格、IMF 分量及趋势项①（续）

图 2 给出 1 年期中美利率互换价格序列的 EEMD 分解图，包括原始序列图、各 IMF 分量和趋势项，其余各期的 EEMD 分解图如附录 A 所示。在对利率互换价格序列进行数据分解时，由于 EEMD 分解出来的本征模态函数未必有实际意义，故在 EEMD 分解后，还需做 EMD 后处理（Wu 和 Huang，2009）。经 EEMD 分解和 EMD 后处理，最先分解出的 IMF 分量是代表金融市场噪声信息的高频分量，最后分解出的趋势项是该信号本身内含的，代表其中长期的内在趋势。

表 2 和表 3 给出 1 年期中美利率互换价格经 EEMD 分解后各分量的平均周期、Pearson 相关系数、Spearman 相关系数和 Kendall 相关系数及方差占比等基本统计特征，其余各期 IMF 的统计特征见附录 A。这里，平均周期是考察各 IMF 分量自身的周期性，相关系数用来衡量各 IMF 分量与原始序列的相关程度，方差反映各 IMF 分量波动性的大小，方差占比衡量各 IMF 分量的变化对原序列变化的贡献度。由两表可以看出，各 IMF 分量平均周期逐渐增加，其中最小周期约为 3 个交易日，对应的 IMF 分量与原序列相关性较低且不显著；最大周期约为 3 个月左右，对应的 IMF 分量与原序列相关性显著。

① 3MLibo1Y 表示 1 年期的以 3 个月 Libor 利率与美元固定利率进行互换的合约，其他利率互换合约表示与此类似。

表 2 3MShibor1Y IRS 价格各 IMF 分量及趋势项的统计分析

	平均周期	Pearson 相关系数	Spearman 相关系数	Kendall 相关系数	方差	方差占比原序列	方差占比分解后总模态
原序列					0.8537		
IMF1	3.05	0.0648*	0.0510	0.0340	0.0020	0.23	0.23
IMF2	6.16	0.0503	0.0574	0.0396	0.0018	0.21	0.21
IMF3	13.17	0.0712*	0.0705*	0.0492*	0.0053	0.62	0.61
IMF4	30.54	0.0575	0.0893*	0.0603*	0.0628	7.35	7.28
IMF5	77.15	0.3546*	0.3514*	0.2552*	0.0751	8.80	8.71
IMF6	117.67	0.1377*	0.1239*	0.0867*	0.1269	14.87	14.72
IMF7	294.67	0.8225*	0.8166*	0.6188*	0.4491	52.60	52.09
趋势项		0.3345*	0.3034*	0.2494*	0.1391	16.30	16.14
加总					0.8620	100.98	100

注：* 表示在 5%置信水平下显著（双侧）。

表 3 3MLibor1Y 合约价格各 IMF 分量及趋势项的统计分析

	平均周期	Pearson 相关系数	Spearman 相关系数	Kendall 相关系数	方差	方差占比原序列	方差占比分解后总模态
原序列					0.3175		
IMF1	2.87	-0.0551	0.0357	0.0265	0.0004	0.14	0.14
IMF2	5.59	0.0382	0.0603*	0.0454	0.0007	0.21	0.21
IMF3	11.80	0.1326*	0.0955*	0.0680*	0.0013	0.42	0.42
IMF4	24.78	-0.3162*	0.0293	0.0254	0.0174	5.49	5.55
IMF5	51.19	0.6891*	0.1341*	0.0917*	0.0315	9.92	9.89
IMF6	95.10	0.1378*	-0.1087*	-0.0645*	0.0042	1.32	1.33
IMF7	191.33	0.4070*	0.1325*	0.0951*	0.0327	10.31	10.28
趋势项		0.8247*	0.8458*	0.6645*	0.2302	72.51	72.28
加总					0.3184	100.31	100

注：* 表示在 5%置信水平下显著（双侧）。

根据表 2 和表 3，并结合 IMF 分量的 Hilbert 谱和边际谱，可以将这些 IMF 分别组成高频项和低频项。图 3 给出 1 年期中美利率互换价格序列、高频项、低频项和趋势项，其他各期序列的分组图见附录 B。显然，由低频项和趋势项组成的重构序列与原序列相差不多，重构误差由高频项控制，其中 Shibor IRS 的重构误差为±0.03，Libor IRS 的重构误差为±0.015。因此，在对中美利率互换价格进行分析时，只需对低频项和趋势项进行。本文趋势项用来分析央行对利率预期的引导作用，低频项用来分析利率预期间的相关性。

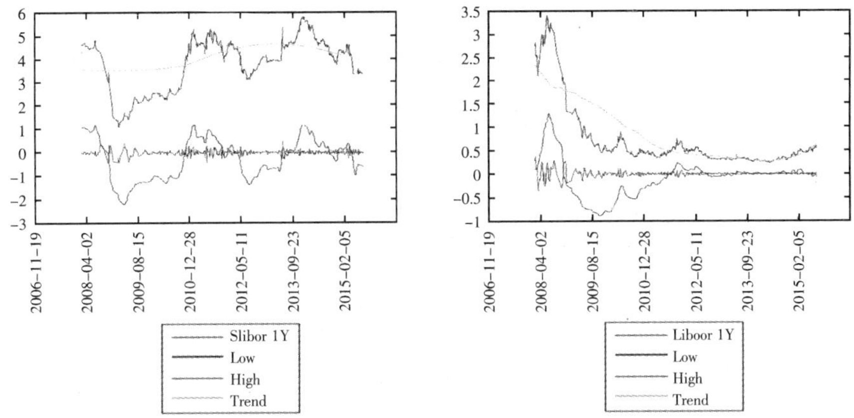

图 3 3MShibor1Y 和 3MLibor1Y 原序列、低频分量、高频分量和趋势项

下面我们利用各期限利率互换价格的趋势项来对比分析中美两国央行对货币市场利率预期的引导作用。图 4 显示 1 年期、2 年期、3 年期和 5 年期中美利率互换价格序列的趋势项。对于 Shibor 利率互换价格的趋势项来说，1 年期互换价格在 2013 年 4 月达到顶峰，然后开始逐渐下降；2 年期互换价格在 2013 年 6 月达到顶峰，随后逐渐下降，并在 2015 年 4 月开始加速下降；3 年期互换价格在 2013 年 1 月达到顶峰，并在 2014 年 11 月开始显著下降；5 年期互换价格基本保持水平，在 2012 年底开始缓慢上升。2013 年，我国利率市场化加速推进，货币市场利率波动剧烈并一度上行。显然，市场利率稳定性下降提高了各类市场参与者的利率敏感性。虽然我国央行通过积极调整货币政策以引导市场利率预期的下降而降低资金使用成本，但直到 2014 年该预期趋势才有明显下降趋势。从 Shibor 利率互换价格的趋势图可以看到：除 5 年期外，市场参与者对我国货币市场利率的预期都经历了逐步上升又逐步下降的过程，特别是自 2013 年下半年市场参与者对利率的短期预期加快了下行趋势，这恰说明我国央行对货币市场利率预期具有短期的引导功能。但从 5 年期利率互换的趋势图看，我国央行对该期利率预期引导功能不是很明显。

对 Libor 利率互换价格的趋势项而言，图 4 显示各期利率互换价格趋势自 2008 年开始一直下降，1 年期和 2 年期价格趋势分别从 2014 年 4 月和 6 月开始上升，3 年期互换价格从 2013 年上半年开始缓慢上升，5 年期互换价格在 2013 年上半年就开始很缓慢地上升。自 2008 年金融危机后，美联储执行三次量化宽松（QE）政策，市场参与者的利率预期逐步下降，但 2013 年美联储公开表态要退出第三轮 QE，并通过各种途径引导公众对 QE 结束和加息的预期。从 Libor 的趋势图可见，无论短期还是中长期，美联储对其货币市场利率预期都有很强的引导作用，并且市场参与者的预期能充分反映在利率互换价格的趋势项中。总之，图 4 表明中美货币政策都有明显预期引导效应，从中长期来看，美联储的预期引导效应好于我国央行。

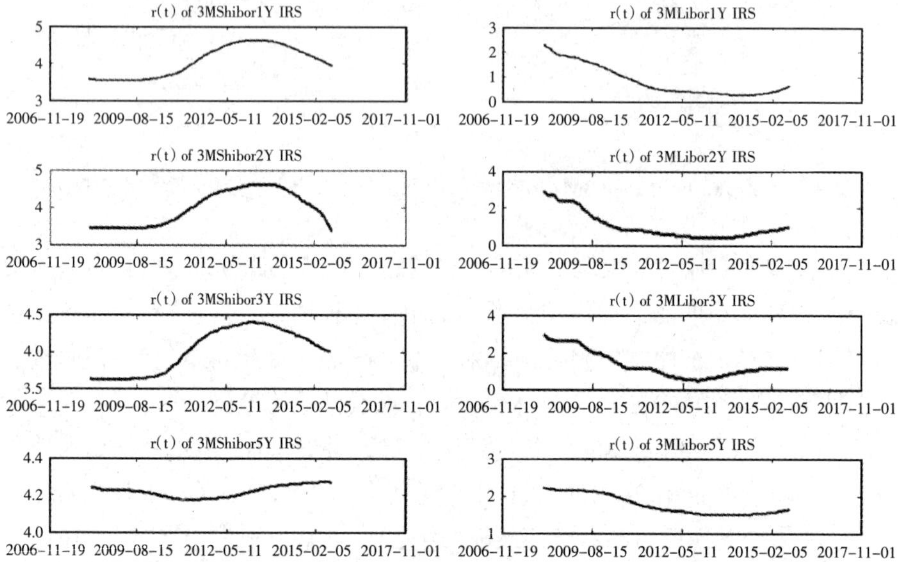

图 4 1 年期、2 年期、3 年期、5 年期 3MShibor IRS 和 3MLibor IRS 趋势项对比

（三）中美两国货币市场利率预期间的时变相关性

利率互换价格反映了货币市场对公开信息和未来利率走势的预期，其中互换价格的趋势部分反映了中美两国货币政策对其市场利率预期的引导效应，下面通过互换价格的其他分解部分来分析中美两国货币市场利率预期之间的关系。

从图 3 和附录 B 可见，经 EEMD 分解并重组的低频项与原始利率互换价格走势一致，故同期低频项之间的时变相关性可表征中美货币市场利率预期间的关联性。在计算同期低频项之间的时变相关性时，主要借鉴时变本征相关分析方法（TDIC，Chen 等，2012；Huang 等，2014）中滑动窗的窗宽设计。在 TDIC 方法中，滑动窗的窗宽大小通过 IMF 分量的瞬时周期得到。本文的低频项由 IMF 分量组合而成，并非 IMF 分量，在计算其瞬时周期时采用广义跨零点方法。这主要出于两点考虑：一是本文更关心变化幅度较大处的时变相关性，而对于小幅度变化暂不考虑：二是采用跨零点的办法可以保证至少在一个瞬时周期内计算局部相关性。

图 5 显示四组利率互换价格序列低频项之间的时变相关程度，其中空白部分表示在 95%置信区间下没有通过显著性检验的区域。图中的横轴表示采样的时间刻度，其长度与数据点个数相同，且该轴上各点与滑动窗的中心点对应；纵轴表示滑动窗的尺度，最小尺度是两组信号瞬时周期的最大值，最大尺度是整个区域。当滑动窗的边界超出了数据的左右端点时，横轴上的点不再是滑动窗的中心点，这时时变相关系数为空值。因此，图 5 为三角形的形状，其中，三角形顶点处滑动窗的窗宽是整个序列长度，其相关系数就是两个时间序列的整体相关系数。图 5 中颜色按照色带所示代表序列间的相关程度。

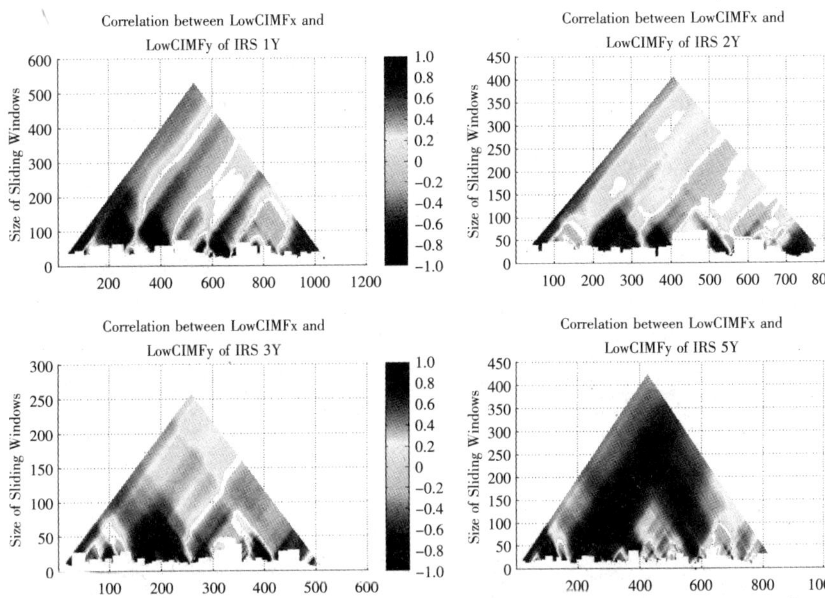

图 5 1 年期、2 年期、3 年期和 5 年期低频项之间的时变相关程度①

经 EEMD 分解并重组的低频项是原互换价格序列去掉高频噪声和趋势项的序列，该序列是原序列的真实部分，故这些低频项之间的相关程度刻画

① 1 年期的横坐标：200 对应 2010 年 10 月，600 对应 2013 年 3 月，1000 对应 2015 年 5 月；2 年期的横坐标：100 对应 2010 年 2 月，300 对应 2011 年 6 月，600 对应 2013 年 12 月；3 年期的横坐标：100 对应 2010 年 7 月，400 对应 2013 年 6 月；5 年期的横坐标：200 对应 2010 年 12 月，600 对应 2013 年 8 月。

了原价格序列之间的相关性。图5显示了随着期限和时间的推移，各期利率互换价格之间时变相关程度的变化。该图表明：①随着到期期限的延长，两国间利率预期的相关程度减弱。其中，1年期和2年期的低频项之间的时变相关系数正负交替，3年期的低频项在2011年9月之前是正相关关系，而之后是负相关关系，5年期的低频项之间主要呈现正相关关系，但随着时间的推移，相关程度减弱。②在同一期限内，窗宽越小，两国利率预期之间的时变相关系数正负交替次数越多，表明两国货币市场利率预期的局部波动剧烈。

图6对比不同窗宽下两国利率预期的局部相关程度。该图表明：窗宽越小，两者间相关程度变化越频繁，进而导致在同一时点不同窗宽下的相关程度差异较大。其中，1年期、2年期和3年期利率互换价格低频项之间均在小窗宽下于2011年底达到最大负相关，在大窗宽下的负相关程度降低，然

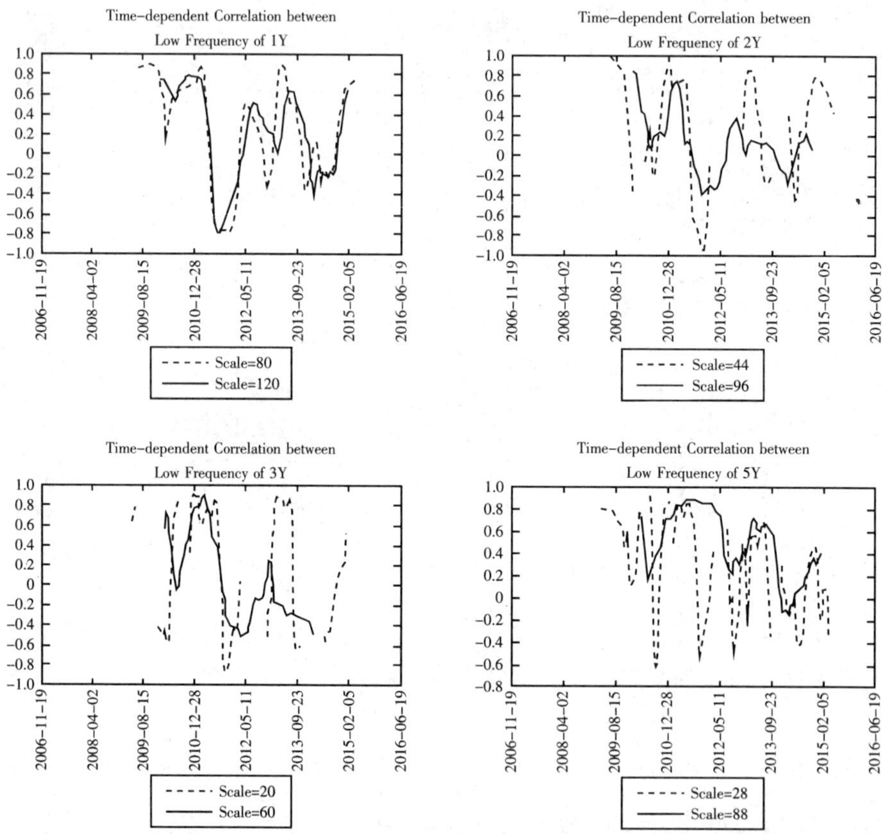

图6 不同窗宽下，1年期、2年期、3年期和5年期低频项之间的时变相关系数

而 5 年期低频项之间的相关系数在窗宽为 28 时于 2011 年底达到最大负相关，窗宽为 88 时在同一时点的相关系数转为大的正相关。再次表明，中美货币市场参与者的利率预期具有时变相关性，且中长期利率预期差异加大。

以上分析了中美两国货币市场利率预期的同期局部相关性，下面进一步考察两者之间存在时滞情形时的局部相关性，即时变交叉相关关系。针对四种期限的利率互换合约，分别计算［-50，50］时滞区间中的相关系数，其中在［0，50］区间内计算的相关系数是美国利率互换价格在前，中国利率互换价格在后，在［-50，0］区间内两者的顺序反过来。各期利率互换价格序列低频项之间的时变交叉相关关系如图 7 所示。

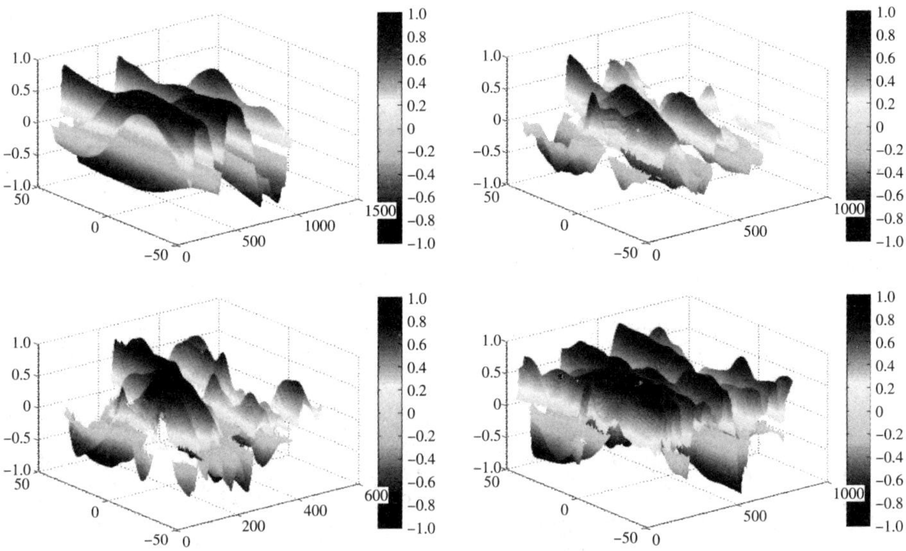

图 7 1 年期、2 年期、3 年期和 5 年期低频项之间的时变交叉相关程度

从图 7 可以看出，在不同时滞期下，中美利率互换价格低频项之间具有时变相关关系，其中，当美国利率互换价格领先时，中美利率互换价格间的正相关程度略高；当美国利率互换价格滞后时，中美利率互换价格间主要呈现负相关且强度不高，说明美国货币市场居于主导地位。另外，在相同时滞下，随着时间的推移，中美利率互换价格间的时变相关程度减弱，表明中美两国间美国货币市场的主导作用有下降趋势。

进一步地，图 8 是在给定领先滞后阶数的情形下，中美两国利率互换价格低频项之间的时变相关系数。各期利率互换价格低频项之间的交叉相关系数显示美国货币市场居主导地位，且在 2014 年之前领先中国货币市场 30 天

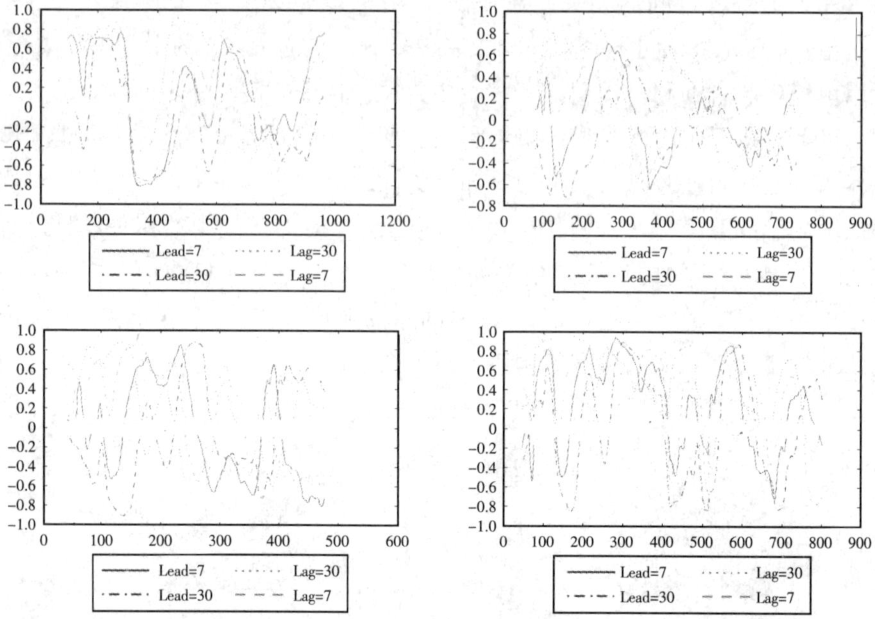

图8 不同领先和滞后阶数下，1年期、2年期、3年期和5年期低频项之间的交叉相关系数

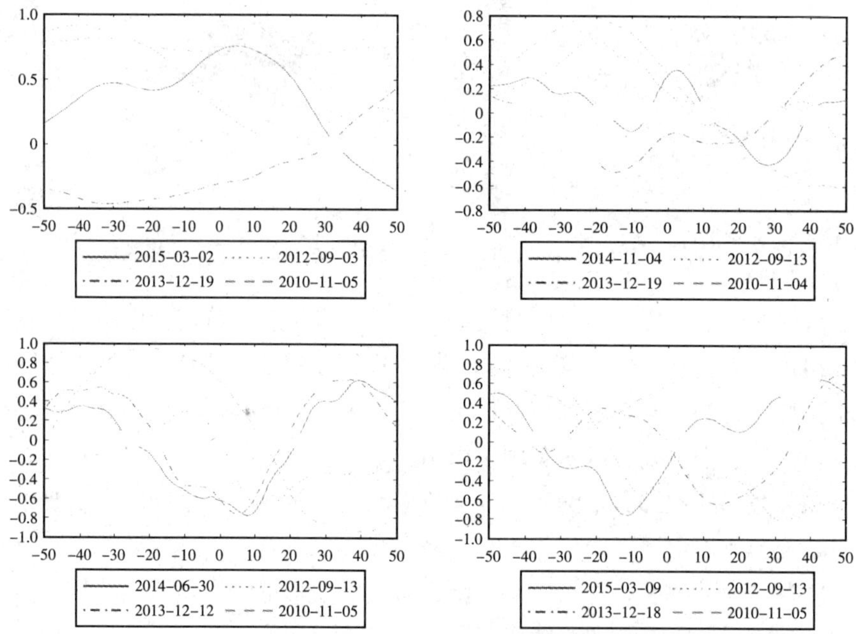

图9 不同时点下，1年期、2年期、3年期和5年期低频项之间的交叉相关系数

左右；从 2014 年 10 月开始，美国货币市场的短期和中长期利率预期领先中国货币市场利率预期 7 天，而 2 年期和 3 年期的交叉相关系数图表明两国利率预期的相关程度与领先滞后阶数有关。

图 9 显示在给定时点处，领先滞后阶数对中美利率互换价格低频项之间相关系数的影响。除了上述结论外，2010 年 11 月，1 年期和 5 年期利率互换价格之间没有明显的主导作用；2012 年 9 月，2 年期和 3 年期利率互换价格之间没有明显的主导作用。

四、结论与启示

本文分析中美货币市场利率的预期引导效应和利率预期之间的时变相关性，其中以四种不同期限的中美利率互换合约为研究对象，样本区间为 2008 年 2 月至 2015 年 7 月。对四组样本序列做平稳性检验，结果显示中国利率互换价格序列本身不平稳，美国利率互换价格序列本身是平稳的。为讨论市场利率预期的关联性，采用 EEMD 算法对四组 8 个时间序列进行多尺度分解，并将分解序列进行重组，得到高频项、低频项和趋势项，其中趋势项可表征货币政策的预期引导效应，低频项之间的时变相关性可表征原序列之间的相关性。结论主要有：中美两国央行对货币市场利率预期的引导功能都比较明显，而且美联储的中长期引导效应好于我国央行。在利率预期的关联性上，两国货币市场利率短期预期的时变相关性高，随着到期期限的延长，利率预期间的相关程度减弱；对相同期限的合约，市场参与者的利率短期预期差异较大，时变相关系数变化剧烈；当美国利率互换价格领先时，中美利率互换价格间的正相关程度略高；当美国利率互换价格滞后时，中美利率互换价格间主要呈现负相关且强度不高，说明美国货币市场居于主导地位。在相同时滞下，随着时间的推移，中美利率互换价格间的时变相关程度减弱，表明美国货币市场的主导作用有下降趋势。

由于货币市场短期利率预期体现央行的利率政策取向，中长期利率预期中包含有宏观经济发展态势等信息，故根据本文的实证结论，可以得到如下启示：

（1）我国央行对货币市场利率短期预期的引导作用较强，而中长期预期的引导功能还需进一步加强。这主要是由于我国的货币政策采用数量型和价格型相混合的模式，在该模式下利率政策在传导过程中不能完全发挥作用。因此，加快利率市场化进程和明确货币政策取向有助于提高央行预期管理效果和货币政策的预期效果。

（2）中美货币市场利率预期的短期联动性较高，而且不同时间尺度下的联动性出现分化现象，一方面，表明美国货币市场利率短期预期占主导地位，对我国货币市场利率短期预期有溢出效应；另一方面，基本国情决定了我国货币政策以相机抉择为主，使得市场的不同参与者对央行利率政策调整有不同的预期，进而减弱了我国货币政策的预期效果。因此，在考虑美国货币政策调整对我国的影响外，还应加强对公众预期的引导。

（3）从中长期预期来看，中美货币市场利率预期之间的时变相关性变化较快，并且随着时间的推移，美国货币市场的主导作用减弱。一方面，表明在利率市场化推进过程中，我国货币政策有相对的独立性；另一方面，表明随着我国金融市场的逐步改革和开放，在一定的时间频率下，中国货币市场利率预期的稳定性有待加强。因此，在我国避险金融工具和利率产品不完善的情况下，要妥善处理美国货币政策调整在一定时间内对我国货币市场的冲击。

（4）我国正逐步放开资本管制，积极推动利率市场化，但利率市场化改革成功的一个必要条件是进行有效的利率预期管理。在当前复杂的经济运行态势之下，如果央行能够清晰引导公众利率预期和增加货币政策的前瞻性，那么利率政策的小调整就能有力推进金融领域的改革创新，降低政策调整本身对市场的冲击，减缓经济波动，引导经济平稳运行到央行所期望的状态，并最终促进经济增长。

参考文献

[1] Barassi M. R., G. M. Caporale and S. G. Hall. Interest rate linkages: Identifying Structural Relations [J]. Applied Financial Economics, 2000 (15): 977-986.

[2] Barassi M. R., G. M. Caporale and S. G. Hall. Interest rate linkages: A Kalman filter approach to detecting structural change [J]. Economic Modeling, 2005 (22): 253-284.

[3] Chen X., Wu Z. and Huang N. E. The time-dependent intrinsic correlation based on the empirical mode decomposition [J]. Advances in Adaptive Data Analysis, 2010 (2): 233-265.

[4] Ciner C. Eurocurrency interest rate linkages: A frequency domain analysis [J]. International Review of Economics & Finance, 2011 (20): 498-505.

[5] Hong W., Wang J. Multiscale behavior of financial time series model from Potts

dynamic system [J]. Nonlinear Dynamics, 2014 (78): 1065-1077.

[6] Huang N. E., et al. The Empirical mode decomposition and the Hilbert spectrum for nonlinear and non-stationary time series analysis [J]. Proceedings of the Royal Society of Londons A, 1998 (454): 903-995.

[7] Huang Y. and Schmitt F.G. Time-dependent intrinsic correlation analysis of temperature and dissolved oxygen time series using empirical mode decompositions [J]. Journal of Marine Systems, 2014 (130): 90-100.

[8] Huang N. E., et al. A confidence limit for the empirical mode decomposition and Hilbert spectral analysis [J]. Proceedings of the Royal Society London A, 2013 (459): 2317-2345.

[9] Kim S. International transmission of U.S. monetary policy shocks: Evidence from VAR's [J]. Journal of Monetary Economics, 2001 (48): 339-372.

[10] Wu Z., Huang N. E. Ensemble empirical mode decomposition: A noise-assisted data analysis method [J]. Advances in Adaptive Data Analysis, 2009 (1): 11-41.

[11] 陈联，郁彬. 基于谱分析的中美利率波动周期比较 [J]. 上海金融，2011 (11).

[12] 方先明，裴平，蒋彧. 中美货币市场预期具有协动性吗？——基于利率互换合约价格的检验 [J]. 金融研究，2014 (7).

[13] 方意，方明. 中国货币市场基准利率的确立及其动态关系研究 [J]. 金融研究，2012 (7).

[14] 何帆. 面对加息周期新兴市场经济需要格外警惕 [J]. 中国外汇，2004 (9).

[15] 蒋贤锋，王贺，史永东. 我国金融市场中基准利率的选择 [J]. 金融研究，2008 (10).

[16] 李成，王彬，黎克俊. 次贷危机前后中美利率联动机制的实证研究 [J]. 国际金融研究，2010 (9).

[17] 李宏瑾，项卫星. 中央银行基准利率、公开市场操作与间接货币调控 [J]. 财贸经济，2010 (4).

[18] 刘涛，周继忠. 外部压力是否推动了人民币升值？——基于 2005~2010 美国施压事件效果的考察 [J]. 金融研究，2011 (11).

[19] 潘再见. 中央银行沟通与利率预期：理论分析与实证检验 [J]. 上海金融，2014 (4).

[20] 姚余栋，谭海鸣. 央票利率可以作为货币政策的综合性指标 [J]. 经济研究，2011 (2).

[21] 于震，徐晓妹. “次贷危机”后中美金融市场联动性更强了吗？[J]. 经济学家，2014 (9).

[22] 张晓慧. 全面提升 Shibor 货币市场基准利率地位 [J]. 中国金融，2011 (12).

[23] 赵东喜. 中美两国利率联动性研究 [J]. 亚太经济，2012 (3).

[24] 中国人民银行营业管理部课题组. 中央银行利率引导——理论、经验分析与中国的政策选择 [J]. 金融研究，2013 (9).

附录 A

这一部分给出 2 年期、3 年期和 5 年期中美利率互换价格的 EEMD 分解图和统计分析。

表 A.1 3MShibor2Y 合约价格各 IMF 分量及趋势项的统计分析

	平均周期	Pearson 相关系数	Spearman 相关系数	Kendall 相关系数	方差	方差占比原序列	方差占比分解后总模态
原序列					0.7731		
IMF1	2.79	0.0314	0.0194	0.0127	0.0059	0.77	0.73
IMF2	5.50	0.0500	0.0273	0.0180	0.0047	0.61	0.58
IMF3	11.33	0.0130	0.0581	0.0394	0.0119	1.54	1.46
IMF4	21.91	0.2825*	0.1922*	0.1267*	0.0429	5.55	5.27
IMF5	48.10	0.3483*	0.2398*	0.1616*	0.0329	4.26	4.04
IMF6	88.99	0.0622	0.0661	0.0607*	0.0968	12.52	11.89
IMF7	178	0.7193*	0.7732*	0.5438*	0.4364	56.44	53.60
趋势项		0.6022*	0.5288*	0.3566*	0.1826	23.62	22.43
加总					0.8141	105.29	100

注：* 表示在 5%置信水平下显著（双侧）。

表 A.2 3MLibor2Y 合约价格各 IMF 分量及趋势项的统计分析

	平均周期	Pearson 相关系数	Spearman 相关系数	Kendall 相关系数	方差	方差占比原序列	方差占比分解后总模态
原序列					0.2486		
IMF1	2.82	0.1038*	0.0094	0.0067	0.0021	0.86	0.86
IMF2	5.63	0.1413*	0.0580	0.0363	0.0025	1.00	0.97
IMF3	12.63	−0.1011*	0.0754*	0.0567*	0.0133	5.37	5.22
IMF4	26.43	0.5095*	0.2077*	0.1476*	0.0065	2.61	2.54
IMF5	45.56	0.2276*	0.0820*	0.0627*	0.0034	1.37	1.33
IMF6	104.29	0.1585	0.2266*	0.1733*	0.0073	2.92	2.85
趋势项		0.9188*	0.9320*	0.7830*	0.2204	88.66	86.26
加总					0.2556	102.79	100

注：* 表示在 5%置信水平下显著（双侧）。

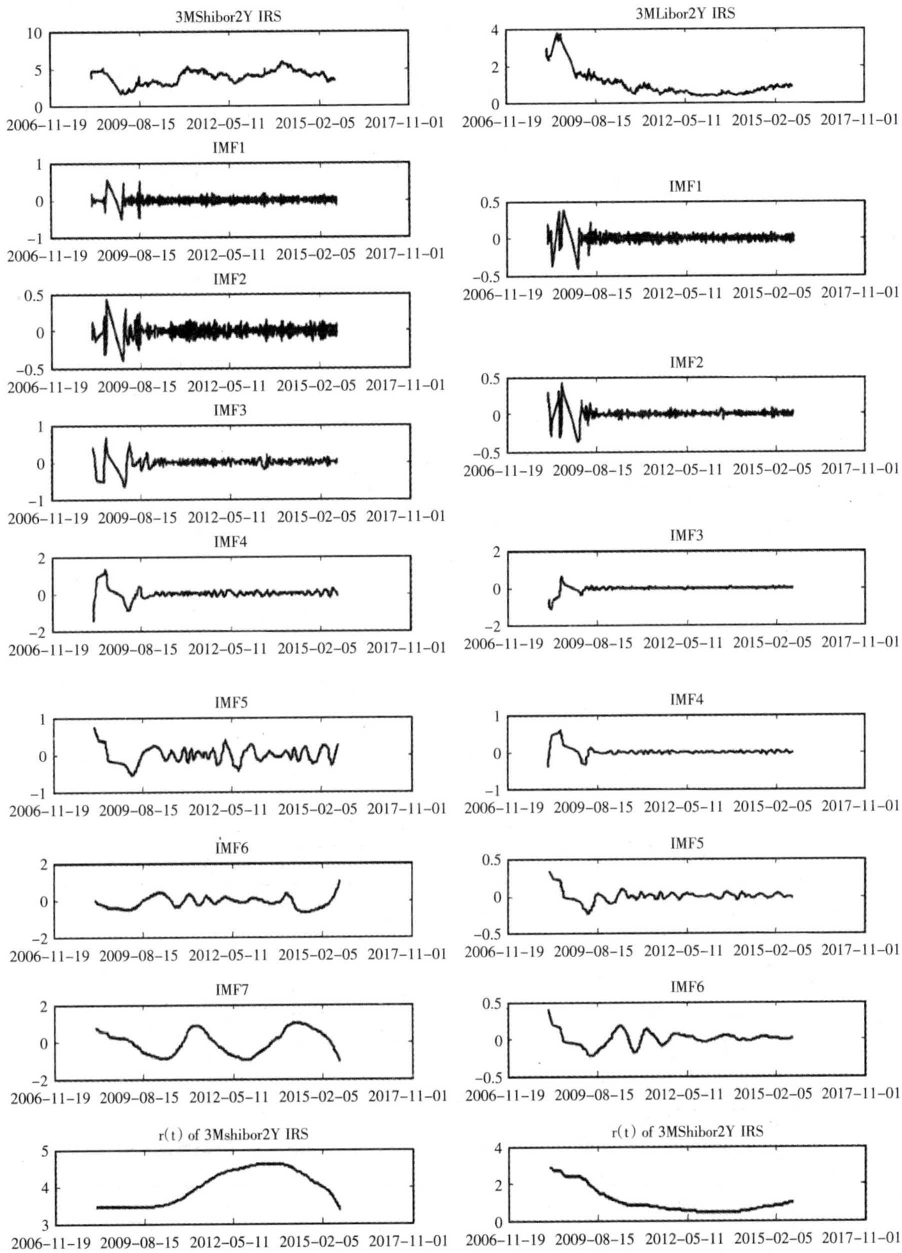

图 A.1 3MShibor2Y 和 3MLibor2Y 合约价格 IMF 分量及趋势项

表 A.3 3MShibor3Y 合约价格各 IMF 分量及趋势项的统计分析

	平均周期	Pearson 相关系数	Spearman 相关系数	Kendall 相关系数	方差	方差占比原序列	方差占比分解后总模态
原序列					0.5668		
IMF1	3.03	0.0774	0.0622	0.0415	0.0050	0.89	0.82
IMF2	6.26	0.1332*	0.1224*	0.0803*	0.0085	1.51	1.39
IMF3	13.05	0.1233*	0.1652*	0.1070*	0.0227	4.01	3.68
IMF4	32.68	0.3414*	0.1900*	0.1230*	0.0670	11.82	10.85
IMF5	55.19	0.3138*	0.1739*	0.1228*	0.0711	12.55	11.53
IMF6	120	0.6910*	0.7797*	0.6029*	0.3673	64.80	59.51
趋势项		0.4586*	0.3142*	0.1972*	0.0754	13.31	12.22
加总					0.6172	108.88	100

注：* 表示在 5%置信水平下显著（双侧）。

表 A.4 3MLibor3Y 合约价格各 IMF 分量及趋势项的统计分析

	平均周期	Pearson 相关系数	Spearman 相关系数	Kendall 相关系数	方差	方差占比原序列	方差占比分解后总模态
原序列					0.3187		
IMF1	2.73	0.0754	0.0605	0.0418	0.0024	0.76	0.75
IMF2	5.12	0.0971*	0.0816	0.0563	0.0039	1.21	1.19
IMF3	10.04	−0.0854	0.0789	0.0556	0.0135	4.24	4.18
IMF4	18.56	0.4469*	0.1569*	0.1053*	0.0176	5.52	5.45
IMF5	36.96	0.0022	0.0993*	0.0589*	0.0028	0.87	0.86
IMF6	84.20	0.2061*	0.2995*	0.2142*	0.0178	5.59	5.51
趋势项		0.9233*	0.9236*	0.7673*	0.2652	83.22	82.06
加总					0.3232	101.41	100

注：* 表示在 5%置信水平下显著（双侧）。

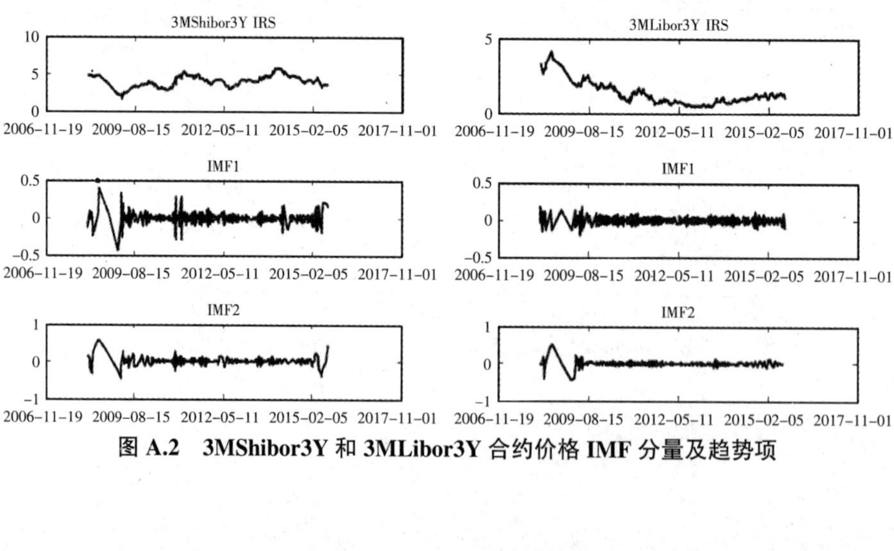

图 A.2 3MShibor3Y 和 3MLibor3Y 合约价格 IMF 分量及趋势项

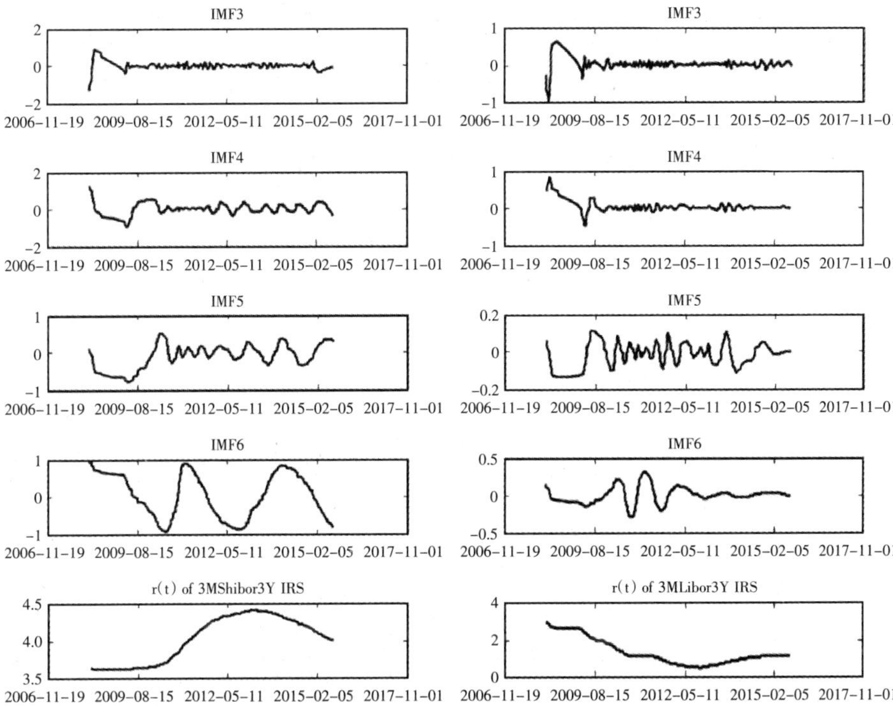

图 A.2 3MShibor3Y 和 3MLibor3Y 合约价格 IMF 分量及趋势项（续）

表 A.5 3MShibor5Y 合约价格各 IMF 分量及趋势项的统计分析

	平均周期	Pearson 相关系数	Spearman 相关系数	Kendall 相关系数	方差	方差占比原序列	方差占比分解后总模态
原序列					0.3802		
IMF1	2.82	0.0515	0.0402	0.0261	0.0027	0.71	0.66
IMF2	5.38	0.0854*	0.0562	0.0379	0.0037	0.96	0.90
IMF3	11.58	0.1646*	0.1145*	0.0774*	0.0094	2.47	2.32
IMF4	22.35	0.2117*	0.2007*	0.1335*	0.0173	4.56	4.28
IMF5	47.92	0.2377*	0.1886*	0.1412*	0.0244	6.41	6.02
IMF6	95.50	0.3468*	0.3109*	0.2129*	0.0684	17.99	16.90
IMF7	150.50	0.8240*	0.8415*	0.6450*	0.2779	73.09	68.64
趋势项		0.0986*	-0.0468	-0.0278	0.0011	0.29	0.28
加总					0.4048	106.48	100

表 A.6 3MLibor5Y 合约价格各 IMF 分量及趋势项的统计分析

	平均周期	Pearson 相关系数	Spearman 相关系数	Kendall 相关系数	方差	方差占比原序列	方差占比分解后总模态
原序列					0.4766		
IMF1	2.89	0.0029	0.0364	0.0264	0.0028	0.58	0.57
IMF2	6.03	0.0300	0.0368	0.0258	0.0041	0.86	0.85
IMF3	12.82	-0.1756*	0.0466	0.0369	0.0369	7.74	7.67
IMF4	25.03	0.3279*	0.1662*	0.1136*	0.0084	1.76	1.75
IMF5	61.29	0.2112*	0.3245*	0.2500*	0.0341	7.15	7.09
IMF6	101.83	0.0908*	0.1274*	0.1056*	0.0654	13.73	13.62
IMF7	185	0.8841*	0.8131*	0.6363*	0.2898	60.80	60.31
趋势项		0.7790*	0.6083*	0.4435*	0.0391	8.20	8.13
加总					0.4804	100.81	100

注：* 表示在 5%置信水平下显著（双侧）。

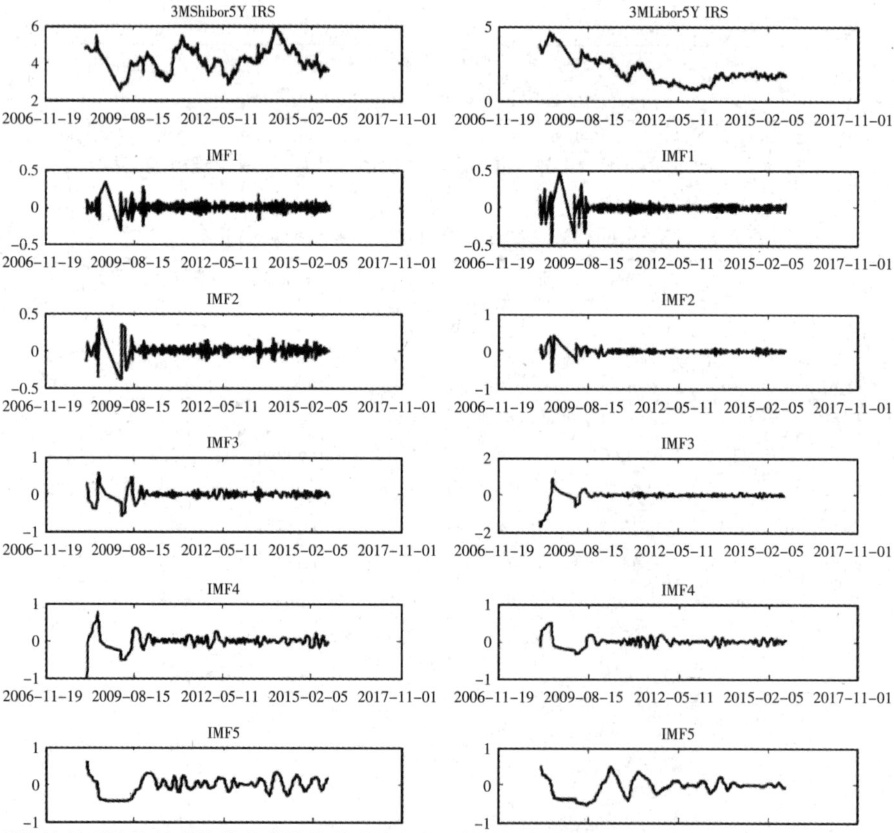

图 A.3 3MShibor5Y 和 3MLibor5Y 合约价格 IMF 分量及趋势项

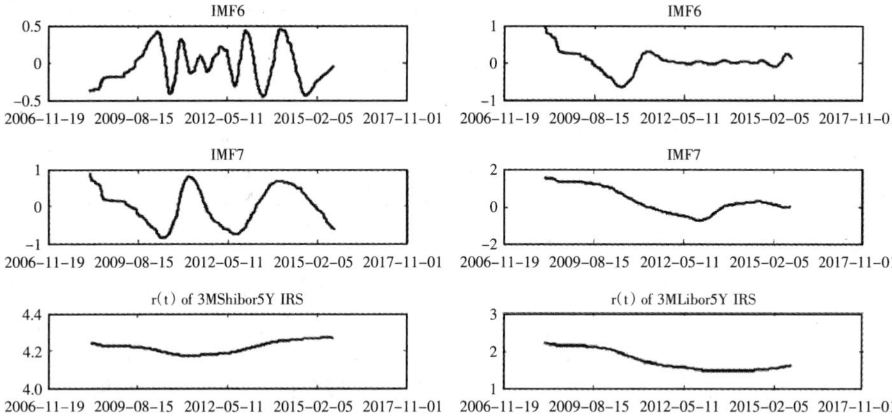

图 A.3　3MShibor5Y 和 3MLibor5Y 合约价格 IMF 分量及趋势项（续）

附录 B

这一部分给出 2 年期、3 年期和 5 年期中美利率互换合约价格高频分量、低频分量和趋势项图，以及误差曲线。

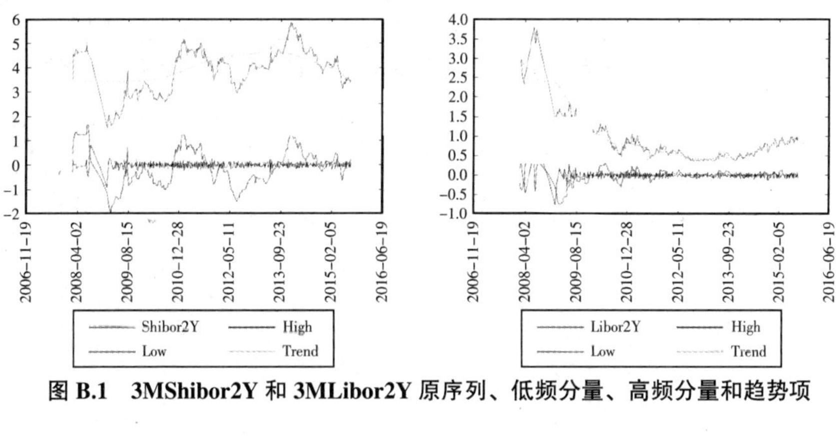

图 B.1　3MShibor2Y 和 3MLibor2Y 原序列、低频分量、高频分量和趋势项

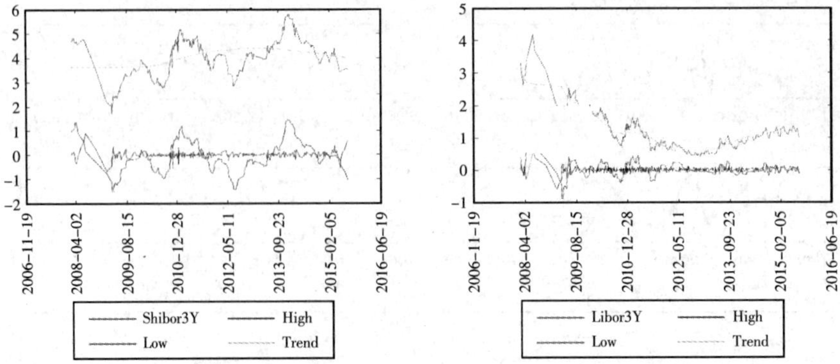

图 B.2 3MShibor3Y 和 3MLibor3Y 原序列、低频分量、高频分量和趋势项

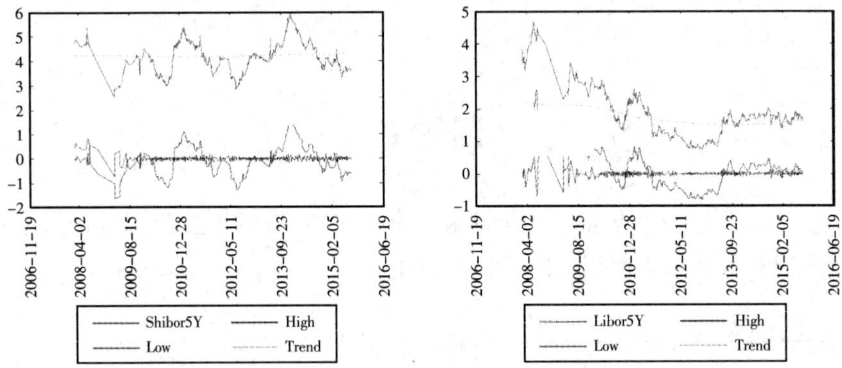

图 B.3 3MShibor5Y 和 3MLibor5Y 原序列、低频分量、高频分量和趋势项

经济发展方式转变对中国用水强度的影响

王喜峰
（中国社会科学院数量经济与技术经济研究所，北京　100732）

一、前　言

水是生命之源、生产之要、生态之基。服务于经济社会的用水对人类有重要的影响。由于越来越强烈的人类活动，服务于经济社会的水资源循环往复形成中国水资源利用，成为水循环的重要组成部分，并严重影响水循环过程。王浩等（2005）提出"二元"水循环理论，是近年来水资源领域重要理论之一。根据"二元"水循环理论，自然水循环的驱动力为太阳辐射和地球引力等，其完整路径是降水—产流—蒸发—排泄。而社会水循环的驱动力则被合称为"社会势"，有理论进一步将其分解为政治势、经济势和政策势等，其循环路径为供水—用水—排水。经济系统是中国水资源利用的非常重要的驱动因素（见图1）。根据《2013年水资源公报》，我国共用水6183.4亿立方米，占当年水资源总量的22.1%，其中，农业用水占总用水量的63.4%，工业用水占22.8%，生活用水占12.1%。由于《水资源公报》统计口径的关系，城镇生活用水中包含建筑业用水和服务业用水，日常生活用水也是居民对水资源（产品）的消费；农村居民生活用水也包括家禽牲畜用水和居民日常生活用水。生态环境用水中，人为措施用于城镇环境用水的也可以看作是经济

［基金项目］国家社科基金青年项目"国家安全视角下水资源管理制度体系研究"（编号：13CGL091）、国家自然科学基金重点项目（编号：50939006）。李玮亦对本文有贡献。

系统内在驱动的，是一种消费行为。从以上分析中可以看出，几乎所有的中国水资源利用通量都可以看作由经济系统驱动。

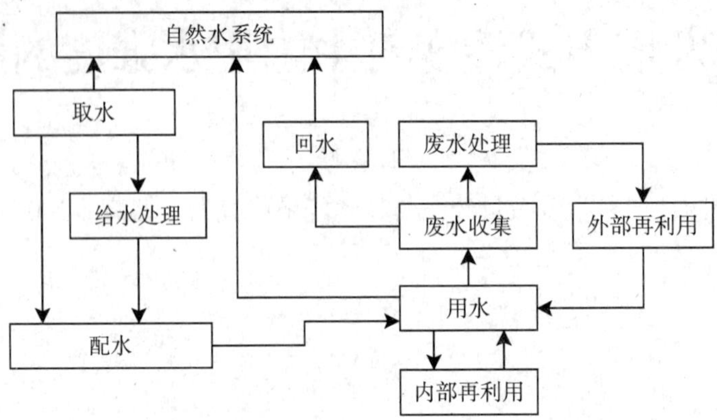

图 1 社会水循环系统循环机制及与自然水系统关系

然而，近年来我国经济飞速跨越式发展，GDP 总量已居世界第二位，2013 年的实际 GDP 总量是 1997 年实际 GDP 总量的 4 倍以上，而总用水量只增加了 617 亿立方米，增量只相当于 2013 年总用水量的 1/10，17 年间平均每年增长不足 1%。而同时期，与水资源属性相似的中国能源消费总量增长了 3 倍以上。水资源、土地资源、能源等是支持经济发展的主要因素，其通量驱动因素具有一定的相似性（见图 2）。这些年，我国经济发展方式发生着深刻的变化，技术水平、产业结构、消费方式、发展战略都发生着深刻变化，缓慢增长的用水量背后经济系统的各个因素究竟产生什么作用，每个因素对中国水资源利用演变的作用强度是多少，本次研究利用投入产出模型对中国水资源利用演变的经济驱动因素进行归因分析。

二、水资源利用变化趋势

根据王建华（2014）的研究，从图 3 可以看出，近 100 多年来，世界水资源利用总量发生明显的增长，主要的拐点有第二次世界大战之后，第三次工业革命开始以及 20 世纪 80 年代末 90 年代初。从趋势看，1900~1950 年增长相对较为平稳，1950 年之后，增长速度加快，这种速度基本一直持续到 20 世纪 80 年代末。20 世纪 80 年代末，随着工业化、全球化，用水量增速进一步提升。

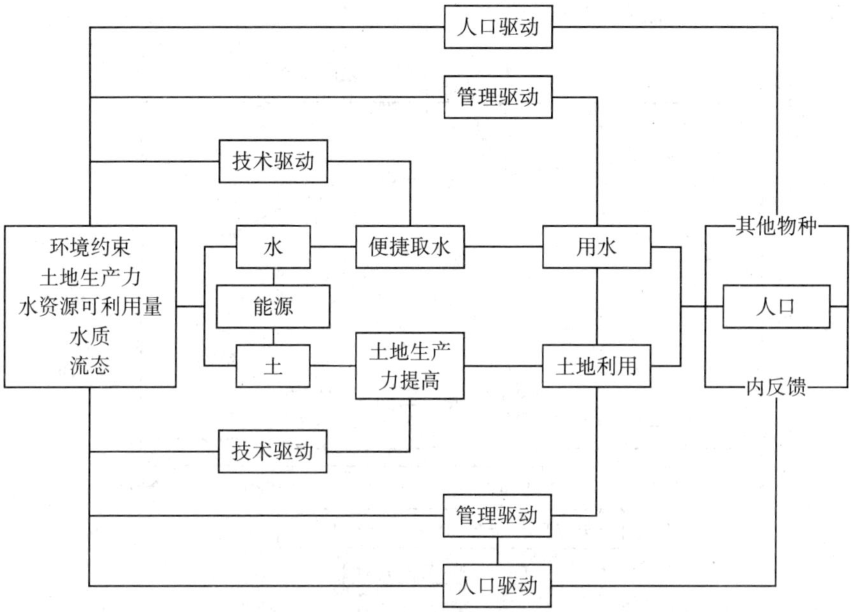

图 2 水资源、土地资源和能源支撑经济系统的结构

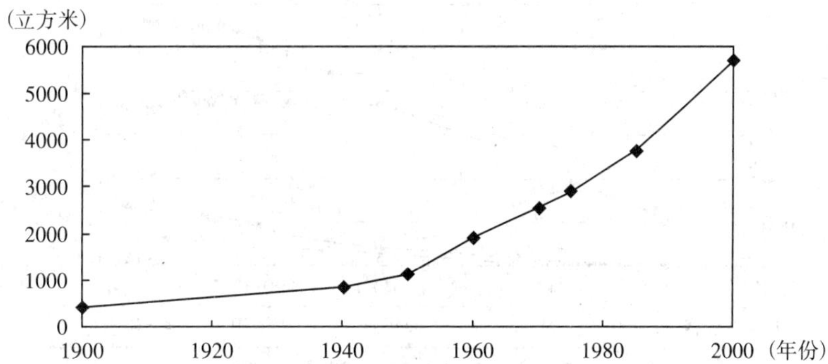

图 3 世界用水总量

从用水结构看（见图 4），城市的生活用水占比一直变化不大，保持在 10%之内，工业用水占比明显升高，农业用水占比明显下降。工业用水比例从 1900 年不到 10%增加到 2000 年 30%左右。农业用水占比从 1900 年不到 90%下降到 2000 年不到 60%左右。

自新中国成立以来，我国水资源利用总量迅速增加，增量最快的时期是新中国成立后到 1980 年，增加最多的是农业用水。1980 年之后，曾经有短暂的下降，到 1990 年左右，又迅速升高。2000 年之后，用水总量趋于平稳

(见图5)。城市生活用水和工业用水一直增加，农业用水在1980年后趋于平稳，并有稍微下降的趋势。

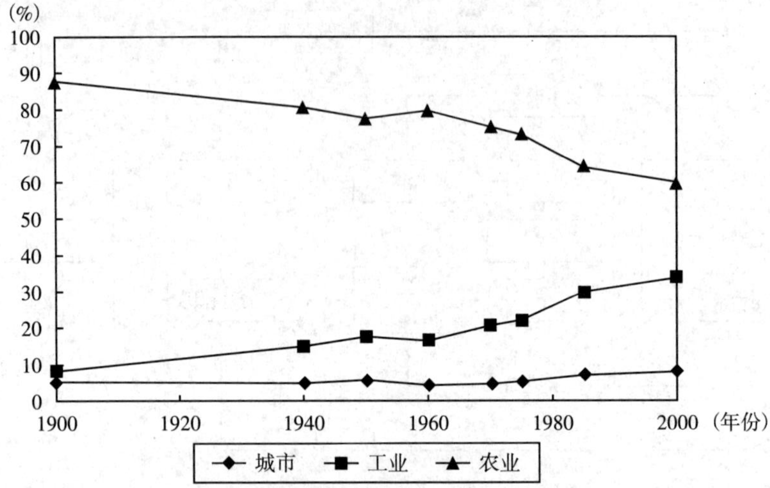

图4 世界用水结构

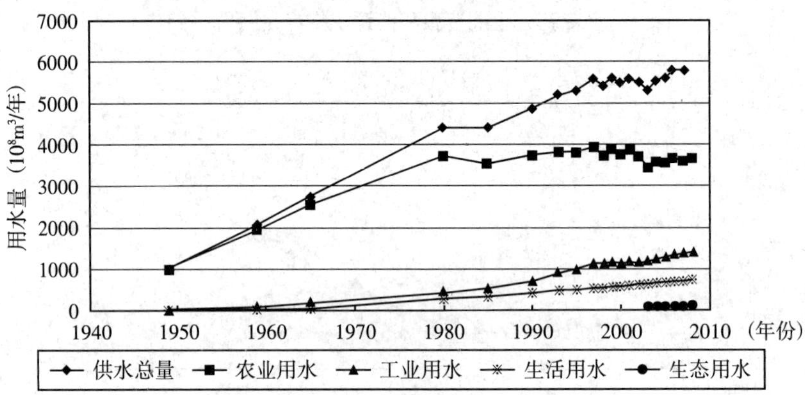

图5 中国水资源利用量变化

从图6可以看出，农业用水占比一直在下降，从接近100%下降到60%左右，工业用水和生活用水一直增加，从接近0%，工业用水增加到不到30%，生活用水增加到10%以上。

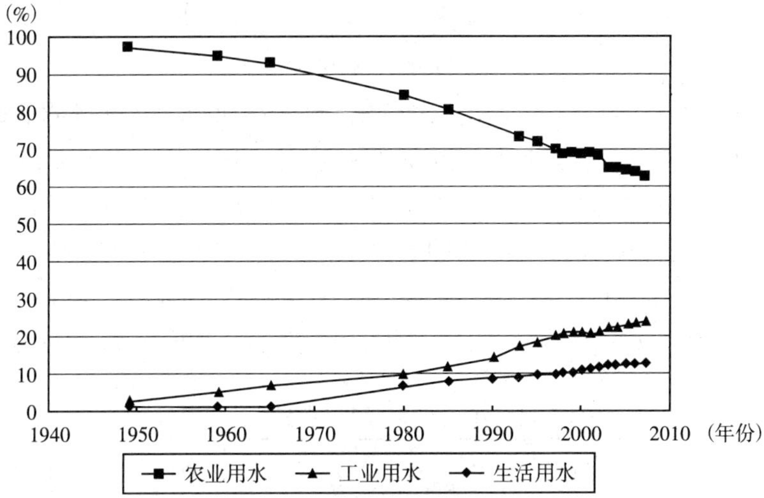

图 6 中国水资源利用量结构

三、模型结构

本文考虑到中国用水强度驱动因素的特性，认为投入产出模型和结构分解分析（SDA）方法是其进行分解分析的首选工具。其主要优势体现在投入产出表能够与中国水资源利用量关联，并能反映出经济因素对中国水资源利用量的驱动，利用 SDA 的比较静态分析可以分析出驱动其演变的因素。

（一）水资源投入产出模型的改进

我国对水资源投入产出模型的研究相对较多。在已构建的水资源投入产出模型中存在以下问题：①部门设置过于简单，一般是将来自于《水资源公报》上的几个用水部门——农业用水、工业用水、生活用水直接代入投入产出表中；②忽略了进口的影响，水资源的实际使用是伴随在国内的中间投入之中，由于进口的存在，实际的中间投入国产品小于全部的中间投入，在已有的水资源投入产出模型中忽略了进口的影响；③数据口径不匹配，投入产出表中的数据口径与经常使用的《水资源公报》的口径不一致，例如，《水资源公报》中工业用水是投入产出表中制造业，采掘业，电力、热力和水的生产供应业的用水，而建筑业和第三产业用水统计在城镇生活用水中；④对最终需求部分的用水大多没有考虑，最终需求部分是居民活动对经济产品的实际需求，与生活用水的非生产部分的需求有相似的驱动机制；⑤部分研究采用的是非可比价的投入产出表，忽略了价格因素。

对此，本文从以下方面解决以上问题：①根据 2008 年经济普查数据的各工业行业用水统计情况对投入产出表的各行业用水进行估算，建立 23 个行业的投入产出表；②根据出口（竞争）的投入产出表建立水资源出口（竞争）型投入产出表（见表 1），考虑进口对各行业的影响；③在前人研究的基础上，对生活用水进行分解，将部分生活用水放到生产用水中，剩余的生活用水放到城镇和农村的最终需求中。具体的水资源投入产出表如表 1 所示。

表 1 （进口）非竞争型水资源投入产出模型

	中间投入	最终需求（消费、固定资产、出口）	进口	总产出
国内产品	A^iX	$Y^i = FNSOy^i$		$X = (I - A^i)^{-1}Y^i = LY^i$
进口产品	A^eX	Y^e	E	
增加值	V			
总投入	X^T			
中国水资源利用通量	$W^1 = D^i * X^T$	$W^2 = D^2 * y^i$		

（二）制造业和采掘业分行业中国水资源利用强度

本次研究的水资源投入产出表行业分类如表 2 所示，共 23 个行业。《水资源公报》上工业用水统计口径是制造业、采掘业以及火电和核电力等用水，其中火电、核电力用水量较大，在《水资源公报》中有单独列示。根据 2008 年经济普查数据统计制造业和采掘业规模以上用水数据，以及 2007 年《全国投入产出表》中“水的生产与供应业中对应到各行业”的投入数据（以价格计算），考察分水系数的对应关系。图 7 给出了根据不同的数据计算的分水系数对应情况，其中横轴是制造业和采掘业各行业的“水的生产与供应业”的投入情况与这些行业总的“水的生产与供应业”投入比值，纵轴是利用 2008 年经济普查数据统计的各行业规模用水与这些行业总的规模用水的比值，可以看出对应关系较好。

表 2 行业及代码

代码	行业	代码	行业
1	农林牧渔业	13	非金属矿物制品业
2	煤炭开采和洗选业	14	金属冶炼及压延加工业
3	石油和天然气开采业	15	金属制品业
4	金属矿采选业	16	通用、专用设备制造业
5	非金属矿采选业	17	交通运输设备制造业
6	食品制造及烟草加工业	18	电器、机械及器材制造业
7	纺织业	19	通信设备、计算机及其他电子设备制造业
8	服装、皮革、羽绒及其制品业	20	仪器仪表及文化办公用机械制造业
9	木材加工及家具制造业	21	其他制造业
10	造纸印刷机文教用品制造业	22	电力、燃气以及水的生产和供应业
11	石油加工、炼焦及核燃料加工业	23	建筑业以及服务业
12	化学工业		

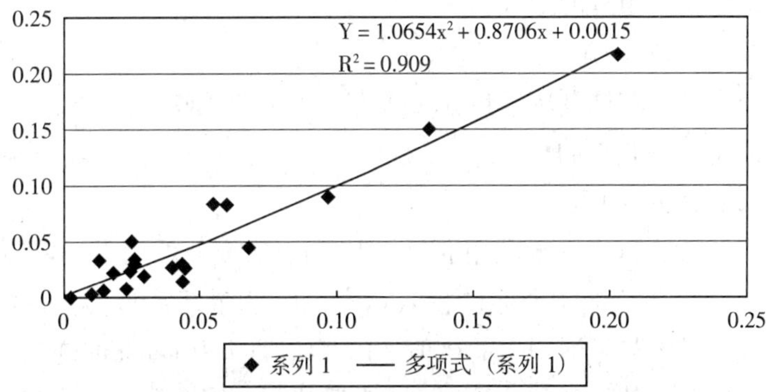

图 7 利用不同数据得到制造业和采掘业分水系数的对应关系

从图 7 可以看出，可以利用投入产出表中的“水的生产与供应业”的投入数据确定制造业和采掘业的分水系数。制造业和采掘业中国水资源利用通量为《水资源公报》中的工业用水数据减去火电、核电力用水数据。

（三）第三产业和最终需求的中国水资源利用强度

《水资源公报》中生活用水数据分为城镇生活用水和农村生活用水，其中城镇生活用水统计口径中包含了建筑业用水、第三产业用水和居民生活用水；农村生活用水包括家养牲畜用水和农村居民生活用水。第三产业用水和建筑业用水数据主要来自王浩和王建华（2014）的研究，并且根据其方法估算了 1992 年和 1997 年的第三产业和建筑业用水。在水资源投入产出模型中，考虑到建筑业和服务业用水统计的特性以及驱动机制的相似性，将相关行业进行合并。考虑到农村生活用水由家养牲畜用水和居民用水组成，根据王浩和王建华（2014）相关研究以及《水资源公报》统计，2006年农村居民用水约占总的生活用水（农村和城镇）26.1%，家养牲畜用水约占16.5%，家养牲畜直接进入最终消费，不再进行划分。也就是说，城镇生活用水反映在最终需求中是城镇生活用水减去第三产业和建筑业用水，农村居民用水反映在最终需求中是《水资源公报》中的农村生活用水。

（四）中国水资源利用强度与经济系统的关联

均衡的投入产出模型的基本公式为：

$$X = AX + Y \tag{1}$$

式中，X为总产出；A为总技术系数矩阵；Y为最终需求。式（1）还可以写成列昂惕夫逆矩阵的形式：

$$X = (I - A)^{-1} Y = LY \tag{2}$$

考虑到中国水资源利用通量在投入产出表中的关联：

$$\begin{aligned} W &= W^1 + W^2 = D^i X + D^2 y^i \\ &= D^i LFNSO y^i + D^2 y^i \end{aligned} \tag{3}$$

式中，W为中国水资源利用通量，W^1为三次产业的用水，W^2为居民生活的用水；D^i为各行业水资源的投入强度，D^2为最终需求的直接水资源消费率，即最终需求与生活用水的比值。$L=(I-A)^{-1}$为Leontief逆矩阵，反映各部门最终使用对其他部门的消耗；F为反映国内制造业内部改变的影响矩阵；N为对角矩阵，反映第二产业与第三产业的结构变动的影响矩阵；S反映的是三次产业结构变动对中国水资源利用通量的影响矩阵；O为最终需求分配结构的影响矩阵；y^i为国产品的最终需求总量。

（五）中国水资源利用强度的归因分析

假定变量之间不相关，则式（3）可以分解为：

$$\begin{aligned} \Delta w &= w_1 - w_2 = w_1^1 - w_2^1 + w_1^2 - w_2^2 \\ &= D_1^i L_1 F_1 N_1 S_1 O_1 y_1^i - D_2^i L_2 F_2 N_2 S_2 O_2 y_2^i + D_1^2 y_1^i - D_2^2 y_2^i \end{aligned} \tag{4}$$

式中，下标1代表基期，下标2代表本期。

但是，根据Dietzenbacher和Los的研究，中间投入系数与水资源系数矩阵以及其他基于总投入比率的矩阵存在相关性，因此需要对中间投入系数矩阵进行处理，本文利用 Dietzenbacher 和 Los 的方法进行处理，即：$A_2' = A_2 R_2^{-1'} R_1$，则 $L' = (I - A')^{-1}$。

对式（4）进行进一步分解可知，分解的结果是非唯一的，且结果的个数与其因素的个数 n 有关，结果个数为 n! 个。根据 Fujimagari（1989）和 Betts（1989）提出的两极分解得出的结果与这些结果极为接近。根据两极分解法，式（4）可以分解为：

$$\Delta w = D_1^i L_1 F_1 N_1 S_1 O_1 \Delta y^i + D_1^i L_1 F_1 N_1 S_1 \Delta O \quad y_2^i + D_1^i L_1 F_1 N_1 \Delta S \quad O_2 y_2^i + D_1^i L_1 F_1 \Delta N \quad S_2 O_2 y_2^i + D_1^i L_1 \Delta F \quad N_2 S_2 O_2 y_2^i + D_1^i \Delta L \quad F_2 N_2 S_2 O_2 y_2^i + \Delta D^i \quad L_2 F_2 N_2 S_2 O_2 y_2^i + D_1^2 \Delta y^i + \Delta D^2 y_2^i \tag{5}$$

式中，右边第 1 项与第 8 项为最终需求变化引起的中国水资源利用通量变化；第 2 项为最终需求结构变化引起的中国水资源利用通量变化；第 3 项为三次产业结构变化引起的中国水资源利用通量变化；第 4 项为第二产业和第三产业的结构变化引起的中国水资源利用通量变化；第 5 项反映的是制造业变化引起的中国水资源利用通量变化；第 6 项反映的是中间投入引起的中国水资源利用通量变化；第 7 项和第 9 项为水资源投入系数引起的中国水资源利用通量变化。

本文所使用的原始投入产出表根据张友国的研究进行整理合并，其给出的投入产出表格已经分出了中间投入中来自国内产品和国外产品。本文的水资源投入产出表在原始投入产出表的基础上，根据上文所述的方法进行关联形成，由于行文原因，不再给出表格。

四、结果分析

（一）结果展示

表 3 是中国水资源利用演变（生产性中国水资源利用通量）的各经济因素驱动的归因分析结果。从表 3 可以看出，在 1992~2005 年，用于第一、第二、第三产业的生产性中国水资源利用通量从 5607.71 立方米下降到 4964.26 立方米，下降了 643.45 立方米，降低了 11.47%。就三产结构来看，农业中国水资源利用通量从 1992 年的 4634 亿立方米下降到 2005 年的 3580

亿立方米，降低了1054亿立方米，是整个生产性中国水资源利用通量降低绝对值的近两倍。制造业和采掘业中国水资源利用通量从1992年的922亿立方米增加到2005年的1285.20亿立方米。服务业和建筑业中国水资源利用通量从1992年的51.74亿立方米增加到2005年的99.09亿立方米。

1992~2005年，从经济因素来看，驱动生产性中国水资源利用通量的主要因素是节水性的技术进步，也就是在去除了价格因素之后，单位中国水资源利用通量能够创造出更多的产品。节水性的技术进步是期间水资源通量减少主要因素，其降低的绝对值是期间整个中国水资源利用通量的近10倍以上，减少了近6675.08亿立方米。中间投入的技术进步增加了中国水资源利用通量，增加了816.29亿立方米。最终需求增加了中国水资源利用通量达到7221.44亿立方米，高于节水技术进步减少的水循环通量。需求结构的改

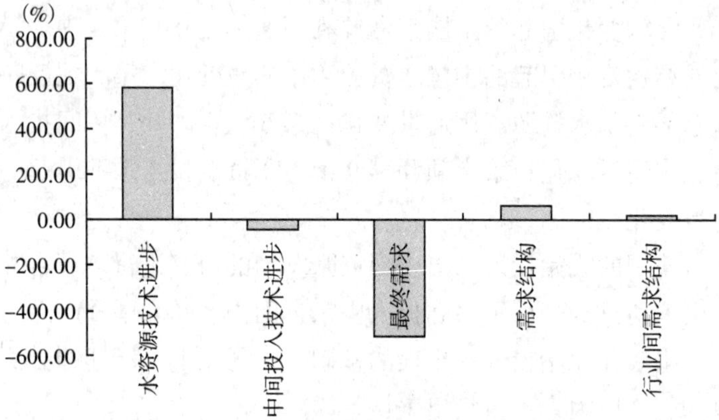

图8 经济因素的作用关系

表3 生产性中国水资源利用演变各经济因素驱动及占比（亿立方米）

年份		节水性技术进步	中间投入技术进步	最终需求	需求结构	行业间需求结构	合计
1992~1997	绝对值	–2924.45	243.35	2600.96	–325.28	–97.07	–502.48
	百分比（%）	582.00	–48.43	–517.62	64.73	19.32	100.00
1997~2002	绝对值	–1369.04	135.10	1952.11	–1151.95	290.41	–143.37
	百分比（%）	954.93	–94.24	–1361.63	803.51	–202.57	100.00
2002~2005	绝对值	–1210.85	265.17	1678.79	–621.12	–109.58	2.40
	百分比（%）	–50434.79	11044.87	69925.48	–25871.25	–4564.31	100.00
1992~2005	绝对值	–6675.08	816.29	7221.44	–1228.77	–777.33	–643.45
	百分比（%）	1037.39	–126.86	–1122.31	190.97	120.81	100.00
1992~2002	绝对值	–4557.32	361.15	4812.51	–1334.98	72.79	–645.85
	百分比（%）	705.63	–55.92	–745.15	206.70	–11.27	100.00

进减少了 777.33 亿立方米，行业间需求结构的改进减少了 643.45 亿立方米。这些经济因素的共同作用对中国水资源利用的演变具有相互抵消的作用，其中节水的技术进步和最终需求成为左右全局的决定性力量，是相互角力下作用形成的。

分时段来看，各因素作用的绝对值变化不大。需要说明的是，由于每个时段计算的独立性，即每个时段对应一个分解，因此 1992~2005 年的整体变化及分解情况，不是简单地将各时段加总的结果。由于生产性的中国水资源利用通量在各个因素的共同作用下，绝对量远小于节水性技术进步和最终需求作用的绝对值。这也是为什么在经济高速发展（最终需求的大幅提高）情况下，中国水资源利用通量并没有像能源那样快速发展。

（二）原因分析

经济的高速发展带来最终需求的快速提升，对经济系统产品和服务的需求越来越多，这在很大程度上应该大幅刺激对水资源的需求，然而，用于生产的中国水资源利用通量在这些年大幅下降。就产业而言，农业大幅下降，工业和服务业上升。我国《水法》规定“开发、利用水资源，应当首先满足城乡居民生活用水，并兼顾农业、工业、生态环境用水以及航运等需要”。第三产业用水作为居民生活用水一部分优先级较高，工业由于较高的附加值也得以保障，特别是占工业供水一半的火电、核电力用水由于其基础性，用水的隐形优先级也较高。农业用水一再受到挤占，特别是在地方节水办法、抗旱规定中都得到充分的体现。

此外，我国农业生产用水方式比较粗放，其自身的节水潜力巨大。随着抗旱育苗技术、农田水利设施的不断完善，尽管在农业用水下降的情况下，我国农业仍实现了长时间的连续增长。农业节水技术进步是驱动中国水资源利用演变的极其重要因素。

由于工业用水的重要方面是火电、核电力用水，该部分用水总量占工业用水的一半左右。水在电力生产过程中是良好的热传导体，不是必需的消耗品。所以，尽管经济发展带来最终需求的增多，对电力的需求高速增加，但随着电力节水技术的提升，电力用水增加平稳，没有随发电量的大幅增加而增加。

第三产业的用水机制基本与从业人员有关，其用水不体现在产品或服务上。第三产业的用水机制与居民生活用水相类似。随着第三产业的发展，这部分的用水虽然迅速增加，但由于其基数较低，绝对增量难以与第一、第二产业相比。

五、结论及启示

本文利用2008年经济普查数据和水利普查数据进行了分行业用水量的推算，并开发出23个部门的水资源投入产出模型；纠正了国内学者普遍使用的模型中，中间投入中没有考虑进口产品对水资源投入的影响；在分析中考虑了经济发展方式转变对社会水资源通量演变的影响。最后得出，1992~2005年，节水性技术进步对中国水资源利用通量的增加贡献是1037.39%，最终需求对中国水资源利用通量的贡献是-1122.31%，中间投入技术进步贡献为-126.86%，需求结构变化贡献为190.97%，行业结构需求变化为120.81%。也就是说，在没有技术进步的情况下，最终需求的增加会使现在的中国水资源利用通量增加11倍以上。在1992~2005年的最终需求下，现有的节水技术进步使得中国水资源利用通量减少9/10。

从以上分析中可以得出以下启示：第一，中国水资源利用通量的最终动力是经济发展，经济发展使最终需求增加，使生产性中国水资源利用通量在没有技术进步的情况下大幅增加。第二，由于节水型技术进步的作用抵消了增加的部分，最终生产性水循环通量减少。第三，水资源对经济发展的硬约束相对较少，原因是原有农业生产方式过于粗放，农业用水可进一步降低。第四，将农业用水有序地转移到工业、服务业是有效的节水方式。

参考文献

[1] 陈锡康，刘秀丽，张红霞等. 中国9大流域水利投入占用产出表的编制及在流域经济研究中的应用 [J]. 水利经济，2005，23 (2).

[2] 秦大庸，陆垂裕，刘佳宏等. 流域“自然—社会”二元水循环理论框架 [J]. 科学通报，2014，59 (4-5).

[3] 桑学锋，周祖昊，秦大庸等. 基于广义ET的水资源与水环境规划研究Ⅱ：模型 [J]. 水利学报，2009，40 (10).

[4] 王浩，贾仰文，王建华等. 人类活动影响下的黄河流域水资源演化规律初探 [J]. 自然资源学报，2005，20 (2).

[5] 王建华，王浩等. 中国水资源利用原理与调控 [M]. 北京：科学出版社，2014.

福建省城镇化质量评价体系构建及运用的探析

陈　清
（福建师范大学经济学院，福建福州　350007）

随着福建省经济社会持续、快速、健康发展，城镇化也取得了显著成效，具体表现为城镇人口迅速增加，城镇化率大幅提高，城市数量和规模不断扩大，城镇综合服务能力不断增强，城镇基础设施不断完善，城乡协调发展水平不断提高。但在城镇化发展过程中也引发了一系列问题，如大中小城市和小城镇之间的发展差距较大，基本公共服务品质和均等化水平较低，城镇空间布局还需进一步优化，城镇基础设施水平有待进一步提高，城市职能需进一步完善，体制机制不健全，农民工及其随迁家属难以融入城市社会，等等。

因此，在城镇化发展过程中，不仅要关注城镇人口数量的增加，还要综合考虑经济、社会、环境等多方面的因素，加强对城镇化质量的研究，使城镇化发展有了质的飞跃。这对于明确城镇化发展方向，提高城镇化发展质量具有重要意义。

一、文献综述

由于国内外城镇化发展所处阶段和面临的任务不同，目前，国外学者对城镇化质量的研究比较少。而随着我国城镇化进程的加快，城市病的不断出现，国内学者越来越注重城镇化质量的研究。叶裕民[①]（2001）认为城市现代化包括城市经济现代化、基础设施现代化和人的现代化三个方面，并从这三个方面选取12个具体指标构建城镇化质量评价体系，通过主观权重赋权法对各指标与现代化的目标值的比较，对我国300万人口以上的9个超大城市的城镇化质量进行了实证分析。叶裕民建立的这一指标体系受到很多学者的认可，并得到了广泛引用。例如：赵雪雁[②]（2004）基于“以人为本”的思想，从经济实力现代化水平、居民素质与生活质量现代化水平、科技与信息现代化水平、环境发展水平四个方面选取了14个指标，建立了西北地区城市化质量评价体系，将西北地区与全国城市、东部城市的城市化质量分别进行了比较分析。国家城调总队、福建省城调队课题组[③]（2005）在研究中国城市化质量时也借鉴了叶裕民的指标构建体系，主要从两个基本要素考虑建立中国城市化质量评价体系：一是反映城镇的发展质量方面的城镇化核心载体，主要包括社会发展质量、经济发展质量、基础设施质量、居民生活质量、生态环境质量五个方面；二是反映区域的发展质量方面的城镇化区域载体，主要由反映城乡间社会经济相互联系的指标，以及反映生产、生活水平方式城乡差异的指标构成。王忠诚[④]（2008）从城市现代化和城乡一体化两个层面选择16个指标构建了城镇化质量评价指标体系，并与各指标的目标值比较，做了实证分析。

刘素冬[⑤]（2006）认为城镇化质量指标应该是体现城镇实力的指标体系、城镇能否提高居民生活质量的指标体系、政府政策的指标、城镇容量的指标、城镇资源的承载能力的指标。郑亚平[⑥]（2007）认为省域城镇化质量水平是一项综合性指标，应包括省域各主要城镇（设定为地级及以上城镇）组成的城镇系统对经济生产要素的吸引力、省域城镇网络张力和省域经济发展差异指数，并依据中国120个样本城市的相关数据，用统计分析方法，建立了一组省域城市化质量水平指标的测度模型。

综观已有对城镇化质量的研究，大都是通过建立城镇化质量评价体系研

---

① 叶裕民. 中国城市化质量研究［J］. 中国软科学，2001（7）.

② 赵雪雁. 西北地区城市化质量评价［J］. 干旱区资源与环境，2004（5）.

③ 国家城调总队，福建省城调队课题组. 建立中国城镇化质量评价体系及应用研究［J］. 统计研究，2005（7）.

④ 王忠诚. 城市化质量测度指标体系研究［J］. 特区经济，2008（6）.

⑤ 刘素冬. 对我国城镇化质量的深度思考［J］. 苏州科技学院学报，2006（1）.

⑥ 郑亚平，聂锐. 从城镇化质量认识省域经济发展差距［J］. 重庆大学学报，2007（5）.

究城镇化质量，但是目前还没有形成统一的、权威的、科学的评价体系。本文充分借鉴已经取得的与城镇化质量相关的指标体系，结合福建省自身城镇化发展阶段的特点，构建包含经济、社会、生活、环境等七个方面的城镇化质量评价指标体系。

二、福建省城镇化质量评价指标体系的建立和相关分析

依据中国城镇化质量报告中的定义，城镇化质量是指在城镇化进程中与城镇化数量相对的反映城镇化优劣程度的综合概念，特指城镇化各组成要素的发展质量、协调程度和推进效率。在现实生活中，城镇化率是衡量城镇化水平最常用的指标，但是城镇化率只关注城镇人口数量的增加，没有综合考虑经济、社会、环境等因素对城镇化的影响。因而城镇化率并不能完全代表城镇化质量，城镇化质量的好坏除了受城镇化率的影响外，还与其他因素有关。城镇化质量评价的指标体系应是一个动态的、复杂的、科学的体系。在选取城镇化质量评价指标时，应该综合考虑城镇化质量的内涵、指标数据的代表性以及可获得性。

（一）城镇化质量评价指标体系的建立

本文根据对城镇化质量内涵的理解，结合福建省自身城镇化发展阶段的特点，在充分借鉴有关学术研究的基础上构建了包含经济、社会、生活、环境等多方面因素的城镇化质量评价指标体系。为消除不同规模城市对城镇化质量评价的影响，在构建评价体系时弱化了总量指标，多数指标均采用人均指标。评价指标体系由 7 个子系统和 24 个具体指标构成，如表 1 所示。

表 1　福建省域城镇化质量评价指标体系

	指标层	具体指标
城镇化质量评价体系	经济绩效指标	X1：人均 GDP（元）
		X2：GDP 增速（%）
		X3：第三产业产值比重（%）
		X4：人均地方预算财政收入（元）

续表

<table>
<tr><th></th><th>指标层</th><th>具体指标</th></tr>
<tr><td rowspan="20">城镇化质量评价体系</td><td rowspan="5">社会发展指标</td><td>X5：每万人拥有卫生机构床位数（张）</td></tr>
<tr><td>X6：每万人拥有医生数（人）</td></tr>
<tr><td>X7：公共图书馆的个数（个）</td></tr>
<tr><td>X8：每万人拥有普通高中在校生数（人）</td></tr>
<tr><td>X9：城镇化水平（%）</td></tr>
<tr><td rowspan="4">居民生活指标</td><td>X10：城镇居民人均可支配收入（元）</td></tr>
<tr><td>X11：人均社会消费品零售额（元）</td></tr>
<tr><td>X12：城镇居民恩格尔系数（%）</td></tr>
<tr><td>X13：人均公园绿地面积（平方米）</td></tr>
<tr><td rowspan="3">生态环境指标</td><td>X14：城镇生活污水处理率（%）</td></tr>
<tr><td>X15：生活垃圾无害化处理率（%）</td></tr>
<tr><td>X16：建成区绿化覆盖率（%）</td></tr>
<tr><td rowspan="5">基础设施指标</td><td>X17：市辖区人均供水量（立方米/人）</td></tr>
<tr><td>X18：市辖区人均拥有道路面积（平方米）</td></tr>
<tr><td>X19：市辖区每万人拥有公共汽车数量（辆）</td></tr>
<tr><td>X20：市辖区燃气普及率（%）</td></tr>
<tr><td>X21：市辖区用水普及率（%）</td></tr>
<tr><td>空间集约指标</td><td>X22：城市人口密度（人/平方公里）</td></tr>
<tr><td rowspan="2">统筹城乡指标</td><td>X23：城镇人均可支配收入与农民人均纯收入之比</td></tr>
<tr><td>X24：城镇人均消费支出与农村人均消费支出之比</td></tr>
</table>

（二）城镇化质量评价的方法

在建立了城镇化质量评价指标体系后，可以通过主观赋权法和客观赋权法两种测量方式进行各指标所占权重的确定。其中，客观赋权法剔除了人的主观因素，在客观环境下，根据各指标所提供的信息量进行指标权重的赋值，相对来说更加科学。因此，本文在对福建省城镇化质量进行评价时，综合考虑多方面因素，采用主成分分析法（客观赋权法中的一种方法）。

主成分分析法也叫主分量分析法，它的基本思想是设法将原指标重新组合成一组新的互相无关的几个综合指标，同时根据实际需要从中取几个较少的综合指标尽可能多地反映原来指标的信息。也就是说，主成分分析法实际上是一种降维法，在避免了人的主观因素影响下，选出少数几个新变量，以解释原来资料中大部分变量，更加客观地反映了各指标间的内在联系。

本文以厦门、莆田、福州、三明等9个地级市为研究对象，依据已经建立的城镇化质量评价指标体系选取了24个分项指标，利用主成分分析法提取影响城镇化质量的主成分。并以各主成分的相应的方差贡献率为权重，计算出福建省各城市的城镇化质量综合得分。相关指标数据是通过查找《福建省统计年鉴》(2015) 和福建省 9 个地级市 2014 年《国民经济和社会发展统计公报》的相关数据并整理得到的。

(三) 结果分析

根据所得的数据，运用 SPSS19.0 软件做主成分分析，从运行结果可以看出相关系数矩阵中指标之间存在较大的相关性，各主成分的特征值和相应的方差贡献率如表 2 所示。

表 2 主成分特征值及方差贡献率

成分	特征根	方差贡献率 (%)	累计方差贡献率 (%)
1	13.19	54.96	54.96
2	3.35	13.97	68.93
3	2.52	10.50	79.43
4	1.94	8.10	87.53
5	1.46	6.09	93.62
6	0.82	3.42	97.05
7	0.53	2.21	99.25
8	0.18	0.75	100.00
9	0.00	0.00	100.00
10	0.00	0.00	100.00
11	0.00	0.00	100.00
12	0.00	0.00	100.00
13	0.00	0.00	100.00
14	0.00	0.00	100.00
15	0.00	0.00	100.00
16	0.00	0.00	100.00
17	0.00	0.00	100.00
18	0.00	0.00	100.00
19	0.00	0.00	100.00
20	0.00	0.00	100.00
21	0.00	0.00	100.00
22	0.00	0.00	100.00
23	0.00	0.00	100.00
24	0.00	0.00	100.00

在选取主成分的个数时，要兼顾考虑降维的目的和保留完整信息的原则，比较典型的是选取 k 个主成分使得前 k 个主成分的累计方差贡献率达到 95%（Jackson，1993）。从结果可以看出，第 6 个主成分的累计贡献率为 97.05%，说明前 6 个主成分对数据的解释能力已经达到 97%以上。这 6 个主成分的载荷矩阵如表 3 所示。

表 3 城镇化质量主成分的旋转载荷矩阵

	1	2	3	4	5	6
x22	0.960	−0.066	0.024	0.034	0.128	0.184
x18	0.945	0.277	0.091	−0.066	0.094	0.069
x04	0.896	0.365	0.134	0.050	0.066	0.143
x19	0.892	0.382	0.220	−0.013	0.049	0.029
x09	0.887	0.439	0.011	0.123	0.043	−0.030
x17	0.843	0.360	0.259	−0.108	0.128	0.067
x14	0.814	0.094	0.031	−0.087	0.293	0.481
x03	0.806	0.495	0.256	0.039	0.077	0.129
x10	0.732	0.599	−0.267	0.112	0.121	0.020
x08	−0.659	−0.431	0.186	−0.497	0.099	−0.270
x01	0.658	0.588	−0.029	0.250	0.131	0.089
x05	−0.654	−0.057	0.463	−0.003	0.220	0.204
x02	−0.580	−0.494	−0.011	−0.393	−0.069	−0.175
x11	0.224	0.931	0.103	0.105	−0.125	0.122
x12	−0.393	−0.870	0.215	0.026	−0.054	0.178
x23	0.539	0.719	−0.287	0.267	0.038	0.016
x06	0.339	0.669	0.554	0.089	−0.010	0.170
x20	0.066	−0.171	0.968	−0.043	−0.116	−0.065
x21	0.166	0.063	0.910	0.057	0.354	−0.018
x07	0.062	0.216	0.166	0.896	−0.305	−0.049
x24	−0.124	−0.035	−0.120	0.873	0.131	0.380
x15	0.189	−0.055	0.092	−0.083	0.971	−0.038
x13	−0.445	−0.482	−0.339	0.271	−0.533	−0.166
x16	−0.330	−0.046	0.039	−0.292	0.056	−0.891

以各主成分的特征根贡献率为权重，结合表 3 可以计算出这 6 个主成分的得分，可以得到福建省各市城镇化质量的综合得分，计算公式如下：

$$综合得分 = \sum_{i=1}^{n}(第\ i\ 主成分 \times 对应特征根贡献率)$$

式中，n 为主成分的个数。根据此公式，计算 2014 年福建省各市的城镇化质量的综合得分，以综合得分从大到小排列，结果如表 4 所示。

表 4 各市的主成分得分和城镇化质量的综合得分

	成分 1	成分 2	成分 3	成分 4	成分 5	成分 6	综合得分
厦门	2.53	0.26	0.26	0.12	0.39	0.20	1.49
福州	–0.27	1.94	1.01	0.25	–1.03	0.08	0.19
漳州	0.14	–1.45	0.16	0.51	0.48	0.48	–0.02
泉州	–0.22	0.82	–2.39	0.57	0.43	–0.34	–0.19
三明	–0.47	–0.43	0.64	1.23	–0.02	–1.27	–0.20
莆田	–0.09	–0.11	–0.03	–2.37	0.22	–1.05	–0.28
南平	–0.71	–0.22	0.66	0.24	0.91	–0.64	–0.30
龙岩	–0.85	0.22	0.21	–0.39	0.83	2.07	–0.33
宁德	–0.06	–1.04	–0.52	–0.16	–2.19	0.46	–0.36

综合得分的正负只表征相对水平，故将坐标轴向下移动并不影响综合得分的相对大小。为了更直观地观察各市的城镇化质量的情况，绘制各市得分由大到小排序、坐标轴往下移动两个单位的柱形图，如图 1 所示。

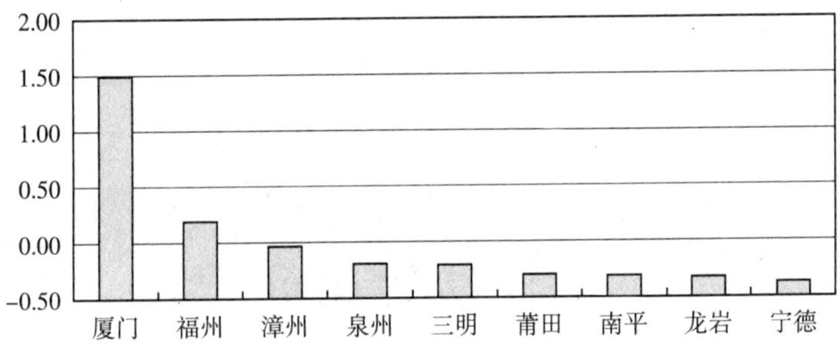

图 1 福建省各设区市城镇化质量排序

从图形可以看出，福建省各设区市的城镇化质量存在较大的差距，其中，得分最高的是厦门，得分 1.49，其次是福州，得分 0.19，漳州得分–0.02，泉州得分–0.19，三明得分–0.20，莆田得分–0.28，南平得分–0.30，龙岩得分–0.33；得分最低的是宁德，只有–0.36。

在城镇化水平上，厦门的城镇化率最高，为 88.8%，其城镇化质量综合得分也是最高，发展相对协调。城镇化率最低的龙岩市为 51.6%，其质量综合得分在 9 个地市中居第 8 位。为了更好地分析福建省各市城镇化的速度与质量协调程度，以福建省各市的城镇化水平与城镇化质量得分为正交坐标轴，绘制散点图，如图 2 所示。

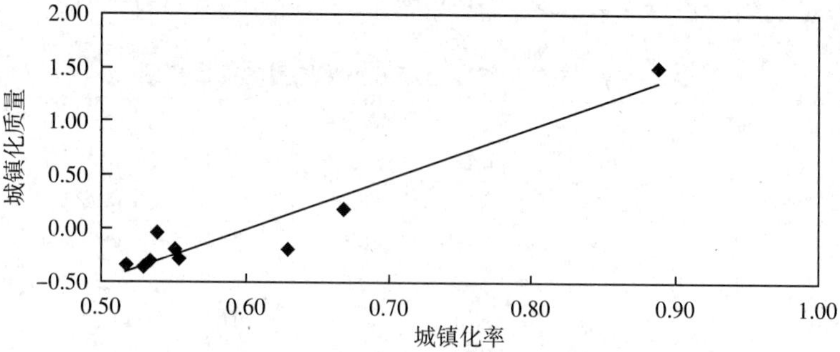

图 2　福建省各市城镇化率与城镇化质量相对水平比较

从图 2 看，散点与直线越接近，说明该城市的城镇化发展的协调性越好。从城镇化发展协调性的角度，可以将这 9 个城市分为两类。第一类：厦门、福州、龙岩、三明、莆田、宁德、南平，这 7 个城市的协调水平较高。第二类：漳州、泉州，协调水平较低。其中，漳州属于城镇化质量相对较高而城镇化水平较低；泉州属于城镇化水平相对较高而城镇化质量较低。这两类城市中，厦门、福州等城市发展的协调水平较高，城镇化质量和城镇化率都处于较高水平；龙岩、三明、莆田、宁德、南平等城市的协调性也较高，但城镇化质量和城镇化率都处于较低水平；漳州、泉州等城市的协调水平较低。

三、结论与启示

本文综合评价了福建省 9 个地级市的城镇化质量，并将评价结果与城镇化率进行了对比分析，得出如下的结论与启示：

（1）福建省各地级市城镇化质量差异明显，9 个地级市城镇化质量得分的标准差（0.59）大大高于各市城镇化率的标准差（0.12）。厦门的城镇化质量得分最高，为 1.49，高出第二名福州（0.19）的 7 倍左右；宁德的城镇化质量得分最低，仅为–0.36，远远低于厦门的城镇化质量。从主成分分析结果可以看出，各地级市城镇化质量的空间分布差异较大，这一差异在山海地区之间表现得尤为明显，沿海城市的城镇化质量普遍得分较高，内陆城镇化得分多数偏低。虽然与福建省内其他地级市的城镇化质量相比，厦门、福州等中心城市的城镇化质量得分位居前列，但从各个衡量城镇化质量的分项指标上看，与国内其他沿海一线城市还存在一定差距，需要全方位提高福建省中心城市的城镇化质量，提高中心城市的辐射带动能力。其他城市城镇化质量普遍偏低，应当加强相互间的分工协作，综合经济、社会、生活、环境等多方面因素，从整体上提高城镇化质量。

（2）城镇化质量并不完全取决于城镇化水平。从图 2 福建省各市城镇化率与城镇化质量相对水平比较可以清晰地看出，城镇化率高的城市城镇化质量并不一定高。具体的以漳州为例，在 9 个地级市中，其城镇化水平相对较低，而其城镇化质量得分排名在厦门、福州之后，位居第三。这说明城镇化水平的提高并不一定带来城镇化质量的提高，需要在经济实力、社会发展、居民生活、生态环境等方面综合推进以提高城镇化质量。从各分项指标的内部差异看，漳州市的社会发展指标较高，这对于提高其城镇化质量具有重要作用。

（3）城镇化发展的协调性较差。依据图 2 福建省各市城镇化率与城镇化质量相对水平比较，可将福建省的 9 个地级市分成协调水平较高和协调水平较差这两类城市。应该根据这两类城市各自的特点，采取不同的措施改善城镇化发展的现状。对于协调性较高的城市，应当在积极推进城镇化发展的过程中继续保持较高的城镇化质量。对于协调性较差的城市，可以分两种情况考虑。城镇化质量相对较高而城镇化水平较低的城市应该调整发展战略，找到符合区域特色的城镇化道路，加快城镇化进程。城镇化水平相对较高而城镇化质量较低的城市在城镇化发展过程中应该更加重视城镇化发展的质量，要深刻地认识到人口的城镇化只是其中的一方面，更要注重经济发展、社会事业、居民生活、生态文明、基础设施、空间结构、城乡统筹等多方面的协调发展。

（4）从分项指标的内部差距看，9 个地级市的经济绩效、社会发展、居民生活、基础设施指标的内部差距较大，生态环境、空间集约、统筹城乡指标的内部差距较小。这说明福建省的城镇化质量主要由经济实力、社会发展、居民生活质量以及基础设施水平决定，其他指标的影响较小。而社会发展质量需要经济支撑，居民生活质量以及基础设施水平很大程度上受到经济影响。因此，福建省城镇化质量区域差异主要受到经济发展质量的影响。因而，福建省在推进城镇化发展的过程中，应该以加快发展经济为中心，同时兼顾考虑生态环境保护，提高居民生活质量，推动福建省的城镇化又快又好地发展。

参考文献

[1] Bloom D. E., Canning D., Fink G. Urbanization and the Wealth of Nation [J]. Science, 2008 (1): 7-14.

[2] Urban Indicators Guidelines. United Nations Human Settlements Programmer [J]. Augest, 2004.

[3] 何锦义等. 数量评价标准手册 [M]. 北京: 中国统计出版社, 2011.

[4] 匡远配, 何忠伟, 刘志雄. 湖南省城镇化综合评价和趋势分析 [J]. 统计与决策, 2005 (11).

[5] 陆大道等. 2006 中国区域发展报告: 城镇化进程及空间扩张 [M]. 北京: 商务印书馆, 2007.

[6] 王家庭, 唐袁. 我国城市化质量测度的实证研究 [J]. 财经问题研究, 2009 (12).

[7] 王学峰. 发达国家城镇化形式的演变及其对中国的启示 [J]. 地域经济与开发, 2011 (4).

[8] 张晓梅, 张小林, 吴启焰, 李红波. 发达地区城镇化质量的测度及提升对策——以江苏省为例 [J]. 经济地理, 2012 (7).

[9] 何平, 倪苹. 中国城镇化质量研究 [J]. 统计研究, 2013 (6).

金融、资本市场

利率双轨制、存贷比约束与外汇占款冲击效应

蔡群起

(厦门大学宏观经济研究中心，福建厦门 361005)

一、引 言

自金融危机以来，影子银行的急剧扩张、企业融资成本的高企以及经济增速的放缓，引起社会各界的广泛关注和讨论。关于成因，目前主流的解释是投资结构的恶化。例如，白重恩、张琼（2014a，2014b）关于基建、地产部门投资拉低中国资本回报率和 TFP 的实证研究，以及他们关于建筑安装工程投资占比大幅提升的发现。① 按照这种解释，基建、地产部门从融资需求方面促进了影子银行的扩张、推升了融资成本，并且对私营部门的融资形成挤出效应；同时，由于基建、地产部门相对低的资本回报率，其投资占比的提高意味着经济整体投资效率的恶化，进而从供给面抑制经济增长。这种解释框架不仅符合我们的现实感受，而且得到了实证研究的有力支撑，很有启发性。我们试图基于近年来中国新增外汇占款显著下降的事实，从其对中

［作者简介］蔡群起（1988—），男，福建福鼎人；博士生，西方经济学专业，研究领域为宏观经济与货币政策；通信地址：福建省厦门市思明南路 422 号厦门大学勤业 7#505；邮编：361005；手机：13606932315；邮箱：caiqunqi@foxmail.com。

① 他们的结果是基于支出法资本形成的口径，我们基于国家统计局公开发布的全社会固定资产投资数据，也得到了相似的结果：以各种房屋、建筑物的建造工作量为代表的建筑安装工程投资占比，从 2008 年的 61%大幅提高到 2014 年的 68%。具体参见：白重恩. 中国投资效率下降主因在投资结构扭曲 [N]. 东方早报·上海经济评论，2015-01-13.

国金融体系融资供给能力的影响角度，提供另一个补充的解释。为此，本文构建并校准了一个带有利率双轨制和存贷比约束的动态随机一般均衡模型，以模拟外汇占款冲击对影子银行规模、企业融资成本以及主要宏观经济变量的动态影响。

关于外汇占款下降的影响，一些文献意识到了存贷比约束的重要性。例如，吴晓灵（2013）指出，由于外汇占款投放基础货币的同时直接创造存款货币，其突然下降造成存贷比约束趋紧，进而对扩张性货币政策的效果产生一定的制约。[①] 高善文（2014）甚至认为外汇占款快速下降，通过导致商业银行贷存比的日益攀升，推高了经济中的利率水平和企业融资成本，促成影子银行的扩张，催生金融市场的“钱荒”和金融风险，诱发汇率升值压力，阻碍宏观经济恢复。然而，他们并未按此逻辑建立模型，深入地研究存贷比约束的这一作用。

关于存贷比约束和存款利率上限管制的作用，理论模型方面的研究并不多见。马骏、王红林（2014）在不考虑实体经济的金融市场局部均衡模型情况下，研究了存贷比约束对中央银行政策利率调控效力的影响。认为在存贷比约束有效时，商业银行对于贷款的供给小于其最优数量，贷款的可获得性变得比贷款利率更重要，从而使得贷款利率对于政策利率的变动变得较不敏感。不过，他们的模型并未考虑影子银行部门和实体经济，并非动态随机一般均衡框架。

关于影子银行的动态随机一般均衡模型，Verona 等（2011，2013）在 Christiano、Motto 和 Rostagno（2010）金融加速器模型的基础上，引入与商业银行部门平行的影子银行部门。裘翔、周强龙（2014）在 Verona 等（2011）的基础上，研究了中国影子银行随货币政策紧缩而逆周期扩张的机理。在他们的模型中，影子银行逆周期扩张的关键在于其市场结构是垄断竞争的，使其在和高风险企业的贷款谈判中能够单边决定抵押率和融资利率。提高政策利率，虽然提高了高风险企业的融资成本，但也提高了对影子银行贷款的风险补偿，使得后者通过压低抵押率以应对信贷风险的必要性降低。显然，该模型中影子银行的扩张与商业银行的监管套利无关，因此与中国的实际情况并不相符。为了研究中国的利率市场化对货币政策传导机制的影响，Funke 等（2015）将影子银行、利率管制和中央银行对商业银行贷款的

① 外汇占款与一般存款创造的关系经常被人们忽视，具体分析参见第二部分。

窗口指导引入 Christiano、Motto 和 Rostagno（2010）的框架。作者指出，在存款利率管制和窗口指导的情形下，政策利率收紧强化了监管套利，促进了影子银行业务的扩张。然而，Funke 等（2015）的模型仍有两点不足：一是无法在利率双轨制下得到存款的动态路径，从而无法引入存贷比约束，更加不能分析利率管制和存贷比约束的交互作用；二是货币市场利率的泰勒规则既不符合中国货币政策操作框架的实际情况，也与外汇占款的引入不相兼容。因此，我们对 Verona 等（2013）及 Funke 等（2015）的模型做必要的修改，建立以外汇占款为冲击源，带有利率双轨制和存贷比约束的动态随机一般均衡模型。①

本文模型的创新点是：第一，将实际存款余额引入家庭效用函数，以分析理财产品收益率与定期存款利率的利差变化对商业银行存款来源的影响。第二，将商业银行分为批发部门和贷款零售部门，前者以批发贷款的方式向后者提供可贷资金。在存贷比约束下，完全竞争的批发部门以管制利率被动吸收家庭存款，并选择最优的贷款批发规模和货币市场借贷数量。贷款零售部门是垄断竞争的，对低风险企业家拥有垄断势力；我们进一步引入贷款零售部门的惜贷倾向，并假定贷款需求弹性随惜贷倾向的提高而降低。第三，在货币市场利率的决定机制方面，我们抛弃了文献中普遍采用的泰勒规则，而代之以准备金供求均衡机制。我们参考 Poole（1968）的模型，通过构建商业银行批发部门的最优流动性管理模型，得到货币市场利率的供求均衡决定机制。一方面，这更加符合中国货币政策操作框架的实际情况；另一方面，外汇占款也是商业银行的重要资金来源，其变动必然导致货币市场利率的变化，从而在客观上也与泰勒规则不兼容。第四，在模型求解方面，我们采用 Guerrieri 和 Iacoviello（2015）的分段线性扰动法（Piecewise Linear Perturbation Method）处理存贷比约束的时紧时松问题。②

论文余下部分的结构安排如下：第二部分是对外汇占款冲击及其影响的事实分析；第三部分是理论模型的构建和求解；第四部分在参考相关文献的基础上，根据中国的经济金融数据对模型参数进行校准赋值；第五部分用分段线性扰动法来对外汇占款冲击进行模拟，并对模拟结果进行解读；第六部分是本文的结论。

① 关于本文模型的基本结构，请参见第三部分的模型结构图。
② 参见本文第五部分对分段线性扰动法的简述。

二、外汇占款冲击

（一）新增外汇占款的变化

外汇占款在中国的货币创造和货币政策实践中发挥着极为重要的作用。外汇占款有两种口径：一是金融机构外汇占款，指整个银行体系（包括中央银行和商业银行）购买外汇资产所相应释放的人民币数量，体现在人民银行公布的“金融机构信贷收支表”中；二是货币当局外汇占款，指中国人民银行在国际收支双顺差格局下，为了维持人民币汇率基本稳定，购买外汇所释放的人民币基础货币数量，体现在“货币当局资产负债表”内。尽管在内涵上，金融机构口径的外汇占款比货币当局口径要大，但从实际数据上看前者仅略高一些，如图1所示。

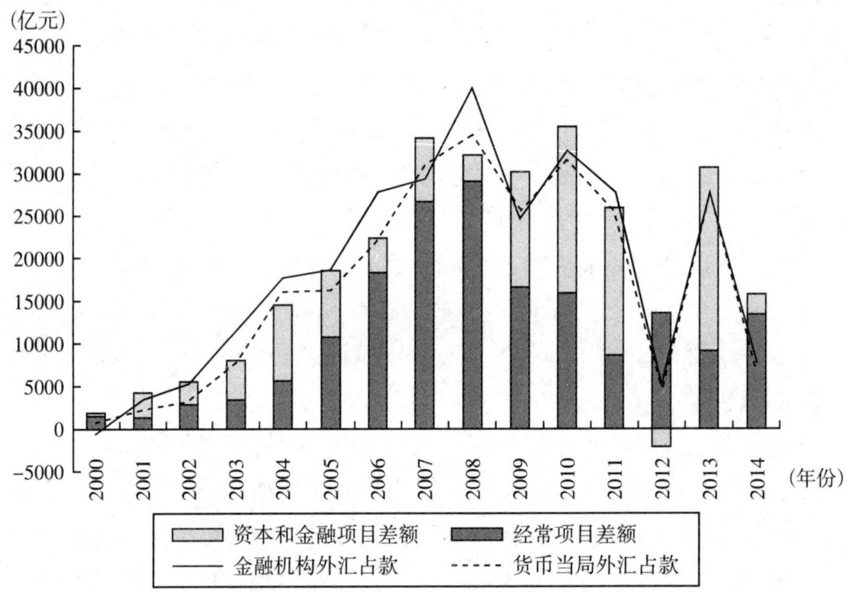

图1 新增外汇占款的变化

资料来源：Wind。

从形成机理上看，首先，是有结汇需求的经济主体将外汇资产卖给商业银行，形成商业银行外汇占款。这个交易过程对商业银行资产负债表的最终影响是资产方增加了外汇资产，负债方增加了人民币存款。其次，商业银行在外汇市场上将外汇资产卖给中国人民银行，形成货币当局外汇占款。这个交易过程对商业银行资产负债表的影响是资产方外汇资产减少，同时超额准备金等额增加；对中国人民银行资产负债表的影响是资产方增加了外汇储备，负债方增加了商业银行存放在央行的超额准备金。由于在一定时期内，新增的金融机构外汇占款等于央行从商业银行新购买的外汇储备，加上商业银行尚未出售的新增外汇资产，因而金融机构口径的外汇占款实际上等于商业银行整个期间新增的外汇占款。金融机构外汇占款与货币当局外汇占款数量近乎相等的事实表明，商业银行将绝大多数新增外汇资产都卖给了中国人民银行。

图 1 展示了两种口径外汇占款年度新增数量的变化趋势。自 21 世纪以来，中国新增外汇占款的变化可以分为两个阶段：2001 年加入 WTO 以后至 2008 年的快速上升阶段，以及金融危机以来的迅速下降阶段。前一阶段的快速增加和中国“入世”后外贸出口的快速发展密切相关。新增金融机构外汇占款由 2001 年的 3565.29 亿元增加至 2008 年的 40053.79 亿元，货币当局口径新增量也从 2200.89 亿元增加至 34455.55 亿元。随着金融危机的爆发，中国外贸形势急转直下，经常项目顺差急剧下降。自 2012 年以来，新增外汇占款的下降尤其显著。2006~2011 年，金融机构口径的新增外汇占款平均高达 30395.98 亿元，2012~2014 年下降到 13501.15 亿元。

（二）外汇占款下降的影响

1. 货币供应量减少

从中国货币创造渠道看，商业银行购买外汇资产的结果是等额增加存款，对于 M2 的增加，称为外汇占款渠道。① 从表 1 金融机构新增外汇占款与新增 M2 的比例变化看，金融危机后新增 M2 中由外汇占款创造的比例迅速下降。2004~2008 年，该比例维持在 50%左右，2009~2011 年降至 20%上下，近几年更是骤减至个位数。

2. 基础货币供给减少

中央银行的基础货币投放渠道包括再贷款、法定存款准备金率调整及公

① 另外两个主要渠道是商业银行贷款渠道和购买债券渠道；随着近年商业银行大力发展同业业务，同业渠道的地位也日益凸显。关于货币创造机制的详细阐述，参见李斌、伍戈（2014）的研究。

开市场操作。公开市场操作分人民币公开市场操作和外汇市场公开市场操作。货币当局口径的外汇占款属于外汇市场公开市场操作，是基础货币投放的重要渠道。中央银行从商业银行处购买外汇资产的结果是：中央银行获得外汇储备，商业银行获得超额存款准备金。超额存款准备金是商业银行存放在中央银行的资产，是其发放贷款、购买债券的资金来源。表1显示2009年后，通过外汇占款渠道投放的基础货币大幅减少。金融危机前，央行以购汇缓解双顺差带来的人民币升值压力，由此导致基础投放量的急剧膨胀。受可出售国债数量的限制，中国人民银行先是以发行央行票据吸收超量基础货币，2006年后主要通过提高法定存款准备金率对冲。金融危机前，通过外汇占款投放的基础货币占比超过100%；但受双顺差趋势的逆转，目前该比例已经降至28%。

表1 外汇占款与货币创造及基础货币供给（2004~2014年）

单位：亿元

年份	新增金融机构外汇占款（1）	新增M2（2）	（3）=（1）/（2）	新增外汇储备（4）	新增基础货币（5）	（6）=（4）/（5）
2004	17745.72	31984.88	0.55	16098.19	6700.00	2.40
2005	18618.48	45547.97	0.41	16199.97	5000.00	3.24
2006	27769.15	46822.24	0.59	22220.85	14000.00	1.59
2007	29397.05	57823.39	0.51	30807.90	24000.00	1.28
2008	40053.79	71765.30	0.56	34455.55	27000.00	1.28
2009	24681.36	135057.92	0.18	25530.33	18000.00	1.42
2010	32682.67	115627.27	0.28	31612.12	38000.00	0.83
2011	27791.87	125739.11	0.22	25622.02	40000.00	0.64
2012	4946.47	122557.90	0.04	4281.20	27000.00	0.16
2013	27770.35	132376.18	0.21	27600.11	19000.00	1.45
2014	7786.63	121849.83	0.06	6411.29	23000.00	0.28

资料来源：Wind。

3. 商业银行体系存贷比上升

外汇占款急剧下降的一个重要后果是商业银行体系存贷比上升。存贷比是指商业银行各项贷款余额与各项存款余额的比率，《商业银行法》第四章第三十九条第二款明确规定“贷款余额与存款余额的比例不得超过百分之七十五”。2011年后，为制止商业银行月末、季末虚增存款的现象，银监会决定对商业银行存贷比由月末、季末考核转变为实施日均考核。2014年2月，银监会公布的《商业银行流动性风险管理办法（试行）》在重点引进巴塞尔协议Ⅲ中的流动性覆盖率（LCR）外，仍然保留《商业银行法》中对存贷比指标的监管要求。

金融危机之前，有一半的新增货币是通过外汇占款渠道创造的。金融危机后，外汇占款下降所导致的货币供应减少只能靠加大贷款投放来弥补。然而，货币创造的外汇占款渠道与贷款投放渠道存在两点重要差异：一是外汇占款渠道通过央行的外汇买入能够为商业银行带来超额存款准备金；二是外汇占款渠道通过商业银行的外汇买入能够直接增加人民币存款，其对存贷比的变动趋势有着重要的影响。由于外汇占款渠道本身不增加存贷比的分子，但会扩大存贷比的分母，因此贷款投放渠道的相对扩张导致存贷比的持续攀升。商业银行的贷款投放面临日益趋紧的存贷比约束。

图 2 显示中国商业银行体系及部分上市银行的存贷比数据。受数据可得性限制，商业银行整体的数据最早只能追溯到 2010 年。与外汇占款下降相伴随的是，商业银行整体的存贷比持续攀升。2014 年中银监会略微放松了存贷比计算口径，2014 年该比率有所回落。值得注意的是，由于外汇占款的分布偏向大银行[①]，因而大银行存贷比上升更为显著。图 2 中，四大行平均的存贷比从 2008 年末的 57%持续攀升至 2014 年末的近 70%，上升了 13 个百分点；另外，同期的上市中小行的平均存贷比基本稳定在 70%上下。从个别银行的数据看，2014 年中国银行（73%）、建设银行（73.5%）、交通银行（72.1%）、中信银行（73.1%）、浦发银行（74.2%）、招商银行（76.1%）都接近或已经超过了 75%的监管红线。实际上，由于商业银行普遍存在虚增季末存款的行为，图 2 中的年末数据存在较大的低估，多数银行真实的存贷比数据很可能早已超过 75%。[②]

① 王国刚（2012）指出，外汇占款主要集中在大型商业银行，中小商业银行较为缺乏。
② 若进一步考虑到影子银行发放的大量表外贷款，则真实的存贷比要高得多。

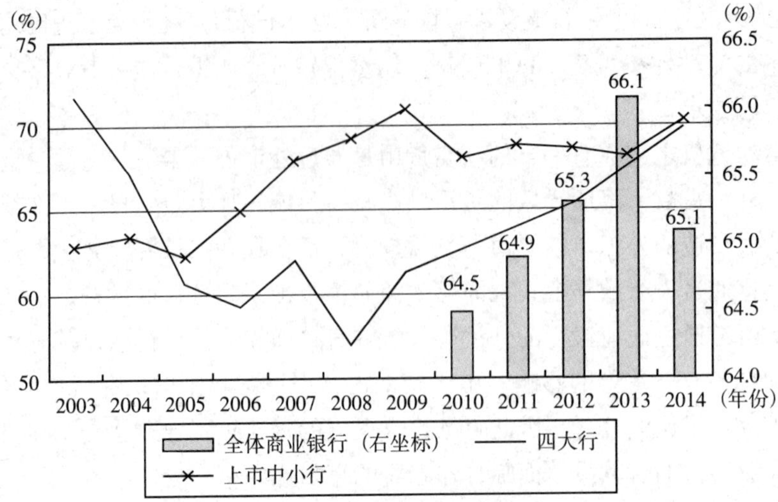

图2 商业银行存贷比的变化

注：四大行指工行、农行、中行、建行，上市中小行指平安、民生、中信、兴业、光大、华夏、浦发、招商、北京、南京、宁波银行及重庆农商银行。

资料来源：Wind及国泰安数据库。

三、模型构建及求解

模型的经济主体包括家庭、中间品厂商、最终品厂商、资本品厂商、两类企业家、商业银行、影子银行以及政府部门（见图3）。我们在Christiano、Motto和Rostagno（2010）模型的基础上区分了两类企业家和两种金融中介。企业家期初向资本品厂商购置新资本，为中间品厂商提供资本租赁服务，并于期末将未折旧的资本回售给资本品厂商。高风险企业家所购置新资本面临随机的资本减值冲击，其占企业家总数的比重为η。我们假定它向影子银行获取融资，而低风险企业家从商业银行获得贷款。对中间品厂商而言，两类企业家所提供的资本服务之间具有替代性。家庭和中间品厂商以垄断竞争的形式提供异质劳动和中间品，工资和价格设定遵循卡尔沃的黏性价格机制（Calvo，1983）。受篇幅限制，下面重点介绍模型的金融部门。

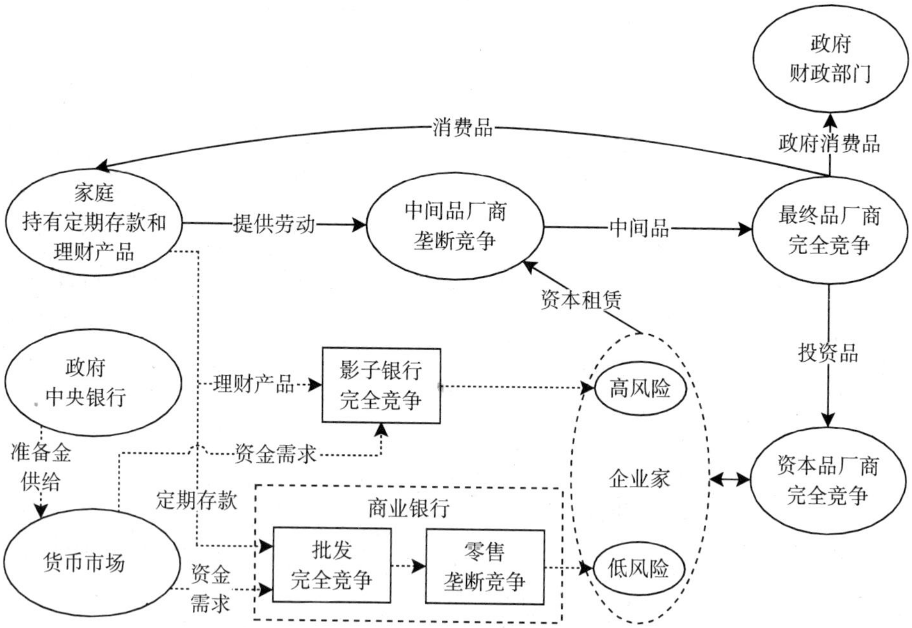

图 3 模型结构

注：实线箭头代表物流，虚线箭头代表资金流。

(一) 家庭

代表性家庭消费，提供差异化的劳动服务，并通过无风险的定期存款和理财产品进行储蓄。在代表性家庭的瞬时效用函数中，消费、劳动时间和实际定期存款是可分的：

$$u(\cdot) = \log(C_t - bC_{t-1}) - \psi_L \frac{h_{j,t}^{1+\sigma_L}}{1+\sigma_L} + \psi_D \log\left(\frac{D_t}{P_t}\right) \tag{1}$$

式中，C_t 为家庭 j 在 t 期的消费，$h_{j,t}$ 表示劳动供给，D_t 为定期存款。我们在效用函数中引入定期存款，是为了体现理财产品和定期存款的不完全替代性，从而在均衡时二者的收益率可以不同。因为现实经济中，人们并未在理财产品收益率大幅高于银行定期存款时，将所有定期存款全部转化为理财产品。$b>0$ 是家庭消费的外部习惯形成参数，$\sigma_L>0$ 是劳动供给弹性的倒数，$\psi_L>0$ 反映劳动负效用的大小，$\psi_D>0$ 度量实际定期存款对效用函数的贡献。

在 t-1 期末，家庭将其储蓄资金配置在定期存款 D_{t-1} 和理财产品 WMP_{t-1}。在 t 期末，家庭从定期存款得到的收益率为央行的管制利率$\bar{R}_t^d$，从理财产品得到的收益率为货币市场利率 R_t。家庭 t 期的预算约束可以写为：

$$(1+\bar{R}_t^d)D_{t-1}+(1+R_t)WMP_{t-1}+W_{j,t}h_{j,t}+(1-\gamma^H)\eta V_t^{H,h}+$$
$$(1-\gamma^L)(1-\eta)V_t^{L,l}+\Pi_t^{IFG}+\Pi_t^{CB}=D_t+WMP_t+P_tC_t+W_t^e+T_t \tag{2}$$

式中，$W_{j,t}$ 是家庭设定的工资率，Π_t^{IFG}、Π_t^{CB} 分别是来自中间品厂商和商业银行的净利润，$(1-\gamma^H)\eta V_t^{H,h}$、$(1-\gamma^L)(1-\eta)V_t^{L,l}$ 分别是来自退出经济的高风险及低风险企业家的权益，W_t^e 是家庭向新产生及幸存企业家的转移支付，T_t 是政府财政部门向家庭征收的总量税。

代表性家庭在其跨期预算约束下，通过选择最优的消费和资产配置，以实现其终身期望效用的最大化：

$$\max_{\{C_{t+\tau},D_{t+\tau},WMP_{t+\tau}\}} E_t\sum_{\tau=0}^{\infty}\left[\log(C_{t+\tau}-bC_{t+\tau-1})-\psi_L\frac{h_{j,t+\tau}^{1+\sigma_L}}{1+\sigma_L}+\psi_D\log\left(\frac{D_{t+\tau}}{P_{t+\tau}}\right)\right]$$
$$\text{s.t.} \tag{3}$$

关于 D_t、WMP_t 和 C_t 的一阶条件分别为：

$$\lambda_t=\beta(1+\bar{R}_{t+1}^d)E_t(\lambda_{t+1})+\frac{\psi_D}{D_t} \tag{4}$$

$$\lambda_t=\beta(1+R_{t+1})E_t(\lambda_{t+1}) \tag{5}$$

$$\lambda_tP_t=\frac{1}{C_t-bC_{t-1}}+\beta\frac{1}{C_{t+1}-bC_t} \tag{6}$$

式中，λ_t 是家庭预算约束的拉格朗日乘子，式（6）右边是带有习惯形成的消费的边际效用，式（5）是标准的欧拉方程。比较式（4）和式（5）可知，均衡时的货币市场利率 R_{t+1} 要高于存款管制利率 $\bar{R}_{t+1}^d$，且二者的利差与存款数量成反比。这意味着，利率双轨制对家庭的资产配置存在扭曲效应：当货币市场利率处于上升趋势时，若央行没有及时提高存款利率上限，则家庭的资产配置将更加偏向理财产品，商业银行的存款大量流失，从而存贷比约束也会日益趋紧。

（二）高风险企业家和影子银行

在 t+1 期初，高风险企业家以 $Q_{\bar{k}',t}$ 的价格向资本品厂商购买新资本，向中间品厂商提供资本服务 $K_{t+1}^{H,h}$ 并于期末将未折旧的资本 $(1-\delta)\bar{K}_{t+1}^{H,h}$ 出售给资本品厂商。购买资本的资金 $Q_{\bar{k}',t}\bar{K}_{t+1}^{H,h}$ 来自高风险企业家的净资产 $N_{t+1}^{H,h}$，以及从影子银行融入的贷款 $L_{t+1}^{H,h}=Q_{\bar{k}',t}\bar{K}_{t+1}^{H,h}-N_{t+1}^{H,h}$。购买资本品后，企业家会遭遇资本减值冲击 $\omega_{t+1}^{H,h}$，使得资本数量变为 $\omega_{t+1}^{H,h}\bar{K}_{t+1}^{H,h}$。$\omega_{t+1}^{H,h}$ 在不同时间及不同企业家之间都是独立同分布的，且服从均值为 1 的对数正态分布：①

$$\ln(\omega^{H,h}) \sim N(-\frac{1}{2}\sigma^2,\ \sigma^2) \tag{7}$$

1. 资本利用率决策

资本服务和资本存量的关系是 $K_{t+1}^{H,h}=u_{t+1}^{H,h}\bar{K}_{t+1}^{H,h}$，$u_{t+1}^{H,h}$ 为企业家决定的资本利用率。企业家选择最优的 $u_{t+1}^{H,h}$，以求解如下的最大化问题：

$$\max_{u_{t+1}^{H,h}}[u_{t+1}^{H,h}r_{t+1}^{k,H}-a(u_{t+1}^{H,h})]\omega_{t+1}^{H,h}\bar{K}_{t+1}^{H,h}P_{t+1}$$

式中，$a(u_{t+1}^{H,h})$为实际资本利用成本，$r^{k,H}$ 是稳态时高风险企业家资本服务的实际租赁价格，P_{t+1} 为最终品价格。② 一阶条件为：

$$r_{t+1}^{k,H}=a'(u_{t+1}^{H,h}) \tag{8}$$

代表性高风险企业家及其平均名义资本回报率分别为：

$$1+R_{t+1}^{k,H,h}=\frac{[u_{t+1}^{H,h}r_{t+1}^{k,H}-a(u_{t+1}^{H,h})]P_{t+1}+(1-\delta)Q_{\bar{k}',t+1}}{Q_{\bar{k}',t}}\omega_{t+1}^{H,h} \tag{9}$$

$$1+R_{t}^{k,H}=\frac{[u_{t+1}^{H,h}r_{t+1}^{k,H}-a(u_{t+1}^{H,h})]P_{t+1}+(1-\delta)Q_{\bar{k}',t+1}}{Q_{\bar{k}',t}} \tag{10}$$

2. 贷款决策和标准债务合约

由于资本减值冲击可以被高风险企业家自身无成本地察觉，但影子银行须付出审查成本才能确知，因此存在信息不对称问题。解决办法是在 t 期末，影子银行和企业家签订一份债务合约，明确规定贷款数量 $L_{t+1}^{H,h}$ 和贷款毛利率 $Z_{t+1}^{H,h}$。合同规定：在 t+1 期，若资本减值冲击 $\omega_{t+1}^{H,h}$ 高于由下式决定的门槛值$\bar{\omega}_{t+1}^{H,h}$：

$$\bar{\omega}_{t+1}^{H,h}(1+R_{t+1}^{k,H,h})Q_{\bar{k}',t}\bar{K}_{t+1}^{H,h}=Z_{t+1}^{H,h}L_{t+1}^{H,h} \tag{11}$$

---

① 若 $\ln(x)\sim N(\mu,\ \sigma^2)$，则 x 服从对数正态分布，其期望为：$E(x)=e^{\mu+\sigma^2/2}$。

② 资本利用成本随 $u_t^{H,h}$ 的提高而加速上升：$a(u_t^{H,h})=\frac{r^{k,H}}{\sigma_a^H}[e^{\sigma_a^H(u_t^{H,h}-1)}-1]$，$\sigma_a^H=\frac{a(1)''}{a(1)'}$ 表示稳态时边际成本对资本利用率变动的敏感程度。

则企业家向影子银行支付 $Z_{t+1}^{H,h}L_{t+1}^{H,h}$；若低于门槛值，则企业家破产、被清算，影子银行获得的净收益为 $(1-\mu)(1+R_{t+1}^{k,H,h})\omega_{t+1}^{H,h}Q_{\bar{k}',t}\bar{K}_{t+1}^{H,h}$，$0<\mu<1$，为审查成本占企业家收益的比重。

影子银行通过理财业务和同业业务获取资金，其资金成本为货币市场利率 R_{t+1}。影子银行部门的完全竞争，意味着影子银行利润为零：

$$\underbrace{[1-F_t(\bar{\omega}_{t+1}^{H,h})]Z_{t+1}^{H,h}L_{t+1}^{H,h}}_{\text{来自未破产企业家的收益}}+\underbrace{(1-\mu)\int_0^{\bar{\omega}_{t+1}^{H,h}}\omega^{H,h}dF(\omega^{H,h})(1+R_{t+1}^{k,H,h})Q_{\bar{k}',t}\bar{K}_{t+1}^{H,h}}_{\text{扣除审查成本后来自破产企业家的收益}}$$

$$=\underbrace{(1-R_{t+1})L_{t+1}^{H,h}}_{\text{融资本息和}} \tag{12}$$

式中，$F_t(\omega^{H,h})$ 为 $\omega^{H,h}$ 的累积概率密度函数。因此，最优的标准债务合约是：在影子银行零利润的条件下，最大化企业家在 t+1 期的期望收益。由一阶条件可得杠杆率 $\frac{Q_{\bar{k}',t}\bar{K}_{t+1}^{H,h}}{N_{t+1}^{H,h}}$，与外部融资溢价 $\frac{E_t(1+R_{t+1}^{k,H})}{1+R_{t+1}}$ 的关系：①

$$\frac{E_t(1+R_{t+1}^{k,H})}{1+R_{t+1}}=\psi\left(\frac{Q_{\bar{k}',t}\bar{K}_{t+1}^{H,h}}{N_{t+1}^{H,h}}\right) \tag{13}$$

式中，当 $Q_{\bar{k}',t}\bar{K}_{t+1}^{H,h}>N_{t+1}^{H,h}$ 时，$\psi'>0$，即企业家的外部融资溢价与其杠杆率成正比。其经济含义为：低杠杆率意味着低风险暴露，进而信贷违约的概率下降，从而影子银行对贷款利率的要求也降低了。另外，货币市场利率的攀升或净资产的下降，都将促使影子银行提高贷款条件，从而迫使企业家减少新资本的购买数量。

3. 高风险企业家的净资产

为了防止企业家所积累净资产超过资本支出，我们假定企业家每期都以 $1-\gamma^H$ 的概率退出经济，同时每一期产生 $1-\gamma^H$ 个新的企业家，以保持企业家总数的稳定。在退出时，企业家将其权益 $V_t^{H,h}$ 悉数转移给家庭。因此，企业家净资产的运动方程为：

$$N_{t+1}^{H,h}=\gamma^H V_t^{H,h}+W_t^{e,H,h} \tag{14}$$

式中，$W_t^{e,H,h}$ 为家庭向新产生及幸存下来的企业家支付的创业资金。企

① 推导过程比较烦琐，有兴趣的读者可参考 Bernanke 等（1999）的附录 A。

业家权益为：

$$V_t^{H,h}=(1+R_t^{k,H})Q_{\bar{k}',t-1}\bar{K}_t^{H,h}-\left[1+R_t^e+\frac{\mu\int_0^{\bar{\omega}_t^{H,h}}\omega^{H,h}dF_{t-1}(\omega^{H,h})(1+R_t^{k,H})Q_{\bar{k}',t-1}\bar{K}_t^{H,h}}{Q_{\bar{k}',t-1}\bar{K}_t^{H,h}-N_t^{H,h}}\right](Q_{\bar{k}',t-1}\bar{K}_t^{H,h}-N_t^{H,h}) \quad (15)$$

权益来源于企业家积累的利润，第一项为购买新资本的毛收益，中括号里的式子是企业家为影子银行贷款支付的毛利率。

（三）低风险企业家和商业银行

1. 低风险企业家的利润最大化

t 期初，代表性企业家向中间品厂商提供资本服务，$K_t^{L,l}=u_t^{L,l}\bar{K}_t^{L,l}$，$u_t^{L,l}$，代表资本利用率水平。实际资本利用成本 a（$u_t^{L,l}$）的函数形式和高风险企业家的相同。t 期末，企业家将未折旧的资本以 $Q_{\bar{k}',t}$ 的价格卖给资本品厂商，以 R_t^{loan} 的利率偿还商业银行贷款本息，并以 $Q_{\bar{k}',t}$ 的价格从资本品厂商处购置新资本。购置资本的资金 $Q_{\bar{k}',t}\bar{K}_{t+1}^{L,l}$ 一部分来自净资产 $N_{t+1}^{L,l}$，剩余部分来自商业银行贷款零售部门的贷款 $L_{t+1}^{L,l}=Q_{\bar{k}',t}\bar{K}_{t+1}^{L,l}-N_{t+1}^{L,l}$。

企业家在 t 期的利润为：

$$\Pi_t^{L,l}=[u_t^{L,l}r_t^{k,L}-a(u_t^{L,l})]\bar{K}_t^{L,l}P_t+(1-\delta)Q_{\bar{k}',t}\bar{K}_t^{L,l}-Q_{\bar{k}',t}\bar{K}_{t+1}^{L,l}-R_t^{loan}(Q_{\bar{k}',t-1}\bar{K}_t^{L,l}-N_t^{L,l}) \quad (16)$$

在给定贷款利率的情况下，低风险企业家通过选择最优的资本利用率和下一期的资本数量，来实现利润最大化。一阶条件为：

$$r_t^{k,L}=a'(u_t^{L,l}) \quad (17)$$

$$Q_{\bar{k}',t}=\beta E_t\{[u_{t+1}^{L,l}r_{t+1}^{k,L}-a(u_{t+1}^{L,l})]P_{t+1}+(1-\delta)Q_{\bar{k}',t+1}-R_{t+1}^{loan}Q_{\bar{k}',t}\} \quad (18)$$

式（18）左边是 t 期购置一单位新资本的成本，右边则代表这一单位资本在 t+1 期所产生预期收益的贴现值。

企业家在 t 期末的权益 $V_t^{L,l}$ 为：

$$V_t^{L,l}=\{[u_t^{L,l}r_t^{k,L}-a(u_t^{L,l})]P_t+(1-\delta)Q_{\bar{k}',t}\}\bar{K}_t^{L,l}-$$

$$(1+R_t^{loan})(Q_{\bar{k}',t-1}\bar{K}_t^{L,l}-N_t^{L,l}) \tag{19}$$

企业家净资产，等于权益加上来自家庭的转移支付：

$$N_{t+1}^{L,l}=\gamma^L V_t^{L,l}+W_t^{e,L,l} \tag{20}$$

2. 贷款零售部门与惜贷

贷款零售部门向低风险企业家提供有差异的贷款服务，相互之间是垄断竞争关系。代表性贷款零售部门 $z\in[0,1]$，在向低风险企业家发放贷款时拥有一定的垄断势力。给定 t+1 期的融资量 $L_{t+1}^{L,l}$，代表性低风险企业家通过选择最优的贷款组合 $L_{t+1}^{L,l}(z)$，使得贷款总成本最小化：

$$\min_{L_{t+1}^{L,l}(z)}\int_0^1[1+R_{t+1}^{loan}(z)]L_{t+1}^{L,l}(z)dz$$

$$\text{s.t.}\quad L_{t+1}^{L,l}=\left\{\int_0^1[L_{t+1}^{L,l}(z)]^{\frac{\varepsilon_{t+1}-1}{\varepsilon_{t+1}}}dz\right\}^{\frac{\varepsilon_{t+1}}{\varepsilon_{t+1}-1}}$$

式中，$R_{t+1}^{loan}(z)$是第 z 家贷款零售部门收取的贷款利率，$\varepsilon_{t+1}>1$ 是时变的贷款需求弹性。由一阶条件，可得代表性企业家对第 z 家贷款零售部门的贷款需求函数：

$$L_{t+1}^{L,l}(z)=\left[\frac{1+R_{t+1}^{loan}(z)}{1+R_{t+1}^{loan}}\right]^{-\varepsilon_{t+1}}L_{t+1}^{L,l} \tag{21}$$

式中，R_{t+1}^{loan}为平均贷款利率且 $1+R_{t+1}^{loan}=\left\{\int_0^1[1+R_{t+1}^{loan}(z)]^{1-\varepsilon_{t+1}}dz\right\}^{\frac{1}{1-\varepsilon_{t+1}}}$。

可见，代表性企业家对第 z 家贷款零售部门的贷款需求，与其自身的贷款需求总量正相关，与第 z 家贷款零售部门的相对贷款利率负相关。

在 t 期末，代表性贷款零售部门 z 以 R_{t+1}^{w} 的利率从商业银行批发部门获取资金，并以 $R_{t+1}^{loan}(z)$ 的利率贷给低风险企业家。因此，代表性贷款零售部门的问题是，设定最优的贷款利率来最大化 t+1 期的利润：

$$\max_{R_{t+1}^{loan}(z)}\Pi_{t+1}^{RB}(z)=\{[1+R_{t+1}^{loan}(z)]L_{t+1}^{L,l}(z)-[1+R_{t+1}^{w}]L_{t+1}^{L,l}(z)\}$$

$$\text{s.t.}\quad L_{t+1}^{L,l}(z)=\left[\frac{1+R_{t+1}^{loan}(z)}{1+R_{t+1}^{loan}}\right]^{-\varepsilon_{t+1}}L_{t+1}^{L,l}$$

由一阶条件及对称性均衡，可得贷款利率的加成定价公式：

$$1+R_{t+1}^{loan}=\frac{\varepsilon_{t+1}}{\varepsilon_{t+1}-1}(1+R_{t+1}^{w}) \tag{22}$$

可见，加成率是时变的，且随贷款需求利率弹性 ε_{t+1} 的提高而减小。最后，贷款零售部门将其 t+1 期的总利润 $\Pi_{t+1}^{RB}=(R_{t+1}^{loan}-R_{t+1}^{w})(1-\eta)L_{t+1}^{L,l}$ 以分红的形式派发给家庭。

为了反映现实经济中普遍存在的商业银行惜贷现象，我们假定贷款需求利率弹性 ε_{t+1}，与产出缺口和低风险企业家净资产对其稳态值的偏离正相关：

$$\varepsilon_{t+1}=[\bar{\varepsilon}+\alpha_1(Y_t-\bar{Y})](1+\chi_t) \tag{23}$$

$$\chi_t=\rho_\chi\chi_{t-1}+(1-\rho_\chi)[\bar{\chi}+\alpha_2(N_{t+1}^{L,l}-\bar{N}^{L,l})] \tag{24}$$

式（24）为贷款零售部门对低风险企业家还款能力的乐观情绪，服从一阶自回归过程，体现了人类乐观情绪的高度持续性和惯性；$\bar{\varepsilon}$、$\bar{Y}$、$\bar{\chi}$及$\bar{N}^{L,l}$分别为需求弹性、产出、乐观情绪及低风险企业家净资产的稳态值，参数 α_1、α_2 大于零，$0<\rho_\chi<1$。

3. 批发部门与存贷比约束

我们假定批发部门是同质的完全竞争关系。在外汇占款 F_t 外生给定的情况下，t 期代表性批发部门从家庭吸收定期存款 D_t，向贷款零售部门提供贷款资金 $L_t^{L,l}$，并按 v 的法定存款准备金率向中央银行缴存法定存款准备金，不足部分从货币市场借入 $M_t^{d,w}$。因此，t 期代表性批发部门的预算约束为：

$$F_t+D_t+M_t^{d,w}=L_t^{L,l}+\nu D_t \tag{25}$$

假定存款利率上限约束有效，由于存款利率$\bar{R}_t^d$由中央银行外生给定，因此批发部门按该利率被动吸收存款。此外，外汇占款实质上也是存款人在商业银行的一般存款，也需要按$\bar{R}_t^d$支付利息。商业银行批发部门的贷款数量需要接受中央银行的窗口指导 L_t^{cb}，假定违背窗口指导的成本为$\frac{c}{2}(L_t^{L,l}-L_t^{cb})^2$，则 t 期商业银行批发部门的利润由下式给出：

$$\Pi_t^{wb}=R_t^wL_t^{L,l}+R_t^r\nu D_t-\bar{R}_t^d(D_t+F_t)-R_tM_t^{d,w}-\frac{c}{2}(L_t^{L,l}-L_t^{cb})^2 \tag{26}$$

式中，R_t^r为法定存款准备金利率，参数 c>0。

最后，批发部门还面临75%的存贷比上限约束：

$$\frac{L_t^{L,l}}{D_t + F_t} \leqslant 0.75 \tag{27}$$

由式（25）解出 $M_t^{d,w}$ 并代入式（26），可得批发部门的利润最大化问题：

$$\max_{L_t^{L,l}} \prod_t^{wb} = (R_t^w - R_t)L_t^{L,l} + (R_t^r - R_t)\nu D_t - (\bar{R}_t^d - R_t)(D_t + F_t) - \frac{c}{2}(L_t^{L,l} - L_t^{cb})^2$$

$$\text{s.t.} \quad \frac{L_t^{L,l}}{D_t + F_t} \leqslant 0.75$$

一阶条件为：

$$R_t^w = R_t + c(L_t^{L,l} - L_t^{cb}) + \lambda \frac{1}{D_t + F_t} \tag{28}$$

$$\lambda \geqslant 0, \ 0.75 \geqslant \frac{L_t^{L,l}}{D_t + F_t}, \ \left[0.75 - \frac{L_t^{L,l}}{D_t + F_t}\right]\lambda = 0 \tag{29}$$

式中，拉格朗日乘子 λ 为存贷比约束的影子价格。式（28）表明贷款批发利率等于货币市场利率、违背中央银行窗口指导的边际成本以及存贷比约束的影子成本之和。式（29）为存贷比约束及其影子价格的互补松弛条件。当存贷比约束有效时，影子价格大于零，贷款批发利率随之提高。由式（28）可知，外汇占款下降不仅直接推高存贷比，而且在存贷比约束有效时，放大了存贷比影子价格对贷款批发利率的影响。此外，当市场利率持续高于存款利率时，存款的大量流失将加剧存贷比约束的趋紧和贷款批发利率的攀升。

最后，我们假定外汇占款服从一阶自回归过程：

$$F_t = \rho_f F_{t-1} + \varepsilon^f \tag{30}$$

式中，参数 $0 < \rho_f < 1$，ε^f 为外汇占款冲击。

（四）货币市场

1. 准备金供求

中央银行按照如下规则提供准备金：

$$M_t^s = \tilde{\rho} M_{t-1}^s + (1 - \tilde{\rho})[\bar{M}^d + \alpha_\pi(\pi_t - \bar{\pi}) + \alpha_y(Y_t - \bar{Y})] \tag{31}$$

式中，参数 α_π、α_y 大于零，$0 < \tilde{\rho} < 1$，$\bar{M}^d$、$\bar{\pi}$及$\bar{Y}$分别为准备金需求、通货膨胀率和产出的稳态值。

货币市场的资金需求来自两个方面。一方面来自由式（25）定义的商业银行批发部门的准备金需求 $M_t^{d,w}$：

$$M_t^{d,w}=L_t^{L,l}+\nu D_t-F_t-D_t \tag{32}$$

另一方面来自影子银行同业业务的资金需求。中国影子银行的资金来源，除了直接向家庭发售理财产品之外，也十分倚重商业银行和其他金融机构的同业渠道。我们假定影子银行贷款资金中来自同业业务的比例为 γ，则影子银行对货币市场资金的需求 $M_t^{d,s}$ 为：

$$M_t^{d,s}=\gamma L_t^{L,l} \tag{33}$$

2. 均衡利率决定[①]

假定代表性批发部门 t 期初的资金缺口为 a_t，t 期末的法定存款准备金要求为 d_t。则根据式（25）可知，$a_t=L_t^{L,l}-F_t-D_t$，$d_t=\nu D_t$。在 t 期初，批发部门决定以 R_t 的市场利率从货币市场上借入 b_t，但拆借后至 t 期末期间将面临随机的流动性冲击 λ_t，$\lambda_t\sim N\left(0,\ \sigma_\lambda^2\right)$。若 $\lambda_t<a_t+d_t-b_t$，则 t 期末批发部门存款准备金无法达到法定要求，需以 i^l 的利率向中央银行申请再贷款；若 $\lambda_t\geqslant a_t+d_t-b_t$，则 t 期末批发部门存款准备金超过法定要求，可以 i^d 的超额存款准备金利率存在中央银行。批发部门的流动性管理问题，是选择最优的拆借数量 b_t，以使流动性管理成本最小化：

$$\min_{b_t} C_t=R_tb_t+i^l\int_{-\infty}^{a_t+d_t-b_t}(a_t+d_t-b_t-\lambda_t)f(\lambda_t)d\lambda_t-$$

$$i^d\int_{a_t+d_t-b_t}^{+\infty}[\lambda_t-(a_t+d_t-b_t)]f(\lambda_t)d\lambda_t$$

式中，函数 $f(\cdot)$ 为随机流动性冲击的概率密度函数。显然，上式第一项为拆借成本，第二项是流动性不足时向中央银行借款的成本，第三项则是流动性过多时存放在中央银行的收益。一阶条件为：

$$R_t-i^lF(a_t+d_t-b_t)-i^d[1-F(a_t+d_t-b_t)]=0 \tag{34}$$

式中，函数 $f(\cdot)$ 为随机流动性冲击的累计密度函数。整理可得代表性批发部门的最优拆借数量：

$$b_t=a_t+d_t-F^{-1}\left[\frac{R_t-i^d}{i^l-i^d}\right] \tag{35}$$

由货币市场的完全竞争、批发部门的同质性及批发部门总测度为 1 的假定，可知对式（35）加总得到的批发部门总体的准备金需求仍为 b_t。货币市

① Poole（1968）最先研究了随机流动性冲击下商业银行的最优流动性管理及货币市场利率决定机制。关于该模型及其后续发展，可参考中国人民银行营业管理部课题组（2013）。

场均衡要求，b_t 要与剔除影子银行资金需求之后的中央银行准备金净供给相等。因此，货币市场均衡利率由下式决定：

$$M_t^s - M_t^{d,s} = M_t^{d,w} - F^{-1}\left[\frac{R_t - i^d}{i^l - i^d}\right] \tag{36}$$

式中，$M_t^{d,w} = a_t + d_t$，代入上式并整理可得货币市场均衡利率：

$$R_t = i^d + (i^l - i^d) \times F(M_t^{d,w} + M_t^{d,s} - M_t^s) \tag{37}$$

（五）政府

政府部门包括中央银行和财政部门。中央银行除了设定存款利率、提供准备金之外，还根据以下规则对商业银行贷款规模实施窗口指导：

$$L_t^{cb} = \hat{\rho} L_{t-1}^{cb} + (1 - \hat{\rho})[\bar{L}^{L,l} - \phi_l(L_t^{L,l} - \bar{L}^{L,l}) - \phi_\pi(\pi_t - \bar{\pi}) - \phi_y(Y_t - \bar{Y})] \tag{38}$$

财政部门每期向家庭征收总量税 T_t，政府支出为产出的 η_g 倍：

$$T_t = \eta_g Y_t \tag{39}$$

（六）总体资源约束

在封闭经济条件下，产出等于居民消费、投资、政府消费、影子银行的监督成本以及两类企业家的资本利用成本之和：

$$C_t + I_t + \eta_g Y_t + \eta\left[\mu \int_0^{\bar{\omega}_t^{H,h}} \omega^{H,h} dF_{t-1}(\omega^{H,h})(1 + R_t^{k,H})\frac{q_{t-1}\bar{K}_t^{H,h}}{\pi_t}\right] +$$
$$\eta a(u_t^{H,r})\bar{K}_t^{H,h} + (1 - \eta)a(u_t^{L,l})\bar{K}_t^{L,l} = Y_t \tag{40}$$

四、参数校准

我们在参考现有文献的基础上，根据中国的经济和金融数据，对模型的45个参数进行校准，各参数赋值结果如表2所示。为了方便求解模型的稳态值，我们借鉴 Verona 等（2013）的做法，将高风险企业家实际资本租赁价格的稳态值 $r^{k,H}$ 设定外生变量，而令劳动供给负效用的参数 ψ_L 为内生变量。我们将 $r^{k,H}$ 设定为5.26%，以使年化的影子银行贷款利率的稳态值为

7%。[①]

根据 2007~2014 年 1 年期 Shibor 的平均年化利率 3.97%，我们令 β 为 0.9902，以使模型的货币市场利率稳态值与之吻合。根据银监会发布的数据，2010 年第四季度至 2014 年第四季度存贷比平均值为 65%，因此我们令 ψ_d 为 0.02745。根据陈昌兵（2014）的研究结论，我们将资本产出弹性α 设定为 0.6。在假设两类代表性企业家稳态的融资量相等的前提下，根据 2013 年新增委托、信托和未贴现银行承兑汇票之和占新增社会融资总量的比例，我们将高风险企业家比例 η 设定为 0.3。相应地，我们将 $W^{e,L,l}$ 设定为 0.036，以使模型中两类代表性企业家稳态的融资量相等。根据 2008 年第三季度至 2014 年末的贷款加权平均利率均值 6.55%，我们令商业银行贷款利率弹性的稳态值 ε^l 为 156.9。

关于准备金供给规则参数 α_π、α_y 的校准，由于现有文献普遍采用泰勒规则，而且实证估计也缺乏可靠的数据，因此我们的赋值原则是模型中的货币市场利率对通胀和产出变动的反应等价于 Funke 等（2015）所校准的泰勒规则。我们设$\overline{R}_d$ 为 0.75%，使得年化的存款管制利率为 3%。根据 2008 年 11 月以后年化的超额存款准备金利率 0.72%，将利率走廊的下限 i^d 设为 0.18%。为使稳态货币市场利率与由 β 决定的稳态利率一致，将走廊下限 i^l 设为 1.8%。法定存款准备金率 v 取大型和中小型金融机构的平均值，设为 19%。根据 2005~2014 年的月度外汇占款余额数据，剔除二次时间趋势后的残差的自回归系数，将 ρ_f 设为 0.95。

根据以上参数赋值，模型稳态时投资占 GDP 比例为 32%，居民消费占比为 47.6%，年度资本产出比为 2.67，与中国 1978 年以来的实际数据比较接近。[②]

表 2 参数校准结果

符号	参数描述	参数值	符号	参数描述	参数值
β	贴现因子	0.9902	γ	同业业务比重	0.5
σ_1	劳动供给弹性的倒数	1	ε^l	商业银行贷款利率弹性稳态值	156.9

① 所有参数均按季度频率赋值。

② 1978~2014 年平均的固定资产投资占 GDP 比例和居民消费占 GDP 比例分别为 34%和 45%；据陈昌兵（2014）的最新研究，中国同期的资本产出比平均为 2.35。

续表

符号	参数描述	参数值	符号	参数描述	参数值
b	消费习惯形成参数	0.63	α_1	贷款利率弹性对产出缺口的敏感度	30000
ξ_w	工资黏性参数	0.75	ρ_χ	乐观情绪的自回归系数	0.9
λ_w	工资加成率	1.05	α_2	乐观情绪对净资产的敏感度	40
ι_{w1}	稳态通胀率在工资指数化中的权重	0.29	$\bar{\chi}$	乐观情绪的稳态值	0
ψ_d	家庭效用函数中实际存款的权重	0.02745	$\tilde{\rho}$	准备金供给的自回归系数	0.88
α	资本产出弹性	0.6	α_π	准备金供给对通胀的反应系数	281.64
ξ_p	价格黏性参数	0.75	α_y	准备金供给对产出缺口的反应系数	17.02
ι_1	稳态通胀率在物价指数化中的权重	0.16	η_g	政府支出占 GDP 比重	0.2
λ_f	中间品厂商加成率	1.02	$\bar{R}^d$	存款利率	0.75%
S''	投资调整成本参数	29.3	i^d	超额存款准备金利率	0.18%
δ	折旧率	0.03	i^l	利率走廊上限	1.8%
ρ	两类资本服务的替代率参数	0.6	σ_λ	流动性冲击的标准差	1
σ_a^H	高风险企业家资本利用成本参数	18.9	ν	法定存款准备金率	19%
σ_a^L	低风险企业家资本利用成本参数	18.9	c	商业银行偏离贷款额度的成本	0.4
μ	影子银行监督成本参数	0.15	$\hat{\rho}$	贷款额度的自回归系数	0.8
σ	高风险企业家资本减值冲击标准差	$\sqrt{0.3}$	ϕ_π	贷款额度对通胀的反应系数	1.8
$W^{e,H,h}$	家庭给高风险企业家的创业资金	0.02	ϕ_y	贷款额度对产出的反应系数	0.1
$W^{e,L,l}$	家庭给低风险企业家的创业资金	0.036	ϕ_l	贷款额度对贷款的反应系数	0.3
γ^H	高风险企业家存活率	0.97	ρ_f	外汇占款的自回归系数	0.95
γ^L	低风险企业家存活率	0.96	$r^{k,H}$	高风险企业家资本服务的实际租赁价格	5.26%
η	高风险企业家比例	0.3			

注：所有参数均按季度频率赋值。

五、模拟结果

(一) 或紧约束问题

求解 DSGE 模型的方法包括线性法和非线性法两大类，前者以 Blanchard 和 Kahn（1980）、Sims（2001）、Klein（2000）以及 Uhlig（1999）为代表，后者包括投影法（Projection Methods）、值函数和策略函数迭代法以及扰动法（Perturbation Techniques）。Dynare 软件采用的是扰动法，其求解思路是在非线性模型的稳态值附近做 k 阶泰勒展开，并最终确定非线性解函数的 k 阶泰勒展开式的系数值。[①] 本文模型中的存贷比约束在稳态时是不紧的，但随着冲击的发生可能会变紧。然而，由于扰动法只是一种局部近似，它并不适用于这种时紧时松的或紧约束（Occasionally Binding Constraints）问题。

这里，我们参考 Guerrieri 和 Iacoviello（2015）的分段线性扰动法（Piecewise Linear Perturbation Method）求解模型。分段线性扰动法，将带有或紧约束的模型分成两种状态，在一种状态下模型的约束是松弛的，在另一种状态下约束是紧束的。它首先猜测一个约束松弛或紧束的时间范围，并假定从某一个时间点 T 开始，模型将永远停留在约束松弛的状态，并用标准的一阶扰动法求解该状态下的模型；其次根据开始时假设的时间范围分别用相应的模型，以递归的方式将第 T 期的解向前扩展至第 1 期；最后用所得内生变量的时间路径去验证开始时的猜测，若正确则结束，若错误则更新原始猜测，如此重复。[②]

(二) 模拟结果

金融机构外汇占款余额与金融机构各项存款余额之比，从 2008 年的

① 在 Dynare 中，k=1 或 2，相关细节可参考 Dynare 官方发布的用户指南。关于 DSGE 模型求解方法的详细阐述，可参考 DeJong 和 Dave（2011）的著作 "Structural Macroeconometrics 2nd ed." 第四、第五章。

② 分段线性扰动法的程序包 OccBin 可在 Iacoviello 的个人主页免费下载，网址是：http://www2.bc.edu/matteo-iacoviello/research.htm。

36%持续下降至2014年的26%。因此，我们模拟的冲击是外汇占款与存款的比例一次性下降10%。图4~图6呈现的是，模型主要内生变量对该冲击的脉冲响应。其中，图4展示了外汇占款下降冲击的传导机制，图5及图6则分别展示了该冲击对金融部门和宏观经济的影响。为了比较存贷比约束的作用，我们同时展示由分段线性扰动法和标准的线性扰动法得到的结果。[①]图中的实曲线代表分段线性扰动法的结果，虚曲线则代表标准的线性扰动法的结果。

图4中外汇占款下降之后逐渐回归至稳态水平。作为商业银行的重要资金来源，外汇占款的下降直接导致货币市场利率的攀升，使得商业银行和影子银行均面临资金机会成本的上升。然而，由于存款利率管制和存贷比约束，外汇占款冲击对商业银行还施加了额外的影响。首先，作为商业银行一般存款的重要组成部分，外汇占款的下降直接推高了存贷比水平，从而使得存贷比约束趋紧，存贷比约束的影子价格上升。其次，存款利率管制情形下，货币市场利率的持续攀升导致家庭用理财产品替代定期存款，导致商业银行一般存款的不断流失，进一步加剧了存贷比约束的负面效应。从图4中存贷比及影子价格的脉冲响应图可知，占存款10%的外汇占款的下降，足以使存贷比上升到近100%的水平。但由于75%的上限管制，前15个季度存贷比都处于束紧状态，同时存贷比影子价格显著上升，加剧了商业银行贷款成本的上升。[②]最后，由于商业银行净资产的减少及产出缺口的下降，商业银行的惜贷倾向开始引起贷款需求弹性的急剧降低，从而放大了商业银行贷款利率的上升。值得注意的是，由于存贷比约束对商业银行净资产及产出缺口的间接影响，它的存在使得贷款需求弹性的下降幅度扩大了一倍。

图5显示外汇占款冲击导致了商业银行和影子银行贷款规模的此消彼长，以及企业家融资成本的大幅攀升。由于前文所述的原因，商业银行贷款利率的上升幅度要高于影子银行，造成二者贷款利差最大时超过3个百分点。商业银行和影子银行贷款规模的此消彼长，除了有家庭用理财产品替代定期存款的原因之外，也与贷款利差的变化密切相关。一方面，贷款利差的变化代表着两类企业家提供资本服务的机会成本的变化；另一方面，中间品

① 由于模型稳态时处于存贷比松弛状态，应用标准的线性扰动法相当于不考虑存贷比约束的作用。

② 稳态时按季度计的贷款利率为1.64%，而存贷比约束的影子价格最高时接近0.2，是前者的10多倍。

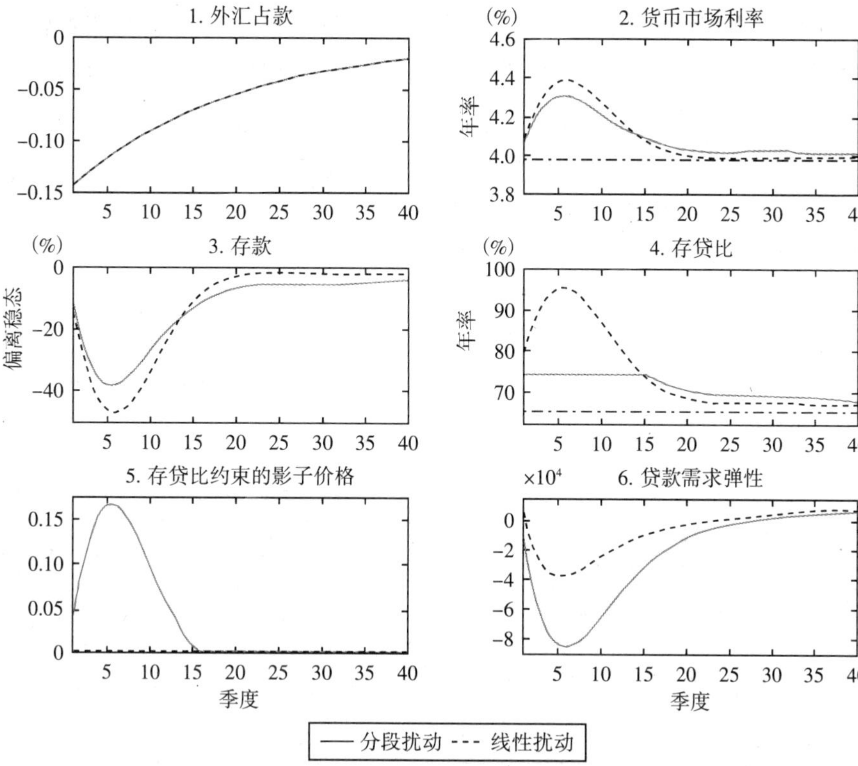

图 4　外汇占款下降的传导机制

厂商倾向于更多地使用性价比更高的那类资本服务。因此，商业银行贷款利率的更大幅度攀升意味着，低风险企业家资本服务的租赁价格上升更多，从而引起中间品厂商用高风险企业家的资本服务替代低风险企业家的资本服务。这进而通过两类企业家融资需求的此消彼长，影响商业银行和影子银行的相对规模的变化。此外，对比分段扰动法和线性扰动法的脉冲响应函数易知，金融变量的大幅波动主要源自束紧的存贷比约束。

图 6 中的主要宏观经济变量均随冲击发生而向下偏离稳态，随后不同程度地逐渐向稳态值回归。总体而言，存贷比约束加剧了宏观经济变量的波动，尤其是和投资有关的变量。企业家融资成本的攀升，导致企业家减少新资本品的购买数量，从而导致资本品实际价格的大幅下降。资本品相对消费品价格的下降，意味着资本品厂商边际投资成本相对边际收益的上升，由此带动其投资需求的下降，进而影响了资本积累的进程。资本存量的减少意味着，中间品厂商劳动边际产品的降低。中间品厂商劳动需求的降低，引致实际工资和就业的同步下降。家庭消费的下降，是因为实际利率的攀升使得储蓄变

得更加有吸引力。最后，无论是从投资、消费的需求层面，还是从劳动和资本的供给层面，实际产出都将持续低于潜在水平，并伴随着轻微的通货紧缩。

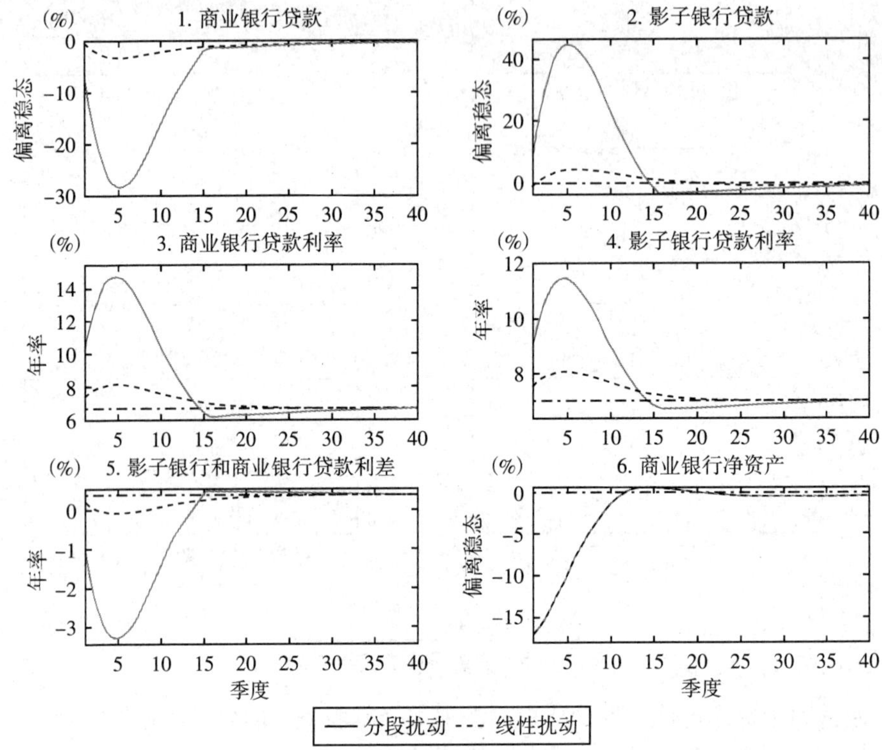

图5 金融变量的响应

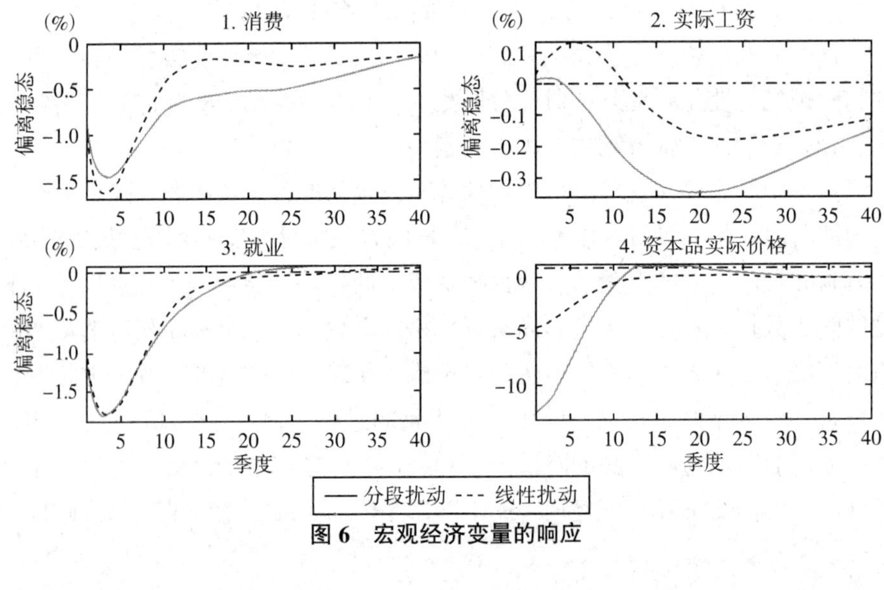

图6 宏观经济变量的响应

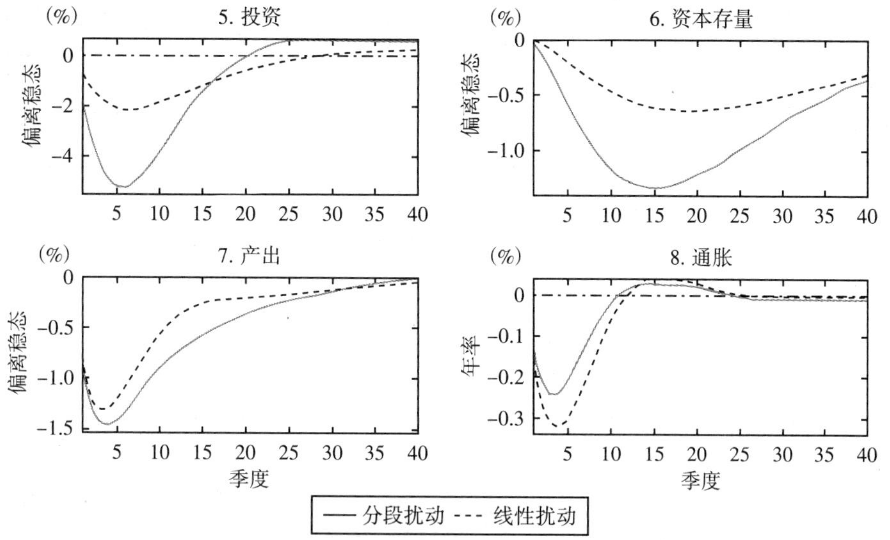

图 6 宏观经济变量的响应（续）

六、结 论

我们用动态随机一般均衡模型模拟了外汇占款一次性下降 10%对金融体系及宏观经济的动态影响。模拟结果表明，外汇占款冲击推高了企业融资成本，促进了影子银行的扩张，加剧了宏观经济的波动。在影子银行的扩张中，存贷比约束和利率双轨制激励了商业银行的监管套利行为。外汇占款下降冲击导致存贷比约束趋紧，推高了商业银行贷款的资金成本。存款利率管制，则加剧了商业银行定期存款的流失，进而强化了存贷比约束的作用。因此，外汇占款冲击激活了商业银行体系存贷比和存款利率上限管制的约束效力，促使商业银行将表内信贷转移至表外的影子银行体系。在此过程中伴随的市场利率和融资成本的持续攀升，通过消费跨期替代效应强化储蓄意愿，通过实际利率上升弱化投资需求，进而带动资本积累、就业、工资、产出和通胀的下滑。可以说，外汇占款下降冲击对金融危机后中国宏观经济、金融领域的诸多经济现象，都能给出前后一致的模拟。

在政策含义方面，本文的分析表明单纯的降准、降息不足以抵消外汇占款的冲击效应，而应彻底废除存贷比约束，并有序地推进利率市场化改革。值得高兴的是，在本文的写作过程中，相关部门先后废除了存贷比约束和存款利率上限。[①] 现实中的各家商业银行，在吸收的存款数量及外汇占款规模方面存在显著差异。存款和外汇占款的分布结构对外汇占款的冲击效应有何影响，解除利率管制又将对存款的分布施加何种作用？对此，我们同质的、代表性主体模型无法回答，必须构建异质主体的 DSGE 模型。这是本文的不足之处，也是今后努力的方向。

参考文献

[1] Bernanke B. S., M. Gertler, S. Gilchrist. The Financial Accelerator in a Quantitative Business Cycle Framework [J], 1999 (1): 1341–1393.

[2] Christiano L. J., R. Motto, M. Rostagno. Financial Factors in Economic Fluctuations [R]. Working Paper Series, 2010: 1192.

[3] DeJong, David N., C. Dave. Structural Macroeconometrics [M], Princeton University Press, Second Edition, 2011.

[4] Guerrieri L., M. Iacoviello. OccBin: A Toolkit for Solving Dynamic Models With Occasionally Binding Constraints Easily [J]. Journal of Monetary Economics, 2015 (70): 22–38.

[5] Michael Funke, Petar Mihaylovski, Haibin Zhu. Monetary Policy Transmission in China: A DSGE Model with Parallel Shadow Banking and Interest Rate Control [J]. BOFIT Discussion Papers, 2015, Helsinki.

[6] Poole W. Commercial Bank Reserve Management in a Stochastic Model: Implications for Monetary Policy [J]. Journal of Finance, 1968, 23 (5): 769–791.

[7] Verona F., M. M. F. Martins, I. Drumond. (Un) Anticipated Monetary Policy in a DSGE Model with a Shadow Banking System [J], International Journal of Central Banking, 2013 (9): 73–117.

[8] Verona F., M. M. F. Martins, I. Drumond. Monetary Policy Shocks in a DSGE Model with a Shadow Banking System [R]. CEF.UP Working Paper, 2011.

[9] 白重恩，张琼. 中国的资本回报率及其影响因素分析 [J]. 世界经济，2014 (10).

[10] 白重恩，张琼. 中国经济减速的生产率解释 [J]. 比较，2014 (4).

[11] 陈昌兵. 可变折旧率估计及资本存量测算 [J]. 经济研究，2014 (12).

[12] 高善文. 贷存比约束：小制度，大问题 [J]. 清华金融评论，2014 (6).

[13] 李斌，伍戈. 信用创造、货币供求与经济结构 [M]. 北京：中国金融出版社，2014.

① 2015 年 8 月人大常委会通过了《中华人民共和国商业银行法修正案》，删除了贷款余额与存款余额比例不得超过 75%的规定，将存贷比由法定监管指标转为流动性监测指标；中国人民银行决定，自 2015 年 10 月 24 日起，对商业银行和农村合作金融机构等不再设置存款利率浮动上限。

[14] 马骏，王红林. 政策利率传导机制的理论模型 [J]. 金融研究，2014 (12).

[15] 裘翔，周强龙. 影子银行与货币政策传导 [J]. 经济研究，2014 (5).

[16] 王国刚. 中国货币政策调控工具的操作机理：2001~2010 [J]. 中国社会科学，2012 (4).

[17] 吴晓灵. 金融市场化改革中的商业银行资产负债管理 [J]. 金融研究，2013 (12).

[18] 中国人民银行营业管理部课题组. 中央银行利率引导——理论、经验分析与中国的政策选择 [J]. 金融研究，2013 (9).

我国资本市场与国际资本流动非对称效应研究

林志伟 张五六
(华侨大学数量经济研究院，福建厦门 361021)

一、引 言

自 21 世纪以来，短期国际资本流动成为了一个“流行词”。如何合理准确地研究国际资本流动与我国资本市场之间的内在机理是当前中国关于资本流动研究的一个焦点，同时也是稳定资本市场的重要基础。研究的核心在于 21 世纪以来资本市场是如何影响我国的国际资本流动的，这种影响又具有什么样的时代特点。研究的主要内容有以下几个方面：一是资本市场对我国国际资本流动是否存在显著影响；二是资本市场在不同时期对国际资本流动的影响是怎样的过程；三是如果存在显著影响，资本市场在长期和短期对我国资本流动的影响是否具有一致性。

二、文献综述

回顾相关经典文献，关于我国国际资本流动的研究在最近十几年有着显

［作者简介］林志伟：男，1991 年 4 月生，华侨大学数量经济研究院在读硕士；电话：18060922341；邮箱：369473335@qq.com。张五六：男，1971 年 10 月生，经济学博士；华侨大学数量经济研究院，副研究员，硕士生导师；电话：13696954511；邮箱：zhangwuliu2005@126.com。

著增长趋势，但观察其发展主线，可以将相关研究分为三个方面：国际资本流动的影响因素、国际资本流动的测算、计量模型框架及估计。这些文献既是本文前期研究的基础，又激发了对我国国际资本流动相关研究的新思维。

在国际资本流动影响因素方面，主要存在于利率、汇率、资本市场（股票市场和房地产市场）以及产出水平方面的因素。蒋绵绵、杜朝运、李慧宇发现，中美利差、人民币预期升值率、证券市场价格变动、房地产价格变动等因素的变动对我国短期国际资本流动的影响较大（蒋绵绵，杜朝运，李慧宇，2015）。赵进文和张敬思发现，国际金融危机和欧洲主权债务危机的爆发，导致国际资本流动非对称地作用于股票价格，危机时期各变量对股票价格的作用明显大于非危机时期（赵进文和张敬思，2013）。朱孟楠和刘林的研究认为，短期国际资本流入导致股价和房价上涨，股价上涨会造成短期国际资本流入，房价上涨会导致资本流出（朱孟楠和刘林，2010）。田苗、谷宇和高铁梅发现中国股票市场存在明显的非对称效应，且短期国际资本流动对我国股市具有明显的传递效应（田苗，谷宇，高铁梅，2010）。刘澜飚、文艺、王博认为短期资本流入在整体上可能小幅地促进中国产出增长，但同时会造成相当幅度的产出波动（刘澜飚，文艺，王博，2014）。

在国际资本流动的测算方面，主要有两个方面的测算方法：一是基于Cuddington 提出的测算方法，国内学者称为直接测算法（Cuddington，1986）。其计算公式为：短期国际资本流入 = 误差与遗漏项 + 资本流动净额。其中“误差与遗漏”是国际收支平衡表中借贷双方平衡的一个调整项目，而这里作为隐蔽性资本流动的一个替代项指标。该测算方法在国内应用相当广泛，修晶和张明利用直接测算法对短期国际资本流动规模进行估计，并考察外债余额和股市波动率的推动作用（修晶和张明，2002）。杨胜刚和刘宗华利用直接测算法估计国际资本流动，并分析了国际资本流动对我国货币供给造成的影响（杨胜刚和刘宗华，2001）。二是世界银行法，又称间接测算法，是由 World Bank 于 1985 年提出的，该方法的思想是用外汇储备的增量扣去一国国际收支平衡表中的几项不含有国际资本流动的项目指标，从而获得短期国际资本的估算值，其计算公式为：短期国际资本流入 = 外汇储备增量 - 经常项目顺差 - FDI 净流入。随后 Morgan Company 对这种方法进行了改进（Boyce，1992），认为应当扣除货币当局与银行系统持有的短期外币资产，理由是该项目不属于资本逃避，而是为了进行外汇交易而持有。其计算公式为：短期国际资本流入 = 外汇储备增量 - 经常项目顺差 - FDI 净流入 - 外债增量+商业银行海外净资产增量。Alfaro 等人提出用外汇占款增量代替外汇储备增量进行调整，如此可以将上期储备收益以及因汇率变化导致的资本损失在国际资本流动中予以剔除（Alfaro 和 Volosovych，2005）。计算公式为：短期国际资本流入 = 外汇占款增量 – 净出口额 – FDI 资本流入。这种测算方法在国内应用非常广泛，如赵文胜等、刘莉亚都是利用该方法对短期国际资本流动进行测算，进而探讨国际资本流动的影响因素（赵文胜，张屹山，赵杨，2011；刘莉亚，2008）。此外，石刚和王琛伟还对我国国际资本流动规模的测算方法进行了总结和对比，关于资本流动更详细的测算方法，可以参见该文（石刚和王琛伟，2014）。

在计量模型设置及估计方面，主要有 VAR 模型族、ARDL 模型以及状态空间模型三种。如刘澜飚、文艺、王博运用符号限定的贝叶斯 VAR（SBVAR）模型考察国际资本流动对中国产出的影响（刘澜飚，文艺，王博，2014）。杨冬、张月红基于非线性视角，采用时变参数向量自回归模型对汇率改革以来人民币实际汇率、短期国际资本与资产价格之间的互动关系进行了实证分析。陈浪南和陈云运用 ARDL–ECM 模型检验了人民币汇率、资产价格与我国短期国际资本流动的关系（陈浪南和陈云，2009）。同样地，刘璐和刘海龙也利用该模型研究金融危机前后推动因素和拉动因素与我国短期国际资本流动之间的关系（刘璐和刘海龙，2015）。樊元和杨冬、余喆杨和费俊俊均利用了状态空间模型和卡尔曼滤波方法研究影响国际资本流动的因素与国际资本流动之间的非线性关系（樊元和杨冬，2014；余喆杨和费俊俊，2013）。

从中国国际资本流动的三个主要方面的文献研究看，一是选用哪些因素作为我国国际资本流动的成因最为合适。不同时期，影响国际资本流动的主要因素可能也不一样，遗漏显著或者选取不显著的因素可能影响国际资本流动结论的可靠性。本文基于相关文献，并结合时代特点，认为上述大部分文献都将资本市场纳入影响国际资本流动的因素之中并进行研究，说明资本市场在我国国际资本流动中起到了重要作用。此外，本文研究时间起点为 2008 年，房地产市场和股票市场正处于剧烈动荡时期。因此，本文考虑房地产市场和股票市场对我国国际资本流动的影响，然后根据相关公式计算对应指标，为研究我国国际资本流动冲击效应提供可靠数据支持。二是选用哪一种测算方法来估计我国国际资本流动最为合适。数据的质量将影响我国国际资本流动对资本市场冲击的结论的可靠性。本文在现有相关文献的基础上，采用当前最常用的间接核算方法，估计出我国国际资本流动的完整数据，已保证数据的可靠性。三是选用什么样的计量模型框架最为合适。结合之前的文献看，多数文献都是基于线性假定的条件下进行研究的，然而部分文献发现事实上许多影响国际资本流动的因素存在非线性的关系，若使用线性模型进行“套用”反而可能得到不合理的结论。因此，需要先考查这些因素的非对称效应。为明确国际资本流动和资本市场之间潜在的非对称关系，在非线性框架下，拟采用 Shin 等人提出的 NARDL 模型进行研究（Shin，Yu，Greenwood-Nimmo，2014），该模型是在 ARDL-ECM 的基础上进行推广所得到的。本文接下来对其非线性关系进行探索，并给出资本市场对国际资本流动的长短期影响的统计意义和经济内涵及解释国际资本流动于各因素的不对称动态特征。

三、研究方法

本文所需要的基础模型为 ARDL 模型，该模型由 Engle 和 Granger（1987）以及 Johansen（1988）发展而来的，其线性 ARDL（p，q）原始模型可由以下形式表示：

$$SCF_t = \mu + \sum_{j=1}^{p} \phi_j SCF_{t-j} + \sum_{j=0}^{q} \varphi_j Y_{t-j} + \varepsilon_t \tag{1}$$

式中，SCF_t 表示短期国际资本流动额，μ 为截距项，Y_t 为资本市场中可能影响国际资本流动的因素。p 和 q 分别代表被解释变量和外生变量的滞后阶数。ε_t 是一个零均值常方差的独立同分布正态过程。在该模型的基础上，对外生变量进行改造，即将外生变量分解成正项和负项两个部分，也就是 Y_t^+ 和 Y_t^-，分别代表增量和减量：

$$Y_t^+ = \sum_{j=1}^{t} \Delta Y_j^+ = \sum_{j=1}^{t} \max(\Delta Y_j,\ 0) \tag{2}$$

$$Y_t^- = \sum_{j=1}^{t} \Delta Y_j^- = \sum_{j=1}^{t} \min(\Delta Y_j,\ 0) \tag{3}$$

由此可以推广到一般的 NARDL（p，q）模型，其表示如下：

$$SCF_t = \mu + \sum_{j=1}^{p} \phi_j SCF_{t-j} + \sum_{j=0}^{q} (\varphi_j^+ Y_{t-j}^+ + \varphi_j^- Y_{t-j}^-) + \varepsilon_t \tag{4}$$

依据 Pesaran 等（2001）的研究，可将式（4）改写成误差修正模型的形式：

$$\Delta SCF_t = \mu + \rho SCF_{t-1} + \theta^+ Y^+_{t-1} + \theta^- Y^-_{t-1} + \sum_{i=1}^{p-1} \alpha_i \Delta SCF_{t-1} + \sum_{i=0}^{q-1} (\omega^+_i \Delta Y^+_{t-i} + \omega^-_i \Delta Y^-_{t-i}) + \varepsilon_t \quad (5)$$

式中，$\rho = \sum_{j=1}^{p} \phi_j - 1$，$\alpha_i = -\sum_{j=i+1}^{p} \phi_j - 1(i = 1, \cdots, p-1)$，$\theta^+ = \sum_{j=0}^{q} \varphi^+_j$，$\theta^- = \sum_{j=0}^{q} \varphi^-_j$，$\omega^+_0 = \varphi^+_0$，$\omega^+_i = -\sum_{j=i+1}^{q} \varphi^+_j (i = 1, \cdots, q-1)$，$\omega^-_0 = \varphi^-_0$，$\omega^-_i = -\sum_{j=i+1}^{q} \varphi^-_j (i = 1, \cdots, q-1)$。

符号 Δ 表示一阶差分，因此 ΔSCF_t 和 ΔY_t 分别表示 SCF_t 和 Y_t 的一阶差分。ω^+_i 和 ω^-_i 分别表示资本市场的正项和负项短期系数。式（5）中的上标（+）与（-）分别对应上文所定义的正项和负项部分和分解。这种分解主要是用来解释变量中的非对称效应，在其他一些文献中该模型又称非对称 ARDL 模型。得到参数估计之后，可以计算误差修正模型中正项和负项各自的长期影响系数，其公式为：$L_+ = -\theta^+/\rho$，$L_- = -\theta^-/\rho$。此外，在对模型进行拟合时，需要检验这些系数是否存在非对称性。借助 Wald 检验方法可以检验长期和短期的非对称效应，长期非对称性检验对应的原假设为 $L_+ = L_-$，短期非对称性则对应 $\sum \omega^+_i = \sum \omega^-_i$。

若进行长期非对称性检验发现原假设 $L_+ = L_-$ 不能拒绝，则式（5）中模型变为：

$$\Delta SCF_t = \mu + \rho SCF_{t-1} + \theta Y_{t-1} + \sum_{i=1}^{p-1} \alpha_i \Delta SCF_{t-1} + \sum_{i=0}^{q-1} (\omega^+_i \Delta Y^+_{t-i} + \omega^-_i \Delta Y^-_{t-i}) + \varepsilon_t \quad (6)$$

若进行短期非对称性检验发现原假设 $\sum \omega^+_i = \sum \omega^-_i$ 不能拒绝，则式（5）中模型变为：

$$\Delta SCF_t = \mu + \rho SCF_{t-1} + \theta^+ Y^+_{t-i} + \theta^- Y^-_{t-i} + \sum_{i=1}^{p-1} \alpha_i \Delta SCF_{t-1} + \sum_{i=0}^{q-1} \omega_i \Delta Y_{t-1} + \varepsilon_t \quad (7)$$

若上述两种检验均能拒绝原假设，则式（5）中模型变为一般的 ARDL-ECM 模型：

$$\Delta SCF_t = \mu + \rho SCF_{t-1} + \theta Y_{t-1} + \sum_{i=1}^{p-1} \alpha_i \Delta SCF_{t-1} + \sum_{i=0}^{q-1} \omega_i \Delta Y_{t-1} + \varepsilon_t \quad (8)$$

在运用 NARDL 模型时，不论是只有长期效应、短期效应还是两者效应同时存在，可以考察资本市场中正项或者负项的单位变动对国际资本流动变动的情况，即单位变动引起的非对称效应大小可以用动态乘子来表示，如下：

$$m_h^+ = \sum_{j=0}^{h} \frac{\partial SCF_{t+j}}{\partial Y_t^+},\ m_h^- = \sum_{j=0}^{h} \frac{\partial SCF_{t+j}}{\partial Y_t^-},\ h = 0,\ 1,\ 2,\ \cdots \tag{9}$$

当 $h \to \infty$，$m_h^+ \to L_+$，$m_h^- \to L_-$，其中 L_+ 和 L_- 是前文提及的正项和负项长期影响系数。根据估计的动态乘子，可观察到两变量间（国际资本流动和资本市场）的非线性动态变动情况，即随着时间的变化，从初始均衡点到一个新的稳定状态的非线性动态调整过程。

此外，在使用 NARDL 模型前，应先确保模型中变量的单整阶数是以零阶或者一阶的形式出现。这是使用 NARDL 模型的前提，因此在实证研究的开始通常需要先对数据进行单位根检验（本文拟采用 ADF 检验），确保数据在 NARDL 模型的可用范围之内。

四、实证研究

（一）数据选取及来源

本文选用时间宽度的数据为 2008 年 1 月至 2014 年 12 月的月度数据，原因如下：①该区间恰好反映我国国际资本流动从大量资本流入到流出整个过程，以便于探讨对资本市场的冲击效应；②年度数据不能很全面地描述国际资本流动的情况，加之数据量较少，不满足大样本条件。基于以上两点原因，取该区间作为研究周期，结合前文的文献综述，考虑股票市场和房地产市场对国际资本流动的影响，其指标测算和处理方法如下：

（1）短期国际资本流动（SCF）。本文选用的是月度数据，前文已有阐述，考虑到直接测算法通常基于国际收支平衡表进行测算，而国际收支平衡表每隔半年才公布，因此使用修正后间接测算法更容易捕获数据。即短期国际资本流动 = 月度外汇占款增量 – 月度贸易顺差 – 月度实际利用的 FDI，其中资本流入表现为正数，流出表示为负数。月度外汇占款增量数据来自中国人民银行，月度贸易顺差及月度实际利用的 FDI 数据来自中经网数据库。由于中国人民银行公布的占款数据单位是亿元，需要先转化为美元单位进而再扣除贸易顺差和 FDI 得到国际资本流动规模的估计。

（2）房地产收益率（HT）。随着我国房地产市场日益壮大，房价增长迅猛，引起大量短期国际资本流入。因此，房地产市场很有可能影响到我国国际资本流动。本文选用房地产收益率作为衡量房地产市场因素的指标。初始指标为国房景气指数，源自中经网数据库，但由于数据存在少量的缺失值，利用三次样条插值法将缺失值补齐。随后按照以下公式计算房地产收益率指标，式中，FDC_t 表示在 t 时刻的国房景气指数。

$$HT_t = \frac{FDC_t}{FDC_{t-1}} \times 100 \tag{10}$$

（3）股市收益率（ST12）。近年来，我国股票市场不断发展，许多国际资本瞄准我国股票市场，特别在2008年金融危机期间，全球经济在不同程度上开始衰退，而我国的经济相对保持稳定。本文采用上证综指同比收益率研究证券资产价格对国际资本流动是否存在显著影响。原始数据源自中经网数据库，随后根据以下公式得到股市的同比收益率，式中，GS_t 表示在 t 时

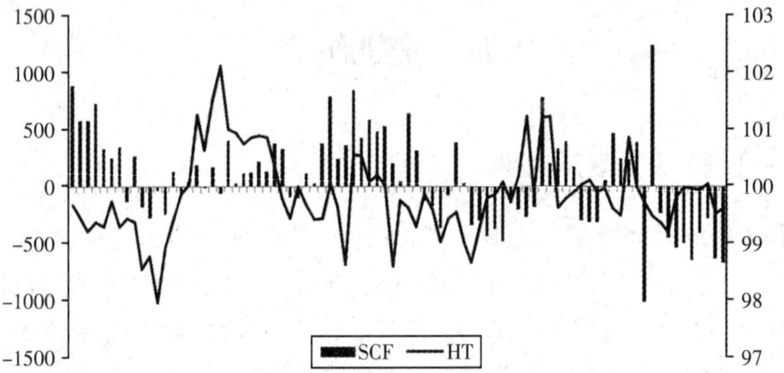

图1 国际资本流动和房地产收益率

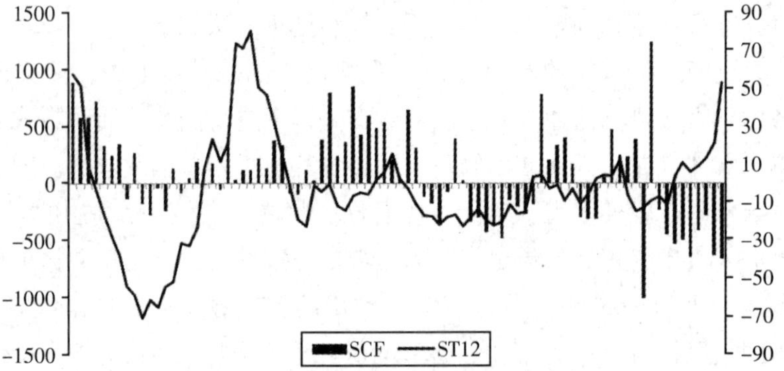

图2 国际资本流动和股市同比收益率

刻的上证综合收盘指数。

$$ST12_t = \frac{GS_t - GS_{t-12}}{GS_{t-12}} \times 100 \tag{11}$$

经上述处理后得到的国际资本流动及资本市场时间序列如图 1 和图 2 所示。观察图 1 和图 2 可知中国的国际资本流动与资本市场具有以下两个特征：①从资本流动的轨迹可知，中国经济自 2008 年大体上经历了几个典型的资本流入和外逃。其中，2008 年上半年，2009~2011 年及 2013 年呈现出典型的资本流入，2008 年下半年，2012 年及 2014 年呈现出典型的资本外逃。且 2011 年前主要以资本流入为主，2011 年后资本外逃占据主体，在不同时段具有独特鲜明的周期特征。②从资本市场和资本流动的整体变化趋势看，资本市场和国际资本流动大体上呈同方向周期性变动，或者说资本市场扩张期对应资本流入，资本市场收缩期对应资本外逃。这说明 2008 年后，我国的国际资本流动与资本市场之间存在着有效的传导机制。

（二）短期国际资本流动和资本市场数据特征描述

为了能在资本市场收缩和扩张两个不同时期中对国际资本流动和资本市场的运行特征进行对比分析，本文给出了基本的描述统计的结果（见表 1）。此外，国际资本流动、股票市场和房地产市场的平稳性检验通常是进行实证分析前的惯例，一方面是因为 NARDL 模型本身的要求所致，另一方面如果直接用股票市场和房地产市场分别对国际资本流动进行 OLS 回归，可能会造成所谓的“伪回归”情况，致使结论出现“取伪”错误，因此在对时间序列进行回归分析之前都应先进行单位根检验。从图 1 和图 2 可知，国际资本流动、股市同比收益率和房地产收益率并没表现出显著的时间趋势，故在对上述三个指标进行单位根检验的时候，仅选用带有漂移项的形式，并根据 AIC 准则确定其之后的阶数，其 ADF 检验的结果也在表 1 中呈现。

在表 1 中，房地产市场的扩张期和收缩期所经历的月份数分别为 40 个、43 个。股票市场的扩张期和收缩期数目分别为 41 个、42 个，两个市场的扩张期和收缩期大约各占整个周期的一半；从均值看，发现国际资本流动在两个资本市场的收缩时期比扩张期要大，而房市收益率和股市收益率均在扩张时期相对较大；从标准差看，除了股票市场在扩张期和收缩期时国际资本流动的波动，其他均无明显的波动差异。从偏度、峰度统计量看，房地产市场、股票市场的分布具有显著的非对称效应，这为本文建立的非对称

NARDL模型提供了一定的数据支持。另外，从单位根检验结果观察可见，资本市场在各自的扩张期和收缩期中，大部分指标均在其水平值拒绝了序列非平稳的原假设。然而还是有少部分指标水平值的平稳性并不是很显著，但经过一阶差分均能拒绝原假设，说明各个时期的数据均是零阶或一阶单整的。对此，可以采用该样本数据进行以下的非对称NARDL模型拟合的实证研究。

表1 三个指标特征描述统计

	房市扩张期		房市收缩期		股市扩张期		股市收缩期	
	SCF	HT	SCF	HT	SCF	ST12	SCF	ST12
均值	19.21	100.10	100.05	99.63	3.64	−0.58	117.17	−8.50
标准差	382.12	0.73	417.53	0.66	459.88	27.46	328.52	29.11
偏度	0.47	0.82	−0.22	0.07	0.43	0.67	−0.30	0.48
峰度	−0.30	0.48	0.80	0.37	0.35	2.49	−0.54	1.25
水平ADF	−3.45**	−2.69*	−2.02	−3.34**	−4.85***	−2.60	−3.62**	−3.48**
差分ADF		−3.84***	−6.55***			−5.90***		
样本容量	40		43		41		42	

注：***、**表示在1%、5%的显著性水平下拒绝原假设。

（三）参数估计及非对称效应检验

在估计我国资本市场对国际资本流动的非对称模型之前，首先需要先确定其滞后阶数p和q，使得模型达到最优的估计效果。由于国际资本流动及资本市场滞后效应存在一定的趋同性，因此根据实证分析经验设定国际资本流动和资本市场的最大滞后期都为4，加之NARDL模型本身设定要求p和q至少为2阶滞后，这样一来股票市场和房地产市场两个资本市场共同构成了18个备选的回归方程。之后根据AIC准则，对模型阶数进行最优选择。AIC准则是在估计备选的模型时，计算每个备选模型的AIC值，AIC值最小时对应的模型即为最优模型。因此根据AIC准则值，短期国际资本流动分别与股票市场、房地产市场的非对称模型滞后阶数（p，q）的最优组合为（4，2）和（2，4）。（p，q）的最优组合分别为（4，2）和（2，4）说明在国际资本流动和资本市场非对称效应中，国际资本流动的持续影响时间分别是4个月和2个月；而两种资本市场对国际资本流动的持续影响分别是2个月和4个月。两种资本市场对国际资本流动的非对称效应模型的参数估计结果如表2和表3所示。在两个表中，模型回归结果的调整R^2值较高，其参数估计的结果大部分也是显著的。接下来可以进一步分析和检验两种资本市场与国际资本流动的非对称效应关系。

表 2 房地产市场对国际资本流动的非对称模型参数估计

参数及统计量	参数估计值	T 统计量	参数及统计量	参数估计值	T 统计量
μ	−84.9470	−0.78	ω_1^+	−93.7686	−0.78
ρ	−0.6430***	−4.58	ω_1^-	−1.8072	−0.01
θ^+	77.6381	1.13	ω_2^+	−30.4938	−0.25
θ^-	89.9135	1.29	ω_2^-	−325.9486**	−2.51
α_1	−0.1735*	−1.54	ω_3^+	222.693**	1.98
ω_0^+	210.2387*	1.87	ω_3^-	−73.1213	−0.55
ω_0^-	−203.773*	−1.56			
R^2	0.5276		调整 R^2	0.4430	
AIC 值	1168.766				

注：***、**、* 表示在 1%、5%、10%的显著性水平下拒绝原假设。

表 3 股票市场对国际资本流动的非对称模型参数估计

参数及统计量	参数估计值	T 统计量	参数及统计量	参数估计值	T 统计量
μ	743.5019**	2.54	α_3	0.0529	0.45
ρ	−0.4519***	−2.79	ω_0^+	−10.9642**	−2.00
θ^+	3.4698*	1.91	ω_0^-	17.4100**	2.01
θ^-	4.7631**	2.24	ω_1^+	−4.7778	−0.74
α_1	−0.3925**	−2.37	ω_1^-	9.815391	1.19
α_2	−0.1373	−0.91			
R^2	0.4685		调整 R^2	0.3914	
AIC 值	1174.205				

注：***、**、* 表示在 1%、5%、10%的显著性水平下拒绝原假设。

两个模型的长短期非对称性相关检验及结果如表 4 所示。从表 4 的 Wald 检验结果可知，在国际资本流动和资本市场的非对称关系中，股票市场和房地产市场的短期非对称性分别以 5%和 10%的显著性水平拒绝了原假设，而长期非对称性均在 5%的显著性水平下拒绝原假设，该检验说明资本市场对国际资本流动不论是从短期影响还是长期影响看，都存在显著的非对称性效应。

表4 Wald 检验结果表

		股票市场		房地产市场	
原假设	原假设含义	F统计量	结论	F统计量	结论
$\sum \omega_i^+ = \sum \omega_i^-$	资本市场对资本流动短期对称	4.386 (0.040)	不对称	3.365 (0.071)	不对称
$L_+ = L_-$	资本市场对资本流动长期对称	4.869 (0.031)	不对称	6.965 (0.010)	不对称

(四) 资本市场存在不对称性的内涵

在资本市场对国际资本流动具有非对称动态效应通过 Wald 统计量检验之后，接下来可以探讨国际资本流动的持续性、两种资本市场对国际资本流动的长短期非对称影响和经济意义。从表 2、表 3 的结果可知：

(1) 国际资本流动持续性系数。房地产市场和股票市场中国际资本流动持续性系数分别为–0.6430、–0.4519。这说明国际资本流动自身存在一种自我调节机制，当资本流入或者流出过多时，自身会产生一种自动抑制功能，防止国际资本流动过快地流入或流出。

(2) 资本市场对资本流动的短期影响因子。首先观察房地产市场对国际资本流动的影响，在房地产市场处于扩张期时对资本流动的短期影响系数为正，而在收缩期时系数为负，短期中房地产市场不论是处于扩张期还是收缩期，资本流动以流入为主。2008 年金融危机之后，尽管我国经济出现一定的下滑，国家为了挽回经济造成的不利影响，开始瞄准了房地产市场，从而吸引了大量外资流入国内。此外，房地产市场在两个时期的系数大小不同，分别为 210.2387、–203.773，显著呈非对称性，说明房地产市场扩张对我国资本流入的短期影响，比房地产市场收缩对我国资本流入的短期影响要大；再观察股票市场对国际资本流动的影响，在股市市场处于扩张期时对资本流动的短期影响系数为负，收缩期为正。这刚好与房地产市场相反，短期中股票市场不论是处于扩张期还是收缩期资本流动都是以流出为主。2008 年我国股市受到重创，股市呈现低迷状态，使得短期的资本流动从我国大量外逃。同样地，股票市场的两个时期对应的系数大小同样也不一致，分别为–10.9642、17.41，也呈现非对称性，说明股票市场处于扩张期时对我国资本流出的短期影响，比股票市场处于收缩期时对我国资本流出的短期影响要小。

(3) 资本市场对资本流动的长期影响因子。依据 $L_+ = -\theta^+/\rho$，$L_- = -\theta^-/\rho$ 可

估计资本市场对资本流动的长期乘数。依然先看房地产市场，其长期乘数在扩张期和收缩期分别为 120.736、139.826。这说明房地产市场不论处于扩张期还是收缩期，房地产市场对资本流动长期影响系数都是正数，从长远看房地产市场与资本流动具有正相关关系，即当房地产市场进入扩张期时，资本开始涌入我国市场；当房地产市场进入收缩期时，资本开始流向国外。另外，从系数本身数值大小看又呈现显著的非对称性，其扩张期会小于收缩期的系数。也就是说，在房地产市场扩张期对我国资本流动的影响程度，比在房地产收缩期对我国资本流动的影响程度要小；再把目光投向股票市场，同样依据公式估计得到扩张期和收缩期的长期乘数分别为 7.678、10.539。说明股票市场在扩张期和收缩期，从长期看与我国的国际资本流动也具有正相关关系，即股票市场处于扩张期时，资本开始涌入我国市场；当股票市场进入收缩期时，资本开始流出。系数本身同样也具有显著的非对称性，依然是扩张期的系数小于收缩期的系数，说明股票市场在扩张期时对资本流动的影响程度，比在收缩期时对我国资本流动的影响程度要小。

五、结论和建议

本文利用了计量模型——NARDL 模型，分析了短期国际资本流动如何受到我国股票市场和房地产市场的影响。首先通过非对称性效应检验，检验股票市场和房地产市场对短期国际资本流动是否存在非对称效应。其次通过 NARDL 模型进行拟合，试图刻画出我国短期国际资本流动和两个资本市场收益率间的非线性关系。我们得到以下基本结论：

（1）我国短期国际资本流动存在一定的示范效应。在研究两个资本市场分别对我国国际资本流动影响中，国际资本流动持续性系数均显著异于零，因此前期的资本流动会显著影响后期的资本流动。

（2）资本市场对我国国际资本流动存在显著影响。从短期看，房地产市场的扩张和收缩都会引起我国短期资本流入，股票市场的扩张和收缩导致我国短期资本流出。从长期看，房地产市场和股票市场与我国资本流动都存在显著的正相关关系。

（3）资本市场对我国国际资本流动存在非对称效应。不论是从短期看还是从长期看，房地产市场和股票市场对我国资本流动均存在着显著的非对称性。一方面，从短期看，房地产市场在扩张期时对我国资本流动的影响要比收缩期大一些，而股票市场相反，扩张期要比收缩期时小一些；另一方面，从长期看，两种资本市场在扩张期时对我国资本流动的影响程度相对收缩期要小。

综上所述，要正确评价和把握我国资本市场对我国资本流动的影响，充分认识我国资本内在环境的复杂多变性，深化我国资本市场改革道路，加快资本市场发展进程，控制资本市场潜在风险，以此能在一个较长的时间内确保我国资本市场健康、平稳地发展。

参考文献

[1] Alfaro L., Volosovych V. Why doesn't capital flow from rich to poor countries? An Empirical Investigation [J]. Social Science Electronic Publishing, 2005, 90 (2): 347-368.

[2] Boyce J. K. The revolving door? External debt and capital flight: A Philippine case study [J]. World Development, 1992, 3 (20): 335-349.

[3] Cuddington T. J. Capital flight: Estimates, issues, and explanations International Finance Section [J]. Department of Economics, Princeton University: Princeton, NJ, 1986.

[4] Engle R. F., Granger C. W. J. Co-integration and error correction: Representation, estimation, and testing [J]. Econometrica, 1987, 55 (2): 251-276.

[5] Johansen S. R. Statistical analysis of cointegration vectors [J]. Journal of Economic Dynamics & Control, 1988, 12 (2-3): 231-254.

[6] Pesaran M. H., Shin Y., Smith R. J. Bounds testing approaches to the analysis of level relationships [J]. Journal of Applied Econometrics, 2001, 16 (3): 289-326.

[7] Shin Y., Yu B., Greenwood-Nimmo M. Modelling asymmetric cointegration and dynamic multipliers in a nonlinear ARDL framework springer New York, 2014: 281-314.

[8] 陈浪南，陈云. 人民币汇率、资产价格与短期国际资本流动 [J]. 经济管理，2009 (1).

[9] 樊元，杨冬. 我国国际短期资本流动的影响因素——基于2006~2012年状态空间模型的实证分析 [J]. 经济与管理评论，2014 (5).

[10] 蒋绵绵，杜朝运，李慧宇. 基于多重套利模型的短期国际资本流动影响因素分析 [J]. 统计与决策，2015 (5).

[11] 刘澜飚，文艺，王博. 短期资本流动对中国经济产出的影响 [J]. 经济学动态，2014 (4).

[12] 刘立清，黄孔祥. 基于VAR研究人民币升值、通货膨胀、短期国际资本流动间的动态关联性 [J]. 商场现代化，2013 (26).

[13] 刘莉亚. 境外“热钱”是否推动了股市、房市的上涨?——来自中国市场的证据 [J]. 金融研究，2008 (10).

[14] 刘璐，刘海龙. 中国短期国际资本流动之动因分析——基于金融危机前后的比较分析 [J]. 现代管理科学，2015 (10).

[15] 石刚，王琛伟. 中国短期国际资本流动的测算——基于 BOP 表 [J]. 宏观经济研究，2014 (3).

[16] 田苗，谷宇，高铁梅. 短期国际资本对股票市场间波动传递效应的实证分析——以中美股票市场为例 [J]. 财经问题研究，2010 (3).

[17] 修晶，张明. 中国资本外逃的规模测算和因素分析 [J]. 世界经济文汇，2002 (1).

[18] 杨胜刚，刘宗华. 国际资本流动对中国货币供给的影响及政策分析 [J]. 世界经济，2001 (6).

[19] 余喆杨，费俊俊. 短期国际资本流动、汇率与资产价格关系研究 [J]. 统计与决策，2013 (18).

[20] 赵进文，张敬思. 人民币汇率、短期国际资本流动与股票价格——基于汇改后数据的再检验 [J]. 金融研究，2013 (1).

[21] 赵文胜，张屹山，赵杨. 短期国际资本流动对中国市场变化的反应分析 [J]. 数量经济技术经济研究，2011 (3).

[22] 朱孟楠，刘林. 短期国际资本流动、汇率与资产价格——基于汇改后数据的实证研究 [J]. 财贸经济，2010 (5).

国际原油价格对我国新能源行业股票价格的波动溢出效应研究

胡秋灵　丁美月
(陕西师范大学国际商学院，西安　710119)

一、引　言

基于对环境污染、能源安全等问题的考虑，世界各国越来越重视新能源行业的发展。即使是在2008年经济危机时，各国也没有减少对新能源的投入。我国对新能源的开发利用起步较晚，但由于国家重视，随着《可再生能源法》的正式生效，以及众多配套规章、制度的出台，我国新能源行业得以快速发展，年增长速度超过20%。

原油价格是影响新能源行业发展的重要因素之一。一方面，我国自1993年起就成为石油产品的净进口国，原油对外依存度早已超过50%，成为世界第二大原油消费国；另一方面，近年来，国际原油价格波动异常。如图1所示，伦敦国际石油交易所（IPE）的布伦特原油期货价格由2004年初的30美元/桶涨至2008年7月的146美元/桶，后由于经济危机的影响又迅速降至2009年2月的45美元/桶；而后新一波涨势来袭，于2011年4月恢复到125美元/桶；但在2014年6月又迎来新一轮的速降，仅半年时间就由

［作者简介］胡秋灵，女，1964年8月出生，博士，陕西师范大学国际商学院理论经济系副主任，副教授；联系方式：18229019360；邮箱：hu_ql@163.com；学会会员。丁美月，女，1991年3月出生，硕士研究生，陕西师范大学国际商学院；联系方式：18710763722；邮箱：1530249842@qq.com；学会会员。

原来的 105 美元/桶下降到 2015 年 1 月的 47 美元/桶。从用途上看，新能源与原油一定程度上互为替代品，原油价格波动会导致新能源价格波动，国际原油价格波动必然对我国新能源行业股票价格波动有显著的溢出效应。但有些学者却对该观点持反对态度，他们认为我国股票市场开放度低，而且新能源行业发展又很不成熟，所以该溢出效应很难显著。那么，实际情况究竟如何？本文试图通过实证研究给出答案。

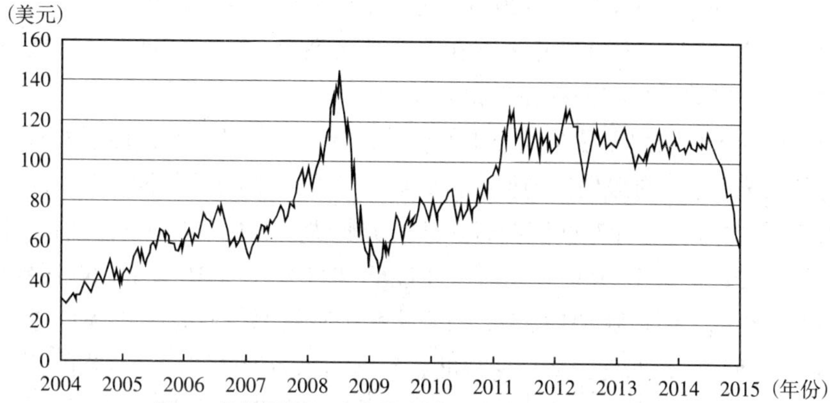

图 1 伦敦国际石油交易所布伦特原油期货价格时序

二、文献述评

新能源是随着环境污染、传统能源枯竭等问题的日益严重而逐渐受到重视的，所以对新能源行业的股票价格及其影响因素的研究相对起步较晚。Henriques 和 Sadorsky（2008）利用 VAR 模型对可替代能源公司的股票价格、原油价格、科技公司股票价格以及利率这 4 个变量的动态相关关系进行了研究，发现：原油价格与科技公司股票价格是可替代能源公司的股票价格的格兰杰原因，相对于原油价格，科技公司股票价格对可替代能源公司股票价格的影响更为突出。Kumar 等（2012）引入碳排放交易价格因素，使用 VAR 模型，重点考察了清洁能源公司股票价格、原油价格、科技公司股票价格和碳排放交易价格间的关系，发现：原油价格、科技公司股票价格均对清洁能源公司股票价格有显著影响，而碳排放交易价格对清洁能源公司股票价格的影响不显著。Sadorsky（2012）利用单变量 Beta 模型，研究可再生能源公司风险的决定因素，实证结果表明：公司销量的增长对公司风险有消极影响；而原油价格上升对公司风险有积极影响。Sadorsky（2012）运用四种MV-GARCH模型（BEKK、对角、CCC、DCC）研究了清洁能源公司股票价格、科技公司股票价格和原油价格间的相关性与波动溢出效应，实证发现：清洁能源公司股票价格与科技类公司股票价格间存在双向波动溢出效应，原油价格与科技类公司股票价格间不存在波动溢出效应，而清洁能源公司股票价格与原油价格间只存在从原油价格到清洁能源公司股票价格的单向波动溢出效应。Managi和Okimoto（2013）纳入市场结构因素，运用马尔科夫转换模型，研究发现：在2007年末存在一个结构突变点，在该点后清洁能源公司股票价格与原油价格间存在正相关关系。

在原油价格与股票价格间溢出效应关系的研究领域中，国内学者对于股票对象的选取大多是股票市场整体，如金洪飞等（2008）、刘湘云等（2011）、薛永刚（2011）；而针对新能源行业的研究较少，我们仅搜集到一篇，即温晓倩等（2012）基于2009年10月28日至2011年5月10日的360组数据，利用非对称的BV-GARCH模型，研究了我国新能源行业股票和WTI原油期货间的波动溢出，发现：从长期角度看，国际原油价格波动会对我国新能源行业股票价格产生溢出效应，但国际原油价格的短期冲击并不会对我国新能源行业股票价格产生影响。

那么，随着新能源行业的发展与我国股票市场对外开放程度的扩大，温晓倩等（2012）的研究结果是否会有变化呢？本文选取2009年1月5日至2015年6月30日的1683组数据，运用非对称BV-GARCH模型，研究国际原油价格对我国新能源行业股票价格的波动溢出效应。但与温晓倩等（2012）不同的是，考虑到我国新能源行业股票价格会受股市整体行情影响，在我国新能源行业股票价格中剔除了大盘因素，并与未剔除大盘因素的样本组形成对照，从而更准确地判断国际原油价格对我国新能源行业股票价格的波动溢出效应。

三、数据预处理和研究方法描述

（一）指标变量选取及数据来源

1. 指标变量的选取

中证内地新能源主题指数以 1000 为基点，以 2008 年 12 月 31 日为基日，选取中证 800 指数为样本空间，按照新能源相关业务的收入或利润占比大于 30%的选股原则，共筛选了 29 只成分股，能够较为全面地反映我国新能源行业的发展情况，因此，我们选取中证内地新能源主题指数（China Mainland New Energy indexes）的日收盘价为我国新能源行业股票价格的指标变量。布伦特原油期货是目前世界上交易最广泛的原油期货之一，全球 65%以上的原油现货定价均与布伦特体系挂钩，能够较好地代表国际原油价格，因此，我们选取布伦特原油期货当月连续合约的日收盘价作为国际原油价格的指标变量。我们选取原油期货价格作为国际原油价格指标变量，出于以下两方面的考虑：一方面，比较近几年原油期货与原油现货价格发现，原油期货在很大程度上具有了良好的价格发现功能，已成为原油现货价格的领先指标；另一方面，根据股利贴现模型，股票价格是未来现金流的贴现，我国新能源行业股票价格应该优先对未来新能源价格做出反应。

2. 数据来源及预处理

本文的数据来源是 Wind 数据库。受中证内地新能源主题指数发布日期限制，本文样本区间为 2009 年 1 月 5 日至 2015 年 6 月 30 日，共 1863 组数据。对于交易时间不同的样本组，采取缺失数据的一方以其前一期值补齐的方式。

根据 Pgana（1996）和 Bollesrlve（1994）的研究，一般金融资产价格的波动幅度较大，大多是非平稳的，且对数收益率本身具有良好的统计特征，所以这里采用我国新能源行业股票价格与布伦特原油期货价格的对数收益率来进行研究。其计算方法如式（1）所示：

$$r_{i,t}=100\times\ln\left(\frac{p_{i,t}}{p_{i,t-1}}\right)=100\times(\ln p_{i,t}-\ln p_{i,t-1}) \tag{1}$$

式中，$i=1$，2，$r_{1,t}$ 与 $r_{2,t}$ 分别表示我国新能源行业股票与布伦特原油期货在时期 t 的日收益率；$p_{1,t}$、$p_{2,t}$ 与 $p_{1,t-1}$、$p_{2,t-1}$ 分别表示二者在 t 时期和 t－1 时期的日收盘价。

为了防止国际原油期货价格对我国新能源行业股票价格的溢出效应被我国股市整体行情所掩盖，我们从我国新能源行业股票的收益率序列 $r_{1,t}$ 中剔除股市大盘的影响，去除整体股市行情影响后的我国新能源行业股票的收益率序列用 $r_{1d,t}$ 表示，其计算方法如式（2）所示：

$$r_{1d,t} = \frac{r_{1,t} - E(r_{1,t})}{\sigma_{r_{1,t}}} - \beta \times \frac{r_{3,t} - E(r_{3,t})}{\sigma_{r_{3,t}}} \tag{2}$$

式中，$r_{3,t}$ 表示沪深 300 指数日收益率，它表示我国股市整体行情；E（·）与 σ 分别表示对应序列的均值与标准差；β 衡量的是我国股市整体行情对新能源股票行情的影响程度，该数值利用模型（3）估计得到。

$$r_{1,t} = c + \alpha r_{2,t} + \beta r_{3,t} + \mu_t \tag{3}$$

由于 $r_{1d,t}$ 是标准化后的我国新能源行业股票的日收益率，那么与之相对应的布伦特原油期货的收益率序列也需要做标准化处理，这样才具有可比性。序列 $r_{2,t}$ 按公式（4）标准化后得到的序列表示为 $r_{2d,t}$。

$$r_{2d,t} = \frac{r_{2,t} - E(r_{2,t})}{\sigma_{r_{2,t}}} \tag{4}$$

（二）研究方法描述

本文基于非对称 GARCH 模型研究国际原油价格对我国新能源行业股票价格的波动溢出效应。GARCH 模型包括两部分，即条件均值方程与条件方差方程。本文以向量自回归模型（VAR）描述均值方程，以 Kroner 和 Ng 于 1998 年提出的非对称 BEKK 模型刻画条件方差方程。原因为 VAR 模型涵盖模型系统中变量自身及另一变量滞后值的影响，具有动态特征；非对称（Asymmetric）的 BEKK 模型除了能够反映国际原油价格与我国新能源行业股票价格间波动的非对称性外，还能保证协方差矩阵的正定性，并且其相关系数时变的假设也能够更准确地反映两市场间的波动溢出效应。因此，我们设定研究模型为 VAR-Asymmetric-BEKK 模型，见模型（5）：

$$\begin{cases} r_t = m + \Phi_1 r_{t-1} + \cdots + \Phi_p r_{t-p} + \varepsilon_t \quad \varepsilon_t \sim t(0,\ H_t) \\ H_t = C'C + A'\varepsilon_{t-1}\varepsilon'_{t-1}A + B'H_{t-1}B + G'\eta_{t-1}\eta'_{t-1}G \end{cases} \tag{5}$$

模型（5）中第一个方程为均值方程，第二个方程为方差方程；r_t 是 2×1 维向量，表示我国新能源行业股票和国际原油期货的日收益率；m 是 2×1

维向量，表示常数项；Φ_1，…，Φ_p 是 2×2 维系数矩阵；p 是滞后阶数；ε_t 为 2×1 维向量，表示随机误差项，由于金融序列多呈现尖峰厚尾的统计特征，所以假设其服从联合 t 分布；H_t 是 2×2 维对称矩阵，表示条件残差的方差—协方差矩阵；C 是下三角矩阵，表示常数项；A 是 2×2 维 ARCH 项系数矩阵；B 是 2×2 维 GARCH 项系数矩阵；G 是 2×2 维系数矩阵，可以通过 η_{t-1} 反映我国新能源行业股票和国际原油期货收益率波动的非对称性，这里，

$$\eta_{t-1} = \begin{bmatrix} \eta_{1,t-1} \\ \eta_{2,t-1} \end{bmatrix} = \begin{bmatrix} \max(0,\ -\varepsilon_{1,t-1}) \\ \max(0,\ -\varepsilon_{2,t-1}) \end{bmatrix}$$

将模型（5）中的方差模型展开，得到我国新能源行业股票收益率的条件方差 $h_{11,t}$、国际原油期货收益率的条件方差 $h_{22,t}$ 及二者间的条件协方差 $h_{12,t}$ 的具体形式如下：

$$h_{11,t} = c_{11}^2 + (a_{11}^2\varepsilon_{1,t-1}^2 + 2a_{11}a_{21}\varepsilon_{1,t-1}\varepsilon_{2,t-1} + a_{21}^2\varepsilon_{2,t-1}^2) + (b_{11}^2 h_{11,t-1} + 2b_{11}b_{21}h_{12,t-1} + b_{21}^2 h_{22,t-1}) + (g_{11}^2\eta_{1,t-1}^2 + 2g_{11}g_{21}\eta_{1,t-1}\eta_{2,t-1} + g_{21}^2\eta_{2,t-1}^2)$$

$$h_{12,t} = c_{11}c_{21} + [a_{11}a_{12}\varepsilon_{1,t-1}^2 + a_{21}a_{22}\varepsilon_{2,t-1}^2 + (a_{12}a_{21} + a_{11}a_{22})\varepsilon_{1,t-1}\varepsilon_{2,t-1}] + [b_{11}b_{12}h_{11,t-1} + b_{21}b_{22}h_{22,t-1} + (b_{12}b_{21} + b_{11}b_{22})h_{12,t-1}] + [g_{11}g_{12}\eta_{1,t-1}^2 + g_{21}g_{22}\eta_{2,t-1}^2 + (g_{12}g_{21} + g_{11}g_{22})\eta_{1,t-1}\eta_{2,t-1}]$$

$$h_{22,t} = c_{21}^2 + c_{22}^2 + (a_{12}^2\varepsilon_{1,t-1}^2 + 2a_{12}a_{22}\varepsilon_{1,t-1}\varepsilon_{2,t-1} + a_{22}^2\varepsilon_{2,t-1}^2) + (b_{12}^2 h_{11,t-1} + 2b_{12}b_{22}h_{12,t-1} + b_{22}^2 h_{22,t-1}) + (g_{12}^2\eta_{1,t-1}^2 + 2g_{12}g_{22}\eta_{1,t-1}\eta_{2,t-1} + g_{22}^2\eta_{2,t-1}^2)$$

因为本文聚焦于国际原油价格对我国新能源行业股票价格的波动溢出效应研究，所以下面仅对我国新能源行业股票收益率的条件方差方程（无妨称为 $h_{11,t}$ 方程）做解释。$h_{11,t}$ 方程中第一个括号内表示的是 ARCH 项。其中，a_{11} 反映我国新能源行业股票价格自身的 ARCH 效应，若其显著，则表示新能源行业股票价格波动受自身市场短期扰动的影响；a_{21} 反映国际原油期货价格对我国新能源行业股票价格的 ARCH 效应，若其显著，说明新能源行业股票价格波动受国际原油期货市场的短期扰动影响。如果 a_{11}、a_{21} 同号，总体 ARCH 效应加强。

$h_{11,t}$ 方程中第二个括号内是 GARCH 项。其中，b_{11} 是我国新能源行业股票价格自身的 GARCH 效应，若其显著，则说明新能源行业股票价格波动受自身前期波动的影响，表现出波动的持续性与集簇性；b_{21} 是国际原油期货价格波动对我国新能源行业股票价格波动的 GARCH 效应，若其显著，则表

示新能源行业股票价格波动受国际原油期货价格前期波动的影响。若 b_{11} 与 b_{21} 同号，总体 GARCH 效应加强。

实际上，我国新能源行业股票价格波动源于两个方面：一是自身与国际原油期货价格的短期冲击 $\varepsilon_{1,t-1}$、$\varepsilon_{2,t-1}$；二是自身与原油期货价格的前期波动 $h_{11,t-1}$、$h_{22,t-1}$，以及二者间的前期协方差 $h_{12,t-1}$。若实证发现 $a_{21}=b_{21}=0$ 的原假设不被拒绝，则说明原油期货价格向我国新能源行业股票价格的波动溢出效应不显著。这一点可以通过 Wald 检验来验证。

$h_{11,t}$ 方程中的第三个括号，反映的是我国新能源行业股票价格波动的非对称性，若该非对称性显著，则表示利空与利好消息对我国新能源行业股票价格波动的冲击大小存在明显差异。其中，若 g_{11} 显著，则说明我国新能源行业股票市场的短期扰动会引起我国新能源行业股票价格波动的非对称性；若 g_{21} 显著，则表示国际原油期货价格的短期冲击会引起我国新能源行业股票价格波动的非对称性。

四、实证研究

（一）我国新能源行业股票与国际原油期货收益率的波动性

1. 描述性统计特征

$r_{1,t}$、$r_{2,t}$、$r_{1d,t}$、$r_{2d,t}$ 的描述性统计如表 1 所示，从表 1 可以看出：

（1）$E(r_{1,t})>0$，而 $E(r_{1d,t})<0$，表示去除整体股市行情因素后，我国新能源行业股票的收益率为负，说明我国新能源股票市场的收益率平均看跑输大盘，从一个侧面反映出我国新能源行业发展还很不成熟；

（2）$\sigma r_{1,t}>\sigma r_{2,t}$，而 $\sigma r_{1d,t}<\sigma r_{2d,t}$，说明我国股市整体行情因素加大了新能源行业股票的波动；

（3）序列 $r_{1,t}$、$r_{2,t}$、$r_{1d,t}$、$r_{2d,t}$ 的峰度均大于正态分布的峰度 3，说明 4 个收益率序列呈现尖峰厚尾特征，而且 4 个序列的 JB 统计量的 P 值均为 0，可以进一步说明 4 个收益率序列均呈非正态分布，表明前文所做的 4 个序列服从 t 分布的假设是科学的。

表 1 序列 $r_{1,t}$、$r_{2,t}$、$r_{1d,t}$、$r_{2d,t}$ 的描述性统计

	均值	标准差	峰度	JB 统计量（P 值）
$r_{1,t}$	0.0483	1.9647	4.9934	340.3373（0.0000）
$r_{2,t}$	0.0044	1.7648	5.2641	359.7452（0.0000）
$r_{1d,t}$	-3.73×10^{-8}	0.6575	5.4869	437.3964（0.0000）
$r_{2d,t}$	0.0025	1.0000	5.2641	359.7452（0.0000）

2. 平稳性检验

为了保证回归结果的准确性，满足建立 VAR 模型的条件，有必要对 4 个收益率序列进行平稳性检验。这里采用 ADF 方法进行检验，检验结果如表 2 所示。该结果是对原序列，在含趋势项、截距项的条件下得到的。因为序列 $r_{1,t}$、$r_{2,t}$、$r_{1d,t}$、$r_{2d,t}$ 的 ADF 统计量的值均小于 1%显著性水平下的临界值-3.9636，所以 4 个收益率序列在 1%的显著水平下均是平稳的，可以建立 VAR 模型。

表 2 序列 $r_{1,t}$、$r_{2,t}$、$r_{1d,t}$、$r_{2d,t}$ 的平稳性检验

	$r_{1,t}$	$r_{2,t}$	$r_{1d,t}$	$r_{2d,t}$
ADF 统计量值	-38.0430	-42.3893	-37.2239	-42.3893

3. VAR 模型滞后长度的确定

根据对 FPE（Final Prediction Error）、AIC（Akaike Information Criterion）、SC（Schwarz Information Criterion）与 HQ（Hannan-Quinn Information Criterion）准则的综合判断，$r_{1,t}$ 与 $r_{2,t}$、$r_{1d,t}$ 与 $r_{2d,t}$ 所建立的 VAR 模型的最优滞后阶数均为 1。

4. 两市场收益率的 ARCH 效应检验

对于两市场收益率 ARCH 效应的检验，我们采用三步法实现。

步骤一：估计收益率的拟合值。

分别对序列 $r_{1,t}$ 与 $r_{2,t}$、$r_{1d,t}$ 与 $r_{2d,t}$ 的 VAR 模型进行最小二乘估计，结果如下：

$$\begin{cases} r_{1,t} = 0.0407 + 0.0721 r_{1,t-1} + 0.0360 r_{2,t-1} \\ r_{2,t} = 0.0028 - 0.0080 r_{1,t-1} - 0.0302 r_{2,t-1} \end{cases}$$

$$\begin{cases} r_{1d,t} = 0.0009 + 0.0954 r_{1d,t-1} - 0.0314 r_{2d,t-1} \\ r_{2d,t} = 0.0014 - 0.0120 r_{1d,t-1} - 0.0312 r_{2d,t-1} \end{cases}$$

步骤二：收益率 ARCH 效应的图示检验。

我们知道，残差等于被解释变量的实际观测值减去其估计值，利用残差的计算公式可求得我国新能源行业股票收益率的残差序列 $\varepsilon_{1,t}$ 与布伦特原油期货收益率的残差序列 $\varepsilon_{2,t}$、去除整体股市影响的我国新能源行业股票收益率的残差序列 $\varepsilon_{1d,t}$、标准化后的布伦特原油期货收益率的残差序列 $\varepsilon_{2d,t}$，分别做这4个残差序列平方的时序图，如图2~图5所示。从图2~图5中可以看出，序列 $r_{1,t}$、$r_{2,t}$、$r_{1d,t}$、$r_{2d,t}$ 的波动在一些较长的时间内非常小，在其他一些较长的时间内非常大，表明存在波动的集簇性，说明误差项可能具有条件异方差。

步骤三：收益率ARCH效应的ARCH-LM检验。

收益率ARCH效应的ARCH-LM检验结果如表3所示。可以看到序列 $r_{1,t}$、$r_{2,t}$、$r_{1d,t}$、$r_{2d,t}$ 的F统计量与 $Obs \times R^2$ 统计量的P值均为0.0000，说明均拒绝不存在ARCH效应的原假设。

综上我们可以做出判断：收益率序列 $r_{1,t}$、$r_{2,t}$、$r_{1d,t}$、$r_{2d,t}$ 存在ARCH效应。

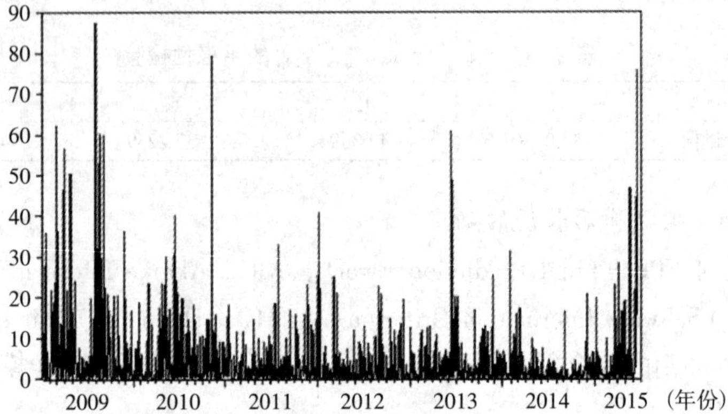

图2 $\varepsilon^2_{1,t}$ 的时序

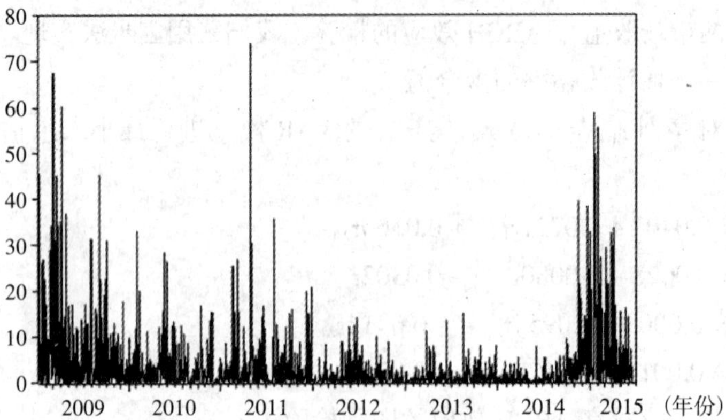

图3 $\varepsilon^2_{2,t}$ 的时序

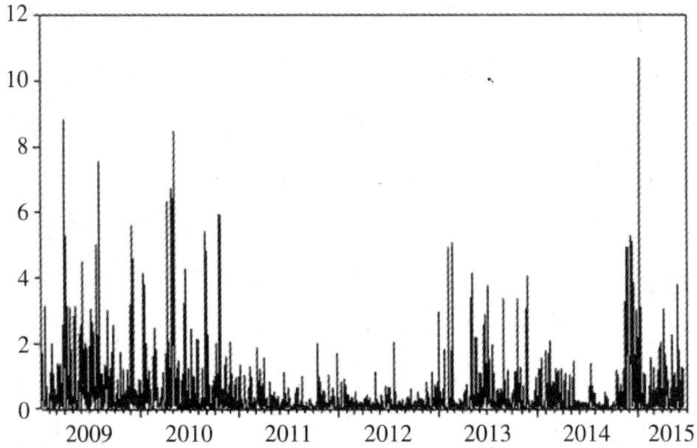

图 4 $\varepsilon^2_{1d,t}$ 的时序

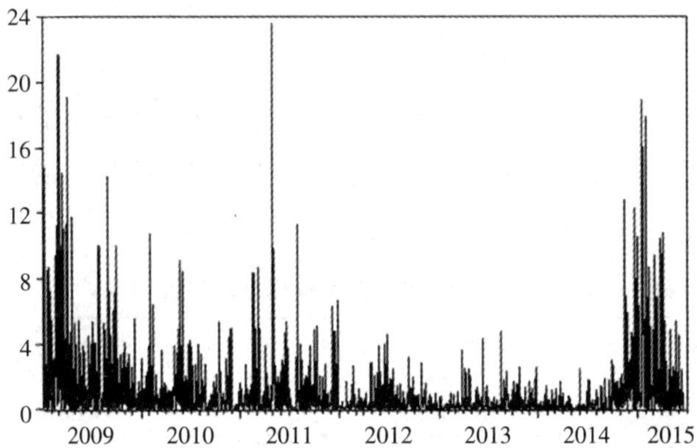

图 5 $\varepsilon^2_{2d,t}$ 的时序

表 3 序列 $r_{1,t}$ 与 $r_{2,t}$、$r_{1d,t}$ 与 $r_{2d,t}$ 的 ARCH 效应检验

	$r_{1,t}$	$r_{2,t}$	$r_{1d,t}$	$r_{2d,t}$
F 统计量	30.2308（0.0000）	19.4586（0.0000）	42.6608（0.0000）	19.6641（0.0000）
Obs × R^2	113.1090（0.0000）	109.5762（0.0000）	155.3116（0.0000）	110.6570（0.0000）

注：在 ARCH 效应检验中，序列 $r_{1,t}$ 的滞后阶数为 4，$r_{2,t}$ 的滞后阶数为 6，$r_{1d,t}$ 的滞后阶数为 4，$r_{2d,t}$ 的滞后阶数为 6；括号中的数字表示的是对应统计量的伴随概率。

（二）国际原油期货价格对我国新能源行业股票价格的波动溢出效应检验

表 4 给出了 VAR-Asymmetric-BEKK 模型条件方差方程的估计结果。从表 4 可以看出：

在未去除整体股市行情因素时，a_{21} 在 10%的显著性水平下显著，说明国际原油期货市场的短期扰动对我国新能源行业股票价格波动有显著影响。b_{21}不显著，表示国际原油期货价格的前一期波动不会对我国新能源行业股票价格波动产生影响。由 Wald 检验可知，不存在由国际原油期货价格向我国新能源行业股票价格的波动溢出效应（P=0.2128）。

然而，在剔除我国整体股市行情因素后，a_{21}由在10%的显著性水平下显著变为在1%的显著性水平下显著，数值也由负变正，且与a_{11}同号；b_{21}由不显著变为在5%的显著性水平下显著；由 Wald 检验可知，在1%的显著性水平下，存在由国际原油期货向我国新能源行业股票的波动溢出效应（P=0.0015）。这表明，剔除我国整体股市行情因素后，国际原油期货价格波动对我国新能源行业股票价格波动有显著的溢出效应，且两者波动强弱变化一致。研究结果支持本文开篇所做的理论推断，即国际原油价格对我国新能源行业股票价格有显著的波动溢出效应。

另外，无论是否去除整体股市行情因素，g_{21}均不显著，说明国际原油期货市场利空消息与利好消息对我国新能源行业股票价格波动的影响不存在显著的差异性。

表4　VAR-Asymmetric-BEKK 模型的估计结果

变量	未去除整体股市行情影响（$r_{1,t}$与$r_{2,t}$）	去除整体股市行情影响（$r_{1d,t}$与$r_{2d,t}$）
c_{11}	0.2907***	0.0614***
c_{21}	−0.0990**	−0.0469
c_{22}	−0.0086	−0.0033
a_{11}	0.3575***	0.2764***
a_{12}	0.0324	−0.0969**
a_{21}	−0.0846*	0.0662***
a_{22}	0.0746	−0.0881**
b_{11}	0.9567***	0.9609***
b_{12}	0.0038	0.0211
b_{21}	0.0067	0.0070**
b_{22}	0.9776***	0.9786***
g_{11}	−0.0264	−0.1139**
g_{12}	0.0474***	−0.0008
g_{21}	−0.0421	0.0364
g_{22}	0.3476***	−0.2970***
P	0.2128	0.0015

注：***，**，*分别表示在1%，5%，10%的显著性水平下显著；P为 Wald 检验对应统计量的P值。

五、结　论

本文运用 VAR-Asymmetric-BEKK 模型，以中证内地新能源主题指数的日收盘价与伦敦国际石油交易所的布伦特原油期货当月连续合约的日收盘价为指标变量，以 2009 年 1 月 5 日至 2015 年 6 月 30 日为样本区间，将未去除我国整体股市行情因素的模型与去除我国整体股市行情因素的模型做对比，重点研究了国际原油价格对我国新能源行业股票价格的波动溢出效应。具体结论如下：

（1）国际原油价格波动对我国新能源行业股票价格波动有显著的溢出效应，且两者的波动强弱变化一致。这说明我国新能源行业受国际原油期货价格的影响较大，我们国家应该密切关注国际原油期货价格的波动，为新能源行业的发展制定相应的应对策略。

（2）国际原油价格波动对我国新能源行业股票价格波动不存在非对称效应，国际原油市场的利空消息并不比利好消息对我国新能源行业的冲击更大。

参考文献

［1］Henriques I.，Sadorsky P. Oil Prices and the Stock Prices of Alternative Energy Companies［J］. Energy Economics，2008，30（3）：998-1010.

［2］Kumar S.，Managi S.，Matsuda A. Stock Prices of Clean Energy Firms，Oil and Carbon Markets：A Vector Autoregressive Analysis［J］. Energy Economics，2012，34（1）：215-226.

［3］Sadorsky P. Modeling Renewable Energy Company Risk［J］. Energy Policy，2012，40（1）：39-48.

［4］Sadorsky P. Correlations and Volatility Spillovers between Oil Prices and the Stock Prices of Clean Energy and Technology Companies［J］. Energy Economics，2012，34（1）：248-255.

［5］Managi S.，Okimoto T. Does the Price of Oil Interact with Clean Energy Prices in the Stock Market?［J］. Japan & the World Economy，2013（27）：1-9.

［6］Pagan A. The Econometrics of Financial Markets ［J］. Journal of Empirical Finance，1996（3）：15-102.

［7］Bollerslev T. Cointegration，Fractional Cointegration，and Exchange Rate Dynamics ［J］. Journal of Finance，1994，49（2）：737-745.

［8］Kroner K. F.，Ng V. K. Modeling Asymmetric Comovements of Assets Returns［J］. Review of Financial Studies，1998，11（4）：817-844.

[9] 金洪飞，金荦. 石油价格与股票市场的溢出效应——基于中美数据的比较分析 [J]. 金融研究，2008 (2).

[10] 刘湘云，朱春明. 国际石油价格波动对中国股票市场的风险溢出效应[J]. 广东金融学院学报，2011，26 (2).

[11] 薛永刚. 国际石油价格波动的股票市场溢出效应研究——来自 28 个国家和地区样本数据的经验分析 [J]. 中央财经大学学报，2011 (9).

[12] 温晓倩，魏宇，黄登仕. 我国新能源行业股票价格与原油价格的波动率外溢与相关性研究 [J]. 管理评论，2012，24 (12).

外部冲击对中国金融市场的影响
——基于复杂性系统仿真的风洞实验分析

钱明辉[1] 胡日东[2]
(1. 东北财经大学商品市场与行为决策研究中心，大连 116028；
2. 华侨大学经济与金融学院，厦门 361021)

一、引 言

随着中国经济结构的不断优化调整，中国经济增长趋于平稳，走向新常态的中国为处于缓慢复苏中的全球经济注入持久动力，中国在世界经济舞台上正在发挥越来越重要的作用。不过需要注意的是，新常态也伴随着新矛盾，面对复杂的世界经济形势，以及我国经济深化改革过程中暴露出的种种问题，一些潜在风险渐渐浮出水面，尤以中国金融市场所受冲击最为突出。一方面，中国金融市场冲击会加大中国金融市场系统性风险，特别是流动性风险和金融市场的脆弱性，易使中国金融体系发生结构失衡，进而出现通胀高企和货币两难等不良后果；另一方面，从长期看，持久性的金融市场冲击会使中国货币政策大幅收紧，监管政策趋严且缺乏有效协调，大量资本外逃，国有经济和民营经济的融资渠道受到严重挤压，经济系统发生结构性变化，从而造成中国经济进一步复苏的障碍，给实体经济带来巨大的影响。近来，中国多次对金融机构人民币贷款和存款基准利率，以及存款准备金率进

[基金项目] 本文受到福建省自然科学基金项目（2013J01263），福建省软科学研究计划项目（2012R058）联合资助。

行适度调整，并实施了新的人民币汇率中间价报价机制等一系列举措，都彰显出中国政府对中国金融市场的高度关注和调控力度。因此，对近期中国金融市场所受冲击展开系统性分析，从理论上探讨中国金融市场所受冲击的可能来源，对未来中国金融市场所受冲击进行合理的预测，不仅会为金融部门建立有效的政策引导，而且会形成防范金融市场系统性风险的长效机制，进而为中国金融改革的进一步深化和经济持续稳定发展提供新的理论依据和指导方向。

出现在中国金融市场的种种异象很难用传统的金融理论如理性人假设和有效市场假说去加以分析，因为中国金融市场受到外部冲击的迹象更为明显。以中国证券市场为例，短短 10 个月左右时间，上证指数由初期的 2500 点，急速攀升到最高的 5178.19 点，随后经历了垮塌式崩盘，回落到 3000 点长期盘整区域，市场中恐慌性抛售频现。引起中国证券市场如此剧烈波动的因素有很多，其中一个非常重要的原因不能被忽略，即金融市场的流动性，实际上中国政府出台禁止大股东售股和要求国有企业回购股票等救市措施的一个主要目的是限制证券市场的过度流动性，防范集中抛售、恶意做空，稳定证券市场正常的交易秩序。根据凯恩斯货币需求理论，在市场需求不变情况下，货币供给量往往与股市流动性呈正相关关系，因而国内外很多观察人士将此次中国金融市场流动性过剩与中国政府近期出台的一系列宽松的货币政策联系起来，并将近期全球金融市场发生的大规模持续性震荡归咎为中国央行的宽松政策。[①] 本文认为上述观点存在着根本性的错误，因为其只片面地关注二者之间的相关关系，却忽视了此时中国经济所处的世界经济环境，尤其是新年伊始，众多国家不断降息降准，推行宽松的货币政策，这种宽松的国际经济环境势必会给中国带来持续性的外部冲击，进而对中国政府的宏观经济调控政策产生显著的影响。基于上述分析，本文将研究的重心放在外部冲击对中国金融市场的影响机制研究上，主要探讨国外货币政策带来的利率冲击如何传递到中国金融市场，这不仅能从根本上找出中国金融市场波动的主因，而且能够帮助我们更加全面地理解当今国际经济局势和其中蕴含的一般规律，作为进一步政策制定和实施的参考，以更好地防范可能出现的流动性系统性危机给中国经济带来的冲击。

本文第二部分将对现有的相关重要文献进行梳理，在此基础上提出本文

① 详见搜狐新闻“全球市场剧烈震荡，到底是不是因为中国？”http：//roll.sohu.com/20150825/n419732272.shtml。

研究的主要思路，并说明本文对现有研究的贡献；第三部分将构建进行复杂性系统仿真的宏观经济基础——面向中国的全球经济预测卫星模型 GPM+，并结合中国数据，利用贝叶斯估计方法对模型中各参数加以估计；第四部分基于系统动力学理论，建立开放经济下中国经济波动复杂性系统仿真平台，对前期国外宽松性货币政策和未来美国可能出现的紧缩性货币政策带来的外部冲击展开风洞实验，考察其对中国货币政策和金融市场带来的影响；第五部分给出文章的现实意义和政策启示。

二、文献综述

外部冲击对金融市场的影响是宏观经济研究领域的一个重要课题，也是学者们关注的重点。从目前已有的研究文献整理来看，国内外学者对该领域的学术研究正处于上升期，除了研究视角复杂多样以外，随着统计学、数量经济学等相关学科前沿研究方法的引入，外部冲击对金融市场的影响的研究工作取得了重大进展，为政府部门制定相关政策提供了重要的理论支持。目前学界关于外部冲击对金融市场影响的文献，主要可以分为两大类观点：

一是认为外部冲击对金融市场的影响是阶段性的，例如 Akiko Watanabe（2004）发现在不同时期，股市流动性受到货币政策调整的影响效应不同，1965~1982 年，联邦基金利率和股市流动性存在强烈的正相关关系，而货币政策的调整在 1983~2001 年对股市流动性却并不存在冲击作用。Tarun Chordia 等（2005）通过研究货币政策对美国股市流动性的冲击，发现只有在经济危机期间，货币政策才对股市流动性产生较大的冲击，一般情况下两者没有强相关关系。二是认为外部冲击对金融市场的影响是显著的，尤其是国内很多学者在分析外部冲击对中国金融市场的影响的时候，发现中国的货币政策能够对中国金融市场产生显著的影响，但不同阶段的影响程度存在明显差异，如许睿等（2004）和方舟等（2011）。

需要注意的是，现有文献讨论金融市场所受冲击大多立足于国内，缺乏来自于国外的外部冲击的探讨，而且在分析金融市场所受冲击时，往往孤立地看待问题，没有对其展开系统性分析。我们的研究力图弥补这些文献的不足，并希望就现有研究做出如下几点贡献：第一是将源于国外的外部冲击作为研究对象，着重分析其对国内货币政策的影响，并最终过渡到国内金融市场的影响机制；第二是在系统和发展的视角下，分析外部冲击对金融市场的影响，本文的具体思路是将传统的世界经济模型和系统动力学相结合，建立一个复杂性系统仿真平台，并在此仿真平台上展开相应研究；第三是将实验经济学中的风洞实验应用到分析外部冲击对金融市场的影响上，以捕捉仿真分析过程中所呈现的一般规律，并重点研究以下两个目前中国金融市场出现的两个热门话题——“货币战”和“美联储加息”给中国金融市场带来的影响。

三、面向中国的全球经济预测卫星模型 GPM+的构建

（一）面向中国的全球经济预测卫星模型 GPM+的模型架构

全球经济预测卫星模型 GPM+是国际货币基金组织专门用于全球经济走势分析预测的全球经济预测模型 GPM（Global Projection Model）的一个重要拓展模型，主要由 IMF 和各国央行宏观经济分析人员开发与维护，如国际货币基金组织财政事务部 Elif C. Arbatli 和 Kenji Moriyama1（2011）建立的用于预测埃及经济走势的全球经济预测卫星模型。[①] 本文在构建面向中国的全球经济预测卫星模型时，主要参考和借鉴 Jeannine Bailliu 和 Patrick Blagrave（2010），Elif C. Arbatli 和 Kenji Moriyama1（2011）在设计全球经济预测模型的设计理念，并且延续 Elif C. Arbatli 和 Kenji Moriyama1（2011）的设计思想，假设在全球经济预测卫星模型中，中国只受美国的冲击影响，其核心架构如下所示：

1. 随机过程

（1）潜在产出：

$$\bar{Y}_t = \bar{Y}_{t-1} + g_t^{\bar{Y}}/4 + \varepsilon_t^{\bar{Y}} \tag{1}$$

$$g_t^{\bar{Y}} = \tau g^{\bar{Y}^{ss}} + (1-\tau)g_{t-1}^{\bar{Y}} + \varepsilon_t^{g^{\bar{Y}}} \tag{2}$$

① 全球经济预测模型 GPM+对全球经济走势分析预测，详见 2010 年 12 月之后，历年国际货币基金组织出版的《世界经济展望》，国际货币基金组织在 G20 峰会上的经济预测报告及经济合作与发展组织的《经合组织经济展望》等，由于其在全球经济走势分析预测上的权威性与实用性，很多国家在进行宏观经济决策时，往往以之为参考。

式中，$\bar{Y}_t$ 为中国潜在产出，$g_t^{\bar{Y}}$ 为中国潜在产出的年度增长率，$g^{\bar{Y}ss}$ 为中国潜在产出的年度增长率的均衡值，调整系数 τ 表示中国潜在产出的年度增长率回到均衡状态的速度，$\varepsilon_t^{\bar{Y}}$ 与 $\varepsilon_t^{g^{\bar{Y}}}$ 分别表示对中国潜在产出水平及中国潜在产出增长率的冲击，t 表示第 t 期（第 t 季度）。

（2）非加速通胀失业率 NAIRU：

$$\bar{U}_t = (1-\alpha_3)\bar{U}_{t-1} + \alpha_3\bar{U}_t^{ss} + g_t^{\bar{U}} + \varepsilon_t^{\bar{U}} \tag{3}$$

$$g_t^{\bar{U}} = (1-\alpha_4)g_{t-1}^{\bar{U}} + \varepsilon_t^{g^{\bar{U}}} \tag{4}$$

式中，$\bar{U}_t$ 为中国非加速通胀失业率 NAIRU，$g_t^{\bar{U}}$ 为中国非加速通胀失业率的增长率，干扰项 $\varepsilon_t^{\bar{U}}$ 与 $\varepsilon_t^{g^{\bar{U}}}$ 分别表示对中国非加速通胀失业率水平及中国非加速通胀失业率增长率的冲击。$\bar{U}_t^{ss}$ 为潜在失业率的稳态值，如式（3）所示，α_3 表示收敛到中国潜在失业率稳态值 $\bar{U}_t^{ss}$ 的速度。

（3）均衡实际利率：

$$\overline{RR}_t = \rho\overline{RR}^{ss} + (1-\rho)\overline{RR}_{t-1} + \varepsilon_t^{\overline{RR}} \tag{5}$$

式中，$\overline{RR}_t$ 为中国均衡实际利率，$\overline{RR}^{ss}$ 为中国均衡实际利率的稳态值，调整系数 ρ 表示 $\overline{RR}_t$ 回到稳态 $\overline{RR}^{ss}$ 的速度，干扰项 $\varepsilon_t^{\overline{RR}}$ 表示中国均衡实际利率受到的冲击。

（4）实际汇率：

$$Z_t = 100 \times (S_t + \log P_{us,t} - \log P_t) \tag{6}$$

$$\Delta Z_t = 100\Delta S_t - (\pi_t - \pi_{us,t})/4 \tag{7}$$

$$\bar{Z}_t = \bar{Z}_{t-1} + \varepsilon_t^{\bar{Z}} \tag{8}$$

式中，Z_t 为人民币对美元实际汇率对数值，S_t 为人民币对美元名义汇率对数值，$P_{us,t}$ 和 P_t 分别为美国及中国的 CPI；ΔZ_t 和 ΔS_t 分别表示 Z_t 和 S_t 的改变量，π_t 与 $\pi_{us,t}$ 分别表示中国及美国的通货膨胀率；$\bar{Z}_t$ 为中国均衡实际汇率的对数值，干扰项 $\varepsilon_t^{\bar{Z}}$ 为对 $\bar{Z}_t$ 的冲击。

2. 行为方程

（1）产出缺口：

$$y_t = \{\beta_1 y_{t-1} + \beta_2 y_{t+1} - \beta_3(RR_{t-1} - \overline{RR}_{t-1})\} + \{\beta_4 z_{t-1} + \beta_5 y_{us,t-1}\} + \varepsilon_t^y \tag{9}$$

中国产出缺口 y_t 被假定为只受内部和外部两种不同效应的影响。其中，y_{t-1} 和 y_{t+1} 分别为中国产出缺口的前期值和未来值，RR_t 和 $\overline{RR}_t$ 分别为中国实际利率与其均衡值的前期值，z_{t-1} 为中国汇率缺口的前期值，$y_{us,t-1}$ 为美国产出缺口的前期值，ε_t^y 为中国产出缺口受到的冲击。

（2）通货膨胀：

$$\pi_t = \lambda_1 \pi_{t+1} + (1-\lambda_1)\pi_{t-1} + \lambda_2 y_{t-1} + \lambda_3 (z_t - z_{t-1}) + \varepsilon_t^{\pi} \tag{10}$$

$$\pi 4_t = (\pi_t + \pi_{t-1} + \pi_{t-2} + \pi_{t-3})/4 \tag{11}$$

$$\pi 4_t^e = \pi 4_{t+4} \tag{12}$$

$$CPI = CPI_{t-1} + \pi_t/4 \tag{13}$$

中国通货膨胀率 π_t 被设定为受其前期值 π_{t-1}、未来值 π_{t+1}、中国产出缺口的前期值 y_{t-1} 及中国实际有效汇率缺口变化 $z_t - z_{t-1}$ 的影响。其中，参数 λ_1、λ_2 和 λ_3 为待估参数，扰动项 ε_t^{π} 表示通货膨胀率 π_t 受到的冲击。$\pi 4_t$ 为 π_t 的四阶移动平均，其期望值 $\pi 4_t^e$ 被设定为 $\pi 4_t$ 未来四期值。在对参数 λ_1、λ_2 和 λ_3 进行估计时，π_t 的数据可借助式（13）求出。

（3）政策利率：

$$I_t = (1-\gamma_1)[\overline{RR}_t + \pi 4_t^e + \gamma_2(\pi 4_{t+3} - \pi_{t+3}^{tar}) + \gamma_4 y_t] + \gamma_1 I_{t-1} + \varepsilon_t^I \tag{14}$$

$$\pi_t^{tar} = \pi_{t-1}^{tar} + \varepsilon^{\pi_t^{tar}} \tag{15}$$

对于政策利率，采用泰勒规则假定，即中国的名义政策利率 I_t 被设定为受中国名义政策利率前期值 I_{t-1}，中国实际利率均衡值 $\overline{RR}_t$，中国年度通货膨胀率的未来预期值 $\pi 4_t^e$，中国产出缺口的当期值 y_t，以及中国通货膨胀率预期与通胀控制目标之间差距 $\pi 4_{t+3} - \pi_i^{tar}$ 的影响。γ_1，γ_3 和 γ_4 为待估参数，其中，γ_1 代表央行调整利率的速度。扰动项 ε_t^I 为中国的名义政策利率 I_t 受到的冲击。

通胀目标 π_i^{tar} 设定为符合 AR（1）过程，如式（15）所示。之所以这样设置，主要是美国金融危机爆发后，中国货币政策的目标出现复杂化，不再是危机前中央银行货币政策一直提倡的"保持低通胀"的单一目标，这样设定通胀目标 π_i^{tar} 更为合理。①

① 美国金融危机爆发后，货币政策的目标出现复杂化的观点来自于中国人民银行行长周小川的演讲《2008 年金融危机以来货币政策框架的演变》。

（4）实际政策利率：

$$RR_t = I_t - \pi_{t+1} \tag{16}$$

中国实际政策利率 $RR_{i,t}$ 被设定为中国名义政策利率 I_t 减去未来中国通货膨胀预期 π_{t+1}。

（5）无抛补利率平价 UIP：

$$(RR_t - RR_{us,t}) = 4(Z_t^e - Z_t) + (\overline{RR}_t - \overline{RR}_{us,t}) + \varepsilon_t^{RR-RR_{us}} \tag{17}$$

$$Z_t^e = \phi Z_{t+1} + (1-\phi) Z_{t-1} \tag{18}$$

式中，中美利差 $RR_t - RR_{us,t}$ 被设定为趋于中美均衡利差（$\overline{RR}_t - \overline{RR}_{us,t}$）与汇率预期年度变化 4（$Z_{t+1}^e - Z_t$）之和。$\varepsilon_t^{RR-RR_{us}}$ 为中美利差 $RR_{i,t} - RR_{us,t}$ 受到的冲击，ϕ 为求解中国汇率预期 $Z_{i,t+1}^e$ 的调整系数。

（6）失业率缺口：

$$u_t = \alpha_1 u_{t-1} + \alpha_2 y_t + \varepsilon_t^u \tag{19}$$

式中，中国失业率缺口 u_t 被设定为受其前期值 u_{t-1} 和中国产出缺口 y_t 的影响，ε_t^u 为中国失业率缺口 u_t 受到的冲击。

3. 外部冲击

美国带给中国的冲击被假定为来自于两方面，一是利率冲击（美国实际政策利率 $RR_{us,t}$ 与其均衡值 $\overline{RR}_{us,t}$ 带给中国的影响，如式（17）所示），二是需求效应冲击（主要是美国产出缺口前期值 $y_{us,t-1}$ 带给中国的影响，如式（9）所示）。美国实际政策利率 $RR_{us,t}$ 与其均衡值 $\overline{RR}_{us,t}$，美国产出缺口 $y_{us,t}$ 被设定为满足如下的方程。

$$RR_{us,t} = \rho_{us}\overline{RR}_{us}^{ss} + (1-\rho_{us})RR_{us,t-1} + \varepsilon_t^{RR_{us}} \tag{20}$$

$$\overline{RR}_{us,t} = \bar{\rho}_{us}\overline{RR}_{us}^{ss} + (1-\bar{\rho}_{us})\overline{RR}_{us,t-1} + \varepsilon_t^{\overline{RR}_{us}} \tag{21}$$

$$y_{us,t} = \beta_f y_{us,t-1} + \varepsilon_t^{y_{us,t}} \tag{22}$$

式中，调整系数 ρ_{us} 表示美国实际政策利率 $RR_{us,t}$ 趋于稳态值 $\overline{RR}_{us}^{ss}$ 的速度，调整系数 $\bar{\rho}_{us}$ 表示美国实际政策利率均衡值 $\overline{RR}_{us,t}$ 趋于稳态值 $\overline{RR}_{us}^{ss}$ 的速度（稳态值 $\overline{RR}_{us}^{ss}$ 实际上是 $RR_{us,t}$ 和 $\overline{RR}_{us,t}$ 的长久趋势值，其值可根据以往全球经济预测模型的估计结果进行校准，设定结果如表 2 所示）。干扰项 $\varepsilon_t^{RR_{us}}$ 和 $\varepsilon_t^{\overline{RR}_{us}}$ 分别表示美国实际政策利率 $RR_{us,t}$ 及其均衡值 $\overline{RR}_{us,t}$ 受到的冲击。美国产

出缺口 $y_{us,t}$ 被设定服从 AR（1）过程，$\varepsilon_t^{y_{us,t}}$ 为美国产出缺口 $y_{us,t}$ 受到的冲击。

（二）模型估计及预测

借助 IRIS 宏观经济工具箱，采用贝叶斯估计及利用参数校准的方法对面向中国的全球经济预测卫星模型 GPM+各方程参数进行估计，数据来源于国际货币基金组织的全球经济预测模型数据库，时间跨度为 2000 年第一季度至 2010 年第四季度，待估参数的先验信息和估计结果如表 1 所示，校准参数如表 2 所示。将表 1 各参数的估计结果分别代入全球经济预测模型 GPM+中的随机方程和行为方程，得到各指标的拟合值，来对各指标进行中长期预测，预测的时间跨度为 2011 年第一季度至 2020 年第四季度，并将此预测值作为下一节复杂性系统仿真的先验数据。

表 1　面向中国的全球经济预测卫星模型 GPM+参数估计结果

参数	先验分布		后验分布	
	均值	标准差	均值	标准差
α1	0.650	0.158	0.651	0.046
α2	0.050	0.253	0.044	1.785
α3	0.200	0.158	0.202	0.511
α4	0.500	0.316	0.508	0.208
β1	0.500	0.316	0.487	3.137
β2	0.250	0.158	0.245	0.185
β3	0.150	0.221	0.143	0.367
β4	0.050	0.009	0.050	0.003
β5	0.200	0.158	0.198	0.229
βf	0.750	0.316	0.803	0.170
γ1	0.700	0.158	0.743	0.092
γ2	1.050	0.632	0.976	0.925
γ4	0.150	0.158	0.144	0.864
λ1	0.550	0.253	0.642	1.828
λ2	0.100	0.316	0.015	0.479
λ3	0.100	0.158	0.118	0.453
φ	0.800	0.632	0.522	0.175
ρ	0.050	0.063	0.053	0.964
τ	0.030	0.063	0.010	0.172

注：各参数假设先验分布为 Gamma 分布。

表 2　面向中国的全球经济预测卫星模型 GPM+校准参数①

参数	校准值
$g^{\bar{Y}ss}$	3.000
$\overline{RR}_{ss}$	2.500
$\bar{\rho}_{us}$	0.900
ρ_{us}	0.800
$\overline{RR}_{us}^{ss}$	1.900
$\bar{U}_{t}^{ss}$	4.000

四、开放经济下中国经济波动复杂性系统仿真平台的建立及风洞实验

20 世纪 80 年代中期，世界科学界兴起了对复杂性科学的研究。一些复杂性科学的研究学者指出主流经济学理论框架不能揭示复杂经济系统非线性、动态性和不确定性等诸多经济现象的局限性，并提出“将经济看作一个演化的复杂性系统”以拓展原来的主流经济学理论框架，以如实反映现实经济运行的真实状况。近年来，随着近代科学技术的飞速发展，复杂性经济学受到越来越多的关注，在此背景下，本节尝试利用复杂性科学的工具和研究方法对国外货币政策给中国金融市场带来的冲击加以分析。

（一）开放经济下中国经济波动复杂性系统仿真平台的建立

复杂性系统中最重要的核心是它的理论基础，本文选择将国际货币基金组织开发的全球经济预测模型和复杂性科学中最为成熟的理论工具——系统动力学有机结合，建立开放经济下中国经济波动复杂性系统仿真平台，主要出于如下几点考虑：首先，作为国际货币基金组织专门用来进行全球经济走势预测的全球经济预测模型具有扎实的宏观经济理论基础，与现实世界中经济运行情况较为接近；其次，世界上第一个世界经济模型就是系统动力学创始人杰伊·福雷斯特利用系统动力学理论建立起来的，而全球经济预测模型

① 校准参数主要来自于以往全球经济预测模型中亚洲新兴国家的参数估计结果，同中国相应数据略有差异，这主要是为了保证全球经济预测卫星模型同全球经济预测模型结构上的一致性。

本质上是劳伦斯·克莱因所提出的世界联结模型的一种，两者有着天然的相合性。

通过开放经济下中国经济波动复杂性系统仿真平台的建立，不仅能够轻松实现经济运行监测和经济波动仿真两大功能，而且能够对国家经济调控政策进行仿真分析，这是以往传统宏观经济理论模型做不到的。基于上述思想，本文建立开放经济下中国经济波动复杂性系统仿真平台，其结构流程图如附录所示，可以发现，在该复杂性系统中，各个子系统动态行为实际上是由第三部分面向中国的全球经济预测卫星模型 GPM+的模型架构所决定的。

（二）可靠性检验

复杂性系统仿真平台用于经济仿真之前，一个规范的流程就是对它的可靠性进行检验。因其是通过模拟面向中国的全球经济预测卫星模型 GPM+，进而模拟中国经济运行，所以本文将中国经济波动复杂性系统仿真平台的仿真结果与面向中国的全球经济预测卫星模型 GPM+的预测值相对比，比对其可靠性进行检验。仿真结果与预测值的对比如图 1 所示，不难发现，仿真结果与预测值非常接近，表明本部分建立的开放经济下中国经济波动复杂性系统仿真平台与面向中国的全球经济预测卫星模型 GPM+是一致的。而全球经济预测模型是国际货币基金组织专门用于全球经济预测的模型，其在中短期经济预测具有一定的可靠性，表明在本节建立的复杂性系统仿真平台可用于仿真分析中国经济波动运行情况。

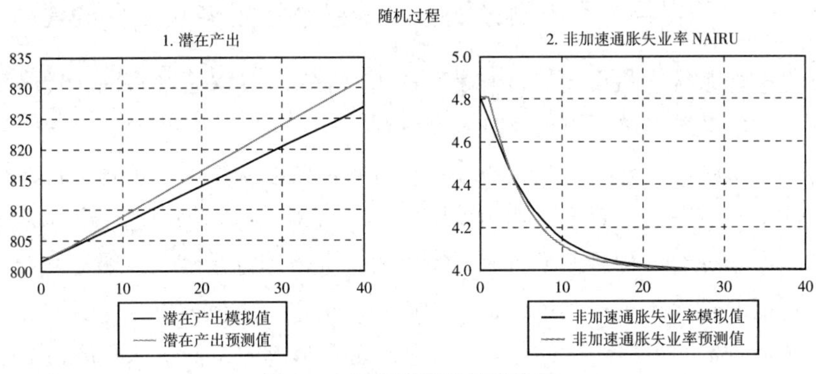

图 1　中国经济波动仿真分析

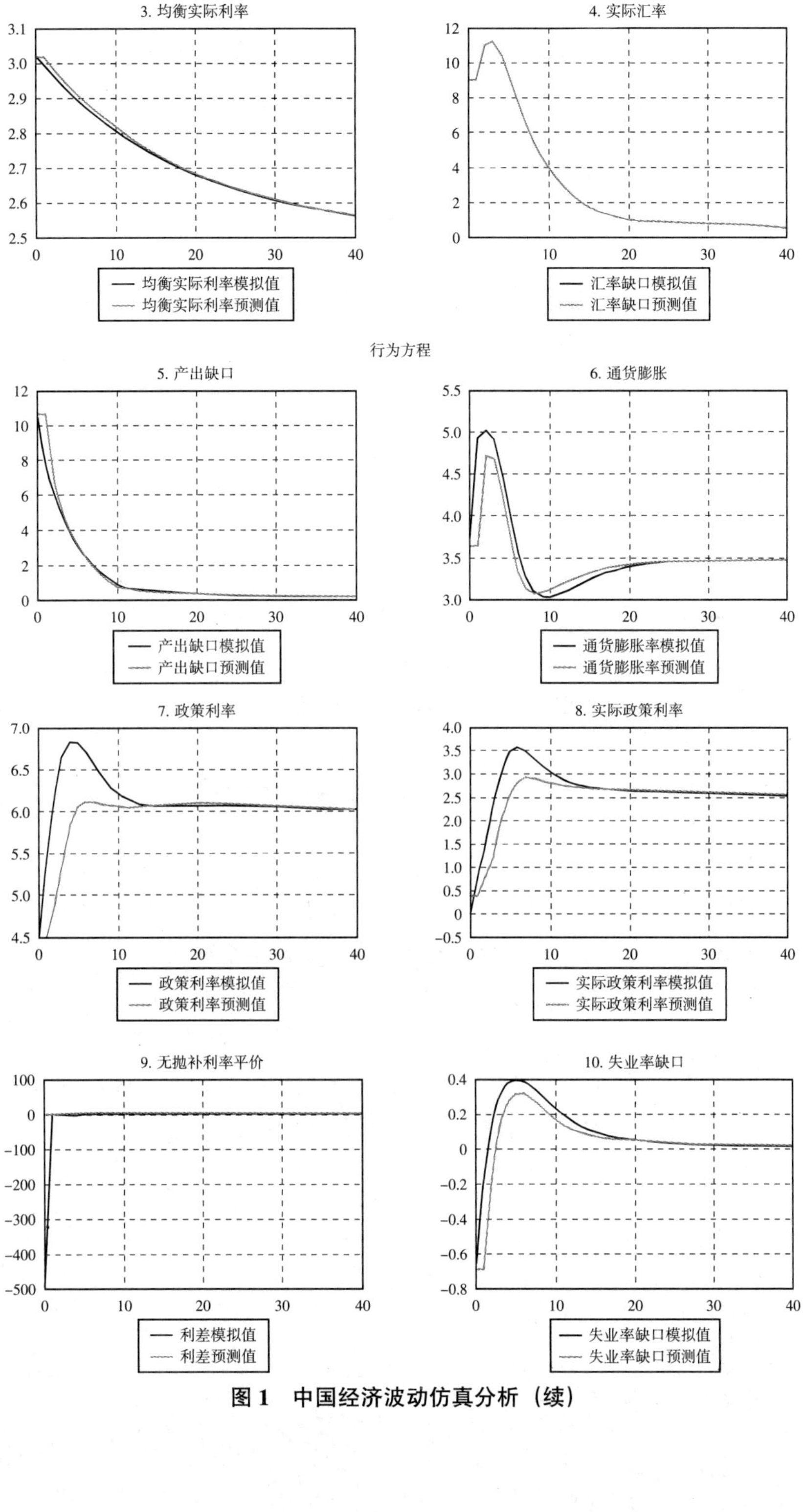

图1　中国经济波动仿真分析（续）

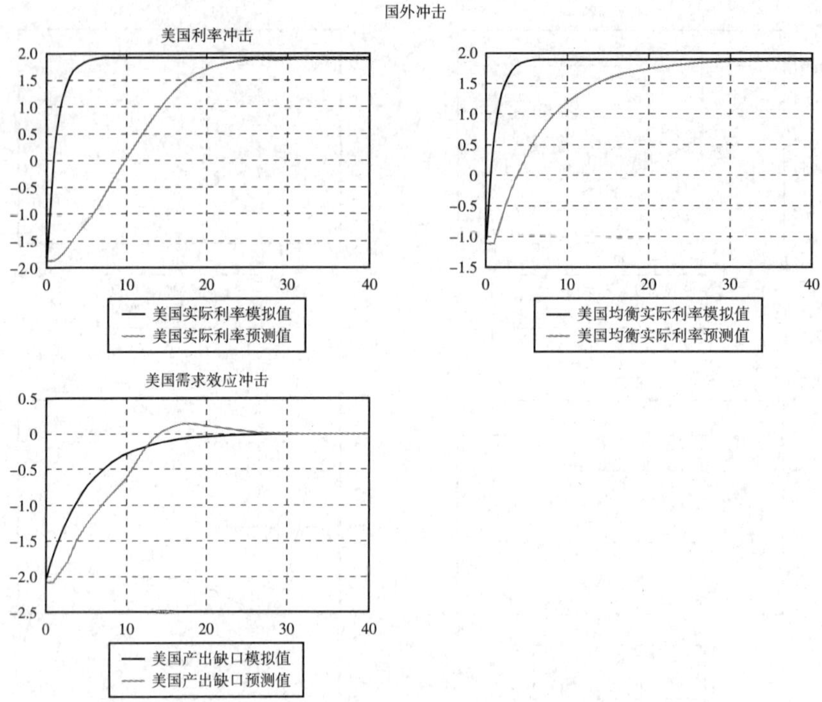

图1 中国经济波动仿真分析（续）

(三) 国外货币政策对中国金融市场冲击的风洞实验

1. 风洞实验 A

根据中金网，2015 年初，由于通货紧缩和大宗商品价格持续疲弱，全球经济增长前景蒙上阴影，全球各央行急于放松货币政策，截至 2015 年 3 月 18 日，累计有 24 家央行实施了货币宽松举措，包括欧洲央行（ECB）量化宽松（QE）、瑞士央行（SNB）取消汇率上限并实施负利率、丹麦央行三周内四度降息等。[①] 发生金融危机或经济危机时，往往是金融部门最先受到影响，而后蔓延到实体经济，故以美国降息为例，分析这场“全球货币战”给中国金融市场带来的影响。[②]

① 这部分内容参考中金网“2015 年 24 国央行‘货币战’一览”，http：//forex.cngold.com.cn/20150319d1710n40038061.html。

② 美联储（FED）目前正处在加息周期，降息可能性很小，本节只是以美国为例，说明其他国家选择宽松货币政策是如何对中国货币政策以及中国的金融市场造成冲击的。

如果美国降息的话，根据前文中无抛补利率平价的方程（式（17）），可以发现它会直接给中美两国利差带来一个正向的瞬时冲击，那么对于上述24家央行来说，其频繁地选择利率工具进行宏观经济调控，会给两国利差带来持续性的正向冲击。由于数据的不可获得性，本文无法一一构建以上述这些国家作为外部冲击的GPM+模型，但为了分析上述24个国家宽松性货币政策给中国金融市场带来的冲击，本文选择前文建立的开放经济下中国经济波动复杂性系统仿真平台作为替代仿真平台，进行风洞实验，具体做法如下：首先，建立两套平行的中国经济波动复杂性系统；其次，对其中一个复杂性系统的利差变量施加一个持续10期的正向冲击，并对比这两套平行的复杂性系统之间变量的变化，即可分析这场“全球货币战”给中国经济带来的影响。为了更好地分析国外货币政策对中国货币政策的影响，本文选取中国实际政策利率所受到的冲击响应图，如图2所示。

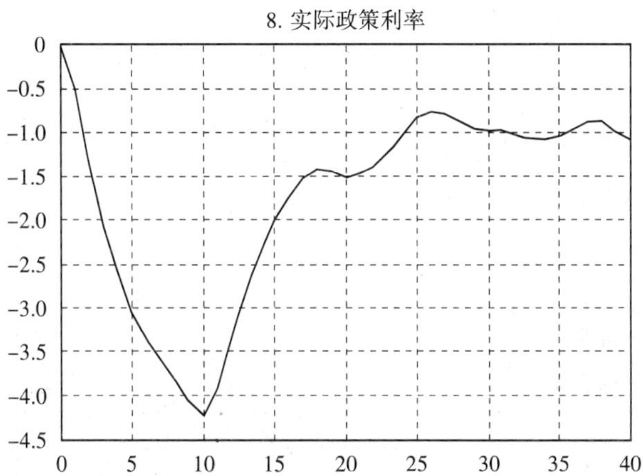

图2 持续性利差冲击对中国实际政策利率的冲击响应

通过中国实际政策利率所受到的冲击响应图，可以清晰地发现，由于这些国家实施宽松性货币政策，会给中国实际政策利率带来持续性的向下冲击，并且这种冲击会持续整个仿真周期。本文认为这就是2015年以来，中国政府需要不断对金融机构人民币贷款和存款基准利率，以及存款准备金率进行适度调整，实施宽松性货币政策的根本原因，这充分表明了中国政府并非是这场全球金融市场大规模持续性震荡的发起者。由于国内外宽松的货币政策环境，货币内外部的流动性大大增强，这也是2015年中国证券市场异常活跃的一个原因。同时，由于货币流动性的增强，为了维持流动性平衡，势必会加大人民币贬值的压力，这也是中国政府对人民币汇率中间价报价机制进行改革的一个重要原因。

2. 风洞实验 B

美国联邦储备委员会 9 月 17 日宣布，考虑到全球经济疲弱以及美国持续的低通胀，美联储决定将联邦基金利率维持在现有水平，但仍然预期在年底前启动金融危机以来的首次加息。尽管中国拥有丰富的外汇储备，资本账户并未完全开放，但作为全球经济的风向标，美联储加息依然会对中国金融市场造成较大冲击，并通过贸易、投资和金融渠道影响到中国实体经济。因此，本文以美国加息为例，分析其给中国金融市场带来的影响。具体做法类似风洞实验 A，同样建立两套平行的中国经济波动复杂性系统，并根据美联储加息周期的特点，对其中一个复杂性系统的利差变量施加一个间隔 2 期，并持续 10 期的负向冲击，并对比这两套平行的复杂性系统之间变量的变化，选取中国实际政策利率所受到的冲击响应，如图 3 所示。

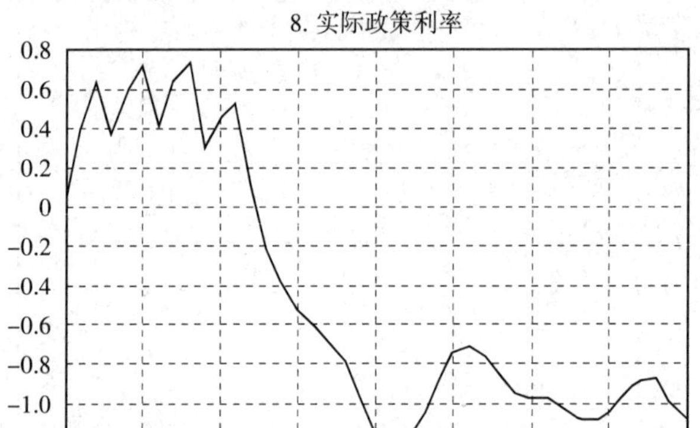

图 3 美联储加息冲击对中国实际政策利率的冲击响应

通过中国实际政策利率所受到的冲击响应图，可以清晰地发现，美联储加息之后，会给中国实际政策利率带来跳跃性的向上冲击，但随着加息周期的结束，其对中国实际政策利率的冲击并未恢复到原点，而是带来持续性的负向冲击。从短期看，美联储加息会促进中国紧缩性货币政策的形成，降低中国金融市场中货币的流动性，尽管中国政府已对人民币汇率中间价报价机制进行改革，舒缓了人民币贬值的部分压力，但未来还存在人民币贬值的一定空间；从长期看，如果美联储加息行为不能持续，其在未来会由紧缩转向宽松，也许会走上新一轮 QE 的道路，对于中国来说，一方面应该抓住发展机遇，出台促进经济发展的宏观经济调控政策；另一方面应防止经济过热，建立防范金融市场系统性风险的长效机制，促进中国经济持续稳定发展。

五、结论与建议

中国金融市场的种种异象表明，中国金融市场正在受到持续性的外部冲击，如何分析这种持续性的外部冲击对中国金融市场的影响，成为理论和政策上亟须解决的一道难题。本文在国际货币基金组织全球经济预测模型理论基础上，构建面向中国的全球经济预测卫星模型，并结合系统动力学理论，建立开放经济下中国经济波动复杂性系统仿真平台，研究这种持续性的外部冲击对中国金融市场的影响，以解决传统的金融理论面临的难题。风洞实验表明：引起这场全球金融市场大规模持续性震荡的根本原因在于目前世界范围内宽松的货币政策环境，如果再向前延伸的话，应该是美国长期主导 QE 的结果，而非中国政府宏观调控所致；美国加息之后，短期内会对中国金融市场造成跳跃性冲击，但随着加息周期结束，如果美联储加息行为不能持续，美国政府的货币政策有可能在未来由紧缩转向宽松，也许会走上新一轮 QE 的道路。本文实验结果有助于深入分析中国金融市场所受到的外部冲击，并作为政策制定启发和实施的参考。基于上述分析结论，本文有如下建议：

首先，在日趋复杂的国际形势背景下，政府在制定宏观经济调控政策，发挥维护金融市场稳定，促进经济增长的积极作用时，应跳出国内，放眼全球，把握好全球经济和社会发展的脉搏，扮演好区域经济发展领跑者的角色，而非世界经济发展的跟随者；对重大的金融市场冲击，应做到先知先觉，尤其是目前中国经济刚刚进入新常态，中国经济面临着重大经济体制改革的重要阶段；要坚持不懈地推进金融市场体制改革，建立防范系统性金融风险的长效机制，为未来的经济和社会发展提供强大动力；对金融改革中出现的新生事物，要勇于尝试，在金融实践中不断探索和积累经验，对金融改革过程中出现的各种体制弊端，应坚决加以整改。

其次，从理论层面上看，受约束条件所限，传统的金融理论在面对复杂性的金融问题时，往往难以发挥应有的作用，这需要国内外学者应用更多新的理论和方法。随着科学技术的发展，很多新的经济学理论和工具正在开始被人们所熟悉及使用，如实验经济学、博弈论经济学、演化经济学和混沌经济学等，这些经济学理论虽然同传统经济学理论有着巨大差异，但是由于各自的立足点不同，有其各自适合的适用范围，而且与传统的金融理论相比，在处理某些经济问题上更有优势。例如，混沌经济学的分形方法在分析周期性行为上就有它独到的一面，经常被用来预测地震、粮食产量等周期性现象。本文所采用的系统动力学理论早已风靡全世界，广泛应用于社会经济管理科技和生态各个领域，成为越来越多的研究人员采用的社会科学重要实验手段。未来的金融理论发展一定会向着各经济理论的综合体方向迈进，只有这样，面对复杂性的金融问题时，才不会束手无策。

最后，从方法层面上看，应将系统性仿真方法纳入到传统的经济分析方法中，本文借助开放经济下中国经济波动复杂性系统仿真平台，不仅实现了对中国经济运行情况的模拟与预测，而且可以对外部冲击对中国金融市场的影响进行风洞实验。尽管本文没有进行货币政策调控分析，但实际上，本文建立的开放经济下中国经济波动复杂性系统仿真平台可以实现各种政策模拟。当面对系统性金融风险时，可以比较各种宏观经济调控政策的结果，找到最大化降低系统性金融风险影响的调整方案，为制定相应的防范系统性金融风险的宏观经济调控政策提供先期的决策信息，以有效防范金融危机系统性风险。在政府制定出防御系统性金融风险的措施之后，也可以通过仿真的方法对该措施的有效性进行模拟分析，为下一步的政策微调做好准备。

参考文献

[1] Akiko Watanabe. Macroeconomic Sources of Systematic Liquidity [R]. Working Paper, 2004.

[2] Elif C. Arbatli, Kenji Moriyama. Estimating a Small Open-Economy Model for Egypt: Spillovers, Inflation Dynamics, and Implications for Monetary Policy [R]. IMF Working Paper, 2011.

[3] Patrick Blagrave. Adding China to the Global Projection Model [R]. IMF Working Paper, 2013.

[4] Tarun Chordia, Asani Sarkar, Avanidhar Subrahmanyam. An Empirical Analysis of Stock and Bond Market Liquidity [J], Review of Financial Studies, 2005 (18): 85-129.

[5] 方舟，倪玉娟，庄金良. 货币政策冲击对股票市场流动性的影响——基于 Markov 区制转换 VAR 模型的实证研究 [J]. 金融研究，2001 (7).

[6] 许睿，刘海龙，吴冲锋. 中国 A 股市场流动性统计特性与变化趋势 [J]. 系统工程

理论与实践，2004（3）.

附录：开放经济下中国经济波动复杂性系统仿真平台结构流程图

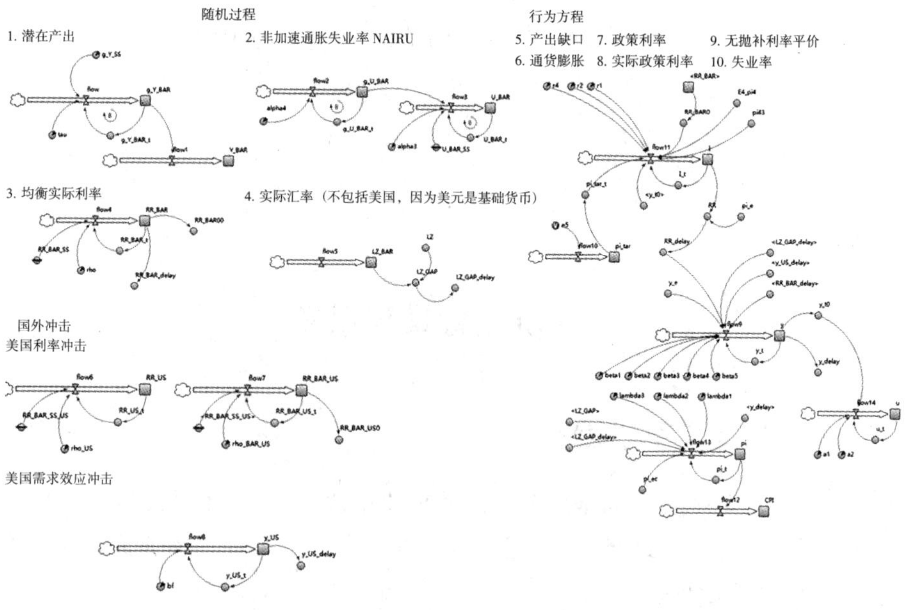

基于DSGE方法政府债务对私人投资的挤出效应研究

夏诗园 田新民
(首都经济贸易大学经济学院，北京 100070)

一、研究背景与意义

(一) 研究背景与意义

政府的债务融资行为是调节经济的重要手段，自1998年我国开始实行积极的财政政策后，政府扩大赤字、增发国债的行为，极大地刺激了经济需求、促进了经济增长。

金融危机爆发后，为稳定经济，巨额经济刺激计划先后出台，导致地方债务迅速膨胀、公共债务赤字剧增、债务负担率居高不下。审计署发布的数据显示，截至2013年6月，我国各级政府负有偿责任的债务金额约为21万亿元，若考虑或有债务，数额多达30万亿元。政府债务或成为危害经济长期稳定发展的不确定因素，政府债务的持续膨胀将有可能严重阻碍经济进步。因此，对于财政体制面临改革攻坚期的中国，研究高债务水平、公共债务的膨胀是否会挤出私人投资这一问题，关系着我国经济能否健康、

[作者简介] 夏诗园，女，1987年6月2日出生，首都经济贸易大学数量经济学2014级博士研究生；手机：18610757591；邮箱：282429561@qq.com。田新民，男，教授，首都经济贸易大学数量经济学博士生导师；手机：18601251293；邮箱：tianxm@cueb.edu.cn。

持续地发展。

（二）理论概述

国内外针对政府债务挤出效应的研究形式各异、数量渐增，当今学者对其研究着重强调经济模型的微观基础，以求达到宏观和微观的统一。但是，在研究过程中，通过构建计量模型研究经济政策效果的方法，是利用经验数据的事后检验，在预测政策的未来效果上，操作性比较差，因此本文使用DSGE模型进行研究。

DSGE的理论基础是Ramsey（1928）动态一般均衡框架，通过RBC的发展，先后形成了基于完全竞争框架的新古典模型，强调非竞争、名义变量黏性和非对称信息作用的新凯恩斯模型。由于其发展迅速地解决了传统计量模型操作性差的难题，DSGE成为宏观经济的主流分析方法，概括来说，DSGE框架包括以下几点：第一，构建经济主体行为模型；第二，使用动态最优化方法，得出主体实现最优决策的条件，使用对数线性化技术得到求解最优条件的近似方程；第三，估计参数。其中，第二步、第三步是DSGE研究的核心。

目前，对于政府债务以及公共投资对私人投资的分析结论仍不统一，一部分学者认为公共投资或政府债务对私人投资会产生“挤入效应”，也有学者指出公共投资会对私人投资产生“挤出效应”，然而，归根结底，一切研究必须首先从概念上对其进行了解。

政府债务或公共投资对私人投资的“挤出效应”包括以下几点：首先，国债相对其他投资具有收益率高、风险低的特点，发行国债或增加公共投资会引起政府与私人部门在借贷资金需求上的竞争。其次，由于政府债务规模的膨胀，在其他条件不变的情况下，会引起利率水平上升，私人投资成本大幅度增加，将对私人投资产生消极的影响，影响企业的收益。需要指出的是，无论是其积极抑或负面的影响，都不能否认公共投资和政府债务对于经济结构和方向的调控作用。

文章结构如下：第一部分是研究背景意义、理论概述；第二部分介绍国内外研究成果；第三部分为模型部分；第四部分为脉冲效应分析；第五部分指出研究的结论。

二、国内外研究概况

国内外学者对于国债挤出效应的分析和研究较为活跃，但结论并不统一，主要研究成果包括：

在国际上，从结果上讲，Ghatak（1996）根据印度1950~1986年数据进行研究，结果显示减少税务或者增加政府债务对私人投资都有挤出效应；Voss（2002）使用向量自回归VAR方法得出，美国和加拿大都不存在增加政府债务挤出私人投资的情况；Eugen和Hubbard（2005）认为政府债务和利率之间的正向关系不显著。但是，Laubach（2009）利用远期利率和联邦政府赤字研究政府债务挤出私人投资问题，得出债务和利率之间存在显著的正向关系。

从方法上，除了VAR，国外也有许多学者基于贝叶斯的方法预测财政政策以及财政政策所产生的经济影响（Forni Monteforte and Sessa，2009；Kamps，2007；Ratto Roeger and Veld，2006；Coenen and Straub，2004；Forni Monteforte and Sessa，2009）。但是，这些文章大部分主要是集中讨论外生财政政策，且政府赤字是由一次性转移支付而进行筹资。此外，目前有许多文章都是基于真实经济周期理论基础进行讨论，如Eric M.（2009）使用美国历年数据，并借助DSGE模型研究政府债务增加对于私人投资的挤出效应。

刘容仓（2001）使用OLS方法得出我国国债规模不存在挤出效应；叶海云（2005）使用面板数据分析得出政府债务对私人投资的挤出效应比较明显；刘璐（2007）运用VAR方法指出公共投资挤出民间投资；尹贻林（2008）认为在短期内，我国公共投资对私人投资有挤出效应，在长期内有挤入效应；唐文进（2011）指出我国债务一定程度上挤出私人投资，但在短期内，会促进经济增长。

从方法上，国内使用DSGE方法研究财政政策的文章相对较少，现有文章多关注货币政策，抑或是关注政府支出等冲击对经济波动的影响。在公债对私人投资挤出效应方面，现有成果主要有：林细细（2007）使用DSGE方法得出大规模发行国债对国家经济具有破坏力；罗英（2011）通过使用包含金融加速器的DSGE模型得出，政府支出促进投资和消费；李建强（2012）

指出长期、短期的政府支出都对居民消费产生挤出效应；刘震、蒲成毅（2014）使用 DSGE 方法指出，对政府债务膨胀是否挤出私人投资的问题不应同等对待，与增加消费需求相比，增加投资对经济增长的拉动作用更强，政府投资相比私人投资对经济增长的带动作用更强，税收融资优于债务融资。

三、模 型

此模型具体分为代表性家庭、代表性厂商、代表性政府，为了更加接近现实，模型中包括跨时期的投资调整成本、可变产能利用率和外部习惯；涵盖七个外生冲击——技术冲击以及六个财政政策工具变化造成的冲击。由于不同税种的税率可能会同时被调整，因此，本文允许同一时间内，某种比例税税率的冲击影响其他比例税税率。具体分析如下：

（一）代表性家庭

代表性的家庭从消费中得到效用 c_t，相当于一个习惯性的冲击，我们假设这个习惯性的冲击是由先前时期 $hC_{t-1}(h\in[0,1])$ 的一部分总消费得到的；工作给家庭带来负效用。除此以外，还有一个普遍的偏好冲击 u_t^b，它影响家庭的跨期替代和对劳动供给的具体偏好冲击 u_t^l。具体来说，家庭跨期最大效用函数表示为：

$$E_t\sum_{t=0}^{\infty}\beta^t u_t^b\left[\frac{1}{1-\gamma}(c_t-hC_{t-1})^{1-\gamma}-u_t^l\frac{l_t^{1+\kappa}}{1+\kappa}\right] \tag{1}$$

式中，γ，$\kappa\geqslant 0$，$\beta\in(0,1)$，β 是主观贴现因子，γ 为相对风险规避系数，κ 为劳动供给弹性的倒数，$h\in[0,1)$ 是外部形成习惯参数，c_t 是代表性家庭的消费水平，C_{t-1} 表示第 $t-1$ 期的总消费水平，l_t 是代表性家庭的劳动供给（以工作小时计算），冲击 u_t^b 和 u_t^l 遵循 AR(1) 过程：

$$\ln(u_t^b)=(1-\rho^b)\ln(u^b)+\rho^b\ln(u_{t-1}^b)+\sigma_b\varepsilon_t^b,\ \varepsilon_t^b\in N(0,1) \tag{2}$$

$$\ln(u_t^l)=(1-\rho^l)\ln(u^l)+\rho^l\ln(u_{t-1}^l)+\sigma_l\varepsilon_t^l,\ \varepsilon_t^l\in N(0,1) \tag{3}$$

家庭预算约束为：

$$(1+\tau_t^c)c_t+i_t+b_t=(1-\tau_t^l)\omega_t l_t+(1-\tau_t^\kappa)R_t^\kappa v_t k_{t-1}+R_{t-1}b_{t-1}+z_t \tag{4}$$

代表性家庭的总收入和财富包括劳动收入、租赁资本收入、来自政府的转移支付和政府发行的一期政府债券。以上资产用于消费、实物资本投资 i_t、购买更多政府债券。式中，z_t 表示一次性政府转移支付。在 t 时期，资本的收入由家庭租赁给企业的有效资本数量决定，v_t 是第 t 期的资本利用率；在 t 时期，一年期政府未偿还债务 b_t 按照 R_t 来支付总利率；τ_t^c、τ_t^l 和 τ_t^κ 分别表示消费税比例税率、劳动收入比例税率、资本收入比例税率。

资本运动方程为：

$$k_t=(1-\delta(v_t))k_{t-1}+[1-s(\cdot)]i_t \tag{5}$$

按照 Smets 和 Wouters（2003）、Christiano（2005）的假设，不同级别的家庭在前期的投资级别也不同，则 s(·）是调整成本，此函数在稳定状态下的属性为：$s(1)=s'(1)=0$，$s''(1)>0$，为了形式简化需要，将 s(·)设定为：

$$s\left(\frac{i_t}{i_{t-1}}\right)=\frac{\psi}{2}\left(\frac{i_t}{i_{t-1}}-1\right)^2 \tag{6}$$

假设更高的资本利用程度将导致更高折旧率，根据 Schmitt（2008）的成果，我们采用二次形式的方程 δ：

$$\delta(v_t)=\delta_0+\delta_1(v_t-1)+\frac{\delta_2}{2}(v_t-1)^2 \tag{7}$$

家庭最大化其效用的行为必须服从预算限制式（4）和资本的运动方程（5）和方程（7）。

（二）代表性厂商

代表型厂商通过雇佣劳动、租赁资本实现利润最大化，表达式为：

$$u_t^a k_{t-1}^a l_t^{1-a}-\omega_t l_t-R_t^k v_t k_{t-1} \tag{8}$$

式中，$\alpha\in[0,\ 1]$；u_t^a 为中性技术冲击，而且，服从 AR（1）过程：

$$\ln(u_t^a)=(1-\rho^a)\ln(u_t^\alpha)+\rho^\alpha\ln(u_{t-1}^\alpha)+\sigma_\alpha\varepsilon_t^\alpha,\ \varepsilon_t^\alpha\in N(0,\ 1) \tag{9}$$

t 时期的产出 y_t 表达式为，

$$y_t=u_t^a k_{t-1}^a l_t^{1-a} \tag{10}$$

另外：

$$\omega_t=\frac{(1-a)y_t}{l_t},\ R_t^k v_t=\frac{ay_t}{k_{t-1}} \tag{11}$$

（三）政府部门

政府预算约束表达式为：

$$B_t = \tau_t^k R_t^k v_t k_{t-1} + \tau_t^k \omega_t L_t + \tau_t^c C_t = R_{t-1} B_{t-1} + G_t + Z_t \tag{12}$$

财政政策遵循 2 个规则：第一，除了消费税以外，都允许对政府债务的变化做出相应的响应；第二，因为财政政策制定者通常会考虑共同税率的变化，因此我们允许影响一个税率的冲击也同时影响其他税率。对数线性化以后，财政政策方程可以表示为：

$$\hat{G}_t = -\varphi_g \hat{Y}_t - \gamma_g B_{t-1} + u_t^g,\ u_t^g = \rho_g u_{t-1}^g + \sigma_g \varepsilon_t^g \tag{13}$$

$$\hat{\tau}_t^\kappa = \varphi_\kappa \hat{Y}_t + \gamma_\kappa B_{t-1} + \phi_{\kappa l} u_t^l + \phi_{\kappa c} u_t^c + u_t^\kappa,\ u_t^\kappa = \rho_\kappa u_{t-1}^\kappa + \sigma_\kappa \varepsilon_t^\kappa \tag{14}$$

$$\hat{\tau}_t^l = \varphi_l \hat{Y}_t + \gamma_l B_{t-1} + \phi_{l\kappa} u_t^\kappa + \phi_{lc} u_t^c + u_t^l,\ u_t^l = \rho_l u_{t-1}^l + \sigma_l \varepsilon_t^l \tag{15}$$

$$\hat{\tau}_t^c = \phi_{\kappa c} u_t^\kappa + \phi_{lc} u_t^l + u_t^c,\ u_t^c = \rho_c u_{t-1}^c + \sigma_c \varepsilon_t^c \tag{16}$$

$$\hat{Z}_t = -\varphi_Z \hat{Y}_t - \gamma_Z B_{t-1} + u_t^Z,\ u_t^Z = \rho_Z u_{t-1}^Z + \sigma_Z \varepsilon_t^Z \tag{17}$$

每一个 ε 都服从 N（0，1），为了获取财政政策中外生变化的一致性，我们允许冲击序列相关（$\rho_i \in [0,\ 1]$，$i = \{g,\ k,\ l,\ z\}$）。除此以外，我们认为误差项是服从独立同分布的（ε_t^i，$i = \{g,\ k,\ l,\ z\}$），以便获得政策中难以预料的变化。参数 ϕ_{ij}，$i, j = \{k,\ l,\ c\}$ 对于难以预料冲击所占的比例取决于另一个税率产生的外生冲击。

（四）市场均衡条件

总需求是由家庭、政府的消费与投资组成的，当总产出与总需求相等时，市场处于均衡：

$$Y_t = C_t + I_t + G_t \tag{18}$$

当资本租赁市场、劳动力市场处于均衡状态时，家庭和公司都必须满足一阶条件，并且，任何均衡都能使政府债务扩张和资本积累满足横截面条件。

四、数据处理与参数设定

（一）数据处理

本文使用 1994~2013 年的数据，数据来源为《中国统计年鉴》、国家税务总局、中华人民共和国财政部和中国宏观经济信息网。具体获取数据有居民消费支出、国民生产总值、政府消费、私人投资、资本税税率、消费税税率、政府生产性投资等。为了使数据分析结果更加真实可信，本文利用 David、Aschauer（2007）文章采用的方法，对 7 个时间序列进行处理，内容包括：第一，由于原始数据是名义值，因此需要对以上数据做剔除价格因素处理；第二，使用 HP 滤波对取过对数的时间序列进行趋势分解。

（二）先验和校准值

由于用剔除趋势的数据估计稳态值结果稍欠稳妥，因此部分变量的稳态值需要通过校准的方法得到。具体内容如下：主观贴现因子 β 设定为 0.99；假设稳态时，私人资本季度折旧 δ_0 是 0.025，即私人资本年折旧率是 10%。另设，资本产出弹性 α 为 0.4，这就意味着，劳动收入占产出份额是 60%；我们需要校准结构参数 δ_1，以确保资本利用率 ν 的稳态值是 1。

根据 Baxter、King（1993）把公共资本的产出弹性 α 假设为 0.05；借鉴毛剑峰（2013）的成果，假设稳态下，消费税税率为 0.0921，资本税税率为 0.3033，工资税税率为 0.0854。此外，我们假设参数是先验独立的（Smets and Wouters，2003；Forni Monteforte and Sessa，2009）。

对于偏好参数，借鉴 Smets 和 Wouters（2003），Forni Monteforte 和 Sessa（2009）等文章结果可知，风险厌恶系数 γ 服从 Gamma 分布，均值为 1.75，标准差为 0.5；Frisch 弹性 κ 服从 beta 分布，均值为 0.50，标准差为 0.15，以便使参数族群都集中在对数规范值附近；外部习惯系数 h 服从 beta 分布，均值为 0.50，标准差为 0.2；投资调整系数 s'' 服从均值为 5、标准差为 0.25 的正态分布；资本利用调整系数 δ_2 服从 beta 分布，均值为 0.097，标准差为 0.50；参数 λ 簇都服从均值、标准值为 0.10 的正态分布；政府生产性投资 φ_g^i、政府消费相对总产出变化的参数 φ_g^c 都服从均值 0.50、标准值为 0.20 的正态分布；转移支付相对总产出变化 φ_z 服从均值为 0.20、标准值为 0.10 的 Gamma 分布；资本税相对总产出变化 φ_k 服从均值为 1.00、标准值为 0.30 的 Gamma 分布；工资税相对总产出变化 φ_l 服从均值为 0.50、标准值为 0.25 的 Gamma 分布；资本税、工资税协同作用参数 φ_{kl} 服从均值为 0.50、标准值为 0.10 的正态分布；资本税、消费税间协同作用参数 φ_{kc} 以及工资税、消费税间协同作用参数 φ_{lc} 都服从均值为 0.05、标准值为 0.10 的正态分布；此外，假设所有一阶自回归过程的随机误差项的标准差服从均值为 0.03、标准差为 0.01 的 Inv-Gamma 分布。

（三）后验分布与估计结果

对所有的结构参数、随机冲击的自回归系数和标准差都采用贝叶斯方法估计，估计过程为：首先，均衡条件在稳态值附近进行对数线性化并求解；其次，通过卡尔曼滤波估计观测变量的似然函数，并将似然函数和参数的先验分布结合可得后验分布，后验核通过 Metropolist-Hasting 算法数值模拟得到；参数估计结果如表 1 和表 2 所示：

表 1 参数的先验分布和后验均值

参数名	分布类型	先验均值	先验标准差	后验均值	95%的置信区间
γ	伽马分布	1.75	0.50	1.9484	[1.5650，2.3199]
κ	贝塔分布	0.50	0.15	0.4992	[0.2456，0.7537]
h	贝塔分布	0.50	0.20	0.4740	[0.3711，0.5706]
s''	正态分布	5.00	0.25	4.3747	[2.5459，6.2231]
δ_2	贝塔分布	0.097	0.50	0.0868	[0.0859，0.0879]
λ_g^i	正态分布	0.10	0.10	0.1952	[0.0525，0.3275]
λ_g^c	正态分布	0.10	0.10	0.0537	[0.0401，0.0684]
λ_z	正态分布	0.10	0.10	0.0192	[-0.0172，0.0552]
λ_k	正态分布	0.10	0.10	-0.0071	[-0.0506，0.0341]
λ_l	正态分布	0.10	0.10	-0.0265	[-0.0421，-0.0114]
φ_{kl}	正态分布	0.25	0.10	0.1937	[0.1435，0.2408]
φ_{kc}	正态分布	0.05	0.10	0.0241	[-0.0254，0.0743]
φ_{lc}	正态分布	0.05	0.10	-0.0283	[-0.0772，0.0181]
φ_g^i	正态分布	0.5	0.2	0.5982	[0.2731，0.9249]
φ_g^c	正态分布	0.5	0.2	0.1661	[-0.0145，0.3427]
φ_z	伽马分布	0.20	0.10	0.2342	[0.0820，0.4303]
φ_k	伽马分布	1.00	0.30	1.224	[0.9101，1.512]
φ_l	伽马分布	0.50	0.25	0.5321	[0.2425，0.8421]

表 2 随机冲击的先验分布和后验均值

参数名	分布类型	先验均值	先验标准差	后验均值	95%的置信区间
ρ_{gi}	贝塔分布	0.70	0.20	0.8112	[0.7067，0.9201]
ρ_{gc}	贝塔分布	0.70	0.20	0.8639	[0.8065；0.9224]
ρ_z	贝塔分布	0.70	0.20	0.6991	[0.5943，0.8031]
ρ_k	贝塔分布	0.70	0.20	0.6020	[0.3027，0.9048]
ρ_l	贝塔分布	0.70	0.20	0.5838	[0.2826，0.9053]
ρ_c	贝塔分布	0.70	0.20	0.5667	[0.2458，0.9002]

续表

参数名	分布类型	先验均值	先验标准差	后验均值	95%的置信区间
σ_a	逆伽马分布	0.030	0.01	0.0298	[0.0166，0.0430]
σ_{gi}	逆伽马分布	0.030	0.01	0.0318	[0.0160，0.0459]
σ_{gc}	逆伽马分布	0.030	0.01	0.0108	[0.0095，0.0122]
σ_z	逆伽马分布	0.030	0.01	0.0581	[0.0512，0.0650]
σ_k	逆伽马分布	0.030	0.01	0.0302	[0.0166，0.0438]
σ_l	逆伽马分布	0.030	0.01	0.0308	[0.0166，0.0449]
σ_c	逆伽马分布	0.030	0.01	0.0293	[0.0166，0.0420]
ρ_a	贝塔分布	0.70	0.20	0.5868	[0.3084，0.8641]

五、脉冲响应分析

研究经济变量对政府生产性投资冲击、政府消费支出冲击的脉冲响应的目的是观察在这两个外生变量冲击下，主要宏观经济变量的影响，具体分析如下。

（一）政府生产性投资冲击

如图1所示，若给予经济变量一个正向的政府生产性投资冲击，在前20期，总产出和消费都呈现上升趋势，随着时间变化，虽增速逐步放缓，但仍处于稳定水平之上。与此同时，处于稳态水平之上的还有私人投资和政府生产性投资。此外，前5期政府债务也是高于稳态水平的，但在5期以后债务规模迅速下降。

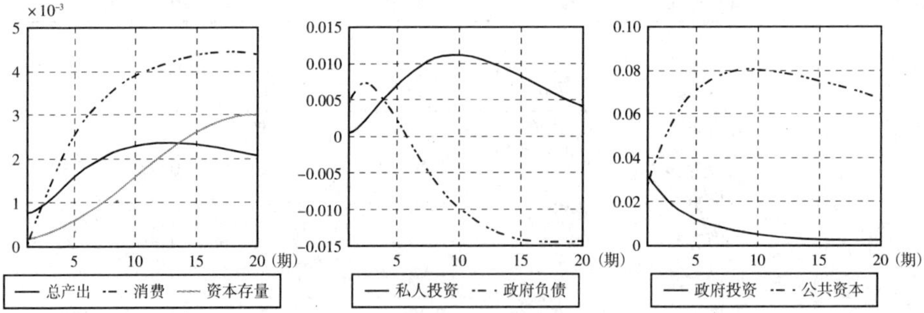

图1 经济变量对政府生产性投资冲击的脉冲响应

出现此种情况的具体原因为：政府公共投资促进私人投资，提高两者的资本存量水平；政府债务规模的变化，是由于扩张性的财政政策促进总产出的增长、增强政府的税收融资能力、充裕政府财政资金、提高银行存款水平。

如图1所示，在短期内，增加政府债务水平的行为并没有给私人投资造成“挤出效应”，反而造成“挤入效应”，政府债务水平的增加提高政府生产性投资、私人投资水平，促进经济增长。

（二）政府消费支出冲击

不同于政府生产性投资冲击，若给予经济变量一个正向的政府消费支出冲击，总产出和消费都呈现下降趋势，且只有前5期处于稳态水平之上，其余时期都低于稳态水平；消费水平具有下降速度快、时间长的特点；资本存量拐点出现在第15期，在此期之前快速下降，之后逐渐回升。

私人投资一直低于稳态水平，最低点出现在第5期，此期之前逐渐下降、此期后迅速上升，并在第20期达到稳态水平；政府消费在20期内基本都高于稳态水平，越接近第20期，越趋于稳态；由于政府消费的作用，政府债务一直处于高于稳态水平状态，最高点出现在第5期，前5期呈上升趋势，余下15期呈逐渐下降趋势。在标准的RBC模型中，政府消费支出的变化会产生财富效应，政府消费支出的增加会挤出私人投资，并抑制消费，这一结论和本文脉冲响应分析结果一致。

增加政府消费支出的扩张性财政政策虽对总产出的增加有一定作用，但由此产生的债务扩张对私人投资和消费却产生了“挤出效应”。综上所述，政府债务的扩张对投资的挤出效应可以分为两种情况：第一，如果债务增加的目的是为了政府生产性投融资则不会出现“挤出效应”，相反，会出现

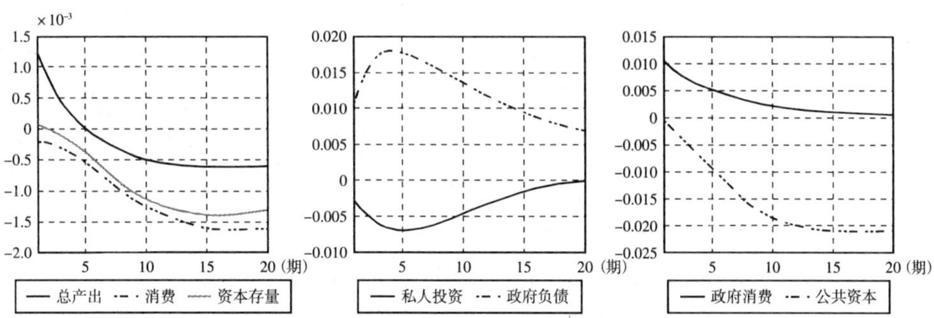

图2 经济变量对政府消费支出冲击的脉冲响应

"挤入效应";第二,若债务增加目的是为政府的消费支出进行融资,则债务增加会挤出私人投资。

六、结 论

政府债务对私人投资的挤出效应问题事关国家财政政策和经济发展水平,正确认识政府债务扩张对私人投资及经济增长的影响,对于正处于全面深化改革关键时期的中国,尤其具有现实意义。

本文使用DSGE模型研究政府债务扩张是否造成私人投资"挤出效应",具体在建模过程中分为代表性家庭、代表性厂商、代表性政府三个部分。本文的主要工作在于详细讨论财政政策,具体有政府消费支出、政府生产性投资支出、政府转移支付和消费。此外,本文还使用了脉冲效应进行了冲击性分析,得出:对政府债务膨胀是否挤出私人投资的问题不应该笼统地看待,应深入探究债务扩张的根源。

对我国政府债务扩张投资是否挤出私人投资、是否有利于经济增长进行研究,具体结论如下:第一,如果债务增加的目的是为了政府生产性投融资,则会出现"挤入效应"。第二,政府债务的增加导致私人投资增加的原因是双方存在互补性。第三,若债务增加是为政府的消费支出进行融资,对私人投资产生"挤出效应"。第四,增加转移支付所导致的政府债务扩张,同样会起到挤出私人投资的效果。因此,在对债务扩张是否挤出私人投资分析时应具体问题具体分析。

在全球经济放缓及我国经济发展转型时期,财政体制的全面深化改革刻不容缓。为了解决各级财政入不敷出的窘境,避免政府债务膨胀带来的负面影响,我国必须要建立科学的财政支出体制,具体原则如下:首先,合理调控国债规模、合理规范国债结构;其次,积极利用公共债务资金,为私人投资创造外部环境,激发民间资本的活力。具体措施包括:鼓励私人资本进行实体部门的投资,逐步放开其对国家重大项目的投资准入等。以上措施既可以防止政府对民间投资的过度挤占,又可以加大对重点行业的投资,提高企业的投资意愿,尤其是可以刺激具有强外部性并且民间资本无法也不愿进入的领域,有效释放私人部门的投资活力。

参考文献

[1] An, S. F. Schorfheide. Bayesian Analysis of DSGE Models [J]. Econometric Reviews, 2007, 26 (2-4): 113-172.

[2] Aschauer, David A. Does Public Capital Crowd Out Private Capital [J]. Journal of Monetary Economics, 1989 (24): 171-188.

[3] Christiano, Lawrence. Solving Dynamic Equilibrium Models by a Method of Un-determined Coecients [J]. Computational Economics, 2002, 20 (1-2): 7-14.

[4] David N. DeJong, Chetan Dave. Structural Macroeconometrics [M]. Princeton University Press, 2007.

[5] Eric M. Leeper, Michael Plante, Noratraum. Dynamics of Fiscal Financing in The UnitedStates [EB/OL]. http: //econpapers.repec.org, 2009.

[6] Forni L., L. Monteforte, L. Sessa. The General Equilibrium Effects of Fiscal Policy: Estimates for the Euro Area [J]. Journal of Public Economics, 2009, 93 (3-4): 559-585.

[7] Laubach T. New Evidence on the Interest Rate Effects of Budget Deficits and Debt [J]. Journal of European Economic Association, 2009 (7): 858-885.

[8] Marianne Baxter, Robert G. King. Fiscal Policy in General Equilibrium [J]. American Economic Association, 1993, 83 (3): 315-334.

[9] Schmitt-Grohe S., M. Uribe. What's "News" in Business Cycles? [R]. NBER Working Paper, 2008.

[10] Smets F., R.Wouters. An Estimated Dynamic Stochastic General Equilibrium Model of the Euro Area [J]. Journal of the European Economic Association, 2003, 1 (5): 1123-1175.

[11] 刘溶沧，马拴友. 赤字、国债与经济增长关系的实证分析——兼评积极财政政策是否有挤出效应 [J]. 经济研究，2001 (1).

[12] 刘震，潘小军，蒲成毅. 政府债务膨胀对私人投资的影响辨析 [J]. 重庆工商大学学报，2014 (5).

[13] 王元春. 我国政府财政支出结构与经济增长关系实证分析 [J]. 财经研究，2009 (6).

金融抑制、对外直接投资与产业结构升级
——基于面板VAR模型的实证分析

叶阿忠 邢晓卫
(福州大学，福州 350116)

一、引 言

中共十八大报告提出，我们必须加快形成新的经济增长方式，推进产业结构升级优化，以适应国内不断变化的经济形势。产业结构升级作为经济增长的本质需求，一直是国内外经济研究的重点领域之一（Kuznets，1971；Chenery，1989；Sachs，1994；Pender，2002；Fan，2003；干春晖，2011）。针对最大发展中国家和急需转型的中国来说，要搞清楚产业结构升级的相关问题，有必要着重研究两大类问题：①中国产业结构是否得到有效升级优化；②哪些因素对产业结构升级有决定作用及其作用机理。解决前一个问题的关键是找到切合中国实际的测算产业结构升级的逻辑框架和计量方法，对于第二个问题则需要综合全面考虑一般情形因素，特别是金融发展能够保障产业结构升级必需的资金需求。本文试图从后一研究思路出发，将研究主题定位金融发展这一背景，试图从中探寻影响中国产业结构升级的关键因素。

对于众多经济尚处于腾飞或发展阶段的发展中国家而言，往往都有一个

［作者简介］叶阿忠（1963—），男，福建沙县人，福州大学经济与管理学院经济学博士、教授、博士生导师；研究方向：计量经济学；联系电话：13950313537；邮箱：291259967@qq.com。邢晓卫（1991—），男，山东临沂人，福州大学经济与管理学院硕士研究生；研究方向：宏观经济政策与模型；联系电话：18650491846；邮箱：q1003846421@163.com。

比较突出且具有标志性的现象，那就是为了促进经济的快速发展，政府往往会利用自身的优势及掌握的资源促进偏好企业发展，当然为了刺激经济的发展，这是政府最为常用的手段之一（Frye，Shleifer，1997）。特别是对处于经济和社会转型中的中国而言，面临的这种问题更为突出，由于中国特殊的行政体制以及各级政府唯 GDP 至上的观念，为了取得较高的 GDP 水平，各级政府往往通过种种手段干预和控制经济运行（周黎安、陶婧，2009；张杰、翟福昕、周晓艳，2015）。尤其是在中国积极鼓励出口的大背景下，各级政府为了增加出口，往往为制造业等贸易部门提供优惠的金融扶持政策（黄满盈，2015）。因此政府为了实现政策目标，采取的约束或抑制金融的金融抑制政策已经成为各级政府最为常用的政策工具。由于金融抑制政策的存在，以制造业为主的出口导向型产业得以迅速发展，并且迅速的发展也为这些行业积累了大量的财富。对于纯储蓄的企业来说，由于国内技术水平落后且金融市场相对不发达，国内企业在国内用于技术升级以及通过金融市场提高收益的投资机会相对较少，而发展中国家企业为了促进自身企业技术进步，提高企业投资收益，最为有效的途径是增加对外直接投资，这不仅可以获得适宜的先进技术而且能够获得较低成本的生产要素（葛顺奇、罗伟，2013）。本文恰恰是从各省对金融资源的分配干预而采取的金融抑制以及对外投资的视角入手，探讨金融抑制政策的事实对对外投资及二者分别对中国各省产业结构升级优化的影响和其中的作用机理。毋庸置疑，本文的发现对于准确识别和判断阻碍各省产业结构升级优化的关键因素，乃至寻找促进中国各省产业结构升级优化的有效政策措施，提供了不可或缺的经验事实和政策含义。

本文采用 2003~2013 年 26 个省（市、自治区）对外直接投资数据，构建金融抑制和产业结构升级的相关指标，从金融抑制的角度对我国省际产业结构升级的作用机理进行研究。与前人研究相比，本文主要从以下两个方面对现有研究进行了拓展和补充：第一，拓展了产业结构升级研究的领域。对产业结构升级的研究由来已久，学术界形成了丰富的研究成果，但鲜有文献关注到省际层面金融抑制的影响。本文创新性地从省际金融抑制的视角研究金融抑制对产业结构升级的影响，这有助于进一步揭示金融抑制等因素影响产业结构升级的机理。第二，充分考虑省际区域因素，运用面板 VAR 模型，对金融抑制、对外直接投资和产业结构升级之间的动态关系进行实证分析，这既符合各因素之间日益密切且相互作用的基本事实，也解决了变量的内生性问题，强化了模型的解释性。

二、理论分析与研究假设

（一）金融抑制与对外直接投资

西方学者通过研究发展中国家金融的发展提出了金融抑制的观点，认为发展中国家为了促进经济的快速发展，往往会优先发展工业，通过政府干预等金融抑制措施，利用有限的金融资源保证国有企业等工业部门的发展。金融抑制政策往往导致经常账户顺差（王勋，2013），随着外汇储备的快速增加，对外投资的规模不断增大。虽然改革开放以来，我国的产品市场几乎完全由市场决定，但我国政府为了加大工业生产以及促进出口，通过控制生产要素价格为出口企业提供变相补贴（黄益平、陶坤玉，2011），换取出口的高速增长以及经常项目顺差。随着我国庞大外汇储备规模的快速增长，在外汇储备收益率偏低的情况下，无论是国家还是企业，为了能够取得可观的收益，不得不加大对外直接投资，因此金融抑制在一定程度上能够对对外投资产生重要的影响。

具体而言，对于发展中国家来说，金融体系相对不完善，资金存在严重的供给不足，企业通过金融或资本市场进行融资比较困难。国家为了促进经济的快速发展，经常通过政策干预等手段，优先保证偏好行业或企业的资金需求。而相对于服务业部门，工业部门带来的经济效益更为明显。因此对于目标企业或行业而言，其能够以较低的成本取得大量的资金支持，进而使其能够以较低的生产成本迅速扩大生产规模，凭借商品价格优势在国际市场与同类厂商进行竞争，迅速“挤占市场”取得一定的市场比例。另外，发展中国家为了保证经济的稳健运行，往往会对汇率进行强制干预，使其在一定时期内保持稳定不变的水平，这进一步使得国内厂商在国际市场上长期保持价格优势，使得企业长期积累了大量的财富，同时也给国家创造了大量的外汇储备。

中国在积累了大量外汇储备的同时，不仅引发了与贸易伙伴不断的贸易摩擦，还面临因国际收支盈余造成的人民币升值压力，为了稳定汇率，我国不得不对外进行大量投资（黄益平，2013）。尤其是 2004 年以来，在我国

“走出去”大背景下，我国有能力的企业积极“走出去”，加大对外直接投资水平以增强其国际竞争力。根据邓宁等的“投资发展路径”理论，为了提高效率、扩张市场和战略资产等原因，企业会扩大对外直接投资（J.H. Dunning，R. Narula，1996）。而王碧珺等通过整理并分析中国大型对外直接投资项目相关资料得出了相似的结论（Wang Bijun，Yu Miaojie，Huang Yiping，2012）。长期以来，金融抑制收益最多的是国企，而它们又多集中于制造业和能源业，因此，对外直接投资集中于能源和制造业领域（刘健、时海欧，2015），而能源和制造业领域的投资额往往比较大。

基于以上分析，本文提出以下假设：

假设 1：金融抑制将会促进我国对外投资水平。

（二）金融抑制、对外直接投资与产业结构升级

发展中国家实施资本管制、利率和汇率管制等金融抑制政策的根本原因在于先发展本国的实体经济进而促进经济的全面发展，实现经济又好又快的发展。既有文献资料对金融抑制的考察多集中于企业融资、对外投资的研究。然而，催生于赶超战略的金融抑制政策使产业结构偏向于工业部门，造成产业结构扭曲，对经济增长造成负面影响（欲速则不达：金融抑制产业结构扭曲与中等收入陷阱）。

出于发展经济和政治的考虑，发展中国家政府更倾向于优先发展资本密集型的工业部门，进而实现经济的快速增长，而经济的发展面临外汇不足以及资金稀缺等问题：首先，政府为了建立健全完善的工业体系，保障工业的优先发展，往往将有限的金融资源优先分配到工业部门，而这势必不利于服务业特别是提供金融资源的金融业的发展。其次，随着贸易开放程度的不断提高，国际需求不断增加，在需求的推动下国内制造业规模不断扩大。而各级政府为了能够引进外资、国外先进技术、管理及经营理念以促进自身制造业的发展，往往在资金、土地和税费等方面给予优惠的扶持政策，干预金融资源的配置，将服务业发展所必需的资金，优先分配给制造业部门，以实现进一步引进外资和促进经济增长的目的（陈斌开、林毅夫，2012）。

对于这些优先获得发展并取得巨大利润的企业而言，如何进行再投资是其面临的必须解决的问题。然而相较于发达国家，发展中国家企业不论是在企业技术水平还是创新及研发能力等方面一般相对较低。另外，长期金融抑制政策往往会造成金融体系的不完善，导致金融投资工具的选择性较小。通

过不断向技术水平较高的国家进行直接投资，可以使企业获得国外先进的技术促进自身技术的升级；通过向一些资源大国进行投资，则可以保证企业能够持续获得低成本的生产要素。因此，为了改善生产效率、促进国内生产以及提高自身的整体收益，企业不得不进行对外直接投资（王勋，2013）。而这可能不利于国内新兴产业获得资金支持，进一步抑制国内产业结构的升级优化。

基于以上分析，本文提出以下两个假设：

假设2：金融抑制政策的实施不利于本国产业结构的升级。

假设3：对外直接投资不利于本国产业结构升级。

三、研究设计

本文理论部分对金融抑制、对外直接投资和产业结构升级之间的关系进行了定性分析，但三者直接的具体数量关系以及实际是否与理论相符还需通过实证分析进行支持和确定。随着时间的推移，模型的参数不断发展变化，一般模型不能很好地刻画三者之间的动态特征，因此本文尝试利用面板VAR（PVAR）模型实证研究三者的关系。

（一）模型设定

由于PVAR模型结合了普通VAR模型与面板数据的优点，不仅能够对不可观测个体的异质性进行有效控制，而且还可以在对变量施加冲击时研究各变量的动态反应（车维汉、王茜，2009）。为了对我国各省（市、自治区）金融抑制、对外直接投资和产业结构升级三者之间相互影响的综合动态关系进行研究，本文建立由3个内生变量组成的PVAR模型。

本文构建的PVAR模型如下：

$$y_{i,t} = \alpha_0 + \sum_{j=1}^{k} \alpha_j y_{i,t-j} + \eta_i + \mu_t + \varepsilon_{i,t} \tag{1}$$

式中，i代表省份；t代表年份；$y_{i,t}$包含三个向量，分别是金融抑制程度（FR）、对外直接投资水平（OFDI）和产业结构升级指标（IND）。同时考虑到FR、OFDI和IND存在的区域异质性，本文在设定模型的过程中引入了代表地区固定效应的变量η_i，表示遗漏的相关的因素（如区位、自然条件等）。μ_t 表示时间效应，代表解释变量的时间趋势等特征。$\varepsilon_{i,t}$ 代表随机误差。

（二）指标选取

金融抑制程度（FR）：金融抑制程度是本文的核心指标之一，目前对于金融抑制的度量，根据研究侧重点的不同，学术界存在不同的测算方法。具体分为单一指标法和复合指标法，本文对国内外相对具有代表性的文献所采用的指标进行整理，结果如表 1 所示。

表 1　金融抑制指标选取

作　者	指　标
周业安（1999）	利率抑制
	信贷市场抑制
	资本市场抑制
刘瑞明（2011）	四大银行年末贷款余额与全部银行贷款余额的比值
Garnaut（2005）、吕冰洋和毛捷（2013）	金融业的市场化指数
	商业银行的存贷差与存款的比率
	金融机构的贷款余额占 GDP 的比重
Abiad（2005）、黄益平（2011）、王勋（2013）	金融抑制的综合性指标
姚惠泽、石磊（2015）	平均实际利率与 GDP 平均增长率之差

一个充分竞争的有效经济体，经济的长期平均增长率必然与长期平均实际利率基本持平，前者代表投资的平均成本，后者代表投资的平均回报率，从长期看，两者应该相等（洪平凡，2010）。本文研究旨在分析各地政府为了促进经济发展，优先发展某一方面而采取金融抑制政策，忽略了产业结构的协调性发展。因此在综合考虑研究目的和数据可获得性的基础下，本文借鉴姚惠泽、石磊（2015）的做法，采用平均实际利率与 GDP 平均增长率之差来反映金融抑制的程度，具体计算方法如下：

$$FR_{it} = (Ir_t + TLIr_t)/2 - TIr_{it} - Gdp_{it} \tag{2}$$

式中，FR 是金融抑制程度指标，Ir 和 TLIr 分别表示一年期存款利率和一年期贷款利率，TIr 为通货膨胀率，Gdp 为以上一年为基期的 GDP 增长率。下标 i 和 t 分别表示第 i 地区的第 t 年。

对外直接投资水平（OFDI）：赵玉娟（2010）指出，随着我国经济全面综合发展，中国对外直接投资也呈现出多样化发展的趋势，但在中国所有对外投资中，国有企业仍占有重要地位，往往是一枝独秀，而国有企业对外直接投资一般都为非金融类投资。因此本文选取各省（市、自治区）非金融类对外直接投资总额流量数据来衡量对外直接投资水平。

产业结构升级指标（IND）：本文采用徐德云（2008）构建的产业结构升级测度指标，即赋予第一、第二、第三产业不同的权重，然后乘以各自的比重加权后得出产业升级指标，IND 的值越大说明产业结构水平越高。具体测算公式为：

$$\mathrm{IND}\sum_{i=1}^{3} I_i \times i = I_1 \times 1 + I_2 \times 2 + I_3 \times 3 \qquad (3)$$

式中，I_i 为第 i 产业比重，用各产业产值与总产值的比值来表示。

（三）数据说明

由于本文采用 PVAR 模型进行实证分析，而 PVAR 模型要求必须是平衡面板数据，鉴于海南、重庆、贵州、西藏、青海和宁夏 6 个地区缺失较多的对外直接投资数据，本文的样本为不包括以上 6 个地区在内的中国大陆 26 个省（市、自治区）。另外，本文利用各省（市、自治区）非金融对外直接投资流量数据衡量对外直接投资水平，商务部从 2003 年起才开始公布相关统计值，本文选择研究区间为 2003~2013 年。

在各省金融抑制程度的测算中，数据主要来自中国人民银行公报和历年《中国统计年鉴》，其中由于 1 年期存款利率和贷款利率在一年内会出现多次变化的情况，本文采用平衡四边形法则进行调整。另外，我国并未公布各省的通货膨胀率，本文采用各省历年消费者价格指数来代替。各省对外直接投资水平数据来自 Wind 数据库。产业结构升级指标测算中用到的数据均来自《中国统计年鉴》(2004~2014)。

四、实证结果分析

根据理论模型分析将实证模型的变量顺序设定为金融抑制、对外直接投资和产业结构升级。借鉴世界银行 Inessa Love 博士提供的 PVAR 程序代码利用 Stata12.0 对模型进行处理。

（一）面板数据平稳性检验

面板数据是否平稳对于实证分析具有重要的影响。普通的单位根检验方法在进行面板数据单位根检验时往往会出现偏误等问题，因此本文出于稳健性的考虑，在对 FR、IND 和 OFDI 进行单位根检验时采用面板 LLC、Breitung、IPS、ADF、PP 5 种方法进行检验，判断原则是当超过 50%的准则（即至少有三种方法认为数据是平稳的）通过显著性检验，那么就可以认为该数据是平稳的。检验结果如表 2 所示。

表 2　面板数据单位根检验结果

	LLC	Breitung	IPS	ADF	PP
FR	−13.9930 (0.0000)***	−10.5620 (0.0000)***	−1.91188 (0.0279)**	83.2215 (0.0022)***	47.8853 (0.5587)
IND	−9.74441 (0.0000)***	3.71932 (0.9999)	−2.08277 (0.0186)**	83.3030 (0.0022)***	111.322 (0.0000)***
OFDI	−11.4796 (0.0000)***	−1.56155 (0.0592)*	−3.56956 (0.0002)***	102.159 (0.0000)***	146.339 (0.0000)***

注：括号内的数值代表相应的 p 值，*、** 和 *** 分别代表在 10%、5%和 1%的显著水平下显著。

通过对表 2 的检验结果进行分析可知：根据判断准则，所有的变量都至少有 4 种检验方法拒绝原假设，因此可以认为所有的变量均是平稳的。另外，协整检验是为了避免伪回归现象出现而对非平稳时间序列进行的检验，通过上面的分析可知所有的变量都是平稳变量，因此可以认为 3 个变量之间存在稳定的关系。

（二）面板 Granger 因果关系检验

由前文面板单位根检验可知，本文所采用的变量均为平稳变量，因此按照 Hsiao 等（2006）的方法，本文进一步利用面板 VAR 模型检验变量间是否存在 Granger 因果关系。根据信息准则可知，面板 VAR 模型的最优滞后期为滞后 2 期，因此在进行面板 Granger 因果关系检验时也将选择滞后 2 期进行分析。相关检验结果如表 3 所示。

从表 3 可以看出：在对外直接投资（OFDI）方程中，只有金融抑制是引起 OFDI 变化的 Granger 原因，产业结构升级不是 OFDI 的 Granger 原因；在产业结构升级（IND）方程中，金融抑制和对外直接投资都是引起 OFDI

表3 面板 Granger 因果关系检验结果

因变量	面板模型	常数 C1	解释变量 C2	解释变量 C3	Wald 检验（F 统计量）	Wald 检验（F 统计量）
FR	时间固定	4.2975	0.0203	0.0029	3.28*	7.59***
		0.0000	0.0714	0.0063	拒绝原假设	拒绝原假设
OFDI	时间随机	-2.8725	3.6062	0.9354	36.88***	0.41
		0.6416	6.07	0.5214	拒绝原假设	接受原假设
IND	二元固定	1.5044	0.1545	-1.3823	5.53**	2.79*
		0.0000	0.0196	0.0961	拒绝原假设	拒绝原假设

注：*、** 和 *** 分别代表在 10%、5%和 1%的显著水平下显著，括号为对应估计值的标准差。

变化的 Granger 原因。

综合 Granger 因果关系检验结果，金融抑制是对外直接投资的主要原因，说明随着金融抑制的变化，产业结构升级也会发生显著的变化，这与本文假设 1 的理论预期完全一致；金融抑制和对外直接投资是产业结构的主要原因，检验结果与本文的研究假设 2 和假设 3 相吻合，说明本文构建的理论模型基本成立，下面将借助面板 VAR 模型的检验结果做进一步的分析。

（三）脉冲响应与方差分解

根据回归结果，通过构建 AIC 和 SC 准则，可知模型的最优滞后阶数为滞后 2 阶，PVAR（2）的估计结果如表 4 所示。

表4 PVAR（2）模型估计结果

	h_FR			h_OFDI			h_IND		
	b_GMM	se_GMM	t_GMM	b_GMM	se_GMM	t_GMM	b_GMM	se_GMM	t_GMM
h_IND(1)	0.3244	0.0614	5.2828	0.0214	0.0993	0.2153	0.0081	0.0014	5.9082
h_TH(1)	0.1202	0.0380	3.1625	0.4643	0.0736	6.3100	-0.0011	0.0009	-1.1894
h_UR(1)	7.9343	3.3332	2.3804	-9.5308	5.8918	-1.6176	0.7915	0.0799	9.9108
h_IND(2)	-0.6072	0.0468	-12.9795	0.1696	0.1107	1.5323	-0.0013	0.0021	-0.6073
h_TH(2)	-0.0013	0.0366	-0.0355	0.2622	0.0650	4.0330	0.0006	0.0009	0.6769
h_UR(2)	-5.3558	2.3463	-2.2826	4.8098	4.1146	1.1690	-0.0039	0.0555	-0.0710

实际应用中，PVAR 属于一种非经济理论性的模型，而对于这些非经济理论性的模型，很难对单个参数的估计值进行经济解释（李子奈、叶阿忠，2012）。另外，PVAR 模型中关于系数显著性检验的 t 检验较好地揭示某个变量的变动对系统内其他变量的影响，及此变量的变动会产生影响的持久

性、在何时产生怎样的影响等（徐枫、陈昭豪，2014）。因此，本文对PVAR模型的脉冲响应和方差分解结果进行分析。

1. 脉冲响应函数

在上述对面板VAR模型估计的基础上，为了进一步刻画各变量之间的相互影响及验证研究假设的正确性，本文通过分别给予FR、OFDI和IND一个标准差大小冲击，利用Stata12.0统计软件进行500次MonteCarlo模拟得到脉冲响应函数图。脉冲响应函数图如图1所示。

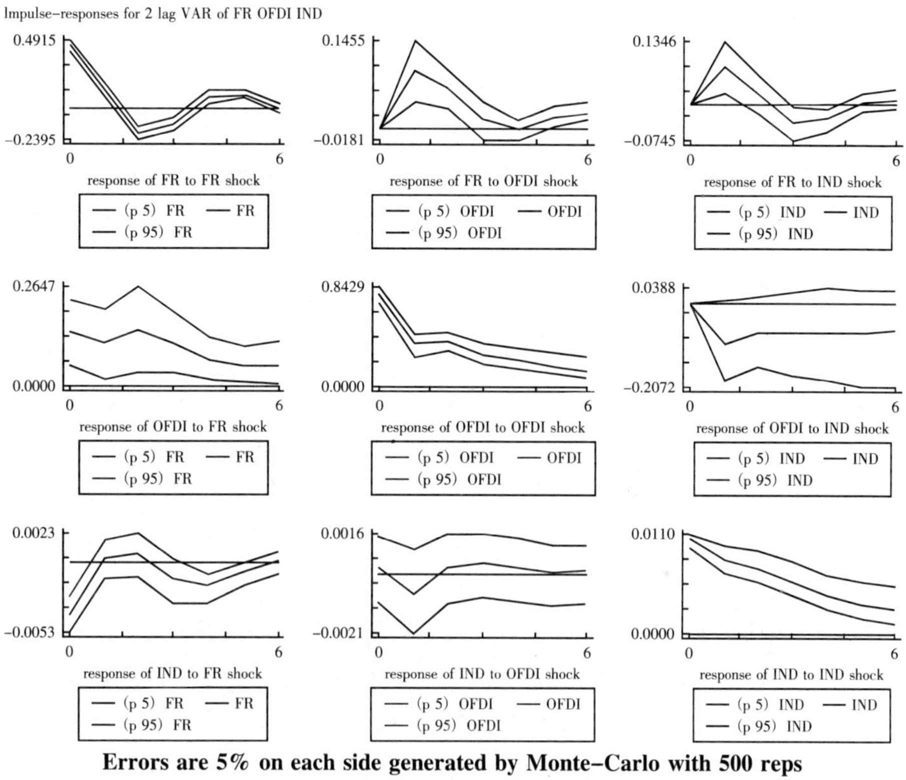

图1 脉冲响应函数图

从图1可以看出，在当期给FR一个标准差大小的正冲击后，OFDI会很快做出回应，并在第1期达到最高值，说明金融抑制对对外直接投资的影响是非常直接和明显的，因此从短期看，金融抑制是对外直接投资的一个重要因素。随后这种影响开始逐渐减弱，并于第4期减小为0，但稍后反弹回升并保持相对稳定的正趋势，说明从长期看，金融抑制政策会促进偏好行业或企业做大做强，企业会加大对外投资水平，这与理论假设1的预期完全符合。

在当期给FR一个标准差大小的正冲击后，会很快得到IND的响应，并在第1期达到正的最大值，随后这种影响逐渐减小，并在0值附近上下波动，从而形成了一种较为复杂的影响机制，且从总体上看相较于其他脉冲响应函数波动幅度也较大，说明金融抑制政策在短期内会促进产业结构的升级，而从长期看，这种影响却是不断波动的。这与本文的研究假设2不相符，需对假设2重新进行理论分析。产业结构的升级是产业结构由低级形态向高级形态转移，而第二产业也算是较高的形态。我国为了促进经济的发展，长期以来对以重工业为主的第二产业提供优惠的金融支持政策（黄桂田、何石军，2011；孙涛、陈童，2015），这使得第二产业快速发展；而金融抑制政策的实施却不利于第三产业的发展尤其是金融业的发展（何诚颖，2013；刘文革，2014）。另外，徐德云在构建产业结构升级指标时，对第二产业赋予较高的权重，且第二产业的比重也较大，故构建的指标受第二产业的影响较大。因此，可以认为金融抑制能促进第二产业的发展，进而短期内促进产业结构的升级，但却会抑制第三产业的发展，即金融抑制可以促进产业结构的升级却不能优化产业结构。

在当期给OFDI一个标准差大小的正冲击后，IND的反应也非常敏感，并在第二期达到峰值，随后这种影响开始逐渐减小，并且这种趋势能够保持较长的时间。这说明我国对外直接投资不仅会直接影响我国产业结构升级的资金需求，而且会长期挤占产业结构升级的金融资源，因此它是影响产业结构升级的一个直接且长期的重要因素。由此看来，本文的假设3得到了实证结果的支持。

综上所述，通过脉冲响应分析可知，在对对外直接投资的影响中，金融抑制是直接的、短期的影响因素，也会对对外直接投资产生长期的影响。而在产业结构的影响因素中，金融抑制较对外直接投资反应更为敏感；从期限上看，金融抑制和对外直接投资对产业结构升级不仅是短期影响因素，也是长期影响因素；从波动幅度看，金融抑制的波动幅度最为明显，说明产业结构升级对它的敏感性较高，而对外直接投资的波动相对较小。

2. *方差分解*

至此，我们已经检验了各变量之间的相关性，但未能给出各解释变量对被解释变量的贡献度。为了进一步深入研究FR对OFDI、FR，OFDI对IND的影响程度，并分解出影响因素在期限上的长短，本文在上述PVAR模型估计的基础上，利用方差分解法分解出各解释变量对被解释变量的贡献度，以刻画它们的相对重要程度。表 5 给出了第 10 期和第 20 期的方差分解结果。

表 5 方差分解结果

	期数	FR	OFDI	IND
FR	10	0.82594	0.0464	0.1277
OFDI	10	0.04199	0.9009	0.0571
IND	10	0.07625	0.0032	0.9206
FR	20	0.82556	0.0468	0.1276
OFDI	20	0.04154	0.8967	0.0618
IND	20	0.07646	0.0034	0.9201

从表 5 可得出，在影响对外直接投资 OFDI 的影响因素中，自身的影响是非常显著的，它从第 10 期的 90.09%下降到第 20 期的 89.67%，说明对外直接投资的变化具有明显的惯性趋势，因此自身的前期规模对对外直接投资有重要影响，它在各影响因素中占有最重要的地位。金融抑制 FR 的贡献度尽管都在 5%水平以下，但在第 10 期以后几乎处于 4.6%的不变状态，这说明金融抑制虽然从表面上看贡献程度并不高，但它可不通过直接影响而通过影响其他因素（比如产业发展、外汇储备等）间接影响对外直接投资，因此不能忽视金融抑制的作用，并且它具有长期的、重要的影响。

在影响产业结构升级 IND 的影响因素中，受自身的影响是非常显著的，自身的影响抑制保持在 92%的水平上，说明产业结构同样具有惯性趋势，产业结构未来的发展要受到前期发展水平的影响。金融抑制 FR 贡献程度呈现先升后降的趋势，从没有影响到最终保持在 12.7%左右，它是除产业结构升级自身之外又一重要影响因素。这说明我国长期以来的政府干预金融资源分配的政策促进了工业的发展，导致工业发展明显加快，但随着工业的发展，我国产业结构的发展出现了明显的不平衡性，即经济出现“偏科”现象。而对外直接投资 OFDI 表现出稳中有升的态势，从第 10 期的 5.71%增加到第 20 期的 6.18%，可见其对产业结构升级的贡献程度越来越大，不能因为贡献程度较小而予以忽略，因为它同样具有间接影响作用且具有长期重要的影响。

五、结论和建议

对于像中国这样处于经济转型的国家来说，如何提升和优化自身的产业结构一直是困扰学界和业界的重大难题。为了从金融抑制的角度探讨产业结构的升级和优化，本文基于2003~2013年我国省级产业结构升级面板数据，采用面板VAR模型，利用脉冲响应函数研究金融抑制对对外直接投资及二者分别对产业结构的影响效应和作用方式，并进一步利用方差分解结果检验各因素影响的重要程度。研究结果表明，金融抑制能够促进我国各省对外直接投资水平，虽然此因素影响程度并不高，但长期看这种作用更为明显；对于产业结构升级来说，金融抑制在短期内具有促进作用，但这只会造成制造业等“一家独大”的场面，并不能协调各产业共同发展进而优化产业结构，另外，此因素是除自身因素外最重要且直接的因素。对外直接投资会抑制产业结构的升级，虽然此因素的作用程度并不高，但其却具有间接且长期的影响。

我国经济已从高速增长的状态进入到中高速增长的“经济新常态”，产业结构的升级优化尤其是各产业的协调发展，是支撑我国经济继续健康发展、摆脱发展中国家“比较优势陷阱”、实现经济强国的关键，而本文充分证实了金融抑制和对外直接投资在产业结构升级优化中具有抑制作用。因此，我国要不断减少对经济的干预，特别是对金融的干预，着力促进金融业的自由发展，通过营造良好的金融环境为我国产业结构升级优化保驾护航。对此，本文提出以下政策建议：第一，审慎深化金融改革、促进资本市场发展。根据王勋和Anders Johansson（2013）的研究，虽然我国经济快速发展并取得了骄人的成绩，但国家内部产业结构存在严重的失衡，即服务业的比重明显小于制造业，长期看会影响经济结构的稳定，导致经济结构风险增加，阻碍经济效率的提升，进而抑制经济增长。因此。为了实现经济结构的成功转型，有效激发经济运行效率以及增长动力，我国应不断深化金融的市场化改革，推进金融市场的自由化进程，保证市场在金融资源支配中的决定作用，提高金融资源的利用效率，促进服务业特别是金融业的发展，实现国际收支平衡及经济的平衡发展。第二，政府对对外投资进行积极引导。积极鼓励传统制造业等密集型产业向其他欠发达国家转移，国内资源优先发展高新技术产业、服务业等新兴产业；同时，鼓励有能力的企业加大对发达国家的技术密集型产业的投资，借此获得国外先进的技术、管理及组织经验，以此推动我国国内相关产业的升级换代，升级优化国内产业结构水平。

参考文献

[1] Abiad A., Ashoka Mody. Financial Liberalization: What Shakes It? What Shapes It? [J]. American Economic Review, 2005 (95): 66-88.

[2] Dunning J. H., Narula R. TheInvestment Development Path Revisited Some Emerging Issues [J]. Foreign DirectIn Vestmentand Goverments: Catalystsfor Economic Restruc Turing, Chapter Ⅰ, London & New York: Routledge, 1996.

[3] Frye T., Shleifer A. The Invisible Hand and the Grabbing Hand [J]. American Economic Review, 1997, 87 (2): 354-358.

[4] Garnaut, Ross, ed. China's Ownership Transformation: Process, Outcomes, Prospects [J]. International Finance Corporation, 2005 (1): 7-14.

[5] Hsiao F. S. T., Hsiao M. C. W. FDI, Exports, and GDP in East and Southeast Asia-Panel Data Versus Time-series Causality Analyses [J]. Journal of Asian Economics, 2006, 17 (6): 1082-1106.

[6] Wang Bijun, Yu Miaojie, Huang Yiping. Does Financial Constraint Discourage Outward Direct Investment? Firm-Level Evidence from Chinese Private Enterprises [J]. Paper Presented at the International Workshop on Understanding Chinese Outward Direct Investment, 2012 (11): 7-14.

[7] 车维汉，王茜. 1980~2006 年东亚经济波动的原因——基于面板 VAR 的分析 [J]. 财经研究，2009 (11).

[8] 陈斌开，林毅夫. 金融抑制、产业结构与收入分配 [J]. 世界经济，2012 (1).

[9] 葛顺奇，罗伟. 中国制造业企业对外直接投资和母公司竞争优势 [J]. 管理世界，2013 (6).

[10] 何诚颖，徐向阳，陈锐等. 金融发展、TFP 抑制与增长源泉——来自中国省际面板数据的证据 [J]. 经济学家，2013 (5).

[11] 黄桂田，何石军. 结构扭曲与中国货币之谜——基于转型经济金融抑制的视角 [J]. 金融研究，2011 (7).

[12] 黄满盈. 中国双边金融服务贸易出口潜力及贸易壁垒研究 [J]. 数量经济技术经济研究，2015 (2).

[13] 黄益平，陶坤玉. 中国外部失衡的原因与对策：要素市场扭曲的角色 [J]. 新金融，2011 (6).

[14] 黄益平. 对外直接投资的"中国故事" [J]. 国际经济评论，2013 (1).

[15] 李子奈，叶阿忠. 高级应用计量经济学 [M]. 北京：清华大学出版社，2012.

[16] 刘健，时海欧. 金融抑制与中国对外投资失衡 [J]. 浙江金融，2015 (2).

[17] 刘瑞明. 金融压抑、所有制歧视与增长拖累 [J]. 经济学，2011，10 (2).

[18] 刘文革，周文召，仲深等. 金融发展中的政府干预、资本化进程与经济增长质量 [J]. 经济学家，2014 (3).

[19] 吕冰洋，毛捷. 金融抑制和政府投资依赖的形成 [J]. 世界经济，2013 (7).

[20] 孙涛，陈童. 金融抑制型发展会阻碍区域市场整合吗——基于 Krugman 地区专业化指数的经验研究 [J]. 西部金融，2015 (1).

[21] 王勋. 金融抑制与发展中国家对外直接投资 [J]. 国际经济评论，2013 (1).

[22] 王勋. 金融抑制与经济结构转型 [J]. 经济研究，2013 (1).

[23] 徐德云. 产业结构升级形态决定、测度的一个理论解释及验证 [J]. 财政研究，2008 (1).

[24] 徐枫，陈昭豪. 金融发展与低碳经济：基于 PVAR 模型的实证研究 [J]. 投资研究，2014 (3).

[25] 姚惠泽，石磊. 金融抑制、利率管制与居民财产性收入 [J]. 金融理论与实践，2015 (4).

[26] 张杰，翟福昕，周晓艳. 政府补贴、市场竞争与出口产品质量 [J]. 数量经济技术经济研究，2015 (4).

[27] 赵玉娟. 中国服务业跨国公司成长特征分析——基于 2007 年末中国非金融类对外直接投资前四十家公司的分析 [J]. 上海经济研究，2010 (10).

[28] 周黎安，陶婧. 政府规模、市场化与地区腐败问题研究 [J]. 经济研究，2009 (1).

[29] 周业安. 金融抑制对中国企业融资能力影响的实证研究 [J]. 经济研究，1999 (2).

企业、产业经济

国际碳减排与低碳经济竞争力分析

李军军
（福建师范大学经济学院，福建福州 350007）

一、前言

传统工业发展模式需要消耗大量化石能源，化石能源的不可再生性威胁到经济的可持续发展，同时化石能源消耗过程中大量排放以二氧化碳为主的温室气体，形成温室效应从而引起气候变化，对生态环境的影响日益严重。国际社会高度关注气候变化，不但鼓励各国积极发展低碳经济、控制碳排放，还成立联合国政府间气候变化专门委员会，签订了《联合国气候变化框架公约》，定期召开全球气候峰会，协调各国碳减排工作，规定了发达国家和发展中国家在应对气候变化时的不同责任，即“共同但有区别的责任”原则，主要是考虑到发展中国家经济发展水平较低，实施碳减排的压力太大，过早承担硬性碳减排义务不利于经济发展。1997 年签订并于 2005 年开始生效的《京都议定书》进一步对碳减排做了硬性规定，要求发达国家在 2008~2012 年第一承诺期内的温室气体排放量比 1990 年平均减少 5.2%。同时，为了鼓励各国政府和企业积极碳减排，还设计了各种灵活履约机制，以发挥不同国家碳减排的禀赋优势，实现全球碳减排的成本最低化，比如以欧盟减排交易机制（ETS）为代表的碳排放权交易制度、发达国家与发展中国家之间进行的项目级碳减排抵消的清洁发展机制（CDM）等。另外，协议在鼓励发展中国家自愿减排的同时，也要求发达国家给予必要的技术支持和资金援助，提高发展中国家碳减排能力，通过各种途径减少温室气体排放。

近年来，全球碳减排行动取得了较大成效，化石能源利用效率提高，新能源产业迅速发展，低碳技术和低碳产品前景广阔，碳汇和碳捕捉能力不断增强，根据国际能源署（IEA）统计，全球化石能源消耗的碳排放强度（碳排放量与GDP比值）明显下降，由1990年的0.7千克/美元下降到2010年的0.59千克/美元，下降了14.6%。① 但全球碳减排总体效果还不尽如人意，根据BP能源统计，2012年全球能源消耗124.8亿吨标准油，比1990年增长了53.8%，仅化石能源消耗的碳排放总量从1990年的226.1亿吨，增加到2012年的344.7亿吨，增长了52.5%，人均碳排放量从3.98吨/人上升到4.44吨/人，上升幅度达11.4%。②

由于清洁能源还面临着技术瓶颈和成本过高的难题，传统化石能源具有明显的价格优势，仍然是当前经济发展的能源支撑，能源约束和碳减排会对企业生产和产品成本产生巨大影响，各国都不愿意过早过多地承担碳减排义务。事实上，包括美国、日本等国在内的很多发达国家都没有完成既定的碳减排目标，具体如表1所示。表1中所列国家为《京都议定书》附件一中的国家，即承诺强制碳减排目标的发达国家，承诺目标为2008~2012年碳排放与1990年的比值，实际变化为2008~2011年碳排放最小值与1990年的比值。

表1 发达国家碳减排目标完成情况

国家	承诺目标(%)	实际变化(%)	国家	承诺目标(%)	实际变化(%)	国家	承诺目标(%)	实际变化(%)
澳大利亚	108	148.3	希腊	92	110.5	挪威	101	127.9
奥地利	92	113.4	匈牙利	94	65.6	波兰	94	84.4
比利时	92	93.4	冰岛	110	97.5	葡萄牙	92	116.4
保加利亚	92	56.3	爱尔兰	92	114.3	罗马尼亚	92	45.0
加拿大	94	121.4	意大利	92	94.3	俄罗斯	100	67.9
克罗地亚	95	79.9	日本	94	102.7	斯洛伐克	92	61.2
捷克	92	72.4	拉脱维亚	92	37.6	斯洛文尼亚	92	109.6
丹麦	92	73.3	列支敦士登	92	96.4	西班牙	92	129.9
爱沙尼亚	92	41.0	立陶宛	92	37.5	瑞典	92	76.6
欧盟27国	92	86.2	卢森堡	92	96.4	瑞士	92	95.8

① 这里的GDP是2005年不变价，各国GDP按汇率折算。IEA. CO_2 Emissions from Fuel Combustion 2012 Highlights [EB/OL]. http: //www.iea.org.

② BP Statistical Review of World Energy 2013.

续表

国家	承诺目标（%）	实际变化（%）	国家	承诺目标（%）	实际变化（%）	国家	承诺目标（%）	实际变化（%）
芬兰	92	90.9	摩洛哥	92	79.0	乌克兰	100	36.7
法国	92	93.2	荷兰	92	111.5	英国	92	79.5
德国	92	76.9	新西兰	100	136.0	美国	93	104.2

资料来源：Kyoto Protocol to the United Nations Framework Convention on Climate Change［Z］. 1998；IEA. CO_2 Emissions from Fuel Combustion 2012 Highlights［Z］. 2012

表1中数据说明，各个国家碳减排的目标幅度有所不同，大多数国家应该在1990年基础上减排8%，部分国家可以保持不变，而澳大利亚、冰岛和挪威甚至允许一定幅度的上升。从各国碳排放实际变化看，只有20个国家完成了碳减排目标，另外19个国家没有完成碳减排目标，并且澳大利亚、爱尔兰、新西兰和西班牙等国碳排放的上升幅度较大。部分发达国家还在《京都议定书》后续协议谈判中，违背“共同但有区别的责任”原则，要求中国等发展中国家也承担硬性碳减排义务，理由是发展中国家的碳排放总量迅速增长，占全球碳排放总量的比重越来越高，美国和加拿大还先后退出了《京都议定书》协议，不愿意再承担硬性碳减排义务。另外，还有国家认为《京都议定书》要求发达国家总量上硬性减排，而发展中国家自愿减排是双重政策，会造成不同国家的碳减排政策标准和实施力度有差距，碳减排压力较大的国家，政策措施更为严格，对产业的影响越大，特别是能耗较大的产业受影响程度更大。为了避免能源约束和碳税等政策带来的不利影响，逐利的资本会从碳减排压力较大的国家转移到碳减排压力较小的国家，从碳减排政策更严格的国家转移到碳减排政策更宽松的国家，促使资本和产业非正常转移，不利于发达国家的经济增长和就业。而且，没有碳减排压力的国家由于产品成本更低，具有更高的竞争力。

那么，《京都议定书》是否真的对发达国家和发展中国家产生不公平影响？碳减排在多大程度上影响一国的产出和竞争力？特别是，中国作为碳排放量最大的国家，也是最大的发展中国家，正处于工业化进程和城镇化进程加快推进的关键时期，能源消耗和碳排放总量增长还将持续较长一段时间，中国既面临着碳减排的外在国际压力，也有节能减排缓解生态资源压力的内在需求。但节能减排政策是否以及如何影响经济发展，低碳背景下的竞争力有何不同，还有待深入研究，这对于理解各国节能减排战略，促进国际碳减排合作有较强的现实意义。

二、文献回顾

传统环境经济理论认为，环境规制提高了企业成本和产品价格，降低了一个国家或区域的比较优势，不利于经济发展和竞争力的提升。Walter 和 Ugelow（1979）及 Walter（1982）提出的"污染避难所假说"认为，经济不发达地区环境标准较低，污染密集型产业将获得比较优势，有利于出口，并从环境规制强度高的国家或地区吸引资本流入。从实证研究看，Jaffe 等（1995）认为提高环境规制在短期内往往会增加企业的生产成本。Van Beers 和 Van Bergh（1997）指出严格的环境规制不利于出口、有利于进口。Ederington 和 Minier（2003）通过不同的模型验证污染治理成本与相关进口指标的关系，认为严格的环境规制会促使一国进口增长，在一定程度上降低了该国的贸易竞争力。但现实是很多发达国家实行严格环境政策的同时，竞争力并没有受到损害，比如 Tobey（1990）等研究发现环境规制对贸易基本没有明显的影响，Costantini 和 Mazzanti（2012）证实欧盟 15 国的环境规制并未损伤其国际市场竞争力，长期内甚至部分地促进了出口。对此，Porter（1991，1995）较早地提出了"波特假说"，他认为从长期来看，合理设计的环境规制政策会促使企业创新技术，通过减少投入、提高效率或者产品创新，可以部分甚至完全抵消环境规制带来的成本，并获得竞争优势，实现"双赢"结果。"波特假说"也得到了 Mohr（2002）和 Murty（2003）等许多实证研究结果的证实，Lanoie 等（2008）分析了滞后的环境规制对全要素生产率的动态影响，发现较为严格的环境规制能够促进生产力的长期稳定增长。

国内研究中，杨海生（2005）和朱平芳（2011）等众多研究结果表明，外资会把污染型产业或企业转移至环境标准设置较低的我国欠发达地区以提高国际竞争力，同时地方政府为了吸引外资，也会努力弱化环境规制。王兵等（2010）和张成等（2011）的研究又为"波特假说"在中国的适用性提供了证据。陈诗一（2010）和傅京燕（2010）的研究都表明，中国的节能减排等环境规制短期内对比较优势产生一定负面影响，但长期内提高环境质量的同时，也可以提高产出和生产率。综合看，环境规制强度和产业竞争力、区域竞争力之间的关系并不固定（赵细康，2003），没有必要担心提高环境规制强度会降低中国的竞争力（董敏杰，2011）。

三、理论和模型

低碳经济不同于传统经济的主要特征是生产活动的低碳化，节约使用化石能源和大力开发利用新能源主要方法包括产业结构调整、技术创新和碳储存等碳汇行为。由于新能源成本一般高于传统化石能源，利用新能源会增加投资和生产成本，企业没有节能减排的积极性，不能完全通过市场手段解决碳排放问题，必须结合行政和市场两种手段发展低碳经济。低碳政策的行政手段主要包括碳排放配额、碳税、新能源补贴及其他财税政策，市场手段包括碳排放权交易、碳金融、清洁发展机制和能源合同管理等，低碳经济的发展既受制于现有经济基础和技术水平，也与低碳政策的设计和实施有很大关系。因此，不同国家都会基于经济发展现状和规划，选择不同的节能减排政策组合，即使是统一的环境政策，也会出现不同的执行力度，使低碳经济发展面临不同的环境规制强度。低碳经济竞争是不同国家为了在碳减排约束下实现经济稳定增长，在低碳技术、资本、产业和政策各方面的全方位竞争，包括引进、研发、应用和推广低碳技术及低碳产品，大力发展新能源产业和低碳产业，完善相关财税政策和市场机制，低碳经济竞争力则反映了不同国家发展低碳经济的能力和低碳经济竞争优势。《G20 低碳竞争力》报告借鉴世界经济论坛（WEF）对国际竞争力的定义，最早从宏观角度把低碳竞争力（Low Carbon Competitiveness）定义为“未来低碳发展方式下，各国为其人民创造物质繁荣的能力”。李军军在深入研究低碳经济竞争的内在机理基础上把低碳经济竞争力定义为“一国在碳减排目标约束下，吸引并优化配置低碳经济要素创造财富提高国民生活水平的能力”。这两个概念都是基于 Porter 的“生产率”角度界定竞争力。因此，低碳经济竞争力表现为在碳排放一定的条件下产出的提高，或者产出一定的条件下碳排放的下降。综合看，可以用产出与碳排放的比值衡量碳排放效率，即低碳经济竞争力。

影响低碳经济竞争力的因素主要有四个方面：一是资源投入，包括资本和劳动力两大类。发展低碳经济的本质还是实现经济增长，只有实现经济持续稳定增长，才能解决社会民生和公共环境问题，体现一个国家真正的竞争力，这需要维持经济增长需要的各种要素投入。低碳经济竞争力体现的是对符合低碳发展模式要求的各种要素资源的吸引力，以及对资源进行优化配置的能力。二是能源约束和碳排放约束。低碳经济是节约能源和减少碳排放的经济增长，要求不断提高能源利用效率、降低碳排放强度。不同地区的经济结构和能源结构不同，对化石能源的依赖程度各不相同，能否有效转变经济增长方式，实现碳排放和经济增长脱钩，体现了国家的低碳经济竞争力。三是环境规制强度。气候变化是公共环境问题，当传统化石能源具有价格优势时，新能源产业的发展受到阻碍，市场不能有效配置能源，不利于能源的合理使用。只有当环境规制强度不断提高，能源约束管制和能源税收提高的情况下，企业才愿意增加节能减排设备投资，逐步接受新能源。四是技术创新。技术创新带来的能源节约和效率提高，不但可以化解环境规制的成本，低碳技术和产品本身还可以作为新兴产业促进经济增长，合理的财税政策和市场机制可以有效地鼓励低碳技术的研发、应用和推广。

基于上述分析，本文建立国家低碳经济竞争力模型，探讨低碳经济竞争力的影响因素及国家差异性。首先建立 C-D 生产函数。由于本文把能源作为重要的生产资源，把能源和资本、劳动一起放入模型。

$$Y = AK^{\alpha}L^{\beta}EN^{\gamma} \tag{1}$$

式中，Y 是产出，用国内生产总值度量，A 是广义技术进步水平，K 是资本存量，L 是劳动，EN 代表能源消耗，α、β、γ 分别是资本、劳动和能源的产出弹性系数。

根据“波特假说”，环境规制和技术进步之间存在相互作用的内生机制，环境规制和技术进步共同影响生产率，借鉴 Audretsch 等（1996）的知识生产函数，引入环境规制因素，构建广义技术进步的 C-D 函数。

$$A = A_0 TI^{p} ER^{q} \tag{2}$$

式中，A_0 是基础技术水平，TI 代表技术创新，ER 代表环境规制，p、q 分别是两者对技术进步的弹性系数。

方程（2）代入方程（1）得到：

$$Y = A_0 TI^{p} ER^{q} K^{\alpha} L^{\beta} EN^{\gamma} \tag{3}$$

当前碳排放的主要来源是化石能源消耗，主要包括煤炭、石油、天然气三大类，水电和太阳能等清洁能源的碳排放比较少，可忽略不计。因此，可以根据能源消耗结构来构建碳排放量模型。

$$CO_2=\sum EN\cdot es_j\cdot ct_j=EN\cdot ES'\cdot CT \quad (j=1,\ 2,\ \cdots,\ 4) \tag{4}$$

式中，CO_2 代表碳排放总量，es 是不同能源消耗所占比重，ct 是不同能源的碳排放系数，$ES'=(es_j)_{4\times1}'$，$CT=(ct_j)_{4\times1}$，EN 是能源消耗总量。

方程（3）除以方程（4），并两边取对数，得到低碳经济竞争力的面板数据模型。

$$\ln LCC_{it}=\ln A_0+p\ln TI_{it}+q\ln ER_{it}+r\ln EC_{it}+\alpha K_{it}+\beta\ln L_{it}+(\gamma-1)\ln EN_{it}+v_{it} \tag{5}$$

式中，$LCC=\frac{Y}{CO_2}=\frac{GDP}{CO_2}$，即单位碳排放的地区生产总值，也称为低碳效率或碳生产力，代表低碳经济竞争力。$EC=ES'\cdot CT$ 代表碳排放系数，由能源消耗结构和各能源的碳排放系数共同决定。$v_{it}=S_i+T_t+\varepsilon_{it}$，S 和 T 分别代表截面固定效应和时间固定效应，$\varepsilon_{it}\sim N(0,\ \sigma^2)$，下标 i 和 t 分别表示国家和年份。

四、指标和数据

鉴于数据的可得性和完整性，本文用 1995~2012 年的国际数据进行检验，样本共 65 个国家，包括了目前世界上主要的碳排放国家。各国的产出，即国内生产总值（GDP）来自于联合国数据库，用 2005 年不变价格核算，以避免物价影响。现行统计资料中并没有直接给出资本存量数据，一般研究都需要估算，这里采用比较常用的永续盘存法估算各国历年资本存量。

$$K_t=K_{t-1}(1-\delta)+I_t/P_t \tag{6}$$

式中，K_t 和 K_{t-1} 分别为当年和前一年的资本存量，由式（6）可知，选择的基期越早，资本存量初始值的误差对后续年份的影响越小，所以考虑到数据可得性，本文采用的基年是 1970 年。至于初始值，按资本产出比为 3 的假设来确定。经济折旧率 δ 采用大多数文献的方法，假设为 5%。I_t 为资本形成总额，P_t 为投资价格指数，由于联合国数据库已经把资本形成总额折算为 2005 年不变价，不需要再用价格指数进行处理。

考虑到劳动者之间的差异，劳动投入需要用到人力资源指标，但鉴于人力资源的估算比较复杂，众多文献也没有统一的定论，本文简单地采用从业人员数指标，数据来源于世界银行网站数据库[①]。

能源消耗总量和能源消耗结构指标来自国际能源署（IEA）的历年"Key World Energy Statistics"报告中分国家能源消耗数据。碳排放总量指标来自国际能源署（IEA）的历年"CO_2 Emissions from Fuel Combustion"报告中分国家碳排放数据。至于碳排放系数，按照IPCC（2006）给出的化石能源消耗的碳排放系数参考值，平均每消耗1万亿焦耳的煤炭、石油和天然气，排放的二氧化碳分别为94.6吨、73.3吨、56.1吨，再按照1千克标准油产生41816千焦耳热量标准，算出煤炭、石油和天然气三种能源碳排放系数分别是3.956、3.065、2.346。这三类能源各自包含很多品种，都按照《中国能源统计年鉴》提供的各种能源转换参考系数进行折算，核电、水电和其他可再生能源的碳排放量非常低，可不予考虑，碳排放系数设为0。

技术创新能力是一个综合性概念，一般需要综合指标体系综合衡量，但模型中可以用单个关键指标来替代，用科技产出指标代表科技创新能力比较普遍，这里用专利授权数衡量一个国家的科技创新能力，数据来源于世界知识产权组织（WIPO）[②]数据库。环境规制强度反映政府执行环境政策的力度，并没有统一的客观指标来衡量，现有文献中采用了综合指数和单指标等多种方法。从单指标看，既有从环保投入角度，也有从税费强度角度度量的环境规制强度。这里从环保效果角度度量，一般而言，环境规制强度越高，环保效果越好。结合化石能源消耗的特点，这里采用衡量空气质量的指标——可吸入颗粒物（PM10）平均水平度量不同国家的环境规制强度，数据来源为世界银行数据库。指标数值越大，空气质量越差，说明环境管制强度越低，是一个反向指标。

表2列出了根据前述数据计算出来的各国低碳效率指标情况，总体来看，近十几年低碳效率指标的最高值、平均值和最小值都有明显提高，说明国际碳减排合作机制发挥了一定的作用，节能减排成效明显，低碳经济发展良好，低碳经济竞争力有效提升。瑞士是样本中低碳效率最高的国家，也是唯一超过1万美元/吨的国家。共有8个国家在此期间的低碳效率实现翻倍增长，但有11个国家的低碳效率反而下降。样本中，乌兹别克斯坦是低碳效率最低的国家，但相比1995年，其低碳效率却有1.4倍增长。为了方便

① http：//data.worldbank.org/indicator.

② http：//www.wipo.int.

比较，本文把65个国家分为高收入国家和中低收入国家两组，按照世界银行的划分标准，高收入国家人均GDP超过12616美元，样本中共30个国家，低于12616美元的为中低收入国家，样本中共35个国家。从低碳效率平均数看，高收入国家值较大，增速达到38.3%，中低收入国家低碳效率平均数较低，增速也低于高收入国家，只有24.6%。从不同阶段的变化看，《京都议定书》还未正式生效之前的1995~2000年和2000~2005年两个阶段，不管是全部样本，还是高收入国家组和中低收入国家组，低碳效率提升幅度都比较小，都不足10%。而《京都议定书》在2005年强制生效之后，2005~2012年各国低碳效率提升幅度比较大，样本中65个国家平均提高了15.1%，高收入国家组平均提高了17.5%，尽管中低收入国家组平均只提高9.2%，但仍然高于前两个时间段。

表2 65个国家低碳效率指标统计

单位：美元/吨

指 标	1995年	2000年	2005年	2012年
最大值	7748.2	8259.5	8618.2	10725.1
平均值	1650.4	1802.6	1923.9	2213.5
最小值	80.3	90.0	130.2	194.4
高收入国家平均	2487.5	2767.3	2927.1	3440.0
中低收入国家平均	932.9	975.8	1064.1	1162.2

五、参数估计和稳健性检验

在估计模型参数之前，先对变量进行单位根检验，看其是否具有相同的平稳性，以避免伪回归。由于检验面板数据模型变量单位根的方法比较多，为了方便，本文采用两种常用的面板数据单位根检验方法，即序列相同单位根检验的LLC方法和序列不同单位根检验的Fisher-ADF方法，如果两种检验结果都拒绝存在单位根的原假设，变量是平稳的，反之则不平稳。滞后阶数由Schwarz标准确定，检验结果如表3所示。被解释变量和解释变量取对数以后，单位根检验基本都能显著拒绝原假设，即7个变量的对数都是平稳的。

表3 单位根检验结果

	lnLCC	lnK	lnL	lnEN	LnEC	lnER	lnTI
LLC-t	-4.29***	-2.4***	-5.95***	-4.26***	-5.99***	-5.96***	-10.04***
ADF-fcs	180.07***	146.74*	182.71***	167.89**	188.72***	186.18***	259.31***

注：*、**、*** 分别代表10%、5%、1%显著性水平。

由于变量都是平稳的，可以用协整检验判断变量间是否存在长期均衡关系。这里主要采用KAO协积检验和Pedroni协积检验两种方法，其中KAO检验的ADF统计量为-6.97，Pedroni检验的Panel ADF和Group ADF统计量分别是-4.83和-3.5，都通过1%的显著性检验，拒绝原假设，即各变量之间存在协整关系。

用EViews6.0软件对模型（5）进行估计，F检验统计量明显大于临界值，不宜采用混合估计模型，Hausman检验 χ^2 统计量小于临界值，再考虑到样本毕竟是全世界国家的一部分，因此采用随机效应模型（RE）。65个国家全部纳入模型进行估计的结果如表4中模型I所示，分别利用高收入国家、中低收入国家和《京都议定书》附件一国家数据估计得到结果如表4中模型Ⅱ、模型Ⅲ、模型Ⅳ所示。模型都采用OLS估计，并且都采用截面加权（Cross-section Weights）的方法消除异方差影响，为简便起见，没有列出各国家和不同年份的截距项差额。

表4 模型估计结果

变量	模型 I-RE	模型 II-RE	模型 III-RE	模型 IV-RE	模型 I-POOL	模型 I-GMM
C	7.859 (30.016) ***	4.725 (19.211) ***	8.519 (29.264) ***	7.607 (17.992) ***	3.439 (70.029) ***	7.129 (10.777) ***
LnK	0.463 (19.090) ***	0.652 (29.756) ***	0.488 (27.801) ***	0.691 (11.173) ***	1.020 (167.675) ***	0.453 (5.819) ***
lnL	0.026 (0.841)	0.035 (0.928)	0.031 (1.245) ***	-0.392 (-3.904) ***	-0.016 (-6.176) ***	-0.014 (-0.167)
lnEN	-0.688 (-18.95) ***	-0.529 (-19.563) ***	-0.834 (-43) ***	-0.359 (-4.244) ***	-0.992 (-287.67) ***	-0.658 (-7.437) ***
lnEC	-0.877 (-14.443) ***	-0.941 (-16.813) ***	-0.957 (-16.221) ***	-0.610 (-8.647) ***	-1.058 (-189.63) ***	-0.886 (-20.65) ***
lnER	-0.346 (-20.142) ***	-0.012 (-0.653)	-0.485 (-20.615) ***	-0.361 (-10.198) ***	0.037 (7.33) ***	-0.001 (-0.04)
lnTI	-0.001 (-0.158)	-0.018 (-3.748) ***	0.003 (2.209) ***	-0.059 (-2.405) ***	-0.010 (-5.818) ***	-0.005 (-0.225)
R^2	0.996	0.996	0.993	0.809	0.991	0.999
F	4226***	3918***	2129.1***	348.7***	1496***	

注：*、**、*** 分别代表10%、5%、1%显著性水平。

从四个模型总体估计结果来看，拟合优度都很高，F 值也远大于临界值，在不考虑国家差异和常数项的情况下，各变量的参数估计值大多能通过显著性检验，只有模型Ⅰ的劳动投入和技术创新、模型Ⅱ的劳动投入和环境规制等少数几个变量的参数不能通过显著性检验。从系数看，资本投入（K）是提高低碳效率最主要的正面影响因素，在几个模型中，资本产出弹性系数都比较大，只有在模型Ⅲ中相对较小，而劳动投入（L）的系数都非常小，而且在模型Ⅰ和模型Ⅱ中不显著，说明劳动投入对提升低碳经济竞争力没有太大的影响。能源消耗（EN）在几个模型中的系数都很显著，数值比较大，且都为负数，特别是在模型Ⅲ中，系数为-0.834，说明能源消耗的增长对低碳经济竞争力的负面效应比较明显。由于中低收入国家还没有强制性碳减排义务，能源消耗的约束作用还不明显，能源消耗的过快增长，极大地削弱了低碳经济竞争力。而模型Ⅳ中能源消耗的系数只有-0.359，由于附件一国家有强制性碳减排的责任，能源消耗和碳排放约束条件下，能源利用效率比较高，能源消耗变化对低碳经济竞争力的影响不太明显。碳排放系数（EC）在几个模型中的系数为负且都很显著，数值也是最大的，说明过高的碳排放系数会影响低碳经济竞争力的提升。不同国家碳排放系数的差异主要由能源消耗结构决定，如果能源消耗以煤炭和石油等含碳量更高的化石能源为主，则会极大地降低低碳经济竞争力。从环境规制（ER）的系数来看，在四个模型中都为负数，在模型Ⅱ中系数非常小，不能通过显著性检验，但在其他三个模型中都非常显著，系数也比较大。由于环境管制选用的是空气质量反向指标，模型结果说明放松环境规制强度，不但不利于环境保护，还会有害于低碳经济竞争力。模型Ⅱ中环境规制指标系数不显著的原因，可能是高收入国家的环境保护力度一直比较大，此期间内环境质量维持在较高水平，没有太大变化，在模型中体现不出变量的影响。最后技术创新（TI）系数在三个模型中出现负数，只在模型Ⅲ中为正数，系数值都非常小，而且在模型Ⅰ中不显著，说明当前技术创新在提升低碳经济竞争力过程中没有发挥应有的作用。一种可能是，能源利用效率提高、能源消耗结构改善等其他指标已经包含了技术创新的作用，指标之间有信息冗余，技术创新指标不能单独地体现其作用；另一种可能是，由于《京都议定书》及其他碳减排协议的约束作用比较弱，各国应用技术创新推进碳减排的积极性不高，通过技术创新发展低碳经济的作用还未显现出来。

在面板数据模型中，往往由于选择不同的参数估计方法，而对研究结果产生严重干扰。这里采用混合数据模型（POOL）和差分广义矩模型（DIF-GMM）对模型Ⅰ进行估计，以检验模型的稳健性。通过比较估计结果发现，不同估计方法得到的参数，方向基本是一致的，显著性也比较接近。差别之处，一是在混合数据模型中环境规制系数为正，但数值较小；二是在GMM模型中，环境规制系数非常小，没有通过显著性检验，从动态看，目前环境规制对低碳经济竞争力还没有明显影响。总体看，模型估计结果是稳健的，能够说明各要素对低碳经济竞争力的影响。

六、研究结论

国际社会要实现碳减排目标，需要制定和完善国际碳减排合作机制，鼓励各国大力发展低碳经济，完善低碳环保政策，推进低碳技术创新，提高能源利用效率，提升低碳经济竞争力，实现碳排放约束条件下经济稳定增长。

一是加强国际合作，完善国际碳减排合作机制。在现有部分国家强制碳减排、清洁发展机制和碳排放权交易等基础上，进一步完善、补充和推广这些合作机制，更大程度地发挥市场机制作用，发挥各国碳汇比较优势，挖掘碳减排潜力。更加科学客观地对待各国碳排放历史责任，更加灵活、务实地分配各国碳减排任务，更加严格、有效地明确各国碳减排责任和实效。

二是国际社会要督促和帮助中低收入国家加强环境保护力度，在资金和技术上不但要给予必要的帮助，逐步提高环境规制强度，还要从国际贸易和产业分工等角度，建立合理的国际合作机制，提高碳关税等政策的科学性和合理性，减少高碳产业跨国转移渠道，增加高碳产品跨国转移成本，有效降低高碳产业的发展空间。

三是加大低碳技术创新投入，加强相关学科建设和人才培养，加快低碳技术的研发、应用和推广，构建应对气候变化的科技支撑体系，发挥技术创新在应对气候变化工作中的基础性作用。协调改革能源价格体系，提高能源利用效率，降低传统化石能源消耗。培育扩大新能源市场，大力提高新能源比重，优化能源消耗结构。只有把碳减排和经济增长结合起来，以提升低碳经济竞争力为重心，才能提高各国政府和企业碳减排的积极性，做好共同应对气候变化工作。

参考文献

［1］Audretsch D.B.，Feldman M.P. R&D Spillovers and the Geography of Innovation and Production［J］. American Economic Review，1996（86）：630-640.

［2］Costantini & Mazzanti. On the Green and Innovative Side of Trade Competitiveness［J］. Research Policy，1999（41）：132-153.

［3］Ederington & Minier. Is Environmental Policy a Secondary Trade Barrier? A Empirical Analysis［J］. The Canadian Journal of Economics，2003（36）：137-154.

［4］IPCC. Guidelines for National Greenhouse Gas Inventories［R］. 2006.

［5］Jaffe A. B.，S. R. Peterson，P. R. Portney and R. N. Stavins. Environmental Regulation and the Competitiveness of U.S. Manufacturing：What Does the Evidence Tell Us?［J］. Journal of Economics Literature，1995，33（1）：132-163.

［6］Lanoie Patry & Lajeunesse. Environmental Regulation and Productivity：Test the Porter Hypothesis［J］. Pord Anal，2008（30）：121-128.

［7］Mohr R. D. Technical Change，External Economies，and the Porter Hypothesis［J］. Journal of Environmental Economics and Management，2002，43（1）：158-168.

［8］Murty M. N. and S. Kumar. Win-Win Opportunities and Environmental Regulation：Testing of Porter Hypothesis for Indian Manufacturing Industries［J］. Journal of Environmental Management，2003，67（2）：139-144.

［9］Porter M. E. and C. Van der Linde. Toward a New Conception of the Environmental Competitiveness Relationship［J］. The Journal of Economic Perspectives，1995，9（4）：97-118.

［10］Porter M. E. America's Green Strategy［J］. Scientific American，1991，264（4）：168.

［11］The Climate Institute and E3G. G20 Low Carbon Competitiveness［R］. 2009.

［12］Tobey J. The Effects of Domestic Environmental Policies on Patterns of World Trade：An Empirical Test［J］. Kyklos，1990（43）：191-209.

［13］Van Beers C.，Van den Bergh，J. C. J. M. An Empirical Multi-Country Analysis of the Impact of Environmental Regulations on Foreign Trade Flows［J］. Kyklos，1997（50）：29-46.

［14］Walter & Ugelow. Environmental Policies in Developing Countries［J］. Ambio，1979（8）：102-109.

［15］Walter. Environmentally Induced Industrial Relocation in Developing Countries［J］. Environment and Trade，1982（1）：67-101.

［16］陈诗一. 节能减排与中国工业的双赢发展：2009~2049［J］. 经济研究，2010（4）.

［17］傅京燕. 环境规制、要素禀赋与贸易模式：理论与实证研究［M］. 北京：经济

科学出版社，2010.

[18] 环境规制对中国出口竞争力的影响——基于投入产出表的分析 [J]. 中国工业经济，2011 (3).

[19] 李军军. 中国低碳经济竞争力研究 [D]. 福建师范大学硕士学位论文，2011.

[20] 王兵，吴延瑞，颜鹏飞.中国区域环境效率与环境全要素生产率增长 [J]. 经济研究，2010 (5).

[21] 杨梅生等. 贸易、外商直接投资、经济增长与环境污染 [J]. 中国人口·资源与环境，2005 (3).

[22] 张成等. 环境规制强度和生产技术进步 [J]. 经济研究，2011 (2).

[23] 赵细康. 环境保护与产业国际竞争力，理论与实证分析 [M]. 北京：中国社会科学出版社，2003.

[24] 朱平芳等. FDI 与环境规制：基于地方分权视角的实证研究 [J]. 经济研究，2011 (6).

我国软件产业效率地区差异及影响因素研究

焦云霞
（中国社会科学院数量经济与技术经济研究所，北京 100732）

一、引 言

软件产业在20世纪50年代开始起步发展，80年代后随着个人计算机的普及迅速成长壮大。软件产业作为一个快速发展的新兴产业，具有技术含量高、发展速度快、带动性强、影响面广等特点，它的发展受到各国政府的高度关注和重视。我国软件产业萌芽于20世纪70年代，在改革开放后开始起步，进入21世纪后持续快速发展。自2000年以来，我国软件产业持续快速发展，产业规模迅速扩大，技术水平显著提升，有力地推动了国家信息化建设。近几年，基于互联网的物联网、云计算和大数据的发展对软件技术的发展提出了新的要求，以及PAD、智能手机等各种新型移动终端的涌现，使得软件产业进入一个新的发展时期。经过几十年的发展，我国软件产业从无到有、从小到大，其产业规模已经超过万亿元，并以其先导性、基础性、战略性、带动性等特点在国民经济、社会发展和国家安全中发挥重要作用。尽管我国软件产业高速增长并受到政府重视，但产业效率不容乐观，众多学者的研究表明我国软件产业的综合效率低下，且区域差异明显。因此，如何更准确地测定软件产业效率、探寻影响产业效率的因素，并在此基础上探索一个能够促进发展的机制，使软件产业的投入产出更有效率，是软件产业内涵式发展的必然要求。

随着软件产业的飞速发展，国内外学者已经开始重视软件产业效率的研究，并取得了一些成果。如元桥一之和峰泷和典（2007）实证分析了日本软件产业的生产率，认为日本电子信息产业中软件产业的生产率比硬件产业生产率较低。国内学者也针对我国软件产业效率问题做了很多研究。由于全球软件产业发展具有明显的集聚发展趋势，并且我国自2001年开展国家软件产业基地建设以来，软件基地（园区）已成为软件产业集聚发展的重要载体。因此，国内对软件产业效率的研究大多以软件产业基地为研究对象。刘园园等（2009）运用DEA方法对我国8个大型的国家级软件园进行分析，认为软件园的投入产出效率和城市的经济发展程度无关，投入规模过大是造成软件园规模无效率的主要原因。高爱雄和李娟（2008）通过建立软件产业集群效率评价体系，并利用西安软件产业2007年的投入产出数据对产业集群效率进行评价。吴文清和赵黎明（2012）利用Malmquist生产率指数法对32家中国国家软件产业基地2006~2009年的效率变动进行了测算，发现国家软件产业基地生产经营效率呈现上升趋势，但整体水平仍然相对较低，投入资源的运用效率仍有很大的改善空间。朱方洲（2013）运用三阶段DEA模型对我国国家软件产业基地的生产效率进行了测算，认为我国三大区域国家软件产业基地的综合技术效率均值不高，且技术效率差异明显，而规模效率差异是造成该差异的根本原因。除了对国家软件产业基地的效率研究外，还有学者从其他层面对我国软件产业的效率展开了分析。姜熙（2011）运用DEA-Malmquist指数模型对我国软件收入前14省份的软件产业效率进行了评价，发现2006~2009年我国14个省市软件产业的全要素生产率都有所提高。贺力（2008）从静态和动态两个方面分析我国软件产业的全要素生产率，认为东部高于中西部，中部略高于西部；且我国软件产业全要素生产率年均增长速度为3.1%。张秋燕（2008）运用DEA对我国软件资源配置效率的有效性进行实证分析，认为我国软件产业资源配置效率整体上都是无效的，并且我国软件产业资源配置具有地区差异；2003~2006年，整体上我国软件产业的资源配置效率具有上升趋势。白文（2015）采用DEA模型研究2009~2013年我国软件产业的全要素生产率，认为这五年中软件产业技术效率每年都有进步，技术衰退的情况逐年得到改善。

除了对软件产业效率进行测算外，还有学者进一步深入探寻影响软件产业发展的因素。如Yahya（2002）认为影响软件产业发展的主要因素包括外资的利用率、人力资本、国家经济政策、互联网使用率、电信产业和个人计算机市场的发展等。还有学者分别从不同的侧重角度出发研究影响软件产业发展的因素。有的学者认为软件产业的高速发展得益于技术进步。如 Baba 和 Takai（1995）分析了技术创新和产业结构在日本软件产业发展过程中的作用。Savatore 通过对欧洲和美国 38 家大型软件企业在 1984~1992 年的全面分析，指出软件产业的快速发展得益于技术进步和经济制度的变革。有的学者认为人才因素是促进软件产业快速发展的关键因素，如 Bagchi（1999）经过研究认为，人力资源的培养和开发在印度软件产业的发展中具有举足轻重的作用。Patibandla 和 Petersen（2002）着重强调人力资本流动性在软件产业发展中的作用。Arora 等（2001）对印度的软件产业政策进行了分析，认为印度成为软件大国的主要原因是印度政府对软件产业的扶持。也有国内学者对影响我国软件产业效率的因素进行了研究，吴雷和时晓辉（2013）在对我国 12 个城市的软件产业进行分析时得出，高新技术人才、软件产业的规模效应和政府相关支持政策是影响软件产业发展的重要因素。邵金菊和王培（2013）通过 Tobit 模型分析了我国软件服务业投入产出效率影响的因素，认为基础设施水平、科技创新能力和城市化水平是对软件服务业投入产出效率有显著影响的三个主要因素。

从以上研究文献可以看出，对我国软件产业效率的研究多集中于对软件产业基地的效率分析，研究国家层面和地区层面的软件产业效率的文献较少，并缺乏对软件产业效率地区差异的系统分析，而且探讨软件产业效率影响因素的研究有待深入。鉴于此，本文利用 2007~2013 年全国 29 个省份的相关数据，采用随机前沿分析方法对我国软件产业效率的地区差异进行详细说明，并深入分析影响我国软件产业的主要因素。

二、研究方法

本文主要考察我国软件产业效率状况，将我国的各省份的软件产业分别看作投入一定要素（劳动力、资本等）进行生产活动产生一定产出的生产部门。软件产业的技术效率简称为软件产业效率。技术效率的概念最早是由 Farrell（1957）提出来的。Farrell（1957）和 Leibenstein（1966）分别从投入角度和产出角度给出了技术效率的含义，且认为技术效率是和生产前沿面[①]（Production Frontier）联系在一起的。技术效率是用来衡量在现有技术水平条件下，生产者获得最大产出的能力，表示生产者生产活动接近其前沿边界（最大产出）的程度，也反映了现有技术的发挥程度。

目前，对技术效率的测度方法主要有两类：一类为非参方法，以数据包络分析（DEA）方法为代表；另一类为参数方法，以随机前沿分析（SFA）方法为代表。相对于DEA方法，SFA方法具有一些优势。首先，SFA方法具有统计特性，不仅可以对模型中的参数进行检验，还可以对模型本身进行检验；其次，SFA方法可以建立随机前沿模型，使得前沿面本身是随机的，而且模型中将误差项进行了两部分的分解，这对于跨期面板数据研究而言，其结论更加接近于现实；最后，SFA方法不仅可以测算每个个体的技术效率值，而且可以定量分析各种相关因素对个体效率差异的具体影响。基于对以上优势的考虑，本文采用随机前沿分析方法测算我国软件产业效率及其影响因素。

随机前沿分析法最早于1977年提出，该方法将生产率的变化分解为生产可能性边界的移动和技术效率的变化。目前，最常用的随机前沿模型是Battese和Coelli运用时间序列面板数据估计前沿面的生产函数模型：

$$Y_{it}=x_{it}\beta+v_{it}-u_{it} \tag{1}$$

式中，Y_{it}为观察单元i在时间t的产出，x_{it}代表观察单元i在时间t的一组投入向量，β为待估计的参数向量；$v_{it}\sim N(0,\sigma_v^2)$是服从独立正态同分布假设的随机扰动项，其中包含了生产活动中的不可控因素；u_{it}是管理误差项，也称为技术非效率项，反映技术效率的损失，表示观察单元i在时间t的实际产出与理论最大产出之间的距离。假定u_{it}服从非负断尾半正态分布，即$u_{it}\sim N^+(u,\sigma_u^2)$，且：

$$u_{it}=u_i\exp[-\eta(t-T)] \tag{2}$$

式中，η表示时间因素对技术非效率项u_{it}的影响，$\eta>0$，$\eta=0$和$\eta<0$分别表示技术效率指数$-u_{it}$随时间变化递增、不变和递减。v_{it}和u_{it}相互独立，并独立于投入变量x_{it}。根据式（1），可通过设定$u_{it}=0$得到有效产出水平$\hat{P}_{it}$，则各观察单元i的技术效率的公式为：

$$TE_{it}=P_{it}/\hat{P}_{it}=\frac{E[f(x_{it},\beta)\exp(v_{it}-u_{it})]}{E[f(x_{it},\beta)\exp(v_{it})|u_{it}=0]}=\exp(-u_{it}) \tag{3}$$

① 所谓生产前沿面，是指在一定的技术进步条件下，一定投入所能达到的最大产出所形成的曲线。

SFA 模型在提出后的 20 多年里，只用来对个体技术效率水平进行测算，在探讨技术非效率与影响因素之间关系时，一般都采用二阶段估计法。但许多学者认为二阶段估计法将技术非效率值作为因变量所构建的回归方程违反了之前对技术非效率结果独立性的假设。随后，Kumbhakar 等、Battese 和 Coelli 先后提出了一步估计法，以克服两阶段估计的缺陷，即在给定 u_{it} 的特定分布形式后，在测算出技术非效率值的同时，得到前沿生产函数和技术无效率模型中的参数估计值。其中，Battese 和 Coelli（1995）提出的 BC 模型应用最为广泛。BC 模型假设技术非效率 u 服从非负截尾正态分布 $N^+(m_{it}, \sigma_u^2)$，其中 m 为各种影响因素的函数，可以表示为：

$$m_{it} = \delta_0 + \delta z_{it} \tag{4}$$

式中，z_{it} 为技术非效率的影响因素向量，δ_0 为常数项，δ 为影响因素的系数向量，若系数为负值，则说明该影响因素对技术效率 TE 有正的影响，反之则有负的影响。BC 模型还设定了方差参数 $\gamma = \sigma_u^2/(\sigma_v^2 + \sigma_u^2)$ 检验技术非效率项在复合扰动项中所占比重，γ 为待估计的参数。如果 $\gamma \to 1$，说明此时的实际产出与前沿产出之间的差距主要来自技术非效率 u_{it}；如果 $\gamma \to 0$，说明此时模型中的误差主要来源于统计误差等外部随机影响因素。

三、变量说明与模型设定

（一）变量描述与数据来源

本文以 2007~2013 年为研究时间段，个别变量使用了滞后期的数据，所使用的基础数据主要来源于历年《中国统计年鉴》、《中国电子信息产业统计年鉴》(软件篇)、《中国科技统计年鉴》。此外，需要说明的是，对于个别省份个别年份的缺失数据采取了插值法测算，且西藏、青海两个地区由于数据不全故不在考察范围之内。此外，结合“西部大开发”、“振兴东北老工业基地”、“中部崛起”等国家重大发展战略，本文将 29 个省份分为东部地区、中部地区、东北老工业基地和西部地区，从而在更大范围内考察区域之间的效率差异①。

① 其中，东部地区包括北京、天津、河北、上海、江苏、浙江、福建、山东、广东和海南 10 个省市；中部地区包括山西、安徽、江西、河南、湖北、湖南 6 个省；东北老工业基地包括辽宁、吉林和黑龙江 3 个省；西部地区包括贵州、云南、陕西、甘肃、宁夏、新疆、广西、四川、重庆和内蒙古 10 个省市区。

1. 投入产出变量

产出变量：软件产业的新增业务收入作为衡量软件产业的产出指标已得到了广大研究学者的认同。该指标能够充分地反映软件产业的规模，也能够在一定程度上反映其对社会的贡献率。在本文中，对软件产业的新增业务收入利用我国的第三产业的 GDP 平减指数进行平减，以剔除通胀影响，得到以 2007 年为基期的数值。

物质资本投入：Barro 和 SalaiMartin（1992）认为，理想意义上可以利用物质资本的服务流量作为资本投入的测量，但实际可得数据并不支持该测度，且大量的学者在研究 TFP 时均选取固定资本存量作为度量物质资本投入指标。所以本文也同样选用软件产业的固定资本存量作为分析物质资本投入的数量指标。资本存量的测算采用戈登史密斯（Goldsmith）在 1951 年开创的永续盘存法。折旧率 δ 参照张军（2004）的研究结果 9.6%。

劳动投入：衡量劳动投入最合理的数据是劳动人员的全时当量，可惜的是，目前中国的统计年鉴中还没有分地区、分行业的全部就业人员的全时当量数据，因此，只能选取次优变量，即各地区当年的就业人口。

人力资本投入：罗默（1990）和卢克斯（1988）的经济增长模型都将人力资本的规模看作影响经济增长的关键因素，且软件产业是知识密集型产业，从业人员的素质是软件产业增长的重要解释变量。Lucas（1988）将人力资本定义为其质量取决于教育程度的有效劳动力。本文采用各地区软件行业就业人员的平均受教育年限表示人力资本存量，具体为以各地区软件产业各受教育阶段的就业人数占总就业人数的百分比为权重，对受教育年限进行加权平均。推算时，考虑到软件产业是高新技术产业，对就业人员的受教育程度要求较高，因此按三个阶段进行划分，分别是研究生及以上、本科、大专及以下。相应的受教育年限分别为：研究生 20 年，本科 16 年，大专及以下 15 年。

2. 影响因素变量

地区信息化发展水平（Inf）：一个地区的软件产业的发展和技术效率的高低和该地区的信息化总体发展水平有一定的关系。因此，本文将地区的信息化发展水平作为软件产业技术效率的一个重要影响因素。地区的信息化发展水平选用国家统计局发布的《中国信息化发展指数统计监测年度报告(2013)》的信息化发展指数（IDI）表示。

产业专业化水平（Prof）：软件产业属于知识、资本和技术高密集型行业，其专业化水平高度依赖专业性人才储备。行业的专业人才与专业化水平存在更为直接的因果关系，因此选取了行业的软件研发人员数占总就业人数的比重作为代理变量。

研发投入水平（Rd）：研发投入对产业的技术效率的影响是显而易见的。本文选取各地区软件产业的研发经费占当年软件产业业务收入的比重来表示研发投入水平，本文取1年的滞后项。

政府支持的程度（Gov）：软件产业属于高新产业，产业的发展离不开政府的支持。政府部门不仅通过法律法规和产业政策等手段来促进产业发展，而且通过科技经费的拨款或研发资助的方式对产业发展提供直接的资金支持。本文拟用软件产业的研发经费的内部支出中政府资助的比例表示政府对当地软件产业的支持力度，由于数据不可得，因此使用各地区的研究与试验发展经费支出中政府资助的比例即当地政府对本地区的科技研发活动的支持力度代替，本文取1年的滞后项。

企业规模（Scal）：企业规模扩大会使企业获得规模经济效应，从而可以提高产业效率。本文用各省市的软件产业总业务收入除以该地区的软件产业企业数，即得该地区的软件产业平均企业规模。

上述变量的定义如表1所示。

表1 变量描述

变量名称	符号	变量说明
随机前沿生产函数模型		
产出	Y	新增业务收入，以2007年为基期
资本投入	K	固定资本存量，以2007年为基期
劳动投入	L	年均就业人口
人力资本投入	H	平均受教育年数
时间趋势	t	t=0，1，2，…，6
技术非效率影响因素模型		
信息化水平	Inf	信息化发展指数（IDI）
专业化水平	Prof	软件研发人员数占总就业人数的比重
研发投入水平	Rd	研发资金占软件产业业务收入的比重
政府支持水平	Gov	研发经费的内部支出中政府资助的比例
企业规模	Scal	总业务收入除以企业数

（二）模型设定

由于研究中不仅要考虑软件产业的技术进步，以及技术进步是否中性，还要考虑软件产业具有软件产品边际成本几乎为零、明显的规模报酬递增等特点，因此本文选用限制条件较少的超越对数生产函数（Trans-log）。因此，本文在 Battes 和 Coelli（1992，1995）模型与 Lucas（1988）经济增长模型基础上，运用包含人力资本的超越对数生产函数的随机前沿分析技术研究2007~2013 年我国 29 个省份的软件产业技术效率的问题。建立如下的随机前沿研究模型：

$$\begin{aligned} \ln Y_{it} = {} & \beta_0 + \beta_1 \ln K_{it} + \beta_2 \ln L_{it} + \beta_3 \ln H_{it} + \beta_4 t_t + \\ & 1/2\beta_5(\ln K_{it})^2 + 1/2\ \beta_6(\ln L_{it})^2 + 1/2\ \beta_7(\ln H_{it})^2 + 1/2\beta_8 t_t^2 + \\ & \beta_9 \ln K_{it} \ln L_{it} + \beta_{10} \ln K_{it} \ln H_{it} + \beta_{11} \ln L_{it} \ln H_{it} + \\ & \beta_{12} t_{it} \ln K_{it} + \beta_{13} t_t \ln L_{it} + \beta_{14} t_t \ln H_{it} + \nu_{it} - u_{it} \end{aligned} \tag{5}$$

模型设定生产函数为三项要素投入：资本（K）、劳动（L）和人力资本（H）；式中，ν_{it} 与 u_{it} 相互独立，ν_{it} 为第 i 地区的随机误差项，服从正态分布，ν_{it}~N（0，σ_v^2）；u_{it} 为第 i 地区的随机无效率项，呈非负的截断正态分布，$u_{it} \sim N^+(m_i = \delta' Z_i，\sigma_u^2)$。t 是时间趋势，表示技术变化。

在实际的生产活动中，有一些外部变量不直接进入生产，但是却对生产具有重要影响，考虑这些外在因素对生产的影响会得到更有效的估计结果。结合我国软件产业的发展实际，本文将软件产业的技术非效率模型设定如下：

$$m_{it} = \delta_0 + \delta_1 \mathrm{Inf}_{it} + \delta_2 \mathrm{Prof}_{it} + \delta_3 \mathrm{Rd}_{it-1} + \delta_4 \mathrm{Gov}_{it-1} + \delta_5 \mathrm{Scal}_{it} \tag{6}$$

式中，m_{it} 代表技术非效率，Inf_{it} 代表第 i 个地区的信息化发展指数（IDI），衡量地区的信息化水平对产业效率的影响；Prof_{it} 代表第 i 个地区的软件研发人员数占总就业人数的比重，衡量产业的专业化水平对产业效率的影响；Rd_{it-1} 代表第 i 个地区软件产业的研发经费占当年软件产业业务收入的比例，并考虑滞后一期，衡量自主创新能力对产业效率的影响；Gov_{it-1} 代表第 i 个地区软件产业研发经费的内部支出中政府资助的比例，并考虑滞后一期，衡量政府政策支持对产业效率的影响；Scal_{it} 代表第 i 个地区软件产业的平均企业规模，衡量企业规模对产业效率的影响。

四、实证结果及分析

根据上述研究方法和面板数据，本文利用 Frontier 4.1 对我国 29 个省份的软件产业2007~2013年技术效率及其影响因素进行了估计，具体实证分析结果如下。

（一）我国软件产业效率分析

根据表2，我们可以发现我国软件产业区域效率具有如下特征：

（1）2007~2013年，全国29个省份的软件产业技术效率均值为0.761，表明在不增加物质资本、劳动力和人力资本要素投入的前提下，如果各地区同时提高软件产业的技术效率，则在现有技术进步水平条件下，全国的软件产业的业务收入总量可在现有基础上提高23.9%。也就是在现有技术进步的条件下，我国软件产业还有很大的增长空间，提高软件产业技术效率是提高我国软件产业发展的一项主要措施。

表2 2007~2013年中国各地区软件产业技术效率结果

地区＼年份	2007	2008	2009	2010	2011	2012	2013
北京	0.941	0.921	0.970	0.983	0.987	0.990	0.991
天津	0.889	0.899	0.938	0.976	0.974	0.981	0.987
河北	0.540	0.552	0.550	0.836	0.765	0.751	0.766
山西	0.436	0.471	0.505	0.578	0.620	0.674	0.654
内蒙古	0.739	0.750	0.744	0.831	0.764	0.853	0.904
辽宁	0.724	0.758	0.886	0.910	0.913	0.915	0.907
吉林	0.752	0.711	0.744	0.769	0.771	0.782	0.849
黑龙江	0.554	0.560	0.589	0.587	0.613	0.661	0.719
上海	0.859	0.861	0.867	0.910	0.976	0.980	0.982
江苏	0.793	0.926	0.975	0.968	0.966	0.974	0.982
浙江	0.882	0.873	0.825	0.843	0.871	0.952	0.983
安徽	0.567	0.586	0.607	0.613	0.614	0.652	0.678
福建	0.945	0.884	0.987	0.948	0.925	0.940	0.901
江西	0.726	0.749	0.752	0.745	0.730	0.699	0.726
山东	0.678	0.838	0.872	0.878	0.932	0.960	0.971
河南	0.668	0.714	0.728	0.740	0.769	0.812	0.871
湖北	0.557	0.629	0.658	0.661	0.650	0.726	0.777
湖南	0.555	0.563	0.644	0.680	0.673	0.680	0.729
广东	0.863	0.910	0.948	0.936	0.955	0.966	0.981
广西	0.702	0.828	0.884	0.715	0.863	0.784	0.750
海南	0.414	0.503	0.440	0.525	0.554	0.764	0.730
重庆	0.598	0.664	0.684	0.751	0.776	0.849	0.903

续表

地区＼年份	2007	2008	2009	2010	2011	2012	2013
四川	0.851	0.903	0.847	0.896	0.975	0.984	0.987
贵州	0.583	0.582	0.842	0.762	0.710	0.757	0.786
云南	0.527	0.643	0.666	0.745	0.738	0.775	0.760
陕西	0.564	0.600	0.688	0.736	0.759	0.817	0.888
甘肃	0.566	0.604	0.610	0.636	0.640	0.644	0.679
宁夏	0.458	0.458	0.510	0.630	0.591	0.605	0.642
新疆	0.439	0.546	0.580	0.631	0.672	0.709	0.774
全国平均	0.668	0.706	0.743	0.773	0.784	0.815	0.837
东部平均	0.780	0.817	0.837	0.880	0.891	0.926	0.928
中部平均	0.585	0.619	0.649	0.669	0.676	0.707	0.739
西部平均	0.603	0.658	0.706	0.733	0.749	0.778	0.807
东北平均	0.677	0.677	0.740	0.755	0.765	0.786	0.825

（2）软件产业技术效率地区差异分析。从表 2 整个考察期的各区域的软件产业平均技术效率差异看，东部地区（TE = 0.866）> 全国平均水平（TE = 0.761）> 东北地区（TE = 0.746）> 西部地区（TE = 0.719）> 中部地区（TE = 0.663）。2007~2013 年，全国与各地区软件产业技术效率的逐年变化如图 1 所示，可直观看出东部、中部、西部和东北 4 个地区的年平均技术效率差异明显，其中东部地区遥遥领先于其他地区，其他三个地区的年平均技术效率均低于当年的全国年均值。软件产业年均技术效率的区域差异情况和软件产业目前的软件产业区域集聚趋势相一致。我国的软件产业明显集中于北起环

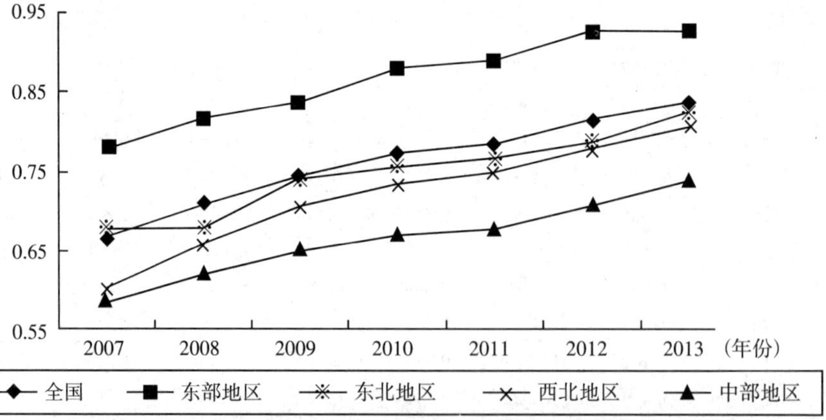

图 1 全国及各地区软件产业年均技术效率变化趋势

渤海地区、东至长三角地区、南到珠三角地区的“东部沿海带”，而西部地区由于成都、重庆、西安这3个西部重镇组成的“西三角”的后发优势，带领西部地区的软件产业发展势头很盛，在近些年竟然远远超过中部地区的发展。

从图1中还可以看出，全国软件产业的年平均技术效率在整个考察期内稳步增长的趋势明显。虽然中部和西部地区软件产业的技术效率水平偏低，但增长速度很快，而东部地区虽然技术效率水平最高，但增长速度最慢，说明我国整体的技术效率水平正沿着趋同化方向发展。

表3 全国和地区的软件产业平均技术效率增长率

单位：%

年份	2008	2009	2010	2011	2012	2013	平均
全国	5.69	5.24	4.04	1.42	3.95	2.70	3.84
东部地区	4.74	2.45	5.14	1.25	3.93	0.22	2.95
中部地区	5.81	4.85	3.08	1.05	4.59	4.53	3.98
西部地区	9.12	7.29	3.82	2.18	3.87	3.73	5.00
东北地区		9.31	2.03	1.32	2.75	4.96	3.39

从表3全国和地区的软件产业平均技术效率增长率看，西部地区的年均增长率最高，而且西部、中部、东北三地区的平均技术效率增长率均高于东部地区。这可能是由于我国软件产业发展初期国家政策有软件产业分布的地区倾向性导致了东部初始技术水平高于中西部，但中西部地区的年均技术增长率比较高，从另一个侧面反映出技术效率在一定程度上存在收敛性，软件产业技术效率的地区不平衡状态随着时间推移可能会有所改善。

（3）2013年我国软件产业技术效率区域差异分析。从图2可以看到2013年的我国软件产业各省市的技术效率情况，全国软件产业技术效率的平均值为0.837，超过技术效率平均值的有15个省份。在这15个省份中，四川、重庆、陕西和内蒙古属于西部地区，前三个省份正是在成都、重庆、西安这三个西部重镇的带动下，在软件产业技术效率普遍偏低的西部地区中独树一帜。此外，这15个省份中还包括了中部地区的河南和东北地区的辽宁，其余均属东部地区。2013年，我国29个省份中软件产业技术效率均值排在后十位的省份中，只有海南属于东部地区。

2013年软件产业技术效率最高的是北京（0.991），最低的是宁夏（0.642），北京软件产业的技术效率高出宁夏35.2%，较之2012年的38.9%，二者之间的差距有所减少。北京从2009年以来一直是我国软件产业技术效

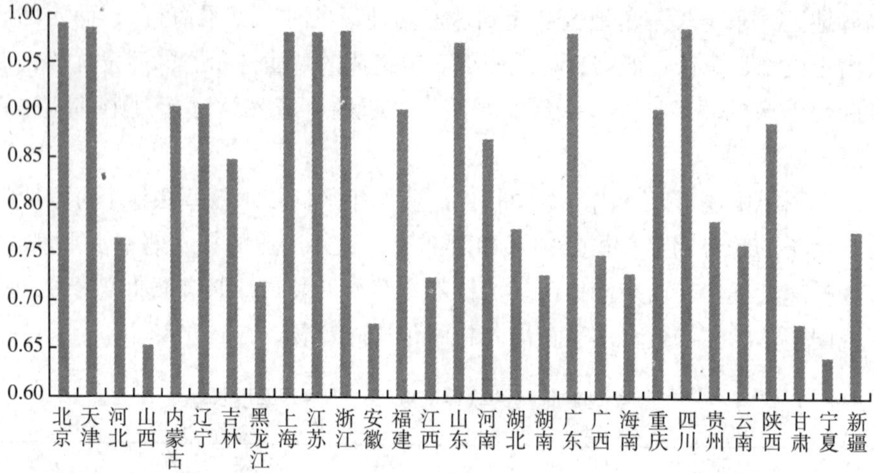

图 2 2013 年软件产业技术效率

率最高的省市，2013 年北京软件产业实现营业收入 241 亿元，其软件业务收入占现有 7 个“中国软件名城”① 的 56%。通过分析发现，一批关键技术突破有力支撑了北京市软件产业发展。宁夏作为我国软件产业发展比较落后的省市，在近些年也有了很大的进步，2013 年宁夏软件产业完成软件业务收入 7.93 亿元，同比增长 32.5%。但是，目前宁夏软件产业的发展还存在许多问题。首先，人才保障问题；其次，宁夏软件企业普遍缺乏软件产业的核心技术、现代管理经验、推广销售能力，在全国综合竞争力不高；最后，宁夏软件产业发展还在初级阶段，还没吸引到各级领导的关注，得到的公共服务资源不足。这些问题也是我国其他软件产业不发达地区所普遍面临的问题。

（二）模型回归结果分析

由于技术非效率模型中引入了较多的影响因素，因此有可能存在多重共线性问题。但相关系数检验表明，各影响因素之间的相关系数值都在 0.5 以下。因此，技术非效率模型中各解释变量的共线性问题较弱，不会对估计结果产生较大影响。利用 Frontier4.1 软件，使用极大似然法估计模型可获得各项参数。剔除了显著性较低的变量后的具体结果如表 4 所示。

---

① 2013 年 7 个“中国软件名城”包括南京、济南、成都、广州、深圳、上海、北京。

表 4 剔除非显著项后模型回归结果

	原模型		剔除非显著项后	
	待估参数	t 值	待估参数	t 值
截距	11.792	0.74	-0.449	-0.498
lnk	6.357*	1.965	0.359***	3.180
lnl	-7.620*	-2.037	0.799***	4.443
lnh	-14.107*	-1.914	0.895**	2.806
t	-0.287*	-1.883	-0.156***	-4.444
0.5(lnk)^2	-0.304*	-1.691	-0.086*	-1.816
0.5(lnl)^2	-0.284	-1.304		
0.5(lnh)^2	9.692*	1.790	1.795**	2.311
0.5t^2	-0.03*	-1.741	-0.04*	-1.806
0.5lnklnl	0.506*	1.356	0.043*	1.770
0.5lnklnh	-9.855	-0.882		
0.5lnllnh	13.966	1.126		
tlnk	0.081*	2.006	0.023***	3.797
tlnl	-0.008	-0.442		
tlnh	0.015	0.018		
截距	1.116***	8.409	1.049***	7.688
Inf	-0.848***	-4.440	-0.764***	-4.059
Prof	-0.135*	-1.450	-0.149*	-1.417
Rd	0.831***	4.004	0.891***	4.221
Gov	0.244***	3.244	0.239***	2.800
Scal	-0.756***	-8.275	-0.766***	-10.405
σ^2	0.013***	7.502	0.013***	6.960
	0.929***	19.248	0.870***	20.498
log 函数值	-196.5		-194.66	
LR	180.67		179.4	

注：* 表示 10%的显著性水平，** 表示 5%的显著性水平，*** 表示 1%的显著性水平。

通过观察模型的各项统计指标，可以发现该模型的设定是比较合理的。模型在去掉了 5 个显著性较低的交叉项后其他系数均显著，因此本文采用剔除非显著项后的模型进行分析。根据表 4，我们可以得出以下研究结论：

（1）该模型的 LR 统计检验值（179.4）在 1%水平下显著，其值为 0.87，表明前沿生产函数的误差中有近 87%来源于无效率影响因素，不可控因素产生的噪声仅占较小比重。这就说明式（5）和式（6）中的误差项均有着较为明显的复合结构，因此对技术非效率的影响因素进行分析显得非常有必要且有意义。所以，对于基于面板数据的我国软件产业技术效率研究使用SFA方法是必需的。

（2）我国软件产业效率影响因素分析。本文重点考察了信息化水平、专业化水平、研发投入水平、政府支持水平和企业规模对我国软件产业的技术效率的影响。在实证结果中我们发现这5个因素都通过了显著性检验，下面分别就这5个影响因素进行详细论述。

地区信息化发展水平（Inf）的系数为-0.764，与理论预期相同。可以看出信息化水平是软件产业技术效率的一种重要影响因素。信息化发展水平比较高的省市，都有比较完善的信息化基础设施建设，为软件产业的发展提供了良好基础。此外，优秀的信息化人才队伍建设、信息化研究与开发经费保障都为软件产业效率的提高提供了保障。

产业专业化水平（Prof）的系数为-0.149。这反映了软件产品研发人员是软件产业生产队伍的核心，产业专业化水平越高，员工进行软件产品开发的整体能力越强，技术效率的提高速度越快。产业专业化技术水平与产业技术效率之间的正向相关性还可以利用软件产业内知识的流动特点进行解释。一个软件企业中研发人员所占的比重越高，该企业能通过知识在行业内扩散的获益越多。这主要是两方面的原因：一是企业中研发人员比重能够反映该企业对外部知识的吸收能力，比重越大，该能力越强；二是随着研发人员比例的升高，知识在企业内部流动的范围加大。

研发投入水平（Rd）的系数为0.891。这个分析结果与许多现有经验性推断是不一致的，因为大多数经验性推断认为在软件产业中，研究投入水平与软件产业的技术效率之间存在正向的相关关系，即研究投入水平越高，产业技术效率越高。本文实证结果与其他学者的相关研究结论也不一致。何锋和谭本艳（2009）实证分析了我国研发投入与研发效率的相关性，结果表明研发投入越高，研发效率越高。陈虹霁和陈德智（2012）研究显示R&D投资与销售收入呈显著正相关。而本文得到研发投入水平和软件产业的技术效率的负向关系，主要是因为我国的软件产业还处于成长期前期，产业体系结构还不完善，尚存在许多问题，因此在实证过程中会得到一些看似不合理的结果。对于我国软件产业而言，软件企业的规模较小，企业的技术研发实力不强，即使是已经具有一定规模的软件企业，它们所提供的多是一些没有自主知识产权的产品，产品的技术含量较低。它们还没有能力通过研究开发活动建立坚固的市场进入壁垒。所以，对于中国软件产业而言，如何提高研发效率、如何拥有核心技术和自主知识产权是我国软件产业目前面临的现实问题，而且，只强调对我国软件产业研发增大资金投入力度并无益于问题的解决。

政府支持的程度（Gov）的系数为 0.239，说明政府对软件产业的资助不仅没有使软件产业的技术效率有所提升，反而使其下降了，而且这种影响很明显。造成这一现象的原因可能在于：政府支持更加注重产业主体的社会效益，而对其经济效益的关心程度不高；政府部门的资助易受寻租活动和行政隶属关系的影响，从而使支持的力量无法作用于有效的方向；政府对投入的政策资金缺乏有效的监督机制。但也有学者认为政府的资助一定程度挤出了企业的研发投资，反而在整体上降低了研发的产出水平。软件产业作为战略性新兴产业，它的发展离不开政府的支持，但就现状而言，政府部门为推动我国软件产业的 R&D 活动而直接给予资金上的支持并不是一种很有效率的做法，因为这对于提升软件产业的绩效及竞争力并未产生直接的影响。通过税收优惠、政府采购等间接性政策工具支持软件产业 R&D 活动也许是更值得推荐的做法。

企业规模（Scal）的系数为-0.766，说明平均企业规模的扩大会提高软件产业的技术效率，而且这种正向关系很强烈。这与前面分析的软件产业具有规模收益递增的结论相一致。企业规模和产业效率的正向关系可以从以下几个方面进行分析。第一，规模较大的企业通常具有更强的经济实力，因此拥有更多的资源引入先进的管理体系和工具以专门提高自身的研发效率；第二，具有较大规模的软件企业内部的专业化分工程度通常较高，研发人员更趋于专业化；第三，软件产品的技术特征等决定了软件产业市场结构的特点——竞争性垄断市场，在技术创新频率很高的软件产业，很容易形成处于垄断地位的、规模较大的企业。

五、研究结论

本文基于内生增长理论，采用三投入超越对数形式的随机前沿面板模型，考察了中国各省份 2007 年以来软件产业的技术效率变迁，给出了随机前沿面板模型的回归结果和技术效率的估计结果。同时使用 Frontier4.1 软件对那些影响产业效率的关键因素进行了分析。通过对我国 29 个省份的软件产业2007~2013年技术效率的估计结果进行分析发现，全国软件产业的年平均技术效率在整个考察期内具有稳步增长的趋势，而且东部、中部、西部和东北4个地区的年平均技术效率差异明显，其中东部地区遥遥领先于其他地区。同时，从全国和地区的软件产业平均技术效率增长率来看，西部地区的年均增长率最高，而且西部、中部、东北3个地区的平均技术效率增长率均高于东部地区，说明地区间的差异随着时间的推移在慢慢变小。从2013年的我国软件产业各省份的技术效率情况看，全国软件产业技术效率的平均值为0.837，说明我国软件产业的技术效率还是比较高的。2013年软件产业技术效率最高的是北京（0.991），最低的是宁夏（0.642），北京软件产业的技术效率高出宁夏35.2%。通过对两省份的对比分析，可以找出两者之间的差距，并发现造成差距的原因，如人才培养、产业政策、技术创新等。

本文通过对效率影响模型的实证分析，得出信息化水平、专业化水平、研发投入水平、政府支持水平和企业规模对我国软件产业的技术效率有非常明显的影响。其中，信息化水平、专业化水平和企业规模对软件产业的技术效率有正面影响，而研发投入水平和政府支持水平对技术效率有负面的影响。针对软件产业技术效率影响因素的分析，本文对软件产业发展提出如下建议。首先，优先扶持和发展软件产业已经成为世界许多国家的重要政府行为，而且政府政策的扶持力度对软件产业的发展具有决定性的作用，应该加大我国政府对软件产业发展的支持力度，但扶持政策应该以税收优惠、政府采购等间接性政策工具为主，以此促进软件产业R&D活动的开展；其次，要加强对软件产品研发人员的培养，在培养过程中注意人才培养的层次性、教学内容的更新、能力素质和英语沟通能力的培养等几个方面的问题；再次，要完善以企业为主体、以市场为导向、产学研相结合的技术创新体系，突破关键核心技术，加强创新成果产业化，提高软件产业核心竞争力；最后，我国软件产业发展必须将国际市场与国内市场结合起来，既要重视离岸的外包市场，更要重视国内的市场需求。

参考文献

[1] Aigner D., Lovell C. A. K., Schmidt P. Formulation and Estimation of Stochastic Frontier Production Function Models [J]. Journal of Econometrics, 1977, 6 (1): 21-37.

[2] Arora A., Arunachalam V. S., Asundi J., et al. The Indian Software Services Industry [J]. Research Policy, 2001, 30 (8): 1267-1287.

[3] Baba Y., Takai S., Mizuta Y. The Japanese Software Industry: The "Hub Structure" Approach [J]. Research Policy, 1995, 24 (3): 473-486.

[4] Bagchi S. India's Software Industry: The People Dimension [J]. Software, IEEE, 1999, 16 (3): 62-65.

[5] Battese G. E., Coelli T. J. A Model for Technical Inefficiency Effects in A Stochastic Frontier Production Function for Panel Data [J]. Empirical Economics, 1995, 20(2): 325-332.

[6] Battese G. E., Coelli T. J. Frontier Production Functions, Technical Efficiency and Panel Data: With Application to Paddy Farmers in India [J]. Journal of Productivity Analysis, 1992, 3 (1-2): 153-169.

[7] Farrell M. J. The Measurement of Productive Efficiency [J]. Journal of the Royal Statistical Society, Series A (General), 1957, 120 (3): 253-290.

[8] Jorgenson D. W., Griliches Z. The Explanation of Productivity Change [J]. The Review of Economic Studies, 1967, 34 (3): 1967.

[9] Jorgenson D. W. Information Technology and the U.S. Economy [J]. Harvard Institute of Economic Research Working Papers, 2001, 91 (1): 1-32.

[10] Kumbhakar S. C., Ghosh S., McGuckin J. T. A Generalized Production Frontier Approach for Estimating Determinants of Inefficiency in U.S. Dairy Farms [J]. Journal of Business & Economic Statistics, 1991, 9 (3): 279-286.

[11] Leibenstein H. Allocative Efficiency vs. "X-Efficiency" [J]. The American Economic Review, 1966, 56 (3): 392-415.

[12] Lucas Jr. R. E. On the Mechanics of Economic Development [J]. Journal of Monetary Economics, 1988, 22 (1): 3-42.

[13] Meeusen W., van den Broeck J. Efficiency Estimation from Cobb-Douglas Production Functions with Composed Error [J]. International Economic Review, 1977, 18 (2): 435-445.

[14] Patibandla M., Petersen B. Role of Transnational Corporations in the Evolution of a High-Tech Industry: The Case of India's Software Industry [J]. World Development, 2002, 30 (9): 1561-1577.

[15] Yahya F. The Dragon Arises: China's Challenge to India in Software Development [J]. India Review, 2002, 1 (4): 91-122.

[16] 陈娜. 基于 DEA 的我国上市软件公司经营效率评价 [D]. 西北农林科技大学博士学位论文，2013.

[17] 高爱雄，李娟. 基于层次分析法的西安软件产业集群绩效研究 [J]. 西安邮电学院学报，2008 (2).

[18] 贺力. 我国软件产业全要素生产率研究 [D]. 浙江工商大学博士学位论文，

2008.

[19] 姜熙. 基于 DEA 的我国软件产业横向与纵向效率评估 [D]. 北京邮电大学经济管理学院博士学位论文，2009.

[20] 刘园园，苏秦，陈婷. 基于 DRF 和 DEA 方法中国主要软件园投入产出效率评价 [J]. 科技管理研究，2009 (7).

[21] 邵金菊，王培. 中国软件服务业投入产出效率及影响因素实证分析 [J]. 管理世界，2013 (7).

[22] 吴雷，时晓晖. 我国软件业发展的影响因素分析与实证研究 [J]. 经济视角（下），2013 (10).

[23] 吴文清，赵黎明. 中国国家软件产业基地动态效率评价 [J]. 工业工程，2012 (6).

[24] 张才明，周正卿，王烨. 我国上市软件公司全要素生产率实证研究 [J]. 技术经济与管理研究，2011 (2).

[25] 朱方洲. 国家软件产业基地运营效率研究——基于三阶 DE 模型 [J]. 华东经济管理，2013 (12).

碳关税背景下中国外贸出口竞争力的趋势研究

金文龙
（福建师范大学经济学院，福建福州 350108）

一、引 言

（一）问题的提出

工业现代化是人类生存和发展的巨大成就，但目前以能源资源巨大消耗为主的粗放型工业发展方式给资源和环境带来了巨大压力，以二氧化碳为主的温室气体大量排放形成温室效应，导致气候变化并对生态环境造成严重影响，成为全球性公共环境问题。因此，20 世纪 80 年代以来，IPCC 等国际组织先后建立起来，协调各国减少温室气体排放，加强国际碳减排合作，虽然在责任认定和碳减排任务分配上存在诸多分歧，但清洁发展机制（CDM）、碳排放权交易和碳关税等各种形式的碳减排机制逐步实施，较好地提高了国际碳减排成效。虽然节能减排有利于资源节约和环境保护，但在当前清洁能源供应不足和成本较高情况下，只能减少化石能源消耗，从而影响产出水平并提高企业成本，削弱企业竞争力。

［作者简介］金文龙（1988—），男，江西高安人，福建师范大学经济学院 2013 级数量经济学研究生，数量经济学专业。

因此，碳减排自然成为各个国家政治经济博弈的焦点之一。在各个国家对外贸易中，碳关税越来越成为对外贸易自我保护的一种手段，而中国作为资源型能耗消费大国，不可避免地应该在环境保护和经济发展之间权衡。中国如果抓住经济转型发展的契机，大力转变外贸发展方式，规避碳关税带来的不利影响，对于提升国家综合竞争力具有重要实际意义。

碳关税是指对煤炭、石油、天然气等能源进行征收的一种税种，按照能源中碳含量进行征收并以减少二氧化碳排放为目的。由于碳关税的收取，必然会增加企业的成本，降低利润，使得企业提高价格，降低产量，从而达到碳减排的目标。由于 CO_2 主要产生于能源消费过程，而且对 CO_2 排放的监控与核算较为困难，因此可以将碳税的征收对象由 CO_2 转化为相应的能源产品，根据不同能源品种的含碳量进行征收。碳税收取的经济学理由：由庇古效应可知，通过各种经济手段，使污染物的制造降低，直到边际防治成本等于污染税率为止，使得经济效益在保护环境的前提下达到最大。不仅如此，应诱导厂商走向低耗能产业，引导消费者消费低耗能产品，从供给和需求两方面双向减少碳排放。

可计算一般均衡（Computable General Equilibrium，CGE）模型从 20 世纪 60 年代开始引起人们的研究兴趣，经过近半个世纪的发展，目前已日趋成熟。CGE 模型连接要素市场、产品市场和经济主体的行为，既反映市场的作用，又突出微观部门的联系。由于 CGE 模型具有很强的微观性、一般均衡等特点，加上它相对于模型规模整体而言所要求的数据有限，因此应用越来越广。CGE 模型所描述的是经济个体在追求各自利益最大化的过程中，经济总体达到一般均衡的情形，基于该种情形，财货、劳务、资本及外汇市场同时达到供需均衡。

（二）国内外研究现状

综观碳关税的研究，一般认为实施全球统一碳关税是防止发生碳泄漏、避免发达国家碳密集型产品竞争力损失的一种有效机制（Nordhaus，2006；Stightz，2006），因为一般意义的“绿色关税”给贸易与环境带来的影响是有利于增加绿色研发投资，促进企业从事减排研发活动，使生产转向环境标准较高的地区（Naghavi，2007）。通过碳关税等贸易制裁手段，各国有显著的意愿参与国际环境协定，有利于气候保护的国际合作（Lessmann，2009）。但也有不同的看法，Kuik 和 Hofkes（2010）认为，碳关税对全球环境的改善效果并不突出。国内关注碳关税的研究比较及时，朱永彬（2010）认为，从环境效率角度而言，碳关税的减排效率很低。但张君（2009）、沈可挺（2010）等在分析国际碳减排合作和竞争复杂背景的基础上，探讨了欧美等国家推进碳关税的内在原因，认为推行碳关税是发达国家维护自身利益的必然选择。

近年来，中国对外贸易发展迅速，但出口产品消耗了大量资源和能源，隐含碳排放量巨大（邹玉娟，2010）；兰宜生（2010）采用投入产出法分析认为，“高出口、高能耗”成为我国外贸及经济增长的重要特征，中国是内涵能源净出口大国。Shui 和 Hdrriss（2006）计算得出中国二氧化碳排放量中的 7%~14%是由对美国出口的商品造成的；Wang 和 Watson（2007）的研究表明，2004 年我国净出口商品隐含碳排放占当年总排放的 23%，Weber（2008）发现 2005 年的这一比重为 1/3；齐晔（2008）、谢来辉（2008）、左明（2014）、周长荣（2014）、朱启荣（2010）等其他研究对中国进出口贸易隐含能源和隐含碳排放量的测算结果虽略有差异，但基本结论较为一致，均认为中国出口产品的能源消耗和碳排放量对全国总能耗和总排放量具有重要影响。

因此，欧美国家提议的针对高耗能进口产品特别征收的碳关税将使中国面临较大的潜在冲击。黄庆波、王孟孟、薛金燕、李焱（2014）分别利用 CGE 模型和 GTAP 模型的模拟结果表明，碳关税政策会使得我国经济状况恶化，能源密集型产品出口量急剧下降，社会投资、劳动就业和居民收入下降，企业成本和产品价格上升，国际竞争力减弱。刘小川（2009）和鲍勤（2010）等也研究了碳关税对我国外贸出口总额的不利影响，但余玲（2011）认为碳关税实施有利于我国当前国际收支“双顺差”的调节。具体到碳关税对中国产品出口的影响，沈可挺（2010）的模型评估结果表明，碳关税可能使中国工业部门的总产量、出口量和就业岗位有不同程度的下降，而且会产生长期的影响。崔兴岩、李清如、孙妮（2014）和詹晶（2011）分别分析了碳关税对我国机电产品和农产品出口的影响，徐斌、李彦江、吴千羽（2015）则分析了碳关税对高耗能、高碳产业的影响。

上述研究无疑增进了人们对碳关税的了解，但都是对中国影响的单向分析，缺少双向乃至多向的综合研究，也没有从国际竞争力的角度来考虑碳关税对外贸出口的影响和变化趋势，特别是在世界各国之间复杂的贸易关系中，迫切需要我们深入研究如何降低碳关税的不利影响，并充分利用碳关税这一工具，提升中国外贸出口竞争力，从而维护国家经济安全和长期利益。

（三）本文创新点及研究思路

外贸政策的制定是否合理不是靠主观想象的，而应该建立在深入的理论和时间分析基础上，通过数学模型和计量经济模型分析得来。本文拟构建中国外贸出口碳关税多部门的CGE模型，为中国外贸出口竞争力提供一种新的视角。本文创新之处在于结合中国外贸实际数据的可获得性，构建CGE模型，并进行参数估计和模型求解，为中国外贸出口竞争力趋势变化提供基本依据。

本文从可计算一般均衡模型出发，提出构建中国碳关税的CGE模型，主要运用计量经济学方法对模型相关参数进行估计。在参数估计的基础上，分析碳关税背景下对中国外贸出口的影响。本文共分为三部分对碳关税的CGE进行系统介绍。第一部分是引言，主要是介绍研究背景、必要性、国内外研究进展和对本文创新点进行阐述。第二部分是实证分析，介绍模型的构建，数据的获取，参数估计和结果分析。第三部分是研究结论及政策建议，对模型估计结果进行评价并提出合适建议。

二、实证分析

（一）模型构建原理和基本结构

CGE模型其实是将抽象变为具体，并用数值计算的模型，其表明的是经济体中供给和需求在各个部门之间的平衡关系。而这必然涉及多个方程，在这一系列方程组中，内生变量和外生变量均会对经济体中的部门造成影响，甚至影响整个经济体。在本文中，我们构建企业、政府和国外三部门模型研究碳关税对进出口贸易的影响。对于各个部门，经济体行为规则的追求或者约束其实是生产者利益最大化、成本价格最低化，政府整体利益最大化。我们假设经济体是完全公平竞争，经济体中的要素为劳动力和资本，经济体中决策信号的选择是价格。在这三部门中，企业是零经济利润的，即企业所有的收入用于支出；政府是经济的调控者，主要是利用税收和政府支出调控经济；国外主要是利用进出口贸易所形成的贸易顺差或逆差作为外汇收入，如图 1 所示。

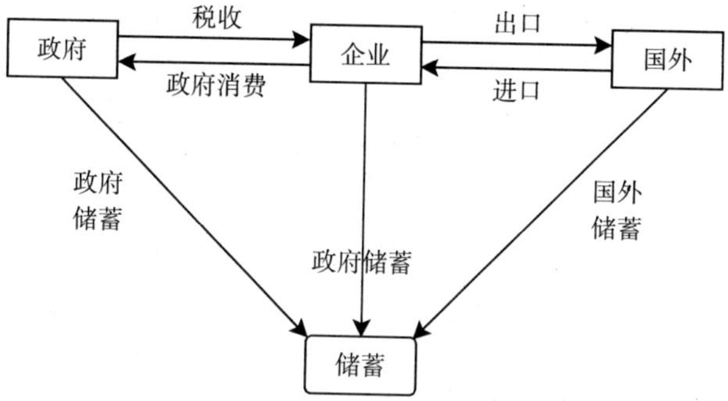

图 1 三部门模型

在三部门经济体中，可进一步扩展为企业、政府、国外、要素、商品、资本、生产等之间的经济循环，以此构成一个完整的 CGE 模型。本文使用软件为 GAMS（General Algebraic Modeling System）软件。它是一种针对非线性、线性以及混合多目标线性等模型的求解系统，尤其是对求解复杂的、超大规模的数学模型具有分成明显的优势。

GAMS 软件工作的流程：第一步，使用程序编辑器完成代码的输入；第二步，使用 GAMS 算法求解器求解模型；第三步，对 GAMS 的运算输出文件中的结果信息进行解答。利用 GAMS 求解 CGE 模型均衡解的流程如图 2 所示。

为了将中国与其他国家的外贸进出口相关变量联系起来，可以看到，本国的进口/出口就是外国的出口/进口。因为是静态模型，所以项目的变动可以视为国际转移支付。模型中所涉及的方程如下：

对于企业来说，有：

$$QA_n=\alpha_n^q[\delta_n^q QVA_\alpha^{\rho v}+(1-\delta_n^q QINTA_\alpha^{\rho v})]^{\rho v},\ \alpha\in A \tag{1}$$

$$PA_\alpha=PVA_\alpha=\frac{QVA_\alpha}{QA_\alpha}+PINTA_\alpha\frac{QINTA_\alpha}{QA_\alpha} \tag{2}$$

$$QVA_\alpha=\alpha_a^{va}\ [\delta_a^{va}QLD_a^{\rho_a^{va}}+(1-\delta_a^{va})QKD_a^{\rho_a^{va}}]_{\rho_a}^{\overline{va}} \tag{3}$$

$$PVA_\alpha\cdot QVA_\alpha=WL\cdot QLD_n+WK\cdot QKD_n \tag{4}$$

$$QINT_{aa'}=i\alpha_{aa'}\cdot QINTA_a \tag{5}$$

$$PINTA_a=\sum i\alpha_{aa'}\cdot PA_a \tag{6}$$

式中，QA 是生产商品的数量，PA 是生产商品的价格，QVA 是增值总

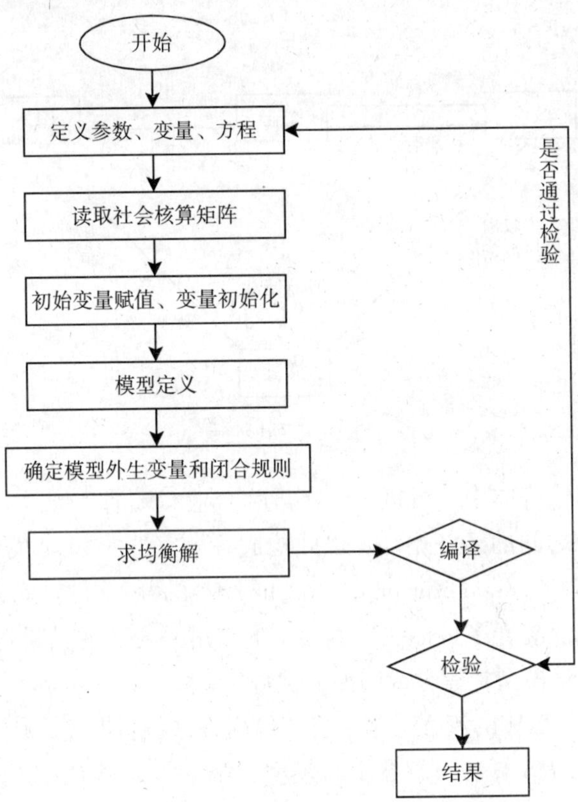

图 2　工作流程

投入数量，PVA 是增值总价格指数，QINTA 是中间投入总量，PINTA 是中间投入总价格指数，$i\alpha_{aa'}$为投入产出系数，ρ、δ、α 从下文中 SAM 表中估计校核得出。式（1）、式（2）是第一层嵌套函数，式（3）、式（4）、式（5）和式（6）是第二层嵌套函数，对于对外进出口来说，有：

$$QA_a = \sum QINT_{aa'} + QH_a + QINH_a + \overline{QG}_a + QE_a \tag{7}$$

式中，$QINT_{aa'}$表示生产函数中各个中间投入变量，$QINH_a$ 表示投资需求的变量，QE_a 表示出口商品的变量。

对于政府来说，有：

$$YG = tarQ_c + \sum t\alpha_a \cdot PA_a QA_a + tins_h \cdot YH + tins_{ent} + trnsfr_{govrow} \tag{8}$$

$$EG = \sum PA_a \overline{QG}_a + trnsfr_{hgov} \tag{9}$$

$$GSAV = YG - EG \tag{10}$$

式中，tar 表示碳税税率，Q_c 为天然气、石油、煤炭等能源产量，YG

表示政府财政总收入，EG 表示政府财政总支出，$\overline{QG_a}$ 表示政府的消费量，$t\alpha_a$ 表示除碳税以外的其他的税种，$trnsfr_{govrow}$ 表示国外对政府的转移支付，GSAV 表示财政赤字或盈余。

对于投资储蓄而言，有：

$$XI = S^h + S^e + S^g + ER\overline{S^f} \quad (11)$$

$$XD_i^d = XD_i^s \quad (12)$$

$$\bar{L} = \sum D_i^d \quad (13)$$

$$\bar{K} = \sum K_i^d \quad (14)$$

式中，S^h 表示国内居民储蓄，S^e 表示企业储蓄，S^g 表示政府储蓄，$\overline{ERS^f}$ 表示国外储蓄，$\bar{L}$、$\bar{K}$ 表示劳动总量、资本总量。

CGE 模型中的主要均衡关系都包含投资与储蓄、劳动与资本之间的均衡关系。上述方程组需要转化为 GAMS 可以求解的最优解问题。

（二）数据来源

由于对碳关税采用根据生产消费部门的产出产量所排放的二氧化碳确定的税率水平，即从量税税率，因此需要把从量税税率转化为从价税税率，转化公式如下：

$$t_{co_2} = \frac{EC_i}{X_i} tC$$

式中，t_{co_2}表示对 i 种能源产品征收的从价碳税率，EC_i 为 i 种能源产品所产生的碳排放量，X_i 为对应于生产性碳税和消费性碳税下的 i 种能源产品的产值或消费量值，tC 表示从量碳税率。因此碳税总额 TC 满足从价税与从量税：$TC = \sum_i (t_{co_2} X_i) = \sum \left[\frac{EC_i}{X_i} tCX \right]$。

由此，便可将能源产品顺利提取碳含量。碳关税的成本体现在出口产品价格中，在计算单位商品的碳排放时，可以将产品能源投入量转化为煤消耗量，再利用碳排放系数，氧化率计算出商品过程中的碳排放量。数据来源于《中国能源统计年鉴》(2013)，结果如表 1 所示。

本文所用数据全部来自 2013 年《中国统计年鉴》、2013 年全国投入产出延长表、2013 年《中国财政年鉴》，2013 年《中国能源统计年鉴》。

表1 碳排放转化系数

	碳排放系数	氧化率
煤炭	25	0.94
石油	20	0.99
天然气	16	0.99
焦炭	26	0.93
电力	0	—
燃气	14	0.98
石油加工	20	0.99

（三）CGE模型相关参数的设定

由于本模型是静态模型，所以CGE模型中的参数主要有两类：弹性系数和其他参数。弹性系数主要是通过其他科研人员的现有研究估值或者从统计数据分析而来。结合相关文献和科研成果，表2列出了相关的弹性系数值。其他参数从社会核算矩阵中获取。

表2 部分参数的弹性值

替代弹性名称	弹性参考数值
石油天然气开采业的进口产品和国内产品	3
石油天然气开采业的出口产品和国内产品	4
农业的进口产品和国内产品	3
农业的出口产品和国内产品	5
制造业的进口产品和国内产品	3
制造业的出口产品和国内产品	5
建筑业的进口产品和国内产品	3
建筑业的出口产品和国内产品	5
服务业的进口产品和国内产品	2
服务业的出口产品和国内产品	4
生产部门的煤炭和石油	1.25
生产部门的能源和资本	0.3
生产函数的资本和劳动	0.9
生产函数中中间品和初始投入	0.3
进口商品和国内商品	3
出口商品	1.2
化石能源	1.3
煤炭出口和国内供应	4

（四）社会核算矩阵及其编制

1. 社会核算矩阵

社会核算矩阵（Social Accounting Matrix，SAM）主要是描述经济体中国民收入，生产要素账户及投入产出数据的具体信息，以表达一定时期内各个要素之间的具体经济关系。它是以矩阵形式表示国民经济核算体系账户，它是一套连接所有经济交易，对生产活动、生产要素和社会经济组织进行分解和分类的完整体系。其主要作用：一是可以全面描述某一特定时期内的社会经济状况；二是可以整合和校准各类统计资料；三是可以作为复杂经济模型的建模工具。之所以要编制社会核算矩阵，因为社会核算矩阵是解决CGE模型数据问题的基础，由于CGE模型构建中有相当数量的参数，很多参数需要充分使用SAM表中的具体数据进行求解，从而得到参数的具体数值，因此SAM对CGE模型具有重要意义。在指定的表中，数据来源分别是2013年《中国统计年鉴》、2013年全国投入产出延长表、2013年《中国财政年鉴》等。

SAM表中主要有六个账户：商品、要素、企业、政府、国外和储蓄—投资账户。由于SAM表数据来源复杂，很容易导致数据的不平衡性。为了使SAM表数据平衡，可以采用最小二乘法。SAM表是一个$n\times n$的矩阵，用Q_{ij}来表示每一个单元格。最小二乘法可以使平方差的和最小化，即：

$$\min z=\sum_{i}^{n}\sum_{j}^{n}(Q_{ij}-\overline{Q_{ij}}-1)^{2} \tag{15}$$

在此过程中，必须遵守：

$$\sum_{i}^{n}\overline{Q_{ik}}=\sum_{j}\overline{Q_{ik}}，k=1，\cdots，n \tag{16}$$

在很多情形下，会出现经济体中居民收入小于其支出的数据，可能原因是很多灰色收入没有计算进去，这需要根据已有的知识进行适当的调整。

2. 2013年社会核算矩阵

本文以2013年投入产出表的60多个生产部门作为基础，将其整理合并为第一产业、煤炭石油天然气、第二产业和第三产业。在此基础上，同时细分为机电产品、金属及其制品、矿物材料制品、化工橡胶制品、木材加工制品、煤炭业、石油天然气、服装皮革、纺织业和食品加工业工10小类。

根据2013年全国投入产出延长表、2013年《中国统计年鉴》和《中国财政年鉴》，编算出宏观社会核算表，如表3所示。

表3 2013年宏观SAM表

单位：亿元

	商品	要素	企业	政府	国外	投资储蓄
商品				63285.0	167648.9	254376.7
要素						
企业		178393.7				
政府	3038.9		9763.9		–9654.5	
国外	101233.5					
投资储蓄	235564.3		152331.2	9768.1	–7322.3	

本文将根据上述SAM表的参数，利用GAMS进行CGE模型参数的求解。

(五) 碳关税背景下中国外贸出口竞争力模拟分析

本文在CGE模型的基础上，在上述碳引入方式的基础上编制SAM数据，分别设置碳税为10美元/吨碳、50美元/吨碳、100美元/吨碳、150美元/吨碳、200美元/吨碳。

本文通过对碳关税模型的建立，利用GAMS软件进行计算，研究不同碳税水平下对不同产业产量的影响、对我国进出口贸易的影响以及对我国外贸进出口竞争力的影响。

1. 碳关税对三大产业产量的影响

碳关税的征收会对不同行业或者产业产生重大影响。从表4可以看出，碳关税的征收可以刺激和加速经济体中对清洁能源的使用，重视低碳经济的发展。其他产业的产量也呈现下降趋势，这是因为碳关税对企业来说会增加其成本，但是对政府来说却可以增加收入，又会进行二次使用。对于所有的产业，随着碳关税的增加，各产业产量呈现下降趋势，这也正符合了随着成本增加，产量减少的经济学原理。从表4还可以看出，碳关税对第一、第三产业影响不大，对第二产业影响较大。当碳关税达到200美元/吨碳时，第

表4 各种碳关税税率对三大产业产量的影响

单位：%

	10（美元/吨碳）	50（美元/吨碳）	100（美元/吨碳）	150（美元/吨碳）	200（美元/吨碳）
第一产业	–0.2	–0.5	–0.8	–1.3	–2.2
第二产业	–0.5	–9.5	–28.4	–34.6	–40.5
第三产业	–0.05	–0.5	–5.7	–6.7	–7.2

二产业产量下降 40.5%，第三产业产量下降 7.2%，这样巨额的产量下降将极大降低相关产业对高耗能能源的需求。

2. 碳关税对细分产业产量的影响

碳关税对细分的每一类产业也会产生不同的影响。如表 5 所示。

表 5 各种碳关税税率对不同产业产量的影响

单位：%

	10（美元/吨碳）	50（美元/吨碳）	100（美元/吨碳）	150（美元/吨碳）	200（美元/吨碳）
机电产品	−0.002	−0.065	−0.083	−1.327	−1.793
金属及其制品	−0.825	−1.528	−2.934	−4.162	−5.752
矿物材料制品	−1.425	−2.355	−4.732	−6.171	−7.212
化工橡胶制品	−1.684	−3.346	−6.723	−8.243	−10.659
木材加工制品	0.035	0.072	0.0124	0.0142	0.039
煤炭	−4.5	−30.5	−45.8	−72.5	−90.3
石油天然气	−2.7	−25.2	−42.4	−55.8	−76.5
服装皮革	0.007	0.014	0.022	0.021	0.018
纺织业	−0.020	−0.042	−0.071	−0.054	−0.065
食品加工业	−0.052	−0.101	−0.176	−0.171	−0.188

从表 5 可以看出，碳关税除对木材加工制品和服装皮革的影响为正面的，对于其他细分产业的影响均是负面的。由于服装皮革制品和木材加工在碳关税逐渐递增的影响下，其产量变化是微乎其微的，所以基本上可以认为上面两种产业的出口量不受碳关税的影响。其他八个产业都受碳关税的影响，并且随着碳关税税率的增加，出口产量大体上呈现出不同程度的下降。尤其是对煤炭石油产业影响很大。当碳关税达到 200 美元/吨碳时，煤炭产业产量下降 90.3%，石油天然气产业产量下降 76.5%，巨额的产量下降将极大降低相关产业对高耗能能源的需求。由于市场是完全竞争的，所以所有的碳关税最终会被市场消化，从而导致各产业减少高耗能的资源的使用。从以上结果可以看出，能源密集型产业对碳关税税率的反应更加敏感。随着碳关税税率的增多，各产业出口的降幅增大，导致我国出口产品的国际竞争力会逐渐削弱。受碳关税政策影响较严重的行业分别是化工橡胶制品行业、石油煤炭加工工业以及造纸业等。从福利水平看，碳关税征收会使得我国社会福利水平显著下降，征收国国家福利水平提高，但总体而言，会使得全球福利水平遭受损失。

3. 碳关税对进出口贸易的影响

模拟结果显示，碳关税的征收会增加进出口商品的成本，随着碳关税税率的增加，碳关税总额也会随之增加，这会导致大量出口产品国财富流失。对于我国而言，由于我国出口的产品能耗性相对较大，所以不同的税率对我国的对外贸易造成很大的破坏，从图3可以看出，随着碳关税税率的提高，碳关税总额也随之递增。

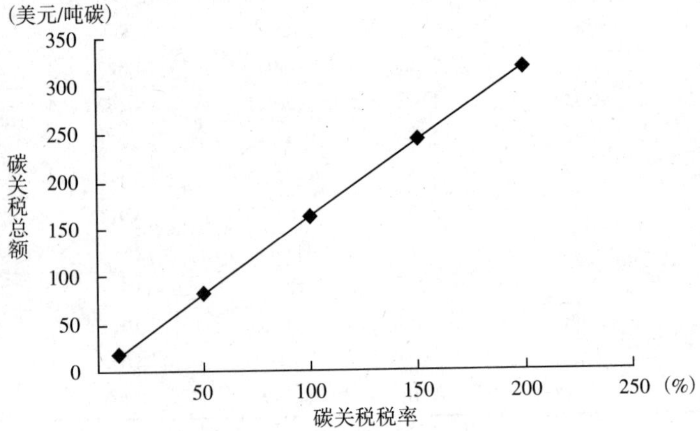

图3 不同碳关税税率与碳关税总额之间的关系

当别国对我国产品征收碳关税时，必然会使得出口产品的利润下降，使得我国外贸竞争力下降。碳关税税率的不同也会给我国进口、出口以及贸易顺差造成不同的影响。由表6可知，总体上来看，碳关税税率的提高，对于出口和贸易顺差的影响是递增的，但进口额的变化率却不随之递增，而是没有一定的规律性。从表6还可以看出，对于进出口的影响程度而言，碳关税税率影响最大的是出口，对进口也会产生影响，但影响不大。对我国出口产品造成如下影响的原因可能是碳关税直接增加了产品的成本，降低了利润；而对于进口产品产生影响的原因，可能是随着碳关税税率的提高，出口不利，导致经济下行，对进口的需求量自然减少。

表6 不同碳关税税率下我国对外贸易变化率

碳关税税率（美元/吨碳）	10	50	100	150	200
出口额变化率（%）	−0.166	−0.648	−1.523	−1.741	−1.939
进口额变化率（%）	−0.023	−0.022	−0.031	−0.026	−0.034
贸易顺差变化率（%）	−0.238	0.723	−1.361	−1.952	−2.284

三、研究结论及政策建议

（一）研究结论

本文利用 GAMS 方法计算 CGE 模型，分析不同碳关税税率对我国各个产业、进出口贸易以及贸易顺差的影响。为了比较不同的碳关税税率对我国对外贸易产生的影响，本文将碳关税税率分为五个梯度，结果显示：碳关税对第一、第三产业影响不大，对第二产业影响较大，尤其是对煤炭石油产业影响很大；随着碳关税税率的增加，碳关税总额也会随之增加；碳关税税率的提高，对于出口和贸易顺差的影响是递增的，但进口额的变化率却不随之递增，而是没有一定的规律性；对于进出口的影响程度而言，碳关税税率影响最大的是出口，对进口也会产生影响，但是影响不大。

（二）政策建议

根据以上结论，由于碳关税税率对我国第二产业影响较大，而对第一、第三产业影响不大，所以应该有区别地对待三个产业，在转换整体经济发展模式的基础上，更加注重对第二产业的相关产品转型发展，生产出更具竞争优势的产品。对于煤炭石油产业，出台更具引导性的政策，加强能源消耗型产品的替代性生产；对于由于碳关税税率提高而引起出口方面的不利影响，应该在上述基础上，给予出口厂商一定的财政补贴，增强出口厂商的竞争力。在宏观经济层面上，应该加快我国产业与能源结构的优化，加速经济转型发展，促进经济健康发展。

因此，为了提升我国外贸出口竞争力，可以参考以下政策建议。

（1）出口结构的调整。对于我国高碳行业征收国内碳税。这样做，一方面，可以激励企业节能减排，另一方面，由于国内已经征收碳税，则不会被再次征收碳税，可以避免国内福利的严重损失。

（2）建立健全合理的碳排放交易体系。从立法上建立健全碳排放交易体系，保证碳排放市场化，建立相对应的碳交易场所，为碳排放交易市场化运行提供保障。

（3）改革绩效体制，建立绿色 GDP 考核体系。虽然经历 30 多年的改革开放，但是我国经济发展方式还是以粗放型为主，地方政府依然过分强调GDP的增长，经济增长难以为继，所以应该加快转变经济发展方式，提高资源利用率，大力创新，减少碳排放。

本文认为，碳关税对我国进出口外贸将持续产生重要影响，因此，重视碳关税的研究，建立合理的碳关税发展政策会促进我国产业升级和增强外贸竞争力。为了进一步探讨碳关税对我国外贸进出口竞争力的影响，笔者后续拟采用动态一般均衡方法或者对之前变动的变量进行调整，以更准确详细地分析研究碳关税的影响，以此对我国外贸出口竞争力提供相应的政策建议，提升外贸出口竞争力。

参考文献

[1] Baranzinia，Goldemberg J.，Speck S.A Future for Carbon Taxes [J]. Ecological Economics，2000，32 (3)：395–412.

[2] Kuik O.，Hofkes M. Border Adjustment for European Emissions Trading：Competitiveness and Carbon Leakage [J]. General Information，2010，38 (4)：1741–1748.

[3] L，e，s，et al. Fiscal Decentralization and Regional Disparity：Evidence from Cross–Section and Panel Data [J]. Dresden Discussion Paper，2009，41 (10)：2455–2473.

[4] Matziolis G.，Krocker D.，Tohtz S.，et al. Variance of Identification of Femoral Epicondyles in Navigated Total Knee Arthroplasty [J]. Der Orthop Olde，2006，35 (8)：848–852.

[5] Naghavi A. Can R&D–inducing Green Tariffs Replace International Environmental Regulations? [J]. Working Papers，2007 (29)：284–299.

[6] Nordhaus W. D. Geography and Macroeconomics：New Data and New Findings [J]. Proceedings of the National Academy of Sciences of the United States of America，2006，103 (10)：3510–3517.

[7] 鲍勤，汤铃，杨列勋. 美国征收碳关税对中国的影响：基于可计算一般均衡模型的分析 [J]. 管理评论，2010 (6).

[8] 曹静. 走低碳发展之路：中国碳税政策的设计及CGE模型分析 [J]. 金融研究，2009 (12).

[9] 陈迎，潘家华，谢来辉. 中国外贸进出口商品中的内涵能源及其政策含义 [J]. 经济研究，2008 (7).

[10] 崔兴岩，李清如，孙妮. 碳关税对我国出口贸易的影响及对策 [J]. 学术评论，2014 (1).

[11] 崔亚飞，刘小川. 中国省级税收竞争与环境污染的面板数据检验 [C]. 中国经

济 60 年道路、模式与发展：上海市社会科学界第七届学术年会文集（2009 年度）（经济、管理学科卷），2009.

[12] 黄庆波，王孟孟，薛金燕等. 碳关税对中国制造业出口结构和社会福利影响的实证研究 [J]. 中国人口·资源与环境，2014，24 (3).

[13] 兰宜生，宁学敏. 我国出口扩大与能源消耗的一项实证研究 [J]. 财贸经济，2010 (1).

[14] 齐晔，李惠民等. 对中国制造业的影响 [J]. 中国工业经济，2010 (1).

[15] 沈可挺. 碳关税争端及其对中国制造业的影响 [J]. 中国工业经济，2010 (1).

[16] 徐斌，李彦江，吴千羽. 碳关税对中国高耗能商品及能源市场影响——基于可计算一般均衡模型分析 [J]. 产业经济研究，2015 (2).

[17] 余玲. 碳关税对我国国际收支“双顺差”的影响 [J]. 生态经济，2011 (2).

[18] 詹晶. “碳关税”对农产品出口贸易的经济效应分析 [J]. 经济与管理，2011，25 (3).

[19] 张君. 碳关税是一种新型的贸易保护形式 [J]. 中国经贸，2009 (15).

[20] 张一知. 碳关税对我国高碳产业出口的影响研究 [D]. 哈尔滨理工大学博士学位论文，2011.

[21] 周长荣. 碳关税对中国工业品出口贸易的影响与对策 [J]. 河北学刊，2013，33 (2).

[22] 周晟吕，石敏俊，李娜，袁永娜. 碳税政策的减排效果与经济影响 [J]. 气候变化研究进展，2011 (3).

[23] 朱启荣. 中国出口贸易中的 CO_2 排放问题研究 [J]. 中国工业经济，2010 (1).

[24] 朱永彬，王铮. 碳关税对我国经济影响评价 [J]. 中国软科学，2010 (12).

[25] 邹玉娟. 转变经济发展方式与中国低碳经济发展路径探索 [J]. 全国商情·理论研究，2010 (14).

[26] 左明. 碳关税对中国出口贸易的影响及对策研究 [D]. 哈尔滨商业大学博士学位论文，2014.

基于碳交易的动态一般均衡模型构建

秦昌才[1] 刘树林[2]

(1. 烟台大学经济管理学院，山东 264005；
2. 对外经济贸易大学国际经济贸易学院，北京 100029)

一、引 言

研究表明，碳交易机制是最为有效的控制碳排放的方式（Falk and Mendelsohn，1993；Hahn and Stavins，1993；Swart 1993；Kosobud et al.，1994；Jackson，1995）。现有规制体系大多着眼于总量规制，即只控制排放总量。但许多研究表明，排放流（Emissions Timing），即跨期安排排放对于排放规制是非常重要的。储存机制安排可以使企业自由地跨期安排排放，以节约成本，对冲减排成本、排放、排放权价格等方面的不确定性风险，从而有着更为灵活的控制污染的策略（Rubin，1996；Cronshaw and Kruse，1996；Hagern and Westkog，1998；Leiby and Rubin，2001）。

有关储存制度的效率研究，国外产生了许多研究成果。Cronshaw 和 Kruse（1996）基于离散模型研究了可交易和储存的排放权竞争市场，认为

［基金项目］本文受山东省社会科学规划青年基金项目（13DJJJ22））资助。

［作者简介］秦昌才，男，1980年11月生，汉族，山东人，博士，副教授，烟台大学经济管理学院教师，主要从事可计算一般均衡、能源经济学与环境经济学等方面的研究；联系方式：18865675998；邮箱：qinchangcai@126.com；地址：山东省烟台市莱山区清泉路30号烟台大学经济管理学院；邮编：264005。刘树林，男，1964年10月生，汉族，内蒙古人，博士，教授，博士生导师，对外经济贸易大学国际经济贸易学院数量经济系主任。

排放的时间路径能够使得总减排成本最小。Kling 和 Rubin（1997）用连续时间框架分析了储存的福利效率，认为市场均衡一般不是帕累托最优，排放的时间安排非常重要。Roger Salmons（1998）建立了动态一般均衡分析框架分析排放储存机制的福利效率。研究表明，跨期市场均衡一般不是社会最优。Requate（1997）研究了储存机制的福利效应。在确定性的条件下，储存机制不会提高福利。但在有关减排成本不确定性的情况下，如果累积污染的自然清洁率充分小的话，储存能够促进福利。Hongli Feng 和 Jinhua Zhao（2006）分析了储存机制的几个效应：外部性效应，信息效应和总排放权效应。结果表明，没有总排放权效应的情况下，如果信息效应是正的且比外部性效应要大，则储存机制可以提高福利。

本文建立了动态一般均衡模型框架分析储存机制的福利效应。基于环境产权归属消费者的思想，将消费者纳入碳交易一般均衡框架，证明单位跨期交易比率下的碳交易机制是有效的，此时的市场均衡解恰是帕累托最优解。本文的结构安排：第二部分是模型部分，包括市场均衡模型以及规制最优模型；第三部分是市场均衡解与规制最优解的比较，通过两个定理证明二者互为充要条件；第四部分是结论。

二、模　型

为了便于分析，我们对经济主体及其特征做如下假定：

假定 1：经济中只有两个价格接受型主体，一个消费者，一个生产者；消费者拥有企业并获取企业的利润。

假定 2：生产函数关于生产资本有界且严格凹，即 $f(k^q)$：$f_k>0$，$f_{kk}<0$。

假定 3：排放函数关于减排资本单减且严格凸，即 $e(k^a)$：$e_k<0$，$e_{kk}>0$。

假定 4：消费者从商品的消费和呼吸含有排放的空气中获得效用，效用函数关于商品消费量和排放量是有界、严格凹的函数，即

$u(e, q^c)$：$u_q>0$，$u_{qq}<0$，$u_e<0$，$u_{ee}<0$，$u_{eq}=u_{qe}\leqslant 0$。

这是对消费者经济环境和信息空间的相关设置。

消费者的目标函数为 $U=\int_0^T e^{-\alpha t}u(e, q^c)\,dt$，其中 α 为效用折现因子。

假定 5：$f(0)=0$；$\lim\limits_{q\to 0}u_q(q^c, e)=\infty$，$\forall e$；$\lim\limits_{k\to 0}e_k=-\infty$。

根据上述假定，我们有以下几个定义：

定义 1：考察期 $[0, T]$ 内的生产路径：$[e, q, k^a, k^q]_{t=0}^{T}$ 是可行的，当且仅当：

$$e \geqslant e(k^a) \tag{1a}$$

$$q \leqslant f(k^q) \tag{1b}$$

$$k^q + k^a \leqslant K \tag{1c}$$

$$e, q, k^a, k^q \geqslant 0 \tag{1d}$$

注：式（1a）说明资本用于减排对于排放的抑制作用。

根据假定 2、假定 3、定义 1 知，给定资本存量，生产函数与排放函数定义了一个凸的、紧的生产可能集①：$Q(K) = \{(q, e) | q \leqslant f(k^q); e \geqslant e(k^a); k^q + k^a \leqslant K\}$。

定义 2：考察期 $[0, T]$ 内的消费路径：$[q^c(t)]_{t=0}^{T}$ 是可行的，当且仅当：

$$q^c \leqslant q \tag{2a}$$

$$q^c \geqslant 0 \tag{2b}$$

假定 6：式（2a）、式（2b）有非空内集。

定义 3：可行生产轨迹 $[e, q, k^a, k^q]_{t=0}^{T}$、消费轨迹 $[q^c(t)]_{t=0}^{T}$、交易轨迹 $[e^s(t)]_{t=0}^{T}$、储存轨迹 $[e^b(t)]_{t=0}^{T}$、商品价格轨迹 $[p^q(t)]_{t=0}^{T}$、排放价格轨迹 $[p^e(t)]_{t=0}^{T}$，构成了考察期 $[0, T]$ 上的市场均衡解。如果满足以下条件：

（1）企业在有关排放储存、交易约束之下着眼于生命周期的利润最大化。

（2）消费者在有关预算约束和排放约束之下着眼于生命周期的效用最大化。

（3）产品市场和排放市场均出清：

$$q^c - q \leqslant 0, \ p^q \geqslant 0, \ p^q(q^c - q) = 0, \ \forall t \in [0, T]$$

$$e^s - e^s \leqslant 0, \ p^e \geqslant 0, \ p^q(e^s - e^s) = 0, \ \forall t \in [0, T] \tag{3}$$

严格地讲，式（3）中第二式应区分排放交易的供给量和需求量，但根据假定 1，消费者和生产者之间可以进行无任何成本的交易，因此可以没有此约束。为保证市场出清条件的完整性，此式成立。

---

① 本文所属环境仍属古典经济环境类，否则，非凸的生产可能集不能保证一般均衡解的存在，也不能保证帕累托最优。

（一）企业最优控制模型

企业面临排放限额约束 $\bar{e}$，通过排放交易（假定排放可以无交易成本地进行买卖）来突破排放限额，通过储存安排将现在节约的排放应用于未来，从而动态调节排放流。其中，储存变化等于排放限额与排放量的差额加上排放交易量，即:

$$\dot{e}^{b}=\bar{e}+e^{s}-e \tag{4a}$$

$$e^{b}(0)=0,\ e^{b}(T)\geqslant 0 \tag{4b}$$

式（4a）说明单位跨期交易比率，即储存排放以 1∶1 的形式传递到下一期，储存利率为零。在排放限额不断收紧的情况下，这种设置鼓励早期通过交易、储存进行排放控制的行为。此设置也将储存排放与交易排放区分开来，这区别于 Roger Salmons（1998）。

式（4b）说明考察期末端没有预支行为，这符合现有排放体系（如 EU-ETS）排放权不能跨期预支的规制实际。

面对排放限额，企业有三种能动性选择：一是通过调整减排资本投入控制排放，从而得到减排目标，此方式的经济成本应该最低；二是通过排放交易突破排放限额的上限限制，但排放市场的支出会带来成本的增加；三是通过排放储存来动态调整自己的排放流，从而动态调整自己的减排成本。

企业面临的问题是在既定资本存量和商品价格轨迹 $[p^{q}(t)]_{t=0}^{T}$、排放价格轨迹 $[p^{e}(t)]_{t=0}^{T}$ 之下，通过决定可行生产轨迹 $[e,q,k^{a},k^{q}]_{t=0}^{T}$、交易轨迹 $[e^{s}(t)]_{t=0}^{T}$、储存轨迹 $[e^{b}(t)]_{t=0}^{T}$，以使利润最大化。即状态变量为排放储存量，控制（决策）变量为 $\{e,q,e^{s},k^{a},k^{q}\}$。

因此，企业的动态最优控制模型为:

$$\max_{\{e,q,e^{s},k^{a},k^{q}\}}\pi=\int_{0}^{T}(p^{q}q-p^{e}e^{s})\,dt$$

$$\text{s.t.}\quad (1);(3)$$

$$\begin{cases}\dot{e}^{b}=\bar{e}+e^{s}-e\\ e^{b}(0)=0,\ e^{b}(t)\geqslant 0\\ e\geqslant e(k^{a})\\ q\leqslant f(k^{q})\\ k^{q}+k^{a}\leqslant K\\ e,\ q,\ e^{s},\ k^{a},\ k^{q}\geqslant 0\end{cases}$$

引入协状态变量[①] $\lambda^b(t)$，拉格朗日乘子 $\lambda^k(t)$，$\lambda^q(t)$，$\lambda^e(t)$，拉格朗日函数为：

$$L=(p^q q-p^e e^s)+\lambda^b(\bar{e}+e^s-e)+\lambda^k(K-k^q-k^a)+\lambda^q(f(k^q)-q)+\lambda^e(e-e(k^a))$$

一阶必要条件：

$$\frac{\partial L}{\partial q}=p^q-\lambda^q\leqslant 0,\ q(p^q-\lambda^q)=0 \tag{5a}$$

$$\frac{\partial L}{\partial e}=-\lambda^b+\lambda^e\leqslant 0,\ e(-\lambda^b+\lambda^e)=0 \tag{5b}$$

$$\frac{\partial L}{\partial e^s}=-p^e+\lambda^b\leqslant 0,\ e^s(-p^e+\lambda^b)=0 \tag{5c}$$

$$\frac{\partial L}{\partial k^q}=-\lambda^k+\lambda^q f_k^*\leqslant 0,\ k^{q*}(-\lambda^k+\lambda^q f_k^*)=0 \tag{5d}$$

$$\frac{\partial L}{\partial k^a}=-\lambda^k-\lambda^e e_k^*\leqslant 0,\ k^{a*}(-\lambda^k-\lambda^e e_k^*)=0 \tag{5e}$$

$$\lambda^q\geqslant 0,\ \lambda^q(f(k^{q*})-q^*)=0 \tag{5f}$$

$$\lambda^k\geqslant 0,\ \lambda^k(K-k^{q*}-k^{a*})=0 \tag{5g}$$

横截条件：

$$\lambda^b(T)\geqslant 0,\ e^b(T)\geqslant 0,\ \lambda^b(T)e^b(T)=0 \tag{5h}$$

由于被积函数、状态函数均是线性的，因此式（1）、式（4）、式（5）构成企业最优控制问题的充分必要条件。

一种特殊情况：存在边界解，即 $e^s=0$。根据式（5b）、式（5c）、式(5d)、式(5e)，由 $\lambda^k=\lambda^q f_k^*=-\lambda^e e_k^*=-\lambda^b e_k^*<-p^e e_k^*$ 知，当单位资本的影子价值小于减排方向带来的价值增加时，企业将完全倾向于通过资本减排的方式达到控制排放的目标，而不再依赖于交易，此时 $e^s=0$。

（二）消费者最优控制模型

企业追逐利润最大化，因此当排放价格为正时，企业不会购买任何排放，除非排放超过排放限额。在排放市场上，理性的企业都有出售多余排放的内在经济激励。因此，规制假设为假定 7：

① 又被称为共态变量。蒋中一. 动态最优化基础［M］. 北京：商务印书馆，1999.

$e=e^s+\bar{e}$

这就意味着 $d_e=de^s$，即排放交易对排放有一个直接影响。

消费者面临的预算约束为：$\int_0^T p^q q^c dt-\int_0^T p^e e^s dt\leqslant M_0$，这等价于：

$$\dot{M}=-p^q q^c+p^e e^s \tag{6a}$$

$$M(0)=M_0,\ M(T)\geqslant 0 \tag{6b}$$

注意到消费者预算约束中多了企业购买排放而将支付转变为消费者的收益 $p^e e^s$，这体现了环境产权归属消费者的经济学思想。为体现这一思想，我们引入了状态变量——排放交易的相反数 E^s，引入如下排放交易约束：

$$\dot{E}^s=-e^s \tag{7a}$$

$$E^s(0)=0,\ E^s(T)\geqslant 0 \tag{7b}$$

消费者面临的问题是在既定初始禀赋 M_0、商品价格轨迹 $[p^q(t)]_{t=0}^T$ 和排放价格轨迹 $[p^e(t)]_{t=0}^T$ 之下，通过决定消费轨迹 $[q^c(t)]_{t=0}^T$ 和交易轨迹 $[e^s(t)]_{t=0}^T$ 使效用最大化。也即状态变量为排放累积交易量 E^s 和财富累积量 M，控制（决策）变量为商品消费量 q^c。

消费者的动态最优控制模型为：

$$\max_{\{e^s,q^c\}} U=\int_0^T e^{-\alpha t}u(e,\ q^c)dt$$

s.t.（2b）；（5）；（6）

$$\begin{cases}\dot{E}^s=-e^s\\ E^s(0)=0,\ E^s(T)\geqslant 0\\ \dot{M}=-p^q q^c+p^e e^s\\ M(0)=M_0,\ M(T)\geqslant 0\\ q^c\geqslant 0\end{cases}$$

引入协状态变量 $\eta(t)$，$v(t)$，汉密尔顿函数为：

$$H=e^{-\alpha t}u(e,\ q^c)-\eta(p^q q^c-p^e e^s)-ve^s$$

一阶必要条件：

$$\frac{\partial H}{\partial q^c}=e^{-\alpha t}u_q^*-\eta p^q\leqslant 0,\ q^{c*}(e^{-\alpha t}u_q^*-\eta p^q)=0 \tag{8a}$$

$$\frac{\partial H}{\partial e}=e^{-\alpha t}u_e^*-v+\eta p^e=0\ (de=de^s) \tag{8b}$$

$$\eta>0,\ M_0-\int_0^T p^q q^c dt+\int_0^T p^e e^s dt=0 \tag{8c}$$

$$v>0,\ \bar{E}-\int_0^T(e^s+\bar{e})dt\geqslant 0,\ v\left[\bar{E}-\int_0^T(e^s+\bar{e})dt\geqslant 0\right]=0 \tag{8d}$$

这里$\bar{E}$为考察期内规制机构规定的总的排放帽（上限）。

既然 $\eta>0$ 状态方程是线性的，汉密尔顿函数是凹的，那么根据曼加萨林充分性定理可得，必要条件（7）也是充分的。

根据假定 7 易知，式（7b）成立。所以有 $\eta p^e=v-e^{-\alpha t}u_e^*$，这就将排放权价格与排放引起的边际社会损失联系了起来：$\frac{p^e(t)}{p^e(0)}=\frac{v-e^{-\alpha t}u_e^*(t)}{v-u_e^*(0)}$，因为 $u_e^*(t)>u_e^*(0)$，边际社会损失不断上升；当 $v=0$ 约束成立，即规制约束非紧时，有$\frac{p^e(t)}{p^e(0)}=\frac{-e^{-\alpha t}u_e^*(t)}{-u_e^*(0)}>e^{-\alpha t}$，排放权相对价格大于效用折现系数。

（三）规制最优控制模型

规制设置遵循“限额—交易”（Cap-and-Trade）思路，假定限额总量$\bar{E}$是事先设定的，即$\int_0^T edt\leqslant\bar{E}$，这可以表示为：

$$\dot{E}=-e \tag{9a}$$

$$E(0)=0,\ E(T)\geqslant-\bar{E} \tag{9b}$$

式中，E 为累积排放的相反数，体现了对排放总量的控制。

规制问题就是在既定资本存量和商品价格轨迹 $[p^q(t)]_{t=0}^T$、排放价格轨迹 $[p^e(t)]_{t=0}^T$ 之下，通过决定可行生产轨迹$[e,q,k^a,k^q]_{t=0}^T$、消费轨迹$[q^c(t)]_{t=0}^T$，来使消费者效用最大化。状态变量为累积排放的相反数，控制（决策）变量为$\{e,q,k^a,k^q,q^c\}$。

1. 规制最优控制模型

$$\max_{\{e,q^c,q,k^a,k^q\}} J=\int_0^T e^{-\alpha t}u(e,q^c)dt$$

$$\text{s.t.}(1);(2);(9)$$

$$\begin{cases}e\geqslant e(k^a)\\ q\leqslant f(k^q)\\ k^q+k^a\leqslant K\\ e,q,k^a,k^q\geqslant 0\\ \dot{E}=-e\\ E(0)=0,\ E(T)\geqslant-\bar{E}\\ q^c\geqslant 0\\ q^c\geqslant q\end{cases}$$

引入协状态变量 $\mu(t)$，拉格朗日乘子 $\phi(t)$，$\omega(t)$，$\psi(t)$，$\rho(t)$，拉格朗日函数为：

$$L = e^{-\alpha t}u(e, q^c) - \mu e + \phi(f(k^q) - q) + \omega(K - k^q - k^a) + \psi(e - e(k^a)) + \rho(q - q^c)$$

一阶必要条件：

$$\frac{\partial L}{\partial q^c} = e^{-\alpha t}u_q^{**} - \rho \leqslant 0,\ q^{c**}(e^{-\alpha t}u_q^{**} - \rho) = 0 \quad (10a)$$

$$\frac{\partial L}{\partial e} = e^{-\alpha t}u_e^{**} - \mu + \psi \leqslant 0,\ e^{**}(e^{-\alpha t}u_e^{**} - \mu + \psi) = 0 \quad (10b)$$

$$\frac{\partial L}{\partial q} = \rho - \phi \leqslant 0,\ q^{**}(\rho - \phi) = 0 \quad (10c)$$

$$\frac{\partial L}{\partial k^a} = -\omega - \psi e_k^{**} \leqslant 0,\ k^{a**}(-\omega - \psi e_k^{**}) = 0 \quad (10d)$$

$$\frac{\partial L}{\partial k^q} = -\omega + \phi f_k^{**} \leqslant 0,\ k^{q**}(-\omega + \phi f_k^{**}) = 0 \quad (10e)$$

$$\phi \geqslant 0,\ \phi(f(k^{q**}) - q^{**}) = 0 \quad (10f)$$

$$\omega \geqslant 0,\ \omega(K - k^{q**} - k^{a**}) = 0 \quad (10g)$$

$$\rho \geqslant 0,\ \rho(q^{c**} - q^{**}) = 0 \quad (10h)$$

横截条件：

$$\mu = c\,(\text{常数}) > 0,\ \bar{E} - \int_0^T e dt \geqslant 0,\ \mu\left[\bar{E} - \int_0^T e dt\right] = 0 \quad (10i)$$

需要说明的是，(10b) 等价于 $\exists\,\varepsilon$，ξ 使得：

$$e^{-\alpha t}u_e^{**} - \mu + \xi = 0 \quad (10j')$$

$$-\xi + \varepsilon = 0 \quad (10j'')$$

$$-\varepsilon + \psi \leqslant 0,\ e(-\varepsilon + \psi) = 0 \quad (10j''')$$

$$\xi,\ \varepsilon \geqslant 0 \quad (10j'''')$$

在假定 1–6 之下，K–T 约束方程是满足的（Kamien 和 Schwartz，1991），且以上条件（1）、条件（2）、条件（10）构成规制最优的充要条件（Theorems 2.1 and 3.1 of Steinberg and Stalford，1973）。

2. 内部解

规制问题有内部解（即 $\{e^{**}, q^{**}, q^{c**}, k^{a**}, k^{q**}\}$ 非负，此时所有的约束条件都是紧的）时必要条件的经济含义：

（1）由式（10a）、式（10c）知，$e^{-\alpha t}u_q^{**} = \rho = \phi$，用于消费的商品的边际

效用现值等于此商品的影子价格，等于此商品的影子成本，即任何方向上的单位商品的边际价值是相等的。

（2）由式（10d）、式（10e）知，$\omega=-\psi e_k^{**}=\phi f_k^{**}$，资本用于减排带来的排放减少的价值应等于资本用于生产带来的产出增加的价值，等于资本的影子价格，即任何使用方向上单位资本的价值应是相等的。

（3）由式（10b）知，$e^{-\alpha t}u_e^{**}-\mu+\psi=0$，减排的社会边际成本 ψ 等于排放引起的社会边际损失（$-e^{-\alpha t}u_e^{**}$）加上规制排放引起的边际无谓损失 μ，即任何方向上单位排放的价值是相等的。

（4）由式（10a）、式（10b）知，$-\frac{e^{-\alpha t}u_q^{**}}{e^{-\alpha t}u_e^{**}-\mu}=\frac{\rho}{\psi}$，又由式（10c）、式（10d）、式（10e）知，$\frac{\rho}{\psi}=-\frac{e_k^{**}}{f_k^{**}}$，所以有，$-\frac{e^{-\alpha t}u_q^{**}}{e^{-\alpha t}u_e^{**}-\mu}=-\frac{e_k^{**}}{f_k^{**}}$。此式决定了给定消费和排放最优值时的最优资本路径。

又 $dq=f_k\,dk^q$，$de=e_k\,dk^e$，对于给定投资路径，任意时点的资本存量（K）是固定的，因此有 $dk^q+dk^e=dK=0$，所以$\frac{dq}{de}=\frac{f_k}{-e_k}$，$-\frac{e^{-\alpha t}u_q^{**}}{e^{-\alpha t}u_e^{**}-\mu}=\frac{de}{dq}=\frac{\rho}{\psi}$，即产出与排放的边际转换率等于二者的边际替代率，等于影子价格之比，这恰是一般均衡的条件。

三、市场均衡解与规制最优解

引理 I　规制最优解是市场均衡解的条件

若：

$$[e^{**},\ q^{**},\ q^{c**},\ k^{a**},\ k^{q**}]_{t=0}^{T}=[e^{*},\ q^{*},\ q^{c*},\ k^{a*},\ k^{q*}]_{t=0}^{T}$$

$$[\rho(t)]_{t=0}^{T}=[\eta p^{q}(t)]_{t=0}^{T}$$

$$[\phi(t),\ \omega(t),\ \psi(t)]_{t=0}^{T}=[\eta\lambda^{q}(t),\ \eta\lambda^{k}(t),\ \eta\lambda^{e}(t)]_{t=0}^{T}$$

$$[\mu(t)]_{t=0}^{T}=[v(t)]_{t=0}^{T}$$

$$e=e^{s}+\bar{e}$$

对于任意正常数 η，根据市场均衡解存在的充要条件式（1）、式（2b）、式（5）、式（8）、式（9），可以推出规制最优解的充要条件式（1）、式（2）、式（10）。

证明：下面依次证明式（1）、式（2）、式（10）成立。

式（1）、式（2）：由市场出清条件式（8）知，式（2a）成立，所以式（1）、式（2）成立。

式（10a）：若 $q^{c**}=q^{c*}$，$e^{**}=e^{*}$，则 $u_q^{**}=u_q^{*}$，又 $\rho(t)=\eta p^q(t)$，由式（7a）：$e^{-\alpha t}u_q^{*}-\eta p^q\leqslant 0$，$q^{c*}(e^{-\alpha t}u_q^{*}-\eta p^q)=0$，所以，$e^{-\alpha t}u_q^{**}-\rho\leqslant 0$，$q^{c**}(e^{-\alpha t}u_q^{**}-\rho)=0$，即式（10a）成立。

式（10b）：若 $q^{c**}=q^{c*}$，$e^{**}=e^{*}$，则 $u_e^{**}=u_e^{*}$，又 $\mu(t)=v(t)$，$\psi=\eta\lambda^e$，由式（7b）：$e^{-\alpha t}u_e^{*}-v-\eta p^e\leqslant 0$，$e^{*}(e^{-\alpha t}u_e^{*}-v-\eta p^e)=0$，又式（4b）、式（4c）：$-\lambda^b+\lambda^e=0$，$-p^e+\lambda^b=0$，所以 $e^{-\alpha t}u_e^{**}-\mu+\psi\leqslant 0$，$e^{**}(e^{-\alpha t}u_e^{**}-\mu+\psi)=0$，即式（10b）成立。

式（10c）：若 $q^{**}=q^{*}$，$\rho=\eta p^q$，$\phi=\eta\lambda^q$，由式（4a）知，$p^q-\lambda^q\leqslant 0$，$q^{*}(p^q-\lambda^q)=0$，所以 $\rho-\phi\leqslant 0$，$q^{**}(\rho-\phi)=0$，即式（10c）成立。

式（10d）：若 $k^{a**}=k^{a*}$，则 $e_k^{**}=e_k^{*}$，又 $\omega=\eta\lambda^k$，$\psi=\eta\lambda^e$，由式（4e）：$-\lambda^k-\lambda^e e_k^{*}\leqslant 0$，$k^{a*}(-\lambda^k-\lambda^e e_k^{*})=0$，所以，$-\omega-\psi e_k^{**}\leqslant 0$，$k^{a**}(-\omega-\psi e_k^{**})=0$，即式（10d）成立。

式（10e）：若 $k^{q**}=k^{q*}$，则$f_k^{**}=f_k^{*}$，又 $\omega=\eta\lambda^k$，$\phi=\eta\lambda^q$，由式（4d）：$-\lambda^k+\lambda^q f_k^{*}\leqslant 0$，$k^{q*}(-\lambda^k+\lambda^q f_k^{*})=0$，所以，$-\omega+\phi f_k^{**}\leqslant 0$，$k^{q**}(-\omega+\phi f_k^{**})=0$，即式（10e）成立。

式（10f）：若 $k^{q**}=k^{q*}$，则$f(k^{q**})=f(k^{q*})$，又 $q^{**}=q^{*}$，$\phi=\eta\lambda^q$，由式（4f）：$\lambda^q\geqslant 0$，$\lambda^q(f(k^{q*})-q^{*})=0$，所以，$\phi\geqslant 0$，$\phi(f(k^{q**})-q^{**})=0$，即式（10f）成立。

式（10g）：若 $k^{q**}=k^{q*}$，$k^{a**}=k^{a*}$，$\omega=\eta\lambda^k$，由式（4g）：$\lambda^k\geqslant 0$，$\lambda^k(K-k^{q*}-k^{a*})=0$，所以，$\omega\geqslant 0$，$\omega(K-k^{q**}-k^{a**})=0$。即式（10g）成立。

式（10h）：若 $q^{**}=q^{*}$，$q^{c**}=q^{c*}$，$\rho=\eta p^q$，又由式（8）、式（4a）：$p^q\geqslant 0$，$p^q(q^{**}-q^{c**})=0$，所以，$\rho\geqslant 0$，$\rho(q^{c**}-q^{**})=0$。即式（10h）成立。

式（10i）：若 $\mu=v$，$e=e^s+\bar{e}$，则由式（7d）：$v>0$，$\bar{E}-\int_0^T(e^s+\bar{e})dt\geqslant 0$，$v\left[\bar{E}-\int_0^T(e^s+\bar{e})dt\right]=0$，所以，$\mu=c$（常数）$>0$，$\bar{E}-\int_0^T edt\geqslant 0$，$\mu\left[\bar{E}-\int_0^T edt\right]=0$。即式（10i）成立。

引理Ⅱ　市场均衡解是规制最优解的条件

若：

$[e^*, q^*, q^{c*}, k^{a*}, k^{q*}]_{t=0}^{T} = [e^{**}, q^{**}, q^{c**}, k^{a**}, k^{q**}]_{t=0}^{T}$

$[\eta p^q(t)]_{t=0}^{T} = [\rho(t)]_{t=0}^{T}$

$[\eta\lambda^q(t), \eta\lambda^k(t), \eta\lambda^e(t)]_{t=0}^{T} = [\phi(t), \omega(t), \psi(t)]_{t=0}^{T}$

$[v(t)]_{t=0}^{T} = [\mu(t)]_{t=0}^{T}$，$[\eta p^e(t)]_{t=0}^{T} = [\xi(t)]_{t=0}^{T}$，$[\eta\lambda^b(t)]_{t=0}^{T} = [\varepsilon(t)]_{t=0}^{T}$

$[e^s(t)]_{t=0}^{T} = [e(t) - \bar{e}(t)]_{t=0}^{T}$

根据规制最优解的充要条件式（1）、式（2）、式（10）可以推出市场均衡解存在的充要条件式（1）、式（2b）、式（4）、式（7）、式（8）。

证明：下面依次证明式（1）、式（2b）、式（4）、式（7）、式（8）成立。

式（1）、式（2b）：式（1）、式（2）成立，显然式（1）、式（2b）成立。

式（4a）：若 $q^* = q^{**}$，$\eta p^q = \rho$，$\eta\lambda^q = \phi$，由式（10c）知，$\rho - \phi \leqslant 0$，$q^{**}(\rho - \phi) = 0$，所以，$p^q - \lambda^q \leqslant 0$，$q^*(p^q - \lambda^q) = 0$，即式（4a）成立。

式（4b）：若 $\eta\lambda^e = \psi$，$\eta\lambda^b = \varepsilon$，$e^* = e^{**}$，由式（10j‴）知，$-\varepsilon + \psi \leqslant 0$，$e^{**}(-\varepsilon + \psi) = 0$，所以，$-\lambda^b + \lambda^e \leqslant 0$，$e^*(-\lambda^b + \lambda^e) = 0$。

式（4c）：若 $\eta p^e = \xi$，$\eta\lambda^b = \varepsilon$，由式（10j″）知，$-\xi + \varepsilon = 0$，所以，$-p^e + \lambda^b = 0$。

式（4d）：若 $k^{q*} = k^{q**}$，则 $f_k^* = f_k^{**}$，又 $\eta\lambda^k = \omega$，$\eta\lambda^q = \phi$，由式（10e）：$-\omega + \phi f_k^{**} \leqslant 0$，$k^{q**}(-\omega + \phi f_k^{**}) = 0$，所以，$-\lambda^k + \lambda^q f_k^* \leqslant 0$，$k^{q*}(-\lambda^k + \lambda^q f_k^*) = 0$，即式（4d）成立。

式（4e）：若 $k^{a*} = k^{a**}$，则 $e_k^* = e_k^{**}$，又 $\eta\lambda^k = \omega$，$\eta\lambda^e = \psi$，由式（10d）：$-\omega - \psi e_k^{**} \leqslant 0$，$k^{a**}(-\omega - \psi e_k^{**}) = 0$，所以，$-\lambda^k - \lambda^e e_k^* \leqslant 0$，$k^{a*}(-\lambda^k - \lambda^e e_k^*) = 0$，即式（4e）成立。

式（4f）：若 $k^{q*} = k^{q**}$，则 $f(k^{q*}) = f(k^{q**})$，又 $q^* = q^{**}$，$\eta\lambda^q = \phi$，由式（10f）：$\phi \geqslant 0$，$\phi(f(k^{q**}) - q^{**}) = 0$，所以，$\lambda^q \geqslant 0$，$\lambda^q(f(k^{q*}) - q^*) = 0$，即式（4f）成立。

式（4g）：若 $k^{q*} = k^{q**}$，$k^{a*} = k^{a**}$，$\eta\lambda^k = \omega$，由式（10g）：$\omega \geqslant 0$，$\omega(K - k^{q**} - k^{a**}) = 0$，所以，$\lambda^k \geqslant 0$，$\lambda^k(K - k^{q*} - k^{a*}) = 0$。即式（4g）成立。

式（4h）：若 $\eta\lambda^b = \varepsilon$，由式（10j⁗）知，$\varepsilon \geqslant 0$，所以，$\lambda^b(T) \geqslant 0$。

式（7a）：若 $q^{c*} = q^{c**}$，$e^* = e^{**}$，则 $u_q^* = u_q^{**}$，又 $\eta p^q = \rho$，由式（10a）：$e^{-\alpha t}u_q^{**} - \rho \leqslant 0$，$q^{c**}(e^{-\alpha t}u_q^{**} - \rho) = 0$，所以，$e^{-\alpha t}u_q^* - \eta p^q \leqslant 0$，$q^{c*}(e^{-\alpha t}u_q^* - \eta p^q) = 0$，即式（7a）成立。

式（7b）：若 $e^{*}=e^{**}$，则 $u_{e}^{*}=u_{e}^{**}$，又 $v=\mu$，$\eta\lambda^{e}=\psi$，$\eta p^{e}=\xi$，由式（10j′）：$e^{-\alpha t}u_{e}^{**}-\mu+\xi=0$，所以，$e^{-\alpha t}u_{e}^{*}-v+\eta p^{e}=0$，即式（7b）成立。

式（7c）：任意正常数 η，由式（8）：$p^{q}q=p^{q}q^{c}$，所以，$p^{q}q-p^{e}e^{s}=p^{q}q^{c}-p^{e}e^{s}$，所以，$\eta>0$，$M_{0}-\int_{0}^{T}p^{q}q^{c}dt+\int_{0}^{T}p^{e}e^{s}dt=0$，即式（7c）成立。

式（7d）：若 $v=\mu$，$e^{s}=e-\bar{e}$，则由式（10i）：$\mu=c(\text{常数})>0$，$\bar{E}-\int_{0}^{T}edt\geqslant0$，$\mu\left[\bar{E}-\int_{0}^{T}edt\right]=0$，所以，$v>0$，$\bar{E}-\int_{0}^{T}(e^{s}+\bar{e})\,dt\geqslant0$，$v\left[\bar{E}-\int_{0}^{T}(e^{s}+\bar{e})\,dt\geqslant0\right]=0$，即式（7d）成立。

式（8）：若 $q^{*}=q^{**}$，$q^{c*}=q^{c**}$，$\eta p^{q}=\rho$，又由式（10h）、式（2a）：$\rho\geqslant0$，$q^{c**}\leqslant q^{**}$，$\rho\,(q^{c**}-q^{**})=0$，所以，$p^{q}\geqslant0$，$q^{c*}\leqslant q^{*}$，$p^{q}(q^{*}-q^{c*})=0$，即式（8）成立。

四、结　论

本文在碳排放共同责任的经济学思想指导下将消费者纳入交易过程，基于最优控制论分析了经济主体消费者和企业在单位跨期交易比率下的市场均衡行为，恰好是社会最优的帕累托有效配置。无论从理论还是实践方面，都丰富了动态碳交易的机制设计。

碳交易问题是个非常复杂的科学问题，同时涉及社会、经济、环境、技术等方面，准确把握企业决策与储存机制的设置，很大程度上影响交易机制的设计以及减排政策的成败。虽然本文在储存安排和动态碳交易机制设计方面做了一些工作，但尚存在许多问题需要今后开展进一步的研究：一是对企业的生产技术和所处的经济环境仍做古典经济环境的假设，这与现实中企业所面临的实际情况有所出入。二是一般均衡框架中将企业和消费者的数量做了简化处理。在现实的交易框架中，企业间边际减排成本及其动态变化是碳交易顺利进行的重要因素；现实交易过程中多个消费者间存在“搭便车”的问题；即使设定存在某种形式的储存机构，如国有排放权银行，代表消费者对环境产权的所有权和由交易产生的收益索取权，但必须有适当的制度设计应付储存交易过程产生的社会赤字或盈余问题。

参考文献

[1] Cronshaw M.B. and Kruse J.B. Permit Markets with Banking [J]. Journal of Regulatory Economics，1996 (1)：7–14.

[2] Falk I. and R. Mendelsohn. The Economics of Controlling Stock Pollution：An Efficient Strategy for Greenhouse Gases [J]. J. of Environmental Economics and Management，1993 (25)：76–88.

[3] Hongli Feng，Jinhua Zhao. Alternative Intertemporal Permit Trading Regimes with Stochastic Abatement Costs [J]. Resource and Energy Economics，2006 (28)：24–40.

[4] Kling C. and Rubin J. Bankable Permits for the Control of Environmental Pollution[J]. Journal of Public Economics，1997 (64)：101–115.

[5] Leiby P. and J. Rubin. Intertemporal Permits Trading for the Control of Greenhouse Gas Emissions [J]. Environ. Res. Econ.，2001 (19)：229–256.

[6] Requate，Till. Pigouvian Taxes May Fail Even in a Perfect World [J]. Public Finance = Finances Publiques，1997，52 (3–4)：449–454.

[7] Rubin J. A Model of Intertemporal Emission Trading，Banking and Borrowing [J]. Journal of Environmental Economics and Management，1996 (31)：269–286.

[8] Salmons R. Permit Banking and Pareto Optimality，World Congress of Environmental and Resource Economists Venice，1998 (6)：25–27.

[9] 蒋中一. 动态最优化基础 [M]. 北京：商务印书馆，1999.

[10] 安崇义，唐跃军. 排放权交易机制下企业碳减排的决策模型研究 [J]，经济研究，2012 (8).

技术进步、经济结构转型与中国OFDI

宫汝凯[1] 李洪亚[2]
（1. 东华大学，上海 200051；2. 宁波大学，宁波 315000）

一、引 言

改革开放以来，中国逐步由中央计划体制向市场经济体制转变，国民经济实现了稳定快速增长。同时，中国稳步加快融入全球化的进程：一方面，积极吸引外商直接投资（FDI），FDI一度被视为中国经济快速增长的主要推动力①；另一方面，加快实施“走出去”战略，对外直接投资（OFDI）的规模逐年扩张。从流量上看，1982年，中国的OFDI为0.44亿美元，2013年达到1010亿美元，年均增幅为61.7%；占世界OFDI总额的比重由0.2%上升到7.2%。在存量方面，1982年，中国OFDI的存量为0.44亿美元，占世界总量的0.01%；截至2013年底，OFDI的存量达到6135.85亿美元，占世界总量的比例增至2.3%②。2013年以来，中国的OFDI持续保持在世界的前三位。特别地，2008年金融危机以来，欧美企业面临着巨大的经营压力，接受并购或其他国际化方式的意愿增强，为中国企业“走出去”提供了更多

［作者简介］宫汝凯（1983—），男，经济学博士，东华大学旭日工商管理学院，讲师；通信地址：上海市长宁区延安西路1882号，200051；邮箱：gongrukai@163.com；电话：13564271579。李洪亚（1979—），男，经济学博士，宁波大学商学院，讲师；通信地址：浙江省宁波市江北区风华路818号，315000；邮箱：lihongya@nbu.edu.cn。

① 联合国贸易与发展会议（UNCTAD）发布的2014年《世界投资报告》的数据显示，中国首次超越美国成为全球最大的FDI接收国。

② UNCTAD数据库，经作者整理得到。

的机会（易纲，2012）。同时，现阶段提出的“一带一路”战略也会加快中国与周边国家的经济联系，开启对外直接投资的新格局。

中国OFDI规模的快速扩张引起了国内外社会各界的广泛关注，学者们对其背后的推动因素进行了积极的探索，主要集中于以下两个方面。

（一）基于技术、市场和资源等寻求动机的外部需求视角

（1）技术寻求动机。随着国民经济的发展和技术水平的提升，中国在引进国外先进技术时遇到越来越多的障碍，面对这种情形，通过到高技术国家进行投资，实现逆向技术外溢效应成为直接引进技术的替代路径（黄益平等，2013）。2006年，商务部的调研表明，“吸收国外的先进技术和科学知识，提高企业的技术能力”已成为企业OFDI的主要动因；2012年的《世界投资报告》指出，近半数的中国对外直接投资以并购方式完成，并且以获取技术和能源等战略性资产为主要目的。

（2）市场寻求动机。现阶段，国内已经在钢铁、电解铝、汽车和纺织等行业出现产能过剩（Huang and Wang，2011）；为了消化这些过剩的产能，一个自然的选择是通过OFDI开拓海外市场（Diego et al.，2008）。

（3）资源寻求动机。随着经济的持续快速增长，中国将越来越多地依赖国外原材料和能源等方面的供应，体现为资源和能源类企业海外资产的急剧增长，比如，2009年，中石油、中海油和中石化三大石油公司的对外投资项目超过100个（Van Wyk，2009）。围绕以上主要的三类寻求动机，代表性的研究有：Cheung和Qian（2009）基于1991~2005年的跨国面板数据实证研究表明，市场和资源寻求是促使中国OFDI的主要动机，这些动机在发达国家和发展中国家不同。Huang和Wang（2011）研究指出，获取自然资源、先进技术等战略资产和促进出口是中国企业对外直接投资的主要动机。蒋冠宏和蒋殿春（2012）利用2003~2009年中国对95个国家的数据进行研究表明，中国OFDI具有市场、资源和战略资产寻求动机，东道国制度对资源寻求型OFDI有显著影响，进一步研究发现，中国的OFDI具有市场和资源寻求动机，以及明显技术输出动机；在发达国家的投资具有战略资产寻求动机，而市场和资源寻求动机不明显。祁春凌等（2013）采用2003~2009年对16个发达国家直接投资数据进行实证研究表明，技术寻求是我国OFDI的主要动机，其随着外国对技术转让和高技术产品出口限制程度的提高而增加。蒋冠宏等（2013）利用2005~2008年对外投资的工业企业数据进行实

证研究发现，技术研发型 OFDI 显著提升了企业的生产率，并且提升作用随着时间的推移呈倒“U”形。

（二）考察东道国的经济和制度环境对 OFDI 的影响

代表性的研究有，Buckley 等（2007）采用 1984~2001 年跨国数据的实证分析发现，中国 OFDI 与东道国的政治风险、文化相似性、市场规模和资源禀赋相关。张宏和王建（2009）采用 2007 年 114 个国家的截面数据研究表明，制度质量、宗教多元化、资源禀赋以及两国的双边文化和贸易往来对 OFDI 具有显著的影响。李猛和于津平（2011）采用 2003~2007 年 74 个中国对外投资国家的数据进行研究表明，东道国的市场规模和资源禀赋是影响 OFDI 的重要因素，紧密的贸易联系会显著地促进 OFDI 的扩张，而良好的制度环境会对 OFDI 具有一定的抑制作用。蒋冠宏和蒋殿春（2012）采用 2003~2010 年中国对 107 个发展中国家的 OFDI 数据进行研究表明，东道国法制对中国 OFDI 的规模具有负面影响，东道国制度质量对资源寻求型 OFDI 有负面影响，中国与东道国制度的绝对差异对中国 OFDI 具有正向影响。邱立成和赵成真（2012）采用 1996~2010 年 142 个国家的面板数据进行研究表明，我国对高收入国家的直接投资易遭受法律和环保等制度因素的影响，对中等收入国家的直接投资面临着突出的政治制度风险。宗芳宇等（2012）采用 2003~2009 年中国上市公司对外直接投资的数据进行实证发现，双边投资协定能够促进企业对签约国的投资，尤其对在制度环境较差的签约国投资以及非国有企业的 OFDI 均呈现出更为显著的促进作用。王永钦等（2014）以 2002~2011 年中国 842 笔对外直接投资作为样本进行研究发现，OFDI 具有明显的避税和获取资源的动机，东道国的制度质量与避税功能之间存在替代关系。此外，与我们分析思路较为接近的是，Lu 等（2010）考察了企业资源和产业动态对 OFDI 的影响，研究发现，企业研发强度和技术水平的提升促进了技术寻求型 OFDI 的增长，出口经验和行业竞争压力促使企业进行市场寻求型的 OFDI。葛顺奇和罗伟（2013）基于 2003~2011 年对外投资企业的微观数据，考察了母公司竞争优势对企业 OFDI 决策的影响，研究发现，新产品占比、人均管理成本、人均产出、资本密集度、利润率和出口强度对 OFDI 具有促进作用，并且新产品占比和出口强度对 OFDI 影响大小及解释力均显著高于其他因素。两者均考察了国内行业和企业自身的发展水平对 OFDI 的影响。

综上可知，现有研究已从技术、市场和资源等寻求动机以及东道国的经济和制度环境视角探讨了影响中国 OFDI 的外在因素，为理解近年来 OFDI 规模的快速扩张提供了有益的结论。但尚存在如下值得探讨之处：第一，现有研究侧重于分析促使 OFDI 持续扩张的外部动因，而较少考察国内基础条件变化形成的内在动力。内在条件的变化往往会对外部动力的作用提供良好的制度环境，两者共同作用促进 OFDI 的扩张，尤其对于转型国家而言，这一点可能更为重要。第二，现有研究并不能对中国 OFDI10 多年来的快速扩张提供很好的解释。21 世纪以来，中国的 OFDI 规模实现持续快速扩张（见表 1），而在这一时期，除了 2008 年的金融危机之外，外部环境并未出现较大的变化，因此，基于外部寻求动机或东道国经济和制度环境影响因素的分析并不能给出充分的解释。然而，处于经济转型时期的中国在技术水平、产业结构和所有制结构等方面均发生着巨大的变化，这些变化可能会对国内企业积极进行对外直接投资产生影响。

随着市场经济体制的逐步完善，中国经济正逐步从投资驱动型向创新驱动型发展阶段转变，进而促进技术水平不断提高，产业结构不断转型升级，所有制改革逐步推进，国民经济实现持续快速增长。如表 1 所示，2003~2012 年，除 2008 年金融危机期间出现小幅下降外，衡量广义技术进步的 TFP 指数呈现出持续上升的趋势，年均增长率为 2.09%；以第三产业与第二产业的产值比例度量的产业结构调整指标 INDS 持续增加，表明产业结构不断转型升级；度量所有制结构变化的 OWN 指标表明，国有经济所占比重逐年降低，意味着投资主体所有制结构日益多元化。与技术进步和经济结构转型同期①，中国的对外直接投资呈现出年均 48.67%的持续快速扩张②。OFDI 的快速扩张是中国经济转型时期的典型特征，是中国融入全球化的必然选择。因此，在分析 OFDI 扩张背后的因素时，需要特别考虑技术进步、产业结构转型升级和所有制结构调整等内在基础条件和制度环境的变化。结合这一特定的背景，全面和深入地探讨中国 OFDI 快速扩张的影响机制，对于加快实施“走出去”战略，提升企业参与全球价值链的广度和深度具有重要意义。

---

① 这里，经济结构转型主要包括产业结构的转型升级和所有制改革两个维度。

② 即使剔除 2005 年 123%和 2008 年 110.9%的异常增长，2003~2012 年 OFDI 的年均增长率也高达 32%。

表 1　2003~2012 年技术进步、经济结构转型与 OFDI

年　份	2003	2004	2005	2006	2007	2008	2009	2010	2011	2012
OFDI（亿美元）	28.55	54.98	122.61	211.60	265.10	559.10	565.30	688.11	746.54	878.04
OFDI 增长率（%）	13.35	92.60	123.01	72.58	25.28	110.90	1.11	21.72	8.49	17.61
TFP 指数	100.00	103.74	108.28	114.27	122.80	125.79	124.62	129.28	132.36	130.16
TFP 增长率（%）	2.31	3.74	4.38	5.53	7.46	2.44	−0.93	3.74	2.38	−1.66
INDS（%）	89.70	87.36	85.53	85.38	88.49	88.15	93.91	92.64	93.10	98.63
OWN（%）	26.21	24.58	22.85	21.70	20.75	20.08	19.27	18.79	18.67	18.43

注：OFDI 为中国对外直接投资的流量；TFP 是基期 2003 年为 100 的全要素生产率指数；INDS 为第三产业与第二产业的产值比例，度量产业结构转型升级；OWN 为所有制结构变量，采用城镇国有职工就业人数占比来表示。

资料来源：UNCTAD 数据库和历年《中国统计年鉴》，经作者计算得到。

有鉴于此，本文将技术进步、产业结构转型升级和所有制结构调整三个方面纳入统一的分析框架，采用 2003~2012 年 176 个国家（地区）的跨国面板数据，实证分析推动中国 OFDI 逐年扩张的内在动力①。在三个方面与以往的研究不同：一是在研究内容上，在控制了技术、市场和资源等寻求动机以及东道国市场风险等外在因素后，考察技术进步、产业结构转型升级和所有制结构变化对 OFDI 的影响，并兼顾考察这些因素之间潜在的交互作用。同时，考虑到东道国经济发展的异质性，探讨影响发达国家（OECD）与发展中国家（非 OECD）两类样本的差异性。二是在研究方法上，我们讨论了主要变量潜在的内生性问题，采用动态面板数据 GMM 的估计方法提高估计结果的精确度。三是在研究结论的稳健性方面，考虑到模型设定和变量选择可能会对实证结果造成影响，我们采用流量 OFDI 和人均存量 OFDI 为被解释变量，同时选择产业结构和所有制结构调整多种形式的替代变量组合以确保实证结果的稳健性。以期通过细致地探讨推动中国 OFDI 逐年扩张的内在动力，将其与现有研究关注的外在因素相互补充，为近年来中国 OFDI 的快速扩张提供更为全面的解释。

① 在本文，我们将产业结构的调整细化为产业结构转型和升级两个层次：产业结构“转型”意味着经济发展模式的转变，比如，由高投入、高消耗、低产出和低效益的粗放型转为低投入、低消耗、高产出和高效率的集约型，实现国民经济各部门的协调发展，以及人口、资源和环境的良性循环；产业结构“升级”意味着经济发展质量的进一步提升，主要体现在产业结构重心在三次产业间的逐次演进，以及产业内部加工程度的纵深化和技术的集约化。总之，产业结构转型是升级的基础，产业结构升级是在转型基础上的高级化发展。在下文的实证部分，我们选择相应的变量对两个层次进行分别度量。

本文其他部分的结构安排如下：第二部分分析中国OFDI扩张的背景以及其影响机理；第三部分阐述本文的实证研究基础——计量模型、变量和数据；第四部分为实证结果与分析；第五部分是总结与政策启示。

二、OFDI的发展历程与影响机理

本节在对中国OFDI的发展历程进行背景分析的基础上，基于技术进步、产业结构转型升级与所有制改革三个视角探讨推动中国OFDI逐年扩张的内在机理。

（一）OFDI的发展历程

中国的对外直接投资始于20世纪80年代初期，到2000年的近20年间，一直处于较低的水平，且增长较为缓慢，年均增长率为10%；而在进入21世纪后，OFDI的规模出现快速扩张，年均增长率为30%，如图1所示。回顾中国OFDI的发展历程，我们将其划分为以下三个阶段。

1. 起步阶段：1982~1991年

在改革开放之初，生产能力不足是中国经济发展面临的突出问题，出现了储蓄短缺和外汇短缺并存的“双缺口”情形。在当时的情形下，中国采取以鼓励吸引外资和限制对外投资为主的国际投资政策。同时，受经济发展水平的制约，中国企业的技术水平较低，同时，缺乏相应的资金和法律制度支持，对外直接投资的规模较小，且增长缓慢，在国民经济中的地位和作用微不足道。图1表明，除1985年的高速增长之外①，尚处于起步阶段的中国OFDI呈现缓慢增长。

2. 发展阶段：1992~2000年

自20世纪90年代开始，中国的对外直接投资实现快速增长。1992年，邓小平南方谈话以及中共十四大确定“社会主义市场经济体制”将经济体制改革和对外开放推向一个新的高度，进一步加快经济贸易体制改革，为OFDI规模的扩张提供制度条件。1992年，中国OFDI的增长率达到338.1%。

① 1985年，外经贸部制定《关于在国外开设非贸易性合资经营企业的审批程序和管理办法》并实施审批权限的下放后，中国对外直接投资增长率达到369.4%。

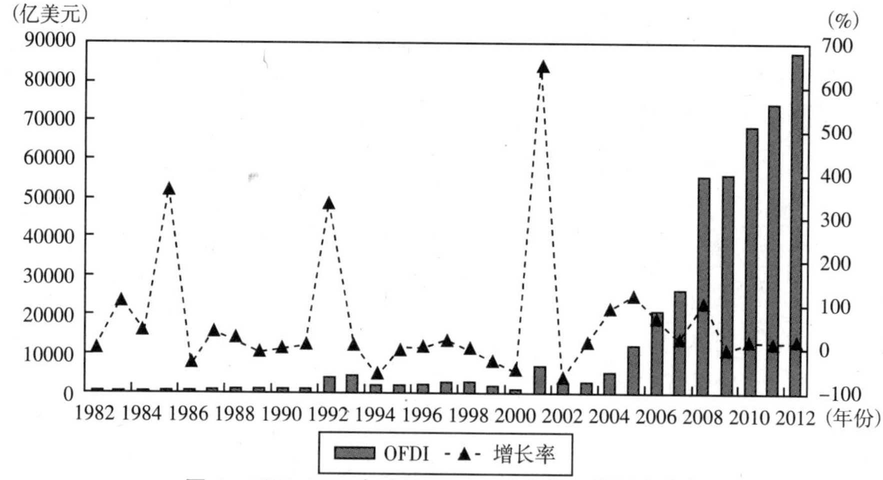

图 1 1982~2012 年中国 OFDI 的规模和增长率变化

资料来源：UNCTAD 数据库，经作者整理得到。

在这一时期，企业的生产能力得到快速提升，加之对外经济政策的调整，OFDI 实现了稳定的增长，但总体规模仍然较小。

3. 扩张阶段：2001 年以后

进入 21 世纪以后，随着市场经济体制改革和对外开放的逐步深入，国内企业的生产能力获得快速提升，国民经济实现快速发展，逐渐摆脱“双缺口”的局面。在这一时期，中国参与经济全球化、承接国际产业转移的能力以及国内外市场的供求关系均发生变化，国际收支开始并长期出现“双顺差”。同时，钢铁、电解铝、汽车和纺织等许多生产性行业出现产能过剩的态势（黄益平等，2013），促使企业寻求海外市场的动机愈显迫切。在此背景下，中国政府于 2000 年提出并开始实施“走出去”的发展战略，通过一系列的“简政放权”政策来放松投资管制，鼓励企业对外直接投资①。2001 年，中国加入 WTO（世界贸易组织），加快企业“走出去”的步伐，OFDI 实现了 651.9%的高速增长；2003 年，中国 OFDI 的流量为 28.5 亿美元，相

① 2003 年，商务部在部分省市进行了简化境外投资审批手续的试点，在全国范围内简化了境外加工贸易项目审批程序和申报材料的内容。2004 年 10 月，商务部等联合发布《境外投资项目核准暂行管理办法》，进一步明确、简化了境外投资程序。2008 年修订《外汇管理条例》，取消强制结售汇制度，大大提升了外投资汇兑管理便利化；2011 年 3 月，将满足条件的境外投资项目放权给省级部门核准，中央企业的对外投资实行备案制；2012 年 7 月，发展和改革委员会等 13 个部门联合公布《关于鼓励和引导民营企业积极开展境外投资的实施意见》，鼓励和支持民营企业开展境外投资项目。

应的存量达到332亿美元，分别占世界总额的0.45%和0.48%；截至2012年底，中国OFDI的流量和存量分别为878.04亿美元和5319.41亿美元，分别占到世界总额的6.3%和2.3%，位列世界的第三位①。

随着OFDI的逐年扩张，投资区位出现了很大的变化。截至2012年底，中国的OFDI已覆盖179个国家（地区），其中，亚洲的覆盖率最高，覆盖超过80%的国家（地区）。2012年，中国对亚洲的投资达到647.85亿美元，占OFDI总额的73.8%；其次是在欧洲的投资，投资总额为70.35亿美元，占OFDI总额的8.01%；拉丁美洲为61.7亿美元，占比为7%；对北美洲的投资为48.82亿美元，占比为5.6%，如图2所示。

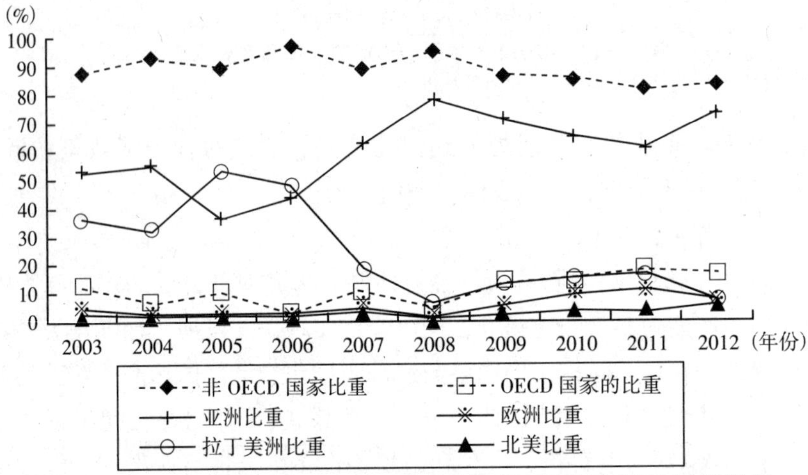

图2 2003~2012年中国OFDI的区位分布及在不同发展水平国家的比例

资料来源：UNCTAD数据库，经作者整理得到。

OFDI的去向与东道国的经济发展水平密切相关（Makino et al.，2002）②。考虑到企业在不同经济发展水平国家（地区）投资动机潜在的差异，我们将东道国分为发达国家（OECD国家）和发展中国家（非OECD国家）两类进行分析③。由图2可知，中国在非OECD国家的OFDI总量明显高于OECD国家，2003年，中国对非OECD和OECD国家的直接投资分别为24.9亿美

① 2003~2012年《中国对外直接投资统计公报》。

② Makino等（2002）实证研究发现，来自新兴工业化经济体的企业在发达国家进行技术寻求型和市场寻求型对外直接投资，而在发展中国家进行资源寻求型对外直接投资。

③ 这里，OECD国家代表着经济发展水平较高的国家或地区，非OECD国家大多是发展中国家或欠发达国家。

元和 3.65 亿美元，分别占总额的 87.2%和 12.8%；截至 2012 年，相应的投资额分别为 731.83 亿美元和 146.21 亿美元，分别占到总额的 83.4%和 16.6%。可以看出，2008 年金融危机以来，中国 OFDI 的区位分布出现显著的变化。2008 年之前，中国在 OECD 国家和非 OECD 国家的投资比例较为稳定，分别为 10%和 90%；2008 年之后，中国在非 OECD 国家的直接投资规模呈现出下降的趋势，而在 OECD 国家的投资呈现上升态势。

（二）OFDI 扩张的内在动力

随着中国经济的转型发展，国内企业的技术水平得到持续提高，产业结构逐步实现转型升级，所有制改革促成多元化的投资主体，这些特定的制度条件均会对 OFDI 产生影响。基于此，我们将从理论上梳理技术进步①、产业结构转型升级和所有制结构调整对 OFDI 的影响机理，为下文的实证分析提供思路。

1. 技术进步与 OFDI 扩张

国际经验表明，当一个国家的生产力快速提升和经济发展水平显著提高的时候，其生产与扩大再生产必然会超出一国范围而向世界延伸。从各国外向型经济发展的实践看，由于政治、经济和文化的背景不同，企业的国际化轨迹各异，但大多要经过“国内经营→商品输出→国外生产→建立跨国公司”由低级向高级的国际化程度逐步加深的过程，并由此推动经济向更高层次发展（黄益平等，2013）。Montagna（2001）和 Melitz（2003）的研究表明，在同一行业内，生产率最低的企业只服务于本国市场；生产率较高的企业不仅在本国出售，还出口到国外；生产率最高的企业同时在本国出售、出口以及对外直接投资。Helpman 等（2004）采用美国企业的数据实证研究表明，出口企业比只在国内销售企业的生产率要约高出 39%，而进行对外直接投资的企业又比出口企业的生产率高约 15%。

现有的研究和实践表明，发展中国家进行 OFDI 的主要目标是学习和吸收国外的先进技术，以满足国内经济发展的需要（黄益平等，2013）。现阶段，中国与发达国家的技术水平存在差距，大部分的企业不具备自主研发“能够引领市场需求的核心技术和新产品”的能力，正处于技术模仿阶段。

---

① 这里，“技术进步”是一个广义的表述，包含生产技术、管理模式、市场渠道、品牌以及商誉等战略资产的获取和提升，下文称之为“广义技术进步”，采用全要素生产率（TFP）表示。

随着中国经济地位的提升，发达国家开始对关键技术的转移施加限制，中国引进先进技术的难度越来越大。因此，要想实现提升技术水平和加快经济结构的转型发展，在强调自主创新的同时，需要鼓励企业积极地“走出去”，建立海外研发中心，最大限度地利用发达国家技术聚集地的外溢效应（蒋冠宏等，2013）。需要说明的是，获取逆向技术外溢和实现更好学习效应的必要条件是企业自身具有一定的技术基础，具备承接技术转移、消化和吸收的支撑和配套能力，进而实现技术的良性互补。也就是说，随着国民经济的快速发展，试图通过OFDI获取先进技术的先决条件在于国内企业是否具备一定的生产率和技术水平。如图3所示，中国OFDI的增长与国内的生产率水平密切相关，两者呈现出明显的同向变动趋势，尤其是对发展中（非OECD）国家的直接投资体现得更为突出。由此做出初步推断，生产效率的提高或技术进步对中国OFDI扩张具有一定的促进作用。可以从三个方面做出解释：首先，技术进步推动国民经济的持续快速增长，长期积累的结果导致产能过剩，OFDI可作为缓解产能过剩的通道；其次，随着技术水平的不断提升，自主创新能力不断增强，国内企业已经初步具备承接技术转移和吸收的能力，或者出现某一类产品在国际市场上具有一定的技术优势，进而拓展其参与全球价值链的深度和广度；最后，技术进步有利于促进产业结构实现转型升级，促进所有制结构调整，加快各类行业企业“走出去”的步伐。

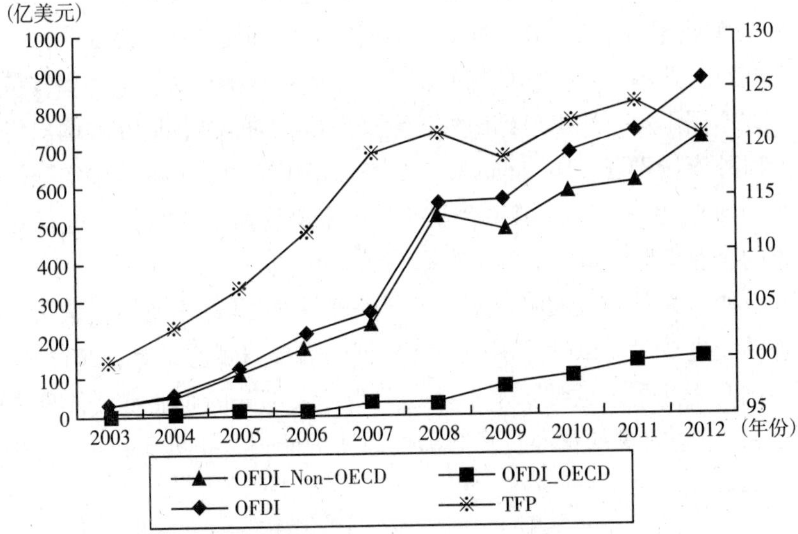

图3 2003~2012年中国TFP指数（2003年为100）与OFDI增长

资料来源：UNCTAD数据库和《中国统计年鉴》，经作者整理得到。

结合中国的现实情况看，改革开放以来，国民经济的发展经历了要素资源驱动和投资驱动的两个阶段，目前正逐步向以技术进步为主的创新驱动阶段过渡。尤其是进入21世纪以来，中国的TFP指数呈现逐年递增的态势，也间接表明技术进步成为中国OFDI持续扩张的内在动力。

综上所述，长期的技术积累使得中国企业已初步具备进行深度国际合作的技术基础，满足技术互补和填补空缺的经济发展需要，而正是在这一时期，中国OFDI的规模出现了持续扩张。

2. 产业结构转型升级与OFDI扩张

随着技术进步和生产力的发展，中国的产业结构逐步实现转型升级，如图4所示，以第三产业增加值与第二产业增加值比例度量的产业结构调整变量INDS呈现稳定上涨，这表明，国内企业嵌入全球价值链的深度和广度得以拓展，为实现OFDI的逐年扩张提供条件。从产业分布看，中国的OFDI经历了"以资源开发为主→以采矿业和制造业为主→以第三产业为主"的发展路径。

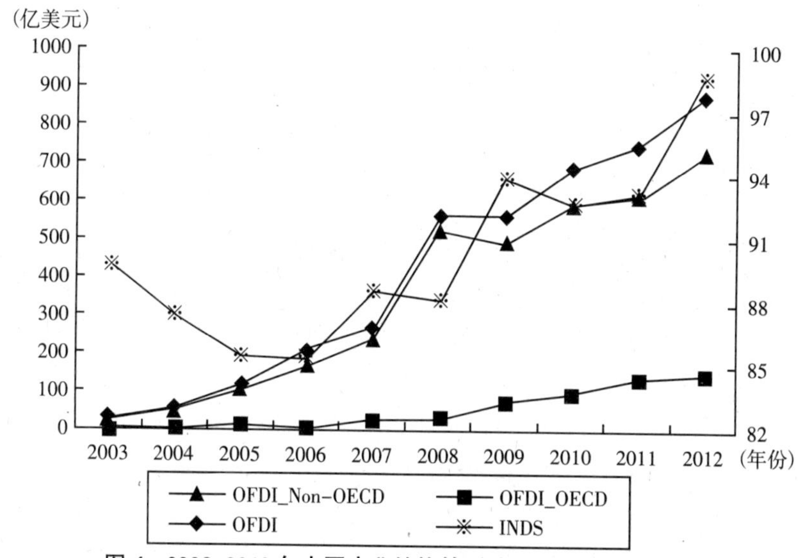

图4　2003~2012年中国产业结构转型升级（INDS）与OFDI

资料来源：UNCTAD数据库和《中国统计年鉴》，经作者整理得到。

中国OFDI的产业分布在不同的发展阶段呈现出不同的特征。在起步阶段，主要以获取自然资源等生产所需的原材料为主，为快速发展的工业化提供物质基础。此时，国内的产业发展基础薄弱、技术落后，对外直接投资主要集中于资源开发和初级加工制造产业。在发展阶段，OFDI逐步转向以采矿业和制造业为主的第二产业。如表2所示，2003年，48.3%的OFDI流向采矿业，21.9%进入制造业，12.5%进入批发零售业，9.8%进入租赁和商务服务业。在扩张阶段，随着工业化的逐步深化、技术水平的提升以及产业结构的转型升级，中国的OFDI开始转向以租赁和商务服务业为主的第三产业，并开始进入科学研究和技术服务等复杂技术领域，促使OFDI的层次不断提升，规模不断扩大。2012年，67.14%的OFDI流向第三产业，其中，租赁和商务服务业占30.46%，批发和零售业占14.86%，金融业占11.47%；同时，第二产业的投资则由2003年的71.72%下降为2012年的31.2%。在这一阶段，国内的家电、纺织和重化工等行业开始出现产能过剩，表现为产品积压和技术设备闲置。要实现这些行业的持续发展，需要开拓新的市场，而OFDI为解决产能过剩提供了通道。此外，在产业结构转型升级的过程中，越来越多的企业面临着生产要素成本快速上涨的问题。总之，企业或为寻求低成本的生产要素，或为开拓新的市场，都将会积极地“走出去”，进而促使OFDI规模的持续扩张。

表2 2003~2012年中国OFDI流量和存量的行业分布比例

单位：%

OFDI指标	OFDI流量										存量
年份	2003	2004	2005	2006	2007	2008	2009	2010	2011	2012	2012
第一产业	2.85	5.25	0.86	0.87	1.03	0.31	0.61	0.78	1.07	1.66	0.93
第二产业	71.72	48.79	32.99	45.35	25.16	17.24	29.03	18.91	33.50	31.20	24.58
其中：采矿业	48.30	32.74	13.66	40.35	15.33	10.42	23.60	8.31	19.35	15.43	14.06
制造业	21.86	13.74	18.60	4.28	8.02	3.16	3.96	6.78	9.43	9.87	6.42
第三产业	25.43	45.96	66.15	53.77	73.81	82.46	70.36	80.31	65.43	67.14	74.48
其中：信息传输和计算机服务等	0.31	0.56	0.12	0.23	1.15	0.53	0.49	0.74	1.04	1.41	0.91
批发和零售业	12.51	14.55	18.43	5.26	24.92	11.65	10.85	9.78	13.83	14.86	12.82
金融业	0.00	0.00	0.00	16.68	6.29	25.13	15.45	12.54	8.13	11.47	18.13
租赁和商务服务业	9.77	13.63	40.30	21.37	21.16	38.85	36.22	44.01	34.29	30.46	33.03
科学研究和技术服务等	0.22	0.33	1.06	1.33	1.15	0.30	1.37	1.48	0.95	1.68	1.28

资料来源：2004~2013年《中国对外直接投资统计公报》，并经作者计算得到。

产业结构的转型升级对经济增长具有显著的正向影响（刘伟和张辉，

2008)，持续的经济增长会促进 OFDI 规模的扩张（Dunning et al.，2008）①。主要体现在三点：第一，产业结构转型使得行业企业的发展能够更好地与自身的要素禀赋相结合，转移落后产能，提高生产效率；同时，以服务业为主导的产业结构升级会进一步拉伸产业链，形成更强的辐射效应，提高产品的附加价值。此外，产业结构转型升级会使得失去比较优势的行业向外转移，促进 OFDI 扩张。第二，产业结构转型升级与技术进步的相互作用。作为技术后进的国家，中国 OFDI 的主要目的之一是通过广泛的国际合作来学习和获取先进技术。在 OFDI 的产业分布演变过程中，技术进步具有积极的作用（黄益平等，2013）：一方面，技术进步会使得不同生产部门间的生产效率出现差异，出现生产要素跨部门的流动，进而促进产业结构的转型升级（刘伟和张辉，2008）；另一方面，产业结构转型升级会推动经济增长，为技术进步提供必备的物质和人力资本，促进技术进步。因此，技术进步与产业结构转型升级之间会形成良性互动的正反馈效应，对 OFDI 产生积极的推动作用。第三，随着产业结构的转型升级，与经济增长同步，国内居民的需求增大，这会引致企业增加国内的投资，从而对 OFDI 产生抑制作用。

综上而言，前两个方面对 OFDI 具有正向的作用，而第三个方面表明国内投资机会的增长会对 OFDI 产生挤出效应，两个方向相反的效应使得产业结构的转型升级对 OFDI 的影响具有不确定性。如图 4 所示，衡量产业结构调整的指标 INDS 与 OFDI 呈现负向（2003~2005 年；2009~2010 年）和正向（2005~2009 年；2010~2012 年）的交替变化，尤其是对发展中（非 OECD）国家的 OFDI 表现出更为突出的交替特征。

3. 所有制结构调整与 OFDI 扩张

在经济转型过程中，中国稳步推行所有制改革，形成多元化的投资主体。考虑到不同类型的企业对外直接投资需求的差异性，多元化的投资主体对 OFDI 具有一定程度的影响。在不同的发展阶段，对外投资主体的所有制结构呈现出不同的特征。在起步阶段，大部分的 OFDI 由国有企业承担，特别是在隶属于中央政府各部委的大型跨国公司进行。在发展阶段，伴随经济体制改革的深化和所有制改革的逐步推进，对外直接投资的模式从“自上而

---

① Dunning（1981）的投资发展路径（Investment Development Path）理论指出，随着人均收入的提高，一国从最初吸引日益增多的外商直接投资，变为对外直接投资，最终变成为对外直接投资超过外商对其直接投资，或两者大致在平衡附近波动。可见，投资发展路径所描述的对外直接投资与一国经济发展水平紧密联系。

下”向“自下而上”转变，投资主体呈现出多元化的趋势。具体而言，2003年，国有企业的对外直接投资额占投资总额的43%，有限责任公司与股份有限公司的相应比例分别为22%和11%，私营和外资企业的相应比例分别为10%和5%。进入扩张阶段，非国有企业对外直接投资的比重出现大幅上升。2012年，国有企业所占比重下降至9%，有限责任公司增加至64%，股份、私营和外资分别占7%、8%和3%；但在存量方面，国有企业的OFDI仍然占据主导地位。截至2012年底，国有企业在非金融类OFDI存量中占59.8%的份额，有限责任公司占26.2%，股份有限公司占6.6%。由此可见，中国的对外投资主体已经实现由一元化演变为多元化，形成以公有制为主体、多种所有制经济共同发展的新格局；在同期，OFDI实现了快速扩张。如图5所示，随着国有对外投资比例的下降，OFDI实现了持续快速的增长。由此做出初步推断，两者之间具有一定程度的负向关系。此外，有限责任、股份制和私营企业等非国有性质的企业在对外投资方面具有独特的优势，体现为规模相对小、管理结构简单、适应能力强，以及管理者更具有企业家精神；集中分布在竞争性较高的劳动密集型行业，且通常比国有企业具有更高的生产效率（Dougherty et al.，2007）。特别地，基于政治因素的考虑，相对于国有企业，非国有企业可能更容易被东道国接受，尤其涉及战略性资源和高技术行业。

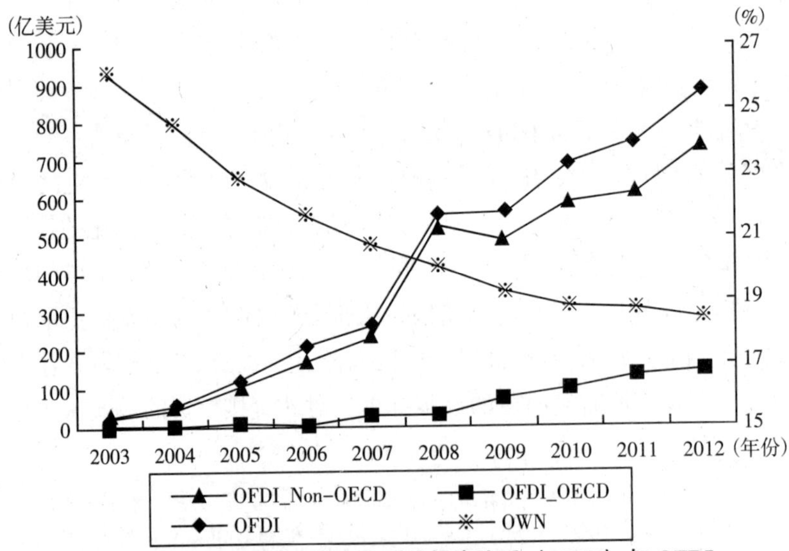

图5 2003~2012年国有企业对外投资比重（OWN）与OFDI

资料来源：UNCTAD数据库和历年《中国统计年鉴》，经作者整理得到。

所有制结构变化对 OFDI 的影响主要涉及如下两个方面：第一，多元化的对外投资主体具有不同的投资需求，多元的需求结构会直接影响 OFDI 的规模。现有研究和事实表明，大型国有企业和中小民营企业会选择不同的投资模式：大型国有企业偏好在海外投资自然资源、技术、品牌和渠道等战略性资产；中小民营企业则倾向于通过海外投资开拓市场和促进出口（田巍和余淼杰，2012）。第二，所有制结构变化会提高技术创新效率（孙晓华和王昀，2013）。技术进步使得企业的生产能力增强，进而促使对外直接投资的扩张。技术进步决定着所有制结构调整的路径，而不同形式的所有制主体通过多种方式促进技术进步，因而，两者对 OFDI 的扩张具有一定程度的交互作用。基于以上分析，可以初步推断，所有制改革形成的多元化投资主体会促进 OFDI 规模的扩张。

综合以上三个方面，我们将影响中国 OFDI 快速扩张的内在机理概括如下：首先，技术进步是近年来中国 OFDI 规模实现快速扩张的内生动力。技术进步使得企业的生产能力得以提高，较高的技术水平使得企业具备进行国际技术合作和开拓国际市场的基础及条件，为学习、吸收和集成国外的先进技术，并将其与国内、国外两个市场的需求相结合实现再创新提供可行性。其次，产业结构转型升级会促使在国内面临产能过剩和丧失比较优势的行业转移到国外；在劳动力等国内生产要素成本不断上涨的情形下，通过 OFDI 获取低成本的生产要素；绕开贸易壁垒和对技术引进的限制，推动 OFDI 的快速扩张；产业结构的转型升级往往与技术进步交互作用，共同影响 OFDI 规模。最后，所有制改革形成的多元化投资主体会直接促进 OFDI 的持续扩张，同时，所有制结构调整会通过改进技术效率间接地推动 OFDI 的增长。在此基础上，以下将采用 2003~2012 年 176 个中国对外直接投资国家（地区）的数据实证分析影响中国 OFDI 持续快速扩张的内在因素，探讨近年来中国 OFDI 扩张背后的驱动力。

三、模型、变量与数据

（一）计量模型的设定

为了考察技术进步、产业结构转型升级与所有制结构等内在因素对

OFDI 的影响，参考 Buckley 等（2007）、Cheung 和 Qian（2009）的研究思路，考虑到 OFDI 的持续性特征，将被解释变量的一阶滞后项作为解释变量[①]，得到如下计量模型：

$$LNOFDI_{it} = \beta_0 + \beta_{-1} LNOFDI_{it-1} + \beta_1 LNTFP_{it-1} + \beta_2 INDS_{it-1} + \beta_3 OWN_{it-1} + X\Gamma' + \mu_i + \varepsilon_{it} \quad (1)$$

式中，$LNOFDI_{it}$ 为被解释变量，表示对外直接投资，采用对数形式；考虑到技术进步和经济结构转型变量对 OFDI 影响的潜在滞后性，相应的解释变量均采用一阶滞后形式，$LNTFP_{it-1}$ 为对数的全要素生产率指数，表示广义的技术进步；$INDS_{it-1}$ 为度量产业结构转型升级的变量；OWN_{it-1} 为表示所有制结构调整的变量；X 为控制变量向量，将在下文做出具体说明；μ_i 是不可观测的个体效应，ε_{it} 是随机扰动项；i 表示国家或地区，t 表示年份。

技术进步和经济结构调整是经济转型的重要组成部分，经济转型是一项系统工程，共生于同一个系统内的因素之间可能存在某种程度的交互影响。根据上文的分析，技术进步与经济结构转型变量之间可能存在交互作用，共同影响 OFDI。为了捕捉这类交互影响，我们在式（1）的基础上加入两者的交叉项向量，即 $LNTFP_{it-1} \times INDS_{it-1}$ 和 $LNTFP_{it-1} \times OWN_{it-1}$，得到如下计量方程：

$$LNOFDI_{it} = \beta_0 + \beta_{-1} LNOFDI_{it-1} + \beta_1 LNTFP_{it-1} + \beta_2 INDS_{it-1} + \beta_3 OWN_{it-1} + \beta_4 LNTFP_{it-1} \times INDS_{it-1} + \beta_5 LNTFP_{it-1} \times OWN_{it-1} + X\Gamma' + \mu_i + \varepsilon_{it} \quad (2)$$

（二）变量选择

1. 对外直接投资（OFDI）

现有的研究主要采用两种度量方法：一是 OFDI 存量（邱立成和王凤丽，2008）或人均 OFDI 存量（Cheung and Qian，2009）；二是 OFDI 流量（Buckley et al.，2007；李猛和于津平，2011）。采用 OFDI 流量能够有效地刻画当期对外直接投资的状况（项本武，2009）；OFDI 存量涵盖了对外直接投资的滞后效应，人均 OFDI 存量控制了东道国人口规模的影响。为了与现有研究可比，本文采用 OFDI 的流量数据，并使用人均 OFDI 存量进行稳健性检验。

---

① 此外，加入被解释变量的一阶滞后项可以涵盖未考虑到的可能影响 OFDI 的其他因素，降低计量模型的设定偏误。

2. 广义技术进步（TFP）

我们采用全要素生产率（TFP）作为广义技术进步的替代变量。参考Young（2003）和张军等（2004）的做法，采用Cobb–Douglas（C–D）生产函数方法估算TFP。考虑到2008年金融危机的潜在影响，在传统的C–D生产函数中加入刻画金融危机的虚拟变量$D08_t$，定义2008年之后为1，之前则为0。将估计方程表达为：

$$\ln\frac{Y_t}{L_t}=\ln A+\alpha\ln\frac{K_t}{L_t}+\gamma D08_t+v_t \tag{3}$$

式中，Y_t为总产出，采用国内生产总值来表示；A为全要素生产率；L_t为劳动投入量，采用年末就业人数来表示；K_t表示资本存量，将在以下给出具体的测算过程；v_t是随机扰动项。资本存量的度量过程如下：参考现有的研究（Young，2003；张军等，2004），采用永续盘存法进行核算，$K_t=(1-d_t)K_{t-1}+I_t/P_t$。针对基年的资本存量$K_0$、固定资产投资价格指数$P_t$、当年的投资额$I_t$和资产的折旧率$d_t$四个关键变量，分别做出以下处理：①选择1990年为基年，根据Hall和Jones（1999）的研究，得到1990年的资本存量=1990年的固定资产形成总额÷(平均固定资产投资增长率+折旧率)；②P_t来源于历年的《中国统计年鉴》；③采用固定资产形成总额来表示当年的投资额I_t，数据来源于历年的《中国统计年鉴》；④参考张军等（2004）等的研究，将折旧率d_t设定为9.6%。基于以上数据得到年度的资本存量序列。最后，通过估计方程（3）得到TFP序列。

3. 产业结构转型升级（INDS）

我们将产业结构变迁细化为产业结构“转型”和“升级”两个层次：产业结构“转型”意味着经济发展模式的转变，实现国民经济各部门的协调发展；产业结构“升级”指经济发展质量的进一步提升，主要体现在产业结构重心在三次产业间的逐次演进，以及产业内部加工的纵深化和技术的集约化，提升在全球价值链中的地位。参考干春晖等（2011）的研究，分别采用产业结构合理化（TL）和产业结构高级化（TS）两个变量刻画产业结构的转型和升级，即$INDS_{it}=(TL_{it}，TS_{it})$，则计量模型（2）变成为：

$$\begin{aligned}LNOFDI_{it}=&\beta_0+\beta_{-1}LNOFDI_{it-1}+\beta_1 LNTFP_{it-1}+\beta_{21}TL_{it-1}+\beta_{22}TS_{it-1}+\beta_3 OWN_{it-1}+\\&\beta_{41}LNTFP_{it-1}\times TL_{it-1}+\beta_{42}LNTFP_{it-1}\times TS_{it-1}+\beta_5 LNTFP_{it-1}\times OWN_{it-1}+\\&X\Gamma'+\mu_i+\varepsilon_{it}\end{aligned} \tag{2'}$$

此时，技术进步、产业结构转型升级和所有制结构调整对OFDI的偏效应分别为：

$$\frac{\partial LNOFDI_{it}}{\partial LNTFP_{it-1}} = \beta_1 + \beta_{41}\overline{TL}_{it-1} + \beta_{42}\overline{TS}_{it-1} + \beta_5\overline{OWN}_{it-1},\quad \frac{\partial LNOFDI_{it}}{\partial TL_{it-1}} = \beta_{21} + \beta_{41}\overline{LNTFP}_{it-1},\quad \frac{\partial LNOFDI_{it}}{\partial TS_{it-1}} = \beta_{22} + \beta_{42}\overline{LNTFP}_{it-1},\quad \frac{\partial LNOFDI_{it}}{\partial OWN_{it-1}} = \beta_3 + \beta_5\overline{LNTFP}_{it-1}$$

基于本文的指标选择，交叉项的系数 $\beta_{41}<0$，$\beta_{42}>0$ 和 $\beta_5<0$，分别表示技术进步与产业结构合理化、产业结构高级化以及所有制结构调整之间具有互补效应，反之，则表示替代效应。相应地，产业结构“转型”和“升级”的具体指标构造过程如下：

（1）产业结构“转型”的度量。产业结构“转型”的目标是实现生产要素在产业间的合理配置，促使各产业协调发展，即提高要素投入结构和产出结构的耦合程度，实现产业结构的合理化。以下采用泰尔指数（Theil Index）度量产业结构的合理化①，其反映了产业结构和就业结构的耦合程度，计算公式为：

$$TL = \sum_{j=1}^{n}\left(\frac{Y_j}{Y}\right)\ln\left(\frac{Y_j}{L_j}\bigg/\frac{Y}{L}\right) \tag{4}$$

式中，Y 表示总产出，L 表示年末就业人数，j 表示产业，n 为产业部门数。根据古典经济学的假设，经济在处于均衡状态时，各产业部门的生产率水平相同，表示为 TL=0。由此可知，泰尔指数越大，表示产业结构偏离均衡状态越远，产业结构越不合理；相反，则说明产业结构趋于合理化，实现产业结构转型。下文将采用产业结构偏离度（TE）作为产业结构转型的替代变量进行稳健性检验。

（2）产业结构“升级”的度量。在信息化推动下的现代经济结构中，服务化是产业结构在转型的基础上进一步升级的一种重要特征（吴敬琏，

---

① 对于产业结构合理化，研究者一般采用结构偏离度（TE）进行衡量（干春晖等，2011），即 $TE = \sum_{i=1}^{n}\left|\frac{Y_i/L_i}{Y/L}-1\right| = \sum_{i=1}^{n}\left|\frac{Y_i/Y}{L_i/L}-1\right|$。根据古典经济学假设，经济最终处于均衡状态，各产业部门生产率水平相同，当经济均衡时，TE = 0。TE 值越大，表示经济越偏离均衡状态，产业结构越不合理。但是，结构偏离度指标并没有考虑各产业在经济体中的权重，故并不能反映各产业的重要程度，同时绝对值的计算也为研究带来不便，基于此，许多学者引入泰尔指数。泰尔指数最早由 Theil（1967）提出，许多学者将其用于地区收入差距问题的研究。干春晖等（2011）的研究表明，泰尔指数考虑了产业的相对重要性并避免了绝对值的计算，同时还保留了结构偏离度的理论基础和经济含义，是一个很好的度量产业结构合理化的指标。鉴于数据的限制，本文计算的泰尔指数与结构偏离度均采用全国三次产业的相关数据。

2008）。采用第三产业与第二产业产值之比表示产业结构高级化（TS），并作为产业结构“升级”的度量，其能够清楚地反映出经济发展过程中服务化的倾向。TS 值增大，则意味着经济在向服务化的方向推进，实现产业结构升级。以下将采用第三产业增加值（就业人数）占国内生产总值（全国就业人数）的比重 THIRD1（THIRD2）作为替代变量进行稳健性检验。

4. 所有制结构变化

根据以上的分析，中国企业的所有制结构已经从单一的国有逐渐演变为国有、民营、股份和外资等多种所有制并存的局面，体现为国有经济在国民经济中的比重呈下降趋势。基于此，本文采用城镇国有单位就业人数占城镇就业总数的比重来刻画所有制结构的变化（OWN1）；然后，以国有固定资产投资占全社会固定资产投资的比重（OWN2）作为替代变量进行稳健性检验。

5. 控制变量

根据现有研究和现实观察，考虑如下潜在影响 OFDI 的因素作为控制变量：

（1）市场寻求动机：采用 RGDP、RINCOME 和 GDPG 三个变量来刻画市场寻求动机，其中，RGDP 是东道国 GDP 与中国 GDP 的比例，表示相对市场规模（Kravis and Lipsey，1982）；RINCOME 为东道国居民人均收入与中国的比例，表示潜在的市场机会（Eaton and Tamura，1994）；GDPG 为东道国居民实际收入的增长率，表示潜在的市场潜力（Billington，1999；Cheung and Qian，2009）。

（2）资源寻求动机（RAW）：东道国自然资源的丰裕程度是资源寻求型 OFDI 的主导因素，采用原材料（包括矿石、金属、燃料和农业原材料等）的出口额占东道国总出口额的比重来表示（Kinoshita and Campos，2004；Cheung and Qian，2009）。

（3）技术寻求动机（LPATENT）：东道国的技术创新水平是决定技术寻求型 OFDI 的主要因素，采用东道国居民申请专利数量的对数形式来表示。

（4）东道国潜在的市场风险（ARISK）：由于东道国每 10 万人的故意谋杀犯罪数量（RISK）部分年份数据的缺失，本文采用样本区间 RISK 的平均值 ARISK 来衡量东道国的市场风险。

（5）地区哑变量（REG_{ig}）：根据地理分布情况，中国 OFDI 主要分布在亚洲、非洲、欧洲、拉丁美洲、北美洲和大洋洲，取 g=5。

（三）数据说明

本文采用2003~2012年中国对外直接投资的176个国家（地区）的跨国数据①。其中，OFDI的数据来自历年的《中国对外直接投资统计公报》和UNCTAD数据库；测算TFP、TL、TS和OWN的基础数据来自历年的《中国统计年鉴》；RGDP、RINCOME、GDPG、RAW和ARISK等变量根据《世界发展指数数据库》的相关数据计算得到。主要变量的数据描述性统计如表3所示。表3显示，中国在OECD国家投资额的均值高于非OECD国家②；OECD国家的相对市场规模（RGDP）与潜在的市场机会（RINCOME）均显著高于非OECD国家，但经济增长率（GDPG）和市场风险（ARISK）明显低于非OECD国家。鉴于东道国经济发展水平的异质性，以下将对东道国进行分类考察OFDI持续扩张的内在推动力。

表3 主要变量的描述性统计

样本	全样本			非OECD			OECD		
Variable	Obs	Mean	Std.Dev.	Obs	Mean	Std.Dev.	Obs	Mean	Std.Dev.
LNOFDI	1175	−2.5913	2.5005	921	−2.7263**	2.4325	254	−2.1021	2.6818
LNTFP	1584	4.7330	0.0748	1278	4.7330	0.0748	306	4.7330	0.0749
TL	1584	23.8442	4.3157	1278	23.8442	4.3161	306	23.8442	4.3214
TS	1584	89.3615	3.0260	1278	89.3615	3.0262	306	89.3615	3.0300
TE	1584	184.2976	23.5253	1278	184.2976	23.5271	306	184.2976	23.5564
THIRD	1584	41.8680	1.1496	1278	41.8680	1.1496	306	41.8680	1.1511
OWN1	1584	50.8659	8.0595	1278	50.8659	8.0601	306	50.8659	8.0701
OWN2	1584	31.6516	3.7701	1278	31.6516	3.7704	306	31.6516	3.7751
RGDP	1542	8.9774	39.9521	1236	2.2362***	6.3662	306	36.207	83.5011
RINCOME	1542	477.9551	813.1109	1236	254.93***	598.494	306	1378.8	935.029
GDPG	1540	4.3719	5.0241	1234	4.8960**	5.2282	306	2.2586	3.3576
RAW	1220	30.4587	29.3674	914	35.1546**	31.0691	306	16.4324	17.1448
LPATENT	768	5.9051	2.5116	468	4.8769***	2.1581	300	7.5092	2.1612
ARISK	1566	8.9745	10.8363	1260	10.6523**	11.4073	306	2.0659	2.4216

注：OFDI的单位为亿美元；TL、TS、OWN、RGDP和RINCOME等相对比值均化为百分数；对OECD国家和非OECD国家样本进行了均值显著性检验，*、** 、*** 分别表示10%、5%和1%的显著性水平。

① 自2002年，中国商务部开始按照OECD和IMF收支平衡指南的要求，对对外直接投资的相关数据进行统计，从而保证数据的可得性和可信性，因此，我们选择从2003年开始作为研究样本。具体来看，2003~2012年，中国对179个国家和地区进行直接投资，除去中国香港、中国澳门和开曼群岛等避税地，得到176个国家（地区）的样本。

② 在总量方面，中国在OECD国家的直接投资总额明显低于非OECD国家（见图2）。

（四）内生性问题

以下讨论计量模型中主要变量潜在的内生性问题，主要涉及两个方面：

第一，技术进步与OFDI之间潜在的双向因果关系。在经济全球化的背景下，一方面，技术创新已成为企业获得垄断竞争优势的关键所在，技术进步的高低决定着企业能否以及多大程度上参与国际市场的竞争，即技术进步可以推动OFDI的扩张；另一方面，企业在对外直接投资的同时，通过学习效应实现逆向技术溢出，进而提高企业和行业自身的技术水平（蒋冠宏和蒋殿春，2012；蒋冠宏等，2013），因此，技术进步与对外直接投资潜在的相互作用关系会导致内生性问题。

第二，经济结构转型变量与OFDI之间的相互作用机制。由以上分析可知，产业结构转型升级与所有制结构调整会分别对OFDI的流向和投资主体产生影响，投资领域和投资主体的多元化会推动OFDI的扩张，同时，OFDI又反过来对国内产业结构转型升级与所有制结构的调整具有一定的促进作用（贾妮莎，2014），因而，两者之间的相互关联性也可能导致内生性问题。因此，在下文的实证过程中需要考虑内生性问题。

四、实证结果与分析

本节运用动态面板数据模型GMM的估计方法对计量模型（1）和模型（2）进行估计。首先，基于全样本数据实证分析技术进步、产业结构转型升级与所有制结构调整对OFDI的影响；其次，考虑到东道国经济发展的异质性，分别考察发达（OECD）与发展中（非OECD）国家两个子样本的影响，分析两者间的差异；最后，对估计结果进行稳健性检验。

由于在模型中加入因变量的一阶滞后项，计量模型变成为动态面板数据（DPD）模型。DPD模型的滞后因变量与误差项相关，采用标准的混合OLS、固定效应和随机效应均导致估计结果的非一致性。为了克服这一问题，我们采用DPD的GMM方法进行估计。现有研究主要采用两种处理技术：一是差分广义矩（Difference-GMM）估计方法（Arellano and Bond，1991）；二是系统广义矩（System-GMM）估计方法（Blundell and Bond，1998）。差分GMM估计被广泛地应用于处理内生性问题，但其会导致样本信息的损失，尤其是解释变量具有时间上的持续性时，工具变量的有效性减弱，从而影响估计结果的渐进有效性。而系统GMM估计可以同时利用差分和水平方程中的信息，增加一组滞后的差分变量作为水平方程相应变量的工具变量。由于利用更多的样本信息，系统GMM估计一般会比差分GMM估计更有效，但这种有效性需要进行两个检验：一是通过Hansen过度识别约束检验来检验所有工具变量的有效性①；二是检验差分方程随机误差项的二阶序列相关性，原假设不存在序列相关，在原假设下经过差分转换后的残差一定有一阶序列相关性，但如果拒绝二阶序列相关，则断定原假设成立。

此外，GMM估计又分为一步（One-step）估计和两步（Two-step）估计，由于在有限样本条件下两步估计法所得的统计量存在严重的向下偏误，从而影响统计推断的结果（Bond et al.，2002）。鉴于一步估计法的渐进误差较小，较两步估计法更为可靠（Blundell and Bond，1998）。因此，以下将采用一步估计方法对方程（1）和方程（2）进行估计。根据Bond等（2002）提出的检验方法来判断GMM估计值的有效性②。对工具变量的设置如下：鉴于东道国区位分布的虚拟变量确定是严格外生的，将其视为外生变量；其他变量均视为弱外生变量，使用系统"内部工具"，采用弱外生变量的滞后项作为自身的工具变量。估计结果报告如表4和表5所示。由结果可知，Hansen检验不能拒绝工具变量有效的原假设；残差序列相关性检验表明，差分后的残差只存在一阶序列相关而无二阶序列相关，由此断定原模型的误差项无序列相关性；滞后项的估计值介于混合OLS和固定效应模型的估计值之间，表明系统GMM估计结果是有效且可靠的。以下对实证结果展开分析。

（一）全样本的实证结果与分析

在表4中，A1~A4是全样本估计的结果，其中，A1和A2考察了未考虑交互项的情形。方程A1的估计结果显示，TL与OWN1的系数均在5%的

① Sargen检验也是一种工具变量过度识别约束检验，但是在使用Xtabond2命令进行分析时，Sargen检验在大多情况下都会拒绝原假设，一个可能的原因是该检验在Sys-GMM中存在过度拒绝的问题（Roodman，2006），相对而言，Hansen检验较能准确地反映Sys-GMM中工具变量的有效性。

② 根据Bond（2002）给出的检验GMM估计值有效性的方法：如果GMM估计值介于固定效应估计值和混合OLS估计值之间，则GMM估计是可靠和有效的，这是因为混合OLS估计通常会导致向上偏误的滞后项系数，而在时间跨度较短的面板数据中，采用固定效应估计则会产生一个严重向下偏误的滞后项系数。

水平下显著为负，表明产业结构转型（合理化）和所有制结构调整均会推动OFDI的扩张，而LNTFP的系数在10%的水平下显著为负，TS的系数不显著为负，表明技术进步和产业结构升级（高级化）并未对OFDI的扩张发挥作用；进一步地在方程中加入技术、市场和资源寻求动机等方面的控制变量，估计结果A2显示，OWN1的系数均在1%的水平下显著为负，LNTFP、TL和TS的系数均不显著，可见，所有制结构调整对OFDI的促进效应较为稳健。为了更为全面地考察技术进步和经济转型变量对OFDI的作用机制，我们考虑两者的交互效应，将技术进步与经济转型变量的交叉项加入方程，如表4的A3和A4所示。

方程A3的估计结果表明，LNTFP、TL和TS均对OFDI具有显著的正向影响，值得注意的是，在考虑两者间的交互作用后，与方程A1和方程A2不同，LNTFP的系数在10%的水平下显著为正，表明技术进步对OFDI具有正向的影响；TL的系数由为负变为在5%的水平下显著为正；TS的系数由不显著为负变为为正，且均通过了5%水平的显著性检验，表明产业结构合理化对OFDI规模的扩张具有一定的抑制作用，而产业结构的高级化有利于OFDI的增长。可解释为，产业结构的“转型”会使得国内需求增长，企业加大国内的投资，进而减缓对外直接投资；产业结构的“升级”会促使企业更加积极地进行对外投资，参与国际分工与合作以实现加工程度的纵深化和技术的集约化，产业结构调整对OFDI的影响取决于两者的净效应。与A1和A2相同，OWN1的系数在1%的水平下显著为负，表明所有制结构调整会推动OFDI的扩张。在交互效应方面，LNTFP×TL的系数在5%的水平下显著为负，表明，产业结构合理化会促进技术进步对OFDI的推动作用，同时，技术进步会对产业结构合理化、对OFDI的影响具有正向作用，即在促进OFDI方面，技术进步与产业结构合理化之间呈现出显著的互补效应。LNTFP×TS的系数为负，且通过了5%的显著性检验，表明产业结构高级化在某种程度上会减弱技术进步对OFDI的促进作用，同时，技术进步也会抑制产业结构高级化对OFDI的正向影响，即技术进步与产业结构高级化之间存在一定程度的替代效应。可以解释为，当经济发展进入较高技术水平和产业结构高级化阶段时，国内的投资需求快速增加，从而减缓对外直接投资规模的扩张。LNTFP×OWN1的系数在5%的水平下显著为正，说明技术进步对OFDI的推动作用往往与国有企业相联系，两者之间具有一定程度的互补性，这反映了在起步阶段国有企业在OFDI中起主导作用的延续。

进一步地加入控制变量以检验估计结果的稳健性，方程 A4 显示，我们关注变量的系数与 A3 较为一致。在控制变量方面，RGDP、RINCOME 和 GDPG 的系数均为正，但不显著，表明中国 OFDI 并未体现出显著的市场寻求动机；RAW 的系数在 1%的水平下显著为正，显示中国 OFDI 具有明显的自然资源寻求动机；LPATENT 的系数为正，且通过了 1%的显著性检验，表明中国 OFDI 具有明显的技术寻求动机，这与 Deng（2007）的研究结论相一致；ARISK 的系数在 1%的水平下显著为正，表明中国的对外直接投资偏好于流向市场风险越高的地区，这与理论预期不一致，但与 Sautman 和 Yan（2007）、李猛和于津平（2011）等研究结论相一致，可解释为，较高的市场风险会降低对东道国的投资；但同时高风险意味着高收益，又可能吸引企业增加对东道国投资，估计系数体现了以上两种作用的净效应；这里体现为投资者对高风险地区能够获取高收益的信心，例如，在腐败和通货膨胀等商业风险指数最高的非洲，直接投资的回报率也最高，从而吸引了大量的 OFDI。

综上所述，由全样本的估计结果测算得到技术进步和经济结构转型变量对 OFDI 的偏效应，表 4 中 A4 的最后四行，表明技术进步对 OFDI 具有正向的推动作用；产业结构的合理化和高级化度量的产业结构转型及升级均对 OFDI 产生促进作用；所有制结构调整对 OFDI 的扩张亦有贡献，随着国有企业比例的下降，多元化的投资主体将会促进 OFDI 规模的持续快速增长。

（二）分类样本的实证结果与分析

考虑到东道国经济发展的异质性可能对估计结果产生影响，以下我们将东道国分为发达（OECD）国家和发展中（非 OECD）国家两类样本对计量模型（1）和模型（2）进行重新估计，分析影响不同样本 OFDI 内在因素的差异性。

1. 非 OECD 国家样本的估计结果

表 4 的 A5 和 A6 为发展中（非 OECD）国家的估计结果。方程 A5 的估计结果显示，LNTFP 的系数为正，但不显著，表明技术进步并未对发展中国家的 OFDI 发挥作用；TL 的系数在 5%的水平下显著为正，表明产业结构合理化对流向发展中国家的 OFDI 具有显著的抑制作用；OWN1 的系数为负，且通过了 5%的显著性检验，表明多元化的所有制结构对发展中国家 OFDI 具有显著的正向影响；TS 的系数为正，但不显著，表明产业结构高级化未对发

表 4 技术进步、经济转型与 OFDI 关系的估计结果（因变量：OFDI 流量）

样本分类	全样本				非 OECD 国家		OECD 国家	
估计方程	A1	A2	A3	A4	A5	A6	A7	A8
L.LNOFDI	0.124 (0.122)	−0.079 (0.153)	0.222 (0.135)	−0.102 (0.150)	0.272* (0.156)	−0.016 (0.138)	−0.142 (0.149)	−0.335** (0.157)
LNTFP	−6.493* (3.734)	−7.645 (5.277)	246.131* (134.844)	576.430*** (169.137)	18.604 (136.371)	291.071 (199.834)	755.018*** (257.476)	926.940*** (253.559)
TL	−0.138** (0.064)	−0.138 (0.085)	13.030** (5.063)	13.266** (6.387)	13.381** (6.007)	12.311* (8.731)	9.072 (8.181)	23.574** (9.564)
TS	−0.044 (0.032)	−0.011 (0.051)	17.026** (8.071)	34.926*** (10.555)	5.916 (8.371)	22.721* (13.068)	40.137*** (15.065)	49.445*** (15.167)
OWN1	−0.286*** (0.109)	−0.472*** (0.160)	−26.854** (11.333)	−23.894 (15.787)	−34.275*** (13.164)	−38.826* (22.443)	1.362 (16.611)	−14.461 (20.585)
LNTFP × TL			−2.822*** (1.083)	−2.915** (1.370)	−2.869** (1.285)	−2.691* (1.881)	−2.042 (1.739)	−5.075** (2.031)
LNTFP × TS			−3.595** (1.707)	−7.370*** (2.226)	−1.235 (1.769)	−4.771* (2.753)	−8.504*** (3.185)	−10.439*** (3.201)
LNTFP × OWN			5.607** (2.413)	4.824** (3.350)	7.279*** (2.800)	8.158** (4.772)	−0.664 (3.519)	2.563 (4.345)
RGDP		0.002 (0.002)		0.002 (0.002)		0.020 (0.023)		−0.002 (0.003)
RINCOME		0.000 (0.000)		0.001 (0.000)		0.002** (0.001)		0.001 (0.001)
GDPG		−0.013 (0.027)		0.032 (0.033)		0.037 (0.030)		0.043 (0.066)

续表

样本分类	全样本				非 OECD 国家		OECD 国家	
估计方程	A1	A2	A3	A4	A5	A6	A7	A8
RAW		0.023*** (0.007)		0.023*** (0.008)		0.023*** (0.006)		-0.004 (0.034)
LPATENT		0.358*** (0.114)		0.379*** (0.115)		0.313*** (0.118)		0.782** (0.364)
ARISK		0.048*** (0.018)		0.049*** (0.018)		0.045*** (0.016)		0.047 (0.159)
REG		Yes		Yes		Yes		Yes
CONS	42.204** (21.429)	46.051 (30.270)	-1152.426* (630.341)	-2700.678*** (792.891)	-94.600 (638.616)	-1378.602 (939.884)	-3512.936*** (1204.163)	-4340.341*** (1186.378)
AR（1）（p-val）	0.000	0.007	0.000	0.009	0.001	0.006	0.031	0.100
AR（2）（p-val）	0.581	0.228	0.945	0.331	0.999	0.577	0.190	0.106
HANSEN（p-val）	0.331	0.436	0.372	0.399	0.738	0.615	0.997	0.997
N	904	475	904	475	698	274	206	201
Wald chi2	152.71	549.31	189.83	562.98	166.41	362.29	44.85	246.80
TFP 偏效应	—		142.7932	232.7187	328.3004	350.2940	43.7777	245.4739
TL 偏效应			-0.3265	-0.5307	-0.1980	-1.7034	-0.5928	-0.4460
TS 偏效应			0.0109	0.0438	0.07075	0.1399	0.1124	0.0372
OWN1 偏效应			-0.3161	-1.0620	-0.1765	-0.2142	1.3620	12.1307

注：括号中的是标准差，*、** 、*** 分别表示 10%、5%和 1%的显著性水平，如无特殊说明，下同。

展中国家 OFDI 产生显著的促进作用。在交互效应方面，LNTFP × TL 的系数在 5%的水平下显著为负，表明技术进步和产业结构合理化之间具有一定程度的互补效应；LNTFP × TS 的系数为负，但不显著，表明技术进步与产业结构高级化之间存在不显著的替代效应；LNTFP × OWN 在 5%的水平下显著为正，表明在促进发展中国家 OFDI 方面技术进步往往与国有企业具有一定程度的互补效应；同时，侧面表明技术进步会降低所有制改革形成的多元化投资主体对流向发展中国家 OFDI 具有正向影响，这可能是由于技术进步会使得国内市场需求增大，多元化的投资主体将增加在国内的投资，从而抑制对外直接投资。

为了确保估计结果的稳健性，进一步地加入技术、市场和资源等微观寻求动机控制变量，方程 A6 的估计结果显示，LNTFP 的系数为正，但不显著；TL 的系数显著为正，OWN1 的系数为负，并通过了 5%水平的显著性检验；与 A5 的估计结果不同，TS 的系数在 10%的水平下显著为正，表明产业结构高级化对发展中国家 OFDI 具有较为显著的促进作用。在交互效应方面，LNTFP × TL 的系数在 10%的水平下显著为负，表明技术进步与产业结构合理化存在一定程度的互补效应；LNTFP × TS 的系数在 10%的水平下显著为负，表明技术进步与产业结构高级化之间具有显著的替代性；TFP × OWN1 的系数在 5%的水平下显著为正，表明技术进步往往与国有企业具有一定程度的互补效应。在控制变量方面，RGDP 和 GDPG 的系数均为正，但不显著，RINCOME 的系数在 5%的水平下显著为正，表明中国在发展中国家的 OFDI 体现出部分的市场寻求动机；RAW 的系数在 1%的水平下显著为正，并且其数值和统计检验与全样本 A4 的结果相近，表明中国 OFDI 的资源寻求动机主要体现在对发展中国家 OFDI 上，这与 Makino 等（2002）的研究结论相一致；LPATENT 的系数为正，且通过了 1%水平的显著性检验，表明中国对发展中国家的直接投资存在明显的技术寻求动机；ARISK 的系数在 1%的水平下显著为正，与全样本的实证结果一致。

最后，根据非 OECD 国家样本的估计结果，得到技术进步和经济结构转型对 OFDI 的偏效应，见表 4 A5~A6 的最后四行，表明技术进步对流向发展中国家 OFDI 具有显著的正向影响；产业结构转型升级推动 OFDI 的逐年扩张；所有制改革形成的多元化投资主体促进了对发展中国家 OFDI 的持续快速增长。

2. OECD 国家样本的估计结果

基于发达（OECD）国家样本的估计结果，见表4的方程A7和方程A8。方程A7的估计结果显示，LNTFP的系数为正，且通过了1%水平的显著性检验，表明技术进步对OECD国家OFDI具有推动作用；TL的系数为正，但不显著，表明产业结构合理化并未对发达国家OFDI产生显著的正向影响；TS的系数在1%的水平下显著为正，表明产业结构的高级化会显著地促进流向发达国家的OFDI；OWN1的系数为负，但不显著，表明所有制改革形成的多元化投资主体并未对流向发达国家OFDI产生显著的正向影响。在交互效应方面，LNTFP×TL的系数为负，但不显著，表明在促进流向发达国家OFDI方面技术进步和产业结构合理化并未表现出显著的互补效应；LNTFP×TS的系数在1%的水平下显著为负，表明技术进步与产业结构的高级化之间存在显著的替代性；LNTFP×OWN1的系数为正，但不显著，表明技术进步与所有制结构调整并未呈现出显著的互补效应。

为了确保估计结果的稳健性，进一步地加入技术、市场和资源等微观寻求动机控制变量，方程A8的估计结果显示，LNTFP的系数在1%的水平下显著为正；TL和TS的系数均为正，且通过了5%的显著性检验；OWN1的系数为负，但不显著。在交互效应方面，LNTFP×TL的系数在5%的水平下显著为负，表明技术进步和产业结构合理化具有显著的互补效应；LNTFP×TS的系数在1%的水平下显著为负，表明技术进步与产业结构高级化之间存在显著的替代效应；LNTFP×OWN1的系数为正，但不显著。在控制变量方面，RGDP、RINCOME和GDPG的系数均为正，但不显著，表明中国在发达国家的直接投资并未体现出显著的市场寻求动机；RAW的系数不显著为正，说明中国在发达国家的OFDI并非以获取自然资源为目标，这与Makino等（2002）的研究结论一致；LPATENT的系数为正，且通过了1%水平的显著性检验，表明获取先进技术的动机促进中国扩大在发达国家的直接投资；ARISK的系数为正，但不显著。可见，A8与A7的估计结果大致相同，表明估计结果具有很强的稳健性。

根据以上对OECD国家样本的实证结果，得到技术进步和经济结构转型对OFDI的偏效应，表4 A7~A8的最后四行，结果显示，技术进步对流向发达国家OFDI具有显著的正向影响，产业结构合理化和高级化均会对发达国家OFDI具有促进作用；所有制结构的多元化在促进发达国家OFDI方面并未起到积极的作用，表明国有企业在向发达国家直接投资中仍然发挥着更加重要的作用。

3. 分类样本估计结果的比较分析

由以上估计结果可知，技术进步和经济结构转型变量对不同样本东道国OFDI存在差异，主要体现为：在单独效应方面，技术进步对发达国家OFDI具有显著的正向影响，而对发展中国家则不显著；所有制结构变化对发展中国家的OFDI具有正向的推动作用，而国有企业仍在发达国家的直接投资中发挥着积极的作用。在交互效应方面，在非OECD样本下，技术进步与国有比例具有一定的互补性，而在OECD样本下，两种则不存在显著的互补效应。在偏效应方面，技术进步对两类OFDI均具有正向的推动作用；产业结构合理化和高级化刻画的产业结构转型和升级均会促进两类OFDI的扩张；所有制改革形成多元化的投资主体会促进发展中国家的投资，而其未对发达国家的投资产生显著的影响。与现有研究的比较表明，在两类样本国家的OFDI中一致地表现出明显的技术寻求动机，且在OECD样本下会更强烈；在非OECD国家样本中，OFDI具有明显的市场和资源寻求动机，而这在经济发展水平较高的OECD国家则不明显。此外，相对于发达国家，在发展中国家的OFDI面临着更大的风险。

（三）稳健性检验

考虑到变量选择可能会对估计结果产生影响，以下将通过替换主要变量对模型（1）和模型（2）进行重新估计，对实证结果进行稳健性检验。采用东道国人均OFDI存量代替OFDI流量作为被解释变量；采用产业结构偏离度（TE）作为泰尔指数（TL）的替代变量来表示产业结构的合理化；采用第三产业增加值占国内生产总值的比重（THIRD1）以及第三产业就业人数占全国就业总人数的比重（THIRD2）衡量产业结构的高级化；采用国有固定资产投资占全社会固定资产投资的比重（OWN2）作为所有制结构调整的替代变量。基于以上相同的分析思路，分别对全样本以及非OECD和OECD国家两个子样本进行估计，估计结果报告如表5所示。鉴于分析思路与上文相同，这里主要关注表5中B4、B6和B8的估计结果。

在全样本下，方程B4显示，LNTFP的系数在5%的水平下显著为正；TE和OWN2均不显著为正；THIRD1的系数为正，且通过了5%的显著性检验。在交互效应方面，LNTFP × TE的系数为负，但不显著；LNTFP × THIRD1的系数在5%的水平下显著为负；LNTFP × OWN2的系数不显著为负。在控制变量方面，RINCOME 的系数在 1%的水平下显著为正；RAW 的系数为正，且通过了 1%的显著性检验；LPATENT 和 ARISK 的系数均为正，但不显著。进一步地，由估计结果得到，技术进步和经济结构转型变量对 OFDI 的偏效应表明，技术进步对 OFDI 具有正向的推动作用；TE 和 THIRD1 对 OFDI 的推动作用不显著；国有企业在 OFDI 的逐年扩张中具有积极的作用。

在分类样本方面，首先，分析非 OECD 样本的估计结果。方程 B6 表明，LNTFP、TE 和 THIRD1 的系数均为正，但不显著；OWN2 的系数为负，但不显著。在交互效应方面，LNTFP×TE 和 LNTFP×THIRD1 的系数均为负，但不显著；LNTFP×OWN2 的系数不显著为正。在控制变量方面，RINCOME 的系数在 1%的水平下显著为正；RAW 的系数为正，且通过了 1%的显著性检验；LPATENT 和 ARISK 的系数均为正，但不显著。根据以上估计结果，得到技术进步和经济结构转型变量对发展中国家 OFDI 的偏效应显示，技术进步对 OFDI 具有正向的推动作用；产业结构合理化和高级化均对 OFDI 的逐年扩张具有推动作用；所有制改革形成的多元投资主体对 OFDI 产生正向影响。然后，基于 OECD 样本的估计结果，方程 B8 显示，LNTFP 的系数在 5%的水平下显著为正；TE 的系数不显著为正；THIRD1 的系数为正，且通过了 5%的显著性检验；OWN2 的系数为负，但不显著。在交互效应方面，LNTFP × TE 的系数为负，但不显著；LNTFP × THIRD1 的系数在 5%的水平下显著为负；LNTFP × OWN2 的系数不显著为负。在控制变量方面，RINCOME 的系数在 1%的水平下显著为正；RAW 和 ARISK 的系数均为负，但不显著；LPATENT 的系数不显著为正。由估计结果得到，技术进步和经济结构转型变量对发达国家 OFDI 的偏效应显示，技术进步对 OFDI 具有正向的影响；产业结构的合理化和高级化均对 OFDI 具有积极的推动作用；国有企业在 OFDI 的逐年扩张中起到积极的作用。最后，对分类样本估计结果的比较分析显示，技术进步和产业结构转型升级均对两类样本 OFDI 具有积极的推动作用；而所有制改革对两类样本 OFDI 的作用不同：所有制改革形成的多元化投资主体会促进企业在非 OECD 国家的直接投资；国有企业在对 OECD 国家的投资中仍然发挥着积极作用。此外，在交互效应方面，在 OECD 样本下，技术进步与产业结构高级化之间呈现出显著的替代效应，而在非 OECD 样本下，两者的交互效应则不显著；在控制变量方面，中国在非 OECD 国家的直接投资呈现出明显的自然资源寻求动机，而在 OECD 国家的投资动机则不明确。总体而言，上述结果表明表 4 的实证结果具有较强的稳健性。

表 5 技术进步、经济转型与 OFDI 关系的稳健性检验估计结果（因变量：人均 OFDI 存量）

样本分类	全样本				非 OECD 国家		OECD 国家	
估计方程	B1	B2	B3	B4	B5	B6	B7	B8
L.LNOFDI	0.691^{***} (0.055)	0.587^{***} (0.090)	0.700^{***} (0.065)	0.544^{***} (0.093)	0.744^{***} (0.066)	0.519^{***} (0.152)	0.363^{*} (0.195)	0.423^{***} (0.138)
LNTFP	-4.672^{***} (1.289)	-4.191^{***} (1.258)	186.512^{*} (95.454)	256.605^{**} (109.350)	129.751 (112.968)	86.866 (107.303)	409.631^{***} (156.376)	452.425^{**} (210.669)
TE	-0.029^{***} (0.007)	-0.039^{***} (0.008)	−0.572 (0.508)	0.305 (0.657)	−0.734 (0.528)	0.328 (0.717)	0.505 (1.138)	0.842 (1.151)
THIRD1	-0.116^{*} (0.064)	−0.111 (0.082)	21.195^{**} (10.224)	28.675^{**} (11.951)	14.473 (12.152)	9.362 (11.951)	46.335^{***} (16.742)	50.569^{**} (23.069)
OWN2	0.002 (0.009)	0.016 (0.013)	4.466^{*} (2.423)	0.212 (3.442)	5.521^{**} (2.530)	−0.517 (3.761)	−0.851 (5.704)	−1.891 (6.173)
LNTFP × TE			0.106 (0.106)	−0.080 (0.136)	0.143 (0.110)	−0.075 (0.148)	−0.131 (0.235)	−0.205 (0.237)
LNTFP × THIRD1			-4.527^{**} (2.168)	-6.075^{**} (2.530)	−3.099 (2.579)	−1.952 (2.534)	-9.843^{***} (3.551)	-10.743^{**} (4.877)
LNTFP × OWN2			-0.926^{*} (0.504)	−0.036 (0.717)	-1.149^{**} (0.526)	0.109 (0.784)	0.191 (1.187)	0.410 (1.285)
RGDP		-0.002^{**} (0.001)		-0.002^{**} (0.001)		-0.025^{*} (0.015)		−0.001 (0.002)
RINCOME		0.000^{***} (0.000)		0.001^{***} (0.000)		0.001^{**} (0.001)		0.001^{**} (0.000)
GDPG		−0.006 (0.007)		0.004 (0.009)		0.009 (0.007)		−0.008 (0.027)

续表

样本分类	全样本				非 OECD 国家		OECD 国家	
估计方程	B1	B2	B3	B4	B5	B6	B7	B8
RAW		0.009*** (0.002)		0.009*** (0.003)		0.012*** (0.004)		−0.004 (0.009)
LPATENT		0.014 (0.031)		0.018 (0.034)		0.074 (0.048)		0.042 (0.148)
ARISK		0.009 (0.008)		0.009 (0.008)		0.012 (0.009)		−0.032 (0.046)
REG		Yes		Yes		Yes		Yes
CONS	27.196*** (8.903)	23.811*** (7.995)	−867.167* (448.013)	−1206.836** (513.799)	−602.001 (529.596)	−420.181 (503.373)	−1919.051*** (733.399)	−2117.884** (989.996)
AR（1）（pvalue）	0.000	0.001	0.000	0.001	0.000	0.018	0.040	0.005
AR（2）（pvalue）	0.946	0.251	0.961	0.397	0.667	0.434	0.682	0.743
HANSEN（pvalue）	0.038	0.047	0.041	0.136	0.158	0.132	0.994	1.000
Obs	1390	668	1390	668	1108	392	282	276
TFP 偏效应			−12.7983	1.1174	−10.0111	8.5897	3.5697	15.6142
TE 偏效应			−0.07030	−0.3050	−0.0572	−0.3280	−0.5050	−0.8420
THIRD1 偏效应			0.2313	0.0780	0.1946	0.1232	0.2519	0.2776
OWN2 偏效应			0.08324	0.0416	−0.0828	−0.0011	0.9040	1.9405

五、结论与政策启示

近年来，中国对外直接投资规模的快速扩张引起了社会各界的广泛关注。一个值得思考的问题是，促发作为发展中国家的中国OFDI快速扩张的背后主导因素是什么？现有研究主要集中于技术、市场和资源寻求动机以及东道国的经济和制度环境等外部视角的影响分析，忽略了对其内部动力机制的关注。OFDI的快速扩张是中国经济转型时期的典型特征，是中国企业融入全球价值链的必然选择。在这一制度背景下，在分析影响中国OFDI扩张的因素时，需要特别考虑与经济转型相联系的制度环境变化。有鉴于此，将技术进步、产业结构转型升级与所有制结构调整三个方面纳入统一的分析框架，实证分析推动中国OFDI持续扩张的内在动力，将其与外部视角相互补充以更为全面地解释近年来OFDI的快速增长，这对于理解中国企业的对外直接投资行为以及明确对外直接投资的方向等方面具有重要的理论和现实意义。

在回顾中国OFDI的发展进程和分析推动OFDI快速扩张内在机理的基础上，采用2003~2012年中国对外直接投资的176个国家和地区的跨国数据对技术进步、产业结构转型升级与所有制结构调整对OFDI的影响进行实证分析。在控制了技术、市场和资源微观寻求动机以及东道国市场风险等潜在影响因素后，系统GMM估计的结果表明，技术进步对OFDI具有显著的促进作用；产业结构转型（合理化）和升级（高级化）均对OFDI具有显著的正向影响；以国有比重度量的所有制改革变量对OFDI具有显著的负向影响。进一步考虑到技术进步和经济结构转型变量之间潜在的交互作用机制，估计结果显示，技术进步与产业结构合理化之间具有一定程度的互补效应，技术进步与产业结构高级化和所有制结构调整之间均呈现出显著的替代效应。考虑到东道国经济发展的异质性，进一步地分类考察了技术进步与经济结构转型对流向发展中国家（非OECD国家）和发达国家（OECD国家）OFDI的影响，研究发现，技术进步对两类OFDI均具有正向的推动作用；产业结构的合理化和高级化均会促进两类OFDI的扩张；所有制改革形成多元化的投资主体会促进非OECD国家的投资，国有企业对OECD国家的投资仍然发挥着积极的作用。与现有研究的比较表明，在两类样本国家的OFDI中一致地表现出明显的技术寻求动机，且在OECD样本下会更强烈；发展中的非OECD国家样本中，OFDI具有明显的市场寻求和资源寻求动机，而这在经济发展水平较高的OECD国家则不明显。以上结论对于模型设定、主要变量的替代和估计方法的选择均是稳健的，以期本文的研究为更为全面和深入理解中国OFDI持续扩张的内在机制、为中国加快实施"走出去"战略、提升参与全球价值链的广度和深度提供现实的借鉴。

本文的研究结论对促进中国对外直接投资具有直接的政策启示：

第一，不管是对于国家，还是对于企业而言，技术进步是参与国际竞争、提升自身竞争力的关键，提高自身的国际竞争力依赖于自身技术水平的提高。实证研究表明，技术进步对OFDI具有显著的正向影响。因此，对于致力于"走出去"的企业来说，应积极努力提高自身的技术水平，加大研发投入的力度，不断提升自身的学习、吸收和自主创新的能力，增强企业对外直接投资的内生动力。对于国家来说，一方面，应努力提高国家整体的教育和科技水平，另一方面，为企业的技术创新营造良好的制度环境，鼓励有条件的企业积极推动技术创新。

第二，产业结构转型升级与中国OFDI扩张密切相关，实证结果表明，产业结构合理化和高级化均对对外直接投资产生显著的正向影响。因此，对于国家来说，应稳步推进产业结构调整，促进产业结构向合理化和高级化进程演化，以产业结构高级化带动产业结构合理化，推动产业结构的转变和中国对外直接投资的扩张。

第三，积极地推动所有制结构调整，营造良好的制度环境，鼓励有条件的各种所有制企业积极开展对外直接投资，推动对外直接投资主体多元化；充分利用国内和国际两个市场、两种资源，积极主动开发和利用海外资源，促进资源在全球范围内的合理配置以弥补国内资源短缺和提高市场经济效益。

参考文献

[1] Arellano M. and Olympia Bover. Another Look at the Instrumental Variable Estimation of Error-Components Models [J]. Journal of Econometrics, 1995, 68 (1): 29-51.

[2] Billington N. The Location of Foreign Direct Investment: An Empirical Analysis [J]. Applied Economics, 1999, 31 (1): 65-76.

[3] Blundell R. and Stephen R. Bond. Initial Conditions and Moment Restrictions in Dynamic Panel Data Models [J]. Journal of Econometrics, 1998, 87 (1): 115-143.

[4] Bond, Stephen R. Dynamic Panel Data Models: A Guide to Micro Data Methods and Practice [J]. Portuguese Economic Journal, 2002, 1 (2): 115–143.

[5] Buckley P. J. and C. Jeremy, A. R. Cross, X. Liu, V. Hinrich and P. Zheng. The Determinants of Chinese Outward Foreign Direct Investment [J]. Journal of International Business Studies, 2007, 38 (4): 499–518.

[6] Buckley P.J. and M. Casson. The Optimal Timing of a Foreign Direct Investment[J]. Economic Journal, 1981 (91): 75–87.

[7] Cheung Y. and X. Qian. Empirics of China's Outward Direct Investment [J]. Pacific Economic Review, 2009, 14 (3): 312–341.

[8] Deng P. Why Do Chinese Firms Tend to Acquired Strategic Assets in International Expansion? [J]. Journal of World Business, 2009, 44 (1): 74–84.

[9] Diego et al. China's Outward Foreign Direct Investment Driving Factors, Theoretical Background and Strategic Implications [J]. 34th EIBA Annual Conference, Tillinn, 2008.

[10] Dougherty S., R. Herd and P. He. Has a Private Sector Emerged in China's Industry? Evidence from a Quarter Million Chinese Firms [J]. China Economic Review, 2007, 18 (3): 309–334.

[11] Dunning J. and S. Lundan. Multinational Enterprises and the Global Economy (Second Edition) [J]. Cheltenham, UK Northampton, MA, USA: Eduard Elgar, 2008.

[12] Eaton J. and A. Tamura. Japanese and US Exports and Investment as Conduits of Growth [J]. Working Paper No. 5457, NBER, 1996.

[13] Hall, Robert E. and Charles I. Jones. Why Do Some Countries Produce So Much More Output per Worker than Others [J]. The Quarterly Journal of Economics, 1999, 114 (1): 83–116.

[14] Helpman E., M. Melitz and S. R. Yeaple. Export vs. FDI [J]. American Economic Review, 2004, 94 (1): 300–316.

[15] Huang Y. and B. Wang. Chinese Outward Direct Investment: Is There a China Model? [J]. China & World Economy, 2011, 19 (4): 1–21.

[16] Kinoshita Y. and N. F. Campos. Estimating the Determinants of Foreign Direct Investment Inflows: How Important are Sampling and Omitted Variable Biases? [J]. Bank of Finland. Discussion Paper No. 10, BOFIT, 2004.

[17] Kojima, Kiyoshi. Direct Foreign Investment: A Japanese Model of Multinational Business Operation [J]. London: Croom Helm, 1978.

[18] Kravis I. B. and R. E. Lipsey. Location of Overseas Production and Production for Export by U.S. Multinational Firms [J]. Journal of International Economics, 1982 (12): 201–223.

[19] Lu J., Y. Lu and Z. Tao. Exporting Behavior of Foreign Affiliates: Theory and Evidence [J]. Journal of International Economics, 2010, 81 (2): 197-205.

[20] Makino S., C. Lau and R. Yeh. Asset-Exploitation vervus Asset-seeking: Implications for Location Choice of Foreign Direct Investment from Newly Industrialized Ecomomies[J]. Journal of International Business Studies, 2002, 33 (3): 403-421.

[21] Melitz M. The Impact of Trade on Intra-industry Reallocations and Aggregate Industry Productivity [J]. Econometrica, 2003, 71 (6): 1695-1725.

[22] Montagna C. Efficiency Gaps, Love for Variety and International Trade [J]. Econometrica, 2001, 68 (1): 27-44.

[23] Roodman, David. How to Do Xtabond2: An Introduction to Difference and System GMM in Stata [J]. Center for Global Development Working Paper No.103, 2006.

[24] Sautman B. and H. Yan. Friends and Interests: China's Distinctive Links with Africa [J]. African Studies Review, 2007, 50 (3): 75-114.

[25] Smeets R. and E. Bosker. Leaders, Laggards and Technology Seeking Strategies [J]. Journal of Economic Behavior & Organization, 2011, 80 (3): 481-497.

[26] Theil H. Economics and Information Theory[J]. Amsterdam: North Holland, 1967.

[27] Van Wyk B. Chinese ODI on the World Stage [J]. Pambazuka News, Issue 448, Available from: http: // www. Pambazuka. Org/en/issue/448, 2009.

[28] Young, Alwyn. Gold into Base Metals: Productivity Growth in the People's Republic of China during the Reform Period [J]. Journal of Political Economy, 2003, 111 (6): 1220-1260.

[29] 干春晖，郑若谷，余典范. 中国产业结构变迁对经济增长和波动的影响 [J]. 经济研究，2011 (5).

[30] 葛顺奇，罗伟. 中国制造业企业对外直接投资和母公司竞争优势 [J]. 管理世界，2013 (6).

[31] 黄益平，何帆，张永生. 中国对外直接投资研究 [M]. 北京：北京大学出版社，2013.

[32] 贾妮莎，韩永辉，邹建华. 中国双向 FDI 的产业结构升级效应：理论机制与实证检验 [J]. 国际贸易问题，2014 (11).

[33] 蒋冠宏，蒋殿春，蒋昕桐. 我国技术研发型外向 FDI 的"生产率效应"[J]. 管理世界，2013 (9).

[34] 蒋冠宏，蒋殿春. 中国对发展中国家的投资——东道国制度重要吗？[J]. 管理世界，2012 (11).

[35] 蒋冠宏，蒋殿春. 中国对外投资的区位选择 [J]. 世界经济，2012 (9).

[36] 李猛，于津平. 东道国区位优势与中国对外直接投资的相关性研究——基于动

态面板数据广义矩估计分析 [J]. 世界经济研究，2011 (6).

[37] 刘伟，张辉. 中国经济增长中的产业结构变迁和技术进步 [J]. 经济研究，2008 (11).

[38] 祁春凌，黄晓玲，樊瑛. 技术寻求、对华技术出口限制与我国的对外直接投资动机 [J]. 国际贸易问题，2013 (4).

[39] 邱立成，赵成真. 制度环境差异、对外直接投资与风险防范：中国例证 [J]. 国际贸易问题，2012 (12).

[40] 孙晓华，王昀. 企业所有制与技术创新效率 [J]. 管理学报，2013 (7).

[41] 田巍，余淼杰. 企业生产率和企业"走出去"对外直接投资：基于企业层面数据的实证研究 [J]. 经济学（季刊），2012 (1).

[42] 王永钦，杜巨澜，王凯. 中国对外直接投资区位选择的决定因素：制度、税负和资源禀赋 [J]. 经济研究，2014 (12).

[43] 吴敬琏. 中国增长模式抉择（增订版）[M]. 上海：远东出版社，2008.

[44] 项本武. 东道国特征与中国对外直接投资的实证研究 [J]. 数量经济技术经济研究，2009 (7).

[45] 易纲. 中国企业走出去的机遇、风险与政策支持 [J]. 中国市场，2012 (37).

[46] 张宏，王建. 东道国区位因素与中国 OFDI 关系研究 [J]. 中国工业经济，2009 (6).

[47] 张军，吴桂英，张吉鹏. 中国省际物质资本存量估算：1952~2000 [J]. 经济研究，2004 (10).

[48] 宗芳宇，路江涌，武常岐. 双边投资协定、制度环境和企业对外直接投资区位选择 [J]. 经济研究，2012 (5).

我国生态文明建设的测度与比较

郭国峰　王彦彭
（郑州大学，郑州　450001）

总的来说，中共十六届五中全会以来，国内学者多是围绕着生态文明建设的重要意义、内涵、实现途径、实施主体或某个领域的具体问题进行理论分析和探讨，2009年以来取得了较为丰富的研究成果。然而，总体看，中国当前对生态文明问题的研究还有待加强。就理论研究而言，从研究内容上看，对中国生态文明建设关键制约、障碍成因、微观机制、发展趋势等一系列重要具体问题的研究还需深化；从研究方法上看，对不同国度、不同区域和发展水平下生态文明建设的差异等突出问题，还缺乏系统全面的比较分析和定量研究，弱化了促进完善生态文明的政策措施、制度保障与体制机制的科学性和有效性；从研究视野看，在经济学、管理学、统计学、生态学等学科体系研究生态文明建设中，不同主体利益协调、不同情景下社会机制设计等问题的研究视角有待进一步拓展。就实证研究而言，早期的研究主要侧重于指标体系的构建，后期多数采用统计方法进行综合评价，多数研究成果侧重于对生态文明建设指标体系的构建，而缺乏对评价标准和跟踪评价的研究。

本文针对上述研究存在的特征和不足，紧密结合十八届三中全会以来有关生态文明建设的重要思想和指示精神，构建生态文明建设评价指标体系并

［作者简介］郭国峰，男，1963年5月生，博士，郑州大学商学院MBA/EMBA教育中心主任、郑州大学市场调查研究中心主任，教授、硕士生导师；邮箱：ggf@zzu.edu.cn；手机：13525555188。王彦彭，男，1981年12月生，博士，郑州大学西亚斯国际学院经济发展与数据挖掘研究中心主任、郑州大学市场调查研究中心主任助理，副教授、硕士生导师；邮箱：yanpeng1682@sina.com；手机：15003826359。

确定合理的评价标准，对 2003 年以来我国生态文明建设进行测度，发掘出中部六省生态文明建设取得的成就与存在的不足，总结和概括出我国生态文明建设的特征，最后就生态文明建设中的重点难点问题与突出问题进行深入思考。

一、生态文明建设评价指标体系的构建与目标值的确定

（一）生态文明建设评价指标体系的构建

生态文明建设的测度，需要有一套相对科学的评价指标，指标体系的构建直接关系到不同地区生态文明建设量化结论的正确性。生态文明建设指标体系分为目标层、分目标层、准则层和指标层。其中，目标层为生态文明建设，分目标层为资源供给能力、资源节约能力、环境纳污能力、污染治理与废物综合利用能力。

我们主要从能源矿产资源、水资源、土地资源和植被资源四个方面选择代表性指标，以反映资源供给能力状况。其中，选择人均能源基础储量、人均黑色金属矿产基础储量、能源自给率、清洁能源比重、天然气占能源消费的比重反映能源矿产资源的供应状况，考虑到数据的可得性，我们在进行测算时没有选择能源自给率。我们选择人均水资源拥有量反映水资源供应状况，选择可开发的土地面积比例、湿地面积比例、人均耕地面积反映土地资源供应状况，选择森林覆盖率、森林蓄积量、自然保护区面积比例、城市建成区绿化覆盖率、城市人均公园绿地面积来反映植被资源供应状况。

我们从能源资源、水资源、土地资源和植被资源四个方面选择代表性指标反映资源节约能力状况。其中，能源节约与利用分为全国及各地区能源利用效率、重点领域主要高耗能产品能源消耗两个部分。对于前者，我们选择能源加工转换总效率、万元国内生产总值能耗、万元工业增加值能耗、万元国内生产总值电耗作为代表性指标；对于后者，我们选择《工业节能“十二五”规划》提出的 20 项考核指标作为代表性指标。考虑数据的可得性，我们在进行测算时没有选择重点领域主要高耗能产品能源消耗指标。我们选择万元工业增加值用水量、万元农业 GDP 用水量、节水灌溉面积占耕地面积比重、城市节约用水率和城市重复用水率反映水资源利用与节约状况，选择

万元国内生产总值建设用地量反映土地资源利用与节约状况。

我们分别从大气环境、水环境和土壤环境三个方面选择代表性指标，以反映环境纳污能力状况。加强水、大气和固体废物污染防治，要坚持预防为主、综合治理，强化从源头防治污染，有效控制污染物排放。考虑到数据的可得性与代表性等方面的要求，结合《国民经济与社会发展“十二五”规划纲要》和《“十二五”节能减排综合性工作方案》的要求，我们选择万元工业增加值废气排放量、二氧化硫排放量、氮氧化物排放量、烟尘排放总量、工业粉尘排放量反映废气中污染物的排放情况；选择万元 GDP 废水排放量、化学需氧量排放总量、氨氮排放总量反映废水中污染物排放情况。鉴于包括中国在内的全球多数国家积极应对温室气体排放和气候变化的现实，将单位国内生产总值二氧化碳排放量（碳排放强度）作为反映环境纳污能力的一项指标。此外，选择万元工业增加值固体废物产生量、单位耕地面积化肥施用量、单位耕地面积塑料薄膜与地膜施用量、塑料薄膜施用面积占耕地面积比例反映土壤受污染状况。其中，为便于不同时期对比，计算上述指标过程中所用到的国内生产总值和工业增加值均折算为2005年不变价格。

我们分别从环境污染治理投资与技术研发、污染物治理与综合利用、农村环境保护与整治、国土资源综合整治、环境质量五个方面选择代表性指标，以反映环境治理能力状况。我们选择环境污染治理投资占 GDP 比重反映污染治理投入的规模和对污染治理的重视程度，选择研究与试验发展经费支出占 GDP 比重、每万人口发明专利拥有量反映节能减排技术的研发情况，考虑到统计数据的可得性，我们在进行评价时没有选择每万人口发明专利拥有量。我们选择工业废水排放达标率、城市污水处理率反映废水的处理和再利用情况，选择城市生活垃圾无害化处理率、工业固体废物综合利用率反映固体废物的处理和再利用情况，选择工业二氧化硫去除率、工业粉尘达标排放率、工业烟尘达标排放率来反映废气的处理情况，选择农村人口累计改水受益人口所占比重、卫生厕所普及率表征农村环境状况。国土资源综合整治包括除涝、盐碱耕地改良、水土流失治理、沙化和荒漠化治理等方面，考虑到统计数据的可得性，我们在进行测算时，只选择了累计除涝面积和累计水土流失治理面积两项指标。环境质量包括大气环境质量、水环境质量、土壤环境质量、生物环境质量，我们选择空气质量达到二级以上天数占全年比重反映大气环境质量状况，选择地表水国控断面水质优于Ⅲ类的比重反映水环境质量状况。多数省市并没有公布本省水环境质量翔实的监测和统计数据，而全国有关水环境质量的数据则主要针对地表水和七大水系，构建水环境质量的指标主要针对全国水平而言。迄今为止，国家有关部门也没有公布连续和翔实的土壤环境质量数据，考虑到设计环境纳污类指标时已经考虑到化肥农药等对土壤环境的影响，所以该部分不再设计专门的指标。鉴于以上两个方面的情况，我们在对中部六省生态文明建设进行测算时没有选择反映环境质量的指标。

（二）生态文明建设指标的目标体系

生态文明建设在不同的时期和发展阶段有着不同的具体要求和目标。概括起来，生态文明建设的目标体系主要包括四个层次。

第一个层次是纲领性目标，如中共十七大报告提出的实现可持续发展和中共十八报告提出的建设美丽中国。

第二个层次是主要目标，主要是纲领性目标在资源利用、污染物排放与治理、废弃物循环利用、生产与消费方式、居民思想观念与素质等领域的具体表现。

第三层次是全国或区域性总体目标，主要针对第一层次和第二层次的目标，在一定时期和一定阶段具体要达到的目标，主要分为约束性目标和预期性目标两类。如“十二五”规划纲要提出的单位 GDP 能耗降低 16%、碳排放强度降低 17%、主要污染物排放量减少、非化石能源占一次能源消费比重达到 11.4%等均为约束性目标，“十二五”时期经济年均增速不低于 7%、2015 年服务业增加值达到 47%以上和农业灌溉用水有效利用系数达到 0.53 等为预期性目标。此外，《“十二五”节能减排综合性工作方案》和《国家环境保护“十二五”规划》等也提出相应的目标。

第四个层次为生态文明建设在不同行业和地区、不同领域和重点工程等分解的具体目标，这类目标一般也分为约束性目标和预期性目标，该类目标是为了全国或区域性生态建设目标做的分解。

（三）生态文明建设指标的评价标准和依据

生态文明建设指标体系构建后，对生态文明建设的实施效果进行评价，还需要一个明确的量化标准，我们参照六个方面的依据，确定了生态文明建设指标标准。

一是全面贯彻和落实国务院制定的《中华人民共和国国民经济和社会发

展第十二个五年规划纲要》、《"十二五"节能减排综合性工作方案》和《国家环境保护"十二五"规划》、《"十二五"资源综合利用指导意见》与《大宗固体废物综合利用实施方案》等提出的目标与要求。

二是参照2010年世界中上等发达国家有关指标的平均水平。2010年中国人均GDP超过4000美元，基本达到"世界中上等收入国家"的水平。目前，中国生态文明建设水平接近该目标和标准。因此，可以参照2010年中上等发达国家有关生态文明建设指标的平均水平，制定中国生态文明建设的评价标准。

三是参照中国人均GDP已经达到10000美元地区的有关指标水平。中国部分社会经济比较发达的地区人均GDP已经超过10000美元。与国外相比，这些地区的发展状况由于更适合国情，对于确定全国统一的生态文明建设指标标准更具有借鉴意义。

四是根据现有国家或行业标准，结合资源、社会经济发展状况和规划预测，计算得到标准值。例如，污染物的环境容量，根据国家环境标准和资源量计算得到；另外，技术进步指标下单位GDP污染物排放量指标，根据环境容量和GDP的增长状况及趋势预测得到。

五是依据整个指标体现的内在逻辑，参照生态文明建设目标实现的期望与可能。生态文明建设指标体系是具有内在逻辑的统一整体，各指标之间是互相制约、协调一致的，所以目标值的界定要考虑指标之间的逻辑关系。生态文明建设是加快转变经济发展方式的重要途径，目标值必须是经过努力能够达到的。因此，确定目标值应同时考虑到前瞻性和可行性。

二、我国生态文明建设评价指标权重与评价方法

本文采用熵权决策赋权法和德尔菲法相结合的综合集成赋权法，通过加法集成计算得出指标权重如表1所示。

本文在对我国生态文明建设进行综合统计评价时采用标准比值法。标准比值方法的主要特点是：通过对各项参评指标分别确定单一的对比标准来计算个体评价结果，然后对个体评价结果进行加权平均从而得到综合统计评价结果。其中，个体评价结果的计算公式如下。

表 1 综合集成赋权法确定的指标权重

指标	权重	指标	权重	指标	权重	指标	权重
X_1	0.0275	X_{13}	0.0172	X_{25}	0.0191	X_{37}	0.0263
X_2	0.0296	X_{14}	0.0351	X_{26}	0.0292	X_{38}	0.0150
X_3	0.0287	X_{15}	0.0254	X_{27}	0.0125	X_{39}	0.0243
X_4	0.0138	X_{16}	0.0337	X_{28}	0.0296	X_{40}	0.0286
X_5	0.0134	X_{17}	0.0339	X_{29}	0.0298	X_{41}	0.0121
X_6	0.0292	X_{18}	0.0163	X_{30}	0.0275	X_{42}	0.0115
X_7	0.0183	X_{19}	0.0174	X_{31}	0.0116	X_{43}	0.0117
X_8	0.0273	X_{20}	0.0188	X_{32}	0.0119	X_{44}	0.0184
X_9	0.0208	X_{21}	0.0346	X_{33}	0.0112	X_{45}	0.0207
X_{10}	0.0156	X_{22}	0.0163	X_{34}	0.0101	X_{46}	0.0176
X_{11}	0.0131	X_{23}	0.0295	X_{35}	0.0253	X_{47}	0.0234
X_{12}	0.0133	X_{24}	0.0196	X_{36}	0.0242	—	—

正向指标 $Z_{ij}=\begin{cases}O_{ij}/E_{ij} & O_{ij}<E_{ij}\\ 1 & O_{ij}>E_{ij}\end{cases}$，逆向指标 $Z_{ij}=\begin{cases}E_{ij}/O_{ij} & E_{ij}<O_{ij}\\ 1 & E_{ij}>O_{ij}\end{cases}$。

式中，Z_{ij} 表示指标个体评价结果，O_{ij} 表示指标观测数据，E_{ij} 表示指标目标值。对于正向指标，实现程度是各项指标实际数值与目标值之比，对于逆向指标则是分子、分母相反。最终的综合统计评价结果为 $Z_{ij}\times 100\%$。本文设计的各指标目标值是针对全国而言，可用于全国不同省市生态文明建设的评价，同时可用于不同省市之间及其与全国水平的比较。本文在进行研究时遵循以下思路：首先对 2003~2013 年生态文明建设整体实现程度进行测算与分析，然后对生态文明建设的四个方面（资源供给、资源利用与节约、环境纳污、环境治理四个分类指标）的实现程度进行测算与分析，并总结出我国生态文明建设的特征。

三、我国生态文明建设实现程度分析

2003~2013 年我国生态文明整体实现程度与分目标实现程度如表 2 所示。由表 2 可知，2003~2010 年我国生态文明整体实现程度不断提高，2011 年略有下降，但 2012 年以来又明显提高。2013 年，我国生态文明建设实现程度为 87.20%，与 2003 年相比提高 16.32 个百分点。从分目标情况看，

2003年以来资源利用与节约类指标实现程度持续提高，2013年达到83.79%，与2003年相比提高24.46个百分点。环境治理类指标和资源供给类指标的变动情况与生态文明整体实现程度类似，2013年资源供给类指标实现程度分别为88.02%和92.76%，与2003年相比提高12.95个百分点和25.59个百分点。而环境纳污类指标实现程度的变动情况则与其他三类指标存在明显差异，2003~2005年不断下降，进入“十一五”时期后开始回升，2008年恢复至高于2003年的水平，2013年实现程度达到83.62%，与2003年相比仅提高3.73个百分点，与2005年相比也仅提高8.42个百分点。

表2　2003~2013年中国生态文明实现程度

年份	整体实现程度	分目标实现程度			
		资源供给	资源利用与节约	环境纳污	环境治理
2003	70.88	75.07	59.33	79.89	67.17
2004	71.17	75.58	60.01	77.94	69.13
2005	71.81	77.66	60.83	75.20	71.51
2006	73.26	78.14	63.20	76.28	73.57
2007	74.81	74.51	66.91	78.90	77.60
2008	78.23	76.81	71.54	82.09	81.39
2009	80.37	77.31	74.23	84.40	84.62
2010	82.41	79.36	74.93	85.44	88.75
2011	80.11	75.68	78.75	78.78	87.15
2012	83.51	78.75	81.70	82.09	91.34
2013	87.20	88.02	83.79	83.62	92.76

由以上分析可知，2003年以来，我国生态文明建设整体上表现为环境治理、资源利用与节约好于资源供给和环境纳污的特征。其中，环境治理、资源利用与节约进步最快，资源供给能力提升相对缓慢，落后于生态文明建设整体进度；而环境纳污能力则徘徊不前。这同时也说明，2003年以来，环境污染治理与生态修复工作的改善、资源利用效率与资源节约水平的提高，是我国生态文明建设进步的主要来源，工作效果和进度快于生态文明建设的整体进度。相对而言，国内资源保障与供给能力的提升、污染物减排工作效率与效果仍略显不足，滞后于生态文明建设的整体进度。

之所以出现该现象，一方面，鉴于自身人均自然资源禀赋、资源利用效率处于较低水平现实，各级政府和社会各界对于提高资源节约水平和利用效率更为重视，并且在资源利用效率处于较低水平时提升效果相对明显；另一方面，从全国不同省份来看，“十五”后期环境污染规模和强度有所加大，环境恶化形势明显，从“十一五”时期开始实施污染物减排的政策，但对地方政府考核主要是针对二氧化硫与化学需氧量这两类污染物，直到2012年才正式将污染物减排工作考核的范围扩展至氨氮化物、氮氧化物、碳排放强度、可吸入颗粒物PM2.5等，这四类污染物减排工作处于实施初期，效果不明显，而二氧化硫与化学需氧量的减排难度同时也在加大。

进一步分析可知，2003年以来，我国能源矿产资源与植被资源国内保障能力得到明显提升，而水资源供给能力在不同年份有所差异，土地资源保障能力则有所下降。2013年，我国能源矿产资源类指标和植被资源类指标实现程度分别为78.96%和93.24%，与2003年相比分别提高13.97个百分点和22.53个百分点。而土地资源类指标实现程度则由2003年91.77%降至53%，降幅高达38.77个百分点。能源矿产资源国内保障能力的提高，主要在于能源结构的改善和农村可再生能源的大力开发利用，主要矿产查明资源储量也保持了一定程度的增长。植被资源国内供给能力的提升则主要得益于森林资源的持续增加和城市园林绿化工作的进步。就资源利用与节约而言，2003年以来，我国能源、水资源与土地资源利用效率得到不断提升。2013年，我国能源类指标、水资源类指标与土地资源类指标实现程度分别为87.17%、80.73%和88.49%，与2003年相比分别提高8.10个百分点、24.55个百分点和52.71个百分点。

就环境纳污能力而言，2003年以来，我国大气环境和水环境纳污能力呈现出“先向下降后上升，有小幅回落再回升”的变化特征。2003~2006年，我国大气环境和水环境类指标实现程度持续下降，分别由2003年的69.42%和76.81%降至2006年的64.20%和74.71%。2007年开始，我国大气环境和水环境类指标实现程度逐渐回升，分别由2007年的68.10%和78.98%上升至2010年的80.49%和88.47%。2011年，我国大气环境和水环境类指标实现程度出现回落，分别跌至80.04%和75.49%，2012年开始回升，2013年分别达到85.42%和80.74%。2003年以来，我国土壤环境纳污能力则呈现出持续下降的特征，土壤环境类指标的实现程度由2003年的99.42%降至2013年的83.65%，降幅高达15.77个百分点。

就环境治理而言，2003~2010年，我国环境污染治理投资与技术研发和污染物治理与综合利用类指标实现程度不断提高，分别由2003年的49.64%和66.55%上升至2010年的73.05%和94.28%。2011年，该两类指标实现程度出现了回落，分别降至71.76%和90.88%，从2012年起开始回升，2013年则分别达到80.36%和97.91%，与2003年相比分别提高30.72个百分点和31.36个百分点。2003年以来，我国农村环境保护与整治类指标实现程度持续提升，2013年达到95.91%，与2003年相比提高16.79个百分点。2003~2011年，我国国土综合整治类指标实现程度不断提高，由2003年的78.92%上升至2011年的89.35%，2012年出现回落，2013年恢复至88.42%。

我国生态文明整体实现程度、资源供给类指标与环境治理类指标实现程度在2011年出现回落，再次说明，在结束了“十一五”时期节能减排的“紧箍咒”之后，各地政府在思想上有所放松和懈怠；另外，相关规划纲要公布实施时间的差异，在客观上也造成了各地区对生态文明建设2011年度目标认识的模糊与不确定。此外，跨度达9个月“为十八大做组织准备和人事铺垫”的省级党委换届工作，增加了各地区生态文明建设工作的波动性，从而给2011年生态文明实现程度也带了一定程度的影响。省级党委班子相对中央来说是路线方针政策的贯彻执行者，相对市县乡来说又常常是决策者。因此，中国政治生态的正常变动，对各省市经济社会发展乃至生态文明建设都会产生一定程度的影响，也成为分析生态文明建设及其实现程度不可忽略的因素。

四、我国生态文明建设的特征

（一）能源、矿产与植被资源供给能力得到提升，土地资源保障能力有所下降

1. 人均能源基础储量不断下降，能源结构得到改善，农村可再生能源发展迅速

2003年以来，我国人均能源基础储量不断下降，能源结构得到一定程度的改善，农村可再生能源发展迅速。2013年，我国人均能源基础储量为133.85吨标准煤，与2003年相比减少62.85吨标准煤，降幅高达31.95%。进一步分析能源结构可知，煤炭在我国能源生产中所占比重一直在75%以上，2003~2009年煤炭在我国能源消耗中所占比重维持在70%左右，2010~2012年稳定在68%左右，2013年下降至66%。《BP世界能源统计年鉴》

(2013) 显示，2012 年底，我国煤炭探明储量中无烟煤和烟煤所占比例为 54.32%，结合历史数据可知无烟煤所占比例不足 1/4，而烟煤、次烟煤、褐煤的燃烧会产生严重的大气污染。近年来，全国多地持续大范围雾霾出现，一方面因为大气污染物排放负荷巨大，另一方面机动车污染问题更加突出，但是能源结构不合理导致的燃煤排放仍是造成大气污染的最主要原因。为此，需要改善能源结构，提高石油、天然气能源等优质能源在能源生产与消耗中所占比重。2013 年，我国天然气、电力占能源消费的比重分别为 5.8% 和 9.8%，与 2003 年相比分别增加 2.3 个百分点和 3.3 个百分点，增幅比较明显。同时，农村可再生能源开发与利用进展迅速，2013 年我国农村沼气池产气折合量和农村太阳能使用量分别达到 1159.70 万吨标准煤和 9841.8 万平方米，分别是 2003 年的 3.42 倍和 2.64 倍。另外，针对我国“多煤、少气和少油”的现实，加快煤炭资源的深加工和转化也是有效的途径。为了减少雾霾天气发生的频率和强度，改善空气质量，中国不少省份尤其是北方地区在原“十二五”规划燃煤总量削减的基础上，进一步大幅减少燃煤使用量，“煤改电”、“煤改气”和“煤化工”工程得到了各地的积极响应和大力推动。

我国每年需要大量进口煤炭、石油，以满足国内市场的高额需求，而能源价格的变动将会对能源的外部供给能力产生较大的影响。2003~2012 年，国际市场上原油和天然气价格增加了 1 倍以上，进入 2013 年后出现明显下降。2003~2008 年世界煤炭价格持续上涨，高于同期原油和天然气的涨幅，2009 年煤炭价格降至近年来的最低点后开始了两年的连续回升，2012 年则又回落至 2010 年前后的水平。国内市场能源价格的变动趋势与国际市场类似。2012 年煤炭进口管制得到放松后，国外煤炭进口量激增，进入 2013 年之后国内市场煤炭价格出现明显下降。国际市场上能源价格的下降，可以有力缓解我国高涨的能源需求，减弱我国能源供给面临的外部约束。

2. 人均金属矿产资源基础储量不断下降，近年来金属矿产价格下跌

《2014 中国国土资源公报》显示，截至 2013 年底，主要矿产查明资源储量保持增长，铅矿、锌矿、钼矿和金矿等矿产查明资源储量快速增长，铁矿、铜矿、铝土矿、锡矿、磷矿等矿产查明资源储量也均有不同幅度的增长。但是随着人口规模的扩大，2003 年以来我国人均黑色金属矿产资源基础储量不断下降，国内金属矿产资源保障能力有所减弱。2013 年我国人均黑色金属矿产基础储量为 14.97 吨，与 2003 年相比减少 2.46 吨，降幅为 14.11%。所以，就金属矿产资源而言，我国人均储量比较贫乏，国内资源

供给能力有所下降。要满足我国经济社会发展对金属矿产资源的需求，必须加大进口量从而提高进口矿产资源外部供给能力。中国矿石网等多家网站发布的数据显示，2003 以来，国际市场上铁、铜、镍、铝、锌、铅等金属矿产资源的价格在经历了持续上涨后，从 2011 年下半年开始普遍下降，2014 年 5 月初的价格与 2009 年中期水平接近。这在一定程度上可以缓解进口金属矿产资源的难度和资金的消耗，一定程度上提高了金属矿产资源的外部供给能力。

3. 人均耕地面积不断减少，土地资源稀缺的局面进一步加剧

我国人均耕地面积不足世界平均水平的 40%，2003 年以来我国人均耕地面积不断减少，土地承载强度加大。2013 年，我国人均耕地面积约为 1.34 亩，与 2003 年相比减少 0.17 亩。《2014 中国国土资源公报》显示，截至 2013 年底，全国共有农用地 64616.84 万公顷，其中耕地 13516.34 万公顷（20.27 亿亩），占 14.3%。2014 年，土地整治总规模达 301.15 万公顷。通过土地整治新增耕地 25.56 万公顷。第二次全国土地调查的耕地质量等别结果显示，全国耕地平均质量等别为 9.96 等，总体偏低。所以，必须进一步落实最严格的耕地保护制度，夯实国家粮食安全和生态保护基础。近年来，灾害天气、异常天气的频发、化肥与农药的过度施用、其他污染物的不当排放使土壤的质量和结构受到污染，有一定数量的耕地不宜耕种，还有一定数量因表土层破坏、地下水超采等已影响耕种，耕地保护形势依然严峻。随着经济社会发展水平的提升，对农产品需求的规模和质量要求越来越高，未来我国土地资源稀缺的局势将持续加剧。

4. 人均水资源拥有量时空分布存在较大差异，水质性缺水成为突出问题

我国人均水资源拥有量时空分布存在较大差异，多数年份低于 2100 立方米，2003~2013 年有 6 个年份水资源拥有量低于 2100 立方米。水资源供应量包括降水量、地表水资源量和地下水资源量。受地理位置和自然气候的影响，我国个别年份降水量和地表水资源量差异较大。当前，我国水资源供给主要存在水质性缺水的问题，尤其是生活饮用水。全国饮用地下水的人口占 70%左右，全国 657 个城市中超过 400 个城市饮用地下水。在水资源拥有量变动不大的背景下，提高我国水资源供给和保障能力的重点是改善地表水与地下水质量。

5. 森林资源和林业产业快速发展，城市园林绿化工作仍需加强

2003 年以来，我国森林资源和林业产业快速发展，森林覆盖率和森林

蓄积量不断提升。2013 年，我国森林覆盖率为 21.63%，与 2003 年相比提高 5.08 个百分点，森林蓄积量达到 1513729.7 万立方米，与 2003 年相比增长 34.35%。但是，我国森林覆盖率仍然处于较低水平，低于世界平均水平 10 个百分点左右。此外，我国森林分布呈现出森林资源相对较少和地区差异大的特点，东北、西南等边远山区及东南丘陵是我国森林资源集中分布区，而广大的西北地区则森林资源贫乏。从各省份情况来看，2013 年，全国有 17 个省份森林覆盖率超过 30%，高于 30%的世界平均水平，有 4 个省份森林覆盖率超过 20%，但是仍有 6 个省份不足 15%和 4 个省份不足 10%。考虑到近年新增森林面积中有较大比例的低质量森林，并不是当地的顶级植被，因此在森林覆盖率提高的同时稳定和提升新增森林的质量是林业工作的一个重点。

就城市园林绿化而言，2013 年，我国城市建成区绿化覆盖率为 39.70%，城市人均公共绿地面积为 12.64 平方米，与 2003 年相比分别增加 8.55 个百分点和 6.14 平方米，增长了近 1 倍。从各地区情况来看，多数省份城市建成区绿化覆盖率与全国平均水平比较接近，但只有 5 个省份城市人均公共绿地面积超过 14 平方米，高于全国平均水平，有 15 个省份集中在 11~12.5 平方米，有 4 个省份不足 10 平方米。目前我国城市园林绿化工作仍然存在着城市绿化工作不够重视、绿化水平比较低、绿地建设规划落实效果差等突出问题。未来较长一段时期内，我国仍然需要进一步加大园林绿化工作投入力度和支持力度，注重新城区和老城区以及与城乡的统筹协调发展。

2003 年以来，我国自然保护区占辖区面积比重出现反复，自然保护区建设规划和投入需加强。2003~2006 年，我国自然保护区占辖区面积比重不断提高，由 14.4%增至 15.8%，但是从 2007 年出现回落，到 2009 年跌至 14.7%，2010~2012 年维持在 14.9%的水平，2013 年为 14.8%。自然保护区的建立与发展受自然和社会经济条件等诸多因素的影响，开展自然保护区基础调查与评估，统筹完善自然保护区发展规划，加强已有自然保护区建设和管理，是我国未来自然保护区建设的方向和重点。

（二）能源、水和土地资源利用效率得到提高，城乡节约水平仍需提高

1. 能源利用效率不断提高，节能减排管理和考核工作需继续加强

2003 年以来，我国万元 GDP 能耗呈现出“先上升，后持续下降”的特

征，万元GDP电耗则呈现出“先上升后下降，再上升再下降”的特征。2003~2005年，我国万元GDP能耗不断增加，由1.161吨标准煤增加到1.215吨标准煤，增长4.65%。2006年以来我国万元GDP能耗持续下降，2013年降至0.9431吨标准煤，与2003年和2005年相比分别降低18.77%和20.51%，降幅比较明显。2003~2006年，我国万元GDP电耗不断增加，由1270.96千瓦小时增加到1386.47千瓦小时，增长9.09%。2007~2010年，我国万元GDP电耗持续下降，降幅为5.78%，2010~2011年则又有所回升，进入2012年后开始回落，2013年为1343.55千瓦小时，与2009年和2007年前后的水平相当。从万元GDP能耗和万元GDP电耗的变动情况看，近年来降幅有所减少，降速有所降低。因此，未来需进一步加强节能减排管理和考核工作，注重交通、工业、建筑领域的节能，加快节能减排技术开发和推广应用。

万元GDP能耗与万元GDP电耗的变动态势，一方面与我国经济发展和由此引致的能源增长有很大关系，另一方面与我国能源消费结构的调整和变动有关。2011年以来，我国经济增速呈现出下降的态势，2010~2013年经济增速分别为10.4%、9.3%、7.7%和7.7%，《2014年国民经济和社会发展统计公报》显示2014年增速为7.4%。2003年，电力占我国能源消费的比重为6.5%，2004~2007年这一比重稳定在6.7%或6.8%，2008年和2009年这一比重上升至7.7%和7.8%，2010年则达到8.6%，在2011年则略有回落降至8.0%，但是2012年和2013年则分别达到9.4%和9.8%。除了上述两方面原因外，节能减排的管理与地方政府领导换届选举所产生的影响也不能小视。

2. 工农业用水效率不断提高，农业和城市节约用水水平仍需进一步优化

2003年以来，我国万元工业和农业增加值用水量持续降低，工农业用水效率得到明显提高。2013年，万元工业增加值用水量、万元农业增加值用水量分别为82.33立方米和1400.16立方米，与2003年相比分别减少56.77%和29.20%。从全国范围来看，各地区工业用水效率提升的潜力存在很大差异，而且这种差异是各地区的工业结构水平、外商投资规模、水资源禀赋等方面的差异所致。由于水资源禀赋是外生制约因素，未来我国要提高工业用水效率，除了改善产业结构、提高工业用水循环利用率外，更应该完善和优化现行的水资源制度。一方面，完善水资源价格制度，建立明晰的水资源产权制度和经济补偿制度，有效抑制江、河上游地区工业用水的过度消费现象，使水资源更多地流向高效率地区；另一方面，优化工业用水资源税

收制度与节水企业税收优惠政策，促进企业提高水资源的利用效率。

2003~2012 年，我国节水灌溉面积占耕地面积比重持续上升，由 2003 年的不足 15%上升至 24%，但 2013 年这一比重则降至 20.85%。尽管节水灌溉技术得到了一定程度的推广和采用，但由于气候、地理条件等方面的限制，节水灌溉面积占耕地面积的比例依然有限，农业用水效率提升相对缓慢，甚至有所滑坡。从地区分布看，经济发达地区、人均水资源拥有量短缺或气候比较恶劣的地区，对于节水灌溉技术推广和农业节水设施建设的需求较强烈。节水灌溉面积占耕地面积比重一般与经济发展水平正相关，与气候条件负相关。当前，我国农业用水浪费主要表现在，灌溉水利用系数低，全国渠道输水损失占整个灌溉用水损失比例高，大型灌区骨干建筑物损坏率高，不少大中型水库存在不同程度的病险隐患。未来，我国可以借鉴高农业用水效率省份的经验和做法，在农业节水方面围绕适合自身特色和优势农业布局，以设施农业、精品果园和基本农田为重点，大力推进高效节水灌溉工程建设，服务新型现代农业发展。

城市节约用水则波动较大，近似呈现出波浪形的特征。2003~2007 年我国城市节约用水率一般在 5%以上，2008~2009 年则升至高于 7.2%的水平，但是 2010 年以来则明显下降，2010~2013 年降至 4.5%左右。城市用水重复利用率虽然有所波动，但是一般都高于 70%。2003~2008 年我国城市用水重复利用率逐渐提高，由 2003 年的 70.70%升至 2008 年的 76.83%，2009 年以来有小幅波动，2011 年达到多年来的最高水平 80.18%，2013 年尽管回落至 78.95%，但仍略高于 2008 年的水平。城市节约用水包括节约生活用水、城市雨水利用、再生水利用、城市绿化节水和城市工业节水几个方面。当前城市用水存在地下管网漏水、用水器具漏水、节水生产工艺落后、重复利用率较低和用水管理不力等方面的突出问题。研发、推广和使用节水型生活用水器具，是未来提高城市节约用水的重要手段之一。

此外，就用水管理而言，全国《城市节约用水管理规定》内容相对粗糙，是城市节约用水的指导文件，对城市节水的措施及实施没有做出详细的规定。全国不少省份也陆续制定了节水用水条例或管理办法。但是，由于水资源价格制度存在缺陷导致水价不能反映水资源稀缺程度，对于违反节水规定处罚力度不够，并且执法部门权责利不明确和执法长期处于缺位状态，导致城市节约用水规定和条例并没有落到实处和起到应有的效果。随着水资源定价制度更加科学化、合理化，城市节约用水效率和用水重复利用率必将得到大幅提升。

3. 建设用地效率得到明显提高，用地结构仍需改善

就土地资源利用效率而言，2003 年以来建设用地效率不断提高，万元 GDP 建设用地量持续下降。2013 年，我国万元 GDP 建设用地量为 83.14 平方米，与 2003 年相比减少 59.57%，降幅非常明显。《全国土地利用总体规划纲要（2006~2020 年）》提出，守住 18 亿亩耕地红线、保障科学发展的建设用地、优化土地利用结构等目标。我国目前正处于城镇化、工业化快速发展的阶段，随着耕地保护和生态建设力度的加大，我国可用作新增建设用地的土地资源十分有限，各项建设用地的供给面临前所未有的压力。目前，我国土地利用存在着优质耕地减少和工业用地增长过快、建设用地粗放浪费较为突出、局部地区土地退化和破坏严重、违规违法用地现象屡禁不止等突出问题。未来相当长一段时期，我国应明确区域土地利用方向，实施差别化的区域土地利用政策，加强规划对土地利用的整体控制，健全规划实施管理制度，强化经济激励约束措施，完善规划基础建设，确保土地利用规划目标的实现。

（三）主要污染物减排效果明显，农药、化肥等过度施用导致土壤污染加剧

1. 除废水外，工业固体废物产生量与工业废气的排放强度仍将继续上升

我国万元工业增加值废气排放量、万元工业增加值固体废物产生量，经历了“十五”后期的增加和“十一五”时期的减少后，在 2011 年前后有明显的回升，尽管 2012 年有所回落，但是仍然处于较高水平。2003 年以来，我国万元 GDP 废水排放量持续减少，2013 年降至 17.48 吨，与 2003 年相比降低 53.08%，万元工业增加值废水排放量也表现出类似的态势。2003~2007 年，我国万元工业增加值废气排放量、万元工业增加值固体废物产生量持续增加，分别由 32176.30 标准立方米和 1.625 吨增加到 38911.10 标准立方米和 1.761 吨。2008~2009 年，两者有所减少，但 2010 年又大幅增加，并且 2011 年达到多年来的历史最高水平，即 45731.90 标准立方米和 2.188 吨。尽管 2012 年开始有所回落，但是 2013 年两者仍然高达 39181.66 标准立方米和 1.918 吨，高于 2010 年和 2007 年的水平。鉴于目前我国人均 GDP 仍然低于 1 万美元，所以从国际经验来看，未来 3~5 年我国万元工业增加值废气排放量、万元工业增加值固体废物产生量仍将处于爬坡和上升阶段。

2. 主要污染物排放量持续下降，雾霾天气治理依然任重而道远

“十五”后期，我国二氧化硫、烟尘、化学需氧量等污染物排放量与万元 GDP 碳排放量不断增加；进入“十一五”时期后，随着节能减排综合性工作方案的实施，该几类污染物的排放量逐渐减少，2013 年达到多年以来的最低水平，与 2005 年和 2010 年相比均有不同程度的降低，基本实现了国务院制定的“十一五”时期污染物减排的目标。2013 年，我国二氧化硫、烟尘、化学需氧量这三类污染物排放量与万元 GDP 碳排放量分别为 2043.92 万吨、787.96 万吨和 1209.88 万吨，与 2005 年相比分别减少 19.83%、33.36%和 14.49%，降幅非常明显。2013 年，我国万元 GDP 碳排放量降至 0.581 吨，与 2005 年和 2010 年相比分别减少 29.52%和 10.47%。2003 年以来，我国工业粉尘排放量则呈现出持续减少的特征，2013 年降至 406.38 万吨，与 2005 年和 2010 年相比分别减少 55.40%和 9.43%。可以预见，这几类污染物排放量将会顺利实现“十二五”规划纲要提出的目标。

从统计数据看，二氧化硫、烟尘、工业粉尘等排放量不断减少。但是近年来空气质量依然恶化，尤其是冬季雾霾天气现象增多，危害加重。在雾霾天气中，PM2.5 是主要原因，而汽车尾气、工业废气、烟尘和粉尘是 PM2.5 的主要来源。多年来，我国废气排放量持续大幅增加，加上汽车的普及造成汽车尾气排放量在较长一段时期的快速增加，当前粉尘与烟尘排放量的减少对雾霾天气的发生强度和频率的作用十分有限。但是，由于当前能采用的手段和措施相对有限，所以减少烟粉尘排放仍不失为重要的途径。鉴于当前我国粉尘和烟尘的排放量处于历史较低水平，与工业废气排放量和汽车尾气排放量相比规模很小，所以未来减少雾霾天气的重点应放在减少工业废气排放、加强工业废气的再回收利用、改进汽车排放标准与提高燃油质量上。

就我国氨氮排放量而言，在经历了“十五”后期的增加和“十一五”时期的减少后，在 2011 年则有大幅增加，尽管 2013 年降至 165.94 万吨，但与 2010 年相比增幅仍高达 37.95%。我国不少省份也有类似的现象，其中有一个原因在于统计口径和数据来源的变化。对“十二五”时期工业和生活来源氨氮化物减排效果的预测，一方面应基于“十一五”时期的历史现实，另一方面应参考 2011~2012 年的变动情况。我国氨氮化物的排放主要来自生活污水和工业废水，由于我国农业污水的覆盖面广，多是居民行为，难以形成对农业污水的集中控制和处理系统。在工业污水治理方面，我国化工行业的生产普遍存在着企业分散、规模偏小、技术水平不高等现象。此外，多数

地方有关氨氮化物的治理经验还相对缺乏。综合多方面情况来看，我国要实现“十二五”时期氨氮化物10%的减排目标，难度相当大。

3. 农药、化肥、薄膜施用强度不断提高，土壤污染加深导致土壤质量明显下降

2003年以来，我国农药、化肥、薄膜施用强度不断加大。2013年，我国单位耕地面积化肥使用量、单位耕地面积农药使用量、单位耕地面积塑料薄膜与地膜施用量分别为0.486吨/公顷、14.80千克/公顷、31.67千克/公顷，与2003年相比分别增加43.15%、42.66%和61.40%，增幅非常明显。2003~2011年，我国塑料薄膜施用面积占耕地面积比重不断提高，由2003年的9.87%增至多年来的最高水平16.26%。2012年开始有所回落，但2013年为14.51%，仍然高于2010年的水平。随着农药、化肥、薄膜施用强度的提高，近年来我国化肥、农药（包括各种农药、兽药、激素、保鲜剂等）残留超标中毒事件频发，农产品安全存在严重隐患，引起社会各界越来越多的关注和重视。农药、化肥、塑料薄膜与地膜的滥用和违规使用，是一个较为普遍的现象。出现这种现象，一方面在于政府部门片面追求粮食产量的增长而忽视土壤质量受到的破坏，另一方面在于居民生活水平提高对农产品质量和供应提出了过高的要求。未来较长一段时期，中国化肥、农药、农膜使用量必将加大，所以降低单位耕地面积农药、化肥与农膜的使用强度是一个比较缓慢的过程。合理使用农药和化肥，减少塑料薄膜与地膜的使用量，积极发展高效、低毒、低残留的农药，增施有机肥，降低单位耕地面积农药、化肥与农膜的使用强度，是土壤污染治理和修复的重要举措。

（四）环境污染治理投入加大，大气、水和土壤污染防治是未来重中之重

2003年以来，环境污染治理投资总额占GDP的比重、研究与试验发展经费支出占国内生产总值比重整体上逐渐增加，2013年达到1.67%和2.08%，与2003年相比分别提高0.47个百分点和0.95个百分点。2003年以来，城市污水处理率、工业废水达标排放率、生活垃圾无害化处理率、工业固体废物综合利用率、工业二氧化硫去除率、工业烟尘达标排放率、工业粉尘达标排放率、农村人口累计改水受益人口所占比重、农村卫生厕所普及率不断提高，2013年分别达到87.30%、95.32%、89.30%、72.50%、73.41%、90.61%、92.13%、95.64%和74.09%，与2003年相比均有不同程度的增长，

提前实现了“十二五”规划提出的目标。未来，环境治理的重中之重是贯彻和执行大气、水及土壤污染防治行动计划提出的目标要求。同时，要注意改善以前被忽视的地方与环节，一是完善和创新农村节能减排机制，二是完善生态文明制度体系建设，三是着力解决大气、水和土壤污染防治的资金缺口。

多年来，我国大力推进土地整治，采取工程、生物等整治措施，控制了土地沙化、盐碱化、石漠化，减轻了水土流失，提高了土地生态涵养能力。2003 年以来，我国累计除涝面积和累计水土流失治理面积逐渐增加，2003~2013 年分别净增 804.13 千公顷和 17178.30 千公顷。未来应继续按照全国土地整治规划提出的目标和要求，进行国土综合整治。

参考文献

[1] 曹立军，周少华. 区域生态文明的评价方法 [J]. 求索，2010 (4).

[2] 曹玮. 基于突变级数法的“生态文明”建设动态趋势评价——以长株潭城市群为例 [J]. 统计与信息论坛，2012 (2).

[3] 董冉冉. 灰色理论在河南省生态文明综合评价中的应用研究 [J]. 现代商贸工业，2010 (19).

[4] 李仁安，胡敏红. 基于模糊综合评价的武汉市生态文明建设研究 [J]. 武汉理工大学学报，2010 (6).

[5] 李新平，申益美. 基于熵值法的“生态文明”经济建设评价体系的构建 [J]. 统计与决策，2011 (13).

[6] 李鑫. “生态文明”综合评价指标体系建立研究——以长株潭为例 [J]. 当代教育理论与实践，2012 (1).

[7] 李雪松，夏怡冰. 基于层次分析的武汉城市圈“生态文明”建设绩效评价 [J]. 长江流域资源与环境，2012 (7).

[8] 刘艳，周慧，任国平. 长株潭生态文明建设评价指标体系研究 [J]. 湖南城市学院学报，2011 (6).

[9] 叶文忠，欧蝉娟，李林，章昆昌.基于集对理论的“生态文明”综合评价模型 [J]. 统计与决策，2010 (22).

[10] 叶文忠，欧蝉娟，李林. 基于粗糙集理论的“生态文明”发展评价 [J]. 统计与决策，2011 (11).

[11] 袁莉，李明生. 长株潭城市群“生态文明”建设成效的系统评价 [J]. 系统工程，2013 (3).

[12] 朱顺娟，郑伯红. 长株潭“生态文明”评价指标体系研究 [J]. 统计与决策，2010(2).

能源经济、实验经济学

中国能耗产出效率评价及变动分解

陈星星[1,2] 李 平[1]

（1. 中国社会科学院数量经济与技术经济研究所，北京 100732；
2. 中国社会科学院研究生院，北京 102488）

一、引言及文献述评

能源产业是我国的支柱产业。在能源供给短缺，需求却与日俱增的今天，能源问题，尤其是能源消耗产出效率较低等问题已成为制约我国经济发展的主要因素之一。2014 年 5 月，国务院办公厅印发《2014~2015 年节能减排低碳发展行动方案》，提出的工作目标是 2014~2015 年，单位 GDP 能耗下降 3.9%。2015 年 5 月，广东、四川、山东、天津、浙江等省份统计局公布 2014 年单位能耗 GDP 下降百分比，均超过了预定目标。可以看出，研究我国能源消耗产出效率的问题，不仅可以研究经济发展对能源的依赖程度，反映现有产业状况、设备技术装备水平，也可以反映能源消费构成及利用效率、社会节能政策措施所取得的效果。如今，资源环境问题已成为制约中国经济迅速发展的重要因素，中国政府为实现可持续发展，提出“建立资源节

［基金项目］本文获得国家社科基金青年项目“新能源产业技术效率、环境效应与定价机制研究”（项目编号：16CJL034）、2016 年度中国社会科学院青年人文社会科学研究中心社会调研课题“中国经济增长的动力机制研究及中长期增长前景分析”的资助。

［作者简介］李平，中国社会科学院数量经济与技术经济研究所，研究员，博士生导师。陈星星，中国社会科学院数量经济与技术经济研究所，主要从事技术经济、能源效率领域研究；手机：13581677406；邮箱：chenxingcindy@126.com；地址：北京市建国门内大街 5 号中国社会科学院数量经济与技术经济研究所 1409 室；邮编：100732。

约型社会和环境友好型社会”的口号。伴随着中国经济的发展和人民生活水平的提高，中国能源消耗总量不断增加，提高能源消耗产出效率、缩小区域间能源效率差异势在必行、刻不容缓。

当前学界对能源问题的研究主要分为方法论和实证分析两个方面。学者通过研究当前中国能源问题的测算依据、理论及方法，能源消耗的问题、现状及因素，试图寻找测算能源效率的途径和方法，从而对能源产业给出合理可行的建议。从方法上看，目前研究我国能源效率的方法主要有以下五种。

第一，数据包络分析 DEA 法。魏楚和沈满洪（2008）根据 1995~2006 年我国 29 个省份的能源数据，借助 DEA 法测算了我国能源技术效率。结果表明，国有产权改革和产业结构调整可以提高能源效率，人力资本缺乏导致我国能源效率低下，过度的能源资本深化使一些省份未能很好地利用当地的资源禀赋。未来提高能源效率、降低污染排放、加强节能减排可以通过优化能源消费结构、发展清洁能源来实现。魏楚和沈满洪（2007，2008，2009）总结了各种能源效率测算指标，基于数据包络分析法建立 1995~2004 年我国能源效率测算模型，认为提高能源效率是实现可持续发展的关键，我国能源效率由高到低依次为东北老工业基地、东部沿海、中部和西部；大多数省份的能源效率先上升，后下降，转折点为 2000 年左右，各省份间的能源效率差距逐渐缩小。影响能源效率变化的主要因素有制度变迁、经济结构和技术进步。李国璋和霍宗杰（2009）采用 DEA 法测算了我国各省份、各区域的全要素能源效率，发现我国全要素能源效率由东向西、由南向北递减。我国东部和中部地区能源效率稳态收敛，而西部地区能源效率发散。可以通过保持经济持续发展和降低污染排放提高我国能源效率。

第二，DEA-Malmquist 指数法。李廉水和周勇（2006）运用 DEA-Malmquist 指数法，将 35 个工业行业的能源效率分解为技术效率和技术进步，将技术效率进一步分解为纯技术效率和规模效率，并给出它们对能源效率影响程度。结果表明，工业部门能源效率提高的主因是技术效率的提高，科技进步的贡献较低，但技术效率的作用逐渐减弱，技术进步的作用逐渐增强。王群伟和周德群（2008）运用 DEA-Malmquist 指数法测算了 1993~2005 年中国 28 个省份的能源全要素生产率，研究了各要素对能源效率的影响。结果发现，2001 年后我国全要素能源效率显著下降，区域间能源效率差异显著；能源全要素生产率变动与能源效率变动正向相关，能源效率的改善依赖于能源全要素生产率的提高，进一步依赖于能源技术效率的提高，而能源技术进步由于回弹效应，其对能源全要素生产率的贡献低于能源效率。屈小娥（2009a，2009b）运用 DEA-Malmquist 生产率指数模型测算了 1990~2006 年我国 30 个省份技术进步变化、技术效率变化和全要素能源效率变化。发现我国东部、中部、西部能源效率“东高西低”，东部全要素能源效率较高，中西部次之。2000 年前，中国省际能源效率显著收敛，技术进步、结构调整、制度变迁和能源价格是提高我国能源效率的主要因素，而第三产业比重的提高促进了全国和东西部地区的能源效率，阻碍了中部地区的能源效率。

第三，超效率分析法。袁晓玲等（2009）运用超效率模型研究了 1995~2006 年我国 28 个省份环境约束下的全要素能源效率，并运用 Tobit 模型分析了我国全要素能源效率的影响因素。研究发现，全国和各省份全要素能源效率具有收敛态势，产业结构、产权结构、能源消费结构以及资源禀赋变量对全要素能源效率具阻碍作用，能源价格具较弱的促进作用。吴琦和武春友（2009）、运用数据包络分析法和超效率法测算了我国 30 个省份的全要素能源效率，建立了能源效率评价模型。通过综合投入、技术效率和有效产出三方面的评价给出能源效率的定义。同时，以能源产业人数固定资产折旧和能耗总量为投入，以经济产出和环境影响为产出，构建能源效率评价指标体系，指出我国省域能源效率的影响因素和提高途径。师博和沈坤荣（2008）采用超效率模型测算 1995~2005 年我国各省份能源全要素效率，同时分析了影响各省份能源全要素效率的因素，指出我国能源全要素效率从高到低依次为东部、中部、西部；由于市场分割，资源配置不当和政府干预等因素，我国能源资源相对充足的省份如河北、山西和四川的能源全要素效率较低，能源效率损失较大。吴琦和武春友（2010）运用超效率法测算了我国能源效率，发现 1978 年至今我国能源效率波动上行，技术进步和规模效率是影响能源效率的关键因素，行业比重、水电消费占比、天然气消费比重和专利数在不同程度上影响我国能源效率的提高。马海良等（2011）借助超效率模型和 Malmquist 指数模型研究 1995~2008 年我国区域的能源效率和能源全要素生产率，分析各分解因素对能源全要素生产率的影响，并指出能源效率提高的途径。研究发现，长三角和珠三角区域能源效率高于环渤海区域；2007 年的经济危机使我国区域能源效率显著下降，产业转型促进了能源技术进步；能源全要素生产率的提升可以促进能源效率的提高，技术效率和技术进步均可提高能源效率，但技术效率的作用效果更大。

第四，构造随机前沿函数测算能源效率。史丹（2006，2008）基于随机前沿函数构造了1980~2005年我国区域能源效率模型，分析了我国区域能源效率差异的影响因素，发现我国能源效率的区域差异与国际能源效率显著不同，我国东南沿海地区的能源效率较高，而能源资源丰富的内陆省份的能源效率较低；资本—能源比对能源效率的贡献最高，其次是能源全要素生产率；我国全要素生产率的区域差异是能源效率差异扩大的原因；东部的能源效率具有收敛趋势，中西部能源效率波动变化大。应提升中西部资源配置效率，开展区域间能源技术交流以提高我国能源利用效率。

第五，运用其他模型测算我国能源效率。谭忠富和张金良（2010）运用空间状态模型和向量误差修正模型测算了1978~2006年我国区域能源效率，借助脉冲响应函数和方差分解模型研究了能源效率与技术进步、经济结构、能源消费结构和能源价格等影响因素间的动态关系。1978年以来，经济政策体制改革对我国能源效率影响深远，中国能源效率与其影响因素长期均衡；技术进步对能源效率有显著的正向影响，经济结构和能源消费结构对能源效率的作用不显著；对能源效率的贡献度由高到低依次为能源价格、经济结构、能源消费结构和技术进步。

一是研究能源效率定义、指标和影响因素。蒋金荷（2004）给出能源效率的定义，分析了当前我国能源效率的特征和与先进能源效率国家的差距。指出应加快调整高能耗产业结构，发展第三产业，降低能耗强度，推广能源技术，提高能源效率，控制能耗增长，引导能源向清洁高效的方向发展。魏一鸣和廖华（2010）全面对比分析了各种能源效率的测度指标，如能源宏观效率、实物效率、物理效率、要素利用率、要素配置率、价值效率、经济效率等，探讨了各指标的含义、理论基础、前提假设和适用范围，同时指出现有能源效率测度指标的缺陷。董利（2008）考察了1998~2004年我国30个省份的能源效率变化趋势及能源效率的影响因素，如FDI、三产结构、市场化程度、对外开放、能源消费结构等。研究发现，我国能源效率与经济发展间存在"U"形曲线关系；由于我国政治经济体制的制约，能源效率的转折点出现在人均国内生产总值较低的年份。

二是研究区域能源效率。徐国泉和刘则渊（2007）通过分析1998~2005年中国八大经济区的全要素能源效率指出，我国东南部沿海省域的能耗效率最高，北部和黄河中游省域次之，而东北、西南和长江中游省域的能耗效率较低，西北省域的全要素能源效率最低。我国省域全要素能源效率呈"U"形趋势，由东南向西北递减，省域能源消耗产出效率由粗放型转向集约型。

王兵等（2011）计算了环境约束下我国省域全要素能源效率，发现1998~2007年我国全要素能源效率持续下降，全要素能源效率从高到低依次为东部、中部、西部，其中，中部和西部降幅较大。提升我国全要素能源效率可以通过降低高能耗产业，平衡区域经济发展来实现。师博和张良悦（2008）指出，我国能源效率区域间存在差异，东部地区能源效率趋同，中部地区逐渐向东部收敛，西部地区能源效率发散。我国中部地区能源效率具有β收敛的特征，其向东部地区的收敛速度取决于能源效率和经济发展水平的高低。西部地区应通过减少政府干预、加大人力资本投资等方式来实现能源效率向东中部的转移。杨红亮和史丹（2008）对比分析了我国各省份的能源效率差异。结果表明，全要素生产率法可以揭示能源效率的影响因素；如果各省份可以达到能源效率的前沿面，中国可以节约30%左右的能源消耗；我国东部和西部地区的能源效率差异显著，可以通过区域节能合作、能源技术区域流通来缩小区域间能源效率的差异。徐盈之和管建伟（2011）使用超效率模型测算了1991~2008年中国各地区的能源效率，并采用空间计量分析法分析了区域能源效率的空间相关性，同时实证检验了空间能源效率的趋同性，探讨了区域能源效率差异的影响因素。研究发现，我国区域间能源效率正相关，能源效率分布空间集聚趋势显著；我国能源效率存在绝对β趋同，且条件β趋同现象明显；政府行为、外商直接投资、产业结构和工业水平等因素是造成能源效率地区差异的重要原因。

三是研究产业能源效率。尹宗成等（2008）根据1985~2006年能耗数据，发现可以通过提高FDI水平、R&D投资以及人力资本投入提高我国能源效率，工业产业的发展对我国能耗效率有明显的阻碍，而R&D投资和人力资本投入会阻碍FDI的技术外溢效应。齐志新和陈文颖（2006）测算了1980~2003年中国宏观能源强度，分析了我国工业部门能源强度下降的原因。研究发现，能源强度下降的决定因素是技术进步，结构调整对能源强度的影响很小；由于技术进步的变化，我国能源强度先下降后上升；对能源强度起决定性作用的是工业行业，其他产业部门的影响较小；工业部门能源强度变化的决定因素也是技术进步，工业内部的结构调整对能源强度的影响很小。李世祥和成金华（2008）运用非参数法构建了不同目标下的能源效率评价模型，测算了我国能源效率，并分析了其影响因素。发现我国能源效率总体偏低，区域间能源效率差异较大，节能减排潜力巨大。由于技术水平所限，我国第二产业和高能耗部门的能源效率都不高，政府应注意产业结构调整和能源技术升级，促进能源技术区域间扩散，完善能源价格机制，提高我国能源效率。

从国外文献来看，Wang 等（2013）认为，提高能源效率和生产率是中国实现可持续发展目标的成本效益方法之一，采用非径向距离函数的方法测算能源效率和能源生产率，将二氧化碳排放量作为非期望产出。结果表明，不同情景下中国全要素能源效率和生产率存在巨大差异。2005~2010 年中国平均全要素能源效率得分为 0.6306，全国全要素能源效率平均每年增加 0.27%。中国能源生产率增长的主要驱动力是能源技术变化而非能源效率变化。Nassen 和 Holmberg（2005）分析了 1970~2000 年瑞典建筑业能源使用和二氧化碳排放的趋势，研究了能源效率的变化情况，发现 20 世纪七八十年代，能源效率显著提高，但到 20 世纪 90 年代，能源效率已趋于稳定。能源效率的提升过程是复杂的，需要在成本和收益之间权衡利弊。Yang（2006）研究了印度工业部门的能源政策和资本投资在能源技术效率中的有效性，对比分析了中国和印度在过去 25 年的能源政策与工业能源效率。通过部分政府决策机构和国家工业发展银行的数据，对现有能源政策进行评价。研究表明，印度现有能源的政策、战略需要进一步促进工业部门能源投资效率和能源技术效率的发展及完善。Edigera 和 Camdal（2007）研究了 1988~2004 年土耳其运输部门的能耗效率，测算了各年加权平均总能效。研究表明，应运用创新技术进步增加土耳其的航空运输能效，提高运输部门效率。Tonna 和 Peretz（2007）指出，国家级能源效率计划已有针对性地对所有经济部门采用各种方法来提高能源效率。在未来的 20 年里，能源效率计划可能会降低高达 20%的能耗。良好的能源效率计划可以克服节能技术障碍，加快市场技术渗透。能源效率计划的收益—成本比率超过 3：1，远远高于在非能源和宏观经济上的收益率，能源效率投资可以创造大量工作岗位，增加国家税收收入。Dixon（2010）认为，降低美国能源进口成本的最有效的方法是扩大节能和提高能效。《2007 年能源独立与安全法》（EISA）是最新的强化节能和能效政策，含有近 200 种新规定改善节能效率，包括汽车燃油、电器照明、商业住宅、工业建筑、制造业工厂、电力输送和使用的效率和效益。Andrews-Speed（2009）指出，2004 年中国政府制定了能源强度扭转计划，提出在 2006~2010 年减少 20%的能源消耗。研究表明，近 30 年来，在国家提高中国能源效率的背景下，能源产量将在较长时期内持续提高。1980~2001 年中国能源强度持续下降，而在 2002 年这种趋势出现逆转。

逆转的原因主要是经济结构的转变，中国出现了大量的能源密集型产业，从而技术创新速率下降。2003 年来，中国已针对主要能源密集型行业采取措施。未来完成中国能源强度的目标，将排除利用经济和金融手段，减少对产业和社会政策、能源政策的依赖，加强政治决策和公共管理，提高全社会的责任意识。

本文通过研究当前中国能源消耗的基本状况，对现有能源效率研究进行拓展，建立能源消耗产出效率的测算模型，同时借助非参数方法，分解我国能源消耗产出效率，从而分析省域间能源消耗产出效率差异及其变动情况。

二、能耗产出效率评价的理论模型

（一）数据包络分析 BBC 模型

Charnes 等（1978）提出了用于衡量决策单元的技术效率和技术进步相对值的数据包络分析 DEA 方法，即 CCR 模型。假设规模报酬不变，所研究的投入产出单元称为决策单元（DMU）。Banker 等（1984）提出将 CCR 模型扩展成 BCC 模型，即考虑规模报酬可变的情形，BCC 模型的优势在于它可以将技术效率分解为纯技术效率和规模效率。CCR 和 BCC 模型均具有强可处置性，具有效率边界或者无差异曲线的凸性。

假设有 n 个 DMU，每个 DMU 有 s 种输入和 t 种输出，DMU_i 的输入和输出向量分别为 $x_i=(x_{1i}, x_{2i}, \cdots, x_{si})^T$，$y_i=(y_{1i}, y_{2i}, \cdots, y_{ti})^T$，$i=1, 2, \cdots, n$。设 DMU_i 的输入、输出为 (x_{i0}, y_{i0})，这里简记为 (x_0, y_0)，在规模报酬可变的情况下，有凸性约束 $\sum_{i=1}^{n}\eta_i=1$，则评价 DMU_{i0} 相对有效性的 BBC 模型为：

$$
\begin{aligned}
&\min\left[\theta-\delta\left(e^Ts^-+e^Ts^+\right)\right]\\
&\text{s.t.}\ \sum_{i=1}^{n}x_i\lambda_i+s^-=\theta x_0\\
&\qquad\sum_{i=1}^{n}y_i\lambda_i-s^+=y_0\\
&\qquad\sum_{i=1}^{n}\eta_i=1
\end{aligned}
\tag{1}
$$

$\lambda_i \geqslant 0$，i=1，2，…，n，$s^+ \geqslant 0$，$s^- \geqslant 0$

式（1）中，$s^-=(s_{i1}^-, s_{i2}^-, \cdots, s_{is}^-)^T$表示相对前沿面最优效率值可以减少的投入，$s^+=(s_{i1}^+, s_{i2}^+, \cdots, s_{it}^+)^T$表示相对前沿面最优效率值可以增加的产出；δ是非阿基米德无穷小；e是单位向量，即$e=(1, \cdots, 1)^T$，θ为相对效率值；x_0为第i_0个DMU的投入，y_0为第i_0个DMU的产出，λ_i为系数。BBC模型有如下性质。

（1）当θ=1，$s^-=0$，$s^+=0$时，DMU_{i0}为DEA有效，则DMU位于效率前沿面上，此时的投入与产出是最优的。

（2）当θ=1，$s^- \neq 0$，$s^+ \neq 0$时，DMU_{i0}为弱DEA有效，则DMU位于效率前沿面上，但存在投入冗余或产出不足。

（3）当θ<1时，则DMU_{i0}为DEA非有效，则DMU位于非效率前沿面上，同时存在投入冗余和产出不足。

（二）超效率SDEA模型

Zhou等（2008）指出，由于产出分为合意性产出和非合意性产出，并且非合意性产出的价格难以获得和估计常被忽略或遗漏，因此测度的效率值往往是有偏的。超效率（SDEA）模型的优势在于能够有效区分能源效率值为1的DMU的效率差异，因而可以对这些DMU排序，其基本思想是测度第i个DMU的效率时，将第i个DMU排除，用其他所有DMU的投入和产出向量的线性组合代替第i个DMU的投入和产出，而传统的DEA模型是将第i个DMU包括在内的。有效的DMU可以在投入同比例增加时而效率值保持不变，其投入增加比例即超效率值。超效率模型的表达式为：

$$\min\theta$$

$$\sum_{\substack{i=1 \\ i\neq i_0}}^{n} \eta_i x_{ij} + s_j^- = \theta x_{j0},\ j=1, 2, \cdots, s$$

$$\sum_{\substack{i=1 \\ i\neq i_0}}^{n} \eta_i y_{ik} + s_k^+ = y_{k0},\ k=1, 2, \cdots, t \tag{2}$$

$$\eta_i,\ s_j^-,\ s_k^+ \geqslant 0$$

式中，η_i为获取有效DMU，重新构造第i个DMU的组合比例；s_j^-和s_k^+为松弛变量，表示相对前沿面可以减少的投入和增加的产出。SDEA模型有如下性质。

（1）当 $\theta \geqslant 1$，$s_j^- = s_k^+ = 0$ 时，DMU_{i0} 为 DEA 有效，其有效前沿面为规模报酬不变，DMU_{i0} 同时技术有效和规模有效。

（2）当 $\theta < 1$ 或 $s_j^- \neq 0$，$s_k^+ \neq 0$ 时，DMU_{i0} 为 DEA 非有效，或技术无效，或规模无效。若 $s_j^- = s_k^+ = 0$，则技术有效。令 $G = \theta^{-1} \sum_{\substack{i=1 \\ i \neq i_0}}^{n} \eta_i$，则当 $G = 1$ 时为规模有效，当 $G < 1$ 时为规模报酬递增，当 $G > 1$ 时为规模报酬递减。

（三）DEA-Malmquist 模型

Malmquist（1953）提出马氏生产率指数法，之后 Caves 等（1982）、Fare 等（1994）给出 Malmquist 生产率指数的测算原理和方法。假设研究对象的可行域为 $C_t = \{(X_t, Y_t) \in R_+^2\}$，则处于前沿面上的点为技术有效点。用 D_0^t、D_0^{t+1} 分别表示 t 时期和 t+1 时期的产出距离函数；(X_t, Y_t) 和 (X_{t+1}, Y_{t+1}) 分别表示 t 时期和 t+1 时期的投入和产出。由于我国各区域的能源投入相对固定，应建立以产出为导向的生产函数，使在投入一定的情况下，产出最大。t 时期以产出为导向的 DEA-Malmquist 指数为：

$$M_0^t = (X_{t+1}, Y_{t+1}, X_t, Y_t) = D_0^t(X_{t+1}, Y_{t+1}) / D_0^t(X_t, Y_t) \tag{3}$$

同样，t+1 时期以产出为导向的 DEA-Malmquist 指数为：

$$M_0^{t+1} = (X_{t+1}, Y_{t+1}, X_t, Y_t) = D_0^{t+1}(X_{t+1}, Y_{t+1}) / D_0^{t+1}(X_t, Y_t) \tag{4}$$

为避免时期选择随意性所造成的估计偏差，将 t 时期到 t + 1 时期的全要素生产率 Malmquist 指数定义为式（3）和式（4）的几何平均值（Caves et al., 1982），即：

$$M_0(X_{t+1}, Y_{t+1}, X_t, Y_t) = \left[\frac{D_0^t(X_{t+1}, Y_{t+1})}{D_0^t(X_t, Y_t)} \times \frac{D_0^{t+1}(X_{t+1}, Y_{t+1})}{D_0^{t+1}(X_t, Y_t)}\right]^{1/2} \tag{5}$$

式（5）即为 DEA-Malmquist 指数表达式，当 $M_0(X_{t+1}, Y_{t+1}, X_t, Y_t) > 1$ 时，t 时期到 t+1 时期的全要素生产率递增；当 $M_0(X_{t+1}, Y_{t+1}, X_t, Y_t) < 1$ 时，t 时期到 t+1 时期的全要素生产率递减。在不变规模报酬下，式（5）可以分解为技术效率变化 effch 和技术进步变化 techch；技术效率变化 effch 可以进一步分解为纯技术效率变化 pech 和规模效率变化 sech，如式（6）所示。

$$tfpch = M_0 = (X_{t+1}, Y_{t+1}, X_t, Y_t) = \frac{D_0^{t+1}(X_{t+1}, Y_{t+1})}{D_0^t(X_t, Y_t)} \times$$

$$\left[\frac{D_0^t(X_{t+1}, Y_{t+1})}{D_0^{t+1}(X_{t+1}, Y_{t+1})} \times \frac{D_0^t(X_t, Y_t)}{D_0^{t+1}(X_t, Y_t)}\right]^{1/2}$$

$$= effch \times techch = pech \times sech \times techch \tag{6}$$

测算 DEA-Malmquist 指数要计算不同时期下投入和产出的各种距离函数。对 t 时期到 t+1 时期第 i 个省份全要素生产率变化，需要解决如下 4 个 DEA 距离函数的线性规划问题：

$$[D_0^t(X_t, Y_t)]^{-1} = \max_{\varphi,\lambda}\varphi$$
$$s.t. -\varphi Y_{it} + Y_{t+1}\lambda \geqslant 0$$
$$X_{it} - X_{t+1}\lambda \geqslant 0$$
$$\lambda \geqslant 0$$

$$[D_0^{t+1}(X_{t+1}, Y_{t+1})]^{-1} = \max_{\varphi,\lambda}\varphi$$
$$s.t. -\varphi Y_{it+1} + Y_{t+1}\lambda \geqslant 0$$
$$X_{it+1} - X_{t+1}\lambda \geqslant 0$$
$$\lambda \geqslant 0$$

$$[D_0^t(X_{t+1}, Y_{t+1})]^{-1} = \max_{\varphi,\lambda}\varphi$$
$$s.t. -\varphi Y_{it+1} + Y_t\lambda \geqslant 0$$
$$X_{it+1} - X_t\lambda \geqslant 0$$
$$\lambda \geqslant 0$$

$$[D_0^{t+1}(X_t, Y_t)]^{-1} = \max_{\varphi,\lambda}\varphi$$
$$s.t. -\varphi Y_{it} + Y_{t+1}\lambda \geqslant 0$$
$$X_{it} - X_{t+1}\lambda \geqslant 0$$
$$\lambda \geqslant 0$$

运用 DEA-Malmquist 指数测算全要素生产率的优势在于：第一，可以分析样本的动态跨期信息，因为 DEA-Malmquist 全要素生产率指数测算的是 t 时期到 t+1 时期的效率几何平均值；第二，可以将全要素生产率变化分解为技术效率变化、技术进步变化，技术效率变化又可以进一步分解为纯技术效率变化和规模效率变化，能够直观地了解测算出的全要素生产率的构成；第三，该指数无须先验知道不同要素的价格信息，这为数据收集过程带来了极大的便利。

三、数据来源及变量分析

本文采用中国 28 个省份年度面板数据①，分为东部、中部、西部三个区域分别研究。其中，东部地区包括北京、天津、河北、辽宁、上海、江苏、浙江、福建、山东、广东 10 个省份；中部地区包括山西、吉林、黑龙江、安徽、江西、河南、湖北、湖南、内蒙古 9 个省份；西部地区包括四川、贵州、云南、陕西、甘肃、青海、宁夏、新疆、广西 9 个省份。样本研究期间

① 由于数据缺失，海南及西藏未列出；将重庆并入四川，研究对象为 28 个省份。

为 1990~2012 年，有关数据来自 1990~2012 年《中国统计年鉴》、分省份统计年鉴、大智慧数据库。

建立合理的投入产出指标体系是运用模型合理评估我国各省份能源消耗产出效率的前提。在选取指标时，投入指标应选取人力、财力、能源等投入变量，产出指标应选取期待研究的非合意产出——能源消耗量，并且由于研究能源消耗的投入变量是期望投入得越小越好，产出变量是期望收获得越大越好，在投入一定的前提下，选取以产出为导向的 DEA 模型。

（一）投入变量

本文构建的能源消耗产出效率模型选取的投入变量为：实际资本存量（zbcl）、就业人口（jyrk）、总能耗（znh）。其中，实际资本存量是根据总投资、资本形成额和定基 CPI 计算得到的。实际资本存量的测算公式为：$K(t)=\Delta K(t)+(1-\delta)K(t-1)$，$K(t)$ 为当年的实际资本存量，δ 是折旧率，取 5%，实际资本存量的单位为亿元。就业人口用年末从业人员数衡量，单位是万人。总能耗用万吨标准煤衡量。

（二）产出变量

国内外学者在度量能源消耗产出效率时，通常使用物理产出或经济产出。其中，物理产出指消耗能源后所成产出的产品或服务，如单位能耗产品；经济产出指以市场价格衡量生产的服务，如 GDP 能耗。由于物理产出会因为产品的不同形式而难以度量和核算，缺乏横向比较的基础，在衡量时可能会造成偏差；而经济产出对国家或区域来说，是指国民生产总值，对行业或企业来讲，指工业增加值，可以更方便地进行不同行业间能源消耗的比较。因此，本文产出变量使用经济产出比单位能耗 GDP（egdp），即实际 GDP ÷ 总能耗，以 1990 年为基期进行调整，单位亿元，其含义是消耗单位标准煤可以获得的实际 GDP 产出。本文选取的中国能源消耗产出效率投入产出指标数据及原始数据如表 1 所示。

图 1 显示了 1990~2012 年实际资本存量、就业人口和总能耗及单位能耗 GDP。由图 1 可以看出，整体看，影响我国能源消耗的投入量实际资本存量、就业人口和总能耗区域间差别较大，东部投入最多，同时能耗也较大；中部投入次之，能耗也次之；西部投入最少，能耗也最小。事实上，我国各省份就业人口的差别并不大，而实际资本存量和总能耗对单位能耗

表1 中国能源消耗产出效率投入产出指标原始数据

区域	省份	单位能耗GDP (egdp)	实际资本存量 (zbcl)	就业人口 (jyrk)	总能耗 (znh)
东部	北京	0.3924	5821.06	864.57	4718.86
	天津	0.3593	4693.07	482.15	3792.71
	河北	0.2586	9318.63	3458.50	15032.75
	辽宁	0.2772	7907.97	2001.93	12739.99
	上海	0.4535	8431.73	800.59	6733.17
	江苏	0.5468	16934.77	3936.48	13440.25
	浙江	0.5652	11696.68	3080.25	8882.19
	福建	0.6303	7722.65	1769.72	4764.17
	山东	0.4283	17518.83	4898.30	17796.12
	广东	0.6002	16757.46	4319.74	13725.00
中部	山西	0.1490	4222.26	1486.33	10226.34
	内蒙古	0.2039	5357.60	1052.44	7508.17
	吉林	0.2930	4042.29	1171.71	5256.63
	黑龙江	0.2788	5076.59	1622.65	7507.37
	安徽	0.4487	5461.51	3392.80	5881.53
	江西	0.4833	3796.22	2056.86	3520.53
	河南	0.3220	10509.93	5288.73	11615.50
	湖北	0.3718	7038.19	2716.35	8548.51
	湖南	0.3547	5502.11	3597.70	7779.69
西部	广西	0.5070	4629.52	2568.67	4004.42
	四川	0.4080	11159.71	5066.47	10454.63
	贵州	0.1562	1883.68	2064.28	5081.93
	云南	0.2996	3677.88	2379.54	4804.88
	陕西	0.3122	3593.55	1827.88	4757.67
	甘肃	0.2079	1890.16	1266.70	3771.60
	青海	0.1684	808.52	250.59	1359.16
	宁夏	0.1190	847.57	277.80	1882.45
	新疆	0.2318	2893.06	723.65	4768.84

注：单位能耗GDP、实际资本存量、就业人口和总能耗的单位分别为亿元、亿元、万人、万吨标准煤。

GDP具有显著影响，图1中显示，三者几乎呈正相关关系。分省份看，单位能耗GDP较高的省份有江苏、浙江、福建、广东、广西5个省份，其单位能耗GDP均达到0.5以上。进一步研究发现，江苏、浙江、广东均属于能源投入高，能耗产出高的“两高”省份；而福建和广西两个省份的能源消耗产出与投入相背离，即为低投入、高能耗产出省份，因此可以初步判断这两个省份的能耗效率是较高的。此外，从图 1 中还可以看出，尽管江西的单位能耗 GDP 不高，但相比其投入看，其单位能耗产出效率是较高的；河北的总能耗较高，但单位能耗 GDP 较低，可初步判断其能源消耗产出效率较低。

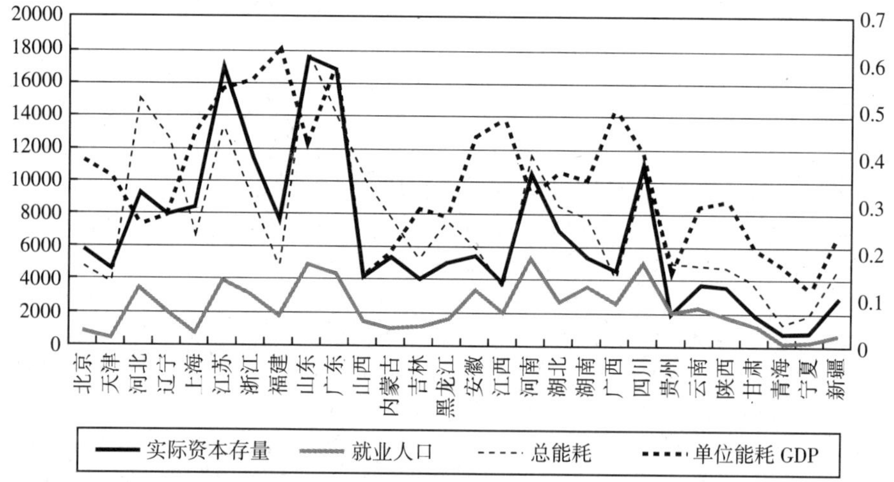

图 1　1990~2012 年实际资本存量、就业人口和总能耗及单位能耗 GDP

注：左轴代表实际资本存量、就业人口和总能耗，单位分别为亿元、万人、万吨标准煤；右轴代表单位能耗 GDP，单位为亿元。

四、模型计量结果分析

（一）能源消耗产出效率测度

本文基于超效率（SDEA）模型进行中国能源消耗产出效率测度。DEA 模型可以方便地测算出我国各省份能源消耗产出的相对效率，但若其结果中出现若干个效率值为 1 的决策单元，则无法区分这些决策单元哪个更有效。有鉴于此，超效率模型应运而生，下面进一步运用 SDEA 模型，借助 EMS 软件，测算 1990~2012 年中国各省份能源消耗产出效率。我们选取北京、上海、广东三省份以及能源消耗产出大省山西、内蒙古、四川、陕西和新疆等 10 个代表性省份进行分析。1990~2012 年基于 SDEA 模型的中国部分省份能源消耗产出效率如表 2 所示。

表2 基于SDEA模型的中国部分省份能源消耗产出效率（1990~2012年）

年份	北京	上海	广东	山西	内蒙古	四川	陕西	新疆	东部平均	中部平均	西部平均
1990	2.59	2.56	3.65	9.30	4.76	11.08	4.04	2.79	5.44	6.33	3.64
1991	2.67	2.52	3.27	10.05	5.10	10.67	4.19	2.50	5.24	6.62	3.68
1992	2.56	2.32	3.20	10.13	4.82	9.47	4.08	2.45	5.08	6.48	3.62
1993	2.50	2.14	3.14	9.99	4.70	8.32	3.71	2.57	5.06	6.07	3.50
1994	2.40	2.06	3.44	10.18	4.57	7.49	3.77	2.46	5.04	6.05	3.51
1995	2.24	2.10	4.98	13.09	3.97	14.61	5.02	2.52	5.17	6.49	4.60
1996	2.15	2.05	5.01	9.76	3.88	13.08	5.77	2.75	4.84	5.77	4.59
1997	2.07	1.87	4.74	9.02	4.27	5.83	4.06	2.63	4.43	5.29	3.65
1998	1.88	1.61	4.75	7.60	3.36	5.51	3.43	2.47	3.97	4.74	3.46
1999	1.75	1.61	4.55	7.03	3.94	4.61	2.42	2.25	3.75	4.36	3.16
2000	1.67	1.55	4.57	6.64	3.34	4.44	2.30	2.16	4.17	4.20	3.22
2001	1.61	1.54	4.61	7.16	3.49	4.45	2.98	2.15	3.68	4.15	3.26
2002	1.77	1.59	4.67	7.52	3.48	4.91	3.49	2.18	4.04	4.36	3.58
2003	1.78	1.62	4.97	7.61	3.80	6.62	3.93	2.29	4.22	4.74	4.22
2004	1.84	1.64	5.38	7.29	4.34	7.56	4.12	2.53	4.51	5.42	4.66
2005	1.83	1.75	6.16	7.41	4.71	7.68	4.34	2.66	5.01	5.78	4.65
2006	1.77	1.71	6.14	7.41	4.80	7.56	4.27	2.70	4.95	5.77	4.63
2007	1.91	1.69	6.67	7.55	4.98	7.57	4.23	2.77	5.09	5.81	4.67
2008	1.84	1.68	6.64	7.28	4.99	7.48	4.10	2.77	5.02	5.67	4.56
2009	1.83	1.62	6.58	7.13	4.97	7.23	3.95	2.82	5.01	5.56	4.48
2010	1.85	1.59	6.65	7.22	5.07	7.08	3.95	2.95	5.01	5.59	4.47
2011	1.79	1.51	6.63	7.30	5.35	6.99	3.90	3.31	5.08	5.64	4.55
2012	1.78	1.44	6.42	7.44	5.27	6.62	3.86	3.76	5.00	5.52	4.57

由表2可以看出，运用超效率测算我国几个代表性省份的能源消耗产出效率值均大于1，可以进一步区分这些决策单元的效率差异。从图2可进一步看出，1997年以前，我国省份间能源消耗产出效率差异较大，山西和四川的效率变化较大；1997年后，省份间能源消耗产出效率的差距逐渐缩小，并且趋于稳定。山西是我国的煤炭大省，一直是我国能源供给的主力，也是我国规划的能源重化工基地。同时，高能耗工业是拉动山西经济增长的主要动力，其能耗消费量较多的部门主要有黑色金属、炼焦、煤炭、化工、建材、有色金属和电力。2000年以来，国家产业政策发生调整，山西的能源结构也发生转变，洗精煤、焦炭、电力、煤制品规模的扩大使得山西省能源消耗产出效率处于较高水平。此外，四川是我国矿产资源较为丰富的省份之

一，是我国铁矿、煤炭的输出大省。四川的能源消耗依然主要来自第二产业，1996 年以来能源消耗产出效率下降的主因是工业化进程的推进造成四川省第二产业占比持续上升，能耗水平相对较低的第一、第三产业占比持续下降，产业结构的演变使能源利用的负效应逐渐显现。

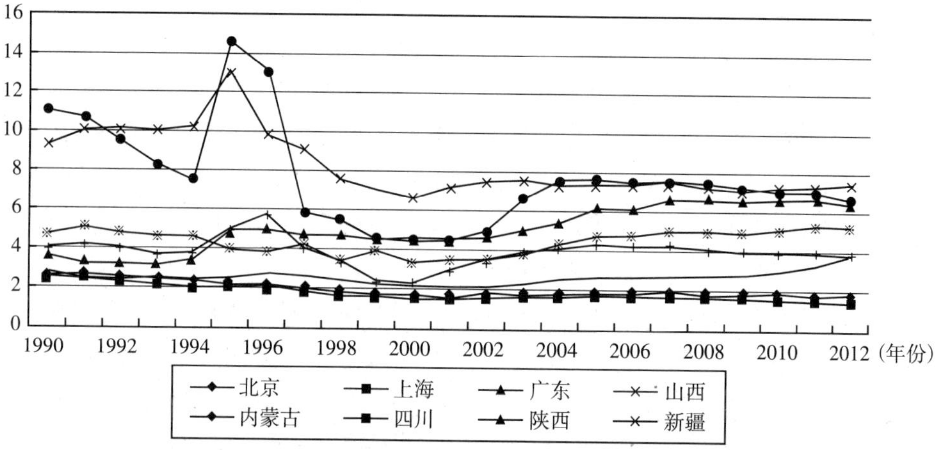

图 2 基于 SDEA 模型的代表性省份能源消耗产出效率

从图 3 可以看出，1990~2012 年我国能源消耗产出效率由高到低依次为中部、东部和西部，东部地区基本与全国平均水平持平，中部地区高于全国平均水平，西部地区低于全国平均水平。整体看，我国东部、中部、西部能源消耗产出效率呈“U”形，大致可以分为三个阶段：第一阶段是 1990~1995 年；第二阶段是 1996~2005 年；第三阶段是 2006~2012 年。从美国、英国等发达国家的工业化过程看，能源强度与经济增长呈倒“U”形曲线关

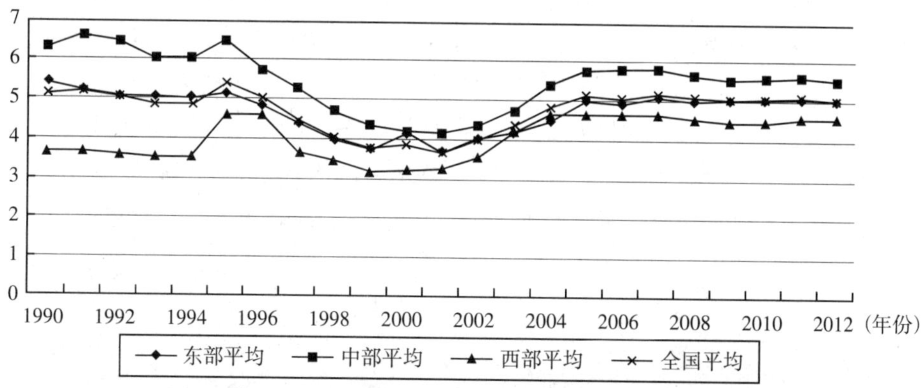

图 3 基于 SDEA 模型的各区域能源消耗产出效率变化趋势

系，即存在“能源库兹涅茨曲线”。“能源库兹涅茨曲线”表明，随着经济发展水平的提高，工业化国家能源强度经历先升后降的过程，即在经济发展初期，能源消耗量较低，能源强度较小；随着工业化进程的推进，能源消耗量增加，能耗强度迅速上升；待到工业化后期，经济结构由工业主导向服务业主导转移，能耗强度下降。

第一阶段，我国能源消耗产出效率呈高位运行状态。1990~1995 年，我国东部地区平均能源消耗产出效率为 5.17，中部地区平均能源消耗产出效率为 6.34，西部地区平均能源消耗产出效率为 3.76。能源消耗产出效率最高的中部地区是西部地区的 1.67 倍，我国区域间能源消耗产出效率差异明显，并且这种差异缩小的时点出现在 1995 年，我国东部、中部、西部能源消耗产出效率分别为 5.17、6.49 和 4.60。

第二阶段，我国能源消耗产出效率显著降低。1996~2005 年，我国东部地区平均能源消耗产出效率为 4.26，中部地区平均能源消耗产出效率为 4.88，西部地区平均能源消耗产出效率为 3.84。此时我国区域间能源消耗产出效率差异明显缩小，1996 年我国东部、中部、西部能源消耗产出效率分别为 4.84、5.77 和 4.56，东部和西部地区仅相差 0.28；2000 年东部与中部地区能源消耗产出效率差异进一步缩小，二者仅相差 0.03。

第三阶段，我国能源消耗产出效率反弹回升。2006~2012 年，我国东部地区平均能源消耗产出效率为 5.02，中部地区平均能源消耗产出效率为 5.65，西部地区平均能源消耗产出效率为 4.56。我国区域间能源消耗产出效率差异已明显缩小，并且趋于稳定。2012 年我国东部、中部、西部能源消耗产出效率分别为 5.00、5.52 和 4.57。

从图 4 可知，SDEA 模型下的中国能源消耗产出效率最高值发生在 1995 年，为 5.41；最低值发生在 2001 年，仅为 3.70。可以看出，近 20 多年来，我国能源消耗产出效率变化较大，1990~1994 年一直处于逐年下滑的态势，1995 年经过一个小幅攀升后，于 1999 年大幅跌至谷底；尽管 2000 年有一个小幅反弹，但 2001 年重新跌至近 20 多年来的历史低点；2002~2005 年，在政府节能减排、提高能效的高度重视下，能源消耗产出效率一路攀升，几乎回到 1990 年的状态；之后，尽管我国能源消耗产出效率有小幅波动，但基本维持在 5 左右的水平。

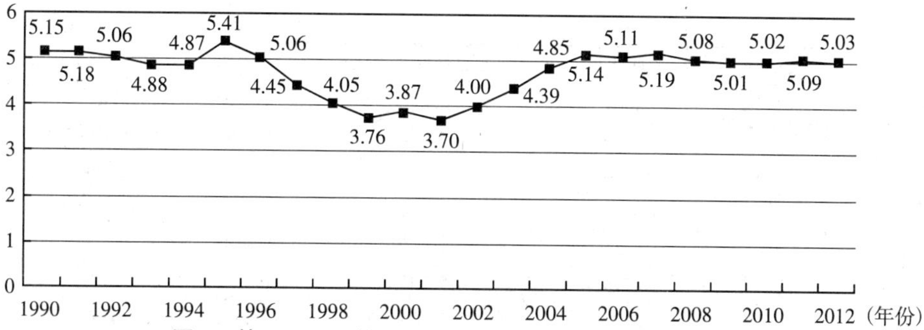

图 4 基于 SDEA 模型的中国能源消耗产出效率变化趋势

（二）能源消耗产出效率差异分析

1. 基于 BCC 模型的能源消耗产出效率差异静态分析

BCC 模型可以将能源消耗产出效率分解为纯消耗产出效率和规模效率的乘积。从表 3 可以看出，我国 28 个省份中，BCC 模型下的能源消耗产出规模报酬递增的是宁夏，青海为规模报酬不变，其他省份为规模报酬递减。从能源消耗产出效率来看，全国最高的为青海，达到了 1；最低的为辽宁，仅有 0.107。从纯能源消耗产出效率看，最高的为东部，达到 0.765；其次是西部，为 0.723；最低的是中部，为 0.507。从规模效率看，最高的为西部，达到 0.614；其次是东部，为 0.430；最低是中部，为 0.409。

表 3 基于 BCC 模型的中国能源消耗产出效率（1990~2012 年）

区域	省份	能源消耗产出效率	纯能源消耗产出效率	规模效率	规模报酬增减性
东部	北京	0.441	0.840	0.525	递减
	天津	0.478	0.793	0.603	递减
	河北	0.088	0.405	0.217	递减
	辽宁	0.107	0.375	0.285	递减
	上海	0.452	0.948	0.477	递减
	江苏	0.172	0.710	0.241	递减
	浙江	0.496	0.964	0.515	递减
	福建	0.913	1.000	0.913	递减
	山东	0.119	0.611	0.195	递减
	广东	0.327	1.000	0.327	递减

续表

区域	省份	能源消耗产出效率	纯能源消耗产出效率	规模效率	规模报酬增减性
	山西	0.108	0.286	0.376	递减
	内蒙古	0.213	0.502	0.424	递减
	吉林	0.154	0.385	0.401	递减
	黑龙江	0.141	0.375	0.376	递减
中部	安徽	0.317	0.660	0.480	递减
	江西	0.514	0.747	0.688	递减
	河南	0.127	0.497	0.255	递减
	湖北	0.190	0.571	0.332	递减
	湖南	0.187	0.540	0.347	递减
	广西	0.963	1.000	0.963	递减
	四川	0.108	0.516	0.209	递减
	贵州	0.238	0.506	0.469	递减
	云南	0.435	0.679	0.640	递减
西部	陕西	0.296	0.577	0.513	递减
	甘肃	0.233	0.483	0.483	递减
	青海	1.000	1.000	1.000	不变
	宁夏	0.717	1.000	0.717	递增
	新疆	0.394	0.746	0.528	递减
全国		0.355	0.669	0.482	

图5是各省份纯能源消耗产出效率均值。从图5可以看出，BCC模型下1990~2012年我国纯能源消耗产出效率处于前沿面的省份有福建、广东、广西、青海和宁夏；纯能源消耗产出效率在4及其以下的为效率值偏低的省

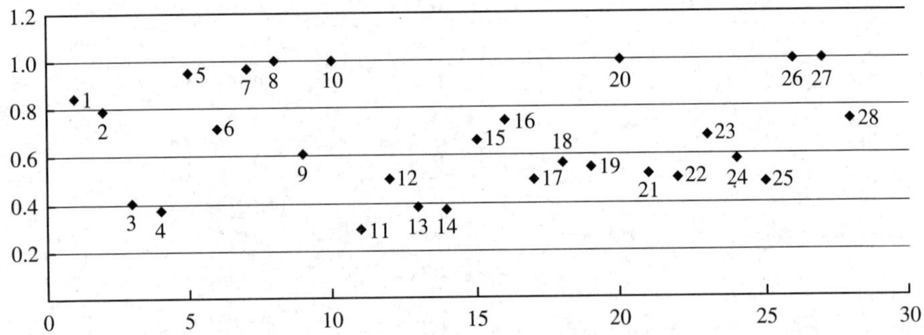

图5 各省份纯能源消耗产出效率均值

注：编号1~28依次表示北京、天津、河北、辽宁、上海、江苏、浙江、福建、山东、广东、山西、内蒙古、吉林、黑龙江、安徽、江西、河南、湖北、湖南、广西、四川、贵州、云南、陕西、甘肃、青海、宁夏、新疆。其中，1~10是东部省份；11~19是中部省份；20~28是西部省份。

份，有河北、辽宁、山西、吉林、黑龙江。此外，可以清晰地看出，我国纯能源消耗产出效率出现了明显的空间集聚的现象，基本可以由东部、中部、西部三个区域划分。

图 6 显示了各省份能源消耗规模效率均值。从图 6 可以看出，我国能源消耗规模效率较高的省份有青海、广西和福建，分别为 1.00、0.96 和 0.91；较低的省份有山东、四川、河北、江苏和河南，分别为 0.20、0.21、0.22、0.24 和 0.26。从区域看，东部、中部、西部都有能源消耗规模效率相对其他省份较高的省份，它们的规模效率接近于 1，说明这些省份的能源已经得到充分利用，能源产业的资源配置非常合理，可以成为同地区其他省份的示范基地。同时，青海、广西和福建也应注意将先进的能源技术、管理水平、能源规划思想传输给邻近省份，充分发挥空间溢出效应和示范效应。

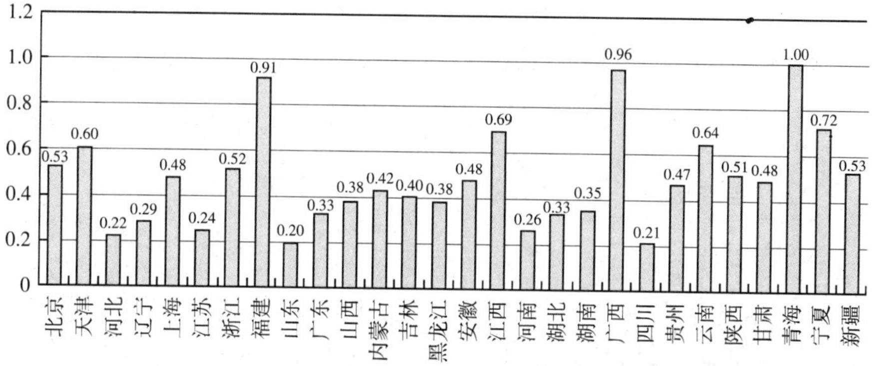

图 6 各省份能源消耗规模效率均值

表 4 是 1990~2012 年我国各省份能源消耗规模效应投入产出松弛变量取值。由前文的分析可知，我国 28 个省份中，能源消耗产出规模报酬递增的是宁夏，青海为规模报酬不变，其他省份为规模报酬递减。根据表 4 可以进一步分析我国各省份如何通过增减投入产出变量以使能源消耗效率达到最优。从前文的分析可知，福建、广西、广东、青海、宁夏的能源消耗产出效率处于生产的前沿面上，由表 4 也可以看出，这 4 个省份的投入产出变量都不需要增加或减少。除此之外，其他省份都需要或多或少地调整投入产出变量。以北京为例，北京可以减少 527.70 单位的投入 1（实际资本存量）和 1854.19 单位的投入 3（总能耗）以提高能源消耗产出效率；河北可以通过减少 911.13 单位的投入 2（劳动力）和 3645.04 单位的投入 3（总能耗）以提高能源消耗产出效率。由于我国各省份普遍存在能源消耗规模效率递减的

特性，绝大部分省份存在资本存量、劳动力、总能耗方面的冗余，因此地方政府不应盲目扩大能源产业的规模、劳动力供给和资金投入，应更注重对现有能源产业的技术效率、规模效率的提升，培养行业顶尖人才，促进能源产业的改造升级。

表4 中国各省份能源消耗规模效应投入产出松弛变量取值（1990~2012年）

序号	省份	s^+	s_1^-	s_2^-	s_3^-
1	北京	0.00	527.70	0.00	1854.19
2	天津	0.00	272.78	0.00	1345.99
3	河北	0.00	0.00	911.13	3645.04
4	辽宁	0.00	490.42	0.00	5594.23
5	上海	0.00	911.57	0.00	2187.43
6	江苏	0.00	0.00	554.21	1596.40
7	浙江	0.00	0.00	506.95	96.35
8	福建	0.00	0.00	0.00	0.00
9	山东	0.00	78.80	925.10	2765.00
10	广东	0.00	0.00	0.00	0.00
11	山西	0.00	0.00	0.00	3451.79
12	内蒙古	0.00	0.00	0.00	1396.55
13	吉林	0.00	0.00	0.00	2275.15
14	黑龙江	0.00	289.68	0.00	3704.31
15	安徽	0.00	0.00	1207.88	938.78
16	江西	0.00	0.00	0.00	487.50
17	河南	0.00	0.00	1970.02	2621.21
18	湖北	0.00	0.00	568.64	1716.19
19	湖南	0.00	0.00	1398.49	1760.66
20	广西	0.00	0.00	0.00	0.00
21	四川	0.00	0.00	1719.02	3075.09
22	贵州	0.00	0.00	491.08	1223.73
23	云南	0.00	0.00	0.00	642.13
24	陕西	0.00	0.00	0.00	1028.81
25	甘肃	0.00	0.00	218.54	1299.32
26	青海	0.00	0.00	0.00	0.00
27	宁夏	0.00	0.00	0.00	0.00
28	新疆	0.00	81.56	0.00	1215.96
平均		0.00	94.73	373.97	1640.07

2. 基于 DEA-Malmquist 模型的能源消耗产出效率差异动态分析

通过 DEA-Malmquist 模型可以进一步分析各时段、各省份我国能源消耗产出效率的构成情况。其中，effch、techch、pech、sech 和 tfpch 分别表示技术效率变化、技术进步变化、纯技术效率变化、规模效率变化和全要素生产率变化。表 5 中各变量的关系为 effch = pech × sech，tfpch = effch × techch，即技术效率变化可以分解为纯技术效率变化和规模效率变化，全要素生产率变化可以进一步分解为技术效率变化和技术进步变化。

表 5　基于 DEA-Malmquist 模型的中国能源消耗产出效率（1990~2012 年）

年份	effch	techch	pech	sech	tfpch
1990~1991	0.898	1.123	0.914	0.982	1.008
1991~1992	1.056	0.964	0.993	1.063	1.018
1992~1993	1.135	0.897	1.026	1.106	1.019
1993~1994	1.066	0.922	1.000	1.066	0.983
1994~1995	1.007	0.910	1.021	0.987	0.916
1995~1996	1.024	1.021	1.020	1.004	1.045
1996~1997	1.042	1.039	1.003	1.038	1.082
1997~1998	1.077	1.017	1.015	1.060	1.094
1998~1999	1.188	0.878	1.059	1.122	1.044
1999~2000	1.012	0.947	1.098	0.922	0.958
2000~2001	0.962	1.074	0.936	1.028	1.033
2001~2002	0.962	0.926	1.044	0.922	0.891
2002~2003	0.926	0.958	0.982	0.943	0.887
2003~2004	1.120	0.769	0.997	1.122	0.861
2004~2005	1.067	0.827	1.069	0.998	0.882
2005~2006	1.017	0.919	1.000	1.017	0.935
2006~2007	0.997	0.943	1.002	0.995	0.940
2007~2008	1.007	0.958	0.987	1.020	0.965
2008~2009	0.995	0.968	1.007	0.988	0.963
2009~2010	1.010	0.930	1.000	1.010	0.939
2010~2011	1.074	0.861	0.998	1.077	0.925
2011~2012	0.998	0.944	0.984	1.015	0.943
均值	1.027	0.942	1.006	1.020	0.967

由表 5 可知，1990~2012 年我国能源技术效率平均变化 1.027，技术进步平均变化 0.942，纯技术效率平均变化 1.006，规模效率平均变化 1.020，全要素生产率平均变化 0.967。能源消耗技术效率的变化中，纯技术效率和

规模效率的贡献相当；全要素生产率的变化中，技术效率比技术进步的贡献要大。实际上，由于我国能源的技术进步变化是小于1的，因此其实际上是逐年下降的状态，对全要素生产率具有阻碍作用。由此可知，要提高能源消耗产出全要素生产率的首要任务是提高我国能源的技术进步水平，即通过研发促使能源产业技术工艺更新换代，培养能源产业高端人才，加快能源产业自主创新研发，提高能源技术进步水平。

图7是中国能源消耗产出效率构成因素的走势。由图7可以看出，能源技术效率、纯技术效率和规模效率的变化趋势一致，而技术进步与全要素生产率变化趋势一致，且与能源技术效率、纯技术效率和规模效率的变化方向相反。因此，图7进一步说明，我国能源消耗全要素生产率水平的低下主要是由技术进步的阻碍造成的，由于我国长期以来技术水平较低，能源消耗产出全要素生产率受到阻碍。此外，能源技术效率中，尽管规模效率变化与技术效率变化更为吻合，但纯技术效率与规模效率间无明显差异。

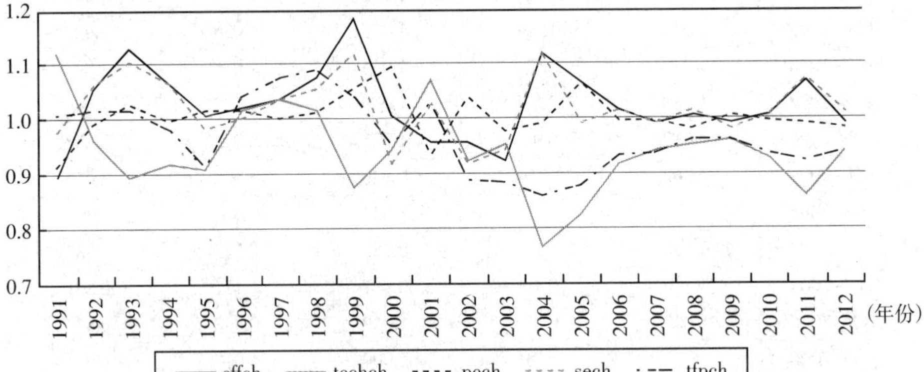

图7 基于DEA-Malmquist模型的中国能源消耗产出效率分解（1990~2012年）

注：“1991”表示“1990~1991”，依此类推。

图8是DEA-Malmquist模型下的中国各省份能源消耗产出全要素生产率变化值。从图8可以看出，我国能源消耗产出全要素生产率变化大于或等于1的省份有北京、天津、辽宁、上海、吉林、黑龙江和四川7个省份，这些省份的能源消耗产出全要素生产率是上升的，且大多数位于东部地区，中部地区只有2个省份，西部地区仅四川1个省份。此外，能源消耗产出全要素生产率变化较低的省份有宁夏、青海、云南、贵州、广西、山西，大多数位于我国西部地区。

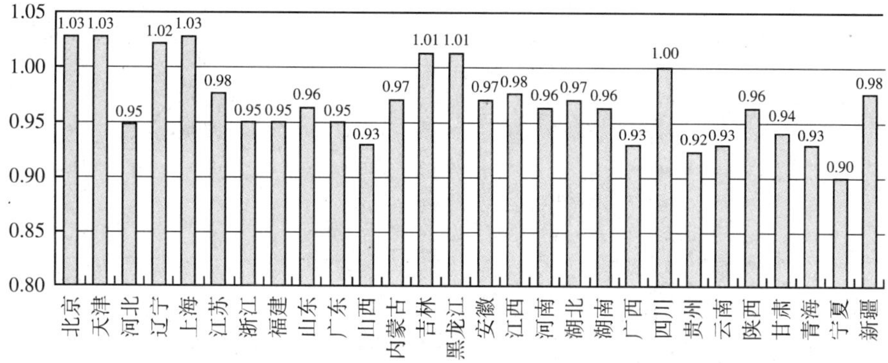

图 8　基于 DEA-Malmquist 模型的中国各省份能源消耗产出全要素生产率变化值

表 6 是 DEA-Malmquist 模型下的 1990~2012 年中国各省份能源消耗产出效率。从表 6 可以进一步分析我国能源消耗产出全要素生产率变化较大省份的构成，可以发现，北京、天津、辽宁、上海、吉林、黑龙江、四川的能源消耗产出全要素生产率变化均主要由技术效率的变化所致，而技术效率的变化均主要是规模效率变化的贡献。对于能源消耗产出全要素生产率变化较低省份，宁夏、青海、云南、贵州、山西、广西的能源消耗产出全要素生产率变化较低主要是因为技术进步变化较低。因此，对于我国能源消耗产出全要素生产率变化较高的省份应该继续保持其技术效率的高效性，总结技术效率提高的途径和方法，并将有益的经验传播给邻近区域省份；对于能源消耗产出全要素生产率变化较低的省份，应该注意提升技术进步水平，积极向东中部能效较高的省份学习。

表 6　基于 DEA-Malmquist 模型的中国各省份能源消耗产出效率（1990~2012 年）

省份	effch	techch	pech	sech	tfpch
北京	1.038	0.990	1.008	1.030	1.028
天津	1.034	0.995	1.011	1.023	1.029
河北	1.037	0.915	1.005	1.032	0.948
辽宁	1.051	0.973	1.019	1.031	1.023
上海	1.035	0.997	1.002	1.033	1.033
江苏	1.028	0.950	1.014	1.013	0.977
浙江	0.995	0.956	1.000	0.995	0.951
福建	0.989	0.960	1.000	0.989	0.950
山东	1.024	0.941	1.007	1.017	0.963
广东	0.999	0.951	1.000	0.999	0.950
山西	1.037	0.896	1.006	1.031	0.929

续表

省份	effch	techch	pech	sech	tfpch
内蒙古	1.014	0.956	0.985	1.030	0.970
吉林	1.072	0.945	1.031	1.039	1.013
黑龙江	1.062	0.953	1.025	1.037	1.013
安徽	1.039	0.934	1.018	1.021	0.971
江西	1.031	0.947	1.013	1.017	0.976
河南	1.025	0.934	1.006	1.018	0.957
湖北	1.038	0.936	1.010	1.027	0.972
湖南	1.036	0.923	1.008	1.029	0.956
广西	0.987	0.944	0.994	0.993	0.932
四川	1.054	0.949	1.020	1.034	1.001
贵州	1.042	0.886	1.011	1.031	0.923
云南	1.006	0.927	0.988	1.018	0.932
陕西	1.032	0.928	1.006	1.025	0.957
甘肃	1.061	0.887	1.030	1.030	0.941
青海	1.000	0.931	1.000	1.000	0.931
宁夏	0.993	0.907	0.979	1.014	0.900
新疆	1.006	0.976	0.987	1.019	0.982
均值	1.027	0.942	1.006	1.020	0.967

五、结论及政策建议

当前，国际经济政治形势复杂，我国既面临由能源大国向能源强国转变的历史关键时期，又面临诸多的机遇和挑战。2013 年 1 月 1 日，国务院发布能源发展“十二五”规划，对经济社会发展趋势进行总体判断，明确 2015 年能源发展的主要目标。未来，我国将实施能源效率与能耗总量的“双控”机制，降低单位 GDP 总能耗，提高能源消耗产出效率，提高能源的生产与供应能力，优化能源产业结构，加快能源体制改革，按照“十二五”规划纲要的总体要求，实现能源发展的目标。本文的主要结论如下：

第一，总体看，我国单位能耗的 GDP 产出量和能源消耗产出效率较低。在 SDEA 模型下，1990~2012 年我国东部地区能源消耗产出效率基本与全国平均水平持平，中部地区高于全国平均水平，西部地区低于全国平均水平。

第二，1997年以前，我国省份间能源消耗产出效率差异较大，山西和四川的效率变化较大；1997年后，省份间能源消耗产出效率的差距逐渐缩小，并且趋于稳定。整体看，我国东部、中部、西部能源消耗产出效率呈“U”形，大致可以分为三个阶段：1990~1995年、1996~2005年和2006~2012年。中国能源消耗产出效率最高值发生在1995年，最低值发生在2001年，近20多年来我国能源消耗产出效率变化较大。

第三，我国区域间能源消耗产出效率的差异主要是规模效率的差异，而纯能源消耗产出效率差别不大。中部地区的纯能源消耗产出效率和规模效率都不高，西部地区应保持能源规模效率优势，大力提高纯能源消耗产出效率。我国东部、中部、西部纯能源消耗产出效率均出现明显的空间集聚现象。

第四，我国各省份普遍存在能源消耗规模效率递减的特性，绝大部分省份存在资本存量、劳动力、总能耗方面的冗余。能源消耗技术效率的变化中，纯技术效率和规模效率的贡献相当；全要素生产率的变化中，技术效率比技术进步的贡献大。

基于以上结论，提升我国能源消耗产出效率的政策建议如下：

一是强化资源大省能源效率，协调三大产业比例关系。山西是煤炭大省，四川是铁矿、煤炭的输出大省，而内蒙古也有丰富的煤炭和石油，新疆有丰富的石油、天然气和煤矿，这些省份具有较高的能源消耗和能源效率，但近年来部分省份的能源效率波动较大，其主要原因是我国工业化水平进入中期，工业化进程的推进造成部分省份第二产业占比持续上升，能耗水平相对较低的第一、第三产业占比持续下降，产业结构的演变使能源利用的负效应逐渐显现。由于第二产业多是能源消耗较大的工业产业，能源投入大，资源消耗多，如盲目进行人力资本投入和资源过度开采，很容易走“先污染，后治理”的粗放型发展路径，既加大了能源消耗的压力，无法提高能源效率，也不利于经济资源的可持续发展。因此对于我国能源大省和资源强省，更应该注重产业结构的更新换代升级，合理安排第二产业和第三产业的比例。

二是依据能源区域集聚的现象，充分发挥空间溢出效应和示范效应。东部地区在加大投资力度进行能源产业建设时，应积极向西部地区学习，合理控制产业规模，淘汰落后产能，优化产业结构，促进规模效率的提高。中部地区应努力向东部地区学习能源产业先进技术，提高纯能源消耗产出效率；

向西部地区学习控制能源产业结构规模，提高规模效率。而西部地区的纯能源消耗产出效率和规模效率分别有近30%和40%的提升空间。对于我国能源消耗产出全要素生产率变化较高的省份应该继续保持其技术效率的高效性，总结技术效率提高的途径和方法，将先进的能源技术、管理水平、能源规划思想传输给邻近省份，充分发挥空间溢出效应和示范效应；对于能源消耗产出全要素生产率变化较低的省份，应该注意提升技术进步水平，积极向东中部能效较高的省份学习。

三是控制省份能源规模，提高能源效率。由于我国各省份普遍存在能源消耗规模效率递减的特性，绝大部分省份存在资本存量、劳动力、总能耗方面的冗余，因此地方政府不应盲目扩大能源产业的规模、劳动力供给和资金投入，更应注重对现有能源产业规模效率的提升。可以根据本文测算的中国各省份能源消耗规模效应投入产出松弛变量取值来具体指导各区域投入产出的增减，如北京可以减少527.70单位的实际资本存量和1854.19单位的总能耗来提高能源消耗产出效率；河北可以通过减少911.13单位的劳动力和3645.04单位的总能耗来提高能源消耗产出效率。由于我国福建、广西、青海、宁夏的能源消耗产出效率处于生产的前沿面上，因此这4个省份的投入产出变量都不需要增加或减少，除此之外，其他省份都需要或多或少地调整投入和产出。

四是培养行业顶尖人才，提高能源技术进步水平。我国能源消耗全要素生产率水平低下，且主要是由技术进步的阻碍造成的，由于我国长期以来技术水平较低，能源消耗产出全要素生产率受到阻碍。此外，我国能源技术进步变化逐年下降，也极大地阻碍了能源全要素生产率的提升。因此，提高我国能源消耗产出全要素生产率的首要任务是提高我国能源的技术进步水平，即通过研发促使能源产业技术工艺更新换代，培养能源产业顶尖人才，加快能源产业自主创新研发，促进能源产业的改造升级。在引入外资的同时，要注意发挥“干中学”效应，将先进的生产技术转化为我国能源产业软实力的提升，避免过度依赖外来资金和技术，减小外商投资的负面效应。要积极研发清洁能源的开采和使用，在技术上攻坚克难，通过政策引导不同能源对经济产出的支持，构建资源节约和环境友好型社会，提高我国能源技术进步水平。

参考文献

[1] Bruce Tonna, Jean H. Peretz. State-level Benefits of Energy Efficiency [J]. Energy Policy, 2007 (35): 3665-3674.

[2] Jonas Nassen, John Holmberg. Energy Efficiency—A Forgotten Goal in the Swedish Building Sector? [J]. Energy Policy, 2005 (33): 1037-1051.

[3] Ming Yang. Energy Efficiency Policy Impact in India: Case Study of Investment in Industrial Energy Efficiency [J]. Energy Policy, 2006 (34): 3104-3114.

[4] Philip Andrews-Speed. China's Ongoing Energy Efficiency Drive: Origins, Progress and Prospects [J]. Energy Policy, 2009 (37): 1331-1344.

[5] Robert K. Dixon, Elizabeth McGowan, Ganna Onysko, Richard M. Scheer. US Energy Conservation and Efficiency Policies: Challenges and Opportunities [J]. Energy Policy, 2010 (38): 6398-6408.

[6] Volkan S. Edigera, Unal Camdal. Energy and Exergy Efficiencies in Turkish Transportation Sector, 1988-2004 [J]. Energy Policy, 2007 (35): 1238-1244.

[7] Wang H., Zhoua P., Zhoua D.Q. Scenario-based Energy Efficiency and Productivity in China: A Non-radial Directional Distance Function Analysis [J]. Energy Economics, 2013 (40): 795-803.

[8] 陈星星. 数量经济学前沿研究动态 [J]. 数量经济技术经济研究，2014 (11).

[9] 董利. 我国能源效率变化趋势的影响因素分析 [J]. 产业经济研究，2008 (1).

[10] 蒋金荷. 提高能源效率与经济结构调整的策略分析 [J]. 数量经济技术经济研究，2004 (10).

[11] 李国璋，霍宗杰. 中国全要素能源效率、收敛性及其影响因素——基于 1995~2006 年省际面板数据的实证分析 [J]. 经济评论，2009 (6).

[12] 李廉水，周勇. 技术进步能提高能源效率吗？——基于中国工业部门的实证检验 [J]. 管理世界，2006 (10).

[13] 李世祥，成金华. 中国能源效率评价及其影响因素分析 [J]. 统计研究，2008 (10).

[14] 李世祥，成金华. 中国主要工业省区能源效率分析：1990~2006年 [J]. 数量经济技术经济研究，2008 (10).

[15] 马海良，黄德春，姚惠泽. 中国三大经济区域全要素能源效率研究——基于超效率 DEA 模型和 Malmquist 指数 [J]. 中国人口·资源与环境，2011 (11).

[16] 齐志新，陈文颖. 结构调整还是技术进步？——改革开放后我国能源效率提高的因素分析 [J]. 上海经济研究，2006 (6).

[17] 屈小娥. 中国省际能源效率差异及其影响因素分析 [J]. 经济理论与经济管理，2009a (2).

[18] 屈小娥. 中国省际全要素能源效率变动分解——基于 Malmquist 指数的实证研究[J]. 数量经济技术经济研究，2009b (8).

[19] 师博，沈坤荣. 市场分割下的中国全要素能源效率：基于超效率DEA 方法的经验分析 [J]. 世界经济，2008 (9).

[20] 师博，张良悦. 我国区域能源效率收敛性分析 [J]. 当代财经，2008 (2).

[21] 史丹，吴利学，傅晓霞，吴滨. 中国能源效率地区差异及其成因研究——基于随机前沿生产函数的方差分解 [J]. 管理世界，2008 (2).

[22] 史丹. 中国能源效率的地区差异与节能潜力分析 [J]. 中国工业经济，2006 (10).

[23] 谭忠富，张金良. 中国能源效率与其影响因素的动态关系研究 [J]. 中国人口·资源与环境，2010 (4).

[24] 王兵，张技辉，张华. 环境约束下中国省际全要素能源效率实证研究 [J]. 经济评论，2011 (4).

[25] 王群伟，周德群. 中国全要素能源效率变动的实证研究 [J]. 系统工程，2008 (7).

[26] 魏楚，沈满洪. 结构调整能否改善能源效率：基于中国省级数据的研究 [J]. 世界经济，2008 (11).

[27] 魏楚，沈满洪. 能源效率研究发展及趋势期，一个综述 [J]. 浙江大学学报（人文社会科学版），2009 (3).

[28] 魏楚，沈满洪. 能源效率与能源生产率：基于 DEA 方法的省际数据比较 [J]. 数量经济技术经济研究，2007 (9).

[29] 魏一鸣，廖华. 能源效率的七类测度指标及其测度方法 [J]. 中国软科学，2010 (1).

[30] 吴琦，武春友. 基于 DEA 的能源效率评价模型研究 [J]. 管理科学，2009 (1).

[31] 吴琦，武春友. 我国能源效率关键影响因素的实证研究 [J]. 科研管理，2010 (5).

[32] 武春友，吴琦. 基于超效率 DEA 的能源效率评价模型研究 [J]. 管理学报，2009 (11).

[33] 徐国泉，刘则渊. 1998~2005 年中国八大经济区域全要素能源效率——基于省际面板数据的分析 [J]. 中国科技论坛，2007 (7).

[34] 徐晓光，冼俊城，郑尊信. 中国城市金融效率提升路径探析 [J]. 数量经济技术经济研究，2014 (10).

[35] 徐盈之，管建伟. 中国区域能源效率趋同性研究：基于空间经济学视角 [J]. 财经研究，2011 (1).

[36] 杨红亮，史丹. 能效研究方法和中国各地区能源效率的比较 [J]. 经济理论与经

济管理，2008（3）.

[37] 尹宗成，丁日佳，江激宇. FDI、人力资本、R&D 与中国能源效率［J］. 财贸经济，2008（9）.

[38] 袁晓玲，张宝山，杨万平. 基于环境污染的中国全要素能源效率研究［J］. 中国工业经济，2009（2）.

2005~2012 年我国各地区能源效率的 DEA 测算及其影响因素的面板计量研究

曹　琦

（中国社会科学院数量经济与技术经济研究所，北京　100732）

一、引　言

近年来，我国经济的飞速发展很大程度上依赖于对本土能源的消耗。然而，资源相对匮乏与环境污染问题使我国逐渐认识到，沿袭传统的“高投入、高污染、低产出”的粗放型经济发展方式无法支撑中国进一步发展，转变经济发展方式迫在眉睫。在这一转变过程中，很重要的一个环节是提高能源的使用效率；这样做，可以在保证产出的前提下减少投入，使生产过程实现帕累托改进。然而，我国在能源使用效率上做得并不好，远远落后于发达国家。根据国家能源局公布的数据，“十一五”期间，我国单位 GDP 能耗是世界平均水平的 2.5 倍，是美国的 3.3 倍，同时也高于巴西、墨西哥等发展中国家。机遇与挑战并存，这说明我国通过提高能源使用效率来节约能源具有很大的空间。正因为如此，研究我国的能源使用效率以及影响能源效率的因素具有十分重要的现实意义。

现阶段，对能源效率的研究主要集中在以下几个方面。首先，通过将能

［作者简介］曹琦，男，1987 年 7 月 8 日生，中国社会科学院数量经济与技术经济研究所在读博士生；电话：15811276138；邮箱：caoqiaaa@126.com；作者为中国数量经济学会会员，并同意本文被收录至《21 世纪数量经济学》（第 16 卷）与中国知网（CNKI）《中国重要会议论文全文数据库》。

源使用总量的变化或能源强度的变化分解为由不同因素变化所引起的变化，也就是所谓的因素分解法；与能源和碳排放相关的因素分解法主要包括结构分解法（Structural Decomposition Analysis，SDA）以及指数分解法（Index Decomposition Analysis，IDA）两大类。结构分解法需要使用国民经济生产过程中，不同产品对不同能源种类需求的投入产出表，进而分析能耗变化的影响因素。从本质上说，结构分解法是 Laspeyres 指数分解法的高级形式，它考虑的部门与能源种类更多，分解更全面，计算更复杂。Su 和 Ang（2012）对 SDA 的使用研究进行了详细的回顾。使用 SDA 研究我国能源消费情况的文章较多，比较有代表性的有 Chai 等（2009）、Cao 等（2010）以及 Liu 等（2010）的研究。指数分解法计算过程较结构分解法简单，它实际上是将总量表示为不同影响因素的乘积形式，并且通过不同的方法来确定各因素的权重，从而计算各因素变化对总量变化的贡献。该方法类似于宏观经济增长中的增长核算。

对能源效率另外的研究主要集中在测算能源使用的效率上。能源效率包括两个部分：技术效率与配置效率（Farrell，1957）。技术效率衡量生产过程是否在现有投入下实现了最大产出；配置效率则将各种能源投入的价格考虑进来，从而衡量在给定产出下是否实现了成本的最小化。研究者在对能源技术效率进行计算时，一般使用数据包络分析（Data Envelopment Analysis，DEA）方法。使用 DEA 法计算能源技术效率时，需要设定生产所需的投入要素；多数研究者都以物质资本、劳动力以及能源作为投入要素（魏楚，2007，2008；吴琦，2009；杜嘉敏，2015）。在产出方面，大多数研究者都使用生产总值作为单一期望产出（师博，2008），而部分研究者在此基础上添加了环境污染作为非期望产出（吴琦，2009）。

本文在使用 DEA 法测算地区能源效率时，在传统三要素投入基础上加入人力资本投入，这样测算出的能源技术效率更能反映我国的全要素能源生产率。本文后续安排如下：第二部分使用基于可变规模报酬的 DEA 法计算了地区能源效率；第三部分使用面板计量模型对我国能源效率的影响因素进行实证研究；第四部分给出简短的结论。

二、各地区能源效率的DEA测算

本文使用数据包络分析对我国2005~2012年30个省、市、自治区的能源使用效率进行测度与分析；用于DEA分析所使用的软件为Coelli小组研发的DEAP 2.1。这里的能源使用效率指的是技术效率，而对于技术效率的衡量，既可以从投入角度出发，也可以从产出角度出发。基于投入的技术效率主要判断在给定投入的前提下，决策单元（Decision Making Unit，DMU）是否实现了产出的最大化；与之对应，基于产出的技术效率则是判断在一定产出条件下，DMU是否实现了投入的最小化。无论使用何种方法，对DMU技术效率的评价都是从该DMU所处的实际生产情况相对这一经济活动生产前沿的偏离出发。生产前沿是指，在不存在任何效率损失的情况下，给定投入所能达到的最大产出，即当前技术水平下所能达到的最有效率的生产过程。一般而言，生产前沿的位置与形状并不可知，只能通过收集到的观测值对其进行估计。若使用非参数法估计生产前沿，可以构造某一分段线性等量凸面，使其余观测点皆位于该面同侧，那么该凸面可以作为生产前沿的替代（Farrell，1957）。DEA法和随机前沿法是目前使用较为广泛的非参数估计法，下面拟对DEA法进行简要介绍。

（一）DEA分析方法

DEA方法使用运筹学中的线性规划，根据某一投入产出过程的观测点，刻画出该生产过程的生产前沿面，同时以各决策单元观测点对生产前沿的偏离程度度量该DMU的技术效率。这一方法的思路源于Farrell提出的以非参数分段线性等量凸面近似生产前沿面；之后，Boles（1966）以及Afriat（1972）认为可以使用数学规划实现这一目标。然而，直到Charnes、Cooper和Rhodes（1978）在假设生产过程为规模报酬不变（Constant Return to Scale，CRS），构建了第一个基于投入的DEA模型时，DEA方法才逐渐被研究者接受并用其进行技术效率分析研究。随后，Banker、Charnes和Cooper（1984）在CRS模型基础上，对其假设进行扩展，提出了基于规模报酬可变（Variable Return to Scale，VRS）的DEA模型。本文从投入角度对省际能源技术效率进行分析，并假设各省生产过程规模报酬可变，因此需使用基于投入的 VRS-DEA 模型。

对于规模报酬不变的假设，只有当各 DMU 处于最优生产规模时才能成立，这实际上是非常严格的假设。然而，我国的市场经济并不完善，各省的发展阶段又相差甚远。因此，以 CRS 来描述各省宏观生产活动显然不合适。如果执意在不满足 CRS 的情况下使用基于 CRS 的 DEA 模型分析技术效率，则所计算出来的技术效率会包含由于生产规模变化而带来的效率变化，即规模效率。此时，如果使用基于 VRS 的 DEA 模型，就能够使规模效率与技术效率相互分离，便于对其进行分析。以 TE_{CRS} 表示基于 CRS 模型所计算出的技术效率，或者称为综合技术效率，这一技术效率在 VRS 模型中可以进一步分解为纯技术效率（TE_{VRS}）以及规模效率（SE）。纯技术效率是指决策单元处于最优生产规模时的生产效率，而规模效率则用于评价决策单元实际生产规模与最优生产规模的差距。决策单元只有同时达到纯技术有效与规模有效时才是综合有效的。如图 1 所示，CRS 和 VRS 分别为假设规模报酬不变与规模报酬可变的生产前沿面，而 P 点则是一生产无效率的点。从图 1 中可以看出，综合技术效率为 $TE_{CRS} = AP_C/AP$，纯技术效率为 $TE_{VRS} = AP_V/AP$，而规模效率则为 $SE = AP_C/AP_V$。上述三种效率的数值均在 0 和 1 之间。同时，很容易就可以得出 $TE_{CRS} = TE_{VRS} \cdot SE$，说明综合技术效率由两者共同决定，当且仅当纯技术效率与规模效率同时等于 1 时，综合技术效率才会等于 1。

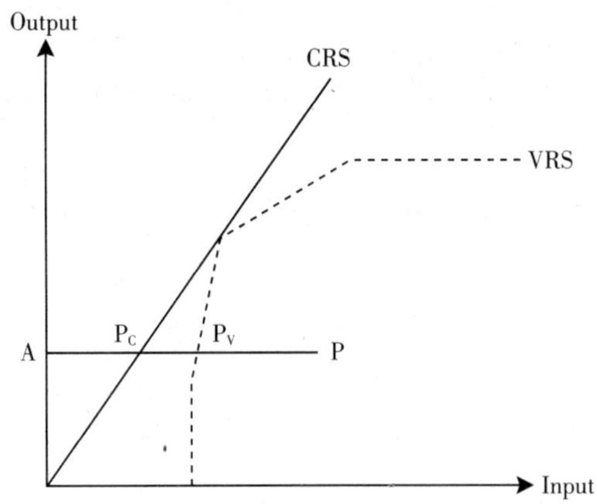

图 1　CRS 与 VRS 假设下的技术效率示意图

现假设第 j 个决策单元进行某种生产活动的投入向量为 $X_j = (x_1, x_2, \cdots, x_K)^T$，其产出向量为 $Y_j = (y_1, y_2, \cdots, y_M)^T$；同时，这一生产活动中共有 N 个决策单元，这 N 个决策单元的投入矩阵可表示为 $X = (X_1, X_2, \cdots, X_N)_{K\times N}$，产出矩阵可表示为 $Y = (Y_1, Y_2, \cdots, Y_N)_{M\times N}$。根据 DEA 理论，第 j 个决策单元的技术效率可以通过如下线性优化问题得出：

$$
\begin{aligned}
&\min_{\theta,\lambda}\theta \\
&\text{s.t.}\quad -Y_j + Y\lambda \geqslant 0 \\
&\theta X_j - X\lambda \geqslant 0 \\
&\sum_{i=1}^{N}\lambda_i = 1 \\
&\lambda \geqslant 0
\end{aligned}
$$

在上面的线性规划中，$\lambda = (\lambda_1, \lambda_2, \cdots, \lambda_N)^T$。θ 为一个 0~1 的数值，表示第 j 个决策单元的技术效率；如果这一数值为 1，说明该决策单元是有效率的，位于生产前沿面之上，否则，说明该决策单元的生产活动相对于前沿面是缺乏效率的。在实际计算中，如果有 N 个决策单元，则需要求解 N 次该线性规划。该线性规划描述的是具有可变规模报酬的生产活动，相比于 CRS 假设下的生产活动，约束条件中多了 $\sum_{i=1}^{N}\lambda_i = 1$ 一项，因而其可行集较 CRS 模型也就更小，这一点从图 1 中也可以看出。正是由于上述原因，基于 VRS 模型计算出的技术效率会大于或等于基于 CRS 计算出的技术效率；换言之，决策单元的纯技术效率不会低于该单元的综合技术效率。纯技术效率与综合技术效率之间的差异反映出的是由于生产活动的规模变化所带来的技术效率上的变化。根据前面对三种效率之间关系的分析可知，若纯技术效率与综合技术效率相等，则规模效率为 1，此时该决策单元的生产处于最优规模；若两者不等，则规模效率小于 1，该决策单元的生产活动或处于规模报酬递增阶段，或处于规模报酬递减阶段，此时如果扩大或减少生产规模，都可以使综合技术效率进一步提高，达到与纯技术效率相同的效率水平。简言之，纯技术效率可以判断 DMU 在使用投入上是否处于合意的状态，而规模效率则判断 DMU 的生产规模是否处于合意的状态，两者的乘积便是综合技术效率。

（二）数据收集与处理

上节指出，由于我国各地区发展阶段不一，生产水平也不可能同时处于最优规模，因而用 CRS 假设刻画每个地区的投入产出活动显然不合适。有鉴于此，本节主要使用 VRS 假设下基于投入角度的 DEA 分析方法，对中国 30 个省、市、自治区的能源效率进行研究（由于缺乏相关数据，本文研究对象中并未包含西藏），所研究的时间段为 2005~2012 年。文章使用能源消费、劳动力、物质资本以及人力资本作为各地区的投入要素，以各省年度 GDP 作为产出，对各地区的能源使用绩效进行测度。下面将对每种要素的数据收集过程与处理过程进行简要概述。

地区 GDP：各地区 GDP 数据的数据来源主要是 2006~2013 年的《中国统计年鉴》。并且，将年鉴中以当年价计算的 GDP 通过 GDP 平减指数全部转换为以 2005 年不变价计算的地区 GDP。地区 GDP 的单位为亿元。

能源投入：各地区每年的能源投入数据来源于《中国能源统计年鉴》（2013）的分地区能源消费总量数据，单位是万吨标准煤。

劳动力投入：各地区每年的劳动力投入数据采用各省统计年鉴公布的从业人员年末人数一项数据，单位是万人。在计算劳动力投入时有三点需要注意。第一，计算过程中，选择的数据应该是劳动时间，然而由于缺乏各地区劳动时间的数据，因此选用就业人数进行替代。第二，一些研究者在计算各年就业人数时，使用（当年年末就业人数 + 上年年末就业人数）÷ 2 来计算，使用这种方法对计算结果并没有多大影响，为方便起见，本文直接使用当年年末就业人数。第三，地区发展水平不同，劳动力的质量也各异，在计算劳动力投入时，理论上应将各地区劳动力质量差异考虑进来，然而由于数据上的欠缺，以往的研究者很少考虑这一问题。从劳动经济学角度而言，劳动力之间的质量差异主要体现在劳动力中所包含的人力资本不同，因此，本文对各地区的人力资本进行估算，并将其视为一种投入要素加入 DEA 计算之中。

物质资本存量：对于物质资本存量的估算，一般使用 Goldsmith 在 1952 年提出的“永续盘存法”。这种方法的核心思想可用公式 $K_t = (1 - \delta_t)K_{t-1} + I_t$ 表示，从式中可以看出，当期资本存量可以表示为上期资本存量减去资本折旧，再加上本期的投资。欲使用该法估计地区资本存量，需要知道每期的投资、投资品的价格指数、折旧率以及基期的资本存量。本文选取各地区每年的固定资产投资作为 I_t，并通过固定资产投资价格指数将各期 I_t 折算为 2005 年不变价，单位为亿元；两套数据均可以从《新中国六十年统计资料汇编》中取得。广东省缺少 1993~2000 年的固定资产投资价格指数，因此用该省同期的商品零售价格指数替代。对于折旧率的选取，学术界并没有统一的数值，不同方法估计出的折旧率差别也较大。鉴于此，本文并未对该值进行估算，而是直接选取 0.1 作为这一时期我国各地区的折旧率，而且这一数值也与龚六堂和谢丹阳（2004）、张军（2004）所选取的折旧率一致。同时，基期资本存量的估计也没有统一的标准，唯一的估算原则是所选的基期越早越好；本文选取 1993 年为基期，使用 $K_{1993}=I_{1993}/[(I_{2003}/I_{1993})^{1/10}-1+\delta]$ 计算出初始资本存量。具体估计步骤可以参考张军（2004）的文章，这里不再赘述。

人力资本投入：本文在估算各地区人力资本时，参考了朱平芳和徐大丰（2007）用于估算中国城市人力资本的方法。这种方法假设各地区具有以物质资本和劳动力作为投入要素的 Cobb-Douglas 生产函数；并且生产函数为 Harrod 中性，即技术进步为劳动增进型。同时，人力资本以相乘的形式附着在劳动力之上。以 1 代表单位人力资本，表示只具备从事劳动最基本的能力，比如健康的身体、语言技能等；拥有单位人力资本只能从事最简单的劳动，赚取最低的薪水。地区不同，拥有单位人力资本的工人所赚取的工资也不相同，这是由于工资不仅由劳动力所拥有的人力资本决定，还取决于所处地区的技术水平以及资本存量。然而对于同一地区，工资的差别主要反映了人力资本的差异。在这一假设的基础上，可以通过测量各地区具有平均人力资本工人所获得的工资与只具有单位人力资本工人的工资之间的差别估算一个代表性工人所具有的人力资本；地区总体人力资本为代表性工人的人力资本乘以该地区的就业人员总数。综上所述，地区人力资本可通过下式进行估算：

$$H_j=h_jL_j=L_j[w_j(h_j)/w_j(1)]^{1/2\beta_j} \tag{1}$$

式中，H_j 为地区 j 的人力资本总量，h_j 为代表性工人所具有的人力资本，L_j 为地区就业劳动力总量，w_j（h_j）为代表性工人所获得的工资，$w_j(1)$ 为 j 地区单位人力资本的效率工资，β_j 为 j 地区劳动收入占地区 GDP 的份额。在实际估算中，β_j 可以通过计算劳动者报酬与收入 GDP 的比值来确定；进一步，通过 $\beta_j=w_j(h_j)L_j/GDP_j$ 可以求出 $w_j(h_j)$。另外，可以通过 $w_j(1)=\beta_j k_j^{1-\beta}$ 求出单位人力资本效率工资，其中 k_j 为按劳动力平均的物质资本存量。这样，估计地区人力资本所需数据都可以获得，就可以进行估算了。

（三）各地区能源效率的计算与分析

本研究中投入产出指标共有 5 个，其中投入指标有 4 个，分别为能源、劳动力、物质资本以及人力资本；产出指标则为地区 GDP。表 1 列出了 30

个地区 2005 年、2012 年和 2005~2012 年的能源效率；在可变规模报酬假设下，能源效率可进一步分解为纯技术效率和规模效率。其中，2005~2012 年的效率指将 2005~2012 年的投入与产出分别取算数平均值后进行 DEA 计算所得的结果，用于评价这一时期各地区总体的能源效率。就能源效率而言，2005~2012 年，北京、天津、上海和广东 4 个地区的能源效率为 1，处于我国能源效率的生产前沿面上，为能源使用的综合有效区域。2005 年黑龙江处于能源效率的前沿面上，但 2012 年该地区的效率值略有下降，其值与 1 十分接近，这一差异极有可能是由计算误差所引起的，因此可以认为黑龙江在这一时期也处于前沿面上。为了分析 2005~2012 年我国各地区能源效率的发展趋势，将 30 个地区按照能源效率高低划分为高能效区域（0.85 以上），中能效区域（0.7 和 0.85 之间），低能效区域（0.7 以下）。2005 年，共有 10 个地区划入高能效区域，效率均值为 0.943；12 个地区划入中能效区域，均值为 0.746；8 个地区划入低能效区域，均值为 0.620。而到 2012 年，9 个地区划入高能效区域，均值为 0.959；15 个地区划入中能效区域，均值为 0.771；6 个地区处于低能效区域，均值为 0.651。对比各组数据在两个年份中的差异可知，30 个地区的能源效率总体上呈现出上升的趋势；并且高能效区域之间的差异在时间上呈现减小的趋势，且高能效区域与低能效区域间的差异也在减小，说明既存在组内收敛的趋势，也存在组间收敛的趋势。

在 VRS 假设下，能源效率可进一步分解为纯技术效率与规模效率。这一时期，能源效率不为 1 而纯技术效率为 1 的地区有江苏、浙江、山东、海南和青海，说明这几个地区为纯技术有效，但却不是规模有效，因此它们的能源效率不会位于生产前沿面上；同时也说明，对于这类地区，无法通过减少投入要素的数量来提高能源效率，需要通过提高或降低其生产规模来提高效率。比如江苏、浙江和山东处于规模报酬递减阶段，需要降低其生产规模以提高能源效率；而海南和青海则处于规模报酬递增阶段，提高生产规模可以使能源效率也相应提高。另外，河北、河南、湖南与四川 4 个地区为纯技术无效，但却规模有效，说明这 4 个地区的生产处于合意的规模，但在生产技术上有待提高，并可以在不改变产出的前提下减少投入要素的使用。

表1 各地区不同年份能源效率评估

省份	2005年				2012年				2005~2012年			
	能源效率	纯技术效率	规模效率	规模收益	能源效率	纯技术效率	规模效率	规模收益	能源效率	纯技术效率	规模效率	规模收益
北京	1.000	1.000	1.000	—	1.000	1.000	1.000	—	1.000	1.000	1.000	—
天津	1.000	1.000	1.000	—	1.000	1.000	1.000	—	1.000	1.000	1.000	—
河北	0.796	0.816	0.975	drs	0.741	0.783	0.946	drs	0.776	0.777	0.998	drs
山西	0.837	0.852	0.983	irs	0.715	0.728	0.982	irs	0.766	0.772	0.992	irs
内蒙古	0.643	0.649	0.992	drs	0.807	0.826	0.976	irs	0.798	0.848	0.941	irs
辽宁	0.688	0.695	0.989	irs	0.782	0.815	0.959	drs	0.720	0.754	0.956	drs
吉林	0.733	0.765	0.958	irs	0.848	0.863	0.983	irs	0.801	0.807	0.993	irs
黑龙江	1.000	1.000	1.000	—	0.998	1.000	0.998	drs	0.999	1.000	0.999	irs
上海	1.000	1.000	1.000	—	1.000	1.000	1.000	—	1.000	1.000	1.000	—
江苏	0.872	1.000	0.872	drs	0.908	1.000	0.908	drs	0.890	1.000	0.890	drs
浙江	0.936	1.000	0.936	drs	0.905	1.000	0.905	drs	0.919	1.000	0.919	drs
安徽	0.708	0.737	0.960	irs	0.747	0.767	0.974	irs	0.716	0.747	0.958	irs
福建	0.886	0.909	0.975	irs	0.953	0.964	0.989	irs	0.895	0.921	0.972	irs
江西	0.759	0.771	0.984	irs	0.759	0.783	0.970	irs	0.738	0.764	0.967	irs
山东	0.724	1.000	0.724	drs	0.822	1.000	0.822	drs	0.744	1.000	0.744	drs
河南	0.779	0.780	0.999	drs	0.801	0.808	0.991	drs	0.795	0.796	1.000	—
湖北	0.740	0.748	0.990	irs	0.802	0.807	0.994	drs	0.780	0.784	0.995	irs
湖南	0.862	0.864	0.997	irs	0.870	0.875	0.995	drs	0.867	0.867	0.999	irs
广东	1.000	1.000	1.000	—	1.000	1.000	1.000	—	1.000	1.000	1.000	—
广西	0.713	0.758	0.940	irs	0.810	0.822	0.985	irs	0.762	0.804	0.947	irs
海南	0.872	1.000	0.872	irs	0.759	1.000	0.759	irs	0.781	1.000	0.781	irs

续表

省份	2005年				2012年				2005~2012年			
	能源效率	纯技术效率	规模效率	规模收益	能源效率	纯技术效率	规模效率	规模收益	能源效率	纯技术效率	规模效率	规模收益
重庆	0.572	0.610	0.938	irs	0.664	0.694	0.956	irs	0.621	0.641	0.968	irs
四川	0.682	0.688	0.992	irs	0.731	0.743	0.984	drs	0.713	0.714	0.998	irs
贵州	0.617	0.706	0.875	irs	0.653	0.726	0.900	irs	0.625	0.707	0.885	irs
云南	0.678	0.715	0.949	irs	0.678	0.697	0.973	irs	0.668	0.702	0.951	irs
陕西	0.719	0.750	0.959	irs	0.745	0.755	0.986	irs	0.734	0.745	0.986	irs
甘肃	0.732	0.840	0.871	irs	0.701	0.792	0.885	irs	0.703	0.803	0.876	irs
青海	0.541	1.000	0.541	irs	0.655	1.000	0.655	irs	0.559	1.000	0.559	irs
宁夏	0.535	0.985	0.543	irs	0.596	0.919	0.648	irs	0.539	0.961	0.561	irs
新疆	0.715	0.790	0.905	irs	0.657	0.705	0.932	irs	0.674	0.723	0.932	irs

注：能源效率为基于不变规模报酬（CRS）假设下 DEA 计算出的技术效率，纯技术效率为基于可变规模报酬（VRS）假设下 DEA 计算出的技术效率，能源效率 = 纯技术效率 × 规模效率；drs 表示规模报酬递减，—表示规模报酬不变，irs 表示规模报酬递增。

在使用DEA方法对各地区的能源效率进行评价时，仅能够通过观察效率值是否为1判断该地区是否DEA有效，但对于非DEA有效的地区，却不能直接比较其大小以判断能源使用效率的相对高低。因此，本文对2005~2012年的平均数据进行了迭代DEA计算，具体步骤是：先对数据进行第一次DEA计算，找出有效点并予以剔除，余下的地区再进行第二次DEA计

表2 各地区能源效率分级有效性评价

省份	第一次DEA计算	有效性	第二次DEA计算	有效性	第三次DEA计算	有效性	第四次DEA计算	有效性
北京	1.000	一级有效						
天津	1.000	一级有效						
河北	0.776		0.888		1.000	三级有效		
山西	0.766		0.924		0.956		1.000	四级有效
内蒙古	0.798		1.000	二级有效				
辽宁	0.720		0.919		1.000	三级有效		
吉林	0.801		0.971		1.000	三级有效		
黑龙江	0.999	一级有效						
上海	1.000	一级有效						
江苏	0.890		1.000	二级有效				
浙江	0.919		1.000	二级有效				
安徽	0.716		0.804		0.947		1.000	四级有效
福建	0.895		1.000	二级有效				
江西	0.738		0.871		1.000	三级有效		
山东	0.744		0.941		1.000	三级有效		
河南	0.795		0.893		0.997		1.000	四级有效
湖北	0.780		0.875		0.972		1.000	四级有效
湖南	0.867		0.973		1.000	三级有效		
广东	1.000	一级有效						
广西	0.762		0.855		0.980		1.000	四级有效
海南	0.781		0.908		1.000	三级有效		
重庆	0.621		0.738		0.813		1.000	四级有效
四川	0.713		0.808		0.893		0.925	
贵州	0.625		0.702		0.766		0.786	
云南	0.668		0.748		0.833		0.855	
陕西	0.734		0.874		0.920		1.000	四级有效
甘肃	0.703		0.789		0.867		0.884	
青海	0.559		0.686		0.736		0.866	
宁夏	0.539		0.657		0.706		0.813	
新疆	0.674		0.816		0.873		1.000	四级有效

算，找出有效点并予以剔除，第一次 DEA 计算时效率值等于 1 的地区为一级有效地区，第二次 DEA 计算时效率值等于 1 的地区为二级有效地区，以此类推。通过这种方法可以对 30 个地区的能源使用效率进行排序，该法较之直接比较效率值的大小更科学与规范。表 2 展示了 2005~2012 年各地区分级有效性的计算结果。

对各地区 2005~2012 年的平均投入产出数据进行了 4 次 VRS 假设下的 DEA 计算，可将 30 个地区分类为 5 个区域。北京、天津、上海、广东、黑龙江为一级有效区域；内蒙古、江苏、浙江、福建为二级有效区域；河北、辽宁、吉林、江西、山东、湖南、海南为三级有效区域；山西、安徽、河南、湖北、广西、重庆、陕西、新疆为四级有效区域；四川、贵州、云南、甘肃、青海、宁夏为无效率区域。

三、各地区能源效率的影响因素分析

根据前面一节的结果可以看出，各个地区的能源效率差距较大，同时能源效率随着时间的变化趋势也较为明显。那么，影响一个地区能源使用效率的因素是什么，各种因素对效率的影响程度有多大，是研究者十分感兴趣的内容。通过构建面板数据模型，本节拟对这一问题进行深入与详尽的分析。

（一）变量说明与数据收集

总结之前研究者对这一问题的研究，可以大致归纳出以下几条可能影响能源效率的因素：地区经济发展水平、地区产业结构、地区对外开放程度、地区经济所有制结构、地区能源消费结构以及各地区的技术水平差异。因此，本文也准备从这几个方面入手，对能源效率的地区差异进行分析。

地区经济发展水平：一般而言，一个地区的经济发展程度越高，该地区的能源使用效率越高。本文以人均 GDP 作为衡量地区经济发展水平的指标，人均 GDP 越高表明经济发展程度越高。这一数据从《中国统计年鉴》中收集，并将所有数据折算为以 2005 年为不变价，单位为万元。

地区产业结构：从能源效率的因素分解方法角度来讲，总能源效率的变化取决于产业间的相对比重与各产业内部的能源效率。不同的产业对能源的使用效率有较大差异。总体上，第三产业的能源效率要高于第二产业的能源效率；第二产业中轻工业的能源效率要高于重工业的效率。产业内部的能源使用效率一般受技术、管理与制度等因素影响，并不包括在产业结构内。因此，产业结构对能源效率的影响仅指某地区的生产资源在不同能效部门之间流动的结果。如果某地区的生产中心由能源效率低的部门向能源效率高的部门转移，那么该地区的产业结构对该地区能源效率有正向影响作用；反之则反是。衡量一个地区的产业结构，可以使用该地区第二产业或者第三产业增加值占地区 GDP 的比重这一指标；需要注意的是，如果在计量模型中同时加入这两个变量，则会产生较为严重的共线性。本文将第三产业增加值与地区 GDP 比重加入计量模型，数据来源于历年《中国统计年鉴》。

地区对外开放程度：从一般意义上来说，一个地区的对外开放程度越高，该地区越有可能学习国外先进的技术工艺与管理技巧，从而其能源使用效率越高。本文使用地区进出口贸易总额与 GDP 的比值以及实际使用外商直接投资与固定资本投资的比值两个指标作为评价地区对外开放程度的标准。数据来源主要是历年《中国统计年鉴》和《新中国六十年统计资料汇编》。

地区所有制结构：所有制结构主要衡量一个地区的工业经济活动中国有经济所占的份额。一般认为国有企业的管理效率较为低下，相应地，能源使用效率也比较低下，因此，某地区国有企业所占比重可能会与该地区的能源使用效率负向相关。本文使用规模以上工业企业总产值中国有及国有控股企业总产值所占比重来表示所有制结构，数据来源于历年《中国工业经济年鉴》与《中国统计年鉴》。

地区能源结构：在我国一次能源消费中，煤炭是使用最为广泛的能源种类。然而煤炭在使用过程中损耗较大，能源利用效率较低。可以预测地区的能源使用效率将与该地区能源结构中煤炭能源占比负向相关。本文查找了各地的煤炭使用量，再通过原煤折算标准煤系数 0.7143 将其折算为以标准煤为单位，最后除以总能源使用量即可；数据来源于历年《中国能源统计年鉴》。

地区技术水平：技术水平包含十分广泛的内容，并不只是生产工艺、生产设备以及生产流程的改进；广义的技术水平还应该包括企业在管理方式上的改进，政府所定政策是否有助于技术上的创新等。现阶段，并没有一个较好的标准衡量地区技术水平这一十分抽象的指标。本文仅使用各地区研究与试验发展（R&D）经费内部支出占地区 GDP 的比重来评价技术水平；数据来源于《中国科技统计年鉴》。表 3 给出本文进行计量所需各种变量的符号与定义；表 4 则列出了模型中各变量的描述性统计量。

表 3 计量模型中各变量的符号与定义说明

变量名		定义
能源效率	CRSTE	能源投入的综合技术效率
经济发展水平	PGDP	人均 GDP（万元）
产业结构	THR	第三产业增加值 ÷ GDP（%）
对外开放程度	FDI	实际使用外商直接投资 ÷ 固定资本投资（%）
	IMEX	进出口总额 ÷ GDP（%）
所有制结构	STATE	国有及国有控股工业企业总产值 ÷ 规模以上工业企业总产值（%）
能源结构	COAL	煤炭使用量 ÷ 能源消费总量（%）
技术水平	RD	R&D 经费内部支出 ÷ 地区 GDP（%）
地区虚拟变量	EAST	如果为东部地区，EAST = 1；否则，EAST = 0
	WEST	如果为西部地区，WEST = 1；否则，WEST = 0

注：东部地区包括北京、天津、河北、山东、江苏、上海、浙江、福建、广东、海南、辽宁；西部地区包括广西、四川、重庆、贵州、云南、甘肃、青海、宁夏、新疆、陕西；中部地区包括山西、内蒙古、吉林、黑龙江、安徽、江西、河南、湖北、湖南。

表 4 各变量的描述性统计

变量名		均值	标准差	最小值	最大值
被解释变量	lnCRSTE	−0.2546	0.1703	−0.6425	0
解释变量	lnPGDP	0.7244	0.5532	−0.6330	2.0146
	FDI	5.1526	4.6688	0.075	21.765
	IMEX	33.9371	38.9059	2.7	170.9
	THR	39.3276	7.2594	28.792	71.995
	STATE	41.9245	18.8229	10.73	83.37
	RD	1.2860	0.9961	0.178	5.95
	COAL	69.1419	24.9378	22.589	144.944

（二）面板数据计量模型

1. 混合 OLS 模型

对于面板数据模型，其估计方法一般包括混合 OLS 模型（Pooled OLS Model）、固定效应模型（Fixed Effects Model）以及随机效应模型（Random Effects Model）。其中，混合 OLS 模型假设每个地区的能源效率回归模型具有相同的截距项和斜率项，因此可以直接将 30 个地区 8 年的 240 个观测数据混合在一起，直接利用 OLS 进行回归。混合 OLS 模型的表达式可以表示如下。

$$\ln CRSTE_{i,t} = \alpha_0 + \alpha_1 \ln PGDP_{i,t} + \alpha_2 THR_{i,t} + \alpha_3 FDI_{i,t} + \alpha_4 STATE_{i,t} + \alpha_5 COAL_{i,t} + u_{i,t} \tag{2}$$

式中，i 表示第 i 个地区，t 表示时期。在这个计量模型中，截距项 α_0 与斜率项 α_1~α_5 都为常数，不随地区与时间的变化而变化。使用混合 OLS 模型计算十分简单，但其假设每个地区之间没有区别，该假设在现实中一般较难成立。

2. 固定效应模型

面板数据的第二种估计方法是固定效应模型，该模型假设每个地区都具有相同的斜率项，但可以有不同的截距项。固定效应模型可表示如下。

$$\ln CRSTE_{i,t} = \alpha_0 + \alpha_1 \ln PGDP_{i,t} + \alpha_2 THR_{i,t} + \alpha_3 FDI_{i,t} + \alpha_4 STATE_{i,t} + \alpha_5 COAL_{i,t} + \beta_i + u_{i,t} \tag{3}$$

该式与混合 OLS 唯一的区别在于 β_i，这一项随地区的不同而变化，却不随时间变化；即模型的截距项随着地区的不同而不同。通过引入表示不同地区的虚拟变量，可以轻松估计上面的方程，估计方法如下。

$$\ln CRSTE_{i,t} = \alpha_0 + \beta_2 D_2 + \beta_3 D_3 + \cdots + \beta_{30} D_{30} + \alpha_1 \ln PGDP_{i,t} + \alpha_2 THR_{i,t} + \alpha_3 FDI_{i,t} + \alpha_4 STATE_{i,t} + \alpha_5 COAL_{i,t} + u_{i,t} \tag{4}$$

式中，D_2 表示对第 2 个地区取值为 1，其余地区取值为 0；其他地区虚拟变量以此类推。为避免陷入虚拟变量陷阱，只能引入 29 个地区虚拟变量。这样，每个地区虚拟变量前面的系数就表示该地区的截距与第 1 个地区的斜率之差。需要注意的是，如果截面个体较多，所需虚拟变量也较多，对自由度的占用也就较大。

对固定效应模型的另一种估计方法，是对式（4）中每个变量在时间上取平均值。

$$\overline{\ln CRSTE_i} = \alpha_0 + \alpha_1 \overline{\ln PGDP_i} + \alpha_2 \overline{THR_i} + \alpha_3 \overline{FDI_i} + \alpha_4 \overline{STATE_i} + \alpha_5 \overline{COAL_i} + \beta_i + \bar{u}_i \tag{5}$$

用式（4）减去式（5），得到如下"除均值"之后的回归模型，

$$\ln crste_{i,t} = \alpha_1 \ln pgdp_{i,t} + \alpha_2 thr_{i,t} + \alpha_3 fdi_{i,t} + \alpha_4 state_{i,t} + \alpha_5 coal_{i,t} + u_{i,t} - \bar{u}_i \tag{6}$$

式（6）小写字母变量表示相应的变量减去均值后的值。经过"除均值"处理后，式（4）中的截距项 α_0 和固定效应 β_i 都被除去。

3. 随机效应模型

在式（4）中，如果假设不同地区的 β_i 并不是固定值，而是一个随机变

量，该随机变量由均值 β 与误差项 ε_i 构成，每个地区的差异都可反映在 ε_i 中，因此可将式（4）写为随机效应模型。

$$\ln CRSTE_{i,t} = \alpha_0 + \beta + \alpha_1 \ln PGDP_{i,t} + \alpha_2 THR_{i,t} + \alpha_3 FDI_{i,t} + \alpha_4 STATE_{i,t} + \alpha_5 COAL_{i,t} + \varepsilon_i + u_{i,t} \tag{7}$$

此时，方程的误差项由 ε_i 和 $u_{i,t}$ 组成。在实际研究中，往往通过豪斯曼检验来确定是使用固定效应模型还是随机效应模型。

（三）计量结果分析

图 2 反映了各地区能源效率与主要解释变量之间的关系。第一张图片给出了 2005~2012 年能源效率平均值与人均 GDP 平均值（经济发展水平）的关系。从图中可以看出，地区经济发展水平与能源使用效率具有正向关系：人均 GDP 越高的地区，其能源使用效率越高。同时，东部地区的经济发展水平与能源效率普遍高于中部、西部地区。第二张图中，一个地区实际使用外商直接投资占固定资产投资的比重越高，该地区能源使用效率越高；同时也可以看出，东部沿海地区的 FDI 比重远高于欠发达地区。与 FDI 比重同样用于衡量地区对外开放程度的进出口总额占 GDP 比重也与能源效率呈现密切的正向相关关系。然而，我国大部分地区的进出口总额占比较为集中，只有少数几个东部地区超过 50%。衡量产业结构的第三产业增加值占 GDP 比重分布较为集中，大部分地区都处于 40%左右，只有北京与上海两个处于后工业化阶段的地区超过了 50%；并且，从图中无法看出第三产业占比与能效有显著的正向相关关系。R&D 经费占 GDP 比重与能源效率存在较为显著的正向关系；除北京外，其余地区的 R&D 经费占比分布较为集中。国有及国有控股企业工业总产值占比与能源效率呈现出负向相关关系，这与一般认为的国有企业的生产效率与能源使用效率比较低下相符。同时，煤炭是使用效率较低的能源，所以地区能源消费结构中煤炭比重越大，能源效率应该越低，但图中两者并未显示明显负向相关。通过观察图 2 中显示的关系图，可以为我们提供一些初步的结论与经验，但要想进一步了解影响地区能源效率的因素以及各种因素的影响程度，还需要借助面板数据分析结果的帮助。

表 5 总结了本文所用面板数据模型的计算结果。先对变量之间进行了混合 OLS 回归。回归结果显示，地区人均 GDP 对能源效率具有显著的影响，人均 GDP 提高 1%，能源效率将提高 6%，这一结果在 1%的显著性水平下也是显著的。能源效率与 R&D 经费比重有比较密切的关系，在 1%的显著

性水平下，R&D支出占GDP比重每提高1%，地区能源效率提高约3%。然而，与一开始所想的不同，能源效率几乎不受FDI比重、产业结构、所有制结构与能源消费结构的影响。此外，表示东部地区虚拟变量之前的系数为负也十分不合理，这说明东部地区的能源效率低于中部地区的能源效率，显然与事实不符。出现这些问题主要是因为使用混合OLS模型进行估计并不合理，各地区存在着“因地而异”的特征，混合模型并未将这些特征考虑进来。

进一步，我们使用了固定效应模型进行估计。模型2中解释变量大致与模型1相同，只是去掉了表示东部、西部地区的哑变量。然而模型2的估计效果并不理想，仅有产业结构与所有制结构两个变量能够通过10%的显著性检验，其余变量均不显著，并且系数也非常小。该模型的F值较大，所有变量的联合显著性能够通过1%的显著性检验，说明模型2可能存在比较严重的多重共线性。另外，东部、中部、西部地区发展水平差距较大，科研投入所带来的回报也可能具有较大的差距。因此，模型3去掉了进出口总额比重，并加入了东部、西部地区虚拟变量与R&D比重的乘积项。在模型3中，人均GDP、FDI比重与煤炭消费比重的作用较小，t检验值也比较低。国有占比虽然通过1%的显著性检验，但其作用太小。第三产业比重系数显著，该比重每提高1%，能效提高1.3%。值得一提的是科研投入对能效的回报问题，对中部地区，R&D比重每提高1%，能效降低约9%；相反东部地区的能源效率则大幅提高约5%，而西部地区则提高3.5%。模型4去掉了模型3中不显著的FDI比重与煤炭比重，人均GDP前的系数变大，但并未通过显著性检验；其余变量与模型3的情况没有太大区别，这证明了该模型去掉的两个变量对能源效率并无太大的解释作用，所以去掉它们对其他变量几乎没有影响。

在固定效应模型的基础上，我们还进行了随机效应模型的分析。随机效应模型5与模型2的解释变量完全一样，除FDI比重、第三产业比重以及R&D比重的作用比较显著外，其余变量对能源效率几乎没有影响。另外，Hausman检验的P值为0.0053，表明即使在1%的显著性水平下也不能拒绝固定效应的原假设，因此固定效应模型比随机效应模型更合适。模型6、模型7与模型3和模型4的解释变量完全一样，只是由固定效应变为随机效应。从系数的大小与t检验值来看，这两个模型的估计效果远不如模型3、模型4，并且Hausman检验的P值也都支持选择固定效应模型。

从以上的分析可知，应该选择固定效应模型分析地区能源效率的影响因素，而且模型3和模型4都是比较理想的分析模型。从这两个模型中可以看出，人均GDP对能源效率的影响并不显著，然而图2则明确显示两者呈现正相关关系。从模型1中可以看出，混合模型中人均GDP前的系数十分显著，而随机效应模型则不显著。产生这一矛盾的原因可能在于，人均GDP对能源效率的影响主要体现在地区之间（组间估计），而在每个截面的时间序列上（组内估计），这一影响十分不显著。所以，我们对模型4进行了组间估计，发现此时人均GDP每提高1%，能源效率提高超过20%，并且通过5%的显著性检验。对地区而言，人均GDP的差异十分巨大，经济最发达地区人均GDP是最不发达地区的5倍以上，使用这一指标衡量地区间的发展程度也是比较合适的。但是，就某一地区而言，如果仅仅只是通过加大资源、资本与劳动力的投入，这种外延型的发展方式完全有可能在短期内提高人均GDP。这种情况下，该地区的能源使用效率很可能不会提高，甚至有可能会降低（如果引入的都是高能耗、高污染的生产项目）。所以，在截面上，人均GDP对能源效率存在显著的正向影响；在时间序列上，两者并无明显的关系。

衡量地区对外开放程度的两个变量FDI比重与进出口总额比重在模型中的作用并没有许多研究者所认为的那样显著。一般认为，地区对外开放程度越高，该地区越有可能吸收与学习国外先进的生产技术与管理经验，从而能源效率也会越高。然而，对外开放可能会对能源效率产生方向相反的作用。一方面，正如前面所说，地区从对外贸易与外商投资中确实学到许多先进技术与经验，然后这些技术与经验产生了外部溢出效应，提高了整个地区的生产技术，进而提高能源效率；另一方面，正如图2所示，对外开放程度高的地区一般集中在东部沿海地区，东部地区从对外贸易与外商投资中获得的收益会远大于中部，尤其是西部地区，因此由于对外开放所带来的外部性，东部也要远大于中部、西部。在这一背景下，东部地区能源效率的提高要快于其他地区，而东部地区一般处于能源使用效率的生产前沿面上，其能效提高自然会推动前沿面。而DEA是通过测度无效率决策单元与前沿面的相对距离来判断各单元的技术效率的。虽然所有地区的能源效率都会受到对外开放的正向作用，但处于前沿面的地区从中所获得的助力更大，提高也更快，因而带动了前沿面快速移动；其余地区虽然也在提高，但其移动速度仅仅与前沿面速度相同甚至更低，那么这些地区由DEA测度的能源效率有可能不变甚至降低。

根据本文的计算，第三产业比重与能源效率之间呈现负相关关系。从图2可以看出，第三产业比重与能源效率之间也没有明显的关系。然而多数人认为，第三产业的附加值较高，对能源的消耗又比较少，因此随着第三产业比重的提高，地区能源效率会相应提高。但本文的计算结果并不支持这一结论。观察文中所用数据可以发现，对于大部分地区，2005~2012年第三产业比重并没有太大变化，图2也显示多数地区的第三产业比重也都集中在40%左右。换言之，第三产业比重这一解释变量的组内差异较小，组间差异也较小。这种情况下，使用面板数据对其系数进行估计会产生较大的偏误，因此出现了符号不合理的情况。在模型3与模型4中，国有工业比重与能源效率有显著的负向关系（1%的显著性下也成立），该比重每提高1%，能源效率降低约0.2%，这一影响比较弱。从计算结果可以看出，国有企业在生产过程中的能源使用效率确实要低一些，但差异并不是很大。事实上，由于市场竞争越发激烈，国有企业的生产效率不断提升，因此其能源使用效率并没有明显低于其他类型的企业。此外，能源消费结构对能源效率几乎没有什么影响。

技术水平是影响能源使用效率的重要因素。广义的技术水平包含许多方面的内容，仅仅以R&D经费支出比重衡量技术水平是不正确的，但囿于数据的可获得性，这一简化实属无奈。在研究R&D比重对能源效率的影响时，我们考虑到东部、中部、西部地区的发展程度差异巨大，R&D支出所带来的回报也应该不同，结果确实如我们所料。对中部地区，R&D比重每提高1%，能效降低约9%；相反，东部地区的能源效率则大幅提高约5%，而西部地区则提高3.5%。东部地区发展程度较高，其R&D经费一般用于研究比较前沿的技术与工艺，这些技术与工艺的回报也较高，因而R&D比重与能效正相关。西部地区科研与技术储备比较少，如果R&D投入也存在所谓“边际收益递减”，那么同样的投入在西部地区带来的收益应该也比较高，这可以解释为什么西部地区的R&D回报要高于发展程度较高的中部地区。值得注意的是，中部地区R&D比重与能源效率呈负相关关系，主要是因为中部地区具有一定的技术储备，其R&D投入的边际收益不如西部地区，而该地区也不具备与东部地区一样的能力去研究高新技术，所以中部地区的R&D回报较低。而且，中部地区用于研发的资金本来可以投放到其他具有更高回报率的领域，最终造成该地区R&D比重与能源效率反向运动的情况。这也说明，盲目将资金投入科研领域并不一定会产生好的效果，在决定

R&D 经费的投入时，应该对不同的研究领域进行具体分析，鼓励高新技术研发，淘汰落后技术与工艺。

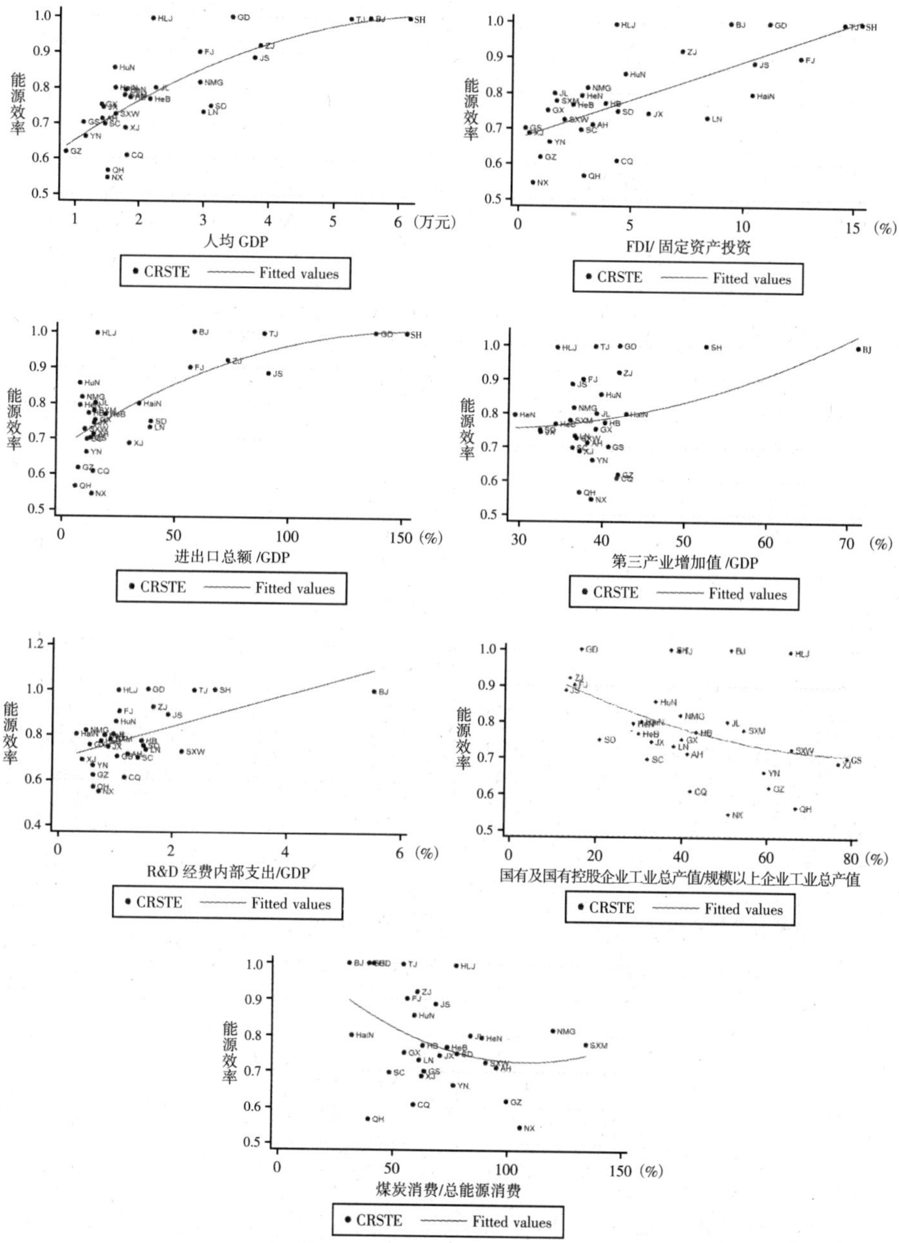

图 2　2005~2012 年能源效率平均值与各解释变量平均值的散点图

表5 面板数据计量模型计算结果

变量名	混合模型	固定效应模型			随机效应模型		
	模型1	模型2	模型3	模型4	模型5	模型6	模型7
lnPGDP	0.0609*** (3.04)	-0.0056 (-0.26)	-0.0081 (-0.39)	-0.0126 (-0.61)	0.0167 (0.81)	0.0041 (0.21)	-0.0107 (-0.53)
FDI	0.0012 (0.49)	0.0019 (1.07)	0.0027 (1.55)		0.0041** (2.32)	0.0056*** (3.67)	
IMEX	0.0015*** (5.01)	-0.0003 (-0.61)			0.0006* (1.60)		
THR	-0.0016 (-1.14)	-0.0114*** (-4.72)	-0.0131*** (-5.50)	-0.0135*** (-5.69)	-0.0065*** (-3.10)	-0.0087*** (-4.11)	-0.0088*** (-4.03)
RD	0.0286** (2.48)	0.0105 (0.52)	-0.0907*** (-2.97)	-0.0897*** (-2.98)	0.0455*** (2.60)	-0.0313 (-1.14)	-0.0407 (-1.45)
STATE	0.0007 (1.57)	-0.0014* (-1.84)	-0.0019*** (-2.60)	-0.0017** (-2.38)	-0.0011 (-1.58)	-0.0019*** (-2.93)	-0.0020*** (-3.04)
COAL	-0.0011*** (-3.38)	-0.0001 (-0.18)	-0.0002 (-0.38)		-0.0002 (-0.53)	-0.0001 (-0.22)	
EAST	-0.0825*** (-3.61)						
WEST	-0.2121*** (-11.40)						
EAST×RD			0.1390*** (4.10)	0.1263*** (3.83)		0.1031*** (3.76)	0.1080*** (3.85)
WEST×RD			0.1250*** (2.76)	0.1334*** (2.97)		0.01249 (0.37)	0.0146 (0.41)
Constant	-0.1839*** (-3.03)	0.2467** (2.19)	0.3279*** (2.93)	0.3445*** (3.3)	-0.0467 (-0.49)	0.1082 (1.09)	0.1547* (1.64)
F值	68.60***	7.79***	9.67***	12.41***			
Hausman Test(P)					0.0053	0.0002	0.0000

注：圆括号内的数值为t检验值；*、**、***分别表示在10%、5%、1%显著性水平上显著。

四、结　论

本文首先使用不变规模报酬假设下基于投入的DEA法对2005~2012年我国30个地区的能源效率进行了测算，并构建固定效应面板数据模型分析了地区能源效率与经济发展水平、产业结构、对外开放程度、所有制结构、技术水平以及能源消费结构之间的关系。研究得出如下结论。

我国能源效率最高的是东部沿海地区，中部地区次之，西部地区的效率是最低的。位于前沿面上的地区除黑龙江外几乎都是东部地区。

在地区之间，人均 GDP 与能源效率具有显著的正向关系，但就某一地区而言，其人均 GDP 与能源效率在时间上并无明显趋势，这可能是由于不同地区所采取的发展方式不同。粗放型增长的地区其能源使用效率不一定会随着经济发展程度的提高而提高。

就对外开放程度而言，地区之间对外资的吸收与利用能力有很大差异，对外开放所带来的外部溢出效应也不相同，从而能源效率的提高程度也不同。所以，对外开放程度与能源效率并没有显著的正向关系。

R&D 经费支出比重对地区能源效率有较大影响，并且这一影响随东部、中部、西部而变化。在这 3 个地区中，R&D 回报最高的是以高新技术研发为主的东部地区；西部地区由于底子较弱，R&D 投资边际收益较高，具有“后发优势”，因而排在东部之后；中部地区的 R&D 回报则为负。

最后，产业结构、所有制结构以及能源消费结构对地区能源效率在本文中并没有体现出明显的作用。

参考文献

[1] Afriat S.N. Efficiency Estimation of Production Functions [J]. International Economic Review, 1972 (13): 568–598.

[2] Banker R.D., Charnes A. and Cooper W.W. Some Models for Estimating Technical and Scale Inefficiencies in Data Envelopment Analysis [J]. Management Science, 1984 (30): 1078–1092.

[3] Boles J.N. Efficiency Squared–Efficient Computation of Efficiency Indexes [J]. Proceedings of the 39th Annual Meeting of the Western Farm Economic Association, 1966 (1): 137–142.

[4] Cao S., Xie G. and Zhen L. Total Embodied Energy Requirements and Its Decomposition in China's Agricultural Sector [J]. Ecological Economics, 2010 (69): 1396–1404.

[5] Chai J., Guo J.E., Wang S.Y. and Lai K.K. Why Does Energy Intensity Fluctuate in China? [J]. Energy Policy, 2009, 37 (12): 5717–5731.

[6] Charnes A., Cooper W.W. and Rhodes E. Measuring the Efficiency of Decision Making Units [J]. European Journal of Operations Research, 1978 (2): 429–444.

[7] Farrel M.J. The Measurement of Productive Efficiency [J]. Journal of Royal Statistical Society, 1957 (120): 253–281.

[8] Liu H., Xi Y., Guo J. and Li X. Energy Embodied in the International Trade of China: An Energy Input-Output Analysis [J]. Energy Policy, 2010, 38 (8): 3957-3964.

[9] Su B. and Ang B.W. Structural Decomposition Analysis Applied to Energy and Emission: Some Methodological Developments [J]. Energy Economics, 2012, 34 (1): 177-188.

[10] 杜嘉敏. 基于超效率 DEA 的中国省际能源效率评价 [J]. 生态经济, 2015, 31 (7).

[11] 龚六堂, 谢丹阳. 我国省份之间的要素流动和边际生产率的差异分析 [J]. 经济研究, 2004 (1).

[12] 师博, 沈坤荣. 市场分割下的中国全要素能源效率: 基于超效率 DEA 方法的经验分析 [J]. 世界经济, 2008 (9).

[13] 魏楚, 沈满洪. 结构调整能否改善能源效率: 基于中国省级数据的研究 [J]. 世界经济, 2008 (11).

[14] 魏楚, 沈满洪. 能源效率及其影响因素分析: 基于 DEA 的实证分析 [J]. 管理世界, 2007 (8).

[15] 吴琦, 武春友. 基于 DEA 的能源效率评价模型研究 [J]. 管理科学, 2009, 22 (1).

[16] 张军, 吴桂英, 张吉鹏. 中国省际物质资本存量估算: 1952~2000 [J]. 经济研究, 2004 (10).

[17] 朱平芳, 徐大丰. 中国城市人力资本的估算 [J]. 经济研究, 2007 (9).

交通密度、拥堵外部性与城市化
——对我国地级城市面板数据的空间计量分析

韩 峰
（南京审计学院经济与贸易学院，南京 211815）

一、引 言

进入 21 世纪以来，我国以人口计算的城镇化率已经由 2000 年的 19.39%增至 2013 年的 53.73%，以年均 1.04%的幅度高速增长。城镇化的快速推进，吸纳了大量农村劳动力转移就业，提高了城乡生产要素配置效率。然而，城镇空间的无序扩张却使得交通基础设施供给成本不断提高，服务效率降低，城市交通拥堵现象日益显著。2003~2013 年，中国城市市辖区道路面积由 246393 万平方米增加到 512334 万平方米，年均增长 9.81%，而同期城市民用汽车拥有量年均增长率则高达 18.06%。可见，我国城市交通基础设施发展明显滞后于城市化需求。而日趋严峻的城市交通状况不但降低城市运行效率，而且带来环境污染和噪声等问题，制约着我国新型城镇化的健康稳定发展。2015 年政府工作报告指出，要坚决治理污染、拥堵等城市病，让出行更方便、环境更宜居，推进新型城镇化取得新突破。显然，城市交通状况除与道路基础设施发展水平有关外，还取决于居民的出行数量（王中

［作者简介］韩峰，男，1984 年 1 月生，山东邹平人，应用经济学博士，南京审计学院经济与贸易学院讲师，中国数量经济学会会员，研究方向为区域经济、城市经济与应用计量经济；通信地址：江苏省南京市浦口区江浦街道雨山西路 86 号；邮编：211815；邮箱：hf8417@126.com；电话：13975812934。

亮，2006)。中国城市民用汽车量的高速增长，深刻影响着城市的空间结构和道路的拥堵状况（王丰龙、王冬根，2014)。只有道路基础设施发展与居民车辆出行数量保持适度比例，并与城市化推进速度相吻合时，才能实现交通发展与城市化推进的协同共进。因而，适度的交通密度、有效的城市交通运行环境对城市化发展质量的稳步提升，进而实现区域经济稳定、可持续发展具有至关重要的作用。那么，目前我国城市化进程中的适度交通密度究竟是怎样的？交通拥堵效应是否普遍存在于我国各级城市中？

一般而言，城市交通密度随着经济活动空间集聚而增加，在达到路网能够承载的最大能力以前，交通密度的增大有助于实现道路建设的规模经济效益、提高经济活动和居民交往频率，因而有利于提高城市集聚度和城市化水平。然而，一旦交通密度超过城市道路设计最大承载能力，增加的车辆将降低自身及其他出行者效率，产生拥堵效应。针对城市交通需求加大、交通供需矛盾不断加剧的情况，现有文献从引起拥堵的原因、拥堵的后果、拥堵成本估算、拥堵收费与计价等方面展开了大量研究（Lemp and Kockelman，2008；杨励雅、朱晓宁，2012；Bigazzi and Figliozzi，2013；柯善咨、郑腾飞，2015)。可是这些研究多针对城市自身拥堵问题而展开，未充分考察城市拥堵所带来的空间影响。伴随城市化深入推进和区域经济一体化水平的提高，城市间的经济联系日益密切。但是由于城市交通需求的不断增大，使得城市交通拥挤状况亦日益严重，大大减弱了城市内部交通服务能力，从而进一步导致在区际联系中，城市内部消耗时间所占比重不断增大。因此，城市内部交通拥堵已成为制约区际联系和城市化的重要因素。与现有文献不同，本文研究城市交通密度对城市化的影响，重点识别我国城市化进程中的适度交通密度以及交通拥堵效应的空间尺度，以期为我国科学制定城市交通规划、促进城市间互联互通，进而有效推进新型城镇化提供依据。

本文的结构如下：第二部分是相关文献综述；第三部分构建理论和计量模型；第四部分是变量测度和数据说明；第五部分报告交通密度影响城市化的实证分析结果；第六部分是交通拥堵效应的空间边界分析；第七部分研究有效距离范围内交通拥堵外部性的大小及其分布特征；第八部分是总结和政策启示。

二、文献述评

目前已有诸多新经济地理文献从理论上探讨了城市拥堵效应及其对经济活动空间集聚和经济发展的影响。Krugman（1991）构建的中心外围（CP）模型显示，产业部门集聚与运输成本间存在内生的单调递减关系，不可移动要素是农村劳动力，因此地区间交易成本降低能够减少城市向农村提供工业品的成本，从而促进集聚。然而，经济集聚与运输成本间的这一递减关系受到后续研究的质疑。许多学者通过修正中心外围模型得出了与Krugman（1991）截然不同的结论。Brakman等（1996）将集聚效应和拥挤效应整合于新经济地理模型中，分析了拥挤效应对产业布局的影响，结果显示，在某一区位的完全专业化是不可能实现的，拥挤效应促使产业分散布局，是产业由经济高度集聚区向其他地区转移的推动力。Helpman（1998）将城市土地作为不可移动要素，随着城市人口增加，地租越来越高，于是地区间交易成本降低会减少大城市市场的吸引力，导致扩散；Puga（1999）则构建了一个劳动力区际流动受限下的集聚模型，认为随着交易成本从高位下降，厂商将先集中然后分散。Fujita等（1999）、Fujita和Thisse（2002）在总结前人研究基础上，进一步指出经济活动集聚到一定程度便会产生集聚不经济，当集聚效益无法弥补运输成本、劳动力和地价等成本时，城市就业、人口甚至经济增长便会下降，进而产业和各类要素将在“离心力”作用下向其外围区域扩散。Forslid和Ottaviano（2003）将促使经济活动趋于分散的离心力定义为市场拥挤效应，即企业间激烈竞争导致劳动成本和地价升高，进而利润降低等，并分析了城市经济活动在市场规模效应（Market Size Effect）和市场拥挤效应共同作用下的空间分布规律。Murata和Thisse（2005）尤其指出，现实世界中的离心力除市场拥挤效应外，劳动力在核心区的集聚也将产生拥堵效应，从而降低经济活动空间集聚效益。因而，以住房价格和通勤成本为主要形式的拥堵成本将使城市产业和人口集聚效率与运输成本之间呈现先增加后降低的倒“U”形发展趋势，而非单纯的单调递减关系。进一步地，Accetturo（2010）构建了一个包含拥堵成本和集聚效应的内生增长模型，分析了拥堵成本的福利效应。他指出，拥堵成本使产业集聚呈现倒“U”形变化趋势，且该情况下拥堵成本尤其不利于城市边缘地区非技能劳动者福利的增加，阻碍边缘地区人口向城市区域的有效转移。Wang（2014）通过改进Helpman（1998）、Forslid 和 Ottaviano（2003）的模型，将影响经济活动空间分布的因素更加细分为包含市场规模效应（Market Size Effect）、生活成本效应（Cost of Living Effect）的集聚力和包含市场拥挤效应（Market Crowding Effect）、城市拥堵效应（Urban Congestion Effect）的离散力，并分别研究了城市居民效用与各因素的关系。其研究结果进一步印证了城市拥堵效应使城市居民效用水平（进而人口集聚）呈现先增后减的倒“U”形发展趋势的结论。尽管多数文献并未直接针对城市的交通拥堵效应展开探讨，但根据已有相关研究，城市人口或产业集聚与交通密度间的逻辑关系也可得到进一步说明。城市交通密度伴随经济活动集聚而增加，在达到路网设计上限以前，交通密度的增加有利于提高经济个体间的交往频率，提高要素生产率和溢出效应。然而，一旦人口和车辆超出城市道路设计上限，增加的车辆和人口非但自身难以达到正常速度，而且会提高其他出行者通勤成本。通勤成本的提高不但降低城市劳动供给和净收入水平，而且抑制知识的空间溢出效应和劳动生产率提升，促使劳动力远离大城市地区（Fujita and Thisse，2002；Ottaviano et al.，2002；Picard and Zeng，2005）。因而促使经济活动空间集聚的“向心力”因城市规模过大而受到限制，集聚经济外部性也将在城市化过程中受交通拥堵效应的制约而变得不那么有效。

尽管在理论上对城市拥堵效应的研究已取得明显进展，但关于拥堵效应，尤其是交通拥堵效应的实证研究却依然不足。迄今仅有个别文献针对交通拥堵对城市经济增长和经济效率的影响进行了实证检验。Boarnet（1997）的一项研究探讨了 1977~1988 年美国加利福尼亚各县交通拥堵对经济产出的影响。他发现交通拥堵对产出具有显著为负的非线性影响，且这一影响效果在越拥挤的县越明显。Fernald（1999）则研究了 1953~1989 年道路基础设施和交通拥堵对美国各行业产出的影响，他也得到了交通拥堵对行业产出具有负向影响的证据，但这一影响仅从 1973 年才开始变得显著。Graham（2007）进一步强调，导致城市低效率或通勤成本提高的诸多因素中①，最突出的在于城市交通系统的堵塞；道路交通堵塞在解释高度城市化地区收益递减方面发挥着重要作用。除研究交通拥堵对产出的影响外，Hymel（2009）

① Brakman 等（1996）认为，造成城市拥堵效应的原因主要有环境污染、空间和资源的稀缺性、道路拥堵、交通和通信设施的短缺等。

还研究了交通拥堵对美国大都市区就业增长的影响，其研究结果显示，较高的初始交通拥堵水平对以后的就业增长产生明显抑制作用，且该负向影响在高拥堵地区的作用效果更大，亦具有明显的非线性特征。国内文献对交通拥堵的研究多集中于对具体城市拥堵问题的治理方面（郭锐欣、毛亮，2007；佟琼等，2014；朱永中、宗刚，2014），针对城市交通拥堵效应的识别及其影响的研究依然较为罕见。多数研究认为城市私人汽车拥有量高速增长是造成道路拥堵的主要原因（杨励雅、朱晓宁，2012；王丰龙、王冬银，2014；潘彦江等，2014），因而主张通过改善交通基础设施、完善运输网络，以降低拥堵成本、推进区域经济一体化（刘生龙、胡鞍钢，2011；张学良，2012；李煜伟、倪鹏飞，2013）。然而，也有学者指出改善交通条件的单一政策并不能从根本上解决交通拥堵问题（韩小亮、邓祖新，2006；范红忠，2008），还应对私人汽车或非公共交通征收交通拥堵费，适当限制出行者数量（徐曌、欧国立，2012；佟琼等，2014），使交通密度回归到城市可承载的合理区间内。因而研究城市交通拥堵及其影响，应对城市交通基础设施发展状况及出行者数量变化等两方面因素进行综合考察。为此，柯善咨和郑腾飞（2015）进一步研究了城市民用汽车使用量密度对城市劳动生产率的影响，发现劳动生产率随城市车辆密度变化呈现倒“U”形发展趋势，并据此测算出我国百万人口以上和以下城市最佳车辆密度分别为 1813 辆/平方千米和 2812 辆/平方千米。

虽然国内外许多学者对城市经济增长、产业布局及劳动生产率变化过程中的拥堵效应进行了较为深入的探讨，然而在解释交通拥堵效应及其影响时，人们往往将每个城市从经济系统中分割开来，仅关注城市自身在交通拥堵约束下的最优化行为，忽视交通拥堵对区际联系，甚至整个区域经济系统效率的影响。城市化是劳动力等要素按市场原则由农村向城市以及在不同城市间自由流动和相互作用的动态过程。研究交通拥堵对城市化的影响及其空间效应对于理解交通拥堵在区间联系及区域经济一体化进程中的作用至关重要。然而目前从交通拥堵视角研究城市化的成果依然较为鲜见，基于严格经济学理论探讨城市化进程中交通拥堵效应的空间尺度以及一定空间范围内的合理城市交通密度的研究更在少数。本文将在新经济地理理论基础上构建交通密度影响城市化的理论框架和计量模型，并运用 2003~2012 年我国地级及以上城市面板数据，结合空间计量技术研究城市化进程中的交通拥堵效应及其空间作用机制。

三、理论分析框架及计量模型设定

（一）理论分析框架

1. 市场需求方面

根据新经济地理理论，假设有J个城市，且城市中有制造业和生产性服务业两个产业部门。生产性服务品不能进行贸易，而制造业产品可进行区际和国际贸易，且其运输成本为冰山成本。所有制造业产品均在垄断竞争市场中交易。根据Redding和Venables（2004），若I_v为城市v对制造业产品的总支出，则城市v对城市j每种产品的需求量x_{jv}可表示为：

$$x_{jv}=\frac{(P_jt_{jv})^{-\sigma}}{\sum_{k\in J}N_k(P_kt_{kv})^{1-\sigma}}I_v=(P_jt_{jv})^{-\sigma}I_v(G_v)^{\sigma-1} \tag{1}$$

式中，σ为任意两种制造业产品间的替代弹性，且σ>1；N_k为城市k中制造业产品的种类数。G_v为CES形式的价格指数；P_j为城市j每种制造业商品的价格指数，$P_{jv}=P_j t_{jv}$为城市j的商品在城市v中的价格。对所有城市市场（包含城市j本身和国际市场）进行加总，可得到城市j每种制造业产品的总产出q_j。

$$q_j=\sum_v x_{jv}\cdot t_{jv}=(P_j)^{-\sigma}\sum_v(t_{jv})^{1-\sigma}I_v(G_v)^{\sigma-1} \tag{2}$$

令$MP_j=\sum_v(t_{jv})^{1-\sigma}I_v(G_v)^{\sigma-1}$为城市j的市场潜力或空间市场规模，表示城市所面临的全部市场需求（包含国际市场）。由式（2）可得城市j每种制造业商品价格：

$$P_j=MP_j^{1/\sigma}q_j^{-1/\sigma} \tag{3}$$

2. 生产供给方面

根据以往研究（Henderson et al.，1995），假定劳动力为制造品生产中唯一投入要素，且交通成本的存在会造成实际投入生产的劳动力要素的损耗，则厂商的生产函数可设定为：

$$q_j=\alpha_j\left(\frac{l_j}{\lambda}\right)^{1-\eta} \tag{4}$$

式中，0<η<1，q_j为城市j中某一厂商的产量，l_j是厂商为生产q_j雇用

的劳动量，α_j 为中性生产技术系数（或生产效率），λ 为与城市交通密度有关的劳动力要素损耗成本。运输成本主要包括货物运输的经济成本、远距离交流成本和花在途中的时间机会成本等（Capello，2007）。其中货物的经济成本和远距离沟通成本直接影响运输商品的数量，即与最初运输商品量相比，只有一部分到达目的地，本文在理论模型第一部分中以单位距离上单位商品的冰山运输成本 τ 表示。而途中的时间机会成本主要与城市交通密度过高导致的拥堵效应有关，即当交通密度达到某个程度以后，每增加一辆车和一个出行者便会降低原有的所有车辆和出行人员的速度。本文假设城市交通密度增加引起的拥堵成本，将导致劳动者生产力下降（比如情绪不稳、身心疲惫等），可间接地表示为实际投入生产的劳动力要素的损耗，即 1 单位劳动力只有 $1/\lambda$ 到达工作岗位并投入生产。若 n 为居民出行所需车辆数、s 为城市道路面积，则根据 Keeler 和 Small（1977）、Wheaton（1998），居民边际出行成本 λ 可表示为 $\lambda = \varphi(n/s)$，即边际出行成本是居民出行需求(n)的增函数，是城市道路运输能力(s)的减函数，且 $\varphi'(\cdot) > 0, \varphi''(\cdot) < 0$[①]。进一步令 $D = n/s$，则边际出行成本与出行需求和运输能力间的关系简化为边际出行成本与出行密度（或交通密度）间的函数关系。

由于规模报酬递增，均衡时每家垄断竞争的制造业厂商生产一种产品，且生产每种制造业商品均需一定固定投入 f。制造业厂商生产 q_j 需要的劳动总量为 $l_T = f + l_j = f + cq_j$，其中 c 为边际劳动需求，结合式（4）有：$c = \lambda^{1-\eta} l^{\eta} / \alpha_j$。进一步结合式（3）和式（4），城市 j 代表性制造业厂商的利润为：

$$\pi = MP_j^{\frac{1}{\sigma}} (\alpha_j l_j^{1-\eta})^{\frac{\sigma-1}{\sigma}} - w_j f - w_j l_j \tag{5}$$

式中，w_j 为劳动工资水平。对 l 求偏导得到一阶条件：

$$l_j = \left[\frac{(1-\eta)(\sigma-1)}{\sigma}\right]^{\frac{\sigma}{1+\sigma\eta-\eta}} w_j^{-\frac{\sigma}{1+\sigma\eta-\eta}} MP_j^{-\frac{\sigma}{1+\sigma\eta-\eta}} \alpha_j^{\frac{\sigma-1}{1+\sigma\eta-\eta}} \lambda^{-\frac{(\sigma-1)(1-\eta)}{1+\sigma\eta-\eta}} \tag{6}$$

此外，达到均衡时，由厂商利润最大化条件可得到城市中制造品的均衡价格：

$$p^* = \left(\frac{\sigma}{\sigma-1}\right)\frac{w_j l_j^{\eta}}{\alpha_j} = \frac{w_j f}{q_j} + \frac{w_j l_j^{\eta}}{\alpha_j} \tag{7}$$

---

① 对函数 $\varphi(\cdot)$ 的详细论述，请参阅 Keeler 和 Small（1977）、Wheaton（1998）。

利用式（4）和式（7），得到厂商雇用劳动量 l_j 与固定投入 f 之间的关系：$l_j=(\sigma-1)f$。由于制造业总就业为所有厂商劳动力数量之和 $L_j=N_j l_T=N_j(l_j+f)$，因而城市 j 的制造业总就业为：

$$L_j=\Phi_0 N_j w_j^{-\phi_1} MP_j^{\phi_2} \alpha_j^{\phi_3} \varphi(D)^{-\phi_4} \tag{8}$$

式中，$\Phi_0=(1-\eta)^{\frac{\sigma}{1+\sigma\eta-\eta}}\left(\frac{\sigma-1}{\sigma\varphi}\right)^{\frac{(\sigma-1)(1-\eta)}{1+\sigma\eta-\eta}}$、$\phi_1=\frac{\sigma}{1+\sigma\eta-\eta}$、$\phi_2=\frac{1}{1+\sigma\eta-\eta}$、$\phi_3=\frac{\sigma-1}{1+\sigma\eta-\eta}$、$\phi_4=\frac{(1-\sigma)(1-\eta)\gamma}{1+\sigma\eta-\eta}$。

3. 要素市场均衡与城市化的决定方程

根据本文假设，城市总就业（L_T）为制造业部门和生产性服务部门就业之和 $L_T=L_j+L_s$，L_s 为生产性服务部门就业。根据霍伊特（Hoyt，1939）模型，城市服务部门就业与总就业之间具有稳定的比例关系 $L_s=\kappa L_T$，则城市总就业与制造业就业之间的关系为：$L_{T,j}=[1/(1-\kappa)]$。根据 Hoyt（1939），城市总就业与城市非农人口（城市居民）之间存在固定比例关系 $P_{NA,j}=f\cdot L_{T,j}$，$f>1$。而城市交通密度增加除间接带来劳动力损耗外，汽车密集使用而增加的尾气排放，也会造成城市生态破坏和环境污染。生态破坏和环境污染还将进一步影响城市居民生活质量，阻碍农业人口向城市非农人口以及小城市人口向大城市转移。若 ν 为城市交通密度增加给城市每位居民带来的边际环境负外部性，μ 为因环境成本增加导致的城市非农人口转移的边际减少量，则 $T=\mu\nu D$ 为以城市非农人口减少量衡量的人均环境成本。那么，因交通密度增加而导致的城市非农转移人口减少量为 $E=\mu\nu DP_T$，其中 P_T 为城市中包含农业人口在内的总人口。因而排除交通密度导致的环境负外部性后的城市非农人口为：

$$P_{NA,j}=fL_{T,j}-\mu\nu DP_T \tag{9}$$

假设城市所有非农业人口均在城市居住，则城市化决定方程为：

$$Urban_j=\frac{fL_{T,j}-\mu\nu D_j P_{T,j}}{P_{T,j}}=\Phi_1\left(\frac{N_j}{P_{T,j}}\right)w_j^{-\phi_1} MP_j^{\phi_2}\alpha_j^{\phi_3}\varphi(D)^{-\phi_4}-\mu\nu D_j \tag{10}$$

式中，$\Phi_1=\frac{f\Phi_0}{1-\kappa}$，且令 $AD_j=\frac{N_j}{P_{T,j}}$ 为人均厂商数或产品数。将式（10）对人均产品数 AD、劳动工资 w、市场潜力 MP、全要素生产率 α 以及交通密度 D 求偏导得到下式。

$$\frac{\partial Urban}{\partial(AD)}=1>0,\ \frac{\partial Urban}{\partial w}=-\phi_1<0,\ \frac{\partial Urban}{\partial(MP)}=\phi_2>0,\ \frac{\partial Urban}{\partial\alpha}=\phi_3>0$$

$$\frac{\partial Urban}{\partial D}=-\phi_4\Phi_1\left(\frac{N_j}{P_{T,j}}\right)w_j^{-\phi_1}MP_j^{\phi_2}\alpha_j^{\phi_3}\varphi'(D)-\mu v$$

一阶导数显示城市化是劳动工资、交通密度的减函数，是人均产品数、市场潜力和全要素生产率的增函数。将式（10）进一步对 D 求二阶导：

$$\frac{\partial^2 Urban}{\partial D^2}=-\phi_4\Phi_1\left(\frac{N_j}{P_{T,j}}\right)w_j^{-\phi_1}MP_j^{\phi_2}\alpha_j^{\phi_3}\varphi''(D)<0 \tag{11}$$

可见，城市化与城市交通密度之间具有明显的倒“U”形非线性关系。而这一非线性关系对于刻画城市化进程中的交通拥堵效应至关重要。图 1 描述了城市化与城市交通密度的关系，其中 D* 为均衡状态下与城市承载能力相符的交通密度。可以看出，城市化是城市交通密度的凹函数。$Urban_e$ 随城市交通密度的扩大先增加后下降，即 D<D* 时，城市化随城市交通密度增大而提高；而 D>D* 时，由于拥堵效应，城市化水平随城市交通密度增大而降低。

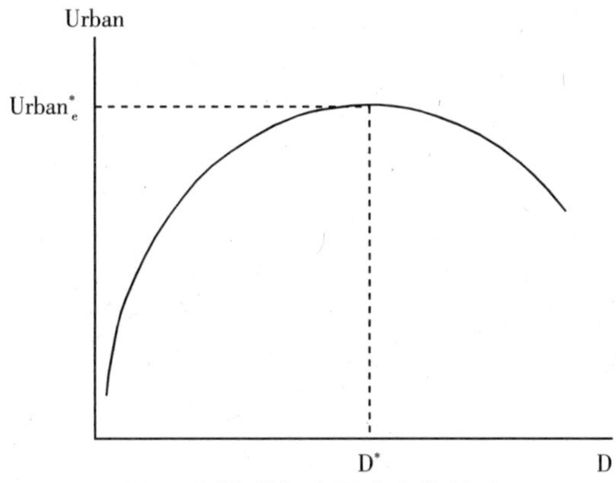

图 1　城市化与交通密度的关系

（二）计量模型设定

理论分析显示城市化是劳动工资水平的减函数，是人均商品种类数、市场潜力和全要素生产率的增函数，是城市交通密度的非线性函数，用一般函数形式可表示为 Urban = F（A，w，AD，MP，D，D^2），其中 D^2 为交通密度的二次项，用于控制城市交通密度对城市化的非线性影响。内外市场对经济活动空间分布的影响是近年来经济研究的热点，本文计算市场潜力时将市场潜力分解为国内市场潜力（DMP）和国际市场潜力（FMP）。此外，考虑到数据可得性和相关区域经济文献的论述，已有普遍共识的影响城市化水平的重要变量还包括外商直接投资、人力资本、通信水平、环境质量等。因此，以 FDI 表示外商直接投资、EDU 代表人力资本、TEL 代表通信条件、ENV 为城市环境质量，计量模型可设置为：

$$\begin{aligned} \ln Urban_{jt} = {} & \theta_0 + \theta_1 \ln A_{jt} + \theta_2 \ln w_{jt} + \theta_3 \ln AD_{jt} + \theta_4 \ln D_{jt} + \theta_5 (\ln D_{jt})^2 + \\ & \theta_6 \ln DMP_{jt} + \theta_7 \ln FMP_{jt} + \theta_8 \ln FDI_{jt} + \theta_9 \ln EDU_{jt} + \theta_{10} \ln TEL_{jt} + \\ & \theta_{11} \ln ENV_{jt} + \xi_{jt} \end{aligned} \tag{12}$$

式中，i 和 t 分别代表城市和年份；θ_0 为常数，θ_1~θ_{11} 为变量弹性系数；ξ_{it} 为随机扰动项，反映了其他未知因素的影响。此外，劳动力在城市间流动以及城际交通基础设施（高铁、轻轨等）和通信技术的发展，使得城市间经济联系更为密切、空间关联效应更为显著，城市化在不同地区间可能存在较强的空间相关性。即一地区城市化推进可能对邻近地区城市化进程产生明显影响。事实上，城市化空间关联性的根本原因在于城市集聚经济的空间扩展。城市集聚经济外部性不仅来自同一城市内部的企业集聚，还来自邻近地区的集聚（Ke，2010；Drucker and Feser，2012）。由集聚产生的技术进步不仅有赖于城市本身的经济特征，还会通过人员流动、资本输出、知识扩散等经济活动与邻近城市形成溢出效应。我们在计量模型设置中也遗漏了诸如制度环境、区位条件、邻近区域政策等变量，这些不可观测遗漏变量也可能对城市化产生影响并导致空间依赖性。任何忽略空间相关性的计量检验都将无法得到一致性的参数估计。因此，有必要将空间效应纳入计量分析中。我们通过引入空间计量模型来刻画和分析城市化间的这种空间相关性。具体模型设定为如下形式：

$$\begin{aligned} & \ln Urban_{i,t} = \alpha + (\rho \sum_{j=1}^{N} W_{i,j} \ln Urban_{j,t} + \beta X_{i,t} + (\sum_{k=1}^{K} (\vartheta_k \sum_{j=1}^{N} w_{i,j} x_{k,j,t})) + \mu_i + v_i + \varepsilon_{ij} \\ & \varepsilon_{i,t} = \psi \sum_{j=1}^{N} w_{i,j} \varepsilon_{j,t} + \mu_{i,t} \end{aligned} \tag{13}$$

式中，ε_{it} 为残差；μ_i、ν_i 分别表示地区效应、时间效应。ρ 和 ψ 分别为空间滞后系数和空间误差系数。W_{it} 代表空间权重矩阵。其中，x 代表包含交通密度和其他控制变量在内的自变量。在实际计量检验中，若 $\rho \neq 0$、$\vartheta = 0$、$\psi = 0$，则式（19）为空间滞后（自回归）模型（SAR）；若 $\rho = 0$、$\vartheta = 0$、$\psi \neq 0$，则式（19）为空间误差模型（SEM）；若 $\rho \neq 0$、$\vartheta \neq 0$、$\psi = 0$，则

式（19）为空间杜宾模型（SDM）；若 $\rho \neq 0$、$\vartheta=0$、$\psi \neq 0$，则式（19）为广义空间自回归模型（SAC）；若 $\rho \neq 0$、$\vartheta \neq 0$、$\psi \neq 0$，则式（19）为空间杜宾误差模型（SDEM）。由于本文重点在于研究交通密度与城市化在城市间的空间溢出作用，因而着重在 SAR、SEM 与 SDM 三类模型中展开讨论。

四、变量测算与数据说明

除了个别数据严重缺失的城市外，本文样本为除拉萨市、巢湖市、陇南市和中卫市外的 2003~2012 年全国 283 个地级及以上城市。数据主要来自 2004~2013 年《中国城市统计年鉴》、《中国区域经济统计年鉴》，价格指数来自 2001 年以来各省统计年鉴。下面是有关变量和测度的说明。

（1）城市交通密度。城市交通密度（D）与路网和车辆情况有关。Glaeser 和 Kahn（2004）指出，城市汽车数量增加降低了运输成本，加快了城市经济增长向腹地扩散效率。然而，当汽车拥有量超过城市道路承载能力，过多的汽车将产生拥挤效应，因为汽车比步行者多使用 50 倍的空间。此外，汽车密集使用而增加的尾气排放，也会造成城市生态破坏和环境污染。因此，车辆密度可作为度量城市交通密度的代理变量。本文用地级及以上城市民用汽车拥有量与道路面积的比值（辆/平方千米）表示车辆密度，用以测度城市交通状况。

（2）国内市场潜力 DMP。市场潜力反映了城市可能获得的整体的市场规模或空间中分布的需求因素（包括市场、收入等）对城市经济产生的影响。因此，国内市场潜力可表示为：

$$DMP_j = \sum_{v=1}^{n} \frac{I_v}{d_{jv}^{\delta}} + \frac{I_v}{d_{jj}^{\delta}} \tag{14}$$

式中，I_v 为城市对各种产品的消费支出；d_{jj} 为城市内部距离，本文参照以往文献（Head and Mayer，2004），令 $d_{jj}=(2/3)\ R_{jj}$，其中 $R_{jj}=\pi^{-1/2}S^{1/2}$ 为城市半径，S 为城市市辖区建成区面积。$d_{j,v}$ 为城市间距离，利用城市中心坐标和距离公式 $\Omega \times \arccos(\cos(\alpha_j-\alpha_v)\cos\beta_j\cos\beta_v+\sin\beta_j\sin\beta_v)$ 进行计算，式中，Ω 为地球大弧半径（6378 千米），α_j、α_v 为两市中心点经度，β_j、β_v 为两市中心点纬度，并设衰减参数 σ 等于 1（顾朝林、庞海峰，2008）。由于产品市场范围可遍及各地，$d_{j,v}$ 的计算包括全国范围。

（3）国际市场潜力 FMP。各城市不仅受到国内其他城市市场的影响，还会受到国际市场的作用，国际市场潜力可表示为：

$$FMP_j = \frac{I_{jF}}{d_{j,port}^{\delta}} \tag{15}$$

式中，I_{jF} 为城市 j 面临的国际市场需求，以中国重要海路与陆路贸易伙伴国内生产总值之和表示①；$d_{j,port}$ 为城市 j 到最近的沿海港口② 的距离。$d_{j,port}$ 分两种情况测度：对于港口城市，以城市半径作为城市到国际需求的距离；对于非港口城市，将每个城市与最短距离的港口城市进行配对，并以该最短距离作为城市获得国际市场需求的距离。

（4）城市环境质量（ENV）。环境质量主要与工业废水、废气及烟尘的排放量，城市绿化水平有关。本文以市辖区工业废水排放量（万吨）、二氧化硫排放量（吨）、工业烟尘排放量（吨）和建成区绿化覆盖率（%）表示城市环境质量。先对以上环境质量中的正向指标和逆向指标分别进行标准化处理，进而采用主成分分析法得到环境质量综合指数（EVI）③，该指数越大代表城市环境质量状况越好。

（5）其他变量。城市化水平（Urban）用城市非农业人口比例表示。市辖区总人口、非农业人口（万人）和劳动工资（元）数据直接取自历年《中国城市统计年鉴》。人力资本（EDU）以中学和大学在校人数占总人口比重表示。城市中最终部门厂商数量以市辖区地级及以上城市工业企业数近似表示。通信条件（TEL）以每万人电话数表示。全要素生产率（A）采用索洛余值法计算。非农业 GDP（万元）数据直接取自历年《中国城市统计年鉴》。非农就业（万人）为各城市市辖区单位从业人员与个体从业人员之和。城市资本存量与 FDI 存量的数据准备比较繁复，其计算方法参考韩峰、柯善咨（2013）。所有货币价值的数据以 2003 年不变价计算。表 1 报告了我国地级

① 中国重要海路贸易伙伴包括美国、日本、德国、法国、英国、韩国、澳大利亚、中国香港、中国台湾、加拿大、新加坡、马来西亚等，重要陆路贸易伙伴有俄罗斯、印度、泰国、越南、老挝、哈萨克斯坦、巴基斯坦、吉尔吉斯斯坦、塔吉克斯坦、乌兹别克斯坦、蒙古等。

② 我国的主要沿海港口城市有：东北地区的丹东、大连、营口、锦州，华北地区的秦皇岛、唐山、天津，山东半岛的烟台、威海、青岛，苏浙地区的连云港、镇江、南京、宁波，上海，福建的福州和厦门，广东的汕头、深圳、广州、中山、珠海、湛江以及海南的海口和三亚。

③ 由于篇幅所限，本文未将主成分分析的详细过程列出，欢迎来函索取全部详细统计结果。其中正向指标为建成区绿化覆盖率，逆向指标为市辖区工业废水排放量、二氧化硫排放量、工业烟尘排放量。

及以上城市交通密度、城市化及其他变量的样本统计值。

表 1 我国地级及以上城市城市化水平及其他变量的样本统计值

变量	均值	标准差	最小值	最大值
Urban（城市化水平，%）	0.6097	0.2461	0.1217	1
AD（人均商品种类，种/万人）	3.2301	4.0474	0.0002	34.6719
A（全要素生产率）	0.9157	0.2927	0.1436	2.3555
Wage（劳动工资，元/人）	19839	7666	1895	134432
DMP（国内市场潜力）	7801748	7884641	115384	56406034
FMP（国际市场潜力）	347900604	1062272862	8381024	9318977262
FDI（FDI 存量，万元）	1709971.2	5144076.8	0.00	64056487.1
EDU（每万人中学生和大学生数，人/万人）	1041.0	390.9	119.5	5557.9
ENV（环境质量综合指数）	5.5497	0.7120	0.0478	8.6728
D（交通密度，辆/万平方米）	185.6	164.3	9.1	1539.2
TEL（万人电话数，户/万人）	3894.6	2391.2	199.9	29927.6

五、空间计量检验与结果分析

（一）中国交通密度和城市化的空间相关性分析

城市化的推进必然伴随要素及产业在空间上的相互作用。判断城市化的空间相关性有助于研究城市化进程中交通拥堵效应的空间传导机制。探讨地区间变量的空间相关性和反映地区间集聚格局特征，一般采用 Moran’s I 指数，具体公式如式（16）所示。

$$\text{Moran's I} = \frac{n}{\sum_{i=1}^{n}\sum_{j=1}^{n} W_{ij}} \times \frac{\sum_{i=1}^{n}\sum_{j=1}^{n} W_{ij}(X_i - \bar{X})(X_j - \bar{X})}{\sum_{i=1}^{n}(X_i - \bar{X})^2} \tag{16}$$

式中，x_i 为区域 i 的观测值；W_{ij} 为行标准化的空间权重矩阵。根据式（16），Moran’s I 指数值取值范围位于［-1，1］，在给定显著性水平下，若 Moran’s I 值为正，表明相似观测值的区域在空间集聚分布，反之，则表明相似观测值的区域呈离散分布；若 Moran’s I 值接近于 0，则表明相似观测值的区域在空间上呈随机分布。

准确度量个体间的空间相关关系，构造适当的空间权重矩阵是展开空间计量研究的关键（周亚虹等，2013）。基于统计推断的可靠性和稳健性考虑，本文弥补以往文献中采用二元邻近矩阵的不足，借鉴经济地理学在考察区域间互动关系时提出的多维邻近思想（Broekel and Boschma，2012；周亚虹等，2013）构造了三种空间权重矩阵作为比较。具体构造如下：

第一类是地理距离矩阵。经验分析表明，地理距离对区域经济空间分布有较为显著的影响，尤其是集聚效应呈现出随距离迅速衰减的特征（Rosenthal and Strange，2003），据此，本文采用地理距离权重矩阵 W_{dij} 度量，设定方式为：根据地级市经纬度数据计算城市 i 和城市 j 之间的地理距离 d_{ij}，令 $W_{dij}=1/d_{ij}^2$，且 $i\neq j$，$i=j$ 时则为 0。

第二类是经济距离矩阵。根据张学良（2012），反映经济距离的空间权重矩阵可用人均 GDP 空间权重矩阵 $W_{pergdpij}$ 表示：

$$W_{pergdpij}=1/\left|X_i-X_j\right|,\ i\neq j \tag{17}$$

式中，X_i 为城市 i 人均 GDP。经济距离矩阵度量了城市间经济上的邻近性，经济发展水平相近的城市可能具有相似的经济运行模式和城市化推进策略，因而具有较强的空间关联性。

第三类是引力模型矩阵。距离矩阵和经济矩阵分别从地理空间和经济行为模式上反映了地区间的联系程度。然而，现实中纵然两城市紧密相邻，但由于其具有迥然不同的经济发展水平和运行模式，二者的空间联系可能并不密切；反之，即使两城市具有相似的经济运行模式和发展水平，但由于其在地理上相距遥远，也不可能存在非常密切的空间关联。因而，地区间的空间关联可能来自地理距离和经济行为的双重影响。因此，我们仅考虑地理或经济信息来构造权重并非最佳选择，综合考虑地理信息与经济特征来构建权重矩阵在逻辑上似乎更具吸引力。因此我们构建基于引力模型思想的地理与经济距离综合权重矩阵：

$$W_{gav}=\begin{cases}(\bar{Q}_i\times\bar{Q}_j)/d_{i,j}^2,\ i\neq j\\ 0,\ i=j\end{cases} \tag{18}$$

式中，$\bar{Q}_i$ 和 $\bar{Q}_j$ 分别表示两个城市实际人均 GDP。该权重矩阵认为区域间的联系不仅和两者的地理距离有关，而且还受区域经济活跃程度的影响，可以较好地拟合变量的空间影响随距离连续衰减的规律（侯新烁等，2014）。

最后，本文将对各矩阵进行标准化，使各行元素之和等于1。

表2 城市化的面板全局 Moran's I 值

	地理距离矩阵	经济距离矩阵	引力模型矩阵
Moran's I 值	0.060 [0.0000]	0.167 [0.0000]	0.112 [0.0000]
解释变量数	11	11	11
样本量	2830	2830	2830

为考察空间相关性的稳健性，表2列出了城市化指标基于三种空间权重矩阵的面板 Moran's I 指数值，结果显示，控制解释变量后，城市化的面板全局 Moran's I 指数均表现出显著为正的空间关联性，说明高度城市化的城市周边必然集聚着大量拥有较高城市化水平的城市，即某一城市的城市化水平提高（降低），会导致其邻近城市的城市化水平提高（降低）。图2则反映了依据地理距离矩阵、经济距离矩阵和引力模型空间权重矩阵计算的交通密度和城市化的截面 Moran's I 指数值（所有截面 Moran's I 指数值的P值均在1%显著性水平下显著）。图2显示，无论城市化还是交通密度，Moran's I 指数值均大于零，且在三种权重下的波动路径基本吻合。需注意的是，引力模型矩阵的 Moran's I 指数值近乎处于地理距离与经济距离矩阵 Moran's I 指数之间，从而意味着引力模型矩阵 Moran's I 指数值可能反映了经济吸引与距离衰减两种力量共同作用下的空间相关性。由于引力模型权重矩阵不仅能较好地反映变量作用随空间距离连续衰减的规律，而且其对地区经济相互关联的统计描述具有一定优越性，因而基于引力模型思想构建的权重矩阵更切合空间经济研究主题（侯新烁等，2013）。

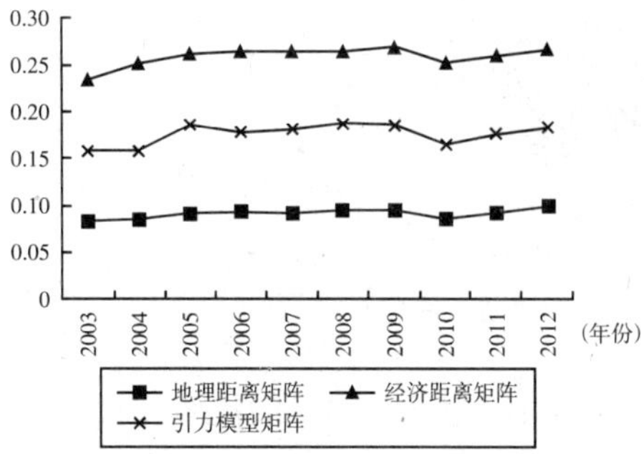

(a) 城市化水平的 Moran's I 指数

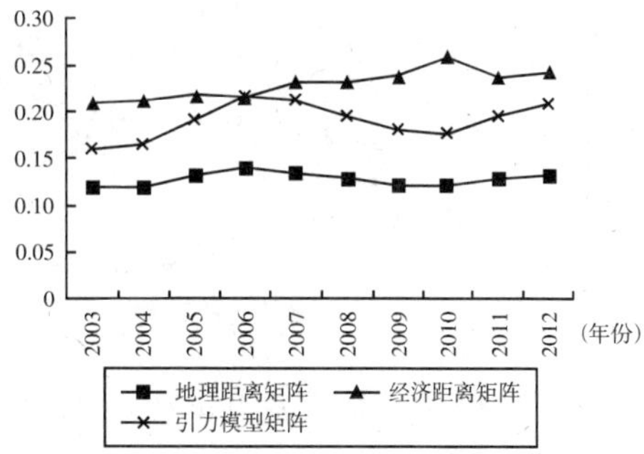

(b) 交通密度的 Moran's I 指数

图2 2003~2012年不同空间权重矩阵下交通密度与城市化的 Moran's I 指数

为详细描述各城市交通密度与城市化水平的空间分布特征及其空间相关性，图3和图4描绘了2003~2012年我国各地级及以上城市城市化及交通密度平均值的空间分布。图中颜色越深代表相应的指标值越大；空白区域为样本未覆盖区，如拉萨市、省直辖县或自治州等。

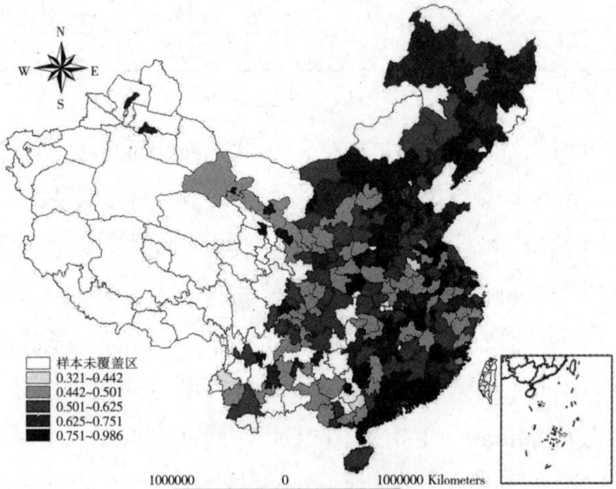

图3 各城市历年城市化水平均值的空间分布

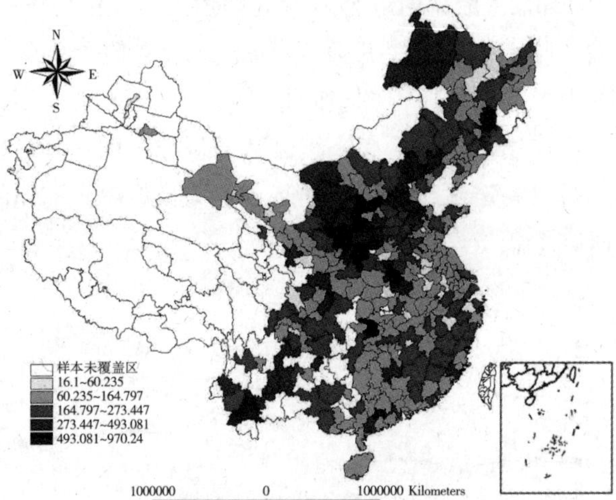

图4 各城市历年交通密度均值的空间分布

图3和图4显示城市化和交通密度在空间中均具有明显的集聚特征，具有较高城市化水平或交通密度的城市在空间中相互接近，且彼此交易产生密切联系，处在城市网络中的每一城市交通密度或城市化水平的改变均会通过

空间关联效应传导给其他邻近城市，并通过与其他城市的协同作用在空间上形成连续成片的分布状态。这种连片的分布特征进一步印证了城市化和交通密度在空间中均具有显著为正的空间相关性的结论。平均而言，具有较高交通密度的城市，也往往具有较高的城市化水平，二者在空间分布上具有一定的一致性，因而城市交通密度提升往往伴有城市化水平的提高，反之亦然。然而，仔细观察图 3 与图 4 可以发现，2003~2012 年，我国多数城市的交通密度与城市化发展并非尽然一致。例如这期间拥有较低交通密度城市的山东、江苏和东北地区却具有较高的城市化水平，而交通密度更高的山西、陕西、浙江、云南等省份的多数城市却有着较低的城市化水平，等等。这意味着，多数情况下，交通密度与城市化的空间分布出现了错位，二者在空间中可能并非简单的线性关系——在一定区间中的交通密度提升有助于城市化推进，但当交通密度超过某一定值而继续提高时，增加的交通密度非但不利于城市化水平提升，反而会阻碍城市化的有效推进。那么，到底城市交通密度与城市化在空间中存在怎样的非线性关系？交通密度在空间中的这一“定值”到底有多大？这些问题的解决还需要进一步的计量检验。后续部分中，我们将采用适宜的空间面板计量技术来检验交通密度对城市化的空间影响，判定交通密度在空间中的最优值，识别城市化进程中交通拥堵的空间外部性。

（二）空间计量估计方法识别

进行空间计量分析前，应首先选择适宜的空间计量模型。早期学者通常采用空间滞后模型（SAR 模型）和空间误差模型（SEM 模型）。然而现实经济世界中不同空间个体的经济行为往往存在时间依赖性和空间上的异质性，同时我们在设置计量模型时，也遗漏了诸如社会制度、自然条件及资源禀赋等变量，不可避免地产生变量选择和模型设定中的不确定性，这些因素均可能导致空间计量模型中不仅存在被解释变量和误差的空间滞后项，而且包含解释变量的空间影响。遗漏自变量空间滞后项的空间模型将无法完全捕捉经济空间中的相互作用和关联效应。此时，空间计量模型的扩展形式——更为一般的空间杜宾模型（SDM 模型）的应用显得尤为重要（Pace and LeSage，2009）。Elhorst（2010）和 Elhorst 等（2012）对空间面板计量方法进行了进一步的完善和发展，并采用数值模拟方法证明了 Pace 和 LeSage（2009）构建的 SDM 模型相较于传统的 SAR 模型和 SEM 模型可得到无偏估计结果。侯新烁等（2013）结合国外新近空间计量模型的设定及方法进行系统梳理，提出通过开展检验来确定适当模型的思路。因此，本文参考 Pace 和 LeSage（2009）、Elhorst（2010）、Elhorst 等（2012）、侯新烁等（2013）的研究思路，依据"OLS-SAR 或 SEM-SDM"的路径依次检验适用的计量模型，倘若检验结果支持 SAR 模型或 SEM 模型的其中之一或二者同时成立，则应当进一步采用 SDM 模型。

在计量估计前，为捕捉不可观测的空间异质性和时间冲击，我们首先以最小二乘法（OLS）作为参照系，利用对应的拉格朗日乘数（LM）或稳健的拉格朗日乘数（R-LM）检验合适的空间计量模型，进而通过 Hausman 检验面板空间计量模型的固定效应和随机效应估计方法。如果存在固定效应，则进一步通过似然比（LR-test）检验是否存在空间固定效应（Spatial Fixed Effects，SFE）和时间固定效应（Time Fixed Effects，TFE）；若存在随机效应，则采用随机效应空间计量模型进行估计。最后，根据 Elhorst（2010）的方法，分别通过 Wald 和 LR 检验法检验假设：H_0^1 ：$\vartheta=0$ 和 H_0^2 ：$\vartheta=-\rho\beta$，用以判断空间 Durbin（SDM）模型是否会弱化为空间滞后（SAR）模型或空间误差（SEM）模型。如果检验结果不能同时支持原假设，则意味着 SDM 模型无法简化为 SAR 模型或 SEM 模型。即在 SAR 模型和 SEM 模型的检验中，只要检验结果支持其中之一或两者同时支持，则可进一步选择更具普遍形式的 SDM 模型进行估计。表 3 分别列出了地理距离矩阵、经济距离矩阵和引力模型矩阵空间计量模型的检验结果。

表 3 三种空间矩阵下的空间计量模型检验

检验方法		地理距离矩阵		经济距离矩阵		引力模型矩阵	
		统计值	伴随概率	统计值	伴随概率	统计值	伴随概率
空间效应检验	LM-lag	329.8069	0.0000	338.5755	0.0000	177.2164	0.0000
	R-LM-lag	5.5576	0.0180	142.0084	0.0000	22.1954	0.0000
	LM-err	467.2372	0.0000	232.6983	0.0000	156.5815	0.0000
	R-LM-err	142.9880	0.0000	36.1312	0.0000	1.5605	0.2120
Hausman 检验	SAR	-202.3317	0.0000	-221.8094	0.0000	-117.2020	0.0000
	SEM	-188.8809	0.0000	-214.5105	0.0000	-284.8737	0.0000
	SDM	144.2939	0.0000	167.0450	0.0000	246.6104	0.0000
SAR 模型 LR 检验	SFE	6283.7040	0.0000	6286.1458	0.0000	6318.3363	0.0000
	TFE	94.4339	0.0000	73.0092	0.0000	60.8051	0.0030
SEM 模型 LR 检验	SFE	6235.6490	0.0000	6436.8070	0.0000	6286.7529	0.0000
	TFE	44.2579	0.0000	123.9623	0.0000	157.6506	0.0000

续表

<table>
<tr><td colspan="2" rowspan="2">检验方法</td><td colspan="2">地理距离矩阵</td><td colspan="2">经济距离矩阵</td><td colspan="2">引力模型矩阵</td></tr>
<tr><td>统计值</td><td>伴随概率</td><td>统计值</td><td>伴随概率</td><td>统计值</td><td>伴随概率</td></tr>
<tr><td rowspan="4">SDM 模型的弱化检验（双固定效应）</td><td>Wald-lag</td><td>30.1631</td><td>0.0015</td><td>23.6616</td><td>0.0142</td><td>314.4650</td><td>0.0000</td></tr>
<tr><td>LR-lag</td><td>39.4547</td><td>0.0000</td><td>27.0910</td><td>0.0045</td><td>284.1952</td><td>0.0000</td></tr>
<tr><td>Wald-err</td><td>30.8575</td><td>0.0012</td><td>24.0065</td><td>0.0127</td><td>217.7988</td><td>0.0000</td></tr>
<tr><td>LR-err</td><td>39.8907</td><td>0.0000</td><td>27.4220</td><td>0.0040</td><td>107.4831</td><td>0.0000</td></tr>
</table>

首先，看空间效应的检验结果。地理距离矩阵、经济距离矩阵与引力模型矩阵中拉格朗日乘子滞后、误差及其稳健性检验均在5%水平下通过显著性检验，说明 SAR 模型与 SEM 模型均能够有效控制地理距离矩阵与经济距离矩阵下的空间相关性。不同的是，地理距离矩阵中 LM-lag 统计量明显小于 LM-err，且 R-LM-lag 统计量及其显著性明显小于 R-LM-err，因而空间误差（SEM）模型优于空间滞后模型；而经济距离矩阵与引力模型矩阵中 LM-lag 统计量明显大于 LM-err，且 R-LM-lag 统计量大于 R-LM-err，因而空间滞后（SAR）模型更为适合。

其次，三种权重矩阵下 SAR 模型、SEM 模型及 SDM 模型的 Hausman 检验结果均支持固定效应空间计量模型的估计。

再次，SAR 模型与 SEM 模型的 LR 检验结果均显示，固定效应的空间计量模型中应同时控制空间和时间双重固定效应。

最后，三种空间权重矩阵下 Wald-lag、LR-lag 以及 Wald-err 和 LR-err 统计量均在5%水平上通过显著性检验，表明双重固定效应的 SDM 模型不能简化为 SAR 模型或 SEM 模型，采用更具普遍意义的 SDM 模型进行估计更恰当。因而，本文采用空间和时间双重固定效应的空间杜宾模型估计式（13），以控制不同形式的空间效应及个体、时间固定效应。

（三）空间计量模型估计结果

为了便于比较和检验各变量参数估计的稳健性，本文采用 SDM 模型进行估计的同时，还分别列出了地理距离下双重固定效应 SAR 模型和 SEM 模型的估计结果。表 4 报告了交通密度对城市化的面板空间计量估计结果。

各类空间面板模型中 ρ 和 ψ 系数均高度显著，说明我国地级及以上城市的城市化水平存在明显的空间相关性，从而印证了本文面板 Moran's I 指数的测度结果。各控制变量中，全要素生产率（lnA）对城市化的系数显著

表 4 交通密度对城市化的面板空间计量估计结果

变量	地理距离矩阵			经济距离矩阵			引力模型矩阵		
	模型 4.1	模型 4.2	模型 4.3	模型 4.4	模型 4.5	模型 4.6	模型 4.7	模型 4.8	模型 4.9
	SAR	SEM	SDM	SAR	SEM	SDM	SAR	SEM	SDM
lnA	−0.0368	−0.0399	−0.0484*	−0.0981***	−0.0781***	−0.1333***	−0.0351	−0.0499*	−0.0608**
	(−1.40)	(−1.50)	(−1.89)	(−3.71)	(−2.90)	(−4.93)	(−1.34)	(−1.93)	(−2.39)
lnw	−0.0414	−0.0138	0.0806**	−0.1237***	−0.0734**	−0.2187***	−0.0405	0.0451	0.0837**
	(−1.20)	(−0.39)	(2.27)	(−3.54)	(−2.04)	(−5.96)	(−1.17)	(1.28)	(2.41)
lnAD	0.0270***	0.0431***	0.0943***	0.0137*	0.0183**	0.0048	0.0248***	0.0742***	0.1216***
	(3.34)	(4.77)	(8.84)	(1.68)	(2.21)	(0.59)	(3.06)	(7.15)	(10.45)
lnD	0.0910***	0.0969***	0.1078***	0.0926***	0.0879***	0.1015***	0.0866***	0.0829***	0.0920***
	(3.20)	(3.38)	(3.88)	(3.24)	(3.03)	(3.60)	(3.04)	(2.99)	(3.37)
$(\ln D)^2$	−0.0806***	−0.0768***	−0.0678***	−0.0979***	−0.0961***	−0.1012***	−0.0799***	−0.0623***	−0.0657***
	(−6.53)	(−6.17)	(−5.62)	(−7.91)	(−7.65)	(−8.25)	(−6.48)	(5.20)	(5.57)
lnDMP	−0.0136	−0.0023	−0.0214	0.0062	0.0143	0.0049	−0.0133	0.0087	0.0115
	(−1.49)	(−0.22)	(−1.31)	(0.68)	(1.55)	(0.54)	(−1.46)	(0.76)	(0.70)
lnFMP	−0.0119*	−0.0033	−0.0146	0.0041	0.0060	0.0020	−0.0096	0.0039	0.0070
	(−1.95)	(−0.49)	(−1.17)	(0.67)	(0.97)	(0.32)	(−1.57)	(0.52)	(0.81)
lnFDI	0.0073***	0.0056**	0.0053**	0.0026	0.0021	0.0012**	0.0072***	0.0015	0.0043*
	(2.90)	(2.25)	(2.16)	(1.05)	(0.81)	(2.47)	(2.86)	(0.67)	(1.80)
lnEDU	0.2213***	0.2115***	0.2184***	0.1782***	0.1806***	0.1718***	0.2070***	0.1958***	0.2072***
	(2.79)	(9.06)	(9.39)	(7.85)	(7.84)	(7.67)	(9.15)	(8.47)	(9.11)
lnTEL	0.4642***	0.4745***	0.4140***	0.4417***	0.4738***	0.3768***	0.4708***	0.4819***	0.4130***
	(3.10)	(3.67)	(6.41)	(8.35)	(10.65)	(8.50)	(9.24)	(5.81)	(9.30)

续表

变量	地理距离矩阵			经济距离矩阵			引力模型矩阵		
	模型 4.1	模型 4.2	模型 4.3	模型 4.4	模型 4.5	模型 4.6	模型 4.7	模型 4.8	模型 4.9
	SAR	SEM	SDM	SAR	SEM	SDM	SAR	SEM	SDM
lnENV	-0.0193 (-0.54)	-0.0056 (-0.16)	0.0136 (0.40)	0.0066 (0.18)	0.0109 (0.30)	0.0064 (0.86)	-0.0269 (-0.75)	-0.0093 (-0.27)	0.0258 (0.76)
ρ/ψ	0.8940*** (5.06)	0.9220*** (8.15)	0.7510*** (10.18)	0.3650*** (12.65)	0.3140*** (8.66)	0.1810*** (4.86)	0.5140*** (10.47)	0.6870*** (5.14)	0.5100*** (9.85)
W×lnA			0.9161*** (2.66)			0.3358*** (4.41)			0.1139* (1.78)
W×lnw			-1.6781*** (-4.90)			-0.0007 (-0.99)			-0.5037*** (-5.62)
W×lnAD			-0.4624*** (-7.74)			-0.0340 (-1.43)			-0.2106*** (-10.07)
W×lnD			0.6773** (2.06)			0.0243 (0.30)			0.2837*** (3.57)
W×(lnD)^2			-0.5750*** (-3.96)			-0.0088 (0.25)			-0.1922*** (5.50)
W×lnDMP			0.1598* (1.76)			0.0704*** (2.97)			0.0812** (2.43)
W×lnFMP			0.1323** (2.00)			0.0041 (0.25)			0.0134 (0.75)
W×lnFDI			0.0673 (1.51)			0.0299*** (5.30)			0.0059 (1.08)

续表

变量	地理距离矩阵			经济距离矩阵			引力模型矩阵		
	模型 4.1	模型 4.2	模型 4.3	模型 4.4	模型 4.5	模型 4.6	模型 4.7	模型 4.8	模型 4.9
	SAR	SEM	SDM	SAR	SEM	SDM	SAR	SEM	SDM
W×lnEDU			0.1999 (0.79)			0.0870** (2.40)			0.1463 (1.45)
W×lnTEL			–0.1637 (–0.76)			0.1547*** (2.75)			0.0247** (2.42)
W×lnENV			1.2729** (2.39)			–0.2613 (–1.01)			0.3898*** (2.95)
log–lik	2295.1668	2294.9488	2314.8941	2295.5888	2295.4233	2309.1343	2295.7833	2295.2157	2324.4704
R^2	0.5141	0.4573	0.5591	0.5110	0.4597	0.5316	0.5141	0.4358	0.5734
样本	2830			2830			2830		

注：***、** 和 * 分别表示在 1%、5%和 10%水平上显著，log–lik 为 log–likelihood，下同。

为负，而其空间交互项（W×lnA）的参数估计显著为正。这说明本地技术进步不利于城市化推进，而邻近城市技术进步水平提升对本地城市化推进具有显著促进作用。一般而言，技术进步可对城市化产生两方面作用：一是通过提升城市劳动生产率，吸引人口集聚，推进城市化；二是劳动生产率提升有助于节约劳动力，通过要素替代效应延缓城市化进程。全要素生产率显著为负的参数估计可能意味着，当前技术进步对劳动力的替代效应大于人口集聚效应。而相邻城市的技术进步可能存在示范效应、模仿效应与带动效应，从而对本地城市化起到促进作用。地理距离矩阵与引力模型矩阵 SDM 模型中工资水平提升对城市化的作用显著为正，而邻近城市工资水平对本地城市化的作用却显著为负，说明工资水平提高有利于提升城市对人口的集聚效应，但这一效应在空间上可能存在负的溢出效应，即邻近城市工资水平越高，对周边人口的吸引作用越强，越不利于本地城市化水平的提高。而经济距离矩阵 SDM 模型中工资水平的参数估计却显著为负，空间交互项不显著，这说明经济发展水平越是相近的地区，其工资水平提高可能越多地体现为厂商生产成本的提升，促使厂商雇用较少劳动力，不利于城市化推进，城市之间的负向溢出作用亦不明显。多数方程中产品多样化水平提高对城市化水平具有显著促进作用，而邻近城市产品多样化对本地城市化的影响却显著为负，说明消费者对多样化产品的偏好使其不断向城市集聚并推进了城市化，但产品多样化水平高的城市可能吸引其他城市人口向该城市流动，从而降低其他城市城市化水平。各方程中国内市场潜力对当地城市化影响不显著，但对其他城市的影响却显著为正，说明城市化推进并非依赖本地市场，而是更多地受全国市场邻近性的影响，面对的市场空间可达性越强、一体化水平越高，则城市化从城市间市场互动中获得的动力越强。国际市场潜力对本地城市化的作用并不显著，其空间交互项仅在地理权重矩阵估计中显著为正，说明国际市场可达性对城市化的作用正在失去效力，纯粹的地理空间邻近性有助于国际市场影响的空间扩散，但经济发展越相似的地区，由于对国际市场的竞争，其外部市场的空间外溢效应越不明显。多数方程中，FDI 和人力资本对本地城市化具有显著促进作用，而其空间交互项仅在经济矩阵估计中显著为正，表明经济上的邻近性是 FDI 和人力资本外溢效应产生的决定因素，而单纯地理空间的邻近性则无法在城市化进程中充分提升 FDI 和人力资本的外溢效应。通信条件改善不仅有助于当地城市化水平提高，而且在经济距离矩阵和引力模型矩阵估计中均具有明显的外溢效应。环境质量提升对本地城市化作用不显著，但在地理距离矩阵与引力模型矩阵中其交互项显著为正，说明环境改善有助于提高邻近城市的城市化水平。

表4显示，地理距离矩阵、经济距离矩阵及引力模型矩阵方程中交通密度一次项（lnD）系数显著为正，二次项系数显著为负，说明伴随交通密度提高，城市化水平呈现先增后减的倒“U”形变化趋势，从而印证了交通密度对城市化具有倒“U”形影响的理论预期。这同时也说明我国城市化进程中，地级及以上城市交通可能已出现较为明显的拥堵效应，且必存在某一最优的交通密度，使得在该交通密度水平上，城市化水平达到最优值。地理距离矩阵、经济距离矩阵及引力模型矩阵的SDM模型估计中，城市交通密度一次项与二次项的空间交互项系数一正一负，且在地理距离矩阵与引力的SDM模型矩阵模型中通过了显著性检验，说明本地城市化水平与邻近城市交通密度间亦存在倒“U”形的非线性关系。伴随城市化推进，人口和产业依据市场原则在有条件的城市集聚。在产业和人口集聚初期，城市规模的扩大和交通密度的提高，有助于降低交易成本，提高本市与乡村及其与其他城市间经济运行效率，推进城市化。但城市交通密度达到一定水平后，更高的交通密度会提高城市居民和厂商的出行时间和成本，增加区际联系中城市内部消耗时间所占比重，降低本市及本市与其他地区间的经济活动频率，进而对本地区及其他地区城市化水平均产生阻碍作用。可见，在我国城市化进程中，交通拥堵效应并非仅限于本地区，而是能够扩展至除本地以外的更远空间范围。尽管研究目的不同，Dinkelman和Schulhofer-Wohl（2015）的研究在一定程度上印证了本文这一结论。他们研究了基础设施投资对人口迁移与拥堵效应的影响，并指出人口稀疏地区新的基础设施投资有助于引导人口从拥堵地区向该地区迁移，降低了拥堵地区居民的通行和生活成本；但伴随新基础设施投资地区人口密度增加，拥堵效应将使两地区居民福利水平均趋于降低，因而邻近地区人口密度与本地居民福利水平间存在先增后减的倒“U”形关系。

为进一步研究交通拥堵效应的空间影响及其作用效果，本文计算了空间计量模型的直接和间接效应。各类空间权重矩阵估计中面板SDM模型的log-lik值与R^2值均显著高于SAR模型和SEM模型，说明面板SDM模型与其他两类模型相比在拟合优度方面具有显著提升。因而表5报告了SDM模型下各类空间矩阵计量估计中的直接效应、间接效应及总效应。其中，直接效应反映了本地区交通密度等变量对城市化的影响，间接效应表示邻近地区交通密度对本地区城市化的空间影响，而总效应则表示交通密度对城市化的

表 5　不同空间矩阵下交通密度影响城市化的面板 SDM 模型空间溢出效应估计

变量	地理距离矩阵			经济距离矩阵			引力模型矩阵		
	直接效应	间接效应	总效应	直接效应	间接效应	总效应	直接效应	间接效应	总效应
lnA	−0.0332 (−1.27)	3.7222** (2.14)	3.6890** (2.11)	−0.1249*** (−4.65)	0.3726*** (4.01)	0.2478** (2.49)	−0.0558** (−2.19)	0.1696 (1.05)	0.1138* (1.68)
lnw	0.0510 (1.44)	−6.8981*** (−2.97)	−6.8471*** (−2.94)	−0.2172*** (−5.74)	−0.0506 (−0.43)	−0.2678** (−2.14)	0.0614* (1.72)	−0.9219*** (−5.30)	−0.8604** (−4.80)
lnAD	0.0880*** (8.44)	−1.6560*** (−3.59)	−1.5680*** (−3.40)	0.0056 (0.70)	−0.0405 (−1.43)	0.0461 (1.50)	0.1136*** (10.39)	−0.2974*** (−8.88)	−0.1838*** (−6.19)
lnD	0.0813*** (4.13)	2.1433* (1.91)	2.2246** (1.97)	0.1228*** (3.55)	0.0479 (−0.49)	−0.1507* (1.82)	0.0750*** (3.87)	0.4470*** (4.15)	0.5206*** (4.61)
$(\ln D)^2$	−0.0085*** (−6.32)	−0.2228*** (−2.96)	−0.2313*** (−3.04)	−0.0122*** (−8.14)	−0.0095 (−0.75)	0.0238 (1.02)	−0.0080*** (−6.39)	−0.0469*** (6.45)	−0.0550*** (−7.21)
lnDMP	−0.0187 (−1.21)	0.6119 (1.38)	0.5932 (1.36)	0.0035 (0.40)	0.0832*** (2.93)	0.0867*** (2.59)	−0.0068 (−0.46)	0.1505*** (2.76)	0.1437*** (3.02)
lnFMP	−0.0123 (−1.60)	0.5175* (1.73)	0.5051* (1.70)	0.0020 (0.32)	0.0050 (0.24)	0.0069 (0.31)	−0.0065 (−0.79)	0.0193 (0.62)	0.0128 (0.45)
lnFDI	0.0064** (2.44)	0.3005 (1.61)	0.3069 (1.64)	0.0018 (0.69)	0.0361*** (5.31)	0.0379*** (5.11)	0.0046* (1.78)	0.0158 (1.40)	0.0204* (1.68)
lnEDU	0.2235*** (9.34)	1.4958 (1.28)	1.7193 (1.04)	0.1748*** (8.03)	0.1416** (2.00)	0.3164*** (4.13)	0.2050*** (9.34)	−0.0808 (−0.69)	0.1242* (1.77)
lnTEL	0.4170*** (10.09)	0.6288 (0.65)	1.0458 (1.08)	0.3825*** (17.94)	0.2693*** (4.38)	0.6518*** (9.95)	0.4255*** (9.61)	0.4712*** (4.36)	0.8967*** (8.15)
lnENV	0.0355 (0.98)	5.3111** (1.99)	5.3466** (1.99)	−0.0006 (−0.68)	−0.3178 (−1.09)	−0.3184 (−1.55)	0.0470 (1.32)	0.8000*** (2.99)	0.8470*** (3.03)

综合影响效果。

考虑到各控制变量对城市化的综合影响，技术进步整体上有助于城市化推进，工资水平提升则对城市化的综合效应为负；国内市场潜力在整体上显著推进了城市化，而国际市场潜力的作用多数情况下却未通过显著性检验。FDI和人力资本对城市化的综合影响在地理距离矩阵估计中未通过显著性检验，但在经济距离矩阵和引力模型矩阵估计中却对城市化产生了显著的促进作用。多数情况下通信条件改善和环境质量改善也对城市化推进产生了明显的积极影响。与其他控制变量相比，产品多样化对城市化的综合影响与预期截然不同。产品多样化对城市化的综合效应在地理距离矩阵和引力模型矩阵估计中均显著为负，意味着城市多样化水平提升对人口产生的竞争效应整体上大于其对人口的集聚或吸引作用。

表5中关于交通密度的地理距离矩阵及引力模型矩阵SDM模型估计结果显示，交通密度（lnD）的一次项与二次项系数在直接效应、间接效应及总效应估计中一正一负且均通过显著性检验，说明单纯考虑地理距离以及同时考虑城市间经济和地理距离共同影响情况下，伴随本城市及邻近城市交通密度增加，本地城市化均呈现先增加后减少的倒“U”形变化趋势；各城市必然存在某一最优的交通密度，在这一车辆密度下，城市化水平达到最大值。经济距离矩阵的SDM模型估计中，尽管交通密度一次项与二次项系数均一正一负，但在间接效应估计中并未通过显著性检验，说明城市间单纯经济方面的邻近性并非是导致交通拥堵效应空间溢出的充分条件。若 m_1、m_2 分别为交通密度与人口城市化二次函数的一次项（lnD）和二次项（lnD^2）的系数，最优交通密度可用 $X=-m_1/(2\times m_2)$ 估计。表6列出了我国地级及以上城市交通密度的理论极值点及其与实际均值的差异。Z为城市交通密度均值与极值点差值，表示城市交通密度实际均值与最优值的差异，其中 $Z>0$ 表示实际均值超过最优值，意味着多数城市在城市化进程中存在交通拥堵效应，实际均值超过最优值越大表示交通拥堵效应越明显；$Z<0$ 表示实际均值小于最优值，表示多数城市的交通密度仍未达到人口城市化要求的最优值，进一步提高民用汽车拥有量，有助于提升城乡人口流动效率和城市人口集聚水平，推进人口城市化。其中，直接效应对应的交通密度均值为城市自身民用汽车拥有量与道路面积的比值，间接效应对应的交通密度均值为除本城市外的其他城市民用汽车拥有量与道路面积的比值，而总效应对应的交通密度均值为全部城市民用汽车拥有量与道路面积的比值。

表 6 各空间矩阵 SDM 估计中交通密度的临界值及影响效果

变量	效应类型	交通密度极值点 (lnD*)	均值 (A)	Z = A − lnD*	交通密度对城市化的影响效果
地理距离矩阵	直接效应	$\frac{0.0813}{2\times0.0085}=4.7830$	5.2234	0.4404	阻碍
	间接效应	$\frac{2.1433}{2\times0.2228}=4.8099$	4.9957	0.1858	阻碍
	总效应	$\frac{2.2246}{2\times0.2313}=4.8089$	5.1549	0.3460	阻碍
经济距离矩阵	直接效应	$\frac{0.1228}{2\times0.0122}=5.0328$	5.2234	0.1906	阻碍
	间接效应	—	4.9957	—	—
	总效应	—	5.1549	—	—
引力模型矩阵	直接效应	$\frac{0.0750}{2\times0.0080}=4.6875$	5.2234	0.5359	阻碍
	间接效应	$\frac{0.4470}{2\times0.0469}=4.7659$	4.9957	0.2298	阻碍
	总效应	$\frac{0.5206}{2\times0.0550}=4.7330$	5.1549	0.4219	阻碍

表 6 各权重矩阵估计中交通密度的测算结果显示，交通密度总效应极值点均小于实际均值，说明我国城市化进程中多数地级及以上城市在空间上已存在明显的交通拥堵效应①。进一步从直接效应与间接效应估算结果来看，地理距离矩阵估计中交通密度直接效应和间接效应均值与最优值之差（Z）分别为 0.4404 和 0.1858，同时引力模型矩阵估计中交通密度直接效应和间接效应均值与最优值之差（Z）分别为 0.5359 和 0.2298。这些均说明本地拥堵效应明显高于邻近城市；交通密度过高对城市化产生的非经济性在空间上的外溢效应具有明显的距离衰减特征。此外，表 6 的估算结果还进一步显示，交通密度实际均值与间接效应最优值的差异在引力模型矩阵估计中的结果明显大于地理距离矩阵估计。将这一结论与经济距离矩阵估计结果结合起来可以发现，城市间单纯在经济上或地理上的邻近性均不能构成交通拥堵效应在空间上有效、充分扩散的直接决定因素；城市化进程中交通拥堵的空间外溢更多地发生在地理上相互邻近并且经济上联系密切、经济发展水平相似的城市之间。

① 尽管在经济距离矩阵 SDM 模型估计中城市化未随交通密度增加呈倒“U”形发展趋势，但交通密度一次项总效应估计显著为负，同样说明交通密度过大不利于城市化水平的进一步提高。

六、城市化进程中交通拥堵效应的空间边界

虽然多数学者考察了经济增长及产业集聚的空间溢出问题，但对于城市化进程中交通拥堵的空间溢出边界的研究却较为鲜见。由于交通密度过大对城市化的拥堵效应在空间上的扩散，既取决于地理邻近性，又取决于经济上的邻近性，本文以引力模型矩阵的SDM模型估计为重点，研究拥堵效应的空间边界问题。若两城市间距离为［d_{min}，d_{max}］，将式（19）的引力模型空间权重矩阵分别代入模型进行连续回归，从而考察交通拥堵效应空间溢出随地理距离衰减的变化规律。

$$\left\{W_{gav}=\frac{\bar{Q}_i\times\bar{Q}_j}{d_{ij}^2}\,\middle|\,d=d_{min},\ d_{min}+\pi,\ d_{min}+2\pi,\ \cdots,\ d_{max}\right\} \tag{19}$$

式中，π为d_{min}到d_{max}的步进距离，在本文中每隔50千米对交通密度影响城市化的模型进行一次回归，直到1000千米，即分别对0~50千米、50~100千米、100~150千米、150~200千米、200~250千米等的空间权重矩阵进行SDM估计。表7报告了不同空间距离范围内交通密度及其二次项的估计结果。

表7 不同空间距离范围内的SDM估计结果①

空间距离	间接效应		空间距离	间接效应	
	lnD	(lnD)²		lnD	(lnD)²
0~50千米	0.6274*** (3.11)	−0.0639*** (4.18)	200~250千米	0.6497*** (3.33)	−0.0627*** (5.01)
50~100千米	0.4788*** (3.85)	−0.0477*** (5.21)	250~300千米	0.5186** (2.37)	−0.0499*** (3.45)
100~150千米	0.5553*** (2.95)	−0.0534*** (3.22)	300~350千米	0.3926*** (3.15)	−0.0368*** (4.65)
150~200千米	0.7476*** (5.12)	−0.0723*** (6.06)	350~400千米	0.4733*** (4.15)	−0.0459*** (6.45)

① 由于各控制变量估计结果与表5基本一致，且间接效应反映了空间中其他地区交通密度对本地城市化的影响，因而表7中仅报告了不同距离范围内交通密度一次项和二次项的间接效应的估计结果。

续表

空间距离	间接效应		空间距离	间接效应	
	lnD	$(\ln D)^2$		lnD	$(\ln D)^2$
400~450 千米	1.4889** (2.02)	−0.1388* (1.95)	700~750 千米	0.0963** (2.28)	−0.0469 (1.39)
450~500 千米	1.1150** (1.99)	−0.1067** (2.05)	750~800 千米	0.1062** (2.42)	−0.0627 (0.99)
500~550 千米	0.3707* (1.95)	−0.0351** (2.14)	800~850 千米	0.7138 (1.43)	−0.1360 (1.17)
550~600 千米	1.5818* (1.77)	−0.1446** (2.21)	850~900 千米	0.1122 (1.55)	0.0582 (1.15)
600~650 千米	0.6881* (1.85)	−0.0643* (1.76)	900~950 千米	−0.1086 (1.31)	0.0381 (0.81)
650~700 千米	0.3894* (1.68)	−0.0363* (1.82)	950~1000 千米	0.1362 (1.11)	−0.0419 (1.64)

表 7 结果显示，交通密度的一次项与二次项系数在 0~700 千米范围内均至少在 10%水平上通过显著性检验，说明 700 千米范围内的城市交通密度与本地城市化之间均呈现倒“U”形关系。利用交通密度一次项、二次项的两个参数估计值，我们可计算不同距离范围内使本地城市化水平达到最优的交通密度。图 5 显示，不同距离范围内使本地城市化水平达到最优时的交通密度对数值在 4.9096~5.4695（即车辆密度为 136~238 辆/万平方米），且随距离增加最优交通密度在不断增大。这意味着城市化进程中交通拥堵更易于在距离接近的城市间发生，且拥堵效应在空间上具有明显的衰减特征。700~800 千米范围内交通密度的二次项系数尽管未通过显著性检验，但其一次项系数显著为正，说明该范围内城市交通密度的提高不仅未产生明显的拥堵效应，而且有利于城市化的有效推进。而 800~1000 千米范围内交通密度一次项和二次项均未通过显著性检验，说明该范围内交通密度未对本地城市化产生明显影响。

以上分析显示，交通密度与邻近地区城市化的倒“U”形关系存在于一定空间尺度内，因而本文对于交通拥堵效应的研究主要关注 700 千米的空间范围。鉴于交通拥堵效应在空间上可能具有明显的衰减特征，为进一步探讨城市化进程中交通拥堵效应的空间边界，我们在得到不同距离范围内的最优交通密度基础上，分别计算了每个城市 0~50 千米、50~100 千米、100~150 千米直至 650~700 千米等距离范围内城市民用汽车拥有量与道路面积比值的均值，并通过比较不同距离范围内交通密度实际均值与最优值的差异（即上文的Z）判断交通拥堵效应的空间边界。图6反映了不同距离范围内交通密度实际均值与最优值差异的空间变化。图6显示，伴随空间距离的不断增大，邻近地区交通密度提高对本地城市化产生的拥堵效应呈不断降低趋势。在0~300千米范围内，交通拥堵效应显著为正；在300~550千米范围内，拥堵效应在0附近上下波动；而当距离超过550千米后，拥堵效应降为负值，并有不断下降趋势。由此可见，我国城市化进程中交通拥堵效应的空间作用边界为300千米，而超过550千米后，交通密度的提升对本地城市化推进具有明显促进作用。

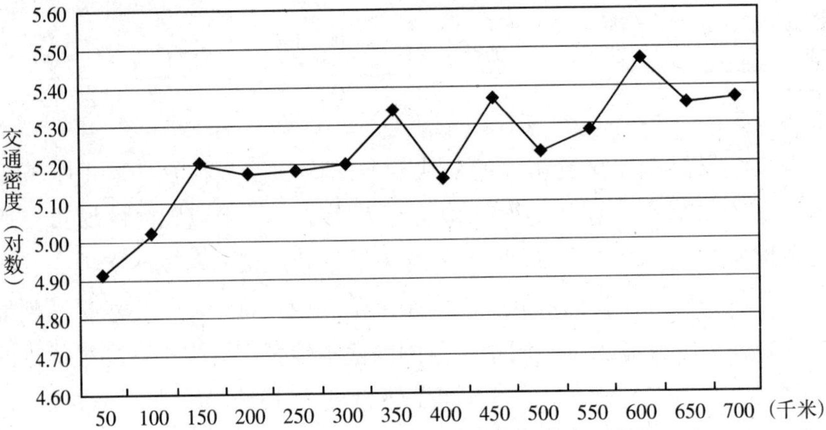

图5 最优交通密度（对数）随空间范围的变化

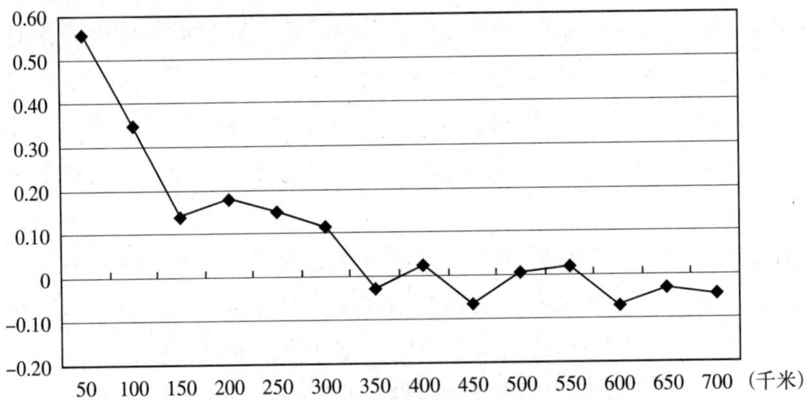

图6 交通密度实际均值与最优值差异的空间变化

目前我国各地纷纷在人口稠密的都市圈或城市群规划和建设城际高铁，

意在缩短城市群内各级城市间的相对距离，降低城市互动的时间成本，加强城市间经济联系与合作，以城市群为主体形态有效推进新型城镇化。若干省区规划的城际高铁最高时速达 250~350 千米/小时，符合全国各地规划的一小时城市群或经济圈的发展要求。目前修建完工并顺利运行的京津、昌九、沪宁、长吉、沪杭、广珠等城际铁路亦已在加强城际互动与交流中发挥了重要作用。然而，本文结果认为我国城市间交通拥堵效应的扩散范围在 300 千米以内，与城际高铁规划的最高时速基本吻合。这意味着尽管城际交通大大提高了城市间要素流动和经济运行效率，但由于城市内部交通拥堵的空间扩散作用，城际交通的发展并不能在本质上完全消除城市化进程中的拥堵效应。拥堵效应的消除，更根本的还在于城市自身内部交通拥堵的治理。因而，降低交通拥堵、最大程度发挥城市群规模经济对城市化的推进作用，必须以城市内部交通治理为主，同时将城际交通建设与城市自身交通治理相结合，统筹兼顾、合理规划。

七、有效距离范围内交通密度对城市化的影响

以上分析显示 300 千米内城市交通密度的提高均会对城市化产生明显的拥堵效应，因而本文重新构建了各城市 300 千米范围内引力模型空间权重矩阵，并将其引入式（13）进行时空双重固定效应的 SDM 模型估计，以检验有效距离范围内的拥堵效应及其对城市化的影响。表 8 报告了 300 千米内引力模型空间权重矩阵估计的直接效应、间接效应和总效应测算结果。

表 8 300 千米范围内引力模型矩阵的面板 SDM 模型估计结果

变 量	直接效应	间接效应	总效应
lnA	−0.1036*** (−3.82)	2.8794*** (4.65)	2.7758*** (4.76)
lnw	0.0065 (0.17)	−3.2872*** (−4.63)	−3.2807*** (−4.56)
lnAD	0.0189** (2.19)	0.0054 (1.07)	−0.0135* (−1.75)
lnD	0.3412*** (2.64)	9.1674*** (3.29)	9.5082*** (3.45)
$(\ln D)^2$	−0.0346** (−2.10)	−0.9057*** (−3.47)	−0.9404*** (−3.61)

续表

变 量	直接效应	间接效应	总效应
lnDMP	0.0014 (0.52)	0.0097 (0.94)	0.0112* (1.93)
lnFMP	-0.0087 (-1.27)	-0.1492 (-1.60)	-0.1579 (-1.66)
lnFDI	0.0079*** (2.87)	0.0463 (1.50)	0.0542* (1.71)
lnEDU	0.1941*** (7.85)	-0.0166 (-0.79)	0.1775** (2.37)
lnTEL	0.5431*** (5.35)	1.0897** (2.32)	1.6327*** (3.44)
lnENV	0.0667* (1.83)	2.9723*** (3.25)	3.0390*** (3.30)

由于表8中控制变量参数估计的显著性及符号与表5中引力模型矩阵的估计结果基本一致，因而本文重点探讨300千米范围内交通密度对城市化的系数估计结果。鉴于交通拥堵效应不仅限于本地区，而且扩展到空间300千米的范围，本文在考察每个城市交通拥堵对城市化影响时不仅考虑城市本身的拥堵效应（直接效应），而且分析包含城市周边300千米范围内的城市交通拥堵状况（间接效应）。从交通密度对城市化的一次项系数和二次项系数的总效应估计结果看，二者均在1%水平通过显著性检验，且300千米范围内本地城市化达到最优值的最佳交通密度为157辆/万平方米。为检验各城市在城市化进程中交通拥堵的程度，本文测算了300千米范围内的交通密度（即300千米范围内的民用汽车拥有量与道路面积比值），测算结果显示该范围内交通密度均值为169辆/万平方米，最小值与最大值分别为51辆/万平方米和455辆/万平方米。这说明实际交通密度落在了倒“U”形曲线拐点右侧，即对于本地城市化发展水平而言，目前300千米范围内的实际交通密度已经超过最优值，多数地级及以上城市的交通在空间上存在明显的拥挤效应。表9报告了2003~2012年300千米范围内不同地区交通拥堵城市在各自规模等级城市中的数量和比例分布。①

① 城市规模等级划分标准参照2014年11月21日国务院颁布的《关于调整城市规模划分标准的通知》的要求，按市辖区常住人口将我国城市划分为超大城市（人口1000万以上）、特大城市（人口500万~1000万）、大城市（人口100万~500万）、中等城市（人口50万~100万）和小城市（人口50万以下）五类，其中大城市又分为Ⅰ型大城市（人口300万~500万）和Ⅱ型大城市（人口100万~300万）。

表 9　2003~2012 年 300 千米内交通拥堵城市在不同地区各自规模等级城市中的分布

地区	年份	平均交通密度（辆/万平方米）	超大城市	特大城市	Ⅰ型大城市	Ⅱ型大城市	中等城市	小城市
全国	2003	106	0（0.00%）	0（0.00%）	0（0.00%）	3（3.26%）	5（4.55%）	6（9.09%）
	2004	116	1（33.33%）	1（25.00%）	0（0.00%）	5（5.38%）	12（11.01%）	9（13.64%）
	2005	127	1（33.33%）	0（0.00%）	2（22.22%）	12（12.37%）	19（17.76%）	13（20.31%）
	2006	138	1（33.33%）	2（50.00%）	3（30.00%）	16（16.16%）	31（29.25%）	22（35.48%）
	2007	150	2（66.67%）	3（50.00%）	4（50.00%）	30（29.70%）	36（33.03%）	22（38.60%）
	2008	165	2（66.67%）	4（66.67%）	4（50.00%）	46（43.81%）	55（51.40%）	28（50.91%）
	2009	191	3（100%）	4（66.67%）	5（62.50%）	63（58.88%）	70（65.42%）	35（66.04%）
	2010	212	3（100%）	7（100%）	6（75.00%）	80（74.07%）	81（76.42%）	38（73.08%）
	2011	234	3（100%）	8（88.89%）	7（100%）	93（86.92%）	93（86.92%）	43（84.31%）
	2012	260	3（100%）	8（88.89%）	9（100%）	94（88.68%）	94（89.52%）	45（86.54%）
	平均	169	2（66.67%）	4（53.61%）	4（48.97%）	44（41.34%）	50（46.48%）	36（47.82%）
东部地区	2003	99	0（0.00%）	0（0.00%）	0（0.00%）	0（0.00%）	0（0.00%）	0（0.00%）
	2004	110	1（50.00%）	1（50.00%）	0（0.00%）	1（2.38%）	2（6.06%）	0（0.00%）
	2005	117	1（50.00%）	0（0.00%）	0（0.00%）	3（6.82%）	2（6.45%）	0（0.00%）
	2006	130	1（50.00%）	1（50.00%）	1（14.29%）	5（11.63%）	6（18.75%）	3（20.00%）
	2007	143	1（50.00%）	1（33.33%）	2（33.33%）	6（13.95%）	8（22.22%）	3（27.27%）
	2008	159	1（50.00%）	2（66.67%）	2（33.33%）	16（37.21%）	19（52.78%）	5（45.45%）
	2009	179	2（100%）	2（66.67%）	3（50.00%）	26（57.78%）	24（70.59%）	7（63.64%）
	2010	204	2（100%）	3（100%）	4（66.67%）	34（75.56%）	27（79.41%）	8（72.73%）
	2011	227	2（100%）	4（80.00%）	5（100%）	42（93.33%）	33（97.06%）	9（81.82%）
	2012	252	2（100%）	4（80.00%）	7（100%）	41（97.62%）	33（97.06%）	9（81.82%）
	平均	162	1（50.00%）	1（20.00%）	2（28.57%）	18（42.86%）	19（55.88%）	7（63.64%）

续表

地区	年份	平均交通密度（辆/万平方米）	超大城市	特大城市	Ⅰ型大城市	Ⅱ型大城市	中等城市	小城市
中部地区	2003	98	0（0.00%）	0（0.00%）	0（0.00%）	1（3.45%）	1（2.04%）	1（5.00%）
	2004	110	0（0.00%）	0（0.00%）	0（0.00%）	2（6.90%）	4（8.16%）	2（10.00%）
	2005	122	0（0.00%）	0（0.00%）	2（100.00%）	4（13.33%）	10（20.41%）	3（15.79%）
	2006	129	0（0.00%）	0（0.00%）	2（100.00%）	6（18.75%）	16（33.33%）	7（38.89%）
	2007	143	0（0.00%）	0（0.00%）	2（100.00%）	10（29.41%）	17（36.17%）	7（41.18%）
	2008	159	0（0.00%）	0（0.00%）	2（100.00%）	15（42.86%）	18（39.13%）	9（52.94%）
	2009	185	0（0.00%）	0（0.00%）	2（100.00%）	20（57.14%）	28（60.87%）	13（76.47%）
	2010	205	0（0.00%）	2（100.00%）	2（100.00%）	25（73.53%）	31（67.39%）	13（76.47%）
	2011	227	0（0.00%）	2（100.00%）	2（100.00%）	29（87.88%）	38（79.17%）	14（87.50%）
	2012	252	0（0.00%）	2（100.00%）	2（100.00%）	29（87.88%）	40（85.11%）	15（88.24%）
	平均	163	0（0.00%）	2（50.00%）	2（100.00%）	13（39.39%）	20（42.55%）	10（58.82%）
西部地区	2003	123	0（0.00%）	0（0.00%）	0（0.00%）	2（9.52%）	4（14.29%）	5（16.67%）
	2004	130	0（0.00%）	0（0.00%）	0（0.00%）	2（9.09%）	6（22.22%）	7（23.33%）
	2005	144	0（0.00%）	0（0.00%）	0（0.00%）	5（21.74%）	7（25.93%）	10（34.48%）
	2006	157	0（0.00%）	1（100.00%）	0（0.00%）	5（20.83%）	9（34.62%）	12（41.38%）
	2007	165	1（100.00%）	2（100.00%）	0（0.00%）	14（58.33%）	11（42.31%）	12（41.38%）
	2008	178	1（100.00%）	2（100.00%）	0（0.00%）	15（55.56%）	18（72.00%）	14（51.85%）
	2009	213	1（100.00%）	2（100.00%）	0（0.00%）	17（62.96%）	18（66.67%）	15（60.00%）
	2010	231	1（100.00%）	2（100.00%）	0（0.00%）	21（72.41%）	23（88.46%）	17（70.83%）
	2011	252	1（100.00%）	2（100.00%）	0（0.00%）	22（73.33%）	22（88.00%）	20（83.33%）
	2012	278	1（100.00%）	2（100.00%）	0（0.00%）	24（77.42%）	21（87.50%）	21（87.50%）
	平均	187	1（100.00%）	2（100.00%）	0（0.00%）	16（51.61%）	14（58.33%）	14（58.33%）

表 9 显示，伴随交通密度逐渐提高，交通拥堵城市的数量和比例不断增加。从全国及各地区拥堵城市分布看，2008 年开始，交通拥堵城市占各规模等级城市的比重多数情况下均超过 50%；到 2012 年，该比重达到 80%以上。这说明城市交通密度提升在 300 千米范围内对本城市及其他城市的城市化均产生明显抑制作用，从而进一步印证了 300 千米范围内的多数城市在城市化推进中存在交通拥堵效应的结论。从全国层面交通拥堵城市的分布看，超大城市、特大城市和Ⅰ型大城市中拥堵城市比例的增加速度明显大于Ⅱ型大城市和中小城市，且各级城市的平均拥堵程度由大到小依次为超大城市、特大城市、Ⅰ型大城市、小城市、中等城市和Ⅱ型大城市。这意味着，我国 300 万人口以上的大城市已出现明显的拥堵效应，交通拥堵不仅对本城市而且对邻近其他城市的城市化产生明显抑制作用。而出人意料的是，50 万人口以下的小城市及 50 万~100 万人口的中等城市的拥堵效应也较为明显且具有不断扩大趋势。其原因可能在于，伴随我国新型城镇化推进，多数农村剩余人口出于大城市迁移成本不断高涨的考虑，开始倾向于选择就地城镇化策略，不断向中小城市集聚；然而与不断增加的人口与车辆相比，中小城市由于交通设施供给成本高、规模效应不明显，其交通基础设施的发展水平和完善程度又是相对滞后的，因而使得中小城市拥堵效应不断提高。2003~2012 年我国中小城市民用汽车拥有量年均增加 25.24%，而道路面积年均却仅增加 6.69%，交通基础设施发展的相对滞后导致明显的拥堵效应，限制了中小城市城镇化进程的有效推进。与其他规模等级城市相比，100 万~300 万人口的Ⅱ型大城市中的拥堵城市比重最小，这意味着该类城市受邻近城市交通密度提升的积极影响大于拥堵效应，其城市化进程因此而受益。

历年东中部地区的交通密度基本相当，而与之相比，西部地区的交通密度均明显偏高，从而意味着西部地区交通拥堵对城市化的抑制作用均高于东中部地区。从各地区拥堵城市的平均分布来看，东部地区拥堵城市比重占 50%及以上的城市为超大城市、中等城市和小城市，而特大城市和Ⅰ型大城市所占比重仅为 20.00%和 28.57%，说明东部地区城市化中的拥堵效应主要来自超大城市和中小城市，而特大城市和Ⅰ型大城市交通密度提升多数情况下有利于提高本身及邻近城市的城市化水平。除超大城市在中部地区没有分布外，该地区各等级城市中拥堵城市比重超过 50%的主要有Ⅰ型大城市、特大城市及小城市，因而这些城市是中部地区城市化进程中拥堵效应的主要来源。西部地区样本中Ⅰ型大城市没有分布，除此之外，各等级城市中平均拥堵城市比重均在 50%以上，说明西部地区各等级城市中的交通拥堵效应普遍偏高，不利于该地区城市化的有效推进。与东中部地区相比，西部地区因受经济发展水平和地理地形制约，城市数量较少且分布稀疏，城市对人口的承载能力有限；加之城市交通基础设施发展滞后且城市间交通不及东中部便利，城市间经济联系和人口流动受限更多、阻力更大。而东中部地区由于城市数量多、分布密集，且城际交通便利，拥堵城市的人口和车辆可便捷地分流至邻近其他交通状况相对较好的城市，有助于缓解一定空间范围内的交通密度。因而西部地区城市化推进中产生的交通拥堵效应更甚于东中部地区。

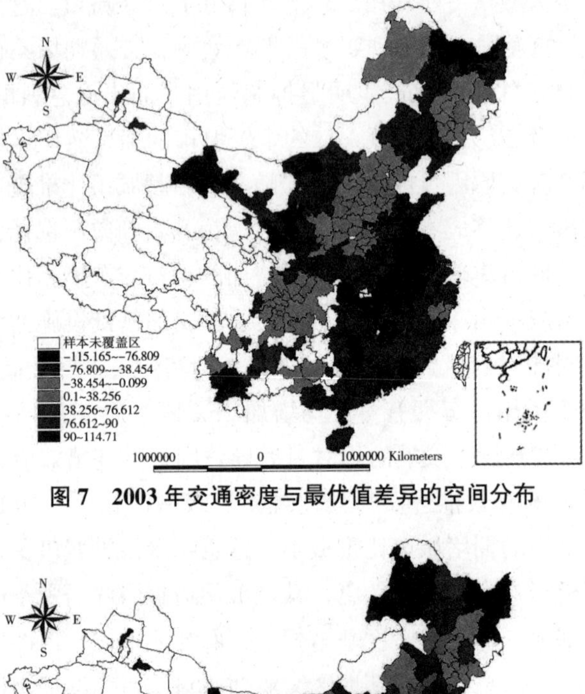

图 7 2003 年交通密度与最优值差异的空间分布

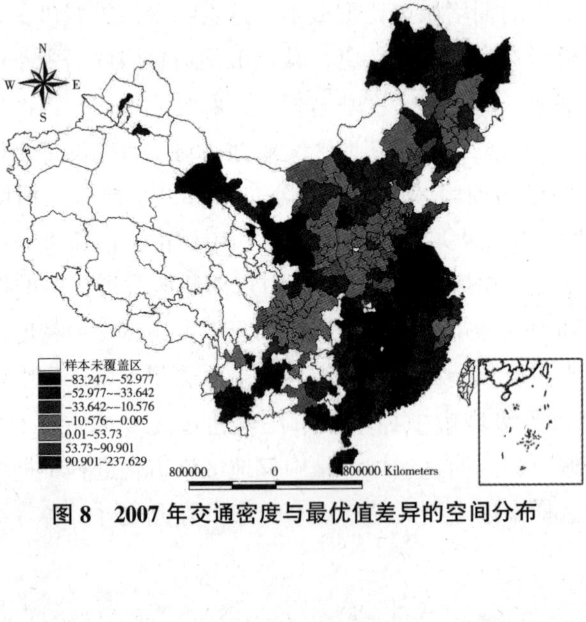

图 8 2007 年交通密度与最优值差异的空间分布

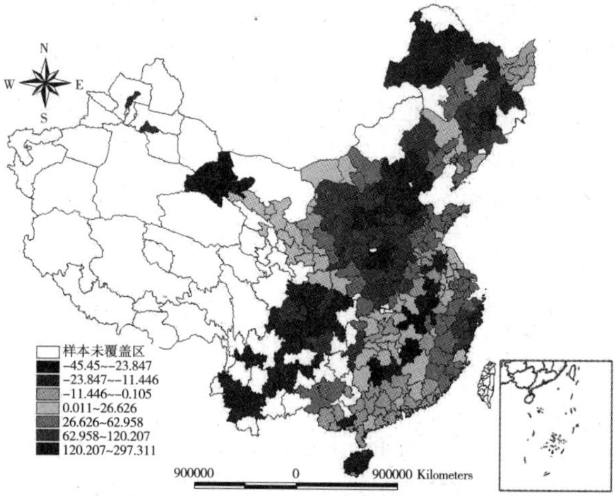

图 9　2012 年交通密度与最优值差异的空间分布

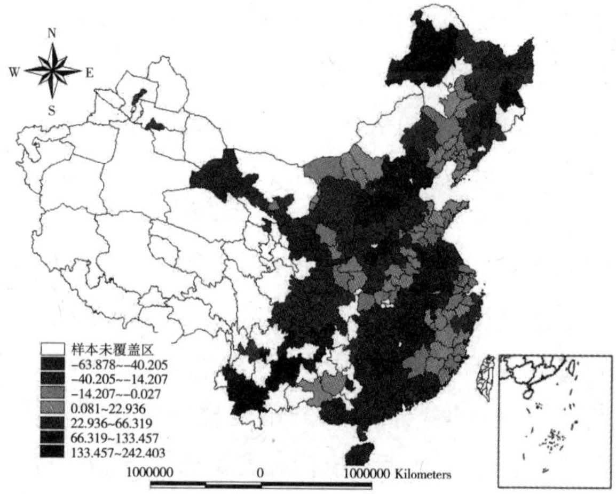

图 10　历年交通密度均值与最优值差异的空间分布

为具体刻画拥堵城市在空间中的分布状况及不同城市拥堵水平，本文将各城市 Z 值（300 千米范围内实际交通密度与最优值的差异）反映在图 7~图 10 中。图 7~图 9 表示各城市 2003~2012 年 Z 值的空间分布状况，图 10 则代表历年 300 千米范围内交通密度均值与最优交通密度值的差异，反映了各城市的平均交通拥堵状况。图中颜色越浅代表拥堵效应越低，交通密度提高对城市化的促进作用越大；颜色越深代表拥堵效应越明显，交通密度提高对城市化的抑制作用越大。

从图 7 可以看出，2003 年我国大部分城市交通拥堵效应不明显，交通密度的提高对本地区及其他城市的城市化进程具有明显促进作用。交通拥堵效应较大的城市呈零星的点状分布，相对较为密集的地区主要分布于西部地区的四川、贵州、云南及东北地区的个别城市等。2007年拥堵城市进一步增加，并以四川、贵州、云南及东北地区的原有拥堵城市为依托向邻近地区扩散，形成明显的线状空间分布格局。除此之外，2003~2007年，以北京、天津、河北为核心，以河南、山西、陕西等地区为外围的区域内的拥堵城市数量有极大的提升，且拥堵程度有不断上升趋势。伴随拥堵效应在空间的进一步扩展，截至2012年，拥堵城市在空间分布上由线扩展至面，拥堵效应得到进一步提升。这一阶段，拥堵效应进一步以北京、天津、河北、四川、重庆、云南和东北等地区为核心向外围扩散，山东、陕西和河南大部分城市出现明显拥堵效应。此外，东部地区的长三角城市群和以福州市为中心的海峡西岸经济带的拥堵效应大幅提升，并且各大城市群拥堵效应的提高对邻近地区产生明显溢出作用，带动了广大中小城市拥堵效应的提高。图10进一步证实了交通拥堵城市的空间分布特征及其空间效应。该图描述了2003~2012年我国城市交通拥堵的平均变化状况。该图不仅显示我国城市拥堵效应在空间上具有显著的集群或连续成片的分布特征，且西部城市的交通拥堵效应整体上高于东中部地区，而且通过图9，可以进一步发现，我国目前基本形成了两条拥堵城市带：一是沿“京哈—包昆通道”、纵贯我国东北和西南的拥堵城市带；二是以长三角、海峡西岸经济带为主的东部沿海拥堵城市带，且这两个拥堵城市带有不断向外延扩展的趋势。进一步观察还可以看出，这两个区域与“三纵两横”的城市化战略格局中的“两纵”（京哈—包昆沿线和沿海）基本吻合。这意味着依托主要交通干线和优势区域有效推进新型城镇化的同时，在这些区域同样伴随有较为严重的交通拥堵效应。而拥堵效应的存在将使现有城镇化发展质量和效益大打折扣。新型城镇化战略的实施有助于各地区依据自身优势因地制宜地选择适宜的城镇化战略，然而人们往往更多关注城镇化本身的发展水平和效益，却忽视了城镇化背后交通设施发展的支撑作用，这反过来又抑制新型城镇化的顺利推进和质量效益的有效提升。交通基础设施作为基本公共服务供给的一部分，应与城镇化推进需求相适应，只有实现交通基础设施与城镇化的协调发展，才能有效降低城镇化中的拥堵效应，促进新型城镇化质量和效益的全面提升。

我国城市交通拥堵效应点—线—面的时空发展趋势说明交通拥堵对城市化的负面影响并非仅限于本地区，而是具有明显的空间集聚和空间扩散的动态演化特征；交通拥堵提高了城市间的经济联系和要素流动成本，降低了彼此的互动频率，不利于规模经济效应的充分发挥和城市化进程的有效推进。可见，考察交通拥堵的负面影响，必须要兼顾其空间作用；交通拥堵的空间效应成为我国新型城镇化有效推进的重要阻力。

八、结论与启示

本文在新经济地理框架下构建交通密度影响城市化的理论和计量模型，以我国 2003~2012 年地级及以上城市面板数据为样本，利用空间计量技术识别我国城市化进程中的交通拥堵效应及其空间影响。结果显示，伴随城市自身及其他城市交通密度提高，城市化水平均呈现先上升后下降的倒“U”形发展趋势，且多数地级及以上城市在空间上的交通密度超过最优密度值，已出现明显的拥堵效应。因而在我国城市化进程中，交通拥堵效应并非仅限于本地区，而是能够扩展至除本地以外的更远空间范围。进一步的研究显示，交通拥堵效应的有效空间作用范围为 300 千米，且该范围内的最佳交通密度为 157 辆/万平方米，小于 169 辆/万平方米的实际均值。从全国层面看，超大城市、特大城市、Ⅰ型大城市的平均拥堵程度最大，小城市和中等城市次之，Ⅱ型大城市最小。西部地区在城市化推进中产生的交通拥堵效应更甚于东中部地区，其中东部地区的拥堵效应主要来自超大城市和中小城市；而在中部地区，Ⅰ型大城市、特大城市及小城市是拥堵效应的主要来源；西部地区各等级城市中的交通拥堵效应则均普遍偏高。通过分析拥堵城市在空间中的分布特征发现，我国目前基本形成了两条拥堵城市带：一是沿“京哈—包昆通道”、纵贯我国东北和西南的拥堵城市带；二是以长三角、海峡西岸经济带为主的东部沿海拥堵城市带。

本文结论对于进一步有效治理交通拥堵、更好推进新型城镇化具有重要的政策启示。

第一，由于城市自身及邻近城市交通密度与城市化间均存在倒“U”形的非线性关系，且交通拥堵对城市化的抑制作用并非仅限于本地区，其有效距离可扩展至 300 千米，因而在城市化进程中，任何仅关注自身交通状况而忽视邻近城市拥堵效应的交通治理措施都将造成拥堵效应的低估，降低已有城市化策略的有效性，并造成城市化效率损失，降低城市化推进潜力。因此，各城市在制定城镇化及城市与区域经济发展战略时，应统筹城市自身及邻近城市交通承载能力，系统评估 300 千米范围内交通密度的合理性及拥堵效应产生的可能性和大小，为有效推进城市化提供理论支撑和现实依据。

第二，交通拥堵对城市化的负面影响可扩散至 300 千米的空间范围，这一距离与若干省区规划的城际高铁等交通工具的最高时速基本吻合。这意味着即使城际交通最大限度提高了城市互动效率，也不可能消除由城市内部交通拥堵而产生的空间影响。因而各地区要切实提高城市群内城市间的互联互通水平、充分释放城市化发展潜力，就需要将城际交通发展与城内交通治理结合起来，通过促进城内、城际交通效率的有机统一，实现城市化进程中拥堵效应的标本兼治。

第三，从全国层面看，除超大城市、特大城市、Ⅰ型大城市的平均拥堵水平较大外，小城市和中等城市也拥有较高的拥堵效应，而Ⅱ型大城市的最小。因而在关注大型城市交通拥堵的同时，也应给予小城市和中等城市交通状况恶化以足够重视。伴随新型城镇化不断推进，应着力加强中小城市，尤其是大型城市周边的中小城市交通基础设施的建设力度，使交通设施供给水平适应人口和车辆不断增加的需要。中小城市交通基础设施供给的增加不仅有助于缓解自身的交通拥堵状况，促进更多农村转移人口就地城镇化，而且有利于提升其区位优势，有效分流周边大型城市的拥堵车辆和人口，降低整片区域空间的交通密度和拥堵效应。100 万~300 万人口的Ⅱ型大城市的拥堵城市比重最小，因而多数Ⅱ型大城市在现有城市化水平和交通状况下仍具有进一步吸纳人口和车辆的潜力。应在保持Ⅱ型大城市适度交通密度的前提下，合理引导拥堵城市人口向有潜力的Ⅱ型大城市集聚，使其起到疏导拥堵和调节城市群中各级城市人口配比的功能。而 300 万人口以上的大型城市交通治理则要更多关注旧路改造、路网优化及管理系统升级等。

第四，由于西部城市拥堵效应明显高于东中部地区，因而交通发展滞后依然是制约西部地区城市化和各项事业发展的最根本原因，应切实加强西部地区各级城市的交通基础设施建设，利用多种交通方式相结合（比如道路交通与轨道交通相结合）的方法缓解城市交通压力，充分提升该地区城市对于人口和车辆的承载能力，破除城市化顺利推进的交通障碍。东部地区应在治理特大城市交通拥堵、提升中小城市交通能力的同时，进一步提升特大城市和Ⅰ型大城市的人口吸纳能力。中部地区应在着力缓解特大城市、Ⅰ型大城市和中小城市交通压力的同时，积极引导人口向有条件的城市集聚，培育超大城市，壮大Ⅱ型大城市。

第五，本文结论显示，我国目前形成的两大拥堵城市带与“三纵两横”的城市化战略格局中的“两纵”基本吻合，因而依托主要交通干线和优势区域有效推进新型城镇化的同时，同样伴随有较为严重的交通拥堵效应。各地区在积极推进城镇化过程中，应根据城镇化的实际需要适时适地合理增加交通基础设施供给，使城市交通发展水平与人口集聚和车辆的增加速度相适应，使交通发展与城镇化推进相协调，保证城市交通密度的合理区间，防范和控制城市交通拥堵，切实提高新型城镇化质量和效益。

参考文献

[1] Accetturo A. Agglomeration and Growth: The Effects of Commuting Costs [J]. Papers in Regional Science, 2010 (89): 173-190.

[2] Bigazzi A. Y., Figliozzi M. A. Marginal Costs of Freeway Traffic Congestion with On-road Pollution Exposure Externality [J]. Transportation Research Part A, 2013 (57): 12-24.

[3] Boarnet M. Services and the Productivity of Public Capital: The Case of Streets and Highways [J]. National Tax Journal, 1997, 50 (1): 39-57.

[4] Brakman S., Garretsen H., Gigengack R. et al., Negative Feedbacks in the Economy and Industrial Location [J]. Journal of Regional Science, 1996, 36 (4): 631-651.

[5] Brakman S., H. Garretsen, R. Gigengack, Charles van Marrewijk et al. Negative Feedbacks in the Economy and Industrial Location [J]. Journal of Regional Science, 1996, 36 (4): 631-651.

[6] Broekel T., R. Boschma. Knowledge Networks in the Dutch Aviation Industry: The Proximity Paradox [J]. Journal of Economic Geography, 2012(12): 409-433.

[7] Capello R. Regional Economics [M]. Routledge 2 Park Square, Milton Park, Abingdon, Oxon OX14 4RN, 2007.

[8] Dinkelman T. and Schulhofer-Wohl S. Migration, Congestion Externalities, and the Evaluation of Spatial Investments [R]. Working Paper 700, Federal Reserve Bank of Minneapolis, 2015.

[9] Drucker J. and E. Feser. Regional Industrial Structure and Agglomeration Economies: An Analysis of Productivity in three Manufacturing Industries[J]. Regional Science and Urban Economics, 2012 (42): 1-14.

[10] Elhorst J. P. Applied Spatial Econometrics: Rising the Bar [J]. Spatial Economic Analysis, 2010, 5 (1): 9-28.

[11] Elhorst J. P., Lacombe D. J., Piras G. On Model Specification and Parameter Space

Definitions in Higher Order Spatial Econometrics Models [J]. Regional Science and Urban Economics, 2012, 42 (1-2): 211-220.

[12] Fernald J. Roads to Prosperity? Assessing the Link between Public Capital and Productivity [J]. The American Economic Review, 1999, 89 (3): 619-638.

[13] Forslid R. and G. I. P. Ottaviano. An Analytically Solvable Core-periphery Model [J]. Journal of Economic Geography, 2003 (3): 229-240.

[14] Fujita M. and J. F. Thisse. Economics of Agglomeration [M]. Cambridge: Cambridge University Press, 2002.

[15] Fujita M., P. Krugman and A. Venables. The Spatial Economy: Cities, Regions and International Trade [M]. MIT Press, Cambridge, MA, 1999.

[16] Glaeser E. L. and M.E. Kahn. Sprawl and Urban Growth [M] //V. Henderson, J. F. Thisse (eds). Handbook of Regional and Urban Economics, Vol.4, Chap.56. North Holland, Amsterdam, 2004: 2481-2527.

[17] Graham D. J. Variable Returns to Agglomeration and the Effect of Road Traffic Congestion [J]. Journal of Urban Economics, 2007 (62): 103-120.

[18] Head K. and T. Mayer. Market Potential and the Location of Japanese Investment in the European Union [J]. The Review of Economics and Statistics, 2004, 84 (6): 959-972.

[19] Helpman E. The Size of Regions [M] //David Pines, Efraim Sadka and Itzhak Zilcha (eds). Topics in Public Economics: Theoretical and Applied Analysis. Cambridge: Cambridge University Press, 1998: 33-54.

[20] Henderson J. V., A. Kuncoro and M. Turner. Industrial Development in Cities [J]. Journal of Political Economy, 1995 (103): 1067-1090.

[21] Hoyt H. A Development of Economic Base Concept [J]. Land Economics, 1939 (1): 182-187.

[22] Hymel K. Does Traffic Congestion Reduce Employment Growth? [J]. Journal of Urban Economics, 2009 (65): 127-135.

[23] Ke Shanzi. Agglomeration, Productivity, and Spatial Spillovers across Chinese Cities [J]. The Annals of Regional Science, 2010, 45 (1): 157-179.

[24] Keeler T. E. and A. S. Kenneth. Optimal Peak-Load Pricing, Investment, and Service Levels on Urban Expressways [J]. Journal of Political Economy, 1977, 85 (1): 1-25.

[25] Krugman P. Increasing Returns and Economic Geography [J]. Journal of Political Economy, 1991 (99): 483-499.

[26] Lemp J. D., Kockelman K. M. Quantifying the External Costs of Vehicle Use: Evidence from America's Top-selling Light-duty Models [J]. Transportation Research Part D: Transport and Environment, 2008 (13): 491-504.

[27] Murata Y. and J.F. Thisse. A Simple Model of Economic Geography à la Helpman-Tabuchi [J]. Journal of Urban Economics, 2005 (58): 137-155.

[28] Ottaviano G. I. P., T. Tabuchi and J. F. Thisse. Agglomeration and Trade Revisited [J]. International Economic Review, 2002 (43): 409-436.

[29] Pace R. K. and J. P. LeSage. Introduction to Spatial Econometrics [M]. Boca Raton, FL: Chapman &Hall/CRC, 2009.

[30] Picard P. and D. Zeng. Agricultural Sector and Industrial Agglomeration [J]. Journal of Development Economics, 2005 (77): 75-106.

[31] Puga D. The Rise and Fall of Regional Inequalities [J]. European Economic Review, 1999 (43): 303-334.

[32] Redding S. and A. J. Venables. Economic Geography and International Inequality [J]. Journal of International Economics, 2004 (62): 53-82.

[33] Rosenthal Stuart S. and Strange, William C. Geography, Industrial Organization, and Agglomeration [J]. Review of Economics and Statistics, 2003, 85 (2): 377-393.

[34] Wang An-Ming. Spatial Agglomeration and Dispersion: Revisiting the Helpman Model [J]. Hitotsubashi Journal of Economics, 2014 (55): 1-20.

[35] Wheaton W. C. Land Use and Density in Cities with Congestion [J]. Journal of Urban Economics, 1998 (43): 258-272.

[36] 范红忠. 交通住房政策效应与生产和人口的过度集中 [J]. 经济研究, 2008 (6).

[37] 郭锐欣，毛亮. 特大城市出租车行业管制效应分析：以北京市为例 [J]. 世界经济，2007 (2).

[38] 韩峰，柯善咨. 空间外部性、比较优势与制造业集聚——基于中国地级市面板数据的实证分析 [J]. 数量经济技术经济研究，2013 (1).

[39] 韩小亮，邓祖新. 城市交通拥堵的经济学分析——基于计算经济学的模拟检验 [J]. 财经研究，2006，32 (5).

[40] 侯新烁，张宗益，周靖祥. 中国经济结构的增长效应及作用路径研究 [J]. 世界经济，2014 (5).

[41] 柯善咨，郑腾飞. 中国城市车辆密度、劳动生产率与拥堵成本研究 [J]. 中国软科学，2015 (3).

[42] 李煜伟，倪鹏飞. 外部性、运输网络与城市群经济增长 [J]. 中国社会科学，2013 (3).

[43] 刘生龙，胡鞍钢. 交通基础设施与中国区域经济一体化 [J]. 经济研究，2011 (3).

[44] 潘彦江，方朝阳，缪理玲等. 基于交通状态分析的南昌市区区际联系通达性研究 [J]. 地理研究，2014，33 (12).

[45] 佟琼，王稼琼，王静. 北京市道路交通外部成本衡量及内部化研究 [J]. 管理世界，2014 (3).

[46] 王丰龙，王冬根. 北京市居民汽车使用的特征及其影响因素 [J]. 地理学报，2014，69 (6).

[47] 王中亮. 治理城市交通拥堵的对策思考——以上海为例 [J]. 上海经济研究，2006 (4).

[48] 徐瞾，欧国立. 交通拥堵收费的理论依据和政策分析 [J]. 中国工业经济，2012 (12).

[49] 杨励雅，朱晓宁. 快速城市化进程中居民出行的方式选择 [J]. 中国软科学，2012 (2).

[50] 张学良. 中国交通基础设施促进了区域经济增长吗？——兼论交通基础设施的空间溢出效应 [J]. 中国社会科学，2012 (3).

[51] 周亚虹，宗庆庆，陈曦明. 财政分权体制下地市级政府教育支出的标尺竞争 [J]. 经济研究，2013 (11).

[52] 朱永中，宗刚. 时间价值偏好下北京交通拥堵收费设计研究 [J]. 中国软科学，2014 (9).

引力模型在死亡率预测以及养老金长寿风险评估中的应用

范　勇　朱文革

（上海财经大学金融学院，上海　200433）

一、引　言

人口死亡率建模和预测是衡量长寿风险的关键。自从 Lee 和 Carter（1992）提出了随机性的动态死亡率预测模型，许多文献对此进行了有益的修正和拓展。Cairns 等（2009，2011a）从贝叶斯准则（BIC）、稳健性检验、残差正态性的检验以及是否符合生物特征等方面比较了 8 种主要离散模型对老龄人口的拟合预测效果，概括了当前死亡率模型研究的主要成果。此外，Cairns 等（2006）介绍了 6 个连续时间框架下的死亡率预测模型，它们可以应用于死亡连接证券的定价。Hyndman 和 Ullah（2007）以及其他后续研究用函数型数据方法推广了 Lee-Carter 模型，给出了死亡率和出生率的稳健估计。

国内学者的研究主要有两个阶段。第一阶段是模型的应用和修正，第二阶段是针对中国死亡率数据的缺点，通过修匀数据或模拟研究增强了模型估计结果的准确性和可信性。金博轶（2012）指出我国人口死亡统计数据的年限短，抽样数据风险暴露数严重不足，这导致死亡率在相近年龄和不同年度

［作者简介］范勇，男，1975 年 12 月生，博士研究生，上海财经大学金融学院；手机：18817950966；邮箱：yongf2004@163.com。

的非规则波动。他基于有限数据条件下的贝叶斯方法进行动态死亡率建模。王洁丹等（2013）基于 Hyndman-Ullah 模型，将函数型数据分析的思想运用于中国分性别年龄人口的死亡数据，运用函数型主成分分析法对死亡率建立模型并进行预测。王晓军和赵明（2014）试图从死亡率改善的随机趋势性和随机波动性的角度模拟分析人口趋势。吴晓坤和王晓军（2014）在经典 Lee-Carter 模型估计的基础上对三个估计的参数再抽样，发现附加再抽样方法能够有效测度“估计与预测中的不确定性”。范勇等（2015）首先对中国现有的男性死亡率数据进行修匀和平滑，去除每个年龄死亡率的线性趋势，用 ARMA 模型分析其时间序列特征，拟合并预测未来 20 年的人口死亡率。段白鸽（2015）对现阶段动态死亡率建模和长寿风险量化研究做出总结和评述。

这些文献在针对中国数据的先天不足方面做出了积极的探索，但无论是模拟还是修匀，都只能较好地降低预测的不确定性，对不同年份的系统偏差无能为力。模拟本身也会以一定的概率产生更差的结果。

一般说来，具有一定数目的正常人群的死亡率总存在一些共同的规律，不同人群的死亡率水平会随着共同的因子以相似的方式演变，比如随时间的推移而呈现下降的趋势等。一些学者的关注点从单人口模型转向两人口模型，通过两个人群在统计学上的相互影响、比较和修正，更好地除去意外冲击，重点关注死亡率的生物特征这一本质影响。目前这方面的研究很少，Li 和 Hardy（2011）考虑了两人群的两个时间因子、年龄因子以及它们之间的协整关系。Cairns 等（2011b）对英国（E&W）和被保险人群（CMI）的男性老年人在贝叶斯框架下采用马尔科夫链蒙特卡洛方法估计未观测到的状态变量和随机过程的参数，量化各个参数以及不确定性，有助于对小样本人群参数的平滑。Dowd 等（2011）对同样的数据提出引力模型，应用于对被保险人群的死亡率预测，对相应的年金产品价格做出了修正。

上述模型中的两个人群中，小样本人群本身就是大样本人群的一部分，它既有明显的自身特点又与大样本数据相关，所采用的数据也都比较全面和准确，中国显然不具备这样良好的数据积累。因此，本文的创新之处在于，当中国的数据出现一些可能的问题时，我们可以通过引力模型借鉴另一个相关人群——日本较为精确的数据。日本数据分年龄死亡率的分布与中国数据的相关度比美国和中国台湾高。直觉上，样本暴露数、人种结构和地理位置等方面，日本数据也有其优势。在 20 世纪 80 年代中国恢复人身保险业务之初，就一直借用日本全社会生命表，这也是本文研究的实务基础。

引力模型起源于牛顿物理学中的引力法则，在国际贸易实证研究中获得了广泛的应用。我们首次将它修正并应用于两个相依的人群（日本和中国），结合 Lee-Carter 经典系列模型（APC 模型）联合估计和预测中国分年龄死亡率。我们将结果应用于一个简单的年金产品，度量未来死亡率变化对该年金现值的影响。这样的研究对企业年金和养老金长寿风险的评估具有借鉴意义。

二、引力模型的构建

（一）单一人群动态死亡率模型

Lee 和 Carter（1992）的关于分年龄预测死亡率的模型已经成为近 20 年来最有影响的文献之一，它给出了死亡率变化的一个简洁的描述和良好的经验拟合预测。许多文献对此进行了有益的修正和拓展，Cairns 等（2009，2011a）概括了当前死亡率模型研究的主要成果。其中相对简单又考虑到了队列效应的 APC 模型假设实际死亡率满足：

$$\ln m_{t,x}=\beta_x+\frac{\kappa_t}{n_a}+\frac{\gamma_c}{n_a}+\varepsilon_{t,x} \tag{1}$$

式中，$m_{t,x}$ 表示第 t 年 x 岁的个体的中心死亡率，β_x 表示年龄因子，是只与年龄有关的参数，κ_t 表示时间效应，是依赖于时间的状态变量，γ_c 表示队列效应，是依赖于出生年份的状态变量，$c=t-x$ 表示出生年份，n_a 表示样本数据中用于估计参数的年龄数。为了使估计具有唯一解，需要加上如下三个约束条件，前两个是：$\sum_t \kappa_t=0$，$\sum_c \gamma_c=0$。

第三个约束条件是引入一个过渡参数 δ，最小化函数：

$$S(\delta)=\sum_x(\beta_x+\delta(x-\bar{x})-\bar{\beta}_x)^2,$$

式中，$\bar{\beta}_x=\frac{1}{n_y}\sum_t \ln m_{t,x}$，$n_y$ 表示样本数据的年数。我们可以得到下式。

$$\delta = -\frac{\sum_x (x - \bar{x})(\beta_x - \bar{\beta}_x)}{\sum_x (x - \bar{x})^2}$$

给定上面的约束条件，根据下面三个等式修正可得确定的参数估计。

$$\tilde{\kappa}_t = \kappa_t - n_a\delta(t - \bar{t});\ \tilde{\gamma}_c = \gamma_c + n_a\delta((t - \bar{t}) - (x - \bar{x}));\ \tilde{\beta}_x = \bar{\beta}_x + \delta(x - \bar{x}) \tag{2}$$

Lee 和 Carter（1992）发现时间状态变量服从 ARIMA（0，1，0），Cairns 等（2011a）通过实证发现时间序列过程 ARIMA（1，1，0）能够很好地描述队列效应：

$$\kappa_t = \kappa_{t-1} + \mu + CZ_t \tag{3}$$

$$\Delta\gamma_t = \alpha\Delta\gamma_{t-1} + \mu^{(\gamma)}(1 - \alpha) + C^{(\gamma)}Z_c^{(\gamma)} \tag{4}$$

（二）两人群下的引力模型

考虑两个死亡率相关的人群，其中第一个样本（记作人群 1）暴露数远远大于第二个样本（记作人群 2）。如果我们分别建模，其本质上就是单人群模型。为了区别两个人群不同的参数估计，我们加上上标以示区别。

$$\ln m_{t,x}^{(1)} = \beta_x^{(1)} + \frac{\kappa_t^{(1)}}{n_a} + \frac{\gamma_c^{(1)}}{n_a} + \varepsilon_{t,x}^{(1)} \tag{5}$$

$$\kappa_t^{(1)} = \kappa_{t-1}^{(1)} + \mu^{(1)} + C^{(1)}Z_t^{(1)} \tag{6}$$

$$\ln m_{t,x}^{(2)} = \beta_x^{(2)} + \frac{\kappa_t^{(2)}}{n_a} + \frac{\gamma_c^{(2)}}{n_a} + \varepsilon_{t,x}^{(2)} \tag{7}$$

$$\kappa_t^{(2)} = \kappa_{t-1}^{(2)} + \mu^{(2)} + C^{(2)}Z_t^{(2)} \tag{8}$$

对两个人群独自建模，即没有考虑两个人群的死亡率之间的相关关系，从而忽略了影响它们动态演变的共同因素。两个人群的漂移项就有可能具有较大差异，尤其是小样本人群的死亡率变化也能明显违反生物特征的合理性。为了避免这个问题，我们修正的独立估计下的时间效应的拟合方法，考虑它们之间相互作用的因素：

$$\kappa_t^{(2)} = \kappa_{t-1}^{(2)} + \phi^{(\kappa)}(\kappa_{t-1}^{(1)} - \kappa_{t-1}^{(2)}) + \mu^{(2)} + C^{(12)}Z_t^{(1)} + C^{(22)}Z_t^{(2)} \tag{9}$$

由于样本量足够大的人群 1 已经充分反映了时间效应的信息，而人群 2 的时间效应状态变量 $\kappa_t^{(2)}$不仅受上一期的 $\kappa_{t-1}^{(2)}$影响，而且与上一期人群 1 的时间效应 $\kappa_{t-1}^{(1)}$有关，其相关的程度就是 $\phi^{(\kappa)}$，这就是人群 1 对人群 2 的引力效应。实际上这也相当于一个贝叶斯估计，$\kappa_t^{(2)}$的估计值是份额 $\phi^{(\kappa)}$的先验

信息 $\kappa_{t-1}^{(1)}$ 和份额 $1-\phi^{(\kappa)}$ 的后验信息 $\kappa_{t-1}^{(2)}$ 的一个加权平均值，我们可以看到，当 $\phi^{(\kappa)}=0$ 时，式（9）退化为独立情况，表明人群 2 已经大到能够独立地、准确地反应时间效应。当 $\phi^{(\kappa)}=1$ 时，式（9）成为另一种极端情况，人群 2 的时间效应只与人群 1 的上一期信息有关，人群 2 的数据没有任何价值。因此，正常情况下有 $0<\phi^{(\kappa)}<1$，这样的估计值起到一个均值回复的作用，不至于太多地偏离理论真值。附加的 $C^{(12)}Z_t^{(1)}$ 表示误差项除了人群 2 本身的部分以外还与人群 1 相关。

对于队列效应，我们的处理方式与时间效应相同，只是表达式稍显复杂。

（三）时间效应 κ_t 的参数估计

两人群的人口死亡率 APC 模型（即引力模型）的参数估计是在有相关关系（$\phi^{(\kappa)}$ 即引力效应）这个前提下的估计。具体步骤的其余部分类似于单人群 APC 模型。

首先，假设 $\phi^{(\kappa)}$ 给定，故人群 2 的估计值都是含有 $\phi^{(\kappa)}$ 的表达式。漂移项的估计值为：

$$\hat{\mu}^{(1)} = \frac{1}{n_y - 1}\sum_{t=2}^{n_y}(\kappa_t^{(1)} - \kappa_{t-1}^{(1)}) \tag{10}$$

$$\hat{\mu}^{(2)} = \frac{1}{n_y - 1}\sum_{t=2}^{n_y}(\kappa_t^{(2)} - (1-\phi^{(\kappa)})\kappa_{t-1}^{(2)} - \phi^{(\kappa)}\kappa_{t-1}^{(1)}) \tag{11}$$

其次，我们估计两个人群时间效应的协方差矩阵。对于 $t=2$，…，n_y，每个人群的样本偏差为：

$$\hat{D}_t^{(1)} = \kappa_t^{(1)} - \kappa_{t-1}^{(1)} - \hat{\mu}^{(1)} \tag{12}$$

$$\hat{D}_t^{(2)} = \kappa_t^{(2)} - (1-\phi^{(\kappa)})\kappa_{t-1}^{(2)} - \phi^{(\kappa)}\kappa_{t-1}^{(1)} - \hat{\mu}^{(2)} \tag{13}$$

记作矩阵的形式：

$$\hat{D} = \begin{pmatrix} \hat{D}_2^{(1)} & \cdots & \hat{D}_{n_y}^{(1)} \\ \hat{D}_2^{(2)} & \cdots & \hat{D}_{n_y}^{(2)} \end{pmatrix}' \tag{14}$$

那么，协方差矩阵为：

$\hat{V} = \frac{1}{n_y}(\hat{D}'\hat{D} + \hat{W})$，这里 $\hat{W} = \begin{pmatrix} \hat{V}^{(1)} & 0 \\ 0 & \hat{V}^{(2)} \end{pmatrix}$ 是两个人群分别估计的 κ_t 的协

方差矩阵。显然，$\hat{C}=\begin{pmatrix} C_{11} & 0 \\ C_{21} & C_{22} \end{pmatrix}$就是$\hat{V}$的Choleski分解。

最后，我们最大化下列对数似然函数：

$$l_{\kappa}(\phi^{(\kappa)})=-\frac{n_y-1}{2}\ln|\hat{V}|-\frac{1}{2}\hat{D}\hat{V}^{-1}\hat{D}' \tag{15}$$

可以得到 $\phi^{(\kappa)}$ 的极大似然估计值，进而估计 μ 和 V 的值。

（四）小样本人群状态变量的估计：考虑大样本人群的引力效应

用极大似然法估计单人群状态变量：

$$l_p=\sum_{t,x}D_{t,x}\ln(E_{t,x}m_{t,x})-E_{t,x}m_{t,x}-\ln(D_{t,x}!) \tag{16}$$

$$\kappa_t^{(21)}=\kappa_{t-1}^{(20)}-\frac{\partial l_p/\partial\kappa_t^{(2)}}{\partial^2 l_p/\partial\kappa_t^{(2)2}} \tag{17}$$

考虑两人群之间的相互作用，即我们还要考虑对数似然函数：

$$l_{\kappa}=\sum_{t=2}^{n_y}\left\{-\frac{1}{2}\ln(C^{(22)2})-\frac{(D_t^{(2)}-C^{(21)}Z_t^{(1)})^2}{2C^{(22)2}}\right\} \tag{18}$$

迭代方式：

$$\kappa_t^{(21)}=\kappa_{t-1}^{(20)}-\frac{\partial l_p/\partial\kappa_t^{(2)}+\partial l_{\kappa}/\partial\kappa_t^{(2)}}{\partial^2 l_p/\partial\kappa_t^{(2)2}+\partial^2 l_{\kappa}/\partial\kappa_t^{(2)2}} \tag{19}$$

然后用同样的方法求出 $\gamma_c^{(2)}$，最后用式（6）计算出 β_x，再循环直至收敛得到最终估计值。

（五）预测未来人口的对数死亡率

将上面所预测得到的 $\kappa_{t+s}^{(2)}$、$\gamma_{t+s-x}^{(2)}$ 代入预测公式 $\ln m_{t+s,x}^{(2)}=\beta_x^{(2)}+\frac{\kappa_{t+s}^{(2)}}{n_a}+\frac{\gamma_{t+s-x}^{(2)}}{n_a}$就得到未来中国人口的对数死亡率。利用更准确的预测结果可以更好地进行长寿风险度量以及养老金缺口精算研究。

三、数据的选择与计算结果

（一）数据的选择和处理

本文选择 1994~2012 年的中国男性人口 0~89 岁死亡率的历史数据，来源于历年《中国人口统计年鉴》和《中国人口就业统计年鉴》。对死亡人口为 0 的样本，我们采用线性插值法补齐。1996 年末组年龄只到 85 岁，我们参考 1995 年的比例对平均人口和死亡人口数量进行拆分，重新计算 85~89 岁的死亡率。相应的日本数据来自 Human Mortality Database。

由于日本的数据的暴露数是全体人口，而中国的数据除了 2000 年和 2010 年是普查数据之外，1995 年和 2005 年是 1%人口抽样，其余的都是 1‰的人口抽查。所以，尽管中国的实际人口数很大，但从样本暴露数角度看却是小人口样本，即模型中的人群 2。为了方便起见，我们还约定在下文的图表中，“中国 1”代表运用独立 APC 模型分别估计模型状态变量（即不考虑两者之间的引力效应）所得的中国人群的估计量，“中国 2”代表运用两人群引力模型估计所得的中国人群的估计量。由于日本是大样本人群，在上述两种情况下的状态变量和参数估计值几乎没有差异。

图 1 和图 2 分别描述了中国和日本男性 0 岁、20 岁、65 岁和 84 岁 1994~2012 年的对数死亡率变化趋势图，中国目前人口死亡率在各个年龄上均高于日本。由于中国样本暴露数小且存在着抽样误差，所以图像显示日本的对数死亡率呈现较为平稳的下降趋势，而中国数据则在总体下降的过程中表现出了一定的波动性，部分数据（比如 2006~2009 年 84 岁）比日本的死亡率还低，这显然不符合实际情况。这也说明了我们在研究死亡率演变和预测过程中借鉴日本数据的必要性。

（二）状态变量 β_x、κ_t、γ_c 及其相关参数在两种情况下的估计

第一，我们不考虑两个人群之间的引力效应，分别估计式（5）和式（7）中的状态变量参数 β_x、κ_t、γ_c，图 3、图 4 分别显示了中国和日本 1994~2012 年 0~89 岁的男性人口对数死亡率在没有交互作用下的时间效应 κ_t 和队列效应 γ_c 的估计值。如图所示，日本组的时间效应大致呈线性下降趋势，

符合人口死亡率的生物统计规律。中国组时间效应也呈线性下降趋势，只是更加陡峭且波动较大，说明中国人口死亡率在这段时间内比日本下降更快，但同时有较大的噪声，尤其是2006~2009年的抽样数据的死亡率极有可能被低估，也就是说，抽样人口过多地来自身体综合素质较好的人群。

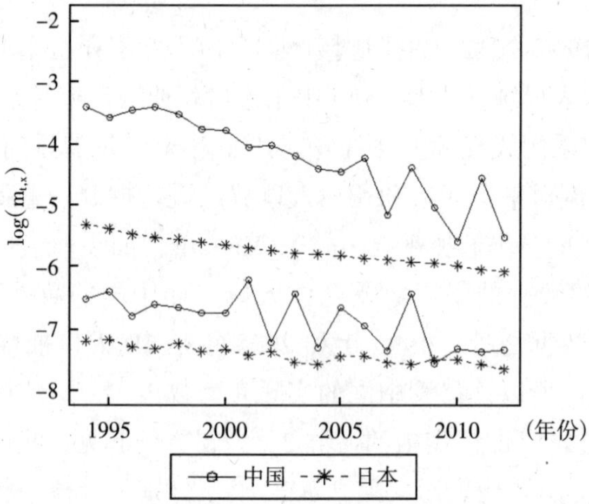

图1 中国和日本1994~2012年0岁（上）、20岁（下）的历史对数死亡率

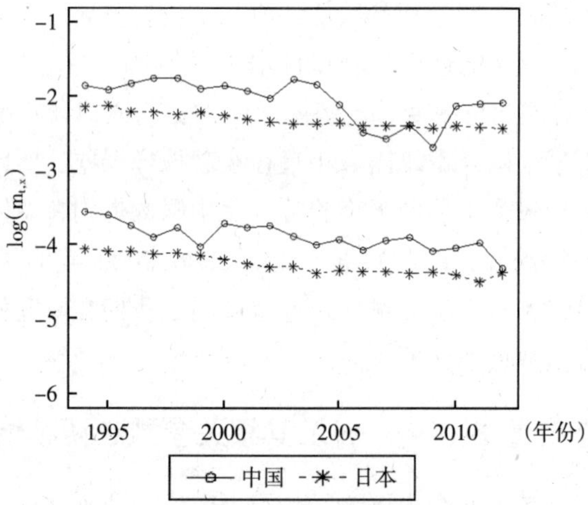

图2 中国和日本1994~2012年65岁（下）、84岁（上）的历史对数死亡率

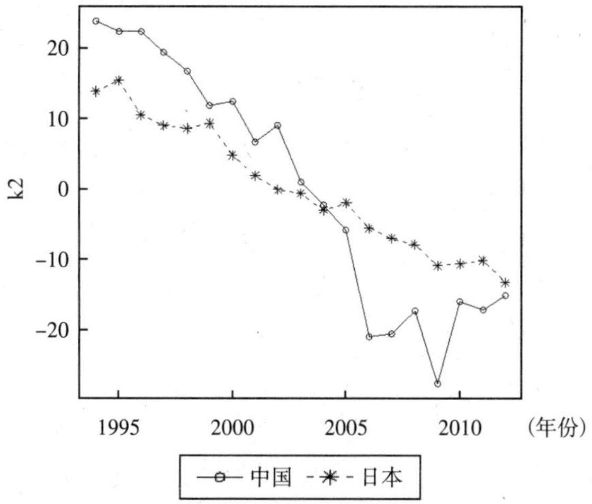

图 3　中国和日本 1994~2012 年 0~89 岁男性独立的时间效应的估计值

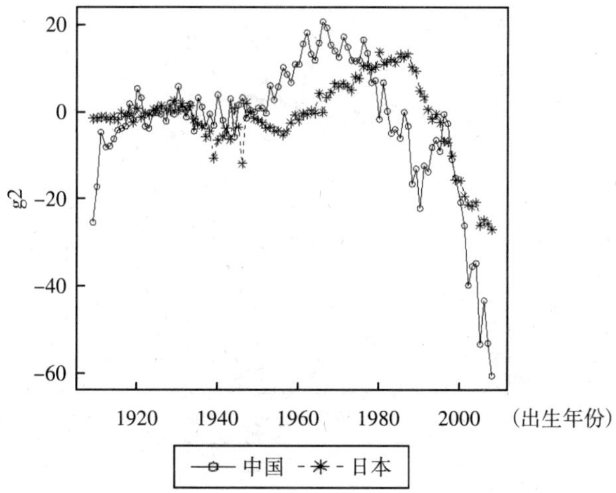

图 4　中国和日本 1994~2012 年 0~89 岁男性独立的队列效应的估计值

第二，我们考虑两个人群之间的引力效应，估计式（5）和式（7）中的状态变量参数 β_x、κ_t、γ_c，图 5、图 6 分别显示了中国 1994~2012 年 0~89 岁的男性人口对数死亡率分别在彼此独立和相互影响情况下的时间效应 κ_t 和队列效应 γ_c 的估计值。可以看出，考虑了引力效应后的 κ_t、γ_c 在形状上更加平缓，波动更小。

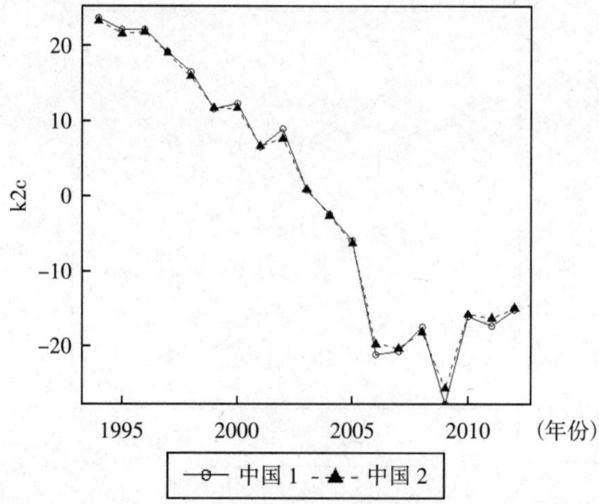

图5 中国1994~2012年0~89岁男性单人群和两人群的时间效应估计值

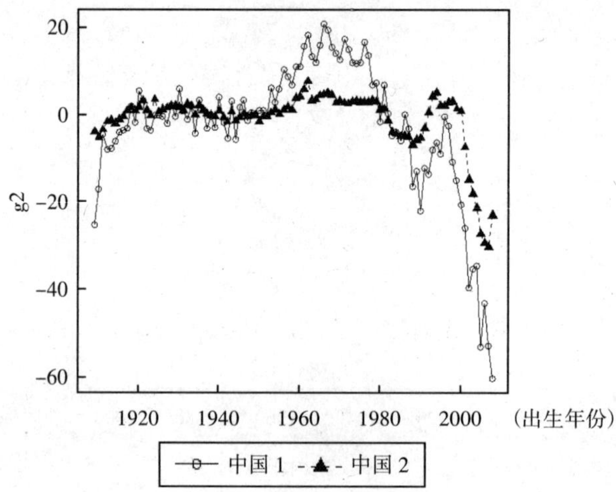

图6 中国1994~2012年0~89岁男性单人群和两人群的队列效应估计值

第三，两人群引力模型的参数估计。根据上述对时间效应和队列效应的估计结果$\hat{\kappa}_t$、$\hat{\gamma}_c$已可知，分别在相互独立以及考虑引力效应的情况下，估计日本和中国死亡率数据时间效应$\hat{\kappa}_t$和队列效应$\hat{\gamma}_c$的漂移项和方差。为了方便比较，我们写成矩阵的形式。

$$\hat{\mu} = \begin{pmatrix} \hat{\mu}^{(1)} \\ \hat{\mu}^{(2)} \end{pmatrix}, \quad \hat{V} = \begin{pmatrix} \hat{V}^{(11)} & \hat{V}^{(12)} \\ \hat{V}^{(21)} & \hat{V}^{(22)} \end{pmatrix}$$

式中，$\hat{\mu}^{(1)}$表示人群 1（日本）的漂移项估计值，$\hat{\mu}^{(2)}$表示人群 2（中国）的漂移项估计值，$\hat{V}^{(11)}$表示人群 1（日本）的状态变量的样本方差，$\hat{V}^{(22)}$表示人群 2（中国）的状态变量的样本方差，$\hat{V}^{(12)}$、$\hat{V}^{(21)}$表示人群 1 和人群 2 的状态变量的样本协方差。$\hat{\mu}(\hat{\kappa}_t)$，$\hat{\mu}(\hat{\gamma}_c)$，$\hat{V}(\hat{\kappa}_t)$，$\hat{V}(\hat{\gamma}_c)$ 分别表示针对状态变量$\hat{\kappa}_t$、$\hat{\gamma}_c$的漂移项和协方差矩阵。估计结果如表 1 和表 2 所示。

表 1 两个状态变量在独立模型和引力模型下的漂移项矩阵估计

μ	独立模型	引力模型
$\hat{\mu}(\hat{\kappa}_t)$	$\begin{pmatrix} -1.5067 \\ -2.1222 \end{pmatrix}$	$\begin{pmatrix} -1.5067 \\ -2.1065 \end{pmatrix}$
$\hat{\mu}(\hat{\gamma}_c)$	$\begin{pmatrix} -0.2553 \\ -0.4042 \end{pmatrix}$	$\begin{pmatrix} -0.2448 \\ -0.2361 \end{pmatrix}$

在引力模型下，$\hat{\phi}^{(\kappa)} = 0.1796$，这意味着中国人群死亡率的时间效应与日本数据存在着约 18%的引力效应。

表 2 两个状态变量在独立模型和引力模型下的方差矩阵估计

V	独立模型	引力模型
$\hat{V}(\hat{\kappa}_t)$	$\begin{pmatrix} 3.5408 & 0 \\ 0 & 31.6859 \end{pmatrix}$	$\begin{pmatrix} 3.5408 & 1.6518 \\ 1.6518 & 19.8921 \end{pmatrix}$
$\hat{V}(\hat{\gamma}_c)$	$\begin{pmatrix} 6.6965 & 0 \\ 0 & 27.4707 \end{pmatrix}$	$\begin{pmatrix} 6.7466 & 0.1102 \\ 0.1102 & 9.1355 \end{pmatrix}$

同样，在引力模型下，$\hat{\phi}^{(\gamma)} = 0.0639$，这意味着中国人群死亡率的队列效应与日本数据存在着约 6%的引力效应。其他参数估计不一一列出。

第四，两人群引力模型的状态变量的预测。我们利用上述估计结果，将日本、中国 1 和中国 2 的$\hat{\kappa}_t$和$\hat{\gamma}_c$在未来 20 年的预测值和 90%的置信区间计算出来，如图 7 和图 8 所示，无论是时间效应还是队列效应，中国 2 的预测值都高于中国 1 相应的情况，预测区间（图 7、图 8 中实线之间区域）幅度都比中国 1 情况下要小。

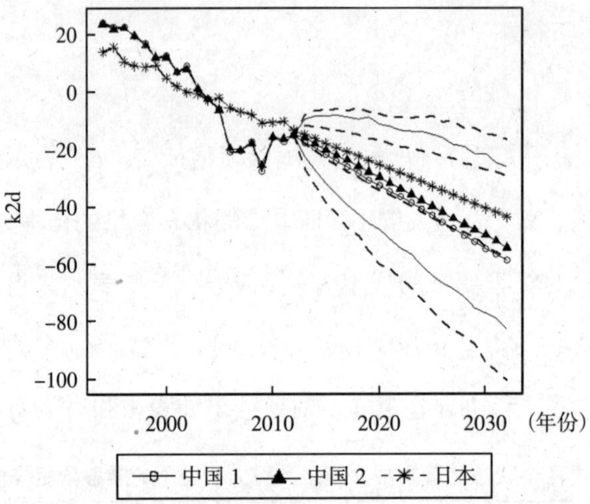

图7 中国1994~2032年0~89岁男性单人群和两人群的时间效应预测值及其90%置信区间

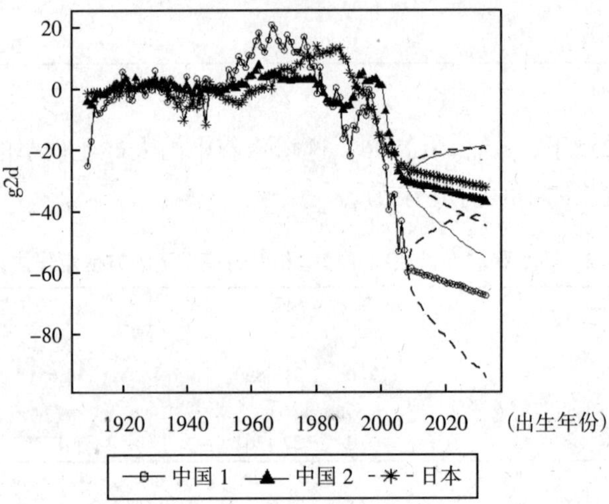

图8 中国1994~2032年0~89岁男性单人群和两人群的队列效应预测值及其90%置信区间

第五，我们运用公式估计出 β_x。就平均水平看，中国人口死亡率比日本在每个年龄上都要高，因此还有很大的改进空间。如果不考虑引力效应，中国在青少年阶段高估了死亡率，而在中年阶段低估了死亡率，如图9所示。

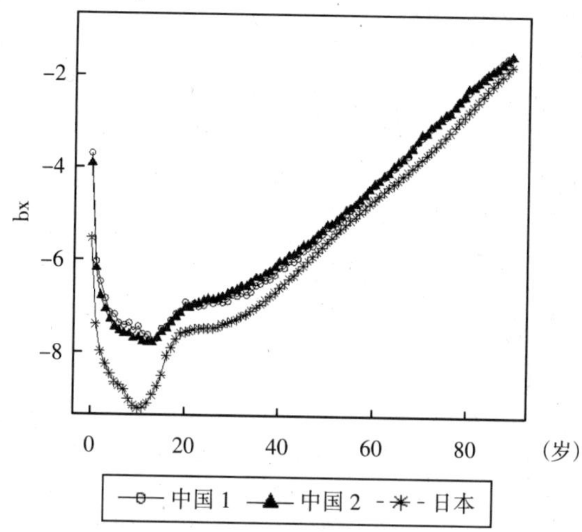

图 9 日本与中国 1994~2012 年 0~89 岁男性单人群和两人群的年龄效应 beta 估计值

四、引力模型估计结果与独立 APC 模型的比较

由于两人群引力模型在方法上与单人群模型有着很大不同，因此一些常用的拟合指标（如 BIC、MAPE）不能反映出这两种方法的优劣。我们采用回溯的方法看它们对已有数据预测的精度和方差，以及看哪种预测的结果更符合生物统计的特征。

（一）2010 年对数死亡率的预测值与真值的比较

我们选择 1994~2005 年的数据用上述两种方法拟合、预测了 2010 年的对数死亡率（准确的普查数据）。图 10 显示引力模型的预测值比独立模型的预测更接近真实值，并且前者更加光滑，更符合生物特征。

（二）2032 年对数死亡率的预测值与预测区间

图 11 显示了分别用独立模型和引力模型预测的 2032 年对数死亡率以及引力模型 90%的置信区间。独立模型预测值基本位于置信区间内，但显然波动幅度过大，不符合生物特征。我们还看到在 50 岁以上中高龄阶段两种方法预测值差异不大，但在低龄阶段独立 APC 模型明显低估了死亡率。这

与王金营、戈艳霞（2013）的研究相合。当存在漏报而导致低龄人口死亡率偏低时，根据这样的数据预测出来的结果自然也会低估死亡率。

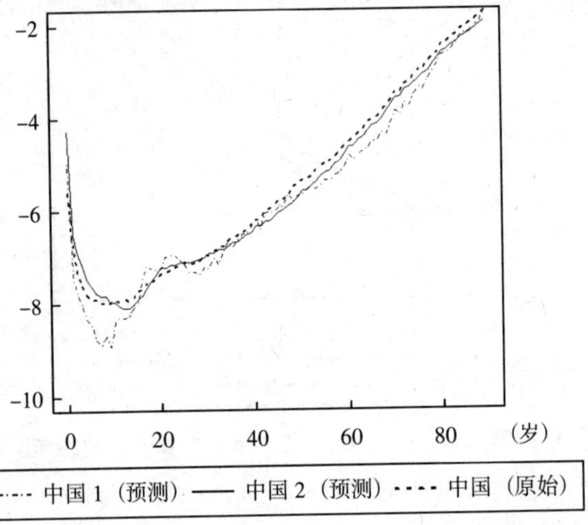

图10 用独立模型和引力模型预测的2010年对数死亡率与真实值的比较

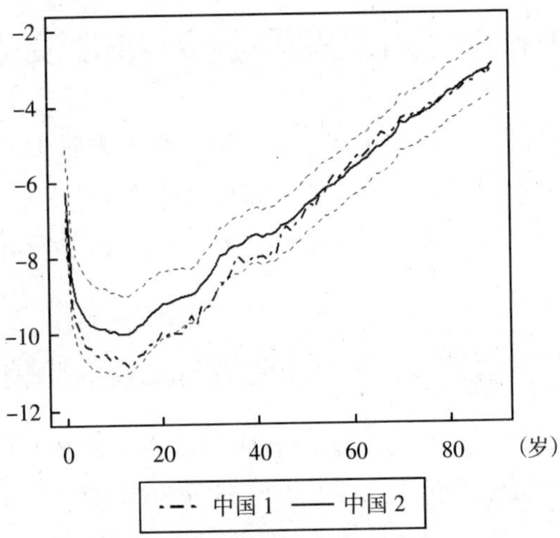

图11 用独立模型和引力模型预测的2032年对数死亡率以及预测区间

（三）0岁、20岁、65岁和84岁未来20年死亡率预测

图12和图13分别显示了中国男性0岁、20岁、65岁和84岁的人口在未来20年死亡率预测值和90%的置信区间。引力模型预测结果更为平滑，方差更小。

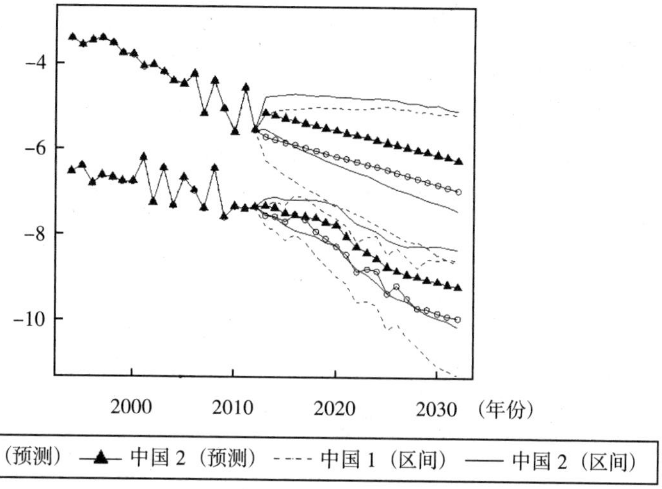

图 12 用两种方法预测中国男性 0 岁（上）、20 岁（下）的 2013~2032 年对数死亡率及其 90%置信区间

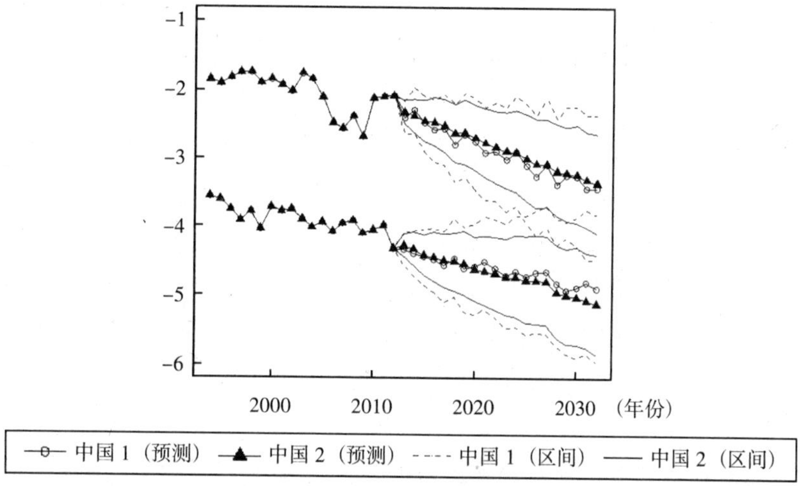

图 13 用两种方法预测中国男性 65 岁（下）、84 岁（上）的 2013~2032 年对数死亡率及其 90%置信区间

五、死亡率预测与养老金制度精算设计

中国现行基本养老保险制度是部分积累制，由社会统筹与个人账户组成，实际上是综合了现收现付制和完全积累制两种方式的优点。下面我们讨论死亡率估计在这两方面的应用。由于中国人口死亡率19年的数据中只有两个普查年份含有90~99年龄段的死亡率经验数据，因此对于其他年份以及预测年份90~99的高龄死亡率，段白鸽和孙佳美（2012）提出极值理论外推法计算高龄人口死亡率，在理论上具有一定的优势。出于简化的目的，我们仍采用Coale-Kisker法推算。

（一）未来老龄抚养比预测

在现收现付养老制度下，老龄抚养比是一个关键性的指标。我们利用2010年普查的分年龄分性别人口数和预测的死亡率估计2032年22岁以上分年龄性别的人口数，其公式为：

$$l_{t+s,x+s} = l_{t,x} \cdot \prod_{j=1}^{s} (1 - m_{t+j,x+j})$$

式中，$l_{t,x}$表示在t年的x岁的人口数目，将它乘以s年的累积生存概率，就可得第（t+s）年的（x+s）岁的预测总人口数。100岁以上人口数目较少，对于抚养比和年金估值影响不大，在这里忽略不计。

我们运用引力模型估计的死亡率数值预测2032年老龄抚养比为33.28%，而用独立模型估计的死亡率数值预测相应的结果为30.14%。后者低估了老年化严重的程度，而且误差较大。这是由于后者低估了婴幼少年人群的死亡率造成的。宋晓梧（2001）预测2030年老龄抚养比为21.7%，他的劳动人口年龄选择为15~64岁，如果我们简单地按比例调整为25.86%，仍然严重低估了抚养比。

（二）个人账户年金现值估算

在完全积累制下，个人必须积累足够的基金以便在退休后领取一定数额的养老金。一个简便的年金计算公式如下：

$$a_{t,x} = \sum_{j=1}^{s} \frac{l_{t+j,x+j}}{l_{t,x}} \cdot v^j + c_j$$

式中，$a_{t,x}$表示x岁的个人在t年时账户的现值，$\frac{l_{t+j,x+j}}{l_{t,x}}$表示x岁的人从t年到t+j年的存活率，v表示一定利率下的贴现因子，c_j代表个人从账户领取的金额，正数表示领取，负数表示向账户缴费。对于2012年65岁的男性而言，如果他退休后每年领取1万元退休金，在4%的利率水平下，利用引力模型结果估计其账户现值为 121178 元，独立模型结果估计为 120019 元，后者高估了老年人的死亡率，导致年金价值有约 1%的低估。

六、结 论

本文使用引力模型方法，借助于 APC 模型和日本相应的分性别分年龄的人口死亡率数据，对中国人口 1994~2012 年男性人口死亡率进行建模以及相应年金产品和养老金长寿风险的评估。我们将引力模型方法与独立 APC 模型的建模和预测结果进行对比，得出如下结论：

首先，对于中国现有的数据而言，我们的拟合与预测结果在考虑了引力效应的情况下更加平滑，方差更小。也就是说，这样的预测更加合理准确。

其次，引力模型的运用在直觉和实务中都是合理的，在中国数据的数量和质量上都较为缺乏的情况下，借鉴在人种、地域以及文化上较为相似的日本数据，会使我们的建模更加与生物规律吻合。

最后，准确的死亡率预测能够影响年金产品的定价和养老金框架的设计。利用引力模型估计的未来死亡率值表明养老金社会统筹的压力被严重低估。对于个人账户而言，短期内老年人口死亡率变化和差别都不大，年轻人口死亡率被低估也会使得账户积累制被低估。由于现在出生的婴儿经过约 20 年的成长才能成为劳动人口，所以无论怎样放开计划生育政策对 20 年内的老年抚养比几乎没有影响，而且会增加幼儿抚养比，从而增加劳动人口的实际负担。但是，20 年后当今的新生儿就会成为未来的劳动力，对降低抚养比从而减缓养老压力将起到积极的作用。

本文的研究在中青年阶段的预测仍有起伏，这可能会导致这阶段的人口死亡率被高估。我们可以加入更广泛的外部数据（比如中国香港、中国台湾）作为参考。另外，由于中国和日本两国经济的相互依存性，我们可以在未来考察中国和日本的利率方面的引力效应。这些可作为后续研究。

参考文献

[1] Cairns A. J. G., Blake D. and Dowd K. A Two-factor Model for Stochastic Mortality with Parameter Uncertainty: Theory and Calibration [J]. Journal of Risk and Insurance, 2006 (73): 687-718.

[2] Cairns A.J.G., Blake D., Dowd K., Coughlan G.D., Epstein D. and Khalaf-Allah M. Mortality Density Forecasts: An Analysis of Six Stochastic Mortality Models [J]. Insurance: Mathematics and Economics, 2001 (48): 355-367.

[3] Cairns A.J.G., Blake D., Dowd K., Coughlan G.D., Epstein D., Ong A., Balevich I. A Quantitative Comparison of Stochastic Mortality Models Using Data from England & Wales and the United States [J]. North American Actuarial Journal, 2009 (13): 1-35.

[4] Dowd Kevin, Cairns A.J.G., Blake D., Coughlan G.D. and Khalaf-Allah M. A Gravity Model of Mortality Rates for Two Related Populations [J]. North American Actuarial Journal, 2011 (15): 334-356.

[5] Hyndman R. J., Ullah M. S. Robust Forecasting of Mortality and Fertility Rates: A Functional Data Approach [J]. Computational Statistics & Data Analysis, 2007 (51): 4942-4956.

[6] Lee R.D. and Carter L.R. Modeling and Forecasting U.S. Mortality [J]. Journal of the American Statistical Association, 1992 (87): 659-675.

[7] Li J.S.-H. and Hardy M.R. Measuring Basis Risk in Longevity Hedges [J]. North American Actuarial Journal, 2011, 15 (2): 177-200.

[8] 段白鸽，孙佳美. 极值理论在高龄死亡率建模中的应用 [J]. 数量经济技术经济研究，2012 (7).

[9] 段白鸽. 动态死亡率建模与长寿风险量化研究评述 [J]. 保险研究，2015 (4).

[10] 范勇，朱文革，汪丽萍. 用带趋势的 ARIMA 模型分年龄预测死亡率 [J]. 保险研究，2015 (5).

[11] 金博轶. 动态死亡率建模与年金产品长寿风险的度量——基于有限数据条件下的贝叶斯方法 [J]. 数量经济技术经济研究，2012 (12).

[12] 宋晓梧，韩大卫. 完善养老保险确保老有所养 [M]. 北京：企业管理出版社，2001.

[13] 王洁丹，朱建平，付荣. 函数型死亡率预测模型 [J]. 统计研究，2013 (9).

[14] 王金营，戈艳霞. 2010 年人口普查数据质量评估以及对以往人口变动分析校正 [J]. 人口研究，2013 (1).

[15] 王晓军，赵明. 中国高龄人口死亡率随机波动趋势分析 [J]. 统计研究，2014 (3).

[16] 吴晓坤，王晓军. 中国人口死亡率 Lee-Carter 模型的再抽样估计、预测与应用 [J]. 中国人口科学，2014 (1).

我国区域污染排放差异变化及其收入阈值的非线性检验

王志涛[1,2] 齐红倩[1,2]
（1. 吉林大学数量经济研究中心，长春 130012；
2. 吉林大学商学院，长春 130012）

一、引 言

近年来，大气污染、环境治理已成为我国经济发展无法回避的问题，大范围的环境污染不仅给我国经济带来严重损失，也给居民健康造成了巨大危害。为有效遏制污染势头的蔓延，各级政府均加大了环境污染的治理力度，但与此同时，部分地区为达标完成减排任务，出现了年末突击、盲目照搬效仿等非理性治理现象。这种不顾区域经济发展实际的非科学治理模式不仅不可持续，而且极易导致低效治理、重复治理等问题。考虑到我国幅员辽阔，受区域经济、人口分布以及科技发展水平影响，各地污染排放强度以及综合治理能力均存在显著差异。因此就治理层面而言，准确掌握污染排放的区域性差异，将有助于政府有的放矢地制定节能减排政策，保证地区经济更高质量的发展。

［作者简介］王志涛，男，汉族，1986 年 9 月生，河南信阳人，吉林大学商学院，数量经济学博士研究生，中国数量经济学会会员；研究方向为生态经济，计算统计；单位地址：长春市前进大街 2699 号；邮政编码：130012；联系电话：13614407859；邮箱：wt2088@hotmail.com。齐红倩，女，汉族，1962 年 11 月生，吉林长春人，吉林大学数量经济研究中心暨商学院教授，博士生导师，经济学博士，中国数量经济学会会员；研究方向为微观生态经济计量；单位地址：长春市前进大街 2699 号；邮政编码：130012。

从现有研究看，目前学术界对区域污染及防治的研究主要集中在污染损失评价与污染关联因素分析上，相关学者的理论研究表明，引起区域间环境污染差异的主要潜在因素可归结为如下几方面：①区域收入差异。依据环境库兹涅茨曲线理论，区域环境污染将随人均收入的增长呈倒“U”形的变动趋势。②区域环境规制差异。环境规制具有双重效应，遵循成本假说指出，环境规制将直接导致企业成本的上升；而依据波特假说，适度提升环境规制水平将有助于推动企业自主创新，地方政府规制强度选择不同，相应区域污染排放水平也存在显著差异。③产业结构差异。一般而言，随着产业结构的不断优化，区域污染排放强度将不断降低，但总体上环境污染企业多集中于以工业为主的第二产业区域（Costantini and Mazzanti et al.，2013；Sueyoshi and Yan，2015；肖挺和刘华，2014；邹庆和陈迅等，2014）。基于上述理论[①]，Poon 和 Casas（2006）与 Matus 等（2012）分别利用时间序列和面板截面数据，对不同地区因要素赋存不同而引致的污染排放差异进行实证检验。从学者们的研究结论可知，学术界对环境污染与经济增长（收入增长）间是否存在倒“U”形关系依然存在分歧（Brajer and Mead，2008；Victor and Robert，2011），但多数学者均认同两者间存在着非线性关系。在产业结构及环境规制方面，Su 等（2011）、牛海鹏和朱松（2012）的研究证实，在长期视角下，无论是产业结构优化，还是环境规制的加强均能有效降低环境污染。

通过梳理我们发现，在污染衡量指标的选择上，受我国特有能源消费结构及相关统计数据质量影响，在国内省域中长期污染排放研究中，学者们一般选择二氧化硫排放总量、浓度或强度等作为主要污染衡量指标[②]，但相关研究很少从结构特征的角度对二氧化硫的排放来源做进一步区分，这间接削弱了治理污染减排的针对性，例如对于一般省市而言，二氧化硫排放主要集中于工业领域，但对于北京、上海、江苏等部分较发达省市而言，民用领域的二氧化硫排放则较为突出，因此从治理效率和治理成本的角度看，笼统的

① 对于外商直接投资（FDI）是否为引起我国区域污染排放差异的潜在因素，目前学术界尚存争议。曾贤刚（2010）与林季红和刘莹（2013）的研究表明，在考虑环境规制的内生性特征后，外商直接投资的“污染天堂假说”在我国并不真实存在。同时考虑到当前我国多数省份外商直接投资占地区生产总值份额相对较少，因此本文在下文分析中并未将其列为主要影响因素。

② 选用二氧化硫作为主要污染衡量指标，除二氧化硫中长期统计数据质量较高外，还另外考虑了两方面因素：一方面，长期以来煤炭在我国能源结构比重中占 65%以上份额，而燃煤的主要污染物便为二氧化硫；另一方面，2014 年战略研究机构兰德公司的中国污染调研报告表明，我国环境污染以空气污染最为严重，空气污染成本约占我国 GDP 总量的 6.5%，约为水污染和土壤污染总治理成本的 2 倍。

总量或强度指标分析也无法体现治理差异。在区域污染排放差异研究中，基于要素引致思维，众多学者主要从区域要素赋存差异的角度对区域污染排放变动进行深入探讨，一定程度上揭示了我国污染排放的区域差异特征和趋势，但无法回避的是，由于缺少内部结构上的地域排放差异分解分析，要素引致分析仅能揭示区域污染排放差异的外部影响特征，而区域间和区域内差异分化和集聚特征却难得显现。

以上述观点为基础，本文利用 2003~2012 年 30 个省份的环境面板数据，分析我国区域污染排放的差异特征和变动趋势，并从分区治理角度探讨当前我国的区域污染治理对策。同时考虑到不同地区工业化水平不同，且经济落后地区多处于刚性排放上升期，因而本文在对策分析中并未直接按区域污染排放强度进行比例化减排分担的讨论，而是主张结合 EKC 理论和地区经济发展实际，并依据区域收入水平采取分区域、阶段化的治理。因此在完成区域污染排放的差异测度后，本文在实证部分进一步探讨了高收入地区和低收入地区在不同收入水平上的污染排放变动特征。最后文章对我国污染排放的收入门槛格局和空间分布差异进行总结和归类，为不同省份有针对性地实施污染减排措施提供参考。

本文主要学术贡献：一是利用泰尔指数完成了对我国工业二氧化硫排放的三区域分解，并对区域污染排放的内部差异进行了研究。考虑到我国生活二氧化硫排放主要源于基础民生领域，不但排放较为分散，而且减排弹性较小，具有短期内难以规制的特点，因此本文将占我国二氧化硫排放总量 80%以上的工业二氧化硫作为污染排放结构分解的测量主体，以此提高区域对比性和加强减排针对性。二是在减排对策分析中，本文主要基于区域收入水平特征进行研究，相对于一般研究中按污染排放水平进行地域划分的分析方法，按收入划分不仅避免了组内省份差异过大问题，而且也更符合 EKC 曲线变动趋势特征和我国地方发展实际。三是在以人均 GDP 为门槛变量的污染排放与收入阈值的检验过程中，针对普通面板门槛回归并不能精准地反映出变量系数的平滑转移趋势问题，本文利用 PSTR 模型分别探讨了不同收入区域污染排放的阶段性特征。

二、我国污染排放的区域差异描述及分解

（一）可视化差异描述

为从直观上考察我国污染排放的总体差异，本文基于各省市的单位增加值和区域人口数，利用 GeoDa 软件分别绘制了 2003 年与 2012 年各省工业二氧化硫排放强度的可视分布示图（见图 1~图 4）。由于数据可获取性的原因，图中所列省份并未包含我国港澳台地区，各省市采用五种不同程度的颜色标记，颜色越深表示排放强度越高。

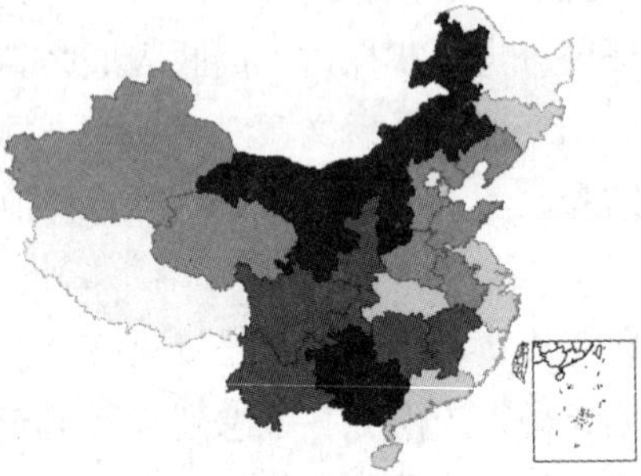

图 1 2003 年单位工业增加值排放强度示意图

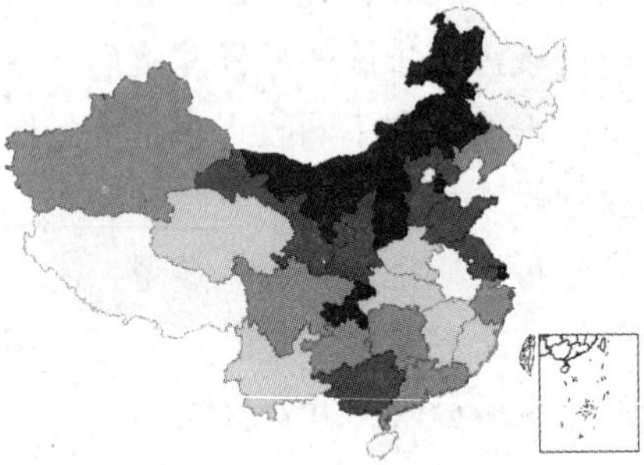

图 2 2003 年人均排放强度示意图

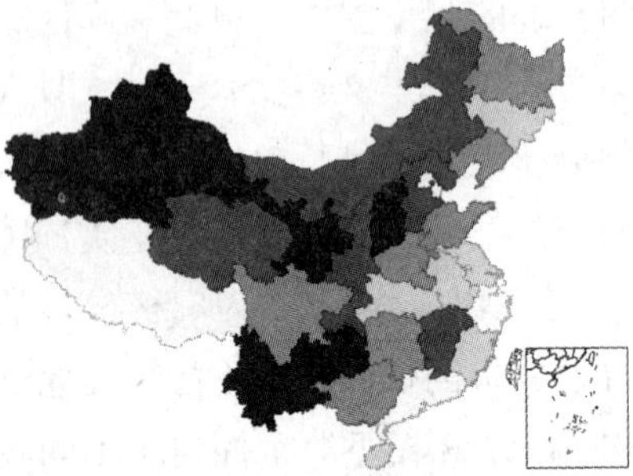

图 3 2012 年单位工业增加值排放强度示意图

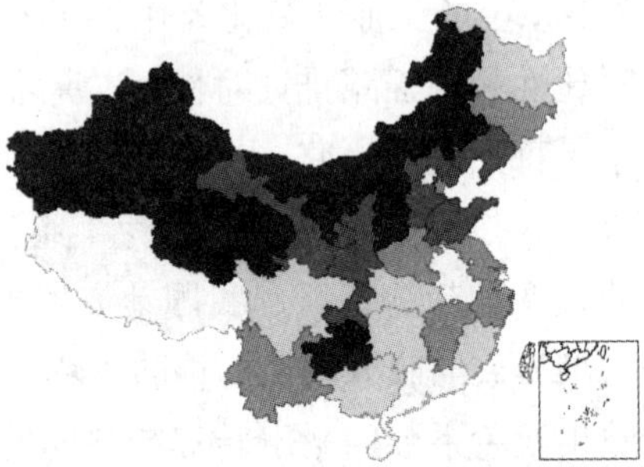

图 4 2012 年人均排放强度示意图

从以上图中可以看出，我国区域污染排放存在较为显著的非均衡性差

异。2003 年基于单位工业增加值的观测结果显示：西部[①] 宁夏地区排放强度最高（1803 吨/亿元），内蒙古、山西、甘肃、贵州以及广西均处于较高排放水平，而北京、黑龙江、福建、广东、西藏等地区排放强度相对较低；基于人均水平的排放观测也表明类似结论，即宁夏、内蒙古、山西、天津、重庆、广西排放强度较大，北京、安徽、黑龙江、海南、西藏等地区相对较低。整体上看，2003 年观测结果表明，除黑龙江、吉林、西藏等省份外，我国中西部地区整体排放强度较大，东部地区除山东、辽宁等省份外，整体强度相对较低；2012 年基于单位工业增加值的观测结果表明，宁夏地区排放强度虽有所降低，但仍为我国排放水平最高的地区（448 吨/亿元），山西、甘肃、贵州等传统高排放区域污染排放强度依旧较高，而北京、天津等发达省市，以及上海、浙江、广东等沿海省份的排放强度降低明显。这一结论也与人均排放强度的观测结果高度吻合，即 2012 年我国西北、西南以及山西等中部省市排放强度较高，西藏及东部沿海区域排放强度相对较低。

总体看，这种格局变动也与我国经济发展实际相符。2003 年高污染排放区域主要集中于中部以及山东、辽宁等部分东部地区，但随着中部崛起战略的实施以及发达区域落后产能的调整和环境规制的加强，多数东部省市污染强度开始降低，中部区域则出现南北分化，而重污染区域也开始沿西北和西南两条路径向外辐射。截至 2012 年，除宁夏、山西、内蒙古等传统高排放地区外，以新疆、青海为代表的西北省份以及以云南、贵州为代表的西南省份均成为新进的高排放区域。与此形成鲜明对比的是天津、上海、江苏、广东等沿海发达省份污染排放强度均显著降低。虽然利用可视图表能够直观形象地揭示我国各区域污染排放差异状况，但并不能反映出各阶段排放差异的真实水平以及排污结构状况，因此只有对排放差异作结构分解分析才能有针对性地找到解决对策。

（二）区域排放差异的分解

（1）差异分解测算方法。对于区域要素差异的测量当前主要有以下 3 类方法：①合成指数法。通常用于衡量区域差异的合成指数有基尼系数、变异

---

① 依据国家统计局三大经济带划分，东部区域为北京、天津、河北、辽宁、上海、江苏、浙江、福建、山东、广东、广西、海南 12 个省份；中部区域为山西、内蒙古、吉林、黑龙江、安徽、江西、河南、湖北、湖南 9 个省份；西部区域为四川、重庆、贵州、云南、陕西、甘肃、宁夏、青海、新疆、西藏 10 个省份。

系数等，该类指数能够客观地反映区域的整体差异水平，但并不能体现区域内部的差异化结构变动，即不能深入阐释何地存在差异的问题。②空间差异指数法。空间计量理论认为，地域相连的空间单元在同质属性领域存在一定的地理关联特征，因此借助于对空间 Moran 指数、G 指数等整体和局部指标的测算，空间指数能够有效识别区域要素空间关联度差异。但需要说明的是，这种差异的衡量仅仅能够揭示出区域内要素集聚水平的差异，并不能反映区域间的差异水平。③指数分解方法。与上述方法不同，指数分解法通过对指标内部结构的分解，不但能反映出区域差异的整体水平，也能够客观展示区域间的横向结构差异。常用的衡量区域能源及排放差异的指标有迪氏指数（LMDI）和泰尔指数（Theil index），本文对于区域污染排放差异的测量选取应用更为广泛的泰尔指数。相比于上述方法，泰尔指数具有区域差异可分解、变量同比变化时差异不变，以及能够反映区域间转移补偿差异等特征。依据 Theil（1967）对泰尔指数的定义，泰尔指数取值范围为 0~1，数值越接近于 1，表明区域差异越大，反之，则表明区域差异越小。借鉴 Shorrocks（1980）以及杨骞和刘华军（2012）的泰尔指数结构差异分解思路，本文对泰尔指数测量公式作如下设定：

$$T=\sum_i\sum_j\left(\frac{S_{ij}}{S}\right)\ln\left(\frac{S_{ij}/S}{N_{ij}/N}\right) \tag{1}$$

式（1）中，i 表示省份，j 表示区域，T 表示污染排放总体泰尔指数，S 表示全国工业二氧化硫排放总量，S_{ij} 表示区域 j 内第 i 个省份工业二氧化硫排放量。N 代表全国工业增加值总量，N_{ij} 表示区域 j 内第 i 个省份的工业增加值。

为进一步测算区域间及区域内差异水平，令 T_m 表示区域 j 内各省份间的工业二氧化硫排放量差异，总体泰尔指数可分解为如下形式：

$$T_m=\sum_i\left(\frac{S_{ij}}{S_j}\right)\ln\left(\frac{S_{ij}/S_j}{N_{ij}/N_j}\right) \tag{2}$$

总体：

$$T=T_{wr}+T_{br}=\sum_j\left(\frac{S_j}{S}\right)T_m+T_{br} \tag{3}$$

组内：

$$T_{wr}=\sum_j\left(\frac{S_j}{S}\right)T_m=\sum_i\sum_j\left(\frac{S_j}{S}\right)\left(\frac{S_{ij}}{S_j}\right)\ln\left(\frac{S_{ij}/S_j}{N_{ij}/N_j}\right) \tag{4}$$

组间：

$$T_{br}=\sum_{j}\left(\frac{S_j}{S}\right)\ln\left(\frac{S_j/S}{N_j/N}\right) \tag{5}$$

式（5）中 T_{wr} 与 T_{br} 分别表示组内泰尔指数与组间泰尔指数，S_j 表示区域 j 内工业二氧化硫排放总量，N_j 表示区域 j 内的工业增加值总量。

此外，为考察总体差异中区域内与区域间差异的相对贡献程度，本文以 T_{wr}/T 与 T_{br}/T 分别表示区域内和区域间排放差异对总体排放差异的贡献度，并以加权处理后的泰尔指数占比，即 $(T_m/T)\times(S_j/S)$ 表示组内差异中各个子区域的差异贡献水平。

（2）整体排放差异分解。为精确度量我国污染排放的区域性差异特征，本文以工业增加值为权重，利用公式（2）、公式（4）、公式（5）测算 2003~2012 年我国工业二氧化硫污染排放的泰尔指数及其增长率，如表 1 所示。

表 1 2003~2012 年我国整体泰尔指数及其增长率

年份	泰尔指数	增长率	年份	泰尔指数	增长率
2003	0.3092	—	2008	0.2641	-0.0520
2004	0.2927	-0.0534	2009	0.2523	-0.0447
2005	0.2763	-0.0560	2010	0.2497	-0.0103
2006	0.2936	0.0626	2011	0.2823	0.1306
2007	0.2786	-0.0511	2012	0.2793	-0.0106

注：数据为作者计算整理所得，相关指标原始数据源于历年《中国环境统计年鉴》和各省市统计年鉴，此外考虑到数据的连续完整性及对比性，表中计算未包含我国西藏自治区及港澳台地区，下文均相同。

表 1 总体泰尔指数测量结果表明，我国区域污染排放存在较为显著的差异性特征。污染排放强度差异最大和最小的年份分别为 2003 年（泰尔指数为 0.3092）与 2010 年（泰尔指数为 0.2497）。从泰尔指数增长率变动看，2003~2012 年我国污染排放差异整体呈指数衰减态势，但 2010 年以后泰尔指数触底回升，表明近年来我国污染排放差异出现了一定的反弹势头。造成这种污染排放前降后升的原因为：一方面，排放差异真正开始逐年走低的时期主要集中于“十一五”期间，这一时期我国经济整体发展迅速，钢铁、水泥等高能耗产业逐渐趋于饱和，因而国家重点加强对该类污染密集型行业和地区的治理力度，部分地区为顺利完成减排目标，甚至实施了拉闸限电等极端政策，这也直接导致了“十一五”末期我国整体排放差异降到历年最低水平；另一方面，2010 年以后，受次贷危机及之后的欧债危机等外部因素的

滞后影响，我国经济增速明显放缓，为保增长、稳就业，政府随即启动了以基础设施建设为主的一揽子投资计划，受区域投资差异及东部污染产业内迁影响，区域污染排放差异出现了回弹趋势。

（3）三区域排放差异分解。为进一步分析区域间和区域内污染排放的结构差异，本文分别测算了区域内以及区域间的泰尔指数，并以东、中、西三区域为例对区域内泰尔指数进行分解，进而以各区域工业增加值为权重测算了各泰尔指数贡献率，如表2所示。

表2 东、中、西三区域泰尔指数及其贡献率

年份	泰尔指数					泰尔指数贡献率				
	东部	中部	西部	区域内	区域间	东部	中部	西部	区域内	区域间
2003	0.1309	0.2630	0.0746	0.2101	0.0991	0.3080	0.2108	0.1608	0.6796	0.3204
2004	0.1302	0.1922	0.0582	0.1833	0.1094	0.2785	0.1980	0.1497	0.6262	0.3738
2005	0.1346	0.1130	0.0637	0.1625	0.1138	0.2587	0.1942	0.1355	0.5883	0.4117
2006	0.1343	0.1080	0.1091	0.1670	0.1266	0.2414	0.1862	0.1410	0.5686	0.4314
2007	0.1361	0.0845	0.1003	0.1574	0.1212	0.2404	0.1848	0.1397	0.5648	0.4352
2008	0.1297	0.0865	0.0836	0.1483	0.1158	0.2363	0.1862	0.1390	0.5615	0.4385
2009	0.1303	0.0893	0.0816	0.1436	0.1087	0.2367	0.1910	0.1415	0.5692	0.4308
2010	0.1218	0.1052	0.097	0.1494	0.1003	0.2454	0.2028	0.1502	0.5984	0.4016
2011	0.1173	0.1063	0.1883	0.1705	0.1118	0.2359	0.2048	0.1634	0.6040	0.3960
2012	0.1154	0.1129	0.1907	0.1706	0.1087	0.2374	0.2070	0.1664	0.6108	0.3892
均值	0.1281	0.1261	0.1047	0.1663	0.1115	0.2519	0.1966	0.1487	0.5971	0.4029

注：数据为作者计算所得。相关指标原始数据源于历年《中国环境统计年鉴》和各省市统计年鉴。

从泰尔指数结构分解看，区域间泰尔指数整体较为稳定，而区域内泰尔指数变动则具有明显的两阶段特征，2009年以前逐年降低，2009年以后有小幅回升。具体到各个时期，区域内泰尔指数（均值0.1663）均大于区域间泰尔指数（均值0.1115），表明2003年以来，我国污染排放的主要差异为区域内差异。对区域内泰尔指数进行三区域分解后发现，2005年以前，中部区域排放差异最大、西部最小，东部区域处于中间水平，2005年以后，东部区域排放差异小幅回落，中部区域排放差异在迅速降低后反弹至与东部相当水平，而西部区域差异则迅速拉大，泰尔指数值由2005年的0.0637上升至2012年的0.1907。从三区域泰尔指数贡献率看，历年区域内泰尔指数贡献率均位于60%左右，表明区域内差异是我国污染排放强度差异的主要方面。进一步对区域内差异进行分解可知，东部地区对总体差异的贡献接近25%，中部次之，接近20%，西部大致为15%。

从整体变动趋势上看，近年西部地区污染排放差异正快速上升，结合前文 2003 年与 2012 年污染排放强度的变动可视图可知，这种差异变动主要表现为西北和西南两个区域相对污染强度的大幅提升。其原因为：一方面，随着东部发达地区居民收入水平的提升，不仅区域环境规制强度随居民对个体健康要求的上升而增强，而且区域产业结构也将随劳动力成本的提高而被迫转型升级，这都将促使一批高污染、高能耗产业逐步转移到经济相对落后的中西部地区，并且相比中部地区，西部地区并不具有地域临近优势，加之整体基础设施相对落后，因而整体上西部地区的污染排放强度相对较高；另一方面，西部地区内部各省份间的经济发展也存在较大差异，尤其是地缘劣势更为明显的西北和西南地区，长期落后的经济发展使该区域对于经济发展具有更为迫切的需求，但从产业转移承接的视角看，该区域所承接企业的数量和质量均落后于西部其他地区，而极易成为未来重污染产业的“集聚池”，这也间接拉升了西部地区内部的排放差异。

此外，对比三区域泰尔指数值可以发现，虽然近年西部地区的泰尔指数已经高于中部、东部区域，但差异贡献度分析表明，西部地区对总体差异的贡献度却小于中部、东部地区。这主要与排放权重系数有关（现阶段中部和东部区域工业二氧化硫排放量占全国排放总量的 70%以上，因而对总体差异的影响较大）。由此可见，今后一段时期，在有效控制中部、东部区域的排放规模的同时，政府应当采取有效措施及时遏制西部地区污染排放差异的进一步扩大。作为进一步研究我国区域污染治理对策的基础，本文利用面板平滑转换模型，对我国不同收入区域的污染排放阈值特征进行定量考察。

三、环境污染与收入关系的计量模型及数据选取

（一）面板平滑转换模型

对于环境污染与收入关系的探讨，多数研究均基于环境库兹涅茨曲线（EKC）理论①。但当前学者们对 EKC 曲线在我国是否成立依旧存在一定争

① 邹庆和陈迅等（2014）以及 Matus 等（2012）学者均对 EKC 理论做过详细阐述，考虑篇幅此处不再做重复介绍。

议。相关研究表明，我国环境污染与居民收入水平间既有符合EKC曲线的倒"U"形结论，同时存在"U"形、"N"形以及"W"形等其他结论（Poon and Casas，2006；Brajer and Mead，2008；Victor and Robert，2011；Matus et al.，2012；林伯强和蒋竺均，2009），虽然所得结论不尽一致，但多数学者的研究结论均排除了两者存在线性关系的可能。基于这种非线性假设，本文选择González和Teräsvirta（2005）提出的面板平滑转换（PSTR）模型对不同收入阶段我国各区域污染排放差异进行研究。相对于传统门槛回归模型，由于PSTR模型在分析变量非线性关系时能够实现估计系数的平滑转换，因而能够更精准地刻画截面数据在不同时点上的异质性特征。基于González和Teräsvirta（2005）与Fouquau等（2008）的相关理论，本文建立的PSTR模型形式如下：

$$Y_{it} = \mu_i + \beta_{11} PGDP_{it} + \beta_{12} IE_{it} + \beta_{13} IS_{it} + \beta_{14} ER_{it} + \sum_{r=1}^{r} (\beta_{21}^r PGDP_{it} + \beta_{22}^r IE_{it} + \beta_{23}^r IS_{it} + \beta_{24}^r ER_{it}) g_r(q_{it};\ \gamma,\ c) + \varepsilon_{it} \tag{6}$$

式（6）中，i表示省份、t表示年份，r为非线性转换函数个数[①]，被解释变量Y_{it}为区域污染排放强度。解释变量PGDP、IE、IS、ER分别表示人均GDP、能源强度、产业结构以及环境规制强度，β表示变量的估计参数，μ_i表示个体固定效应参数，ε_{it}表示随机扰动项。转换函数g（q_{it}；γ，c）为关于转换变量q_{it}的连续函数，其中，γ为体现绝对转换速度的平滑参数，c为转换函数的m维位置参数（c_1，c_2，c_3，…，c_m）[②]，g（q_{it}；γ，c）的Logistic函数形式如下：

$$g(q_{it};\ \gamma,\ c) = \left[1 + \exp\left(-\gamma \prod_{j=1}^{m} (q_{it} - c_m)\right)\right]^{-1} \tag{7}$$

$$(\gamma > 0,\ c_1 \leqslant c_2 \leqslant c_3 \leqslant \cdots \leqslant c_k)$$

由式（7）知，当q_{it}趋近于无穷时，PSTR模型将存在两种体制状态：当$q_{it} \to +\infty$时，转换函数g（q_{it}；γ，c）→1，此时式（6）对应的体制被称为高体制；当$q_{it} \to -\infty$时，转换函数g（q_{it}；γ，c）→0，此时式（6）所对应的体

① 利用PSTR模型进行分析时，必须首先对模型的线性特征进行检验。对于符合非线性特征的模型，则需对其进行逐级非线性残余检验，以确定非线性转换函数r的个数。一般可以对r = 0处的转换函数进行泰勒展开，而后通过构建LM或F统计量进行判定，详细过程可参见Fouquau等（2008）。

② 依据González和Teräsvirta（2005）以及Colletaz和Hurlin（2006）的研究成果，位置参数个数一般为1或2，具体可以利用不同位置参数下模型估计参数的拒绝强度以及AIC、BIC值进行辅助判定。

制被称为低体制。因而，当转换函数 $g(q_{it};\gamma,c)\in(0,1)$ 时，PSTR 模型即能实现估计系数在高低体制间的平滑转换。

此外，考虑两种特殊情形，当 $\gamma\to 0$ 或 $q_{it}=c$ 时，$g(q_{it};\gamma,c)=0.5$，PSTR 模型将转变为普通线性固定效应模型；而当 $\gamma\to+\infty$ 时，转换函数将在位置参数附近直接跳跃，此时 PSTR 模型将转换为一般面板门槛模型。可见，普通线性固定效应模型与面板门槛模型均可视为 PSTR 模型的特殊形式。在式（6）的基础上，为分析污染排放强度与区域收入水平的直接关系，本文进一步计算了污染排放的收入弹性，如式（8）所示：

$$\varphi_{it}=\frac{\partial Y_{it}}{\partial PGDP_{it}}=\beta_{11}+\sum_{r=1}^{r}\beta_{21}^{r}g(q_{it};\gamma,c)+\sum_{r=1}^{r}(\beta_{21}^{r}PGDP_{it}+\beta_{22}^{r}IE_{it}+\beta_{23}^{r}IS_{it}+\beta_{24}^{r}ER_{it})\frac{\partial g_{r}(q_{it};\gamma,c)}{\partial PGDP_{it}} \tag{8}$$

由式（8）知，PSTR 模型对于变量收入弹性的测量主要包含线性和非线性两个方面，实际弹性系数为线性弹性系数与加权转换后非线性系数的加总。

（二）变量选取与处理

基于 Costantini 和 Mazzanti 等（2013）、肖挺和刘华（2014）等关于域间环境污染差异潜在因素的总结，本文在实证研究中将区域污染排放强度设为被解释变量，将区域人均收入水平作为门槛变量和核心解释变量，并以能源强度、产业结构及区域环境规制作为控制变量，分别表示区域科技水平、产业优化水平以及政府治理对于污染排放的影响。相关数据以 2003 年为基期进行了转换，同时为降低异方差影响，更加直观地反映出变量弹性水平，本文在收入阈值检验中对所有变量均取对数处理。

被解释变量区域污染排放强度用工业二氧化硫排放强度进行衡量，并用区域工业二氧化硫排放量与实际工业增加值的比值表示（单位：吨/亿元），其中，工业增加值为区域名义工业增加值占地区生产总值的比重乘以各地区实际生产总值（实际生产总值为利用历年各省 GDP 指数进行调整后的值），数据源于《中国环境统计年鉴》（2004~2013）。门槛变量和核心解释变量为人均收入水平，以人均 GDP 表示，为各省实际生产总值与区域人口数的比值（单位：元/人），其中，区域人口为上年末人口与本年末人口的平均值，相关数据源于中经网统计数据库与各省历年统计年鉴。

控制变量中能源强度为年度总能耗与地区实际生产总值的比值（单位：万

吨标准煤/亿元)。此外，参考肖挺和刘华（2014）及沈能（2012）等文献处理方法，本文选择各地生产总值中第二产业占比表示产业结构状况，并以废气治理完成投资与工业二氧化硫排放总量之比表示区域环境规制强度，相关控制变量数据均源于历年各省市统计年鉴与《中国环境统计年鉴》(2004~2013)。

四、实证结果及分析

参考Fouquau等（2005）与Gonzalez和Hurlin（2006）关于PSTR建模的相关理论，本文在分析前首先对模型进行非线性检验，如果检验结果符合PSTR模型的先决条件，则进一步确定模型非线性转换的个数以及位置参数个数；而后利用非线性最小二乘法对变量参数进行估计，并对模型拟合结果进行评价和解释。上文分析表明，我国高排放强度区域主要集中于收入水平相对较低的西部地区和少数中部省份，而低排放强度区域主要分布于收入水平相对较高的东部以及多数中部省份。因此，考虑到传统东、中、西三区域划分并未完全依照收入等级进行，为体现出不同收入地区的污染排放差异，在收入阈值检验过程中，本文依据人均收入水平差异将现有省份划分为两个收入等级。参考日、韩等发达国家在人均GDP越过3000美元门槛后，不仅产业升级逐步加快而且经济发展也较前一阶段有大幅提升，本文也将这一水平作为分类标准，并利用MATLAB2008a软件分别对19个人均GDP相对较高区域和11个相对较低区域进行收入阈值检验①。

（一）PSTR模型的检验

由于在小样本情形下，F统计量比卡方统计量具有更好的渐进性特征，因此本文选用基于Fisher思想的F统计量作为模型线性与非线性残余检验的统计量。不同位置参数下的线性检验与非线性残余检验结果如表3所示。

由表3知，在1%的显著性水平下，两个模型均显著拒绝了模型为线性的原假设，可见面板数据存在截面异质性，污染排放强度与人均GDP、产业结构、能源强度间存在较为显著的非线性关系，这也间接表明本文选用

① 经转换计算，除河南、湖南、青海、宁夏、四川、安徽、江西、广西、云南、甘肃、贵州外，2012年其他省份的实际人均GDP均到达3000美元以上。

表 3 PSTR 模型的线性检验与非线性残余检验

	指标值	模型 1		模型 2	
		m = 1	m = 2	m = 1	m = 2
线性检验（H0：r = 0；H1：r = 1）	LMF 统计量	15.0961	13.9445	5.0193	2.4739
	P 值	0.0000	0.0000	0.0034	0.0291
非线性残余检验（H0：r = 1；H1：r = 2）	LMF 统计量	0.7514	0.8654	0.4057	0.2832
	P 值	0.5230	0.5229	0.9167	0.9720
	AIC	-3.9405	-3.8417	-3.8353	-3.8084
	BIC	-3.8043	-3.6879	-3.6392	-3.5877

注：模型 1 与模型 2 分别为人均 GDP 相对较高区域与人均 GDP 相对较低区域的检验结果。

PSTR 模型进行估计的合理性。对模型进行非线性残余检验显示，在 10%的显著性水平下，两个模型均不能拒绝原假设，表明两个模型的最佳转换函数个数均为 r=1。进一步，对比两列模型不同位置参数的统计量可见，m 取值为 1 时，绝大多数 F 统计量能够更强地拒绝原假设，这一结论也在 AIC 与 BIC 检验中得到验证，因此，可以得出两个模型转换函数与位置参数的最佳组合为（r=1；m=1）。

（二）模型参数估计与解释

表 4 为 PSTR 模型的参数估计，从检验结果看，在 5%的显著性水平下，多数变量的估计参数显著。不仅同一收入区域内不同变量对污染排放强度的影响存在显著差异，不同收入区域间相同变量对污染排放强度的影响也不尽相同，因此有必要对估计结果作进一步分析。

表 4 PSTR 模型的参数估计结果

参数估计	变量名称	变量系数	模型 1	模型 2
线性部分	PGDP	β_{11}	-0.7706***	0.9343**
	IE	β_{12}	0.3724*	-0.7909**
	IS	β_{13}	-1.4328***	-3.6171*
	ER	β_{14}	-1.1672**	-0.6449***
非线性部分	PGDP	β_{21}	0.3271***	-1.8685**
	IE	β_{22}	0.7091**	1.5818*
	IS	β_{23}	1.6769***	7.2341*
	ER	β_{24}	0.4259	-1.4583**
斜率系数	—	γ	5.5712	0.5644
位置参数	—	C_1	1.4527	0.2000

注：*、** 与 *** 分别表示显著性水平为 10%、5%与 1%。

（三）收入阈值分析

从模型 1 估计结果看，在不同发展水平上人均 GDP 对污染排放的影响存在显著差异，且收入增长与环境污染间的倒“U”形关系并不成立。当人均 GDP 低于 4.27（$e^{1.4527}$）万元时，收入的增长将有助于降低排污强度且弹性值为-0.7706；而当人均 GDP 达到阈值点后，依据式（8）知，收入的减排效应将降低，相应弹性值降为-0.6071（$-0.7706+0.3271\times0.5$）；此后，随着人均收入的持续增长，人均 GDP 的减排效应将进一步减弱，最终在完全越过阈值后，收入排放弹性将稳定于-0.4435（$-0.7706+0.3271$）。此外，模型的斜率系数为 5.5712，表明模型在高低体制间实现了相对较为平滑的转换。可见，收入水平相对较高的地区在越过人均 GDP 阈值后，受污染技术治理成本上升，以及资本对于能源替代作用减弱等因素影响，收入增长的综合污染减排效应将被逐渐削弱。

从模型 2 估计结果看，与人均 GDP 相对较高区域不同，收入水平相对较低的地区环境污染随人均 GDP 增长呈现出典型的倒“U”形趋势特征。当人均 GDP 低于 1.22（$e^{0.2}$）万元时，污染排放强度将随人均 GDP 的增长而逐渐增强，边际效应为 0.9343，表明在低收入区域污染排放具有增长刚性特征；而当人均 GDP 达到阈值点后，随着收入的增长，区域的整体减排效果将迅速减弱，边际弹性接近于 0（$-0.9343+1.8685\times0.5$）；在人均 GDP 超过 1.22 万元后，人均 GDP 的增长将显著促进污染排放强度的降低，且最终弹性水平稳定于-0.9342（$-0.9343+1.8685$）。此外，模型斜率系数为 0.5644，表明模型 2 比模型 1 在高低体制间转换更为平滑。可见对于人均 GDP 相对较低地区，收入对于污染减排的阈值效应更为明显。

对比模型 1 与模型 2 收入的弹性系数可知，无论在阈值以前，还是突破阈值以后，人均 GDP 相对较低区域的收入减排弹性系数绝对值均大于人均 GDP 相对较高区域，这表明就政府治理层面而言，优先提升低收入省份的收入水平，将有助于提升整体治理效果。此外，综合人均 GDP 相对较低区域（污染排放随收入增长变动呈倒“U”形趋势）和人均 GDP 相对较高区域（递减排放趋势）的特征，我们发现，整体上我国污染排放强度随收入增长呈现出一种拖尾式倒“U”形趋势特征，这一结论也恰好支持了环境库兹涅茨曲线在我国实际存在的观点。

（四）控制变量分析

从污染排放与能源强度的关系看，变量系数估计整体较为显著。模型线性部分估计结果显示人均 GDP 相对较高区域能源强度的排放弹性为 0.3724，表明能源强度的增长拉动了污染排放，而人均 GDP 相对较低区域能源强度的排放弹性为-0.7909，表明在低收入阶段，收入水平较低地区能源强度的提升反而有助于降低区域污染排放，我们认为可能的原因是在减排初期低收入地区存在一定的规模集约效应；模型非线性部分估计结果显示，收入水平较高区域非线性部分的估计系数为 0.7091，大于线性部分，可见在越过收入阈值后，能源强度的提升进一步拉升了区域污染排放强度。而对于收入水平相对较低区域，在越过人均 GDP1.22 万元阈值后，能源强度对污染排放的弹性系数将由负转正，表明较高的能源强度不利于污染减排。

从污染排放与产业结构的关系看，模型估计系数较为显著且线性部分均为负值，表明在收入水平未达到阈值前，污染排放强度将随产业结构的优化而降低，且对比弹性系数可知，人均 GDP 相对较低区域显著快于人均 GDP 相对较高区域。但当收入水平越过阈值以后，产业结构优化对于污染排放将表现出一定的抑制作用，且不同收入区域表现不同，相比于高收入区域，人均 GDP 相对较低区域在收入越过阈值后，污染排放强度随产业结构的提升而快速增长。这里造成产业结构减排效应逆向转变的原因我们认为在于低收入区域省份多处于工业化中期中前段，因而产业结构升级多以提升第二产业占比为主，而大规模工业化的快速发展也将导致污染排放强度的增加。

从污染排放与环境规制强度的关系看，除了人均 GDP 相对较高区域非线性部分变量系数不显著外，其余系数均较为显著。模型线性估计部分系数均为负值，表明加强环境规制将有助于降低区域污染排放强度，这也与经济事实相符。在收入水平未达到阈值前，人均 GDP 相对较高区域环境规制的减排效应大于人均 GDP 相对较低区域，但当收入越过阈值后，人均 GDP 相对较低区域环境规制的减排效应将显著高于人均 GDP 相对较高区域（弹性值分别为-2.1032 和-0.7413）。由此可见，对于收入相对较高的区域而言，适宜在收入水平越过阈值前加强环境规制，而对于低收入区域，则适宜在收入水平越过低收入阈值后加强环境规制。

五、收入门槛格局及空间差异与相关治理对策

在系统分析我国污染排放的差异化结构，以及不同收入阶段区域污染排放的阈值特征和影响因素后，本节将从两者融合的角度，对我国污染排放的收入门槛格局以及不同收入水平下的差异分布特征进行探讨，以期为环境污染的分区治理提供相应理论支持。

（一）污染排放的收入门槛格局

依据不同收入区域的人均 GDP 发展水平，我们对 2007 年、2010 年、2012 年我国污染排放的收入门槛格局进行了归类[①]，如表 5 所示。

表 5 我国污染排放的收入门槛格局

年份	人均 GDP 相对较低区域		人均 GDP 相对较高区域	
	PGDP<1.22 万元	PGDP>1.22 万元	PGDP<4.27 万元	PGDP>4.27 万元
2007	安徽、江西、湖南、广西、四川、贵州、云南、甘肃、青海、宁夏	河南	天津、河北、辽宁、江苏、浙江、福建、山东、广东、海南、内蒙古、吉林、黑龙江、湖北、山西、四川、重庆、新疆、陕西	北京、上海
2010	贵州、云南、甘肃	安徽、江西、湖南、广西、四川、青海、宁夏	河北、辽宁、江苏、浙江、福建、山东、广东、海南、内蒙古、吉林、黑龙江、湖北、山西、四川、重庆、新疆、陕西	北京、上海、天津
2012	贵州	安徽、江西、湖南、广西、四川、云南、甘肃、青海、宁夏	河北、辽宁、福建、山东、广东、海南、内蒙古、吉林、黑龙江、湖北、山西、四川、重庆、新疆、陕西	北京、上海、天津、江苏、浙江

注：各省分布为作者依据收入门槛特征计算整理所得，由于已越过低收入阈值的人均 GDP 相对较低区域省份与尚未越过高收入阈值的人均 GDP 相对较高区域省份均处于收入减排弹性较大阶段，因此，表中并未对低收入上限与高收入下限省份的交叉部分进行严格区分。

由表 5 可知，现阶段我国绝大多数人均 GDP 相对较低区域省份已经越过污染排放强度随收入增长而逐渐上升的阶段，同时门槛跳跃集中度表明，

① 考虑到人均 GDP 相对较低区域 2007 年以前尚未有省份越过门槛值，而多数省份的门槛跳跃期主要集中于 2007~2010 年。在人均 GDP 相对较高区域，前期只有北京、上海越过门槛值，期间仅有天津在 2010 年也越过该门槛值，因此为避免篇幅冗长，此处仅列出了 2007 年、2010 年以及 2012 年代表年份进行说明。

多数低收入省区均于 2007 年以后越过阈值点。考虑到低收入省区污染排放强度随收入分布呈倒“U”形特征，因此可以得出我国多数低收入省区均于近年达到了排放强度顶峰期的结论，这在一定程度上解释了为何近年来我国大气污染日益严重的问题。在人均 GDP 相对较高区域省份中，截至 2012 年，多数省区尚未越过高收入门槛，仍处于收入增长的有效减排期，而已经越过高收入门槛的 5 个省份则步入了收入减排瓶颈期。

整体上，当前我国污染排放主要呈现出一种“双期叠加”的“橄榄式”格局分布。一方面，在分布于“橄榄”两端的省市中，除少数低收入省份仍处于污染排放刚性上升阶段外，其余越过高收入门槛的人均 GDP 相对较高区域省份均已步入减排瓶颈期；另一方面，在“橄榄”中部区域，多数省份或者已经越过低收入阈值，或者尚未越过高收入阈值，但均处于污染排放随收入增长而快速降低的时期，具有较大的减排潜力。

（二）各省污染排放的空间差异分布

图 5 为 2012 年不同收入水平下，我国污染排放的空间差异分布。为更能直观和形象地揭示各省市的空间分布状况，图中对所有散点按收入排名进行了连接，并依据散点分布集聚特征构建了二维象限图，分别定义第一象限为高收入高排放强度区域，第二象限为低收入高排放强度区域，第三象限为低收入低排放强度区域，第四象限为高收入低排放强度区域。

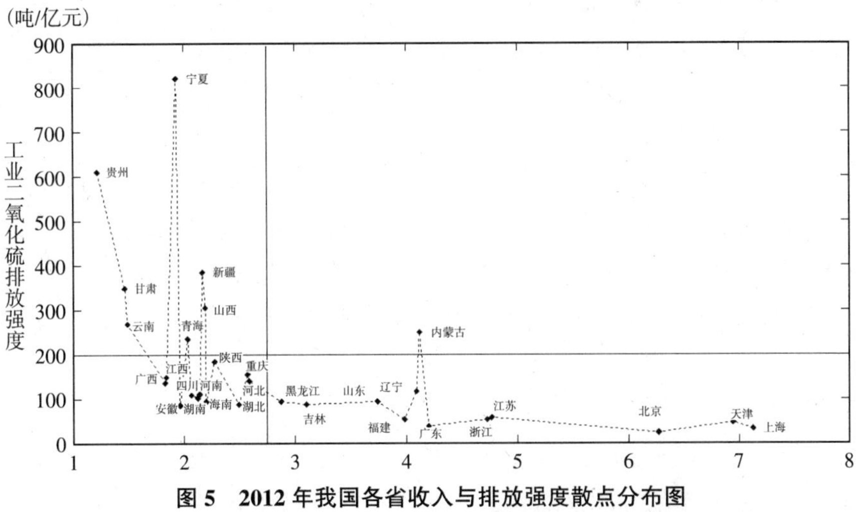

图 5　2012 年我国各省收入与排放强度散点分布图

图5中[①]低收入省区到高收入省区的散点连线表明，整体上随着收入水平的提升，我国污染排放强度将呈渐进式指数衰减趋势。进一步，由不同象限的散点集中分布特征可知，在高收入区域中，以东部发达省份为主的第四象限各样本点，随收入增长呈现出一种低矮而狭长的离散分布特征，可见该区域内收入增长的减排效应相对较低；与此同时在低收入区域中，以西部省区为主的第二象限样本点分布较为散乱，而以中部地区为主的第三象限样本点分布则较为集中，表明西部地区排放差异显著大于中部地区。

对比东部与中西部的整体发展特征可以发现，相比高收入区域，随着收入水平的提升，西部低收入区域的污染排放强度和区域内排放差异均呈现出快速降低势头。其原因在于：一是收入的增长间接提升了居民的健康环境需求，进而促使政府提升环境规制强度；二是经济发展水平和收入的提升也间接促进了区域产业升级和技术进步，为政府环境规制和有效节能减排奠定了前提和基础。因而人均收入的提高本身并不能直接导致区域污染强度的降低，只有在高收入水平基础上增强环境规制力度，才能逐渐降低区域污染水平。为此，对于经济发展水平相对较低的西部地区而言，在以居民增收为主线的同时，必须适度提升区域环境规制水平，进而实现最大化的节能减排目标。此外，对比不同区域的排放格局特征可以看出，多数中部区域的污染排放强度与西部的差距显著大于东部，但从图5中中部、东部收入排放趋势看，在收入位于4万元左右时，中部区域依旧具有较大的减排空间和潜力，这也与本文阈值检验结论基本一致。

从地域空间的角度看，导致这种现象的原因可能在于，相比西部省区，中部地区邻近东部发达地区，因而在贸易投资、技术溢出等方面均存在比较优势，为前期减排奠定了基础。而西部省区则在资源赋存、引资发展以及环境规制方面存在较大的内部差异，加之污染产业的整体西进，故而造成了西部这种整体排放强度高、内部排放强度差异大的格局。但从整体上看，由于中部、西部地区在资源和劳动力成本方面较中东部地区仍有较大的比较优势，因而，在转型发展中，该区域的收入减排弹性要显著高于东部区域。

---

① 需要说明的是内蒙古地区产业结构主要以煤炭等高能耗产业为主，加之人口较少（约占全国1.7%），因此处于第一象限。而黑龙江、吉林与内蒙古、山西等以煤炭资源为主的省份不同，两省虽均为能源大省，但能源类型主要以石化能源为主，加之人口也相对较少，因而相对于其他中西部省份，两省在污染排放格局分布中处于第四象限并被凸显了出来。

（三）污染排放的治理对策分析

随着环境污染问题的日益严重，我国先后在“十二五”规划、《大气污染防治行动计划》等一系列政策法规中提出相应减排目标和治理措施。现有应对措施虽然在总量控制、市场调节以及重污染领域防治等多方面做出阐述，但整体治理策略依旧较为笼统，且并未针对具体区域差异和排放格局变动做出灵活调整。因而在治理操作过程中部分地区极易采用非理性治理措施，即或者机械被动贪大求全而失去治理重心，或者急于求成出现盲目效仿、低效治理等现象。因此本文认为在微观治理的具体操作方面，地方政府除直接加强燃料脱硫、末端治理等措施外，可以结合收入阈值特征，依据不同时期变量减排弹性大小，从降低能源强度、优化产业结构以及加强环境规制等方面，选择最优减排组合（具体过程见后文建议分析）。与此同时，宏观治理是微观治理的保证，结合我国污染排放的收入门槛格局及空间分布差异，本文认为当前我国宏观层面大气污染治理应当重点围绕两个方面展开：

一是在治理区域上，应牢牢把握收入减排弹性较大的“橄榄”形中间区域，即已经越过低收入阈值的多数西部省区和尚未越过高收入阈值的中部及部分东部省市。其中，对于越过收入阈值的西部省区，应以促增收为主线，并以降低总体污染排放强度和控制中东部区域污染向西北和西南方向转移为核心，推进减排工作；对于多数尚未越过高收入阈值的中部省区，在提升收入水平的同时，应以总量控制为主，并围绕重点行业领域和地区降低污染排放强度。

二是在治理策略选择上，应逐步实现由政策减排向市场控排的转变。当前我国污染排放治理在很大程度上依旧依赖于中央政府的治理意志和对地方政府的强制考核，由于环境污染具有显著的负外部性特征，在市场失灵以及产出价格发生扭曲的背景下，直接排污有利于企业降低成本，因此仅靠政府监管或社会道德约束，企业治污的内生动力明显不足。主流方法中能够解决外部性问题的主要有征税、内部化以及排污权交易等，其中马士国、石磊（2014）的研究表明，排污税的征收虽然长期能够有效降低污染排放水平，但短期内对经济的冲击影响较为明显。考虑到当前我国经济下行压力较大，因而本文认为利用污染内部化和排污权交易进行污染减排更适合我国国情。结合区域格局分布特征及污染转移趋势，我们认为传统研究中被忽视的西南地区与邻近“珠三角”地区，以及西北区域与邻近中北部地区的污染内部化治理应当得到进一步加强。此外，基于产权基础和初始化差异分配原则，在全国范围内，应进一步提升环境容量较大区域与发达地区间的排污权交易体系建设。

六、结论及政策启示

本文主要结论为：①我国区域污染排放差异主要表现为以中部、东部为主的区域内差异，西部内部差异也正迅速拉大。②收入阈值的非线性检验表明，污染排放强度随收入增长而整体呈现出一种拖尾式倒“U”形发展趋势，在人均GDP相对较低区域和较高区域分别存在1.22万元与4.27万元两个收入排放阈值点。③进一步的格局分析表明，“橄榄”形格局分布中多数人均GDP相对较低省份（突破低收入阈值）与多数人均GDP相对较高省份（尚未越过高收入阈值）仍处于快速减排的机遇期，随着收入的提升，该部分区域的污染排放强度和排放差异有望得到大幅降低。基于上述结论，本文得出以下政策启示：

（1）越过低收入阈值的西部区域宏观治理。考虑到人均GDP相对较低的西部省份普遍污染排放强度较高，而从居民健康需求和产业优化的角度看，收入提升的减排弹性相对较大，因此政府在治理西部区域环境污染中应主要以提升收入水平为治理的切入点。一方面，依托“一带一路”、西部大开发等发展战略，持续加大对西部落后省区基础设施、民生工程等重点领域的投入，并利用区域优势重点引导和扶持一批具有可成长性的新型战略产业，进而促进居民增收；另一方面，政府应当加大对西部地区污染密集型产业的监控和管理力度，既要防止发达地区产业内迁所带来的二次污染问题，又要积极推进市场化排污权交易体系建设，并对西北和西南部分地区的污染内迁进行对接补偿。

（2）尚未越过高收入阈值的中部区域宏观治理。虽然该区域省份收入减排弹性依旧较大，但考虑到与东部发达地区相比，该区域的收入减排空间已经相对有限，因而政府应以促增收与调结构并重的方式降低该区域污染排放强度。一方面，以新型城镇化建设为契机，通过努力建设一批具有区域影响力的城市群、城市带，进而辐射到周边卫星城镇，并以此推动区域居民收入水平的提升；另一方面，考虑到当前我国黄河以北区域（包括河北、山西、内蒙古等）为我国主要污染聚集区，因而政府应围绕钢铁、水泥等重污染型产业，大力削减该区域的落后产能，并对区域内部的污染扩散问题进行内部化协调治理。

（3）低收入区域省份的微观治理。在人均 GDP 相对较低区域中，尚未越过低收入阈值的仅有贵州，由于仍处于人均收入增长的污染排放刚性上升阶段，未来该省的减排形势依旧较为严峻。考虑到人均 GDP 相对较低区域在尚未越过低收入阈值时产业结构提升的减排弹性较大，因此贵州适宜利用区域生态、旅游及民族文化等方面优势，积极引导产业转型，进而降低经济发展对于环境污染的依赖；对于已经越过低收入阈值的安徽、湖南、江西等 9 个省份，除需持续提升居民收入水平外，模型分析显示，增强环境规制力度以及降低能源强度对于该区域省份也均具有较好的减排效果，因此，该区域省份应增强对高污染、高能耗等产业的监测和治理力度，尤其是宁夏、青海等收入水平低而且污染排放强度相对较高的省份。

（4）中高收入区域省份的微观治理。在人均 GDP 相对较高区域中，对于尚未达到高收入阈值的地区如山西、河北、黑龙江等省份应当适度提升环境规制水平，同时注重产业结构多元化，并逐步减轻经济发展对于资源的依赖。对于广东、山东、辽宁等经济基础较好省份，应重点围绕贸易出口、农产品深加工、装备制造等重点领域培育和发展一批集群化、生态化产业。而对于北京、上海、天津等已经越过高收入阈值的发达省份，由于产业结构已经较为合理、人均收入水平也相对较高，因而收入增长、产业结构提升的减排效果并不显著。但数理分析表明该阶段能源强度的减排弹性较大，因此，这些地区应以降低能源强度为突破口，通过利用区域金融、外资以及排污权交易等方面的优势，积极鼓励和引导企业进行技术创新，进而打破收入减排瓶颈，实现更深层次的节能发展。

参考文献

[1] Brajer V., Mead R., Xiao F. The Health Benefits of Tunneling Through the Chinese Environmental Kuznets Curve [J]. Ecological Economics, 2008, 66 (4): 674-686.

[2] Colletaz G., Hurlin C. Threshold Effects of the Public Capital Productivity: An International Panel Smooth Transition Approach [R]. Working Paper, 2006.

[3] Costantini V., Mazzanti M., Montini A. Environmental Performance, Innovation and Spillovers. Evidence from a Regional NAMEA [J]. Ecological Economics, 2013 (89): 101-114.

[4] Fouquau J. et al. The Feldstein-Horioka Puzzle: A Panel Smooth Transition Regression

Approach Original Research Article [J]. Economic Modelling, 2008, 25 (2): 284-299.

[5] González A., Teräsvirta T., Dijk D.V. Panel Smooth Transition Regression Model [R]. Research Paper, Quantitative Finance Research Centre, 2005 (165).

[6] Matus K. et al. Health Damages from Air Pollution in China [J]. Global Environmental Change, 2012, 22 (1): 55-66.

[7] Poon J. P., Casas I., He C.F. The Impact of Energy, Transport, and Trade on Air Pollution in China [J]. Eurasian Geography and Economics, 2006, 47 (5): 568-584.

[8] Shorrocks R. The Class of Additively Decomposable Inequality Measures [J]. Econometrica, 1980, 48 (3): 613-625.

[9] Sueyoshi T., Yan Y. China's Regional Sustainability and Diversified Resource Allocation: DEA Environmental Assessment on Economic Development and Air Pollution [J]. Energy Economics, 2015 (49): 239-256.

[10] Su S. et al. Sulfur Dioxide Emissions from Combustion in China: From 1990 to 2007[J]. Environmental Science & Technology, 2011 (45): 8403-8410.

[11] Theil H. Economics and Information Theory [M]. Amsterdam: North Holland Publishing Company, 1967.

[12] Victor B., Robert W.M., Xiao F. Searching for an Environmental Kuznets Curve in China's Air Pollution [J]. China Economic Review, 2011, 22 (3): 383-397.

[13] 林伯强，蒋竺均. 中国二氧化碳的环境库兹涅茨曲线预测及影响因素分析 [J]. 管理世界，2009 (4).

[14] 林季红，刘莹. 内生的环境规制："污染天堂假说"在中国的再检验 [J]. 中国人口·资源与环境，2013 (1).

[15] 马士国，石磊. 征收硫税对中国宏观经济与产业部门的影响 [J]. 产业经济研究，2014 (3).

[16] 牛海鹏，朱松等. 经济结构、经济发展与污染物排放之间关系的实证研究 [J]. 中国软科学，2012 (4).

[17] 沈能. 环境效率、行业异质性与最优规制强度——中国工业行业面板数据的非线性检验 [J]. 中国工业经济，2012 (3).

[18] 肖挺，刘华. 产业结构调整与节能减排问题的实证研究 [J]. 经济学家，2014 (9).

[19] 杨骞，刘华军. 中国二氧化碳排放的区域差异分解及其影响因素——基于1995~2009年省际面板数据的研究 [J]. 数量经济技术经济研究，2012 (5).

[20] 邹庆，陈迅等. 我国经济增长与环境协调发展研究——基于内生增长模型和EKC假说的分析 [J]. 中央财经大学学报，2014 (9).

[21] 曾贤刚. 环境规制、外商直接投资与"污染避难所"假说——基于中国30个省份面板数据的实证研究 [J]. 经济理论与经济管理，2010 (11).

营销人员客户开发竞争力评价体系研究

徐齐利　王文举
（首都经济贸易大学经济学院，北京　100070）

一、引　言

市场营销人员每成功开发一位新客户，都将经历从客保到商机再到订单最后到交付的一套完整流程。对于企业营销管理而言，面对不同的营销人员在客户开发各环节上的差异性，如何全面、重点、动态地掌握营销人员及其部门在客户开发业务上的竞争能力，本文试图通过构建营销人员客户开发竞争力评价体系解决这一现实问题。

有关市场营销竞争力评价研究，曾晓洋、李劲松（2002）与陈胜荣、蒋志锋（2005）分别提出了市场营销竞争力评价指标体系的构建原则，花葩、陈鹏（2005）与杨长峰、亓晶晶（2011）则分别以中国移动和家具市场为例对企业营销竞争力研究和评价指标体系构建进行了实证分析，其研究主要集中在市场层面上以企业为单位的营销竞争力评价体系，而在企业层面上以员工为单位的营销竞争力评价体系还没有出现，本文试图填补这一空白。鉴于焦俊刚、孙梦雅（2011）和田青、黄庚保（2014）的企业所有员工竞争力评价体系中员工业务的不可比性，本文旨在构建企业内营销人员在客户开发业

［基金项目］本文受到首都经济贸易大学研究生学术新人计划资助。

［作者简介］徐齐利（1986—），男，湖北孝感人，统计师，首都经济贸易大学经济学院博士研究生，研究方向为企业管理的计量方法。王文举（1965—），男，吉林东丰人，教授，首都经济贸易大学经济学院博士生导师，研究方向为博弈计量。

务上的竞争力评价体系。

本文从梳理营销人员客户开发的基本特征出发，将营销人员都需经历的从客保到商机再到订单最后到交付的整个业务活动纳入投入、产出、转化分析框架，据此构建营销人员竞争力评价逻辑和方法：首先，构建营销人员单位投入的客保、商机、订单、交付的产出量竞争力指数和客保对商机、商机对订单、订单对交付的转化率竞争力指数共7个分项竞争力指数；其次，根据客户开发业务的层级结构，分层设权构建营销人员客户开发的综合竞争力指数；再次，根据营销人员的竞争力指数构建所在部门的竞争力指数；最后，对网络营销企业百度北京分公司进行实证分析，以导出该评价体系的应用法则。

二、营销人员客户开发业务基本特征

客户开发整个业务过程可看成一个生产过程，从客保到商机再到订单最终到交付形成了一个完整的生产链条，如图1所示。在生产链条的每个环节都需要营销人员的劳动投入，同时也应该伴随有劳动产出，如客保、商机、订单、交付环节上的劳动投入主要是花费在相应环节上的工作时间，而对应环节的劳动产出则分别是客保量、商机量、订单量、交付量。在整个生产链条上，只有交付环节的交付量才是最终产品，而在其他环节的产出量都只是作为下一生产环节的生产资料，也就是说，客保量、商机量、订单量在整个生产链条上只是中间产品，产生中间产出的生产环节是中间产品生产环节。中间产品生产环节除了必要的投入和产出之外，还有转化工序：在客保、商机、订单环节分别涉及客保对商机、商机对订单、订单对交付的转化。总

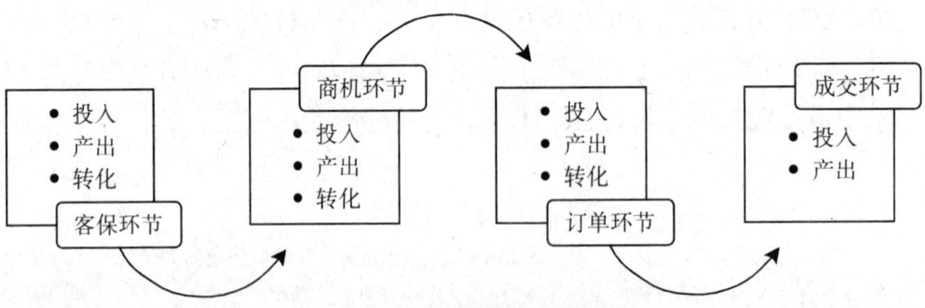

图1 客户开发业务的生产链条

之，在客户开发业务上，最终品和中间品环节都涉及营销人员的劳动投入和产出，在中间品环节还涉及投入对产出的转化。

营销人员的劳动投入可以考察其工作时间、接触量、沟通时长等指标，其劳动产出及转化的考察则按照图 2 所示的指标依环节分单元逐一量化。交付、订单、商机、客保环节依次核算营销人员的交付量、订单量和订单对交付的转化率、商机量和商机对订单的转化率、客保量和客保对商机的转化率。如此则形成了如图 2 所示的各指标之间数量关系的二叉树结构：商机量等于客保量乘以客保对商机的转化率，订单量等于商机量乘以商机对订单的转化率，交付量等于订单量乘以订单对交付的转化率。

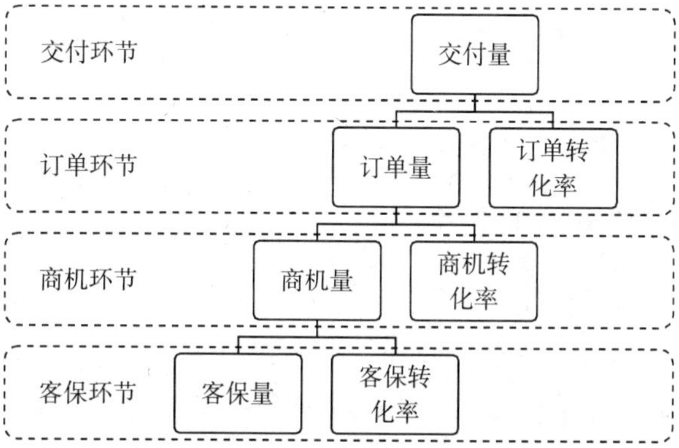

图 2　客户开发业务各环节的量化指标

营销人员在客户开发整个业务流程中各环节的劳动投入、产出、转化的差异因人而异，而导致因人而异的核心因素是营销人员的三类属性，即部门属性、司龄属性、级别属性（除部门、司龄、级别外还有许多非核心因素影响营销人员的业绩，如性别、学历、家庭背景等），从而使得竞争力评价成为必要和可能：同等级别、同等司龄阶段的营销人员之间在同一指标上的竞争力强弱对比很容易判别；不同级别、不同司龄阶段的营销人员之间在同一指标上的竞争力强弱对比则需要设定不同的标杆值方可比较；在整个生产链条上考虑所有指标之后的营销人员之间的综合竞争力需要将分项指标有机结合起来进行考察。这将在下一节营销人员竞争力评价逻辑及方法中予以解决。

三、营销人员竞争力评价逻辑及方法

（一）评价模型考察的维度

通过上一节对客户开发业务基本特征的了解，基于投入、产出、转化关系，营销人员客户开发竞争力评价体系是将营销人员在整个生产链条中劳动投入、每个生产环节的产出，以及中间品生产环节的转化全盘纳入考察范围，具体考察7个方面的竞争力问题：单位投入的客保产出量竞争力、单位投入的商机产出量竞争力、单位投入的订单产出量竞争力、单位投入的交付产出量竞争力、客保对商机的转化率竞争力、商机对订单的转化率竞争力、订单对交付的转化率竞争力。

（二）分项竞争力的测度

将上述7个维度的营销人员客户开发竞争力以指数的形式进行量化，即形成单位投入的客保、商机、订单、交付的产出量竞争力指数和客保对商机、商机对订单、订单对交付的转化率竞争力指数共7个分项竞争力指数，公式如下：

$$\text{营销人员分项竞争力指数} = \frac{\text{营销人员实际值}}{\text{营销人员标杆值}} \times 100 \tag{1}$$

例如，百度北京分公司某营销人员在某月单位投入的订单产出量实际值为0.2857，按照其司龄为（12，24］月和级别为S3得知其单位投入的订单产出量标杆值为0.2616，则该营销人员单位投入的订单产出量竞争力指数为$0.2857 \div 0.2616 \times 100 = 109.2$。

从计算公式可以看出，当营销人员某分项竞争力指数取值小于100时，表明其在相应考察维度上的实际值低于标杆值，在该维度上竞争力较弱；反之，当营销人员某分项竞争力指数取值大于100时，表明其在相应考察维度上的实际值高于标杆值，在该维度上竞争力较强。

（三）标杆值的设定

从上述分项竞争力指数的测度公式中不难看出，营销人员各分项标杆值的设定比较重要。下面分产出量的标杆值和转化率的标杆值两种情况分别介绍各自标杆值的设定方法。

1. 单位投入产出量的标杆值设定

营销人员有两个基本属性，司龄和级别。理论上，不同司龄和不同级别对营销人员的单位投入的产出量有着不同程度的影响。也就是说，营销人员的司龄和级别在一定程度上决定其单位投入的客保、商机、订单、交付的产出量。故可以从对应环节单位投入的产出量关于司龄和级别的回归方程中得到单位投入的客保、商机、订单、交付的产出量标杆值，回归方程如下。

$$Output_{k,i} = \beta_{k0} + \beta_{k1} \cdot Age_i + \beta_{k2} \cdot Grade_i + \varepsilon_{ki} \tag{2}$$

以百度北京分公司为例，i（i = 1，…，n）表示营销人员；Age_i = 1，2，3，4 分别表示其司龄处于以月计量的（0，6]、(6，12]、(12，24]、(24，inf）阶段；$Grade_i$ = 1，2，3，4，5，6 分别表示其级别处于 S1、S2、S3、SS1、SS2、SS3 水平；k = 1，2，3，4 时的 $Output_{k,i}$ 分别表示其单位投入的客保、商机、订单、交付的产出量，以各环节的月度产出量除以月内出勤天数的比值来计量营销人员在对应环节的单位投入的产出量。以该企业营销人员 3 月、4 月、5 月单位投入的产出量为样本，分别作单位投入的客保、商机、订单、交付的产出量关于司龄、级别的回归分析，回归结果如表 1 所示。

表 1 营销人员单位投入所得产出量关于司龄、级别的回归结果

检验	客保量	商机量	订单量	交付量
常数项	2.887*** (0.209)	0.379*** (0.018)	0.053*** (0.013)	0.071*** (0.014)
司龄	-0.089 (0.086)	0.006 (0.008)	0.039*** (0.005)	0.036*** (0.006)
级别	0.124** (0.057)	0.033*** (0.005)	0.031*** (0.004)	0.032*** (0.004)
F	2.5*	44.4***	197.2***	152.5***
R^2	0.004	0.068	0.246	0.201
adjust R^2	0.003	0.067	0.245	0.200
RMSE	2.608	0.230	0.158	0.179

注：括号内为标准差；***、**、* 分别表示在 1%、5%、10%水平下拒绝原假设。
资料来源：百度北京分公司。

根据表 1 揭示的回归方程即可估计出不同司龄和级别组合时营销人员在单位投入的期望产出量。例如，根据回归结果，单位投入的订单期望产出量具有如下性质：营销人员司龄越大（小）单位投入的订单期望产出量越多（少）；其级别越高（低）单位投入的订单期望产出量越多（少）。以司龄和级别共同决定的营销人员的单位投入的期望产出量作为对应司龄与级别组合下营销人员的单位投入的产出量标杆值，根据表1的回归结果可直接得出不同司龄与级别组合下单位投入的客保、商机、订单、交付的产出量标杆值。例如，考察百度北京分公司，对于司龄在（12，24］月范围内、级别为SS1的营销人员，其单位投入的客保、商机、订单、交付的产出量的标杆值分别应为3.11、0.53、0.29、0.31。

2. 生产链条上转化率的标杆值设定

生产链条上两相邻产出之间具有非常明确的支撑关系：客保支撑商机、商机支撑订单、订单支撑交付。这种支撑关系同时涉及两方面的问题：一是用来支撑的量有多少；二是在一定量上的转化率有多高，而且支撑量和该量上的转化率之间也是相互联系的。支撑量与该量上的转化率之间的逻辑关系可描述为，支撑量越高，在一定时间内将这些量全部转化出去越困难，即与高支撑量相对应的转化率在逻辑上会适当低一些；支撑量越低，在一定时间内将这些量全部转化出去越容易，即与低支撑量相对应的转化率在逻辑上会适当高一些。也就是说，逻辑上，高支撑量往往伴随着低转化率，低支撑量往往伴随着高转化率。

生产链条上两相邻产出之间的支撑关系可由下面的回归方程来刻画。

$$Output_{k,i} = \alpha_{k0} + \alpha_{k1} \cdot Output_{k-1,i} + \epsilon_{ki} \tag{3}$$

式中，i（i=1，…，n）表示营销人员；$Output_{k-1}$，$Output_k$ 分别表示支撑关系组合中的支撑量与被支撑量；在k=1，2，3，时，式（3）分别表示客保量支撑商机量、商机量支撑订单量、订单量支撑交付量的三个回归方程。进一步导出方才叙述的支撑量与对应转化率两者之间的作用模式：根据式(3)，当支撑量为 $Output_{k-1}$ 时，则此时的期望被支撑量为 $E(Output_k | Output_{k-1}) = \alpha_{k0} + \alpha_{k1} \cdot Output_{k-1}$，记支撑量为 $Output_{k-1}$ 时的期望转化率为 $\eta(Output_{k-1})$，则期望转化率与对应支撑量之间的关系由式（4）表示。

$$\eta(Output_{k-1}) = \frac{E(Output_k | Output_{k-1})}{Output_{k-1}} = \frac{\alpha_{k0}}{Output_{k-1}} + \alpha_{k1} \tag{4}$$

式（4）表明，支撑量越高期望转化率越低，支撑量越低期望转化率越高，并且随着支撑量的增大，转化率不会无限制地下降，支撑量再大也会有托底转化率，即转化率的底线，该底线就是式（4）中的向下的水平渐进线

$\eta(Output_{k-1})=\alpha_{k1}$，$Output_{k-1}\to\infty$。

以回归出的期望被支撑量与对应支撑量之间的比值作为与该支撑量相对应的期望转化率，该期望转化率即可作为与该支撑量相匹配的转化率标杆值。由式（4）知，转化率的标杆值由两项相加而成，其中一项是支撑量对被支撑量的回归系数，另一项由回归方程中的常数项与支撑量之间的比值构成；由此可见，随着支撑量的增加，与支撑量相匹配的转化率标杆值随之下降，但转化率标杆值不会无限制地下降下去，它下降的底线就是支撑量对被支撑量的回归系数。从几何上看，转化率标杆是一条随支撑量单调递减且以回归系数为水平渐进的曲线。由此可见，转化率标杆值的设置方法是合乎逻辑的。

以百度北京分公司营销人员 3 月、4 月、5 月的产出量为样本，分别回归出客保量支撑商机量、商机量支撑订单量、订单量支撑交付量的 3 个回归方程，回归结果如表 2 所示。根据表 2 报告的回归结果，可计算出与不同支撑量相匹配的转化率标杆值。例如，当营销人员单位投入的商机产出量分别为 0.30、0.40、0.50、0.60 时，则对应的商机对订单的转化率标杆值分别为 0.574、0.555、0.543、0.535。

表 2　客保对商机、商机对订单、订单对交付的回归结果

检验	商机	订单	交付
常数项	0.470*** (0.011)	0.023** (0.009)	0.049*** (0.006)
客保	0.020*** (0.003)		
商机		0.497*** (0.017)	
订单			0.887*** (0.019)
F	58.1***	884.2***	2262.4***
R^2	0.046	0.422	0.652
adjust R^2	0.045	0.422	0.651
RMSE	0.233	0.139	0.118

注：括号内为标准差；***、**、* 分别表示在 1%、5%、10%水平下拒绝原假设。
资料来源：百度北京分公司。

（四）营销人员竞争力评价综合指数的形成

营销人员的某一分项竞争力指数只能孤立反映其在某一侧面的竞争力情

况及营销人员彼此之间在这一侧面的竞争力强弱对比。在7个分项竞争力指数的基础上，需要一个综合指数全面反映营销人员在整个客户开发业务上的综合竞争力情况。

综合竞争力是考察营销人员在各业务流程和业务点上的整体竞争情况，综合竞争力指数应该取单位投入的客保、商机、订单、交付的产出量竞争力指数和客保对商机、商机对订单、订单对交付的转化率竞争力指数共7个分项竞争力指数的组合：给7个分项竞争力指数分别赋予一定的权重，然后形成加权平均的综合竞争力指数。

结合图2所示的生产及转化的二叉树结构，权重设定如下：从交付到客保共4个层级，交付环节只有交付量这一个节点，故交付量在交付层的权数为1且累积权数也为1；订单环节由交付量分解为订单量与订单转化率两个节点，故订单量和订单转化率在订单环节的权数均为0.5，进而订单量和订单转化率在由交付环节至订单环节的累积权数均为$1\times0.5=0.5$；商机环节由订单量分解为商机量和商机转化率两个节点，故商机量和商机转化率在商机环节的权数均为0.5，进而商机量和商机转化率由交付环节至商机环节的累积权数均为$1\times0.5\times0.5=0.25$；客保环节由商机量分解为客保量和客保转化率两个节点，故客保量和客保转化率在客保环节的权数均为0.5，进而客保量和客保转化率在由交付环节至客保环节的累积权数均为$1\times0.5\times0.5\times0.5=0.125$。最后将各节点累积权数除以所有节点累积权数之和得出各节点的最终标准权重。

因此，分项竞争力指数在综合竞争力指数中的最终权重配置是：单位投入的客保、商机、订单、交付的产出量竞争力指数占比分别为4.55%、9.09%、18.18%、36.36%，客保对商机、商机对订单、订单对交付的转化率竞争力指数占比分别为4.55%、9.09%、18.18%。

综合竞争力指数得分小于100的营销人员在整个客户开发业务上表现出弱竞争力，并且得分越低表明综合竞争力越弱；综合竞争力指数得分大于100的营销人员在整个客户开发业务上表现出强竞争力，并且得分越高表明综合竞争力越强。

（五）营销人员部门竞争力指数的形成

在营销人员竞争力的基础上，考虑营销人员的部门属性，将部门内所有营销人员看成集体，构建部门竞争力指数。将部门内所有营销人员分项及综合竞争力指数得分的平均值作为该部门对应分项及综合竞争力指数得分，如此则得出营销人员单位投入的客保、商机、订单、交付的产出量部门竞争力指数和客保对商机、商机对订单、订单对交付的转化率部门竞争力指数共7个分项指数，以及部门综合竞争力指数，而且部门综合竞争力指数与部门7个分项指数之间还保持了营销人员竞争力综合指数与7个分项竞争力指数之间一样的权重关系。由此则在营销人员竞争力评价体系的基础上形成了部门竞争力评价体系。

部门分项及综合竞争力强弱对比的分界线就是指数得分100，指数得分大于100说明该部门竞争力强，反之则弱，而且得分越高竞争力越强，反之则竞争力越弱。

四、营销人员竞争力评价的实证分析

按照上节给出的营销人员竞争力评价方法，针对百度北京分公司，利用3月、4月、5月营销人员实际出勤天数、客保量、商机量、订单量、交付量测算出每位营销人员在相应月份表现出来的单位投入的客保、商机、订单、交付的产出量竞争力指数得分和客保对商机、商机对订单、订单对交付的转化率竞争力指数得分以及综合竞争力指数得分。

（一）营销人员综合竞争力

上文已述，营销人员综合竞争力强弱关系的判断标准是：综合竞争力指数得分小于100的营销人员表现出弱综合竞争力，且指数得分越低则表明综合竞争力越弱；综合竞争力指数得分大于100的营销人员表现出强综合竞争力，且指数得分越高则表示综合竞争力越强。根据这一判断准则，分别利用3月、4月、5月测算出来的营销人员各自的综合竞争力指数得分来分析他们表现出来的综合竞争力情况。

单独月份看，5月390个营销人员中，表现出强综合竞争力的营销人员有162人，占总人数的比例为41.5%，其中表现出超强综合竞争力（指数得分在150以上）的营销人员有19人，占总人数的比例为4.9%；表现出弱综合竞争力的营销人员有228人，占总人数的比例为58.5%，其中表现出超弱综合弱竞争力（指数得分在50以下）的营销人员有40人，占总人数的比例为 10.3%。

3 个月一起看，3 个月都表现出强综合竞争力的营销人员共 59 人，占 3 个月都在岗营销人员 343 人的比例为 17.2%。这 59 人主要是高司龄、高级别的营销人员：司龄在 1 年以上的营销人员 41 人，占比 69.5%；级别在 SS 级别的营销人员 46 人，占比 78.0%；司龄在一年以上且级别在 SS 级的营销人员有 36 人，占比 61.0%。也有 8 人入职不足一年且级别仅 S 级，在业务经验明显不足的客观条件下也能够在 3 个月都表现出强综合竞争力，实属可贵，公司应该对他们多加关注、重点培养。3 个月都表现出弱综合竞争力的营销人员共 47 人，占在岗营销人员 343 人的 13.7%。这 47 人中高司龄的人有很多，司龄在 1 年以上的营销人员 28 人，占比 59.6%；级别方面有 10 人 5 月降级了，也就是说，对于这 10 个人而言，尽管 5 月给他们的级别下降了，即他们的标杆降低了，但他们仍然表现出弱综合竞争力。这 10 人司龄都在 2 年以上，所处的级别也在 S 级，但他们却在 3 个月都表现出弱综合竞争力，也就是说这几位营销人员，业务经验已经非常丰富，并且低级别也意味着低标杆，在这么有利的主客观条件下表现还比较差是值得反思的。

在得知营销人员的综合竞争力情况之后，自然就需要知道营销人员各分项的竞争力指数得分并分析其分项竞争力情况。

（二）营销人员分项竞争力

上文已述，营销人员分项竞争力强弱关系的判断标准是：若营销人员在某一分项竞争力指数得分小于 100，则说明其在该业务点上的实际值低于与之相匹配的标杆值，即该营销人员在该业务点上表现出弱竞争力，并且指数得分越低则表明该营销人员在该项业务点上的竞争力越弱；若营销人员在某一分项竞争力指数得分大于 100，则说明其在该业务点上的实际值高于与之相匹配的标杆值，即该营销人员在该业务点上表现出强竞争力，并且指数得分越高则表明该营销人员在该项业务点上的竞争力越强。根据这一判断准则，利用 5 月测算出来的营销人员各自的分项竞争力指数得分来分析他们表现出来的在各业务点上竞争力情况。

5 月营销人员分项竞争力指数测算结果显示，即便是综合竞争力很强的营销人员，也很少有人 7 个分项竞争力都很强，绝大部分营销人员都会在某一个或几个分项方面竞争力较弱。162 位强综合竞争力营销人员中只有 3 人各项竞争力指数都在 100 以上，其他 159 位营销人员都呈现出在一个或少许几个侧面上竞争力较弱。另外，即便是综合竞争力很弱的营销人员，也很少有人 7 个分项竞争力都很弱，绝大部分营销人员都会在某一个或几个分项方面竞争力较强。229 位营销人员中只有 35 人各项竞争力指数都在 100 以下，其他 194 位表现出弱综合竞争力的营销人员都呈现出在一个或少许几个方面竞争力较强。如此一来，在合计 391 位营销人员中 7 个分项竞争力都表现较强或都表现较弱的营销人员一共只有 37 人，剩余 254 人综合竞争力无论强弱都有强分项竞争力和弱分项竞争力共同存在。也就是说，对于绝大部分营销人员来说，强综合竞争力的营销人员通常也伴随有弱分项竞争力，弱综合竞争力的营销人员通常也伴随有强分项竞争力。

在考察分项竞争力方面，最应该受重视的是单位投入的交付产出量竞争力，因为该项竞争力指数在综合竞争力指数中的权重最大，占比 36.36%。5 月表现出强综合竞争力的 162 位营销人员中，在单位投入的交付产出量竞争力方面基本没有非常弱的，除 16 人外，其余 146 人该项指数得分都在 100 以上；5 月表现出弱综合竞争力的 229 位营销人员中，除 5 人外，其余 224 人该项都呈现出弱竞争力。由此可见，营销人员单位投入的交付产出竞争力非常关键，该项竞争力指数得分做到 100 以上会对综合竞争力指数得分起到很积极的作用，否则起到很消极的作用。

在考察分项竞争力方面，订单环节的两个指数，单位投入的订单产出量竞争力指数和订单对交付的转化率竞争力指数在综合竞争力指数中占有举足轻重的地位。162 位表现出强综合竞争力的营销人员中，单位投入的订单产出量竞争力指数得分在 100 以上的有 134 人，订单对交付的转化率竞争力指数得分在 100 以上的有 75 人；229 位表现出弱综合竞争力的营销人员中，单位投入的订单产出量竞争力指数得分在 100 以下的有 198 人，订单对交付的转化率竞争力指数得分在 100 以下的有 175 人。也就是说，在强综合竞争力的众多营销人员中，绝大多数营销人员单位投入的订单产出量竞争力很强，大部分营销人员订单对交付的转化率竞争力很强；在弱综合竞争力的众多营销人员中，绝大多数营销人员的单位投入订单产出量竞争力很弱，绝大部分营销人员订单对交付的转化率竞争力很弱。

事实上，根据综合竞争力指数与分项竞争力指数之间的关系，可以看出，在交付环节竞争力指数得分低于基准 10 个点的情况下，要保持综合竞争力指数得分基本不变则需要在订单环节指数得分提升 20 分，或在商机环节指数得分提升 40 分，或在客保环节指数得分提升 80 分；在订单环节指数得分低于基准10个点的情况下，要想保持综合竞争力指数得分基本不变则需要在交付环节指数得分提升5分，或在商机环节指数得分提升20分，或在客保环节指数得分提升40分；在商机环节指数得分低于基准10个点的情况下，要想保持综合竞争力指数得分基本不变则需要在交付环节指数得分提升3分，或在订单环节指数得分提升5分，或在客保环节指数得分提升20分；在客保环节指数得分低于基准10个点的情况下，要想保持综合竞争力指数得分基本不变则需要在交付环节指数得分提升1分，或在订单环节指数得分提升3分，或在商机环节指数得分提升5分。反之则反是。

图3给出了综合竞争力指数在100左右的3位营销人员各分项竞争力情况。从图3中可以看出，虽然他们的综合竞争力基本相当，但在各分项竞争力上的差异却较大。这说明，营销人员综合竞争力相当于对营销人员业务体检之后得出的健康状况的一个整体评估，分项竞争力相当于对其各项业务技能的具体体检评估，用于发现哪项技能存在缺陷，需要弥补。

通过上述分析，已经明确，首先考察特定时期营销人员的综合竞争力指数，以便掌握其整体竞争力的强弱情况。然后考察该时期分项竞争力指数，以便分析其在具体业务技能上的不足和优势。接下来考察其综合及分项竞争力指数随时间变化的动态情况。

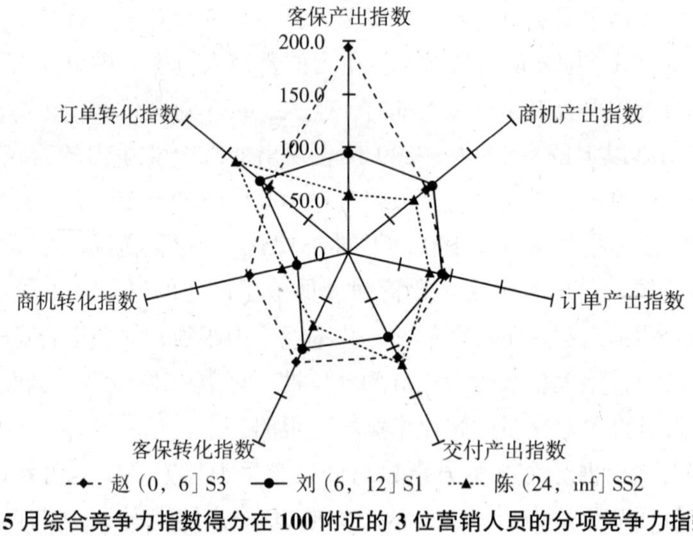

图3 5月综合竞争力指数得分在100附近的3位营销人员的分项竞争力指数得分

资料来源：百度北京分公司。

（三）营销人员竞争力动态

对于营销人员竞争力动态，不仅要考察其综合竞争力动态，而且还要考察其分项竞争力动态；不仅要从数值上考察竞争力指数的变动点位，而且还要从走势上考察其变动态势。

不妨以某王姓营销人员为例，分析其综合及分项竞争力动态。从数值上看，首先，综合竞争力方面，3 月、4 月、5 月连续 3 个月该营销人员都表现出强综合竞争力，且指数得分非常高，依次是 174.6、141.0、130.9；其次，分项竞争力方面，连续 3 个月都保持强竞争力的业务点有单位投入的商机、订单、交付的产出量竞争力及客保对商机、商机对订单转化率竞争力共 5 个分项；最后，其他两项竞争力，单位投入的客保产出量竞争力其实并不弱，仅 5 月较低，得分为 97.5，相比之下订单对交付的转化率竞争力较弱，4 月、5 月得分分别为 83.7 和 81.8。从走势上看，其一，综合竞争力处于从高位逐步回落态势；其二，单位投入的商机、订单的产出量竞争力及客保对商机的转化率竞争力共 3 个分项竞争力一直处于良好的高位运行态势，指数得分每次都在 150 以上；其三，单位投入的交付产出量竞争力处于从高位逐步回落的态势；其四，商机对订单的转化率竞争力处于从高位回落之后又开始向高位反弹的态势；其五，单位投入的客保产出量竞争力、订单对交付的转化率竞争力处于由强入弱，进而企稳的态势。

五、部门竞争力评价的实证分析

按照第三节的阐述，部门竞争力指数是部门内所有营销人员相应竞争力指数的算术平均，用以反映部门内所有营销人员分项及综合竞争力的集体表现。

（一）部门综合竞争力

部门综合竞争力指数反映部门内所有营销人员综合竞争力的集体表现：指数得分大于 100 表明部门内所有营销人员集体具有强综合竞争力，且该值越大集体综合竞争力越强；指数得分小于 100 表明集体具有弱综合竞争力，且该值越小集体综合竞争力越弱。

44个小部，单月看，3月、4月、5月表现出强综合竞争力的部门分别有31个、9个、11个；表现出弱竞争力的部门分别有7个、35个、33个，且指数得分低于80的部门分别有1个、14个、7个。3个月一起看，3月、4月、5月都表现出强综合竞争力的部门只有3个，都表现出弱综合竞争力的部门有9个；所幸的是，都表现出弱综合竞争力的部门中，4月、5月综合竞争力指数得分都在80分以下只有1个部门。

（二）部门分项竞争力

同营销人员竞争力分析思路一致，在得知部门综合竞争力强弱情况之后，就要进一步了解部门内所有营销人员集体表现出来的在各业务技能上的分项竞争力情况。

单月来看，3月、4月、5月各分项竞争力指数得分都在100以上的部门分别有2个、0个、1个；各分项竞争力都较弱的部门分别有2个、13个、6个。由此说明，其一，只有极个别部门会出现各项竞争力都强的良好局面，但这种良好局面并不具有持续性；其二，只有极少数部门会出现各项竞争力都弱的不利局面，而且这种不利局面会在个别部门身上具有持续性；其三，大部分部门都呈现出各项竞争力强弱互现的局面，即便是综合竞争力强（弱）的部门也会存在弱（强）分项竞争力。

就单位投入的交付产出量部门竞争力而言，3月、4月、5月分别表现出强综合竞争力的31个、9个、11个部门中该项竞争力表现较弱的部门分别只有1个、2个、0个；分别表现出弱综合竞争力的7个、35个、33个部门中该项竞争力表现较强的部门分别只有4个、0个、1个。由此可见，单位投入的交付产出量部门竞争力强（弱）则在很大程度上会促使部门综合竞争力也强（弱）。实际上，从综合竞争力指数构成可知，单位投入的交付产出量竞争力指数的权重是36.36%，处于至关重要的地位。

同营销人员竞争力分析类似，首先考察部门综合竞争力强弱情况，随后考察导致综合竞争力强弱结果的分项竞争力情况，接下来则是考察部门竞争力动态。

（三）部门竞争力动态

对于部门竞争力动态，不仅要从数值上考察部门综合及分项竞争力指数的变动点位，而且还要从走势上考察其变动态势。以B部门为例，3月、4

月、5月该部呈现出V形强综合竞争力走势。从数值上看，单位投入的商机、订单的产出量竞争力和客保对商机的转化率竞争力一直处于强竞争力状态；单位投入的客保产出量竞争力则一直处于弱竞争力状态；单位投入的交付产出量竞争力、订单对交付的转化率竞争力则时强时弱。从走势上看，除商机对订单的转化率竞争力指数呈现倒V形走势外，其余各分项竞争力指数都呈现出与综合竞争力指数类似的V形走势。如此同时，呈现V形走势的各分项指数之间也呈现出一定的差异性：单位投入的商机、订单的产出量竞争力指数和客保对商机的转化率竞争力指数一直在强竞争力区间内呈V形走势；单位投入的客保产出量竞争力指数一直在弱竞争力区间内呈V形走势；单位投入的交付产出量竞争力指数由强区间滑落至弱区间后又及时回复到强区间；订单对交付的转化率竞争力由强区间滑落至弱区间后，由于跌落太深致使5月虽有反弹但短期内难以恢复至强竞争力状态。

通过以上实证分析发现，对于营销人员客户开发竞争力评价体系的应用，无论是考察个人还是部门，首先应掌握其综合竞争力强弱情况；其次分析其分项竞争力强弱情况，找出对应业务能力方面的优势和劣势，为提升业务能力提供解决方向；最后识别竞争力动态情况。

六、结　论

为了便于对企业客户开发业务的人力资源进行管理，本文首次提出了一套营销人员的竞争力评价体系：在理念上，从客户开发的生产特性和营销人员的行为特性出发，将营销人员的业务活动纳入投入、产出、转化分析框架。逻辑上，首先，构建营销人员单位投入的客保、商机、订单、交付的产出量竞争力指数和客保对商机、商机对订单、订单对交付的转化率竞争力指数共7个业务技能方面的分项竞争力指数；其次，在分项竞争力指数的基础上构建综合竞争力指数；最后，将部门内营销人员看成一个集体，在营销人员竞争力指数的基础上构建部门分项与综合竞争力指数。

在方法上，一是构建7个分项竞争力指数的总原则是实际值比标杆值：对于产出量标杆，以营销人员的司龄和级别属性决定的产出量理论值作为标杆值；对于转化率标杆，将生产链条上相邻两产出量之间的支撑与被支撑关系决定的转化率理论值作为标杆值。二是构建综合竞争力指数的原则是7个分项竞争力指数的加权平均，权重根据客户开发业务的层级结构关系设定。三是构建部门分项与综合竞争力指数的原则是部门内所有营销人员对应竞争力指数的算术平均。

对从事网络营销的百度北京分公司进行实证分析发现，对于该评价体系的应用，应按照以下原则逐步展开：首先，考察营销人员 ÷ 部门的综合竞争力，根据综合竞争力指数表现判断其综合竞争力强弱情况；其次，考察营销人员 ÷ 部门分项竞争力，找出具体业务技能上的不足和优势；最后，还需要动态化考察营销人员 ÷ 部门综合及分项竞争力的发展情况。

参考文献

[1] 陈胜荣，蒋志锋. 构建企业营销竞争力的评价指标体系 [J]. 企业技术开发，2005 (7).

[2] 花葩，陈鹏. 企业营销竞争力研究和评价指标体系构建——中国移动营销竞争力之实证分析 [J]. 中国科技产业，2005 (4).

[3] 焦俊刚，孙梦雅. 基于生态位理论的员工竞争力评判模型构建 [J]. 工业工程，2011 (3).

[4] 田青，黄庚保. 基于信息熵及灰色关联法的企业员工竞争力研究 [J]. 企业科技与发展，2014 (5).

[5] 杨长峰，亓晶晶. 层次分析法在家具企业营销竞争力评价中的应用 [J]. 中国林业经济，2011 (3).

[6] 曾晓洋，李劲松. 论市场营销竞争力评价指标体系的构建 [J]. 商业经济与管理，2002 (5).